普通高等教育“十一五”国家级规划教材
面 向 21 世 纪 课 程 教 材

高等学校图书馆学专业系列教材

第2版

信息资源建设

主　编　肖希明
副主编　李卓卓
编著者　肖希明　李卓卓　司　莉　张新鹤
　　　　戴艳清　完颜邓邓　唐　义　郑　燃

WUHAN UNIVERSITY PRESS
武汉大学出版社

图书在版编目(CIP)数据

信息资源建设/肖希明主编．—2版．—武汉：武汉大学出版社，2020.12(2024.1重印)

ISBN 978-7-307-21962-5

Ⅰ．信…　Ⅱ．肖…　Ⅲ．图书馆—信息资源—资源建设—高等学校—教材　Ⅳ．G250.73

中国版本图书馆CIP数据核字(2020)第234971号

责任编辑:郭　静　　　责任校对:汪欣怡　　　版式设计:马　佳

出版发行：**武汉大学出版社**　(430072　武昌　珞珈山)

(电子邮箱：cbs22@whu.edu.cn　网址：www.wdp.com.cn)

印刷：湖北金海印务有限公司

开本:720×1000　1/16　印张:30.75　字数:568千字　插页:1

版次:2008年2月第1版　　2020年12月第2版

2024年1月第2版第3次印刷

ISBN 978-7-307-21962-5　　定价:79.00元

修订版前言

“信息资源建设”是图书馆学专业核心课程，绝大多数设置图书馆学专业的学校都开设了这门课程。武汉大学图书馆学专业开设此课程历史悠久，经过多年建设的“信息资源建设”于2008年获评国家精品课，2016年获批国家精品资源共享课，并在“爱课程”网上线，普通高等教育“十一五”国家级规划教材《信息资源建设》成为这门课程选定的教材。该教材被全国开设图书馆学专业的高校普遍采用。自2008年出版以来，已经重印9次，印数已超过2万册。

《信息资源建设》作为教材使用已经12年。这10多年，随着信息技术的飞速发展，互联网、大数据、云计算、物联网、人工智能等深度融入社会生产生活的各领域，图书馆及其他与信息相关行业的信息资源建设，无论是建设内容，还是方式方法、技术手段，都发生了重大而深刻的变化。业界和学术界对信息资源建设的研究，也形成了许多新的理论成果。但与日新月异的信息资源建设实践与理论相比，《信息资源建设》教材的内容，有的已经比较陈旧，亟待更新。近年来信息资源建设的新理论、新方法，需要及时充实到教材中去。因此，修订《信息资源建设》已是当务之急。

2018年底，《信息资源建设》被列入“武汉大学规划教材”，为本次修订工作提供了契机。2008年版教材构建了一个新的信息资源建设的理论体系，将图书馆传统的文献资源建设与新兴的数字信息资源建设、微观层次的馆藏建设与宏观层次的信息资源保障体系建设有机地整合到一个理论框架之中，较好地体现了传统的馆藏实体资源与网络环境下的数字资源协调发展的理念。此次修订中我们继续秉持了这一理念，同时试图努力反映近十年来国内外信息资源建设实践领域发生的深刻变化，广泛吸纳国内外信息资源建设理论研究的新成果，并能够在教材体系结构和内容方面都能有一定的突破和创新。本次修订主要作了以下几个方面的努力：

第一，坚持“以问题为中心”的教学理念，适当精简了部分比较繁杂的和重复的理论，增加了与信息资源建设实践密切相关，对信息资源建设中的“问题”针对性较强的理论。如运用“二八理论”与“长尾理论”来指导实体文献资源与数字信息资源建设的协调问题、在信息资源建设中如何实现内容价值与用户需求的统一问题、新的信息资源采集模式的理论依据问题，等等。希望这些内容配合案例教学，能让理论与实践更好地结合，培养学生运用理论解决实际问题的能力。

第二，将近十年来信息资源建设实践领域的进展和理论研究成果尽可能纳入教材，从而丰富信息资源建设的内容。如数字人文建设、科学数据管理，都是近年来进入信息资源建设研究视域的新内容。还有近年来信息资源建设领域中基于电子数据交换的纸电同步采购、基于互联网和云服务的读者需求驱动采购、基于大数据分析的馆藏精准采购等，也都吸收到教材内容之中。其中有些内容还不一定很成熟，但由于这些内容在一定意义上代表了这一领域的发展方向或趋势，所以我们也将其纳入教材中。

第三，面向更为宽广的信息职业培养人才，是近年来图书情报学教育改革与发展的理念。随着社会的发展和就业环境的变化，宽口径培养人才，适应不同的信息职业需要，已成为图书馆学教育改革与发展的必然趋势。因此，本次教材的修订试图突破信息资源建设囿于图书馆的局限，拓展信息资源建设的行业领域，从更为宏阔的视野，将政府信息资源建设、企业信息资源建设等纳入教材的内容范围，将构建全社会的信息资源保障体系作为信息资源共建共享的宏观目标，从而使信息资源建设教材适用于社会众多与信息联系密切的领域，以培养学生在不同行业从事信息资源建设的职业竞争力。

本次修订因需要增加的内容比较多，而教材的篇幅有限，因此对原教材的内容进行了较大幅度的调整、删减，整合了一些内容，章节结构也进行了重组。修订版由肖希明负责提出编写大纲，李卓卓参与拟定大纲，参与编写人员均参加过大纲的讨论。各章节修订或撰写的具体分工情况是：第一、二章由肖希明负责，第三章由张新鹤负责，第四章由完颜邓邓负责，第五章由郑燃负责，第六章由司莉负责，第七章由唐义负责，第八章由戴艳清负责，第九、十章由李卓卓负责。全书由肖希明负责、李卓卓协助审稿和统稿。

原教材编著者孟雪梅教授和袁琳教授均表示不再参与修订工作。两位教授在原教材中编著了若干章节，她们所贡献的知识内容在本次修订中仍有许多被保留和沿用，在此谨向两位教授表示衷心的感谢！在本书修订和编写过程中广泛吸取了国内外大量相关研究成果，参考和引用了许多图书馆学专家学者的有关著述，在此谨致以诚挚的谢意！武汉大学出版社郭静编辑等为本书的出版付出了辛勤的劳动，在此特表示衷心的感谢！

肖希明

2020 年 7 月于珞珈山

目　录

第一章 信息资源建设概论

信息资源是图书馆最基本的构成要素，信息资源建设是图书馆最重要的一项基础性工作。随着信息社会的到来，信息资源广泛存在于社会生产、生活的各领域，因而信息资源建设也成为诸多机构、部门的重要工作之一。作为一个科学概念，信息资源建设是 20 世纪 90 年代开始形成并被广泛使用的。那么，信息资源建设这个概念提出的背景是什么？内涵是什么？它经历过怎样的演变？包含哪些内容？这些都是我们应该首先明确的问题。

第一节　信息与信息资源

一、信息定义概观

“信息”一词古已有之，但在人类社会早期和日常生活中，人们往往是把信息作为消息的同义词使用的。在英语中，“信息(information)”和“消息(message)”两个词在很多场合也是相互通用的。今天，人类社会迈入信息时代，信息成为当今社会使用最为广泛和频繁的“关键词”之一。无疑，当今人们使用的“信息”概念，无论内涵还是外延都和以往有很大的区别。然而，对什么是信息，人们却众说纷纭，至今没有一个公认的定义。

“信息”作为一个科学术语，最早是由哈特莱(R. V. Hartley)于 1928 年在其撰写的《信息传输》一文中使用的。20 世纪 40 年代后期，随着信息论、控制论的产生，“信息”作为一个科学的概念，应用于自然科学和社会科学的许多领域，成为哲学、数学、系统论、控制论、经济学、管理学等学科共同讨论和使用的重要概念。正是因为学科不同，研究的角度不同，所以对信息概念的理解也不一样，而且，随着科学技术和经济的发展，人们认识水平的不断提高，信息的概念也在不断拓展，有关信息的定义达百余种之多。

通信领域对信息的研究有着悠久的历史。1948年，美国著名数学家、贝尔实验室的申农(C. E. Shannon)在美国《贝尔系统杂志》发表了《通信的数学理论》，从信息在通信过程中的作用角度将信息定义为随机不确定性的减少，亦即信息就是用以消除信宿对信源发出何种消息的不确定性的东西。1950年，美国著名科学家、控制论的创始人维纳(N. Wiener)在《人有人的用处——控制论与社会》中指出，“人通过感觉器官感知外部世界”，“我们支配环境的命令就是给环境的一种信息”，因此，“信息这个名称的内容就是我们对外界进行调节并使我们的调节为外界所了解时而与外界交换来的东西”①。在这里，维纳把人与外界环境交换信息的过程看成一种广义的通信过程，即泛指人与人、机器与机器、机器与自然物、人与自然物之间的信息传递与交换，试图从信息自身具有的内容属性上给信息下定义。

随着计算机的出现，信息被看作数据，在计算机科学的许多基础理论中使用，并应用于数据库的开发和建设。在生命科学领域，动物界与植物界的信号交换，甚至生命体由一个细胞传递给另一个细胞，由一个机体传递给另一个机体，也被看作是信息的传递。

信息的普遍性和广泛性引起了哲学家们的关注，他们发现，人类社会、自然界、思维乃至宇宙中的一切事物的存在方式及运动状态都有其固有的特征和规律，这种运动的状态和方式由相应的信息来表现。由于任何事物都有其内部结构和外部联系，正是这种内部结构和和外部联系的综合作用，决定了事物的运动状态和方式，因此，信息可以说是事物的一种普遍属性。②

经济学家们则注意到了不确定性的减少(信息的获取)与经济活动之间的联系。经济学界认为，信息是反映事物特征的形式，是与物质、能量相并列的客观世界的三大要素之一，信息是管理和决策的重要依据。③

信息与新闻有着天然的联系。新闻学界认为，信息是事物运动状态的陈述，是物与物、物与人、人与人之间的特征传输。新闻是信息的一种，是具有新闻价值的信息。

图书情报学领域对信息定义的研究也颇为引人注目。美国学者巴克兰德(M. Buckland)认为，信息可以定义为事物或记录(record)。他归纳说，许多事物都可以是信息，文本固然是信息，图片、录音磁带、博物馆陈列品、自然物体、实验、事件等也是信息。显然，这一定义过于宽泛，未能区别信息

① 陈畴镛. 信息资源管理[M]. 杭州：浙江大学出版社，2004：2-3.

② 马费成. 信息资源开发与管理(第3版)[M]. 武汉：武汉大学出版社，2018：4.

③ 宋宇辰，蔚东升. 管理信息系统[M] 北京：冶金工业出版社，2014：2.

与信息载体以及信息与信息源。我国情报学家严怡民教授给信息的定义是：生物以及具有自动控制系统的机器，通过感觉器官和相应的设备与外界进行交换的一切内容。①

相比之下，信息服务领域对信息的理解则比较注重实用性。诸如“信息是作为存储、传递和转换的对象的知识”，“信息是人与人之间传播着的一切符号系列化的知识”，“信息是决策、规划、行动所需要的经验、知识和智慧”，“信息是组织好的、可传递的资料”等都是有代表性的信息定义。②

随着互联网的迅速普及和利用，信息进入了人类社会生产生活的每一个领域，人们对信息的理解包括在网络上传输的一切数据、符号、信号、资料，是一个无所不包的庞大的集合体。

在信息定义的研究中，我国著名信息科学家、北京邮电大学钟义信教授对信息的定义颇为引人关注。他在《信息科学原理》一书中认为，在信息概念的诸多层次中，最重要的是两个层次，一个是没有任何约束条件的本体论层次；另一个是受主体约束的认识论层次。从本体论的层次上考察，信息可被定义为“事物运动的状态以及它的状态的改变方式”（纯客观的定义），其中信息泛指一切物质客体和精神现象，泛指一切意义上的变化。从认识论的角度考察，信息是主体所感知或者主体所描述的事物的状态变化的方式。认识论层次上的信息概念内涵更为丰富，它包括语法信息、语义信息和语用信息三个层次。由于主体有感受力，能够感知事物运动状态及其变化的外在形式，由此获得的信息称为语法信息；由于主体有理解力，能够领会事物运动状态及其变化的逻辑含义，由此获得的信息称为语义信息；由于主体具有明确的目的性，能够判断事物运动状态及其变化方式的效用，因此获得的信息称为语用信息。语法信息、语义信息和语用信息三位一体的综合，构成了认识论层次上的全部信息，即全信息。③ 钟义信所归纳的信息定义，为许多学者所接受，认为这个定义具有最大的普遍性，不仅能涵盖所有其他的信息定义，而且通过引入约束条件还能转换为所有其他的信息定义。

钟义信还对与信息相关的若干概念进行了辨析。他认为，信息不同于消息，消息只是信息的外壳，信息则是消息内核，以 1 分钟的消息为例，有的消息包含的信息量很大，有的则很小。信息不同于信号，信号是信息的载体，信息则是信号所载荷的内容。信息不同于数据，数据是记录信息的一种

① 严怡民. 情报学概论[M]. 武汉：武汉大学出版社，1994：15.

② 陈庄等. 信息资源组织与管理[M]. 北京：清华大学出版社，2005.

③ 孟广均等. 信息资源管理导论[M]. 北京：科学出版社，2003：6-7.

形式，同样的信息可以用文字或图像来表述。信息不同于情报，情报通常是指秘密的、专门的、新颖的一类信息，可以说所有的情报都是信息，但不能说所有的信息都是情报。信息也不同于知识，知识是认识主体所表述的信息，是序化的信息，而并非所有的信息都是知识。① 这一论述，有助于我们对“信息”概念的进一步理解。

二、信息资源化的成因和意义

资源一词最一般的意义，是指自然界和人类社会中一切对人类有用的资财。美国资源经济学家阿·兰德尔(A. Randall)在《资源经济学》中对资源的定义是“资源是由人发现的有用途和有价值的物质”。② 也就是说，在自然界及人类社会中，有用物即资源，无用物即非资源。资源一般可分为经济资源和非经济资源两大类。经济资源是指一切直接或间接地为人类所需要并构成生产要素的、稀缺的、具有一定开发利用选择性的资源。③ 根据成因、作用和形态等方面的差异，经济资源可分为四类：第一类是自然资源，包括土地资源、水资源、矿产资源、生物资源等。第二类是人力资源，包括劳动力资源、管理和技术资源。人力资源又体现在人的体力和智力两个方面。第三类是资本资源，包括非货币形式的有形资本资源(厂房、设备等)、货币资本资源。第四类是信息资源，信息资源有多种分类方法。

信息被认为是一类经济资源，是因为信息具有经济资源的一般特征。

第一，信息资源是直接为人类所需要，并作为生产要素投入的资源。人类从事经济活动离不开必要的生产要素的投入。传统的物质经济活动所投入的生产要素主要是物质资源和能量资源。随着科学技术的迅速发展和社会经济活动的日益复杂，人们发现，信息应用于生产系统，不仅可以缩短生产周期，而且可以带来其他资源(如劳力、资本、能源、原材料)的节约，最后生产出质量更好、成本更低的产品，产生意想不到的经济效益。在当今世界物质资源短缺、能源枯竭的严峻形势下，信息作为一种新兴资源和生产要素，对经济增长和社会发展将有着特殊的作用。

第二，信息资源是人类生产活动中稀缺的资源。稀缺性是经济资源最基

---

① 孟广均等. 信息资源管理导论[M]. 北京：科学出版社，2003：6-7.

② [美]阿·兰德尔. 资源经济学：从经济角度对自然资源和环境政策的探讨[M]. 北京：商务印书馆，1989. 转引自：程焕文，潘燕桃. 信息资源共享(第2版)[M]. 北京：高等教育出版社，2016：1.

③ 肖四如. 资源经济学[M]. 北京：北京出版社，1994：3.

本的特征。如果一种资源具有有用性，但不稀缺，而是取之不尽的，则不属于经济资源讨论的范围。例如阳光，它是人类生产、生活的基本要素，是不可缺少的资源，但由于其广泛而丰富地存在于地球，并不存在分配的问题，不需要为它订出价格，因而不被视为经济资源。我们常说信息无处不在，似乎信息资源不存在稀缺问题。但是，信息只有经过开发，才是对人类有用的资源，而信息资源的开发需要相应的投入材料、能源和人力，经济活动行为者要拥有信息资源，就必须付出相应的代价。因此，在既定的时间、空间及其他条件约束下，某一特定的经济活动行为者因其人力、物力、财力等方面的限制，所能支配的信息资源量总是有限的。

第三，信息资源是使用方向具有可选择性的资源。如果一种资源既有用又稀缺，但其使用只有唯一的用途，这样就不存在分配问题，因而不属于经济资源。信息资源具有使用方向的可选择性。信息资源与经济活动相结合，使信息资源具有很强的渗透性，可以广泛地渗透到经济活动的方方面面。同一信息资源可以作用于不同的作用对象上，并产生多种不同的作用效果。经济活动行为者可以根据这些不同的作用对象所产生的不同的作用效果对信息资源的使用方向作出选择。信息资源的有效配置问题就是由此特征导致的。①

今天，人们已经普遍认识到信息是人类社会发展的一种重要的资源。但信息在早期并没有被认为是一种资源。因为信息在早期的利用并不像物质和能源那样普遍和广泛，信息往往依附于物质资源和能源资源，并借助于物质资源和能源资源的利用而发挥作用。信息资源化是近几十年的事，它既有社会经济发展的深刻背景，也是人类对资源的认识演变和深化的结果。

首先，社会经济增长方式的转变是信息资源化的主要动力。在信息时代以前的千百年间，社会经济的增长主要依靠对自然资源的开发利用。在农业社会，土地是主要的生产资料，农民是经济发展的驱动者。到了工业社会，自然资源不仅限于土地，而是扩展到铁矿石、煤、石油等多种资源，经济增长主要依靠金融资本和自然物质两大战略资源。应该承认，以物质和能源为基础的工业社会，经济得到空前发展。然而，由于自然资源开发的程度总是与自然资源的短缺程度成正比发展的，因此，以物质和能源的消耗为代价的经济增长是不可能持续的。相反，信息和知识资源的开发与利用却是无限的。人们通过挖掘信息，将其升华为知识的创新活动将是唯一可以促进经济可持续发展的驱动力。这一点，在现代信息社会已表现得十分明显。正如美

① 马费成．信息经济学[M]．武汉：武汉大学出版社，2012：258.

国著名企业管理学者彼得·德鲁克说:“知识生产力已成为生产力、竞争力和经济成就的关键因素。知识已成为最重要的工业,这个工业向经济提供生产所需要的重要中心资源。”①美国明尼苏达大学的舒赫提供的资料验证了这一说法:从20年代中到70年代中,美国农业产量的增加是在自然资源没有增长的情况下实现的,即完全是提高生产率的结果。生产率的增长主要归功于新的知识和信息。而近几十年来,在主要发达国家的经济增长中,科技进步的贡献率占70%—80%。这些事实表明,社会经济增长的方式已从主要依靠能源和原材料的消耗转移到主要依靠知识和信息开发的轨道。信息资源成为驱动社会经济发展十分重要的资源。

其次,人类对资源认知的演变和获取资源能力的提高是信息资源化的直接原因。“任何东西在被归为资源之前,必须满足两个前提条件:首先,必须有获得和利用它的知识和技能;其次,必须对所产生的物质或服务有某种需求。因此,正是人类的能力和需要,而不仅仅是天然的存在,创造了资源的价值。”②人们现在把几十万年前就已经存在的煤当成“资源”,是因为人们认识到煤能燃烧,而且具有了采掘、运输以及燃烧它的手段。人类对信息资源的认识也是逐渐深化的。在生产力低下、科学技术落后的农业社会,人们是不可能从“资源”的角度来认识信息的。只有当信息、知识作为生产力对推动社会和经济的发展所产生的巨大作用越来越被人们清楚地认识到的时候,只有当以计算机和网络为核心的现代信息技术为信息的充分开发和利用提供了前所未有的技术基础和条件的时候,信息才会成为能给社会创造巨大财富的重要资源。

再次,信息的积累和增长为信息资源化提供了保障条件。信息资源应是信息的集合。只有当信息达到一定的丰度和凝聚度时,信息才有可能成为信息资源。近几十年来,各形态信息以指数形式急剧增长并迅速积累。据估算,人类社会的知识总量有90%是近50年创造出来的。③ 现在,人类全部知识每5年翻一番。英国预测学家詹姆斯·马丁在20世纪末就预言,2020年的知识总量将增长3—4倍,2050年的知识总量将增长100倍。而知识老化的平均周期,18世纪为80—90年,19世纪至20世纪初为30年,20世纪末为5—10年。④ 如此庞大且迅速增长的信息,为信息的资源化提供了基本

① 郭晓君等. 知识经济学[M]. 北京:中国物价出版社,2003:110.
② 陈畴镛. 信息资源管理[M]. 杭州:浙江大学出版社,2004:13.
③ 蔡守秋. 基于生态文明的法理学[M]. 北京:中国法制出版社,2014:585.
④ 承欢. 学习无止境,方法要创新[N]. CNKI导报,2004-06-18.

的保障条件。

随着信息时代的到来，知识经济的崛起，信息作为资源的地位和作用越来越重要，人们对信息资源的争夺也越来越激烈。谁能掌握和利用更多的信息，谁就能在国际竞争中赢得主动。为此，世界各发达国家都把占有、开发和利用信息资源作为一项基本国策。近 30 年来，美国、欧盟等国家和地区都相继提出了开发信息技术、发展信息产业的措施和计划，他们凭借在技术、资源、外交、军事等各领域的优势争夺和占有信息资源，极力强化其在国际竞争中的有利地位。日本作为一个自然资源匮乏的岛国，由于较早地确立了"信息资源化政策"，加强了信息工作和教育，在开发人类智力资源的基础上创造性地建立了适合本国国情的技术体系，创造了经济起飞的奇迹。目前，各个新兴的工业化国家和许多发展中国家也认识到开发利用信息资源的战略意义，从本国国情出发，抢抓机遇，将信息化建设作为一项重要国策。如韩国早在 1995 年就制定了《信息化促进基本法》。自那以后的近 20 年间，国家制定实施了一系列重要战略，扎实地推进各项计划，通过制定政策和实施国家级研究开发项目，推动信息产业发展。① 印度政府于 2015 年提出"数字印度"建设计划，聚焦发展电子政务、远程医疗和移动医疗服务，加强网络基础设施建设，让印度广大的农村人口也能接入互联网等。②

我国从 20 世纪 80 年代开始重视信息资源的开发利用。1984 年，邓小平为《经济参考》题词"开发信息资源，服务四化建设"，我国信息事业开始步入快速发展的轨道。1992 年，中共中央又作出《关于加快发展第三产业的决定》，明确提出信息服务业是加快发展第三产业的重点，信息资源作为信息服务业发展的基础性资源受到重视。2000 年，党的十五届五中全会通过了《关于加快国民经济和社会发展信息化的建议》，提出了"大力推进国民经济和社会信息化，是覆盖现代化建设全局的战略举措。以信息化带动工业化，发挥后发优势，实现社会生产力跨越式发展"的重要战略决策。2005 年 5 月，中共中央办公厅和国务院办公厅又联合下发了《关于加强信息资源开发利用工作的若干意见》，再次表明了党和政府对信息资源开发利用的高度重视。2016 年，中共中央办公厅和国务院办公厅印发《国家信息化发展战略纲要》，将"以信息化驱动现代化，建设网络强国"和实现"两个一百年"奋斗

① 李淑华．韩国信息化建设及其对中国的启示[J]．延边大学学报(社会科学版)，2013，46(01)：90-96.

② 印度：用"印度制造"和"数字印度"引领国家未来[EB/OL]．[2019-10-06]．http://www.e-gov.org.cn/article-161734.

目标与中华民族伟大复兴中国梦联系在一起，作为国家战略体系的重要组成部分。① 信息资源作为重要的战略资源，确确实实已成为推动社会经济发展的重要力量。

三、信息资源的定义

信息是一种重要的资源已成为共识。但对什么是信息资源，国内外学术界并未形成一致的看法。

“信息资源”最早是由国外提出来的。20世纪70年代初，国外文献中就出现了“Information Resources”这个概念。而对“信息资源”的定义，国外比较有代表性的观点有：

1979年，美国信息管理专家霍顿(F. W. Horton)从政府文书管理的角度出发，认为信息资源具有两层意思：当资源为单数(resource)时，它是指某种内容的来源，即包含在文件和公文中的信息内容；当资源为复数(resources)时，信息资源指支持工具，包括供给、设备、环境、人员、资金等。②

1986年，霍顿在其另一专著中对信息资源重新定义，认为信息资源包括四个方面的内容：具有信息技能的人才；信息技术中的硬件与软件；信息机构，如图书馆、计算机中心、传播中心和信息中心等；信息操作和处理人员。③

德国信息管理专家斯特洛特曼(K. A. Stroetmann)认为，信息资源包括三个重要组成部分：信息内容、信息系统和信息基础结构。④

国内学者对信息资源概念及其有关问题也进行了研究，比较有代表性的定义有：

1991年，孟广均在给《知识工程》的贺词中写道：“信息资源包括所有的记录、文件、设施、设备、人员、供给、系统和搜集、存储、处理、传递信息所需要的其他机器。”⑤

1996年，霍国庆撰文认为：“信息资源也就是可以利用的信息的集

① 中共中央办公厅、国务院办公厅. 国家信息化发展战略纲要[EB/OL]. [2019-10-06]. http://www.gov.cn/xinwen/2016-07/27/content_5095297.

② 代根兴，周晓燕. 信息资源概念研究[J]. 情报理论与实践，1999(06)：397-400.

③ 陈畴镛. 信息资源管理[M]. 杭州：浙江大学出版社，2004：14.

④ 陈畴镛. 信息资源管理[M]. 杭州：浙江大学出版社，2004：14.

⑤ 孟广均等. 信息资源管理导论[M]. 北京：科学出版社，2003：28.

合……换言之，信息资源是经过人类开发与组织的信息的集合。”①

1997年，符福峘在其《信息资源学》一书中，将信息资源定义为：“信息与操作信息有关的物理设施、人力、资金和运行机制等的总称。”②

1999年，代根兴、周晓燕专文探讨信息资源的定义，在比较和分析了众多定义后，将信息资源定义为：“信息资源是经过人类选取、组织、序化的有用信息的集合。”③

2000年，吴慰慈、高波考察了各种信息资源的定义，将信息资源的定义表述为：信息资源是经过人类采集、开发并组织的各种媒介信息的有机集合。这里强调的“各种媒介”，就是指信息资源既包括制品型的文献资源，也包括非制品的电子信息资源。④

2004年，马费成在《信息资源开发与管理》一书中定义：“所谓信息资源，就是指人类信息活动中积累起来的以信息为核心的各类信息活动要素(信息技术、设备、设施、信息生产者)的集合。”⑤

综观以上关于信息资源的定义，诚如马费成的总结：“一是狭义的理解，是指人类社会经济活动中经过加工整理有序化并积累起来的有用信息的集合。另一种是广义的理解，认为信息资源是人类社会经济活动中积累起来的信息、信息生产者、信息技术等信息活动要素的集合。”⑥

近年来，国内外学者对信息资源的广义和狭义的理解比较趋于一致，即狭义的信息资源是从信息资源的本质出发，强调信息资源作为生产要素在人类社会经济生活中的作用，而广义的信息资源，则认为信息资源作为一种人造的资源，与自然资源不同，它的形成和利用，有赖于人员、设备和技术等条件。⑦ 我们认为，从广义的角度来理解信息资源概念，即把信息活动的各种要素都纳入信息资源的范畴，有助于全面、系统地把握“信息资源”的内涵。它强调“信息资源”是经过人类开发与组织的信息集合，信息只有在实施管理后才具备成为资源的条件；强调信息要素价值的实现离不开信息生产者、信息技术等信息活动要素的综合作用。这也正是信息资源与自然物质资

---

① 霍国庆．信息资源管理的三个层次[J]．中国图书馆学报，1996(05)：68-71，58.

② 符福峘. 信息资源学[M]．北京：海洋出版社，1997：1.

③ 代根兴，周晓燕．信息资源概念研究[J]．情报理论与实践，1999(06)：397-400.

④ 高波，吴慰慈．从文献资源建设到信息资源建设[J]．中国图书馆学报，2000(05)：22-25.

⑤ 马费成．信息资源开发与管理[M]．北京：电子工业出版社，2004：5.

⑥ 马费成．信息经济学[M]．武汉：武汉大学出版社，2012.

⑦ 吕彬. 面向创新的区域信息资源配置研究[M]．武汉：武汉大学出版社，2018：35.

源的区别。但我们同时认为，针对不同的研究对象或问题，对信息资源这个概念，既可以从广义上使用，也可以从狭义上使用。因此，我们认同对信息资源的广义上的理解，但本书在讨论信息资源建设时所使用的“信息资源”概念，主要是狭义上的，即将信息资源界定为是经过人类选择、组织和加工处理的有序化的各种媒介信息的集合。

第二节　信息资源的类型和特征

一、信息资源的类型

对事物进行分类，是人们认识事物的一种基本方法。人们要建设、开发和利用信息资源，就必须正确认识和区分信息资源的类型。由于信息资源在知识内容、生产方式、载体形态、使用方式等多个方面具有不同的特点，人们依据不同的划分标准，将信息资源划分出不同的类型。目前这种类型划分方法已达数十种之多。这些划分为我们认识信息资源提供了多种入口。但同时也说明信息资源类型的划分，并没有固定和统一的标准，主要取决于人们分析问题的不同需要和不同角度。本书并不寻求对信息资源类型进行全面和系统的研究，从而构建一个科学的信息资源类型体系，而是从图书馆和其他类型信息机构信息资源建设研究和工作的实际出发，来认识和区分信息资源的类型。

综合信息资源的载体形态、记录手段和生产方式等多方面的特点，我们将信息资源作如下划分：

(一)实体型信息资源

实体型信息资源是指将知识信息内容，以某种形式的符号，记载在一定的物质载体上，通过一定的方式进行制作，最后以一定的物理形态呈现出来的信息资源，亦即传统意义上的文献。实体型信息资源依据其记录方式和载体材料，又可做如下划分：

1. 刻写型文献

指以刻划和手工书写为手段，将知识信息内容记录在各种自然物质材料和纸张等不同的载体上而形成的文献，如古代的卜辞、金文、简策、帛书以及现代的笔记、手稿、书信、原始档案、会议记录等。刻写型文献中有许多的稀有和珍贵的文献信息资源。

2. 印刷型文献

指通过石印、油印、铅印、胶印、复印等印刷方式，将知识信息内容记录在纸质载体上的一种文献形式。印刷型文献具有悠久的历史，目前仍然是极为重要和不可替代的知识信息载体。它的突出优点是便于阅读，可直接、任意翻阅，可在任何场合下并且不需要借助任何设备阅读。缺点是相对其他信息载体来说，体积大，信息存储密度低，收藏占用空间大；利用受到时空限制，难以实现信息的自动和高速传递。

按照出版形式，印刷性文献还可区分为以下类型：

(1)图书

狭义的图书，是指以纸张为载体材料，记录与传播知识、具有完整装帧形式的非连续性出版物。图书的历史悠久，流传广泛，数量庞大，使用方便，是迄今为止最重要的一类文献信息资源。

图书的内容特征是主题突出，知识内容完整、系统和成熟，多是著者长期研究的成果、学识的积累。因此，要系统地学习各学科的基础知识，要在某些知识领域作全面的、历史的、深入的研究，图书是无可取代的信息源。

按照使用目的，可将图书划分为以下两类：一类是供阅读的著作，包括专著、译著、教材、资料汇编、通俗读物、少儿读物等；另一类是供查考的工具书，包括书目、索引、文摘、指南、百科全书、手册、年鉴、字典、词典等。按照出版方式，又可将图书划分为单本书、多卷书、丛书等类型。

(2)连续出版物

连续出版物是一种具有统一名称、固定版式、统一开本、连续编号，汇集多位著者的多篇著述，定期不定期编辑发行的出版物。《国际标准书目著录(连续出版物用)》将“杂志、报纸、年刊(年鉴、行名录等)、各种机构的报告丛刊和会志、会议录丛刊以及单行本的丛书”等归入连续出版物。其中，期刊(杂志)和报纸是连续出版物中的主要类型。

期刊的特点是：内容广泛，知识新颖，不同种类的期刊内容，涉及社会的经济、政治、思想、科学技术、文化教育、文学艺术以及其他各个领域；出版周期短，传递信息快；数量庞大，流通范围广，作者与读者人数多，影响面宽。由于这些特点，期刊已成为当今传播信息、交流思想最重要的平面媒体之一。

期刊按其内容性质和使用对象，可以划分为政论性期刊、学术性期刊、工艺技术性期刊、文学艺术期刊、通俗性期刊、检索性期刊、资料性期刊、报道性期刊等类型。

报纸是出版周期最短的定期连续出版物。与期刊相比，它的内容更加广泛，时效性更强，出版量更大，发行更快，读者面更广，是各种信息的重要传播渠道。报纸具有报道、宣传、评论、教育、参考、咨询等多种社会职能。按照出版周期，可以将报纸划分为日报(包括早报、晚报)、双日报、三日报、周报、旬报等不同类型。按照内容范围，可以划分为综合性报纸、专业性报纸，或者全国性报纸、地方性报纸等类型。

(3)特种文献资料

特种文献资料是指出版形式比较特殊的科技文献资料。它介于图书和期刊之间，似书非书，似刊非刊。这类文献的特点是内容广泛新颖，类型复杂多样，涉及科学技术、生产生活各个领域；现实性强，情报价值高，从不同领域及时反映当前科学技术的创造发明、进展动态、研究水平及发展趋势；出版发行无规律，有的有一定的保密性，收集比较困难。

特种文献资料主要包括以下几种类型：

①科技报告

科技报告是科学研究课题进展情况的实际记录与研究成果的系统总结。它的内容范围往往涉及尖端学科、前沿学科的重大研究课题或重大工程项目，代表一个国家相关专业领域的研究水平，论述专深具体，资料准确可靠，具有重要的科学价值。

科技报告按存储方式可分为报告书、技术札记、论文、备忘录、通报、技术译文等；按报告所反映的研究进展程度可分为初步报告、进展报告、中间报告和终结报告；按流通范围可分为绝密报告、机密报告、秘密报告、非密报告、解密报告和非密限制发行报告等。

②政府出版物

政府出版物是由政府机构出版或由政府机构编辑并授权指定出版机构出版的文献。它的内容广泛，从基础科学、应用科学到政治、经济、教育、文化，无所不包。就文献性质来看，可分为行政性文件和科技文献两大类。前者包括法令、条约、政府报告、议案、决议、司法资料、会议记录等。后者包括研究报告、科学技术政策、公开后的科技档案、经济规划等。政府出版物是了解各国政治、经济、法律、文、教育、科学技术发展情况、方针政策及组织规划不可缺少的重要参考资料。

③会议文献

会议文献是指在国际国内各种学术会议上宣读或交流的论文、报告和其他有关资料。学术会议论文一般是作者自己的研究成果的原始创作。科学上的许多新发现、新观点、新成果是在学术会议上首次发表的。因而，学术会议论文往往有较高的学术水平，是人们了解一定时期内某一学科、某一专业领域最新研究成果、研究水平和发展趋势的重要信息源。会议文献分为预印本和会议录两种类型。

④学位论文

学位论文是高等学校或研究机构的学生为获取学位而撰写的学术论文或科学实验成果的书面报告。学位论文，尤其是较高层次的学位论文，是学生在导师的指导下，经过长期调查或实验，收集大量文献资料，作出的全面系统论述，提出创新性的见解，因而具有较高的学术水平和参考价值，是重要的情报资料。

⑤专利文献

专利文献是记录有关发明创造信息的文献。广义的专利文献包括专利申请书、专利说明书、专利公报和专利检索工具，以及一切与专利有关的资料。狭义的专利文献专指各国专利局出版的专利说明书，即专利申请人向政府专利机构递交的有关发明创造的书面说明材料。专利文献的特点是内容广泛，叙述详尽具体，实用性强，发表及时且公开出版发行，检索工具完备，查找方便。专利说明书既是技术文件又是法律文件，是科技人员利用率高、经济效益显著的文献类型。

⑥标准文献

标准文献是指经公认的权威机构(一般为各国国家标准局)批准的，以文件形式固定下来的标准化工作成果。各种标准一旦形成并经审批公布，便成为法规性的技术文件，具有一定的法律约束力。

标准文献，特别是产品标准，是收集产品信息的重要来源。通过这类文献，可以对产品的分类、品种、规格、性能、参数、质量等级、试验和转换方法、包装标志等所做的统一规定有所了解，也可以知道对原材料的品种、规格、物理性能、化学成分、试验方法，以及对工艺、试验、分析、测定、检验、验收等的规则和方法所做的规定。

按审批机构和应用范围标志，标准文献可分为四种类型：国际标准或区域标准、国家标准、部标准和企业标准。

⑦产品资料

产品资料是定型产品的结构、原理、操作方法、维修方法的详细介绍资料。它包括产品样本、产品说明书、产品目录等。产品资料记载的数据比较可靠，对技术人员在产品设计、造型、试制、改造以及引进国外技术设备方面具有参考价值。

(4)其他零散资料

主要指档案资料、舆图、图片和乐谱等零散资料。档案资料包括文书档案和科技档案，是记录各种事实进行过程的卷宗材料，有一定的保密性。舆图包括地图、地形图、地质图、行政区划图、各种教学挂图等。图片包括各种新闻照片、美术作品等。乐谱指单张活页式音乐曲谱艺术作品。

3. 缩微型文献

缩微型文献，又称缩微资料，是指利用光学记录技术，将印刷型文献的影像缩小记录在感光材料上制成的文献复制品。缩微资料按其外型可分为缩微胶片、缩微胶卷、缩微卡片。按对它的穿透力可分为透明体和不透明体。

缩微资料的主要优点：一是体积小，重量轻，信息存储量大，一般缩微倍率为1/20—1/40，超缩微倍率为1/150—1/200，在存储相同资料的情况下，缩微资料比纸质文献节省空间98%，重量减轻95%。二是复制性能好，可缩小，可放大，不走样，不变形，易于转换成其他形式文献。三是成本相对低廉，仅及印刷品的1/15—1/10。缩微资料的主要缺点是使用不方便，必须借助阅读放大机才能阅读，阅读效果不如印刷品；保存与使用条件严格，设备费用投资较大。

4. 视听型文献

视听型文献，又称音像资料。它是以电磁材料为载体，以电磁波为信息符号，将声音、文字及图像记录下来的一种动态型文献。它的特点是动静交替、声情并茂，形象逼真，可以提高人们对信息知识的理解、吸收和记忆能力。

视听资料按人的感官接受方式可分为三种类型：视觉资料，包括照相底片、摄影胶卷、幻灯片、无声录像带、无声影片、传真照片等；听觉资料，包括唱片、录音带等各种发声记录资料；声像资料，能同时显像发声的记录资料，如有声影片、电视片、配音录像带等。

(二)数字化信息资源

数字化信息资源，是指以数字化的形式，将文字、图像、声音、动画等多种形式的信息存储在光、磁等非纸质载体中，以光信号、电信号的形式传输，并通过计算机和其他外部设备再现出来的信息资源。随着计算机网络的发展，数字化信息资源又可进一步区分为网络信息资源和单机信息资源。

1. 网络信息资源

网络信息资源是指借助于计算机网络可以获取和利用的所有信息资源的总和。从信息资源建设的角度来看，网络信息资源不是一个物理概念，也不是独立存在的实体，而一个跨国家、跨地区的信息空间，一个网络信息资源库。

网络信息资源类型的划分标准很多，依照不同的标准可将网络信息资源划分成不同的类型。比较有代表性的划分方法有：

(1)按使用形式划分，可将网络信息资源划分为联机检索信息资源和因特网信息资源两种类型。

联机检索信息资源主要是指通过主机或联机网络及检索终端获取信息的联机数据库。其优势是内容覆盖面广，检索精确度高；信息规模大；节省时间；已形成一整套信息安全和授权等规范管理的制度和方法。其不足是使用时必须有专业人员帮助；用户界面不统一；检索途径和方式随系统和数据库的不同而有所差异；所有的服务都要收费。

因特网信息资源是世界上最具有活力的、前景最广阔的信息资源，所有因特网上的网站和用户都是信息的生产者和发布者。其优势体现在因特网将各种信息内容集中在统一易用的用户界面上，消除了地理、文化、语言和时间的限制，方便用户存取与利用；它改变了原始信息生产、采集和提供传递的模式，实现了信息表达和传输的质的飞跃。存在的问题是信息组织上的庞杂无序；信息安全、网络安全问题；版权保护、隐私保护问题。

(2)按网络信息资源采用的网络传输协议划分，可分为 WWW 信息资源、Telnet 信息资源、FTP 信息资源、用户服务组信息资源和对等传输信息资源。①

WWW(World Wide Web)信息资源也称为 Web 资源，是采用客户端/服务器(Client/Server)工作模式，将超文本传输协议 HTTP 作为浏览器与 Web 服务器相互之间的通讯协议，以超文本标记语言 HTML 作为其描述语言。界面友好，使用简单，功能强大，能方便迅速地浏览和传递分布于网络各处的文字、图像、声音和多媒体超文本等信息资源。WWW 信息资源是目前网络信息资源最主要、最常见的形式。

Telnet 信息资源是指在远程登录协议 Telnet 的支持下，用户计算机经由 Internet 与远程连接，并在权限允许的范围内检索和使用远程计算机系统中的各种软、硬件资源，可以通过 Telnet 访问计算机的硬件资源如超级计算机、精密绘图仪、高档多媒体输入/输出设备等，软件资源如图形处理程序、大型数据库、联机公共检索目录等。

FTP(File Transfer Protocol)信息资源是依据互联网上使用的文件传输协议，以文件方式在互联网计算机之间传输的信息资源。通过 FTP 可获取与共享的信息资源类型非常广泛，包括各种电子杂志、应用软件、数据文件等。FTP 目前仍是发布、传递软件和文件的主要工具，FTP 信息资源是非常重要的网络信息资源。

用户服务组信息资源。网上各种各样的用户服务组是互联网上非常受欢

① 赵洁等. 高校图书馆信息资源建设研究[M]. 北京：海洋出版社，2018：25-26.

迎的信息交流形式，包括新闻组(Usenet Newsgroup)、邮件列表(Mailing List)、专题讨论组(Discussion Group)、兴趣组(Interest Group)等。用户服务组信息资源相对其他类型的信息资源具有信息交流的广泛性、交互性、直接性等特点，因此也成了一种最丰富、最自由、最具开放性的资源。

对等传输信息资源。对等传输 P2P 是 Peer to Peer 的英文缩写，还是 Point to Point 点对点下载的意思。P2P 让人们通过互联网直接交互，可以连接到其他用户计算机交换文件，而不是像过去那样连接到服务器去浏览和下载信息资源，使得网络上的沟通变得更直接共享与交互，真正地消除中间商。

(3)按网络信息的信息加工层次，可分为网络资源指南和搜索引擎、联机馆藏目录、网络数据库、电子出版物、参考工具书、网上动态信息和其他网络信息。①

网络资源指南和搜索引擎是网络信息检索工具。资源指南按主题的等级排列主题类目索引，用户通过逐层浏览类别目录，逐步细化的方式来寻求合适的类别直至具体的资源。网络资源指南是人工编制和维护的，需要花大量的人力物力。常见的有美国国会图书馆编辑的 WWW Meta Index and Search Tools，搜索引擎强调检索功能，是个专用的 WWW 服务器，收集了全世界上千万个 WWW 主页信息。

联机公共目录。在因特网中，图书馆的馆藏目录发展成为联机公共目录(Online Public Access Catalog，OPAC)，用户通过 OPAC 就可以在自己的网络终端查询世界各地的大学图书馆、公共图书馆和专业图书馆的馆藏。如中国高等教育文献保障体系(CALIS)提供其成员馆的馆藏图书和期刊目录和学位论文联合查询。

网络数据库是借助于因特网，以 Web 为检索平台提供信息检索服务的数据库，是数据库技术与 Web 技术结合的产物。网络数据库所储存的信息都是经过人工依据一定标准收集、整理加工和组织的具有较高学术价值、科研价值的信息资源。许多的国际联机数据库检索系统(如 Dialog)都开设了与因特网的接口，用户科研通过远程登录或以 WWW 方式进行付费检索。有许多从事传统信息服务的机构开发了网络数据库，如 EBSCO 公司的 BSP(商业资源数据库)、万方数据资源系统、CNKI 等，都是由专门的信息机构或公司来制作维护。

电子出版物。以数字代码形式将文字、图像、声音、视频等信息存储在

① 赵洁等. 高校图书馆信息资源建设研究[M]. 北京：海洋出版社，2018：26.

磁、光、电介质上，通过因特网传播，并通过电脑或相关设备阅读的出版物，包括电子图书、电子期刊、和电子报纸等。现在的电子出版物，有的是传统纸本文献的电子版本，也有的是完全以数字化形式编辑、制作、出版与发布，并形成网络化形式发行。

参考工具书。许多传统的和现代的参考工具书都已进入因特网，如《英国大不列颠百科全书》《牛津大辞典》《汉语词典等》。

网上动态信息。网络的开放性和交互性，使得网上有很多动态性很强的信息，如网上新闻、BBS、政府机构发布的信息、政策法规、会议消息、研究成果等。

其他类型的信息。除了上述几种类型的信息之外，电子邮件、电子公告、新闻组、用户组也成为信息交流的重要渠道，并成为网络信息资源的重要组成部分。

由于网络信息资源的高度动态性和庞杂性，人们还很难准确把握和概括网络信息资源内容和形式上的特点，因此，各种分类都是不完善的。无论采用哪种标准，都难以避免概念的交叉和分类不够系统的问题。

2. *单机信息资源*

单机信息资源是指通过计算机存储和阅读但不在网络上传输的数字化信息资源，人们常称之为机读资料。它与网络信息资源的区别就在于其存储的空间范围。随着计算机存储设备容量的不断扩大以及计算机网络技术的不断发展，计算机间的透明访问越来越多，这两类信息资源的差别也越来越小。单机信息资源按其存储载体可分为磁带、磁盘、光盘等类型，其中磁盘和光盘是主要的单机信息资源类型。

除了按照上述方法划分信息资源的类型外，图书情报机构还常常按照信息资源开发程度，将信息资源划分为零次信息资源、一次信息资源、二次信息资源和三次信息资源。

零次信息资源是指未成为正式文献的信息资料，未经加工和组织的一些中间信息和过程信息，如实验记录、草稿、私人日记、笔记、书信、草图等。

一次信息资源是指著作者最初发表的各种载体的原始文献，是著作者根据自己的科研成果而发表的原始创作。一次信息资源包括各种纸质和数字化载体的专著、期刊论文、会议论文、专利文献、标准文献、统计报表等，是信息资源的基本类型。判断一次信息资源的标准不是载体形式，而是内容。

二次信息资源是在对大量分散的原始文献信息进行收集整理、内容浓缩的基础上，按照一定体例组织而成的可供检索的一种信息资源，如数据库，以及各种纸质和数字化载体的书目、索引、文摘、题录等。它是引导和使用一次信息资源时必不可少的工具。

三次信息资源是指通过利用二次信息资源对一次信息资源进行系统分析、综合研究、评述而加工生成的各种载体的信息资源。如各种纸质和数字化载体的综述、述评、专题研究报告、百科全书、年鉴、手册、指南等。三次信息资源具有系统性、综合性、知识性和概括性等特点。

二、现代信息资源的整体特征与发展趋势

近半个多世纪以来，科学技术的进步日新月异，科学研究的成果大量涌现，由此而产生的信息资源发展速度之快、积累规模之大、包含内容之丰富，作用影响之深远，是前所未有的。现代信息资源的整体特征与发展趋势主要表现在以下几个方面：

(一)数量急剧增长，载体形式多样

在人类社会的发展过程中，信息资源每时每刻都在大量地产生和积累。但近几十年来这种产生和积累的速度是十分惊人的。据估算，最近50年，全世界生产的知识量约占人类社会知识总量的90%，科学新发现和技术新发明的数量，远远超过过去两千年的总和。人类科学知识的增长速度越来越快，19世纪是每50年增加一倍，20世纪中叶是每10年增加一倍，70年代之后则是每3年至5年增加一倍，90年代之后，基本每年就翻一番，进入21世纪，已呈突飞猛进增长态势①。21世纪初期，现代科学的学科已经超过8000门②。专家预测，2020年人类知识每73天就要翻一番③。

各种知识门类的不断增加，无疑会导致各个知识领域的文献数量急剧增长。据联合国教科文组织的统计资料，全世界发行的图书，50年代为20多万种，60年代为40万种，70年代为60万种，80年代已达到80万种。据国际出版协会(IPA)发布的报告，2015年全球出版商发行的图书超过了160万种。④ 全世界的期刊，50年代约2万种，60年代约4万种，70年代约8万

① 赵渊杰. 持续提高科技进步加速度[EB/OL]. [2020-11-11]. http://opinion.people.com.cn/n1/2019/0725/c1003-31254435.

② 刘婧琦. 王燕华，译. 从现代分类科学到后现代跨学科知识[J]. 国际高等教育研究，2012(1)：42-48.

③ 黄少雄. 浅论创建学习型社会[EB/OL]. [2020-11-11]. http://cpc.people.com.cn/GB/34727/56414/56459/56506/4393166.

④ 兰莲超. 全球出版商一年要发行160多万种新读物，中美几乎占一半[EB/OL]. [2019-12-20]. http://www.qdaily.com/articles/44491.

种，80年代约15万种，现在已达到约20万种。①科技期刊的增长速度尤快，倍增周期只有7—8年。全世界每年在期刊上发表的科技论文约400万篇，科技报告每年约70万件，每年公布的专利文献约100万件，标准文献累计量约为120万件。

信息资源不仅数量剧增，而且载体形式多种多样。在纸质文献资源迅速增长的同时，数字信息资源的剧增更引起了人们的关注。数字信息资源形式多样，包括联机馆藏目录、电子书刊、参考工具书、各种类型的数据库、电子公告、电子邮件等。内容则覆盖了不同学科、不同领域、不同语言，既有学术信息，也有各种时事信息，各种商业的、娱乐的信息，以及大量的广告信息。

信息资源数量的庞大和载体的多样化，为信息资源建设提供了丰富的信息源，但也给信息的鉴别、选择、采集带来了困难。

(二)内容重复交叉，分布广泛分散

现代科学技术发展的特征之一是各学科间的渗透、交叉、转移、结合的趋势日益加强，这一特点也往往使知识的产生和文献的出版出现相互交叉、彼此重复，具体表现为：科研选题的相互重复，导致反映其研究成果的文献内容也出现重复；同一内容的文献以不同形式出版；同一文献同时用多种文字发表或各国互相翻译内容完全相同的文献；重版和改版文献数量增加；同一内容的文献用不同类型的载体重复出版(如印刷版和电子版)；各国出版商竞相出版热门书和新兴学科书刊。文献内容的重复交叉在一定程度上能扩大人们获得和接触这些文献的几率，但也使识别和使用这些文献变得非常困难。

现代科学不断分化、不断综合，各学科的严格界限逐渐消失，也使得科研成果的分布较为分散，表现在：一种专业期刊不仅刊载本学科的论文，也发表许多相关或相邻学科的论文，而同一专业的论文不仅发表在本专业刊物上，也出现在许多不同专业的刊物上。同时，文献的分布也呈现出某些有规律的现象：相当数量的文献相对集中刊载在少量专业期刊中，其余数量的专业论文却高度分散刊载在大量非专业期刊中。掌握文献分布的特点，对于在信息资源建设中，确定核心期刊，以有限的经费获得高质量、使用率高的文献，具有重要意义。

---

① 曾天山. 中国社会科学研究质量标准体系研究[M]. 广州：广东高等教育出版社，2014：120.

(三)信息繁杂无序，价值差异明显

信息资源的繁杂无序突出表现在网络信息方面。由于因特网是在自愿的基础上，通过TCP/IP将不同的网络连接而成的，对网络信息资源的组织管理并无统一的标准和规范，网络信息呈全球化分布结构，信息资源分别存储在不同国家、不同地区的服务器上，不同的服务器采用不同的操作系统及数据结构，字符界面、图形界面、菜单方式、超文本方式等缺乏集中统一的管理机制。在因特网上，信息地址、信息连接、信息内容也处于经常性的变动之中，信息资源的更迭、消亡无法预测。因而从整体上看，网络信息资源尚处于无序状态。

网络信息的发布也具有很大的自由度和随意性，缺乏必要的过滤、质量控制和管理机制，正式出版物和非正式出版物交织在一起，学术信息、商业信息以及个人信息混为一体，信息质量良莠不齐。印刷型信息资源的出版一般都有比较规范和严格的质量评审机制，因此信息的价值较高，而网络信息资源内容繁杂，缺乏规范，精度低，因而实际上只有一部分网络信息资源能够真正用于信息服务之中。

(四)信息老化加快，文献时效缩短

信息老化是指各种载体中的信息内容随着“问世”年龄的增长而逐渐变得陈旧过时，利用价值越来越小，直至完全丧失的过程。由于科学技术的迅速发展，新理论、新观点、新技术、新产品层出不穷并迅速更新，使信息与知识的新陈代谢频繁。据有关资料，知识的平均老化周期，18世纪为80—90年，19世纪—20世纪初为30年，20世纪末为5—10年。技术成果平均老化周期，20世纪30年代为25年，50年代为15年，70年代为8年，90年代为3—5年。① 信息老化加快，使记录知识信息的文献的有效使用时间日益缩短。旧的文献很快被新的文献所取代，其使用的读者越来越少，使用频率越来越低。

文献信息老化既是一种客观的社会现象，又是一个复杂的动态过程。从文献利用的角度来看，引起文献老化的原因是多种多样的。例如，文献的知识内容被其后的文献证明是不准确、不可靠的，甚至是错误的，因而会导致这类文献利用率的降低；或者，文献的内容是正确的，但由于其知识内容已进入更广泛的社会交流领域，如已编入教科书的科学公理、定律、定理、公式等，人们已经普遍接受其知识内容，因而会导致这类文献利用率的降低；或者，文献的知识内容是正确的，但由于其知识内容被更新的、更全面的新

① 承欢．学习无止境，方法要创新[N]．CNKI导报，2004-06-18.

文献所代替，因而随着时间的推移，其利用率也渐渐会降低；或者，文献的知识内容是正确的，但由于种种原因人们对该文献的研究兴趣下降了或注意力转移了，因而导致这类文献利用率降低。信息老化加快，文献时效缩短，对信息资源的选择、收集与剔除，信息资源的布局与规划，文献信息的保存与利用等，都有重要的影响。

(五)信息成为资源，竞争共享并存

人类社会进入信息时代，信息要素广泛而深入地渗透到人类社会生活和经济活动之中，经济的发展主要不是依赖物质和能源的消耗，而是依靠对信息和知识资源的开发。企业经济活动中信息的作用日益突出并起着关键作用，产品和劳务中的信息含量、总财富中所含的信息财富比重在不断上升，信息对经济增长和人民生活水平的提高贡献增大。信息已经成为一种重要的资源在现代经济活动中扮演着越来越重要的角色。

信息成为重要资源，人们对信息资源的争夺也愈益激烈。发达国家凭借其在经济、科技、人才等方面的优势，在信息资源的获取、开发和利用上抢占先机，而发展中国家在信息资源的竞争中则明显处于劣势。据国际电信联盟(ITU)《2017 年衡量信息社会报告》，发达国家与发展中国家，尤其与最不发达国家(LDC)之间的数字差距巨大。全球 70%互联网用户在占世界人口 16%的最富裕国家，而占世界人口 40%的最贫穷国家仅拥有全球互联网用户的 5%。发达国家的移动宽带普及率是发展中国家的两倍，欧美区域宽带用户比例远高于其他地区，是非洲的 3 倍以上。在互联网使用和连接方面，发达国家的上网户数几乎是发展中国家的 2 倍，是最不发达国家的 5 倍以上。① 因此，联合国的一份报告指出，通过信息技术和创新能力创造的新经济，仍然是一种富国现象。发达国家在知识集中的过程中，通过创造优势夺取全球市场份额，进行大规模产业重组，获得先行者利益；同时大多数发展中国家处在信息贫困中，由此形成的差距就是“数字鸿沟”。这种“数字鸿沟”不仅存在于发达国家与发展中国家之间，也存在于各个国家内部。研究资料表明，“数字鸿沟”正在成为我国继城乡差别、工农差别、脑体差别“三大差别”之后的“第四大差别”，地区间的信息化水平差距、城乡间的信息基础设施及信息获取利用的差距依然非常明显。

日益突现的“数字鸿沟”引起了许多国家的政府、产业界、学术界的高度关注，呼唤信息公平和信息资源共享的声音日益高涨。中国国家主席习近

① 国际电信联盟(ITU)：2017 年衡量信息社会报告[EB/OL]. [2019-12-20]. https://www.useit.com.cn/thread-18487-1-1.

平2015年12月在“第二届世界互联网大会上”指出，互联网是人类的共同家园，各国应该共同构建网络空间命运共同体，推动网络空间互联互通、共享共治，为开创人类发展更加美好的未来助力。① 2019年6月，习近平在出席“G20大阪峰会”时发表重要讲话指出，数字经济发展日新月异，各国要加强数字基础设施建设，促进互联互通；要提升数字经济包容性，弥合数字鸿沟。作为数字经济大国，中国愿积极参与国际合作。② 世界各国都纷纷制定政策、采取行动，力图通过加快信息基础设施建设，提高整个社会的信息素质，达到信息普遍存取、平等利用的目的。如美国，政府为缩小“数字鸿沟”先后颁布了《国家信息基础设施：行动纲领》《信息自由法》《电子政务法案》等法律，为切实保障公众获取公共信息和缩小数字鸿沟奠定了全面的法律基础。奥巴马政府时期还通过了总额为7870亿美元的经济刺激计划，突出以“连接美国”为主题的“美国宽带计划”，旨在缩小数字鸿沟，提高美国信息化的整体水平，让信息通信技术惠及公众生活和国家经济发展。③ 一些国际组织也做了种种努力，试图在全球范围内缩小“数字鸿沟”，促进共同发展与繁荣。2017年，ITU国际电信联盟发布的最新报告指出，信息通信技术和数字经济有可能改变全球数十亿人的生活，但前提是人们有机会使用这些技术和资源，因此必须尽快消除日渐扩大的全球“数字鸿沟”。④ 2003年12月在日内瓦举行的“信息社会世界高峰会议”发表《原则宣言》宣告要建立一个“人人可以创造、获取、使用与分享信息与知识”的信息社会。⑤ “2015年联合国可持续发展峰会”通过的《2030年可持续发展议程》明确提出，要积极致力于信息通信技术应用的普及推广，帮助发展中国家改善通信基础设施，加强信息通信能力建设，提高其整体信息化水平，尽快跨越数字鸿沟，享受数字红利。⑥ 这一切都说明，在对信息资源激烈争夺的同时，信

① 深度解读习近平提出的互联网发展四项原则和五点主张[EB/OL]．[2019-12-20]．http://news.cntv.cn/2015/12/17/ARTI1450316815848330.

② 习近平出席G20大阪峰会并发表重要讲话[EB/OL]．[2019-12-23]．http://china.cnr.cn/news/20190629/t20190629_524668212.

③ 陈南华．美国政府应对数字鸿沟的经验及其对我国的启示[J]．电子政务，2010(10)：115-121.

④ 国际电联呼吁消除“数字鸿沟”[J]．世界知识，2017(23)：77.

⑤ 信息社会世界峰会落下帷幕《原则宣言》通过[EB/OL]．[2019-12-26]．http://www.techwalker.com/2003/1219/103808.

⑥ 联大审议信息社会世界峰会十周年成果[EB/OL]．[2019-12-20]．http://www.gov.cn/xinwen/2015-12/16/content_5024829.

息资源共享也在形成一股强大的时代潮流。

第三节　信息资源建设的概念和内容

一、信息资源建设的含义

信息资源如同矿物、森林、水等自然资源一样，是一种能给社会带来巨大财富的资源。信息资源的丰富程度，对信息资源的开发利用能力，是评价一个国家科学能力乃至综合国力的重要标志之一。

但是，信息资源和自然资源又不尽相同。

第一，纯自然资源是天然的先于人类的客观存在，而信息资源则是经过人类开发与组织的信息的集合，人类的参与在信息资源形成过程中具有重要的作用。信息资源的形成和分布状况，虽有一定的客观性，但更是人们主观努力的结果。它的聚散长消，明显受到社会科技、经济、政治和文化诸因素的影响。因此，人们可以通过选择、组织、布局等手段，对信息资源进行建设、改造和优化，从而使信息资源给人类社会创造更多的财富。

第二，自然资源的丰富程度可用储备量来表示，而信息资源却是无法用储备量来衡量的。由于信息载体的多样性、分散性、无序性、不稳定性、某些信息载体的非物质性，以及资源开发的动态性等，信息资源实际上是不存在储备量问题的。即使是处于相对静止状态的文献信息资源，其丰富程度也不是各图书情报机构所收藏的文献的简单相加。因为，内容相同的文献的重复积累，并不能增加总的信息量。而分散、自发、无序的文献积累，无法形成优化的文献资源体系，自然也不能成为可资利用的资源。

第三，自然资源多为一次效用的物质资源，在使用中不是被消耗掉就是转变了存在方式，所以自然资源是越用越少的。而信息资源则具有共享性，可以供无数人同时或先后重复使用。它的奇特之处还在于它不会出现枯竭和产生什么危机。因为，信息是无处不在、取之不尽的，只要不断投入力量进行开发、建设，信息就会源源不断地成为资源，而且这种资源还会在使用中不断丰富，不断产生出新的信息资源。

信息资源的这些特点和规律告诉我们，信息资源是可以而且必须通过自觉的开发和建设使之形成和优化的。要更好地利用信息资源为社会创造财富，首先就必须自觉地开发和建设信息资源。信息资源建设应该是一个国家现代化建设中的一项重要的基础建设。

所谓信息资源建设，就是人类对处于无序状态的各种媒介信息进行选择、采集、组织和开发等活动，使之形成可资利用的信息资源体系的全过程。这一定义的内涵包括三个方面：

第一，信息资源建设所针对的是处于无序状态的各种媒介的信息。所谓各种媒介的信息，是指既包括纸质媒介的各种类型的文献，又包括非纸质媒介的各种类型的信息。对大多数图书馆来说，纸质文献仍然是信息资源建设的重点。但非纸质媒介的信息资源，尤其是电子信息资源，近年来发展非常迅速，而且在生产、存储、传递等方面具有纸质文献难以比拟的许多优势，因而越来越受到人们的重视，成为信息资源重要的组成部分。纸质文献、数字信息资源和其他各种载体的信息，共同构成了信息资源建设的对象。所谓无序状态，是指各种媒介的信息数量极其庞大、分布广泛分散、内容繁杂混乱、质量良莠不齐、形态极不稳定，人们对它的利用十分困难。信息资源建设则是要使这些处于无序状态的信息有序化。

第二，信息资源建设活动的内容是对信息进行选择、采集、组织和开发。选择就是要从浩如烟海的信息源中，经过鉴别、评价，挑选出符合特定需要的、有价值的信息。采集就是以人工的、自动化的方式和手段，通过各种渠道搜索、获取各种载体、各种形式的信息。组织就是对采集的信息资源进行加工、整序，揭示其内容和形式特征，形成各种信息检索工具和检索系统。开发就是以感知、思维、创造等方式，深入信息内容，去发现、发掘、提取有现实或潜在价值的信息，以供人们有效利用。对信息的选择、采集、组织、开发，构成了信息资源建设的全过程，每个环节都有特定的功能，同时又相互联系，相辅相成。

第三，信息资源建设的目的是形成可资利用的信息资源体系。信息资源是一种附加了人类劳动的信息。凡是未被组织和开发从而能够为人们所利用的信息都不属于信息资源。因此，可利用性是信息资源的重要特征。所谓可资利用，应该包括这样一些标准：①资源丰富，没有一定的丰裕度，资源就很难得到利用；②选择精良，即通过鉴别、选择，排除了那些繁芜、杂乱、可信度低、严重污染的信息，使提供利用的信息达到较高的精度；③查询简便，即检索工具和检索系统易学易用，使用方便快捷；④传递迅速，即使用者在需要的时候能够及时迅速地获得有关信息资源。这种可资利用的信息资源，应该是一个有序的信息资源体系。从微观上看，它要根据特定的目的，将不同内容、不同层次、不同载体、不同时间、不同语种的信息资源组成一个相互联系、相互依存的系统，以满足特定服务对象的信息需求。从宏观上看，要对一定范围(地区、系统或全国)的信息资源进行统筹规划、合理配置、科学布局，从而满足整个社会的信息需求。

二、信息资源建设概念的演变

“信息资源建设”是20世纪90年代中期才开始广泛使用的概念，但对包括图书馆在内的各类型信息机构来说，信息资源建设并不是一个完全陌生的领域。对信息资源的鉴别、选择、采集、组织、加工、管理，从来就是这些机构的一项重要的基础性工作。只是概括这一部分工作内容所使用的概念在不断演变，而这种演变，也客观真实地反映了随着时代的发展信息资源建设内涵的深刻变化。

（一）藏书与藏书建设

藏书，是在我国先秦时期即已出现的一个古老的概念和社会文化现象。在漫长的古代社会，社会生产力发展缓慢，社会知识成果的数量有限，文献生产的数量不多，所以那时的藏书活动就是用各种方法尽可能地全面搜集图书并尽可能妥善地收藏与保管。因此，在中国古代藏书家的著述中，有不少关于“求书”“购书”“鉴书”，以及对图书的装订、编目、收藏、曝书等收藏和保护方法的论述。

进入近代社会，随着“西学东渐”与西书翻译的发展，西方近代印刷术与造纸术的广泛应用和杂志、报纸、教科书等新型出版物的诞生与发展，图书种类与出版物数量日益增多，图书馆藏书已不局限于狭义的图书，而是指图书馆收集、整理、保存并为读者利用的各种文献的总和。同时，图书馆已不可能对全部文献收罗无遗，因此，有计划地、科学地、选择性地收集文献日益成为图书馆的一项重要工作，“藏书采访”（Collection Acquisition）亦成为一个比较流行的专业术语。为了加强对藏书采访的管理，图书馆专门设立了采访部或者采编部，制定了相应的藏书采访计划和规章制度，还出现了一些有关藏书采访的专门论述，如1926年出版的杜定友撰《图书选择法》、1927年出版的顾颉刚《购求中国图书计划书》、1934年出版的吕绍虞撰《图书之选择与订购》等，这些著述都总结和研究了当时图书采访工作的实践和理论。

20世纪50年代，我国图书馆界开始使用“藏书建设”这一专业术语，但此时“藏书建设”基本上是作为“藏书补充”或“藏书采访”的同义词使用的。由于图书馆事业的发展，围绕文献收藏活动的内容日益复杂，“藏书采访”一词已不足以概括对文献资料的精心选择、收集、组织和积累等工作的全过程。60年代，国内外图书馆界都对藏书建设的定义进行研究，认为藏书建设应该包括从藏书补充到藏书组织或典藏的全过程。例如陈鸿瞬曾于1961年提出：“图书馆藏书建设，指的是把最低限度的藏书建立起来，使它逐渐达到丰富和系统，而且又要把它组织和处理好。”①从此，“藏书建设”逐渐取代了“藏书采访”，成为在图书馆界普遍使用的专业术语。在国外文献中，也有一个与之相对应的术语 Collection Development，我们通常译为“藏书发展”或“馆藏发展”。

20 世纪 70 年代以后，藏书建设已形成了较为完整的系统概念，其含义也有了进一步的分化和延伸，并开始向专门化研究方向发展。藏书补充区分为选择与采集，并引申到藏书的复审与剔除。从藏书补充、藏书调整与藏书组织规范，又延伸出对藏书结构体系的研究。与此同时，人们对藏书建设的概念也进行了更为深入的讨论。有人认为，藏书建设是藏书形成的全过程，即从藏书的入藏到利用，再从藏书的利用到入藏的循环反复、螺旋上升的过程，认为藏书的补充、藏书的组织、藏书的保管、藏书的利用以及一系列方法步骤，都是藏书建设的过程。也有的认为藏书建设是通过搜集、积累、组织，建立系统的藏书体系，这个藏书体系，是通过规划、补充、登记、组织、协调，建立检索网络，组成存储中心来完成的。1987 年，沈继武撰《藏书建设与读者工作》一书，认为“藏书建设”的概念是研究符合图书馆任务与读者需求，系统地建立、发展、规划、组织藏书体系全过程的理论。② 它有三个具体含义，即藏书建设的规律、藏书发展的过程、藏书结构体系。这一表述被认为是对“藏书建设”概念较完整的阐释。当时还有一种提法“馆藏建设”，但有的学者认为这一概念更适用于对微观层面的表述，即指具体图书馆的藏书建设，不适用于宏观层次，较适合于口头表达，不适合作为理论概念。它虽在一定意义上与藏书建设同义，但它们之间也有区别。③ 总之，“藏书建设”概念的提出和对这一概念内涵的讨论，表明了人们对藏书建设的认识在逐渐深化，力图使藏书建设概念能全面准确地反映藏书建设的实际内容。

(二)文献资源建设概念的提出与理论体系的形成

20 世纪 80 年代，图书馆藏书建设面临许多新的问题。首先是藏书类型更加复杂，不仅有不同形式的出版物，而且有各种不同的载体的出版物，如缩微资料、音像资料、机读资料，将它们统称为藏书，显得不大贴切。而根据《文献著录总则》对文献的定义，它们应该有一个共同的称谓：文献。同时文献作为知识信息的载体，对经济建设、科学研究及文化发展是一种重要

① 陈鸿舜. 关于提高藏书质量的两个问题[J]. 图书馆，2016(02).

② 沈继武. 藏书建设与读者工作[M]. 武汉：武汉大学出版社，1987：24-26.

③ 孟雪梅. 信息资源建设[M]. 哈尔滨：黑龙江人民出版社，2002：14.

的资源，这已为越来越多的人们所认识。其次，由于文献出版数量急剧增长，价格大幅上涨，而图书馆的文献购置经费却相对短缺，单个图书情报机构的藏书建设越来越难以满足用户日益多样化的文献需求。于是，图书情报机构之间开展了协调采购、合作藏书、资源共享的活动，藏书建设的实践领域大大拓宽了。由于这些原因，继续沿用"藏书建设"的概念，已很难真实和准确地反映这一领域理论和实践的发展。因此，图书情报理论界开始寻求新的概念和新的理论。

文献资源建设的概念是20世纪80年代中期提出来的。1984年9月在大连召开的"全国高校图书馆藏书建设研讨会"上，首次提出了文献资源和文献资源建设的问题，引起了很大反响。是年，时任教育部高校图书馆工作委员会秘书长的肖自力撰文《我国文献资源建设与高校图书馆的使命》，第一次系统地阐述了文献资源建设的理论与实践问题。1986年11月，中国图书馆学会在南宁召开了"全国文献资源布局学术研讨会"。1987—1990年，国家社科基金资助项目"全国文献资源调查与布局研究"在全国486家图书馆进行了一次大规模的调研活动，取得了许多重要研究成果。1991年，沈继武、肖希明编著的高等学校文科教材《文献资源建设》正式出版。1993年，《中国大百科全书·图书馆学情报学档案学卷》明确使用了"文献资源建设"这一概念。这些具有标志性的事件，表明文献资源建设在理论上已基本成熟。

所谓文献资源建设，就是依据图书情报机构的服务任务与服务对象以及整个社会的文献情报需求，系统地规划、选择、收集、组织管理文献资源，建立特定功能的文献资源体系的全过程。① 文献资源建设理论体系的核心内容实际上包含两个层次。在微观层次上，是指具体图书情报机构的藏书体系建设，即图书馆如何将各种分散无序的文献予以选择收集、组织管理，使之成为藏书体系，以满足本馆服务对象的需求。在宏观层次上，是指一定范围内(地区、系统、国家乃至国际)的众多图书情报机构对文献资源进行统筹规划、协调发展，最后形成一个文献资源整体系统，以保障和满足整个社会对文献的需求。微观文献资源建设与宏观文献资源建设二者有密切的关系。微观文献资源建设是宏观文献资源建设的有机组成部分，是宏观文献资源建设的基础和保障。而微观文献资源建设也离不开宏观文献资源建设，因为单个图书馆不可能全面收藏所有的文献，如果没有统一规划与分工协调，就不可能形成强有力的文献资源保障体系，就不可能全面满足整个社会对文献的

① 沈继武，肖希明．文献资源建设[M]．武汉：武汉大学出版社，1991：46.

需求。

文献资源建设这一理论体系是颇具创新性的。它突破了传统的图书馆藏书、藏书建设的局限，更好地概括了文献和文献工作的本质，反映了人们对这一领域认识的深化。它从建立文献资源保障体系的视角与高度，将各类文献收藏视为一种社会资源来加以审视和研究，将馆际协作、文献资源整体化建设和资源共享、建立联合目录报导体系等一系列宏观文献资源建设理论带入我们的研究视野。因此，有学者评价说："文献资源建设概念的提出及研究领域的形成，是中国图书馆学家首次用自己的概念创立研究领域，并且没有一个术语如此科学地包容了这一领域的问题，在这个领域，中国站到了世界的前列。"①

(三)从文献资源建设到信息资源建设

20世纪90年代以后，由于信息技术的突飞猛进，尤其是因特网的迅速普及、数字化技术的广泛应用和数字图书馆的迅猛发展，文献资源建设的实践发生了重要变化，文献资源建设的概念也显露了它的一些局限性。

首先，图书馆赖以提供服务的资源基础，已不局限于馆藏的物理形态的文献，各种形式的电子化或数字化的信息迅速地涌入图书馆。实体形态的文献资源只是多种形式的信息资源中的一种类型，尽管它在大多数图书馆仍然是不可或缺的信息资源类型。显然，对数字化信息的生产、组织、加工、存取等工作内容，不是"文献资源建设"所能涵盖的。

其次，文献资源建设所关注的主要是图书馆"拥有"的实体馆藏，而在网络环境中，用户获取信息却不一定依赖实体的馆藏。因为互联网将不同地区、不同系统的图书馆连为一体，用户在有需要时可以通过网络方便快捷地获取本馆乃至本地所没有的信息资源。因而图书馆赖以提供服务的资源，不仅包括了本馆"拥有"的馆藏，而且包括了并不为本馆所有，但可以为本馆用户所用的"虚拟馆藏"。显然，虚拟馆藏也是原来的"文献资源建设"难以包容的。

再次，文献资源建设已经注意到宏观层次的资源建设和共享问题，但只有在网络环境中，借助于先进的信息生产、存储与传递技术，才能最大限度地实现信息资源共建、共知和共享，真正建立一个无比丰富的信息资源保障系统。显然，文献资源建设理论也是无力解决融信息资源的共建、共知和共享于一体的信息资源保障体系建设问题。

正是由于上述原因，人们认识到，文献资源建设有必要突破原来的概念

① 范并思．从经验图书馆学到新型图书馆学[J]．中国图书馆学报，1993(02)：3-8.

和理论框架加以丰富和发展。于是信息资源建设理论便应运而生。

90 年代中期，代根兴、吴晞等学者先后撰文明确提出用信息资源建设取代文献资源建设的观点，成为信息资源建设理论嬗变的先声。此后数年，图书馆学理论界不断有学者探讨我国图书馆应由文献资源建设向信息资源转变，以及如何实现这种转变的问题。2000 年，高波、吴慰慈撰写的《从文献资源到信息资源建设》，深入分析了从文献资源建设到信息资源建设理论嬗变的必然性，系统阐述了有关信息资源、信息资源建设的概念及信息资源理论体系的观点。该文的重要性还在于明确了信息资源建设与文献资源建设和馆藏建设是包容关系，而不是取代关系。换言之，文献资源建设并不因为信息资源建设概念的提出而消失，相反，它作为信息资源建设的组成部分，其作用“只能加强不能削弱”。该文提出了一个由基础理论、文献信息资源建设、网络信息资源建设三个部分组成的信息资源建设理论体系。今天，信息资源建设已经成为图书馆界、情报界和其他信息工作领域普遍接受并广泛使用的一个概念。尽管人们对信息资源建设的理解还不完全一样，情报界所说的信息资源建设主要是指网上信息资源建设，即数据库建设，而不是图书馆界所理解的取代“文献资源建设”的含义。但是在网络环境中，图书馆工作与情报工作融合的趋势已越来越明显，因此，图书馆界与情报界关于信息资源建设的不同理解是完全能够加以整合的。

三、信息资源建设的主要内容

信息资源建设的目的是建立可资利用的信息资源体系，信息资源建设就是围绕这个体系的形成、发展而进行的全部活动。其主要内容可概括如下：

(一)信息资源体系规划

信息资源体系，是指信息资源各要素相互联系、相互作用而形成的具有特定功能的有机系统。信息资源体系规划，就是根据信息资源体系的功能要求，来设计这个体系的微观结构和宏观结构。信息资源体系规划，是信息资源建设的起点。

微观层次上的规划，就是每一个具体的图书馆根据本馆的性质、任务和读者对象的需要，确定信息资源建设原则、资源收集的范围、重点和采集标准，提出本馆信息资源构成的基本模式。在此基础上，制定信息资源建设计划，安排各类型信息资源的数量、比例、层次级别，形成有内在联系和特定功能的信息资源结构，建立有重点、有特色的专门化的信息资源体系。微观层次的规划，在图书馆的具体形式之一为馆藏发展政策（Collection Development Policy，CDP）。2001 年国际图书馆协会联合会（IFLA）制定了

《资源发展政策制定指南概览》，指出图书馆的资源建设政策应该包括资源建设特色、载体、收藏范围、学科、负责资源建设部门职责，以及基于资源评估的资源发展规划、资源评价方法、资源建设深度指标等。① 国外大部分公共图书馆和大学图书馆都制定了馆藏发展政策。在国内，制定馆藏发展政策已纳入公共图书馆评估指标的范围，大部分公共图书馆和许多高校图书馆都制定了馆藏发展政策。

宏观层次上的信息资源体系规划，就是从一个系统、一个地区乃至全国的整体出发，对信息资源建设进行统筹规划、合理布局，制定各种类型的图书馆及各类型信息机构之间在信息资源的收集、组织、储存、书目报导、传递利用等方面的协调与合作规划，从而形成相互依存、相互联系的整体化、综合化的信息资源体系。宏观层次的规划，需要从国家层面、区域层面、联盟层面对信息资源建设进行顶层设计，统一规划，实现资源建设的一体化和资源间的互通互联，避免低水平重复建设，提高信息资源的整体保障能力。

(二)信息资源的选择与采集

根据已经确定的信息资源体系的基本模式，通过各种途径，选择与采集信息资源，建立并充实馆藏，扩大“虚拟馆藏”，是信息资源建设的基础工作。这一工作主要包括如下内容：

印刷型文献的选择与采集。即根据一定的原则和标准，从大量的文献中筛选出既有价值又符合用户需要的出版物，并通过各种渠道和各种方式，采集所需要的文献，建立并不断丰富馆藏资源。印刷型文献一直是图书馆最基本和最重要的资源，在数字化时代，印刷型文献依然具有不可替代的作用。在纸质文献还会长期存在、还在大量生产的今天，对于大多数图书馆来说，印刷型文献的选择和采集仍然是信息资源建设的最重要的内容。

网络数据库的选择与采集。国内外数据库生产商或数据库服务提供商已开发出各种文献数据库，图书馆或其他信息服务机构通过签约付费，直接购买这些产品或服务，可远程登录，在线利用。网络数据库是各类型图书馆数字资源的主体。由于近年来数据库产业迅速发展，各种商业数据库产量巨大。图书馆如何从数量庞大、类型多样的数据库中选择与采集符合自身的服务任务与服务对象需要的资源，成为网络环境下信息资源选择与采集的主要任务。

其他非印刷型文献资料的选择与采集。包括以实体形式存在、单机使用

---

① Guidelines for Collection Development Policy Using the Conspectus Mode[EB/OL].[2019-12-22]. https://www.ifla./org/files/asset/acquisition-collection-develop/publications/gcdp-cn.

而非网络传递的电子出版物、缩微资料等。图书馆要根据用户需求、非印刷型文献本身的质量、与本馆其他类型出版物的协调互补情况、非印刷型文献入藏的成本效益等原则进行选择和采集。

(三)馆藏资源数字化与数据库建设

馆藏资源数字化是网络环境下信息资源建设的重要内容之一。因为只有经过数字化处理的文献才能通过网络为人们所共享。图书馆应通过计算机和大容量的存储技术、全文扫描技术、多媒体技术，将馆藏中有独特价值的印刷型文献转化为扫描版全文电子文献，制成光盘或网上传播。

数据库建设是数字资源建设的核心内容。对图书馆来说，数据库建设主要有书目数据库和特色数据库建设。书目数据库是开发图书馆信息资源的基础数据库，也是图书馆实现网络化、自动化的基础，它直接关系到联机编目及联合目录数据库的建设。特色数据库是图书馆特色资源的集中反映，是图书馆充分展示其个性，提高其社会影响力和信息服务竞争力的核心资源。图书馆要根据本系统本地区的社会需求和本馆的技术力量、经费等条件，选择适合的主题，系统地将馆藏资源中的特色文献制作成独具特色的文献数据库或专题数据库，并提供上网利用。

(四)网络信息资源的开发利用

互联网信息资源极为丰富，图书馆对它进行开发组织，就可以使这些分布在全球的网络信息资源成为自己的虚拟馆藏。这种开发和组织就是根据用户的需求与资源建设的需要，搜索、选择、挖掘因特网中的信息资源，下载到本馆或本地网络之中，经过分类、标引、组织，通过网络或其他方式提供给用户使用，或者链接到图书馆的网页上，如建立 Internet 信息资源导航库，以方便读者迅速检索到自己感兴趣的有价值的网络信息资源。这种虚拟馆藏对图书馆及各类型信息机构的信息资源建设和信息服务具有重要意义。由于虚拟馆藏汇集了全球范围内有关专业的信息资源，其网络终端无论延伸到何处，连接终端的用户都可以自由地利用信息资源，使图书馆和各类信息机构不仅有了丰富的资源保障，而且为拓展其服务功能创造了条件。

20 世纪 90 年代末，国际学术界、出版界和图书情报界为了应对“学术期刊危机”而发起了开放存取(Open Access，OA)运动，鼓励科研人员将论文、专著、图书、演示手稿等研究成果发表在开放式学术期刊或存储在开放式知识库中，以免费的方式提供给读者检索、下载和复制，以构建一个真正服务于科学研究的学术传播体系。开放存取资源就是指任何用户都可以免费在线获取的、不受许可限制的所有数字化学术信息资源。进入 21 世纪以来，开放存取的规模越来越大，开放存取资源也越来越丰富。有效利用开放存取资源，可以丰富图书馆的信息资源，在一定程度上降低信息资源建设的成本，提高获取信息资源的时效性。因此，利用开放存取资源，成为当今网络信息资源开发利用的重要内容。图书馆要根据用户需求与资源建设需要，搜集、选择、挖掘各种形式的OA资源，建立OA资源导航或专门的OA资源检索与服务平台，或将OA资源与图书馆购买的商业数据库以及自建数据库进行整合，提供统一的检索入口，供用户查询利用包括OA资源在内的各种不同来源的数字资源。

(五)信息资源的组织管理

这里主要是指对图书馆对本馆拥有的信息资源和可存取的信息资源进行的组织管理。包括：

对入藏的文献信息资源进行加工、整序、布局、排列、清点、保护和剔除。科学地组织管理信息资源的作用，在于完整地保存和有效地利用信息资源，满足用户的信息需求，保持信息资源处于最佳流动状态。对保存性强的信息资源的组织，要注意完整性、稳定性、可检性；对流动性强的信息资源，要注意实用性、现实性、针对性。要通过对信息资源的调配、调整、重新排列组合，使信息流有序运动。

数字馆藏管理。数字馆藏是图书馆馆藏中以数字形式保存的和借助于计算机网络可以利用的数字资源的集合。数字馆藏管理就是决定什么信息如何存放和存放在哪里，哪些信息需要长期存放(保藏)，哪些信息需要不定期地迁移或删除，以及何种设备和储存形式适合本馆的需要，何种访问策略有利于数据的安全和对本馆用户权利的保护等。

(六)信息资源共建与共享

信息资源共享是人类社会的崇高理想，是图书馆为之奋斗的最高目标。而信息资源共享的前提是信息资源共建。在新的信息环境中，信息资源数量激增与图书馆有限收藏能力的矛盾加剧，信息需求的广泛性和复杂性与图书馆满足需求的能力形成强烈的反差，网络环境使信息资源共建共享变得更为必要和迫切，同时也为信息资源共建共享提供了重要的技术支持。在新的信息环境中，信息资源共建共享的主要内容包括：通过整体规划与图书馆之间的分工协调，建设相对完备的文献信息资源保障体系；形成覆盖面宽，利用方便快捷的书目信息网络，实现网络公共查询、联机合作编目、馆际互借、协调采购等功能；建立迅速高效的电子文献传递系统。

四、新的信息环境下信息资源建设的新领域

进入21世纪以来，特别是近十年来，以互联网技术、数字技术和现代

通信技术为代表的信息技术飞速发展，信息的生产、组织、存储、传播的方式发生了深刻的变化，社会信息化进程明显加快，信息深度融入社会生产生活的各个领域，社会的信息需求越来越广泛复杂，社会公众获取和利用信息的行为也发生了巨大变化。在新的信息环境下，信息资源建设也出现了一些新的领域和新的发展趋势。

（一）“大数据”运用于信息资源建设

2012年“大数据”的概念引入我国后，引起了图书情报领域的广泛关注。由于信息资源建设与“数据”也密切相关，因而图书馆界开始探索运用大数据解决信息资源建设中的问题。主要包括：

1. 运用大数据对信息资源体系进行评价

信息资源建设和服务在运行中积累了大量的数据，如馆藏数据、与用户的交互中产生大量的用户使用统计数据和行为数据、图书馆工作过程中积累了业务数据和管理数据等，通过对这些数据的分析与挖掘，可以有效地评估用户对各种资源的使用情况，尤其是通过用户检索日志的挖掘，为信息资源的采访决策、优化配置和数据库的删选与调整提供科学的依据。

2. 大数据环境下的数据存储与挖掘

在数据存储方面，由于图书馆的“大数据”很大一部分是非结构化数据，传统的数据存储模式受到挑战，图书馆在尝试建立基于云计算架构的大数据存储系统，从被动存储转换至积极存储，构建数据监护模型，实现数字资源的长期保存。在数据挖掘方面，图书馆尝试系统地整合异构数据，分析其学科关联性，通过数据挖掘寻找新的服务方式，建设“生态和谐”的数据管理、数据服务和数据创新的图书馆。①

（二）“互联网+”行动中的信息资源建设

“互联网+”是将互联网的创新成果深度融合于经济、社会各领域后创造出的一种新的经济形态。2015年当“互联网+”行动计划成为国家战略以后，图书馆界也在积极行动，运用“互联网+”的思维来创新信息资源建设领域的模式。如“互联网+”强调跨界融合，图书馆将努力利用互联网技术对多行业各类型的信息资源进行深度整合，如将图书馆现有信息资源同非结构化的用户数据资源相融合，通过深度传播、流动、分享和利用，实现数据的增值利用。连接一切是“互联网+”的目标，信息资源建设则要运用“互联网+”的思维，建立一个涵盖资源环境、信息建设、知识服务、应用集成和基础设施的

---

① 彭羽佳，潘杏仙．大数据时代图书馆生态危机研究［J］．图书馆工作与研究，2015(04)：9-12.

多层面的功能体系，实现智慧互联。① 图书馆通过建设移动物联、深度感知和智慧互联网络，建设大数据知识服务平台和开放式协同创新平台来实现各主体与客体间的深度互联，连接一切也是“互联网+”环境下信息资源建设的终极目标。

(三)以用户/读者为中心的理念催生出信息资源建设的新模式

互联网、云计算、大数据等技术的广泛应用和学术交流新生态的形成，深刻改变了以资源为中心传统的信息资源建设模式，以用户/读者为中心，以需求为导向成为信息资源建设的核心理念，这些理念催生出一些信息资源建设的新模式。

读者决策采购（Patron-Driven acquisition PDA)就是一种体现以用户/读者为中心的文献采访模式。它以网络系统为依托，以图书馆事先制定的文献采购标准和使用参数为依据，由读者的阅读需求或实际使用情况来确定采购文献。最初的PDA模型是在馆际互借的基础上构建起来的，20世纪90年代以来，PDA的研究与实践在国外得到快速发展。2012年，读者决策采购被美国大学与研究图书馆协会(ACRL)评选为“学术图书馆十大趋势”之一。PDA能够有效地优化馆藏资源结构、提高馆藏资源利用率和节约购书经费，更重要的是，它赋予了读者更多的自主选择权。它具有参与读者的广泛性、参与过程的直接性、选购图书的针对性、选购图书的零散性等特性。PDA虽然不可能完全取代现有的文献采访模式，但作为一种重要的文献采访辅助方式，其优点、效益是很明显的。国内已有不少图书馆探索了PDA模式，如南开大学图书馆纸本外文图书PDA试点项目、中国社会科学院图书馆人文社科领域PDA项目等。② 内蒙古图书馆与书店合作，开展了“我阅读，你买单”的“彩云服务”，创新了公共图书馆的资源建设和服务方式，让读者成为图书购买的决策者，是具有中国特色的PDA，也是变革信息资源建设模式的重要探索。③

(四)科学数据管理成为信息资源建设的重要内容

科学数据是科学研究中产生的重要资产和资源，是科学研究持续或协作

---

① 张兴旺，李晨晖.“互联网+图书馆”顶层设计相关问题研究[J].图书与情报，2015(05)：33-40.

② 刘万国等.“双一流”建设视角下高校图书馆信息资源建设热点扫描[J].大学图书馆学报，2018(05)：33-38.

③ 段宇锋，王灿昊.内蒙古图书馆“彩云服务”的创新之路[J].图书馆杂志，2018，37(04)：43-50.

研究的重要基础。大数据环境下，科研活动产生的数据量在急剧增长。随着数据密集型科研范式的兴起、eScience 和 e-Social Science 的深入发展以及大数据的持续影响，越来越多的科学研究不再从头开始，而是建立在对已有数据的重新认识、组织、解析、分析和利用的基础上。科学数据在科学研究中的作用日益增强。然而科学数据有些收集难度大、成本高，导致利用率较低；有些生长周期不稳定或者较长，难以得到有效的跟踪和更新；有些生长较快，但传播途径较广，导致容易被污染。这些数据上的问题，无疑增加了科学研究的成本和难度。① 因此，图书馆特别是学术图书馆，应该将科学数据管理作为图书馆信息资源建设和为用户服务的重要内容。科学数据管理的主要内容包括：协助科研人员制定科学数据管理计划；进行数据组织和数据分析，使数据更好地被发现、理解和利用；数据存储，即将研究数据保存到仓储库可以便于在未来重新发现及使用，或者为科研人员选择数据仓储提供指导；数据共享与再利用，如帮助科研人员进行研究数据传播，帮助科研人员获得一个数字对象标识符(DOI)，使他们的数据被引用；数据素养教育，培养科研人员树立数据意识，提升数据获取能力。② 近年来，欧美国家的高校图书馆在科学数据管理方面已有不少成功的实践，在国内，武汉大学图书馆、复旦大学图书馆、北京大学图书馆、上海外国语大学图书馆也开展了科学数据管理服务。

(五)数字人文助力图书馆特色资源建设

数字人文(Digital Humanities，DH)，源于人文计算(Humanities Computing)，是在计算机技术、网络技术、多媒体技术等新兴技术支撑下开展人文研究而形成的新型跨学科研究领域。20 世纪 90 年代初期，人文计算作为一个独立的交叉学科逐渐成形。90 年代后期，人文学者开始越来越频繁和深入地使用各种新型的数字技术处理人文资料，并进行人文知识生产，如创作电子文本、扫描古籍图书、使用虚拟技术复原古建筑模型和历史上的都市，开发和建设各种在线的音视频数据库等。人文知识的可计算性快速从文学及语言学领域向历史、音乐、艺术等多个领域扩展。数字人文推翻了文理之间、人文与技术之间过去极为森严的壁垒，改变了传统人文学科知识的生产、保存与传播媒介，使人文学科研究发生了革命性的变化。

---

① 郭佳璟，樊欣. 国外科学数据管理经验及其对我国“双一流”高校图书馆的启示[J]. 文献与数据学报，2019(03)：26-37.

② 夏琬钧，高凡等. 科学数据管理——高校图书馆服务新视角[J]. 四川图书馆学报，2018(03)：25-28.

数字人文与图书馆信息资源建设，尤其是特色数据库建设存在着密切的联系。学者刘炜认为，图书馆行业作为历史文献的主要保留地，伴随着数字图书馆建设，已成为数字人文最早的基础设施建设者，而传统的文献考据和现代的文献计量学则为数字人文作为一个整体的跨学科研究领域提供了方法论借鉴。① 近 20 年来，国内的图书馆参与或主导，或以图书馆的文献信息资源为基础建设的数据库，实际上也是图书馆特色资源建设的一部分。如上海图书馆的晚清期刊全文数据库(1833—1911) 和民国时期期刊全文数据库(1911—1949，1—10 辑)，就是利用上海图书馆的民国文献资料建立的两个具有影响力的数据库。商业数据库中也有“四库全书”和“中国基本古籍库”两项重要的中国古籍数字化工程。国家图书馆的数字人文项目“华夏记忆”则借助自身丰富多样的古籍善本和特藏资源，构建了诸如宋人文集、西夏论著、数字方志和民国专栏(包含民国图书、期刊和法律)等针对文字信息的特色资源库以及甲骨世界、碑帖菁华、敦煌遗珍和年画撷英四个图片信息资源库，涵盖了多种工具书、字典辞书、年表和百科全书。② 国家图书馆的另一个数字人文项目“中国记忆”，则抢救性地收集与重大事件及重要人物、濒危民族记忆和传统技艺相关的文献和影音资料，体现了国家图书馆保存民族非物质文化遗产资料，传承和弘扬中华民族文化的功能。③ 上海图书馆构建了“数字人文开放数据平台”，以关联数据方式向互联网公开发布了上图数字人文项目所用的各种研究资料。④

(六)资源与技术深度融合

近 10 年来，互联网、云计算、大数据、社交网络、虚拟现实等技术越来越广泛应用于信息资源建设领域。互联网技术，尤其是移动互联网技术的普及，使移动化、交互性、开放性成为信息资源使用的主要特点。基于用户原创内容(User Generated Content，UGC)的机构知识库、学者库等也成为图书馆资源的组成部分。同时，图书馆进入了数字出版领域，实现了原创资源、特色资源等的数字化出版，从学术交流链条的上游加强了学术信息资源的开发、管理，更好地促进了学科的发展。随着大数据技术被

① 刘炜，叶鹰. 数字人文的技术体系与理论结构探讨[J]. 中国图书馆学报，2017(05)：32-41.

② 华夏记忆[EB/OL]. http://www. nlc. cn/newhxjy/,2020-02-05.

③ 中国记忆项目实验网站[EB/OL]. http://www. nlc. cn/cmptest,2020-02-05.

④ 上海图书馆数字人文开放数据平台[EB/OL]. [2020-02-05]. http://data.library.sh.cn/index.

广泛用于信息资源选择、管理和评价体系，国外一些图书馆停止了大宗交易(整库购买、捆绑销售等)购买资源的方式，以用户使用量为依据采购资源的模式日益兴盛，个性化的资源满足成为可能。语义网及相关技术应用于图书馆资源建设，实现了分布式异构资源的统一访问和不同体系间的资源关联，打破了信息孤岛，解决了机器对信息进行语义层面的操作，推进了图书馆知识发现系统的开发应用和资源的深层次数据挖掘。适应 E-science、E-research、E-Learning 的变化，运用知识工作自动化工具、云分析等进行信息资源的重新组织、挖掘、分析与应用成为信息资源服务体系的重要组成部分。①

(七)信息资源建设向多领域扩展，致力于构建全社会的信息资源保障体系

信息资源建设、信息资源整合、信息资源共享等仍是业界和学界关注的焦点，但关注的不再局限于图书馆界或图书情报界，而是将资源建设、整合与共享的视野扩大到图书情报界之外。如在公共文化服务领域，人们在探索如何实现公共图书馆、博物馆、档案馆、文化馆的数字文化资源的整合，让不同公共文化机构的数字资源能在同一个平台上共享。在更广泛的社会领域，人们将关注如何构建涵盖政府信息资源、企业信息资源、公共领域信息资源的社会信息资源保障体系，实现全社会的信息资源共享。②

五、信息资源建设的意义

1. 信息资源建设使无序的信息成为可以利用的重要资源，为社会带来了巨大的财富

随着科学技术的发展和人类知识增加，信息源源不断涌现，形成强大的“信息流”。社会信息的产生从整体上看是处于无序、随机、散乱，甚至失控状态的，人们很难有效地加以利用，因而这样的信息还不是真正意义上的资源。信息资源建设的目的就是对无序的信息流加以整序，组织成一个科学有序的体系。从微观上看，信息资源建设要对信息进行鉴别、筛选、采集、加工、组织、剔除、管理，从宏观上看，信息资源建设要对信息资源进行统筹规划，合理布局，科学调控，从而建立起多层次的信息资源保障体系，使

① 刘万国等. “双一流”建设视角下高校图书馆信息资源建设热点扫描[J]. 大学图书馆学报，2018(05)：33-38.

② 肖希明，卢世晴等. 2013—2015 年我国信息资源建设研究的热点问题[J]. 高校图书馆工作，2016(05)：3-8.

信息真正成为一种可以利用的资源。而信息资源一旦作为生产要素投入社会生产过程，与物质资源、劳动力资源相结合，就会产生倍增效应，为社会创造巨大的财富。

2. 信息资源建设促进信息资源的深层次开发和远距离获取，为人们利用信息带来极大的便利

在现代信息技术的支持下，信息资源建设中对信息的加工与处理从对信息形式特征的描述深化到对信息内容的揭示。信息资源建设构筑了庞大的数据库体系，信息不仅以文字、数值的形式出现，而且还开发出图像、声音、动画以及多媒体等形式。信息在内容上以书目、指南、词典以及全文等类型存储于数据库之中，而且巨大的存储能力和多入口多途径的检索能力使大量无序的信息以有序可检的方式存在。信息资源建设在完善的通信条件下使得人们可以跨越空间获取所需信息，在自己家里就可以浏览图书馆的最新书刊，查阅世界各国的文献资源与数据。这些都为人们利用信息带来了极大的便利。

3. 信息资源建设是图书馆核心能力的基础，是图书馆开展服务活动的重要保障

核心能力是保证个人或组织获得持续竞争优势，别人难以模仿和替代的能力。图书馆无论过去还是现在，都是通过对信息资源的采集、存储、管理和提供使用来实现自己的职能的，因而，信息资源构成了图书馆开展各项活动，提供各种服务的基础和条件，信息资源的建设和开发能力构成了图书馆核心能力的基础。① 毫无疑问，现代图书馆要以读者服务为中心，但这丝毫不意味可以削弱乃至取代信息资源建设。如果说，服务工作处在图书馆工作的第一线，是前沿阵地的话，那么，信息资源建设则是重要的基础和保障。没有信息资源建设工作对信息的选择、存储、整序和开发，任何形式的服务都只是一句空话。

4. 信息资源建设对于我国的经济和社会发展具有特殊重要的意义

改革开放以来，我国的国民经济以惊人的速度发展，但这种快速发展是以能源和原材料的大量消耗和环境的恶化为代价的，因而是难以持续的。2003 年党的十六届三中全会明确提出“科学发展观”这一新的发展理念，2017 年党的十九大更是明确将“创新、协调、绿色、开放、共享”的新发展理念纳入新时代中国特色社会主义思想体系。新发展理念的核心含义之一，就是转变经济增长的资源基础，将主要建立在能源、原材料等自然物质资源

① 刘兹恒．对图书馆信息资源建设的几点看法[J]．图书馆，2003(04)：3-6.

基础上的经济发展模式，转变到主要依靠科技进步和以信息、知识为资源基础的发展模式上来。因此，对信息资源的建设、开发和利用，是科学发展的题中应有之义。加强信息资源建设，对促进我国经济和社会的全面、协调和可持续发展具有特殊重要的意义。

第二章 信息资源建设的基本理论

信息资源建设是实践性很强的活动，但它并不是单纯的技术性、业务性活动。它需要有理论的指导，同时，它本身生动而丰富的实践，经过人们的概括和总结，也在不断地升华为理论。

第一节 信息资源建设的支撑理论

作为一门学科的信息资源建设与系统科学、经济学、信息管理学都有极为密切的关系，这些学科为信息资源建设提供了重要的理论支撑。

一、系统理论在信息资源建设中的应用

信息资源建设是一项庞大的社会工程，它不仅本身有一系列复杂的组织管理问题，而且与社会政治、经济、科学、教育、文化环境有极为密切的关系。对这项规模庞大、联系复杂的社会工程，不借助现代科学理论与方法，是难以取得成效的，而系统理论与方法，对解决这类复杂问题，有其独特的作用。

（一）系统论、系统方法与信息资源建设

系统论是20世纪迅速发展起来的具有普遍适用范围的现代科学，是在现代自然科学发展的基础上产生的新型理论。系统论认为，客观世界的一切物质都存在于一定的系统之中。而所谓系统，是“由相互联系相互依赖的若干组成部分结合而成的具有特定功能的有机整体，而这个‘系统’又是它所从属的的更大系统的组成部分。”①系统具有结构性、稳定性、协调性、动态平衡性、层次性等特征；系统的存在主要依赖于系统的各个要素，各要素之

① 钱学森等. 组织管理的技术——系统工程[N]. 文汇报，1978-09-27.

间存在整体性、有机关联性、动态性、有序性、目的性；系统要素既受系统的影响，也作用于一定的系统。① 这些特征具体阐释了系统论的基本原理以及运用系统理论解决问题的具体方法原则。

系统方法是随着系统理论的崛起而形成的一种科学方法。“所谓系统方法，就是把对象放在系统形式中加以考察的一种方法。具体地说，就是从系统的观点出发，始终着重从整体与部分(要素)之间、整体与外部环境的相互联系、相互作用、相互制约的关系中综合地、精确地考察对象，以达到最佳地处理问题的一种方法。”②系统方法具有传统科学方法所不具备的一些新特点、新功能。它立足整体、统筹全局，把整体和部分辩证地统一起来，把确定目标和实现目标两种认识功能有机地结合起来，把定性分析和定量描述科学地联系起来，在科学研究和社会实践中发挥了重要作用。美国从事系统分析的专家R·F·迈尔斯说：“系统方法只不过是平常的常识，每个概念、每个步骤在常识里都是合理可行的。系统方法的价值就在于它使你能够把所有这些常识性的思想汇集起来，协调一致，集中解决复杂环境中的复杂问题。……系统方法所做的是许可你以一种合乎逻辑的合理方法着手解决问题。”③系统方法广泛运用于自然科学、社会科学和思维科学各领域，解决一切复杂的科学、技术、经济和社会问题，显示出强大的生命力。

系统方法既然有如此“神奇”的作用，那么，它是否能够为信息资源建设提供一些思路和启示呢？回答是肯定的。

用系统论的观点来看，一个国家或一个地区的信息资源就是一个系统，它具有普通系统所具有的基本性质：

第一，它是由若干要素和子系统按一定方式组合而成的。各种信息生产部门、图书馆、情报机构、档案机构及其他信息机构的信息资源，都是构成这个系统的要素，各要素按一定的方式组成若干层次的子系统，然后由这些子系统组成全国信息资源整体系统，同时信息资源系统又是整个社会大系统的一个组成部分。

第二，信息资源系统内的各要素、各子系统间相互依存、相互制约，这种依存和制约关系是通过大系统这个整体相联系的。

第三，整体的信息资源系统具有一定的特性和功能这些特性和功能并非

① 魏宏森. 钱学森构建系统论的基本设想[J]. 系统科学学报，2013(01)：1-8.

② 张卓民，康永平. 系统方法[M]. 沈阳：辽宁人民出版社，1985：28.

③ [美]R·F·迈尔斯. 系统思想[M]. 杨志信，葛民浩，译. 成都：四川人民出版社，1986.

各要素、各子系统特性和功能的简单叠加，合理建立起来的信息资源系统，其整体功能应该大于各子系统功能的算术和。

第四，信息资源系统存在于社会环境之中，并与环境进行物质、能量和信息交换。一方面，信息资源系统受到社会经济、政治、科学、文化、教育各种因素的影响和制约，另一方面，它又向社会提供信息资源，以其特有的作用促进社会的发展。信息资源系统的客观存在及其特征，正是我们运用系统理论和方法认识和解决信息资源建设问题的基础。

(二)系统理论和方法对信息资源建设的指导意义

1. 系统的整体性原则是信息资源共建共享基本的方法论基础

从系统论观点来看，信息资源共建共享的目的就在于充分发挥信息资源系统功能的放大作用，使大系统的功能大于子系统功能之和，这是系统的整体性原则决定的。

整体性原则是系统科学方法论的首要原则。系统的整体性有一个显著的特征，即系统在整体水平上的性质和功能不等于其组成部分孤立状态时性质和功能的叠加。这种效应，就是系统的整体效应。整体效应是一切系统所普遍具有的，如计算器是由继电器开关组成的，却显示出与继电器开关截然不同的计算功能；细胞是由生物化学分子组成的，却具有根本不同于生物化学分子的生命本质。同样，一个国家信息资源整体系统的功能，并不等于各信息资源子系统功能的简单叠加。这是不难理解的。因为系统各个部分(子系统)有自己的功能，这些功能是整个系统功能的基础，但系统通过自身广义的内聚力即各个组成部分的相互作用，作为整体所显示的功能又大于各子系统功能之和。对于这种系统的整体性效应，马克思曾有过论述。他说，许多人协作、许多力量融和为一个总的力量，造成一个“新的力量”，“这种力量和它的一个个力量的总和有本质的区别”①。

怎样才能充分发挥信息资源系统的整体效应呢？我们知道，系统之区别于各孤立部分之和，在于系统内部的各要素存在联系，而孤立部分是没有联系的。事物之间的联系，从本质上看，就是物质、能量和信息的交流。大系统中各子系统在物质、能量、信息的合理流通中，向着有利的方向发展，便促使系统的属性和功能的增加。因此，要充分发挥信息资源整体系统的功能，关键在于物质、能量、信息的合理流动，也就是各子系统即各级各类信息机构要统筹兼顾、密切联系、分工协调、资源共享，向整体化方向发展。这就是系统的整体性原则为信息资源建设所提供的方法论依据。它的具体要

① 恩格斯. 反杜林论[M]. 北京：人民出版社，1970：124.

求是：

第一，必须建立信息资源保障体系。一个国家的信息资源建设涉及各类型信息机构，必须将这些机构组织起来，使之相互联系，建立信息资源保障体系，以充分发挥这个系统“整体大于部分之和”效应。着眼于整体效应，对我国信息资源建设具有特别重要的意义。长期以来，我国各类型信息部门——出版、发行、图书馆、信息中心、档案机构、政府信息部门、信息公司等——分别隶属于不同的行政主管部门，即使是同一类型的文献机构，如图书馆，也分属于不同的系统。各类信息机构各自为政、孤立规划、分散发展，彼此间缺乏合作与协调，致使我国信息资源体系整体功能不强，满足社会信息需求能力低。因此，运用系统理论来认识和解决信息资源建设问题的首要目标是建立一个具有信息生产、供应、采集、整序、存储、传递等基本功能的国家系统。组成这个系统的各信息机构，要密切联系、分工合作、协调发展，共同研究解决信息产品的生产、供应渠道存在的问题，制定国家信息资源建设计划，建立国内书目报道体系、信息检索系统和馆际互借网络，并采用现代技术，实现管理自动化。合理建立起来的信息资源保障体系，其整体功能将大于各子系统功能之和，产生良好的整体效应。

第二，信息资源保障体系必须有明确的系统目标，并能保证系统总体的最优化。我国信息资源保障体系的整体目标，就是尽可能完整地收集国内外文献资料，能够方便快捷地获取分布在全球的信息资源，最大限度地满足整个社会的信息需求。显然，在当今信息量激增、需求复杂的情况下，任何单个的信息机构都不可能实现这一目标。因此，必须对这一总目标进行分解，将比较复杂的整体大系统目标分解成若干相对简单的子系统目标，也就是说，要从整体目标出发，对全国信息资源建设进行统筹安排、科学规划。各信息机构要根据整体目标的要求与本部门的特点，承担相应的信息资源共建任务，然后通过各单位在不同层次上的协调与合作，开展广泛的信息资源共享活动，使信息资源系统整体及各子系统，都能充分地发挥它们的功能，达到最佳的整体效应。

信息资源保障体系所追求的目标是系统整体的优化。因此，强调局部效应服从整体效应的原则是十分必要的。系统的整体效应与局部效应往往并不一致。有时局部效应较优，整体效应也较优，有时局部效应较优，整体效应却不一定优，有时局部效应不优，整体效应却可能优。这种情形，在信息资源建设中显然也是存在的，比如片面追求各子系统的“最优”，搞“大而全”“小而全”，对某个信息机构来说，可能有局部的好处。然而，由此造成的各单位信息资源的平行重复，却影响了信息资源保障体系的整体功能。因此，在信息资源建设中，必须特别强调系统的整体优化，强调局部效应服从整体效应的原则。

第三，信息资源保障体系的运行必须与社会环境相适应。系统与环境相适应，并保持一种良性的循环关系，是系统生存和发展的必要条件。信息资源保障体系是在社会大系统中运行的，因此，必然受到社会政治、经济、科学、教育、文化等环境因素的影响和制约。如何从我国国情出发，确定我国信息资源保障体系的模式及实现途径，是关系到信息资源保障体系能否达到预期目标的关键。

2. 系统的联系性原则为信息资源体系结构研究提供了理论依据

系统的联系性原则是指系统要素之间、系统和环境之间存在着相互联系、相互作用的关系。联系性原则是和整体性原则密不可分的。它要求我们在考察任何对象时，都要从整体出发，把重点放在系统要素的各种联系上，从各种联系中综合考察事物，从而从整体上正确揭示事物的性质和发展规律。

系统整体中各个部分的组成状况及其相互联系，就是系统的结构。任何系统，不管是高一级层次的复杂系统，还是低一级层次的简单系统，都具有一定的结构。系统的结构是系统保持整体性并具有一定功能的内在依据。图书馆信息资源是一个系统，无论是微观的信息资源系统还是宏观的信息资源系统，都是具有一定结构的。所谓信息资源系统结构，就是信息资源系统的各组成要素的构成状况及其相互关系，它所要研究的是如何根据特定功能的需要，将各种不同学科、不同文种、不同水平深度、不同出版形式、不同载体形态的信息载体，按照一定的比例和方式结合起来，形成相互联系、相互作用的信息资源体系。

系统的结构与功能原理告诉我们，系统的结构与功能有密切的联系，系统的结构决定系统的功能。我们把信息资源系统内部各要素相互联系与作用的方式称为信息资源系统的结构，与此相对应，我们则把信息资源系统与外部环境相互联系和作用的能力称为信息资源系统的功能。具体地说，信息资源系统的功能就是选择、采集、组织、存取各种媒介的信息，为满足社会信息需求提供保障条件。这一功能的实现，有赖于科学、合理的信息资源结构。当然，组成系统结构的要素是决定一个系统功能状况的基本条件，要提高信息资源系统的功能，就必须提高组成信息资源系统结构的要素的素质。也就是说，必须提高信息资源本身的质量，选择和采集具有科学价值、现实价值和参考价值的文献信息资源。但是，只注重单个要素的素质是不够的。因为，决定系统功能的条件，除了组成要素外，系统中各要素的联系、组合状况，同样能影响系统的功能。信息资源系统功能的发挥，不仅取决于各种成分信息资源的质量，而且取决于这些信息资源的构成、组合状况，即信息资源系统结构。从单个的图书馆信息资源来看，尽管许多图书馆所收藏的文献或其他信息载体不乏精品，但由于资源结构不合理（如各学科或各种载体的资源比例失调、资源的搜求深度与需求脱节等），信息资源系统的整体功能并不强。从宏观的信息资源体系来看也是如此。国家信息资源保障系统是由许多子系统——各类型的信息机构的信息资源系统组成的，但绝不是各子系统最佳化的简单总和。比如，我们常说我国信息资源还比较贫乏，其实，这里的“贫乏”固然有“数量不够”的含义，但更主要的还是信息资源系统的宏观结构不合理。即使对于一个具体的信息机构来说，信息资源的结构、功能可能是比较好的，但由于各单位孤立地决定本单位的信息资源结构，缺乏相互之间的协调，结果互相重复。而相同内容的信息载体的增加，并不意味着信息量的增加。这才是我国信息资源贫乏、信息资源系统整体功能较差更重要的原因。所以，无论是宏观的信息资源体系，还是微观的信息资源体系，如果结构合理，就能赋予系统内部各个要素以新的特征，使该要素在信息资源系统对外作用时，发挥单个独立要素所不能起的作用。如果结构不合理，信息资源整体系统的要素就不具备整体系统结构所赋予的特征，因而，也就不能发挥出它存在于系统结构中的那种功能。可见，要发挥信息资源体系的功能，不能仅仅停留在提高单个要素的素质上面，而要在一定要素的基础上，致力于改进信息资源系统的结构。这就是我们研究信息资源系统结构的理论依据。

3. 系统的有序性原则对信息资源组织的理论指导意义

有序性原则是指组成系统的各要素之间相互联系和制约的关系是有规律、有秩序的。系统的有序性，是系统有机联系的反映。系统中稳定的联系，构成系统的结构。系统的有序性越高，系统结构越严密，系统的功能就愈强。反之，系统有序性愈低，系统结构愈松散，其功能也愈差。

系统的有序性原则对信息资源组织具有理论指导意义。信息资源建设的实质就是对处于无序状态的信息进行选择、组织、开发，使之形成有序的信息资源系统。系统的有序性要求图书馆对采集的文献信息资源要依据一定的技术方法和规范，进行加工、整序。经过程序化的处理过程，使之成为馆藏信息资源体系中组织化、序列化的组成部分。有序性原则还要求图书馆建立完善的信息检索系统，如书目、索引、文摘等传统的文献信息检索工具和联机书目数据库、网络数据库等现代信息检索系统。要使图书馆以及整个信息资源保障体系所拥有的和可存取的所有信息资源的内容都能够通过这些检索工具和检索系统全面系统地加以体现，使信息用户可以从多角度、多途径了解信息资源的内容，从而有效地利用这些资源。

4. 系统的动态性原则要求信息资源系统建设必须适应社会信息需求的变化

系统是一个“活”的机体。在要素之间、要素与系统之间、系统与环境之间都存在着物质、能量、信息的流动。因此，系统的平衡和稳定是一种动态的平衡和稳定。系统的变化，根源于系统内部的矛盾运动，即根源于系统组成要素及其相互关系的变化。同时，来自周围环境对系统及结构的影响也会使系统产生适应性变异。

系统的动态性原则给信息资源建设的启示是，在信息资源建设的过程中，要研究信息资源系统在时间上发展变化的趋势和规律，自觉地调整信息资源系统内部结构及其与外部环境的关系。信息资源系统发展变化的内因在于信息资源与用户信息需求之间的矛盾运动。日益广泛、复杂和多元化的社会信息需求要求信息资源系统建设必须与之相适应。发展变化的外因在于随着科学技术的进步和社会的发展变迁，信息资源的内容和载体都会逐渐陈旧、老化而失去利用价值。因此，信息资源建设是一个不断扩充、发展新的资源，不断淘汰老化、失效的资源的动态过程。只有及时调整和更新信息资源结构，才能建立起一个充满生机与活力的信息资源系统。

二、经济学理论在信息资源建设中的运用

(一)信息资源配置视域中的信息资源建设

信息资源是一种重要的经济资源。从经济学的角度来看，信息资源建设的实质就是通过一定的调控手段，来实现全社会信息资源的合理配置，以取得最大的经济、社会效益。

什么是资源配置？“资源配置是指一定量的资源按某种规则分配到不同产品的生产中，以满足不同的需要”。① 但这一定义似乎并没有揭示出资源配置的基本要素。我们在谈到一种资源配置时，一般总要回答这些问题：该种资源在何时、何地和何种部门使用多少数量，因此，时间、空间、用途、数量是资源配置问题的要素，所谓资源配置状态，“是指各种不同的资源在时间、地点、部门的量的分布关系。”②而信息资源配置，则是基于人们的需求，对信息资源的分布状态和分配预期进行调控，对信息资源的数量、质量

① 梁东黎，刘东. 微观经济学[M]. 南京：南京大学出版社，1991：4.

② 史忠良，肖四如. 资源经济学[M]. 北京：北京出版社，1993：41.

和类型进行时空整合，以发挥信息资源的最大价值与效用。

从信息资源配置的视角来认识信息资源建设，可以认为，信息资源建设就是要通过一定的调控手段，协调信息资源在时间、空间、部门、数量上的分布关系，使有限的资源产生最大的效益。因此，信息资源建设实质上就是信息资源的合理配置。

信息资源配置的时间因素是非常重要的。时效性是信息的重要特征之一。与其他资源相比，信息的时效性更强。及时的信息可能价值连城，而过时的信息可能一文不值。信息物化于文献后，文献信息虽然可以长期反复利用，但信息内容仍然是有时效性的，若不及时开发利用，就会降低乃至丧失它的开发效益，这就是所谓“知识老化”。因而信息资源在不同时间使用产生出来的效益是不一样的。信息资源建设的目标之一，就是实现信息资源在时间上的合理配置，即让信息在其有效期内为尽可能多的人所利用。

信息资源配置的空间问题是信息资源建设要解决的主要问题。它有两个方面的含义。其一，是信息资源在空间的合理布局问题，即通过一定的调控手段，协调区域间信息资源的分布状况，遏止区域间信息资源高度富集和极度贫乏的“信息鸿沟”现象，解决信息资源的共建问题。其二，是指信息资源的传递、利用应该跨越空间的限制，使不同空间的信息用户能够没有障碍地获取他们所需要的信息资源。这也是信息资源建设所要关注的问题。

信息资源建设还追求信息资源在部门间的合理配置。作为一种生产要素，它会流向各种可被选择的用途，并在各种用途上发挥着资源的效用，实现资源的价值。当然，由于用途不同，资源效用的发挥和价值的实现程度是不同的。我们说信息资源在部门间的合理配置，是指信息资源在部门间的交流达到了这样一种状态：就整个社会而言，信息资源的供给与需求达到了平衡，没有发生资源的短缺和闲置。同时选择一种最为优越的配置方式，是信息资源向最能发挥其效益的部门流动，从而实现资源配置的最优化。

信息资源在时间、空间(地区)和部门的合理配制必然都要涉及信息资源的数量分布问题。信息资源建设并非以信息资源的数量分布在各地区、各部门的绝对均衡为目标，而是要通过一定的调控措施，使信息资源拥有量不同的地区和部门能平等地分享这些资源。

协调信息资源在时间、空间、部门、数量上的分布关系，即实现信息资源的合理配置，目的是使有限的资源产生更大的效益，前面已经指出，在一定范围内，信息资源的量是有限的，如何通过最有效的政策杠杆和技术手段，对有限的信息资源进行合理的安排、组合，使现有的信息资源能得以充分的开发利用，同时又使社会的信息需求得到最大限度的满足，这就是信息资源建设所追求的目的。

(二)成本效益原则是信息资源建设要遵循的基本经济学法则

信息资源既然是一种重要的经济资源，那么信息资源建设也就必然遵循一个基本的经济学法则：用合理的成本获取尽可能多的收益。

所谓成本，即用于信息资源建设的资金投入。近年来，我国用于信息资源建设的投入在逐年增长。但我国仍然是发展中国家，用于信息资源建设的经费毕竟是有限的。即使是发达国家，对信息资源建设投入经费的增长，也难以赶上信息资源数量的迅速增长和价格的不断上涨。经费短缺成为一个世界性的图书馆事业发展难题。因此，如何以有限的经费获取尽可能多的资源，成为各国图书馆十分关注的问题。图书馆为此所采取的对策包括：建立图书馆联盟，以集团采购的方式向资源供应商争取尽可能多的价格优惠；图书馆之间开展协调与合作，尽量减少资源采集的重复，特别是昂贵、罕用的文献的重复收藏，同时通过馆际互借、文献传递等方式，共享资源。这些对策，无疑首先是具有经济学的意义。

所谓效益，即信息资源建设的产出。严格地说，信息资源建设的效益是指信息资源被利用后引起生产要素增值的部分。由于这种增值是一个十分复杂的过程，有很多因素在起作用，因而，信息投资的效益具有很大的模糊性和难计量性。但有一点是毫无疑问的，即信息资源的效益与开发程度和使用频率成正比，即信息资源开发越充分、越广泛，其效益发挥的可能性就越大。从我国目前的情况来看，信息资源的利用程度是很低的。据统计，我国各类型文献信息机构的外文书刊利用率平均仅为10%，中文文献利用率一般也只有30%—40%。这就是说，耗资巨大的信息资源并没有得到有效的利用，没有发挥应有的效益。因此，提高信息资源利用率是提高信息资源投入产出比的关键。提高信息资源利用率的途径很多，而最有效的途径就是促进广泛的信息资源共享，即打破单位之间、系统之间、地区之间、乃至国与国之间人为的疆界，使信息在尽可能广泛的范围内交流、传递，得到充分的利用。这种共享，将使信息资源的利用率数倍、数十倍地增长，其经济效益是十分明显的。

(三)二八定律和长尾理论给予信息资源建设的启示

1. 二八定律与长尾理论要义

二八定律，又称“帕累托定律”(The Pareto Prinnciple)，是19世纪末意大利著名的经济学家帕累托(Vilfredo Pareto)发现并提出的。帕累托首先是在研究英国的社会结构特征时发现这样一个现象：约有80%的社会财富流向约20%的人手里。随后帕累托进一步研究发现这一现象广泛地存在于不同国度乃至人类生活的各个方面，如：企业80%的利润来自于其20%的产品；80%的业务收入由20%的核心顾客所创造。这种不平衡的模式有统计学上的准确性和数学上的稳定性。由此，帕累托总结出这样一个规律：在任何特定的群体中，起决定作用的因子通常只占其中一小部分，约20%，其余80%的因子尽管占大多数，起的作用却是较次要的。二八定律反映了自然和人类社会中资源分配按8∶2比例倒置的现象规律。这就为合理有效地配置各种有限的资源提供了一个最优化的方法。

长尾理论是网络时代兴起的一种新理论。2004年，美国《连线》杂志主编克里斯·安德森(Chris Anderson)提出了"长尾"这一概念。安德森指出，只要存储和流通的渠道足够大，需求不旺或销量不佳的产品共同占据的市场份额就可以和那些数量不多的热卖商品所占据的市场份额相匹敌甚至更大。① 也就是说，如果那些"畅销商品"代表的是销售量的"头部"，那么众多汇聚大量"冷门商品"而经常为人遗忘的市场，就是一个"长尾"。OCLC副主席劳肯(Lorcan Dompsey)认为，聚合供应和聚合需求是"长尾"的本质。聚合供应就是要聚合足够数量的供应产品，以提高发现水平并降低了交易成本，即很容易让用户去发现并获得；聚合需求就是将资源聚集在一个用户社区，使感兴趣的用户接触这些资源的机会增加。互联网就能以极低的成本来实现这种聚合供应和聚合需求，它一方面将海量的、零碎的需求汇集起来，另一方面将海量的商品和服务汇集起来，通过搜索技术、社会化媒体等手段和方法，将离散的需求与相应的商品和服务进行匹配和对接，从而使零碎的、海量的个性化需求得以满足。

2. 二八定律和长尾理论在信息资源建设中的运用

在图书馆信息资源建设中，人们比较早地关注了二八定律。二八定律认为，在图书馆的全部馆藏中，约20%的藏书就可以满足读者80%的需求，而其余80%的藏书则只能满足读者20%的需求，也就是说，这些馆藏是读者不常用的。因此在文献购置经费有限的情况下，图书馆应该首先购置那些能满足大多数读者需求的核心书刊。长期以来，二八定律成为图书馆文献信息资源建设中最重要的理论依据。

然而，随着数字资源大量进入图书馆服务领域，人们发现数字资源的利用情况并不遵守二八定律。对图书馆数字化期刊下载次数的分析表明，下载

① 安德森. 长尾理论[M]. 乔江涛，译. 北京：中信出版社，2006.

次数位于前20%的期刊的总下载量只占所有期刊下载量的40%多，还不到一半，而其他80%期刊的总下载量则达到50%多。① 这就是说，那些用户不太常用的文献，虽然就单个而言，它的下载次数很少，但如果合起来，它们的下载数量还是相当大的。这种现象更接近于长尾理论所揭示的互联网条件下商品销售的规律。

于是这就引起了人们对信息资源建设中遵循二八定律的重新思考。其实，在传统的文献资源建设中，对纸质文献的采购将重点放在20%能够满足大多数读者需求的文献上，并非因为另外80%的文献是没有入藏价值，或没有读者利用，只是因为这部分文献或者内容专深，读者面较窄，或者内容不适合现时需要，因而利用率比较低。但如果从一个比较长的时间段来看，这些零零星星被人利用的文献，累积起来的利用次数还是很可观的。图书馆并非不了解这一点，只是因为购书经费有限、储存空间制约、管理成本较高等原因而不得不在购买时舍弃这些文献中的大部分，或者在文献剔除中首先考虑将这部分文献剔除掉。然而，在数字资源建设中，情况就发生变化了。由于数字资源单位成本比纸本文献低廉，储存空间和管理问题都比较容易解决，所以数字资源建设完全有可能将那些有现实价值或潜在价值，但利用率较低的资源纳入采集范围，从而形成数字资源的“长尾”，来满足用户分散的但累积总量仍然很大的需求。

由此看来，在当今图书馆信息资源建设中，二八定律和长尾理论并不是矛盾的，而是可以互为补充，相辅相成的。在数字化、网络化的条件下，图书馆完全可以一方面遵从“二八定律”，以满足80%需求为目标，建设以纸质文献为主的资源体系；另一方面以长尾理论为依据，对数量丰富、价格相对低廉、利用方便快捷的数字资源，加强建设力度，以数字资源构筑一个资源的“长尾”，满足用户小众化、个性化的需求，从而进一步提高图书馆满足用户需求的能力。

应该指出的是，建设数字资源长尾并不是要将所有的数字资源都收罗无遗。图书馆应该根据服务任务和服务对象的需要，构建具有特色的“资源长尾”，同时通过资源共享的方式构建一个数字资源极大丰富的“长尾”。1998年以来，我国先后启动或建成了“中国高等教育文献保障系统(CALIS)”“大学数字图书馆国际合作计划(CADAL)”“中国高校人文社会科学文献中心(CASHL)”“国家科技图书文献中心(NSTL)”“全国文化信息资源共享工程”

① 张红萍. 基于长尾理论的文献资源建设和服务[J]. 图书馆理论与实践，2011(08)：82-83，87.

等多项全国性信息资源共建共享系统,① 可以认为是在努力构筑可最大限度满足用户需求的数字资源“长尾”。

三、信息管理理论在信息资源建设中的运用

信息管理学是研究信息的生产、传播、分布、获取、加工、利用的特征、规律及其控制和管理的理论和方法的学科。从学科体系来看，信息资源建设是信息管理学的分支学科。信息管理学的某些原理和方法对信息资源建设具有重要的指导意义。

(一)布拉德福定律与信息资源建设

现代科学不断分化不断综合的发展趋势，使各学科的严格界限逐渐消失，各学科之间的相互联系逐渐加强。由于这一原因，文献的分布呈现出既集中又分散的不均匀现象：相当数量的专业论文相对集中刊载在少量的专业期刊中，其余数量的专业论文却高度分散刊载在大量非专业期刊中。如美国的《化学文摘》1975 年的报道量中，50%摘自 325 种杂志，25%摘自 1059 种杂志，而其余的 25%则摘自大约 1 万种杂志。

文献分布的不均匀现象还表现在：一种专业期刊不仅刊载本学科的论文，也发表许多相关学科或相邻学科的论文，而同一专业的论文不仅发表在本专业刊物上，也出现在许多不同专业的刊物上。

科技期刊载文既集中又分散的现象，引起了人们的重视。英国化学家、文献学家布拉德福(S. C. Bradford)经过长期对各学科文献的大量统计调查，发现了文献分布规律。他发现，全部有关电技术的文献约 1/3 登载在本专业少数几种期刊上，约 1/3 登载在数量约 5 倍的并非直接与电有关的力能学和交通运输等相关学科的期刊中，还有 1/3 的有关电技术的文献，登载在 25 倍数量的相邻学科期刊上。布拉德福在对书目、文摘等进行大量统计分析的基础上，采用等级排列技术，揭示了文献离散定律。他指出：“如果把科学期刊按其关于某一学科主题的文献刊载数量的多少，以递减顺序排列起来，就可以在所有这些期刊中区分出载文率最高的‘核心’部分和包含着与核心部分同等数量论文的随后几个区，这时核心区和后继各区中所含的期刊数成 $1:n:n^2$ 的关系。”这就是布拉德福定律的区域表述形式。②

布氏定律表明，某一学科文献在期刊上载文量的多少，是随着该期刊与该学科的关系疏密程度发生增减变化的。关系越密切，载文量越多，期刊的

① 程焕文，潘燕桃．信息资源共享(第二版)[M]．北京：高等教育出版社，2016：75.

② 马费成，宋恩梅．信息管理学基础[M]．武汉：武汉大学出版社．2011：87.

种数就越少；关系越疏远，载文量越少，期刊的种数就越多。按专业文献载文量多少，可以将期刊划分为三个区域，每一区域中期刊登载某一学科文献数量，大约是该学科所发表文献总数量的1/3，而三个区域的期刊数量之比成几何级数分布。其中，第一个区域为核心区，是载文量最高的少数几种核心期刊。第二区域为相关区域，是载文量中等的数量较多的期刊。第三区域为相邻区域，是载文量最低而数量最多的期刊。布拉德福在1948年提出的文献信息离散经验公式是：

$$P_1 : P_2 : P_3 = 1 : n : n^2$$

P代表不同区域期刊种数，n代表布拉德福常数，按已分析的数据，n的数值约等于5。

根据布氏定律公式，运用书目、文摘杂志以及《科学引文索引》等工具进行统计分析，可以测定各门学科的核心期刊、相关期刊和相邻期刊的具体品种与数量。

布拉德福定律表明，每一学科或专业的文献，在科技期刊群中的分布，总是相对集中在少数专业期刊中，同时又高度分散在数量庞大的相关专业与相邻专业的期刊中。专业核心区期刊，种数不多，该学科文献载文率高，信息量大，与该学科关系密切；相关区期刊，种数较多，该学科载文率中等，信息量次之，与该学科关系较密切；非专业相邻区期刊，种数很多，该学科载文率低，信息量小，与该学科关系较疏远。一般说来，核心期刊对本学科的载文率应该在50%以上，而且读者的借阅率高，引用指数较高，是一个学科重要的学术信息源。

研究布拉德福定律，掌握文献分布的特点，对信息资源建设具有要意义。在文献信息采集工作中，如果紧紧跟踪本学科、本研究领域的核心作者，盯住核心期刊，瞄准核心文献，就能以有限的经费获得高质量、使用率高的文献信息，开发利用信息资源的效率也会事半功倍。同时，布氏定律也可以为图书馆确定合理的藏书规模及规划馆藏文献布局提供理论依据。

(二)文献老化理论与信息资源建设

现代科学技术迅速发展，新的知识在大量产生，旧的知识不断被取代和淘汰，作为科学知识载体的文献，其有效使用时间日益缩短，失效周期日益加快，新陈代谢频繁。据测算，文献的平均使用有效期是：图书10—20年，期刊及连续出版物3—5年，科技报告10年，学位论文5—7年，技术标准5年，产品样本3—5年。

为了衡量已经发表的文献的老化速度，1958年美国科学家贝尔纳在其发表的《科技情报的传递：用户分析》一文中，借用放射性元素衰变过程中的“半衰期”这一术语来描述文献的老化率。1960 年，美国图书馆员伯顿(R. E. Burton)和凯普勒(R. Kebler)合作，共同研究科技文献的“半衰期”。他们对文献半衰期下的定义是：现有活性文献中一半的出版时间。所谓“现有活性文献”，指的是某学科现时尚在被读者利用的文献，而半衰期就是指这些正在被利用的文献中的一半是在多长一段时间发表的。因为半衰期与某学科文献中的半数失效所经历的时间相当，所以我们可以通俗地定义文献半衰期，即：各学科被利用的文献总量中，一半文献失去利用效率所经历的时间。

伯顿和凯普勒统计了 9 个学科的文献半衰期，其他人后续补充统计了几个学科，各自的半衰期如下：地理学 16.1 年，地质学 11.8 年，数学 10.5 年，植物学 10 年，化学 8.1 年，生理学 7.2 年，机械工程 5.2 年，社会学 5 年，物理学 4.6 年，冶金学 3.9 年，生物医学 3 年。这一统计表明，不同的学科，其半衰期是不同的。不仅如此，同一学科采用不同的判断文献利用的标准，如以文献是否被引用及引用次数作为衡量利用的标准，或以文献在图书馆或相关机构里是否被借阅及借阅次数作为衡量利用的标准，所得出的文献半衰期也往往不同。还应当指出的是，文献的“半衰期”不是个别文献或某一组文献的，而是针对某一学科或专业领域的文献总和而言的。

与半衰期有着密切联系的另一个衡量各个知识领域文献老化的数量指标是普赖斯指数，即在某一学科领域内，对发表年限不超过 5 年的文献的引用次数与总的引用次数之比值。其计算公式为：P(普赖斯指数)= 出版年限不超过 5 年的被引文献量/被引文献总量。一般来讲，某一学科领域文献的普赖斯指数越大，其半衰期就越短，其文献老化的速度也就越快。

普赖斯指数与文献半衰期是两个既有联系又有区别的衡量文献老化的指标。它们都是从文献被利用的角度出发，但以不同的方式来反映文献老化的情况。文献半衰期只能笼统地衡量某一学科领域全部文献的老化情况，而普赖斯指数既可用于衡量某一学科领域全部文献的老化情况，也可用于衡量某种期刊、某一机构甚至某一作者和某篇文献的老化情况。

已发表文献的老化速度，不仅取决于这些文献所属的学科领域，而且还取决于其他一些因素。如文献的增长情况，某学科文献增长越快，旧的文献利用就越少，文献的半衰期就越短。还有文献的种类和性质。显然，专著、教科书、期刊论文、专利说明书、科学技术总结或者某一学科领域的各种文献都有不同的老化速度。

文献信息的老化是一个很复杂的问题，目前对它的研究还很不够，还没有一个较为理想的模式来描述这一过程。但是，研究文献老化理论，探索和掌握文献老化规律，对信息资源建设有着十分重要的意义和作用。首先，它为评价和选择文献信息资源提供了理论依据。图书馆要不断补充文献信息资源，建立符合用户需要的文献信息收藏体系，就必须进行文献信息资源的评价和选择。研究文献老化理论，有利于掌握文献信息特征、判断文献时效和确定文献价值，从而帮助图书馆评价和选择文献信息资源。其次，它为优化馆藏文献资源的结构提供了理论依据，它指导图书馆及时地复选剔除老化文献和调整馆藏资源布局，既有利于解决书库的空间危机，优化馆藏文献资源的布局，又有利于提高文献信息资源的利用率。再次，它也为制定科学合理的文献工作原则提供了理论依据。对半衰期较短的文献，要抢时间和讲效率，加强文献信息报道和开展定题服务，以尽快提供利用；对老化的文献则可实行缩微复制保藏或移交储存图书馆保存。还可根据文献老化的数据，确定文献资源开架利用年限，合理制定各项管理制度。

第二节　信息资源建设的影响因素

信息资源是人类认识活动的产物，信息资源建设是人类选择、采集、组织和开发信息资源的社会性活动，因而这种活动必然会受到来自社会政治、经济、文化、科学技术等各方面因素的影响和制约。近几十年来，信息技术的迅速发展和广泛运用，社会政治、经济、文化领域的深刻变革，以及由此带来的图书馆事业的发展变化，无疑都会给图书馆信息资源建设带来直接而深刻的影响。

一、技术的影响

技术从来就是推动图书馆变革与发展的决定性力量，也是图书馆信息资源建设的最重要的影响因素。在古代和近代，造纸术、印刷术的发明和不断改进带来了新型文献的出现和大量生产，从而极大地推动了图书馆的发展。近代出现的缩微技术、声像技术，带来了文献形态的多样化，丰富了图书馆资源建设的内容。当然，对图书馆及其资源建设带来革命性变化的，是现代信息技术的发展。

(一)现代信息技术的发展

现代信息技术是指在计算机和通信技术和网络传输技术支持下完成信息的收集、获取、加工、传递和使用的各种技术。具体来说，包括了用以收集、获取、加工、存储、变换、显示和传递文字、数值、图像、视频、音频等多种信息资源的数字压缩、数据库构建和多媒体传播的技术与方法。如果从技术对人类活动的作用来说，现代信息技术就是拓展人类信息器官功能的重要手段和工具体系。它提高了人类对信息的接收和处理的能力，增强了人类认识世界和改造世界的能力，延伸了人类社会的交流空间，并以其越来越快的步伐改变着以往的社会框架结构。在图书馆活动中，现代信息技术不仅仅是一种信息处理的手段，而且还充当了图书馆信息资源、用户和社会联系的媒介和桥梁，使之不断地融合、作用、促进和发展。

现代信息技术的发展大体经历了三个阶段。

第一个阶段是以电子计算机硬件的诞生及20世纪50年代集成电路的发明为发端和支柱的，它揭开了社会发展中信息革命的序幕。1947年美国宾夕法尼亚大学研制成功的世界上第一台电子计算机，标志着世界从此步入了电子信息时代。

第二个阶段以计算机软件技术为主要特征。1971年，第一代微处理器芯片问世，超大规模集成电路开始取代普通集成电路。1975年，美国Altair公司研制的微型计算机异军突起，席卷全球，触发了计算机技术由集中化向分散化转变，许多大型机技术移入微机领域。人们不再满足于半自动化模式的人机模式，而是利用汇编语言、C语言等计算机原始编程语言，开始处理较为复杂的数据逻辑程序，从而开辟了管理数据的计算机处理新领域。

第三个阶段以计算机通讯技术的发展为主要特征。从20世纪80年代开始发展起来的计算机通讯技术，尤其是电子计算机、通信、网络、微电子、多媒体等各种技术及其组合，不仅使人们信息资源处理的能力得到了极大提高，也使信息资源传播的手段发生了革命性的变化，使信息组织的集成化和信息资源利用的多媒体化提升到了一个新的高度。通信技术和网络技术的发展使社会信息资源的传播和交流方式发生了深刻的变革，形成了全新的信息环境。特别是进入90年代以来，由于信息压缩和网络技术的开发，现代信息技术以其广泛的影响和巨大的生命力风靡全球，成为科技发展史上业绩最辉煌、发展最迅疾、对人类影响最广泛和深刻的科技领域，并且以不可替代的力量改变着整个世界，从而演变成为世界公认的第五次信息革命。

(二)与当今图书馆相关的新技术

图书馆是融社会文化、教育、科技为一体的综合性文献信息收藏与服务的社会机构，是社会知识与信息资源的集散地。图书馆与“信息”有着天然的联系。进入21世纪以来，新的信息技术的发展日新月异，这些新技术大多与图书馆的发展密切相关，对图书馆的发展产生着重要影响。

1. 互联网与移动互联网

互联网于1969年诞生于美国，是第五次信息革命继计算机发明之后进入一个新的发展阶段的重要标志。作为信息处理和交流的工具，互联网在过去的几十年中被广泛应用，并深刻改变了人类生存的方式，对社会的生产生活产生了深远的影响。如果说网络重新定义了计算机应用的话，那么互联网则使计算机应用的范围和理念都发生了根本性的变化。为人类信息交流和传播提供了一个广阔的空间。互联网在图书馆的应用经历了信息分类与聚合、网络传输与共享、搜索引擎、社区交流与互动、“互联网+”网络技术的融合与跨界等演进过程，它不仅改变了图书馆信息交换的时空限制，实现了更便捷、更经济、更直观、更有效的信息传输，而且支持视频、图片、文字等多种传输方式。在数字图书馆的创新发展中，互联网主导着图书馆的基础网络架构及数据资源的管理和服务，推动着大数据、云计算、物联网和移动互联网的融合发展及图书馆生态环境的不断演进。①

随着移动通信技术的发展，互联网的技术、平台、应用、商业模式与移动通信技术相结合，形成了移动互联网。移动互联网融合了移动通信随时、随地、随身的优势和互联网开放、平等、协作、分享的精神，被称为下一代互联网。尽管移动互联网具有传统互联网的基因，但在很多方面也有自己的特点。首先，它的用户群体更大。由于移动通信企业为移动互联网提供了方便的网络接入服务，加上智能手机的广泛使用，使得移动终端迅速普及，社会各阶层都有意愿、有机会、有能力使用移动互联网服务。其次，它的用户体验更好。移动互联网环境下，人们可以通过智能手机等移动终端把互联网带在身边，从而强化了与外界的联系和交流，手机也从一个通信工具变成认识世界的便捷入口。第三，它的使用场景更多。移动互联网将以手机为代表的智能终端设备与互联网融合在一起，智能手机所内置的蓝牙、GPS、指纹识别、触摸屏等设备、系统，在地图、支付等应用的支持下可以构建多种多样的应用场景，二维码的推广与普及更是打通了线上与线下的渠道，为移动互联网的应用提供了更多的机会。② 移动图书馆在图书馆领域也有着成熟而广泛的应用体验，从最初的利用邮件或短信进行图书馆书刊目录检索或提醒服务，到利用 WAP 服务平台进行期刊全文搜索、图书馆导引视频及其他馆藏与服务信息；从移动终端阅读应用程序，到图书馆位置及资源的搜索定位、参考咨询、二维码扫描、精品课

---

① 张晓东，解金兰．新技术驱动下图书馆服务模式变革与启示[J]．图书馆工作与研究，2018(07)：97-101.

② 周建芳．“互联网+”图书馆[M]．成都：四川大学出版社，2018：16.

程资源学习、个性化添加应用等。① 移动互联网技术的成熟应用，开启了图书馆信息服务的新模式。

互联网和移动互联网以前所未有的速度在全球扩展。据国际电信联盟《信息与通信技术事实与数据 2017》报告，从 2012 年至 2017 年的五年中，全球宽带服务速度不断升级，国际互联网带宽从 2015 年到 2016 年增长了 32%，移动宽带的发展在很大程度上已经超过了固定宽带，全球移动宽带订购以平均每年超过 25% 的速度增长，这些因素导致了大约一半的世界人口能够接入互联网和更高速度的宽带服务。2017 年全球青年（15—24 岁）在 104 个国家中超过 80%使用网络，在上网的 8.3 亿青年人中，有 3.2 亿（39%）在中国和印度。世界互联网统计网站的最新统计数据，截至 2017 年 6 月 30 日，世界总人口约 75.19 亿，使用过互联网的“网民”（Internet Users）已达到 38.35 亿，全球互联网的渗透率（Penetration Rate）为 51%。② 另据中国互联网络信息中心（CNNIC）发布的第 44 次《中国互联网络发展状况统计报告》数据显示，截至 2019 年 6 月，我国网民规模达到 9.54 亿，占全球网民的五分之一，互联网普及率为 61.2%，超过了全球的互联网普及率 55%的水平，网民使用手机上网的比例高达 99.1%。网民在互联网的活动包括即时通信、网络购物、网络支付、网络视频、数字阅读、在线教育等。③ 这些数据表明，互联网和移动互联网将会越来越广泛而深入地融入包括图书馆在内的社会生产生活各领域。

2. 大数据与云计算

大数据是指难以用常规的软件工具在容许的时间内对其内容进行抓取、管理和处理的数据集合。④ 在社会生产生活领域中，通过对大规模、多来源、异构数据的收集、存储和分析，可以发现新的知识，创造新的价值，提升新的能力。世界上许多国家尤其是发达国家陆续制定了促进本国大数据发展与利用的战略性规划，大数据的地位和作用逐渐被认识并不断强化。

大数据的特点可以归纳为 4 个“V”，即数据体量巨大（Volume）、数据种类繁多（Variety）、价值密度低（Value）、处理速度快（Velocity）。数据体量巨

① 罗晓涛．探索移动图书馆服务新模式[J]．图书馆论坛，2013(03)：99-100.

② 王世伟．大数据战略是新时代建设网络强国的着力点[J]．网信军民融合，2018(02)：27-30.

③ 中国互联网络发展状况统计报告[EB/OL]．[2020-02-20]．http://www.cnnic.cn/hlwfzyj/.

④ 邬贺铨．大数据时代的机遇与挑战[J]．求是，2013(04)：47-49.

大，是指数据的记录、收集随时都在进行，人的活动、环境的变化，无不成为大数据的内容；数据种类繁多，则指不仅包括文本、音频、图片、视频等非结构性的数据，而且包括诸如数据库一类的结构化数据；价值密度低是指数据中存在大量不相关性和不确定性使其呈现价值密度低的特性；处理数据快，主要是因为大数据价值的实现需要基于大规模数据，必然在处理速度上有所要求。

大数据在国家和社会治理领域正发挥着巨大的作用。在宏观层次上，它体现为推动经济转型升级和可持续发展，提升政府治理的精细化水平，为宏观调控提供新的方法和手段，推动政府决策的科学化。从微观来看，大数据有助于实现资源的优化配置，提升资源的利用效率。在图书馆领域，大数据技术的创新应用，可实现数据服务系统中数据资源的精细采集、系统整合及并行处理，为图书馆一站式服务创造统一标准的数据生态环境，为精准化、个性化、智慧化、定制化的信息服务提供高质量、可行性、共享性、决策化的数据储备和技术支持，有效解决当前数据生态环境下“只有数据、没有利用”的问题，进一步提升数据资源的利用率。

大数据与云计算的关系就像一枚硬币的正反面一样密不可分。云计算是一种通过互联网以自助、可扩展、按照使用量付费的方式获取所需 IT 资源和服务的模式。在这种模式下，被称之为“云”的一方负责提供包括计算能力、存储能力、带宽、DNS 在内的 IT 资源和服务，这种资源和服务极具扩展性，用户能够以自助的方式随时获取、按需使用和付费。目前，比较知名的云计算服务提供商有国外的微软云、亚马逊云、GOOGLE 云、IBM 云和国内的阿里云、腾讯云、百度云、新浪云等机构。①

云计算是为满足互联网发展所带来的海量数据存储、传输与计算的需要而发展起来的新技术架构，是分布式计算、并行计算、效用计算、网络存储、虚拟化、负载均衡、热备份冗余等传统计算机和网络技术发展融合的产物。它能以高扩展性、高可靠性、高廉价性且虚拟化的模式支持海量数据的增长。云计算强大的数据计算、存储和管理能力不仅满足数字图书馆系统功能扩展对海量、动态数据处理的需求，而且大大降低了数据应用的技术门槛和运营成本。云计算运行的关键技术主要是虚拟化技术、分布数据的存储和管理技术等。云计算技术的发展和应用，为虚拟数字图书馆的建设提供了强

① 周建芳.“互联网+”图书馆[M]. 成都：四川大学出版社，2018：16.

大的技术支撑。①

3. 物联网

物联网是物物相连的互联网，它以互联网为基础，将互联网的触角延伸到物品与物品之间并建立信息交流的通道。物联网并不是一种全新的信息技术，而是融合计算机、互联网、现代通信、智能硬件、传感器、人工智能等新一代信息技术的高度集成和综合应用。全面感知、实时准确传输、智能处理是物联网的 3 个重要特征，与之相关的信息感知技术、信息传输技术、信息处理技术和信息安全技术是物联网发展的关键技术。

图书馆是较早应用物联网的行业，物联网在图书馆智能化和智慧化服务中具有重要的推动作用。目前对图书馆服务模式产生重大影响的物联网应用除 RFID 技术主导的图书自助借还、图书定位和用户定位之外，还有图书的自动盘点、移动终端地图系统、感知的 OPAC、可穿戴技术及基于位置的推送服务等。随着物联网技术的发展，对数据的自动控制技术、M2M、二维码、智能的虚拟现实场景等技术将会在图书馆得到更为广泛的应用，从而实现图书馆数据服务的真正智能化、自动化和人性化。②

4. 人工智能

人工智能是利用数字计算机或数字计算机控制的机器，模拟、延伸和扩展人的智能，感知环境、获取知识并使用知识，以获得最佳结果的理论、方法、技术及应用系统。③ 人工智能技术包括：脑科学与认知技术，通过对人脑功能、认知过程和运作机制进行研究，为促进知识发现和机器推理提供新的技术解决方案；人机交互技术，应用于可穿戴式设备、浸入式动漫游戏等的动作识别技术，虚拟现实和遥控机器人等的智能问答交互技术，以及对于有语言和动作障碍人士的辅助阅读和导览操作等；人本计算技术，即以人为中心的计算或大规模用户参与的计算分析技术，如基于大量用户交互的专家系统、维基百科类的众人协同内容创作等；智能计算技术，即模拟人和自然界规律的算法和程序，如遗传算法、神经网络、模糊逻辑、模式识别等，智能计算对内容的聚类、组织优化、信息检索、知识发掘等的实现具有重要应用意义；机器学习技术，用于数据挖掘、计算机视觉、自然语言处理、图像

---

① 张晓东．解金兰．新技术驱动下图书馆服务模式变革与启示[J]．图书馆工作与研究，2018(07)：97-101.

② 张晓东．解金兰．新技术驱动下图书馆服务模式变革与启示[J]．图书馆工作与研究，2018(07)：97-101.

③ 郑树全. 工业智能技术与应用[M]．上海：上海科学技术出版社，2019.

和音视频内容识别、搜索引擎、知识库构建、信息推理、语音和手写识别、电子游戏和机器人运用等；语义理解和智能决策技术，为网络内容监控、文本分析、知识关联和推理提供切实可靠的解决方案。①

人工智能的发展趋势也开始影响到图书馆。人工智能通过信息化互联、泛在化感知、关联化分析、智能化整序、网络化协同、个性化定制、可视化传播与全域化延伸，将对图书馆的服务重塑带来诸多改变。一是有利于促进个性化阅读，基于人工智能，可以精细了解读者特点、洞察读者需求、引导读者阅读、诊断用户利用图书馆的效率和效能；二是有利于实现图书馆服务的精准化，人工智能可以在保障普适规模服务的情况下实现差异化，因人而异，可以根据读者的不同需求推荐合适的学习资源，提供智能化服务，拓展服务的时空范围和规模；三是有利于提升图书馆服务效能，人工智能使图书、馆员、读者、家具实现了万物互联和跨时空服务，使图书馆服务的时间和空间得到延伸和拓展，使更多读者可以得到更高质量的服务，可以更高效率地获取知识信息，也可以更加节约图书馆的人力资源；四是有利于实施图书馆服务的精细化管理，改变以往静态的、局部的、零散的、滞后的、纵向的服务管理信息，推进图书馆服务管理从经验型、粗放型、孤岛型向平台化、互联化、泛在化、智慧化、可视化、共享化转变，提升图书馆服务的效能以及便捷化水平。②

(三)新技术环境对信息资源建设的影响

信息资源建设是与一个技术环境联系十分紧密的领域，新技术层出不穷，发展迅速，在图书馆的应用越来越广泛，必然会给信息资源建设带来重要影响。

1. 对图书馆信息资源结构的影响

信息资源结构是指信息资源体系的构成方式，它反映着图书馆信息资源体系各部分之间的相互关系及组织方式，决定着信息资源体系各种功能的具体实现。

随着数字技术、网络技术的迅速发展，各种类型的数字资源数量急剧增长，并大量进入图书馆，这就导致了图书馆信息资源的内涵和体系结构发生了重大变化。据文化和旅游部官网的统计数据，到2017年底全国公共图书馆图书总藏量96,953万册，比上年增长7.5%，电子图书102627万册，比

---

① 敦文杰．新技术环境下图书馆对传统文化的传承与发展[J]．图书馆学刊，2019，41(12)：30-35.

② 王世伟．人工智能与图书馆的服务重塑[J]．图书与情报，2017(06)：6-18.

上年增长15.6%。① 武汉大学图书馆2018年纸质资源的购置费为1932.9万元，纸质图书累积量为666万册，电子资源购置费为2100.31万元，电子图书累积量为872万册。数字资源无论是购置经费还是累积量，均已超过纸质文献。② 图书馆可供利用和服务的信息资源已不局限于本馆所"拥有"的现实馆藏文献范围，越来越多的图书馆开始注重对数字资源的收集、整理、开发和利用，并力图寻求能将馆藏资源和网络资源进行最佳结合的途径，为实现网上信息资源的传递与共享作好充分的准备。

2. 对馆藏信息资源获取方式的影响

新的技术环境对图书馆馆藏信息资源获取方式的影响主要表现在以下几个方面：

第一，信息资源选择标准的多元化。由于图书馆信息资源体系结构的变化使馆藏资源和网络资源相互依存，相互补充，形成了不可分割的有机整体，因此在文献获取过程中，人们采取了多样化的文献选择标准，如对现实馆藏的文献选择，更加注重特色化原则，建立具有特色的文献收藏体系。对虚拟馆藏的收集与利用，则采取了区别对待的原则，更加注重数字资源的目的性、实用性和协调性。

第二，信息资源获取渠道的扩充。在网络环境下，图书馆可以从互联网直接获取数十倍、上百倍于本馆收藏的文献信息。随着电子商务的发展，网上售书活动日益频繁，电子邮件和电子论坛为采访人员获得文献的原始信息并进行工作交流提供了极为方便的手段和渠道，大大缩短了文献采购与文献流通的时间，提高了采访工作的效率和准确性。

第三，信息资源获取手段更为先进。现代信息技术条件下，图书馆既要采取传统的文献购入方式，对馆藏文献获得永久的所有权和使用权，同时也要对各种电子信息和网络信息(如光盘、软盘、磁盘、数据库等)获得必要的占有权和使用权。除此之外，还需要努力去获得重要的联机信息资源使用权，使图书馆的信息资源得到进一步延伸。信息技术增强了文献获取方式的可操作性，改变了图书馆文献采访的工作环境，使之提高了工作效率，而且更加规范。

3. 对图书馆信息资源质量评价的影响

在新技术环境下，图书馆信息资源结构的变化导致了馆藏资源评价指标

① 中华人民共和国文化和旅游部.2017年文化和旅游发展统计公报[EB/OL].[2020-02-22]. http://zwgk.mct.gov.cn/auto255/201805/t20180531_833078.

② 武汉大学图书馆提供的数据。

的变化。

首先，馆藏资源评价的内容与指标体系发生了变化。传统的馆藏文献评价是以本馆的实际收藏为对象，以藏书的内容、藏书的结构和藏书的利用为主要的测算指标。在网络环境下，对信息资源质量的评价就不仅应以现有的实际馆藏为评价对象，还要评价图书馆在网络上获取信息资源的能力。因为用户更加期待的是图书馆提供更及时、更准确的信息服务，而不在于沧海一粟般的一馆之藏。馆藏信息资源的收藏质量将被信息检索质量(即用户对检索结果的满足程度)所取代，评价的对象将不再是现有的馆藏文献体系，而是文献和信息的提供能力。

其次，馆藏质量评价的方法不断更新。要对馆藏文献质量作出全面的评价，就必须综合使用多种评价方法。在图书情报机构日益自动化和网络化的今天，如何运用适当的方法对以电子文献和网络信息为基础的虚拟馆藏进行质量评价，是一个非常实际的问题。面对数量庞大的数字资源，图书馆应加强对用户访问虚拟馆藏次数的跟踪与统计，将用户的访问权纳入流通统计之中，以评价虚拟馆藏的范围与利用状况。

4. 对信息资源保障方式的影响

建立信息资源的社会保障体系是图书情报界多年来奋斗的目标。长期以来图书馆采用的是自给自足的文献保障模式。在网络环境下，这种模式已完全不适应社会发展的需要。面对浩瀚的信息资源和复杂多变的信息需求，任何图书馆依靠自己有限的力量进行全面搜集来满足用户的需求都是不可能的。图书馆的资源建设必须从全局出发，通过全社会各类型图书馆和情报机构的联合，整体规划、分工协调，采取资源联合保障的方式，建立起新的信息资源社会保障格局，共同满足社会多元化的信息需求。

5. 对馆藏文献购置经费的影响

网络环境为解决图书馆购书经费短缺这道难题提供了新的思路：第一，网络环境的出现，使图书馆拥有来自于世界各地的各种信息资源，这些资源不属我有，胜似我有，从而使传统图书馆具有了丰富的信息资源保障，可以方便地使用。第二，充分利用数字资源，弥补现有实体馆藏文献的不足。由于电子出版物信息含量大而价格低廉，对于节约出版物采访经费，弥补印刷型文献收藏不足的空缺，提高资源对于用户的满足率起到了不可替代的作用。因此，网络环境下，图书馆所采取的压书保刊等资源建设策略应有所改变，调整资源结构，对购书经费的合理分配显得尤为重要和迫切。图书馆应充分发挥数字资源的优势，合理安排实体资源和数字资源的比例，实现两种资源的最佳配置。

二、需求的影响

用户的需求是驱动信息资源建设的原动力。图书馆信息资源建设的最终目的就是要最大限度地满足用户的知识信息需求，因此，用户的信息需求和信息行为的变化决定了图书馆信息资源建设的内容和发展方向，也是信息资源建设最直接的影响因素。

(一)社会对知识信息需求的变化

20世纪90年代以来，一种新的经济形态——知识经济在迅速崛起。这是一种建立在知识和信息的生产、分配和使用基础上的新型经济，其核心是使社会经济增长的资源基础主要依赖于知识的创新、生产和扩散、应用。知识经济的兴起必然带来社会对知识信息的旺盛需求，同时也导致了图书馆用户知识信息需求的变化。

第一，信息需求的主体多元化。由于知识和信息成为社会发展驱动力，成为创造财富的主要资本，社会对知识与信息的关注程度必然提高，人们对知识与信息的需求必然增加，工农商学各行各业都体现出强烈的知识信息需求的愿望。随着社会实践活动中知识与信息内容作用的不断发挥和渗透，社会化的知识信息需求越来越强烈和突出，其知识信息需求的主体呈现出明显的多元化趋势。

第二，信息需求内容的综合化。知识经济时代是知识、技术与经济紧密结合的时代。随着知识经济的渗入，科学技术的发展互相交叉渗透、高度综合化和专门化，新的学科不断涌现。为了适应这种变化，人们的信息需求则更加丰富多彩。用户越来越需要内容全面、来源广泛的知识信息，而且这些知识信息应能够与用户职业工作的各个方面相适应，其内容必须随着工作需求的变化而变化，因而呈现出综合化的趋势。

第三，信息需求的载体形态多样化。知识经济既是学习经济、创新经济，又是网络经济。信息技术和网络技术为科学技术的传播提供了广阔的空间和基础条件。人们对知识、信息载体的需求已不局限于传统的印刷型文献的范畴，而较多地体现为对电子信息、网络信息的需求，并力图通过快速的信息通道获取和利用信息内容，从而进行广泛的信息交流。

第四，信息资源利用的高效化。在知识经济时代，从知识到技术再到经济的作用过程大大缩短，任何知识、技术成果如不能迅速转化为现实生产力，很快就会被社会所淘汰。这一特点，使用户对知识信息的新颖性、时效性，提出了更高的要求。广大的社会成员十分重视利用快捷的大众传播媒介和现代通信工具及信息技术获取所需的各类知识和信息，以争取市场竞争的主动权。同时，在社会信息资源的利用中，用户的信息需求还明显存在着追求高效益的需求心理，他们不仅需要原始文献或文献线索，更需要经过筛选、深加工的高效信息，如动态综述、进展报告、趋势分析等三次文献和各种事实型、数值型数据库，并以最新的知识和信息内容取得优势的市场地位。

知识经济的兴起已经或正在带来社会信息需求的重要变化，而社会对知识信息的旺盛需求，正是信息资源建设的强大动力。

(二)用户的知识信息需求对信息资源建设的影响

用户知识信息需求的变化，必然会对图书馆信息资源建设产生深刻的影响。

第一，促使图书馆信息资源学科结构的调整。由于知识经济发展中知识和信息成为驱动经济发展的主要动力，脑力、智慧、知识成为生产要素中最重要的组成部分。人们运用知识获取和创造资源的能力越强，表现出来的信息需求涉及的学科内容则越广泛。图书馆要最大限度地满足社会知识信息需求，成为有效的信息保障，就要根据社会发展的需要，协调各学科信息资源的收藏的结构和比例，以适应多元化的信息需求。

第二，合理构建图书馆信息资源的等级结构。不同类型、不同层次的读者所需求的文献信息，在内容、类型、深度等方面都有很大的差异性，如对管理决策信息的需求，既需要宏观方面的、理论性较强的信息，也需要微观决策方面的、实用性较强的信息。科研人员对信息的专业性和专深程度要求较高，而农民和城镇居民则希望得到一些引导型、实用型的信息。所有这些都分布在内容深浅不同的文献中，要满足不同层次的信息需求，就必须根据文献内容的深浅程度，划分出不同的层次的收藏级别，并规定各级别所应达到的目标，建立合理的馆藏信息资源结构。可见，信息需求的多元性增加了馆藏信息资源结构的复杂性。

第三，优化馆藏信息资源的时间结构。社会在发展，知识在不断更新，记录知识的载体——文献的增长和老化的速度也在加快。读者对信息的新颖性、时效性越来越注重。科研人员希望了解最新的国内外科研动态，企业也希望利用新颖高效的信息在激烈的市场竞争中掌握主动权，而广大学生读者也迫切要求了解国内外社会的现状，增长知识，扩大视野。针对这一状况，各类型图书馆必须努力扩大新书的入藏量，优化馆藏信息资源的时间结构，这样才能满足读者对信息时效性的需求，从而确保资源被有效利用。

第四，有效整合各种类型信息资源。在知识经济环境中，图书馆读者的信息需求不断深化，他们不再满足图书馆提供文献服务，而是要求图书馆提供专业性强、形式多样、来源广泛的知识信息。因此，图书馆在信息资源建设中，要合理安排不同类型的信息载体的比例，特别注重虚拟信息资源的组织与建设，并针对纸质文献、电子文献、网络数据库等多元化信息载体并存的现实，进行各种不同信息载体内容的整合，以构建多种信息载体共存、互为补充的信息资源体系。

第五，必须建立信息资源联合保障体系。长期以来，我国图书馆的信息资源建设发展处于分散、无序、各自为政的状态，在宏观上没有整体规划，在微观上缺乏馆际分工协调，各图书馆往往不同程度地盲目追求藏书数量，追求“大而全”“小而全”的藏书体系，孤立地决定本馆的文献收藏方针，以自给自足的方式满足读者的需求。然而文献数量的迅速增长和书刊价格上涨，使单个图书馆没有能力做到全面收藏文献资料，反而造成文献收藏的重复和遗漏，大大降低了文献信息资源系统的保障功能。因此，信息资源个体保障方式已不能适应多元化的信息需求，图书馆信息资源建设的发展必须从全局出发，由全社会各类型图书馆及各类型信息机构联合起来，整体规划，分工协调，采取信息资源联合保障的方式，共同满足社会多元化的信息需求。

三、政策与法律的影响

信息资源建设是国家信息化发展战略的一部分，也是国家科学、教育、文化事业的组成部分，国家的政策和法律对信息资源建设起着重要的指导、调节和规范作用。改革开放以来，党和政府制定了一系列的政策，国家通过了一系列的法律，极大地促进了我国图书馆事业的发展，也为信息资源建设提供了良好的政策和法律环境。

(一)党和国家关于促进经济增长方式转变的战略决策

2003年，党的十六届三中全会为适应全面建设小康社会的需要，着眼于把握发展规律、丰富发展内涵、创新发展观念、开拓发展思路、破解发展难题而提出了“科学发展观”的重大战略决策。科学发展观的核心之一，就是转变经济增长方式，把经济建设从主要依赖自然物质资源的消耗转移到主要依靠科技进步和提高劳动者素质的轨道上来，从而实现国家的可持续发展。

落实科学发展观要求我们必须把国民经济信息化作为战略重点，把开发利用信息资源作为突破口。因此，党和政府十分重视信息资源的开发利用。2005年，中共中央办公厅、国务院办公厅联合发布了《关于加强信息资源开发利用工作的若干意见》提出要充分认识信息资源开发利用工作的重要性和紧迫性，明确了加强信息资源开发利用工作的指导思想、主要原则和总体任务，提出了加强信息资源开发利用的若干政策措施。2005年11月，国家信息化领导小组第五次会议，审议并通过了《国家信息化发展战略(2006—2020年)》，明确提出将加强信息资源的开发利用，作为我国信息化发展的战略重点之一。2016年7月，中办国办又印发《国家信息化发展战略纲要》，提出了"开发信息资源，释放数字红利""加强信息资源规划、建设和管理""全面提升信息采集、处理、传输、利用、安全能力"等重要的方针政策。党的十九大报告再次提出要"坚持新的发展理念"，"发展必须是科学发展，必须坚定不移贯彻创新、协调、绿色、开放、共享的发展理念"。信息资源开发利用就是科学发展理念的题中应有之义。

开发利用信息资源，使其作用于物质生产，可以大大提高劳动生产率，提高产品的知识含量，增加产品附加值，取得明显的经济效益；作用于人，可以大大提高劳动者的素质和智力水平，创造出更多的物质和精神财富。这些，正是新发展理念的要求。因此，党和国家提出关于促进经济增长方式转变的战略决策，对信息资源建设具有重要的指导意义。

(二)国家创新体系建设

面对在全球涌动的知识经济浪潮，世界各国正在积极研究知识经济的规律和特点，制定面向知识经济时代的发展战略。党的十九大报告提出要"加快建设创新型国家"，"加强国家创新体系建设，强化战略科技力量"，"瞄准世界科技前沿，强化基础研究，实现前瞻性基础研究、引领性原创成果重大突破"等重大战略决策和部署。党的十九届四中全会则从制度建设层面上提出"完善科技创新体制机制，加快建设创新型国家"的构想。

国家创新体系通常包括知识创新、技术创新、知识应用和知识传播四个系统。从四个系统的主要功能可以看出国家创新体系的每一组成部分都与图书馆信息资源的利用有直接的关系。首先，图书馆作为人类知识的宝库，是为知识创新和技术创新提供知识信息的重要基地。图书馆不仅提供已有的信息和知识，它还通过对文献的深层次的加工，为知识创新与技术创新提供专职增殖的信息和知识。其次，图书馆通过对知识信息载体的选择、收集、组织加工，使无序的信息变为有序，使固化的知识得以活化，并且借助计算机和现代通信技术，实现知识信息跨时空传播，这不仅为高等学校培养人才提供有力的信息保障，而且为职业培训、继续教育和提高广大民众的科学文化素养创造了条件。再次，图书馆还针对用户需求，运用先进的信息处理技术，对各类信息进行收集、鉴别、加工和组织，开发出市场需要的信息产品，通过科技咨询、科技转让、技术中介等活动，推动科技成果走向市场，转化为直接生产力，促进社会经济的发展。

由此可见，图书馆及其信息资源系统是国家创新体系的有机组成部分。而国家为促进自主创新体系建设的各项政策，也必将为信息资源建设创造有利的条件。

（三）国家关于教育改革与发展的战略规划

为了落实科教兴国、人才强国战略，全面推进教育的改革与发展，提高全民族的素质和创新能力，教育部于1998年12月制定了《面向21世纪教育振兴行动计划》。2010年6月，中共中央政治局召开会议，审议并通过《国家中长期教育改革和发展规划纲要（2010—2020年）》。《纲要》提出我国教育改革和发展的战略目标是“到2020年，基本实现教育现代化，基本形成学习型社会，进入人力资源强国行列”。提出了“实现更高水平的普及教育、形成惠及全民的公平教育、提供更加丰富的优质教育、构建体系完备的终身教育”等具体目标。这是指导我国教育改革和发展的重要的政策性文件。2018年，习近平总书记在全国教育大会指出：“党的十九大从新时代坚持和发展中国特色社会主义的战略高度，作出了优先发展教育事业、加快教育现代化、建设教育强国的重大部署。”“教育是国之大计、党之大计”，将教育发展提高到前所未有的高度。

图书馆作为社会文化教育机构，其重要的社会功能之一就是教育功能。在教育振兴和发展行动中，图书馆应该而且能够发挥其作用。比如说，从应试教育向素质教育转变的重要内容之一就是要改革学校教育中以课堂为中心，以教师为中心，以教材为中心的教学模式，培养学生的自学能力，鼓励学生多读课外书籍。这就要求图书馆提供丰富的、健康的、能满足不同文化层次读者需要的课外读物。从近年来实施素质教育的实践来看，许多学校的学生们利用图书和图书馆的热情空前高涨，说明图书馆在素质教育中发挥了重要作用。又比如说，终身教育是知识经济时代一种新的教育理念，并已发展为一种国际教育思潮。它鼓励人们在工作的同时，不断学习新知识，接受新的知识。而图书馆作为在职学习的理想场所，是实现知识更新的重要课堂。图书馆丰富的藏书，为终身学习提供了永不枯竭的资源。可以认为，国家实施的教育改革和发展战略，将为图书馆信息资源建设带来一次难得的机遇。

（四）推动社会主义文化繁荣兴盛的方针、政策与法律

文化是国家和民族的灵魂，集中体现了国家和民族的品格。文化的力量，深深熔铸在民族的生命力、创造力和凝聚力之中，是团结人民、推动发展的精神支撑。尤其是当今世界，文化与经济、政治相互交融，与科技的结合日益紧密，互联网的发展加剧了各种思想文化的相互激荡，文化在综合国力竞争中的地位和作用日益突出，越来越成为衡量一个国家综合实力的重要尺度之一。在复杂的国际环境中，要赢得国际竞争，不仅需要强大的经济实力、科技实力和国防实力，同样需要强大的文化软实力。因此，改革开放以来特别是党的十八大以来，党和政府高度重视繁荣和发展社会主义文化，制定了一系列的促进我国文化事业和文化产业发展的方针政策。党的十九大报告更进一步明确提出，文化兴国运兴，文化强民族强。没有高度的文化自信，没有文化的繁荣兴盛，就没有中华民族的伟大复兴。要坚持中国特色社会主义文化发展道路，激发全民族文化创新创造活力，建设社会主义文化强国。这是指导我国今后一段时期文化事业发展的大政方针。

2017年5月中办、国办发布的《国家"十三五"时期文化发展改革规划纲要》是新时代发展我国社会主义文化的一个重要的政策文件。《纲要》提出"十三五"时期要全面实现文化发展改革的目标任务之一就是"现代公共文化服务体系基本建成，基本公共文化服务标准化、均等化水平稳步提高，体现地方和民族特色的文化设施网络基本形成，公共文化供给与群众文化需求有效匹配"。具体任务包括"立足实际，注重实效，做好公共文化馆、图书馆、博物馆、美术馆、乡镇(街道)综合文化站、村(社区)综合性文化服务中心等的规划建设""推动基层公共文化设施资源共建共享""推进数字图书馆、文化馆、博物馆建设"等。《纲要》的制定并实施，将大大促进我国包括图书馆在内的公共文化事业的快速发展。

全国人大常委会于2016年12月通过的《中华人民共和国公共文化服务保障法》和2017年通过的《中华人民共和国公共图书馆法》是保障中国特色社会主义文化事业、公共图书馆事业繁荣发展的重要立法。《公共文化服务保障法》要求"县级以上人民政府应当将公共文化服务纳入本级国民经济和社会发展规划，按照公益性、基本性、均等性、便利性的要求，加强公共文化设施建设，完善公共文化服务体系，提高公共文化服务效能"，要求县级以上地方人民政府要"结合当地经济社会发展水平、人口状况、环境条件、文化特色，合理确定公共文化设施的种类、数量、规模以及布局，形成场馆服务、流动服务和数字服务相结合的公共文化设施网络"。对公共文化信息资源的建设，该法提出由"国家统筹规划公共数字文化建设，构建标准统一、互联互通的公共数字文化服务网络，建设公共文化信息资源库，实现基层网络服务共建共享"。《公共图书馆法》要求"县级以上人民政府应当将公共图书馆事业纳入本级国民经济和社会发展规划，将公共图书馆建设纳入城乡规划和土地利用总体规划，加大对政府设立的公共图书馆的投入，将所需经费列入本级政府预算，并及时、足额拨付”。对于图书馆资源建设，该法要求公共图书馆“应当根据办馆宗旨和服务对象的需求，广泛收集文献信息”，“应当加强数字资源建设、配备相应的设施设备，建立线上线下相结合的文献信息共享平台，为社会公众提供优质服务”。该法还要求“出版单位应当按照国家有关规定向国家图书馆和所在地省级公共图书馆交存正式出版物”。两部法律的颁布和实施，为我国公共文化事业的发展、公共图书馆的发展和图书馆信息资源建设，提供了坚实的法律保障。

四、知识产权制度的影响

(一)知识产权制度对信息资源建设的积极意义

知识产权是指知识产品所有人对其智力创造成果依法享有的权利。知识产权制度就是把人们在科学、技术、文化、艺术等领域从事智力活动时创造的精神财富的享有权通过法律确认下来，以调整因智力成果的取得、使用、转让和保护等产生的各种社会关系，保护知识产权创造者的合法权益，鼓励人们的创造性，促进科学、技术与经济的发展。因此，知识产权制度是保护科学技术和文化艺术成果的重要法律制度。

知识产权制度的根本目的，是要保护知识所有者的知识产权，同时又促进构成这种产权的知识的充分公开和利用。图书馆是以最大限度地满足读者对信息资源的充分利用为宗旨的。图书馆信息资源建设通过对各种类型的信息载体的收集、加工和整理来为社会积累和建设信息资源，其工作对象与知识产权法律尤其是著作权法的保护客体息息相关。知识产权制度确实对信息资源建设起着规范作用，但首先应该肯定的是它对信息资源建设的积极的意义。

第一，知识产权制度通过确认和保护知识生产者的智力成果的精神权利和财产权利，使知识生产者所耗费的投资得到应有的报偿，这就体现了智力劳动的重视、尊重和肯定，这就能激励知识生产者进行新的智力投资，创造出更多的智力成果。而丰富的精神文化成果，正是图书馆赖以生存的基础，是图书馆信息资源建设的“源头活水”。

第二，知识产权制度在时间性、地域性、保护方式和范围上调整知识产权权利人的利益与国家、社会公共利益的相互关系，寻求一种社会公益与智力成果创造人权益的平衡，在赋予知识创造者某些专有权的同时，也对其权利的行使进行了合理的限制，因而既能保障知识成果创造人的合法权益，又能促进知识成果的广泛传播和充分利用。在国际间，由于知识产权制度的建立，可以使各国在本国法律的基础上，通过互惠、参加国际公约、缔结双边保护协定等方式使本国国民的智力劳动成果在国外获取保护，同时也依法保护外国人的知识产品在本国的合法权益，这就为国际间知识信息资源的共享扫除了障碍，创造了有利的环境和条件。由此可见，知识产权制度的建立，使图书馆文献收集的来源更为广泛，活动空间更为广阔。

第三，知识产权制度保证了知识成果的新颖性、创造性，从而有利于提高图书馆信息资源建设的质量。图书馆信息资源建设不仅要有广泛、丰富的文献源，而且要有高质量的文献。《著作权法》依法禁止假冒、抄袭、剽窃以及盗版等不正当行为，从而保证了知识产品的创造性和新颖性，提高了知识产品的质量。同时,《著作权法》还明确规定，不保护依法禁止出版、传播的作品，如黄色作品，这也能从源头上保证图书馆信息资源的纯洁性。

(二)信息资源建设必须遵守知识产权制度

传统的图书馆馆藏资源，大部分属于享有著作权的各种不同载体的文献，是《著作权法》保护的客体。随着数字资源的迅速增长和网络信息服务环境的发展，图书馆资源建设的对象已超越了传统的印刷型文献、缩微资料、视听资料的范畴，各种电子出版物、商用数据库的采集、组织与管理，成为图书馆信息资源的重要内容。数字资源由于具有复制极其容易、复制成本极低、传播速度极快、传播范围极广等特点，因而保护其知识产权不受侵犯的难度极大。因此，图书馆在信息资源建设中涉及的知识产权，尤其是著作权问题就表现得十分复杂。

在新的信息环境中，图书馆信息资源建设中涉及的著作权问题主要有以下几个方面：

1. 翻印或影印外国出版物涉及的知识产权问题

对国外出版物的采集和收藏是图书馆信息资源建设的重要任务。根据我国《著作权法》的规定，以及与外国签订的有关著作权的双边或多边合作条约，尤其是我国加入世界贸易组织(WTO)，知识产权制度与国际接轨以后，国外出版的作品是受到我国著作权法保护的。因此，影印国外出版物就要受到严格的限制。如果未经著作权人许可，大量影印在版权保护期内的作品，不是因为保存版本的需要，而是用以提供借阅，则构成侵权。因此，图书馆在采集影印国外出版物时，必须考虑避免侵犯著作权的问题。

2. 文献复制中涉及的知识产权问题

这里所指的文献复制，是指作为图书馆藏书补充方式的复制。当馆藏缺乏，通过预订、选购、邮购都无法获得的重要资料(包括绝版书、孤本书、善本书、外文原版书、缺漏的报刊、其他连续出版物及重要的内部资料等)，图书馆往往委托其他单位代办复制，或通过馆际互借方式由本馆自行复制。复制是图书馆获得珍贵书刊和稀缺资料的一种重要形式。《著作权法》实施后，使用文献复制手段收集文献资料的方式受到了影响。我国2010年2月修订的《著作权法》第十条(五)款规定：复制权是指以印刷、复印、拓印、录音、录像、翻录、翻拍等方式将作品制作一份或者多份的权利。同时，我国《著作权法》还规定：图书馆、档案馆、纪念馆、博物馆、美术馆等为陈列或保存版本的需要，复制本馆收藏的作品，属合理使用范围，可以不经著作权人许可，不向其支付报酬。但这种复制是有严格限制的，一是必须是本馆收藏的作品，非本馆收藏作品不能复制，二是数量上限制在最低限度。因此，图书馆在使用复制手段收集文献时，如果并非为陈列或保存版本的需要而复制，或者复制他馆的各类文献以增加馆藏，就会构成侵权。这还涉及图书馆协调采购外文原版期刊，也应该考虑避免侵犯著作权的问题。

3. 采购非法出版物涉及的知识产权问题

《著作权法》规定：未经著作权人许可，以营利为目的，复制发行其作品的；出版他人享有专有出版权的图书的；未经录音录像制作者许可，复制发行其制作的录音录像的，均属于侵权行为。因此，图书馆如果不通过正当途径购买，且明知是非法出版物(如盗版图书、盗版光盘等)而采购入藏，应视为一种间接的侵犯知识产权的行为。

4. 馆藏文献数字化建设的知识产权问题

馆藏文献的数字化是图书馆网络信息资源建设和数字图书馆建设的基础。由于图书馆在文献数字化过程中通常采用纸质文本扫描、电子出版、汉字文本键盘录入、手写识别技术、语音识别等技术，将图书、期刊、报纸等纸质文献转换成PDF、JPG、GIF或其他格式存储于计算机系统中，从著作权法意义来说就是对原作品内容所进行的复制活动。利用数字出版技术，将文字、图片、图像、动画、声音等各种信息以数字化的形式存储于信息库中，也是复制行为。因而，馆藏文献数字化的权利实质上就是著作权中的“复制权”，而复制权是著作权中最重要的经济权利。根据《著作权法》的规定，如果未得到著作权人同意，而将其作品复制(包括数字化)，并将数字化产品用于商业性或大众性的经销、传播，则侵犯了该作品的著作权。国家版权局1999年12月公布的《关于制作数字化制品的著作权规定》，明确将作品的数字化纳入了复制的范围。该规定第一条指出：“本规定所称数字化制品，是指将受著作权法保护的作品以数字代码形式固定的有形载体，包括激光唱盘(CD)、激光视盘(LD)、数码激光视盘(VCD)、高密度光盘(DVD)、软磁盘(FD)、只读光盘(CI)-R0M)、交互式光盘(CI)-I)、照片光盘(Photo-CD)、高密度只读光盘(DVD-ROM)、集成电路卡(ICCard)等。”并在第二条规定："将已有作品制成数字化制品，不论已有作品以何种形式表现和固定，都属于《中华人民共和国著作权法实施条例》第五条(一)所指的复制行为，即《中华人民共和国著作权法》所称的复制行为。"因此，馆藏文献数字化的著作权问题已成为我国数字资源建设必须慎重处理的问题。图书馆应高度重视和遵守知识产权的有关规定，馆藏文献资源数字化的目的只能是"为了保存版本和教学科研使用的需要"。

5. 数据库建设涉及的知识产权问题

根据欧盟的《数据库版权保护指令》对数据库所进行的界定，数据库是指经系统或有序安排，并通过电子或其他手段单独加以访问的独立作品、数据或其他材料的集合。数据库是一种汇编作品，在对数据信息的汇编过程中实际上是实现了一次知识的增值过程，因此完全可以享有自主的知识产权。在现代图书馆信息资源体系中，数据库是提供网络信息服务重要的信息资源。

图书馆数据库资源建设就内容而言包括指南性数据库和源数据库两种类型。指南性数据库主要是指图书馆开发的馆藏书目数据库、联合书目数据库以及特色文献数据库，它以揭示和报道馆藏、扩大文献利用为主要目的。此时图书馆作为数据库的生产者，客观地存在着如何合理使用他人享有的著作权作品的问题。而源数据库则是指读者可通过此类数据库直接获取原始文献及其有关数据的数据库，这部分数据库大多是通过图书馆以购买服务权或建立数据库镜像站点等方式提供利用的信息资源，通常具有独立的著作权。由于数据库的开发需要投入大量的智力和经济力量，而随着技术的发展，数据库复制却越来越容易，所以为了协调数据库生产者和使用者的利益，就需要以立法的形式保护数据库的知识产权。许多发达国家对数据库的建设与利用提供双重保护：制止对数据库内容的全部或实质性的部分进行摘录和/或再利用的权利；制止对数据库内容的非实质性部份进行与对数据库的正常利用相冲突或不合理地损害制作者合法利益的重复和系统地摘录或再利用的权利。各国法律都禁止第三方临时或永久性复制数据库的全部或一部分。

总之，对数据库资源建设的知识产权限制主要是：合理使用。合理使用数据库是合法的行为。按照我国《著作权法》的规定，个人学习、研究或者欣赏、使用他人已经发表的数据库；为学校课堂教学或科学研究，翻译或少量复制已经发表的数据库，供教学或者科研人员使用，但不得出版发行；将已经发表的汉族文字的数据库翻译成少数民族文字数据库在国内出版发行等行为，均属合理使用。

6. 下载网络资源涉及的知识产权问题

利用网络资源充实馆藏，是新的信息环境中图书馆信息资源建设的重要内容。而下载则是利用网络资源的重要形式。图书馆可将数据(可以是整个文件、文档、甚至数据库)从主源上转移到一个外围设备上，或将文件从网络文件服务器拷贝到网络中的任一台计算机上。在网络上传输的作品大致有两类，一是社会公有信息，二是受版权法保护的作品。一般说来，这些都是已经发表过的作品，他人是可以使用的，但下载时应考虑其知识产权问题：一是版权人明确宣布不允许下载的作品及其片段，他人不可下载；二是下载的目的、数量与对版权作品销售市场的影响。根据版权原则，下载他人作品一般只能供本人学习、研究之用，不可有商业上的目的，也不可对版权作品的潜在销售市场产生很大影响。如果是商业上的使用必须向版权人支付许可使用费。总之，不管是作品的片段或全部，或分数次将同一作品全部下载，都应受到《著作权法》的制约。①

上述情况表明，知识产权制度对图书馆信息资源建设具有制约作用。它要求信息资源建设必须符合法律规范，在法律允许的范围内进行。

五、信息资源供给侧的影响

根据供应链管理理论，图书出版商、经销商(书商)、图书馆、读者(最终用户)是一个完整的功能网链结构。对图书馆来说，图书出版商、经销商是供给侧，读者(用户)是需求侧。在新的信息环境和市场环境下，图书馆信息资源的供给侧既包括传统的出版商、经销商，也包括各类商业性数字资源的生产者、代理商。图书馆信息资源建设，既要受需求侧的影响，也会受到来自供给侧的影响。

(一)新信息环境下信息资源供给侧的发展变化

1. 世界出版发行业的发展

出版发行业是社会经济、科技、文化事业的重要组成部分。科学技术的高速发展，带动了世界经济的不断增长，而经济的增长，又大大促进了文化教育事业的繁荣，带来了世界出版业的快速发展。然而，20 世纪 90 年代末和 21 世纪初席卷全球的金融危机，重创了许多国家的经济，也影响了这些国家出版发行业的发展。进入 21 世纪后，特别是近年来，世界经济逐渐复苏，国际出版业也开始回暖。各国政府积极出台和采取政策措施，来促进本国出版业的繁荣发展。国际出版业大体呈现如下态势：传统出版发展平稳，

① 陈传夫. 信息高速公路知识产权问题探讨[J]. 情报学报，1999(01)：63-68.

新兴出版风起云涌，出版企业积极进取。

(1)传统出版发展平稳，书刊销售有升有降

受国际金融危机和数字化浪潮的影响，传统的出版业曾经面临着巨大的困难，生产规模压缩，销售数量下滑。但国际大型出版传媒集团相继调整战略目标，积极寻求对策，使得传统的出版业在困境中平稳发展。如从图书出版品种来看，2015年法国、德国、西班牙、俄罗斯等国的图书出版品种数同比都有不同程度的增长，其中法国增长最快，比上年增长8.6%，而美国、日本、韩国同比则略有减少。从图书销售来看，英国、法国、西班牙、韩国等国图书销售额同比都略有增长，而美国、德国、日本等国同比都有不同程度的下降。① 从期刊出版来看，随着数字设备的不断普及和读者阅读习惯的逐步改变，各国期刊销售连续多年呈递减趋势，这已是大势所趋。

(2)数字出版方兴未艾，新兴业态风起云涌

数字出版是指用数字化的技术从事的出版活动。数字出版强调的不只是介质，还包括出版流程，包括原创作品的数字化、编辑加工的数字化、印刷复制的数字化、发行销售的数字化和阅读消费的数字化。数字出版是出版发展的一个新的阶段，也是出版的一次深刻变革。不仅扩展了出版业的内容，延伸了出版业的形式，而且大大丰富了出版的样式和传播的空间，也从根本上改变了传统出版业的生产方式和消费观念，给出版业带来了升级换代的大好前景。因此，数字出版从根本上改变了传统出版发行业的运作模式，也带来了更为广阔的发展领域。

随着数字出版的快速发展，电子书、自助出版、众筹出版等一系列新兴出版业态如雨后春笋般大量涌现、成长茁壮，构成了近年来国际出版市场一道亮丽的风景线。电子书市场稳步发展，如2014年美国电子书出版种数为255341种，较上年增加9.9%，英国11%，日本同比增长35.%，同比增长20.9%。自助出版被越来越多的作者和读者所认可，根据鲍克公司调查，2008—2014年美国自助出版图书数量增加约70万种，增长率逾700%。在传统出版市场不断萎缩，越来越难以满足数字化时代人们的阅读需要的时候，一种新的出版模式——众筹出版应运而生，赋予传统出版传播模式和盈利模式以巨大的潜能和空间。②

(3)实体书店日益萎缩，网络书店风生水起

随着互联网的迅速发展和电子商务的兴起，人们购买图书的习惯发生改

① 范军．国际出版业发展报告(2016版)[M]．北京：中国书籍出版社，2016：3.

② 范军．国际出版业发展报告(2015版)[M]．北京：中国书籍出版社，2016：4.

变，连锁书店、独立书店、报刊亭等传统图书销售渠道逐渐走向萎缩。自2005年以来，美国的实体书店数量逐年减少，2014年仅为13928家。法国一级书店市场份额大多被二级书店、网络书店及其他零售渠道所瓜分，2014年销售额缩至3000万欧元左右。在2005年的时候，日本实体书店有17839家，而至2014年5月仅存13943家，十年来减少了3896家。2014年俄罗斯实体书店数量也在持续缩减，所占市场份额不足五成。①

与此同时，网络书店异军突起。网络书店是指利用信息技术、数字技术和网络技术在互联网上进行图书贸易的一种新型书店。它是图书出版发行的另一个新型的市场渠道，也是出版发行业发展的方向。网络书店发展迅速，并凭借着电子商务的技术平台，以方便快速的交易方式，赢得顾客的信任，在世界图书市场中牢牢地占据了一席之地。国外最大的网络书店亚马逊从1994年诞生以来，就把全球发展作为根本目标，并先后在加拿大、法国、英国、意大利、日本、韩国和中国进行扩张，呈现出蓬勃发展的势头。

2. 我国出版发行业的发展

改革开放以来，我国经济高速发展，科学、教育、文化事业繁荣兴旺，出版发行业也在快速发展。出版发行业作为社会文化创新的前端，是整个社会文献信息资源交流的源头。它的发展为图书馆信息资源的采集与积累提供了选择的空间，也为构建信息资源保障体系打下了坚实的基础。我国出版发行事业的发展特点主要体现在：

(1)出版业规模不断扩大，文献出版数量持续增长

我国出版发行业近年来得到了前所未有的发展。1978年我国有出版社105家，截至2017年，我国共有出版社585家(包括副牌社33家)。2018年全国共出版图书519250种，比1978年的14987种增长近35倍。② 根据《中国新闻出版统计资料汇编》(2011—2016)及国家新闻出版广电总局公布的《2018年新闻出版产业分析报告》统计数据，2018年，全国出版、印刷和发行服务实现营业收入18687.5亿元，较2017年增长3.1%；拥有资产总额23414.2亿元，增长5.6%；所有者权益11807.2亿元，增长4.4%。其中，图书出版营业收入、利润总额增长提速，营收增速在8个新闻出版产业类别中名列第一。图书出版结构在2018年持续优化，图书出版单品种效益提升。③

① 范军．国际出版业发展报告(2016版)[M]．北京：中国书籍出版社，2017：3.

② 国家统计局．中国统计年鉴(2019版)[M]．北京：中国统计出版社，2019：736.

③ 国家新闻出版署发布《2018年新闻出版产业分析报告》[EB/OL]．[2020-02-28]．http://media.people.com.cn/n1/2019/0828/c14677-31323011.

我国图书出版业已转型为现代产业，即正在从主要以知识密集为主的事业特征向以知识和资本相融合的产业特征转型，产业集中度以及竞争力已大大提高，产业规模和经济效益已跨上一个新台阶。出版社基本门类和学科齐全，地域分布广阔，涵盖全国东西南北中，区域性出版业发展模块业已形成，使图书出版的产业属性不断凸显，对社会发展和国民经济的贡献不断增强。

(2)数字化带动出版现代化，数字出版异军突起

20世纪70年代以来，我国出版产业的发展经历了两次技术革命。第一次是激光照排技术的出现，第二次是数字化技术的出现。激光照排技术的出现，大大提高了印刷出版的效率，摆脱了沿袭一千多年的出版方式，使中国的印刷出版产业一举赶上了世界先进水平。而数字技术的出现改变了我国传统的出版发行模式，并将文献内容传播到全球每一角落，对中国出版产业产生的意义更为深远。我国先后公布的《中华人民共和国国民经济和社会发展第十三个五年规划纲要》《国家中长期科学和技术发展规划纲要》《国家"十三五"时期文化发展规划纲要》中，都把数字出版技术、数字化出版印刷、复制和发展新媒体列入了科技创新的重点。发展数字出版的最终目的是要把传统出版、传统媒体带入数字化为技术支撑的现代化体系之中，改造传统出版的生产模式、传播方式，推进产业升级换代，延长产业链条，与数字出版相衔接、相适应，从而拓展新型出版物和出版服务的领域，整体提升出版产业的实力和竞争力。

数字出版技术的广泛使用对出版业的发展产生深刻的影响。一方面，高新科技极大地提高了传统出版业的管理水平。传统出版业借助数字技术，提高了效率，降低了成本，扩大了规模，管理水平得到极大提高。另一方面，一种融合了计算机技术、通讯技术、网络技术、流媒体技术、存储技术、显示技术等高新技术，超越了传统出版内容而发展起来的新兴出版产业——数字出版异军突起。数字出版是在出版的整个过程中，将所有的信息都以统一的二进制代码的数字化形式存储于光盘、磁盘等介质中，信息的处理与接收则借助计算机或终端设备进行。它强调内容的数字化、生产模式和运作流程的数字化、传播载体的数字化和阅读消费、学习形态的数字化。自21世纪初开始，我国数字出版产业就出现了强劲增长的势头。2006年数字出版产业整体收入规模为213亿元，2018年已增长到8330.78亿元，比上年增长17.8%亿元。其中互联网期刊收入达21.38亿元，电子书达56亿元，数字报纸(不含《手机报》)达8.3亿元，博客类应用达115.3亿元，在线音乐达103.5亿元，网络动漫达180.8亿元，移动出版(移动阅读、移动音乐、移动游戏等)达2007.4亿元，网络游戏达791.1亿元，在线教育达1330亿元，

互联网广告达 3717 亿元。①

(3)出版发行体制改革，构建多元化流通渠道

我国的出版发行业曾是国有企业和国有资本“一统天下”，随着我国经济体制改革的不断深入，我国出版发行业加快了改革的步伐。在社会主义市场经济条件下，发挥市场对出版资源配置的基础性作用，打破条块分割、地区封锁、城乡分离的市场格局，构建统一、开放、竞争、有序并且健康、繁荣的现代出版物市场体系，是推动出版产业快速发展的重要条件。为此，提出了以市场为导向的“创新体制、转换机制、面向市场、壮大实力”的方针，并加强产业结构的调整和布局的合理规划，提高出版产业规模化、集约化、专业化水平。与此同时也培养和建设了一批编辑出版、电子音像、动漫制作、出版物物流配送等产业基地，发展了一批具有较强竞争力和影响力的大型出版产业集团。

近年来，我国图书报刊的分销渠道也发生了很大改变，出版物分销市场不再是单一的主体，而是国有、民营、个体、外资等多元化经营的天下。其中，民营发行企业至 2016 年已有 95192 家，占全国发行企业的 81.6%；其出版物销售 1491 亿元，占全国的 42.6%，比上年增长 9.8%，高于全国平均增速。2016 年，全国共有外资发行企业 607 家，出版物销售额 132.25 亿元，同比增长 55%。全国还有出版物批发单位 10507 家，出版物销售 2827.29 亿元，以占全国 9%的单位数量实现了 81%的销售份额，渠道作用发挥显著。②

(二)国内外信息资源供给侧的发展变化对信息资源建设的影响

国内外信息资源供给侧的发展变化对信息资源建设的影响主要体现在以下方面：

1. 信息资源来源广泛而丰富，文献选择难度加大

国内外出版事业的迅速发展，出版物品种繁多，数量急剧增长，为图书馆信息资源的建设与发展提供了丰富的来源，使信息资源采集有了相当大的选择余地。然而，资源数量的庞大繁杂，质量良莠不齐甚至真伪难辨，也给图书馆文献选择带来较大的困难。我国每年出版的图书中有相当大部分的图书是重(印)版图书。如 2018 年我国共出版图书 519250 种，其中新版图书只

① 2018-2019 中国数字出版产业年度报告发布[EB/OL].[2020-02-28]. https://www.sohu.com/a/335583901_211393.

② 范军.2016—2017 中国出版业发展报告[M].北京：中国书籍出版社，2017：104.

有247108种。大量重(印)版图书的出版为图书馆馆藏文献的补充提供了条件，但也增加了文献选择的难度。同时有些出版社受经济利益驱动，竞相出版热门书，重复出版浪费严重，缺乏精品，有些书不仅主要内容、篇章结构大同小异，甚至连书名都相同。甚至假书、伪书盛行。面对如此众多而内容泛滥的出版物，图书馆要选择出符合需要的高质量的文献，无疑是相当困难的。

2. 发行渠道多而无序，文献采集盲目性增大

出版发行业的繁荣和图书市场的开放，使图书发行渠道发生了巨变，出现了专门向图书馆提供图书的供应商，打破了过去以新华书店一统天下的局面，新华书店、出版社、集体、私营书店和著者个人发行都参与其中。各种类型的书店相互竞争，共同发展，为图书馆的文献采访提供了各种不同的渠道，也给文献采访工作带来了极大的灵活性，改变了图书馆采访人员的被动局面，为采访人员充分发挥主观能动性，为采集高质量的图书提供了便利条件。但同时也必须看到，由于图书发行渠道多而又缺乏有效的控制与协调，在一定程度上也造成了图书市场的混乱和无序，给信息资源的采访工作出了不少难题。如：高额折扣的促销手段，造成图书市场的混乱，图书馆采访人员稍有不慎，就会出现失误。又如图书市场的书目信息报道不全，书目内容含糊不清，夸大其词或虚假误导，给图书馆采访工作代来了极大的盲目性。

3. 出版形式多种多样，文献采集质量难以控制

现代信息技术的广泛应用带来了文献信息类型和载体的多样化，也扩大了图书馆信息资源选择的对象。许多文献在出版纸质载体的同时，也出版了其他载体形式。面对众多内容相同而载体不同的文献，控制文献内容和载体的合理采集比例以及正确处理文献品种与复本之间的关系，提高采集质量则成为当前图书馆信息资源建设的重要问题。尤其是在许多图书馆都面临的经费困难的情况下，合理配置信息资源，避免重复建设就成为图书馆信息资源建设的重中之重了。它关系到图书馆信息资源体系的保障程度，也关系到用户信息需求的满足程度。

4. 网上书店的兴起对信息资源建设的影响

随着互联网和电子商务的迅速发展，实体书店的逐渐萎缩与网上书店的快速发展已是不争的事实。近年来，网络发行业务由PC端向移动客户端快速扩展，微信、微店、社群售书等新的领域不断发展壮大。网上书店兴起对图书馆信息资源采集产生了深刻影响，其主要表现为：

第一，改变文献信息资源采集的工作流程。图书馆传统的文献采访工作

流程需要大量的选书工具作为技术支撑。但由于选书工具收集内容的完备性和书目信息的局限性，导致文献采访工作的错购和漏购，造成图书馆藏书体系不完整的现象。网络书店使图书馆文献采访人员可以在线了解文献的相关信息，并能通过电子邮件和电子论坛掌握最新的出版动态，通过互联网就可以遍访世界各地的网络书店。网上结算系统和物流配送服务也为文献采访工作提供了极为方便的手段和渠道，缩短了文献采购与文献流通的时间，形成了不同于传统文献采集活动的网上采集工作流程，从而引起了图书馆传统的文献采集操作方式革命性的飞跃。

第二，改变文献信息资源采集的工作模式与规则。在未来很长的时期内，图书馆对文献信息资源的选择与采集都将采取网络书店和传统的实体书店并用互补、相互竞争、相互融合的模式。由于网络书店规范化的书目数据和信息内容的多维展示能够为图书馆文献查重、登录催缺、加工、预订目录和新书报道，以及馆藏目录的编制提供可靠的数据基础，因此这种传统的手工操作方式所不能比拟的文献获取方式不仅改变了图书馆文献采集的流程，而且提出了新的规则。它要求文献采集人员不但要充分掌握文献出版书目信息，而且还要利用网络书店的虚拟展示功能对文献的内容进行有效的筛选，不受地域限制地进行文献信息资源的采集。

第三，改变文献信息资源采集的经费结算方式。网络书店快捷、迅速的图书交易特点，是对图书馆传统的文献采集方式的有益补充。它通过人与电子通信方式的结合，依靠计算机网络，以通讯技术为基础来实现图书销售的网上交易。因此图书馆可以不受时间和空间的限制，进行网上选书。同时，网络书店依托电子商务平台提供大量图书信息和书店存货书目信息，供文献采访人员查找和利用。将文献信息资源建设中的人流、物流、资金流分离，通过对安全认证、数字签名、网上支付和结算、物流配送等系统的设立，取消或减少了文献信息资源采集的中间环节，改变了图书馆文献信息资源采集的资金结算方式，节约了成本，增加了文献信息资源采集的透明度，降低了某些弊端和腐败现象产生的可能性。

当然，在充分利用网络书店进行文献信息资源采集的同时，我们还应该清楚地看到网络书店在我国的发展还客观地存在着一些问题和不足。如网络信息量大、文献查找困难；内容繁杂、缺乏规范化组织等。对此，图书馆应加强文献采访人员的教育，增强文献内容的选择与识别能力，同时还应加强图书馆信息资源采集的现代化建设，提高工作人员的信息素养，拓宽文献信息资源采集的范围，适应未来信息资源建设的发展需要。

第三节 信息资源建设的原则

信息资源建设原则是信息资源建设客观规律的反映，是信息资源建设实践的科学概括和总结。信息资源建设的实践是随着信息环境的变化、图书馆事业的发展而发展的，同时还会受到国家的信息化发展水平，以及经济、科技、教育、文化发展状况的影响，因而信息资源建设原则的内涵，也是在不断丰富和发展的。根据我国的国情和当代图书馆所处的信息化、网络化、数字化环境，我国各类型图书馆及信息机构，在信息资源建设中应该遵循的原则是：实用性原则、系统性原则、特色化原则、合作性原则。无论是进行一馆的信息资源建设，还是多馆的信息资源保障体系建设，都应该遵循这些原则。

一、实用性原则

(一)实用性原则是信息资源建设的基本原则

实用性原则是指图书馆及其他类型信息机构，要根据服务任务和服务对象的需要，规划、选择、搜集、整序、组织和管理信息资源，以最大限度地满足社会的信息需求。

实用性原则是信息资源建设的基本原则，这是现代图书馆的发展特点决定的。现代图书馆与传统图书馆的本质区别在于现代图书馆是以用户服务工作为中心的，重视信息资源的传递和利用。虽然现代图书馆仍然具有收藏和保存信息资源的职能，但收藏和保存的目的是为了信息资源的利用，只收藏而不利用信息资源的图书馆是不存在的，也就是说，传递和利用信息资源是图书馆的核心功能。但是，不同历史时期或者不同地区的图书馆的开放和对信息资源的利用程度是有很大区别的。古代藏书楼在几千年的发展过程中，基本是围绕着保存图书这个核心展开的。藏书家根据个人的嗜好访求书籍，用不着考虑他人的阅读需求。藏书家所建立的藏书体系，也都是建立在个人的价值判断基础上的，与社会需求无关。因此，“重藏轻用”是古代藏书楼的重要特征，也是传统图书馆的核心价值观念。应该指出的是，这种理念，并没有随着藏书楼的逝去而消失，相反，它仍然渗透到今天的图书馆管理思想中，对图书馆信息资源建设产生着重要的影响。所以，我们今天仍然看到，庞大的藏书规模，丰富的珍本善本，一直是各类型图书馆追求的神圣目标，并且成为人们评价图书馆地位和工作水平的主要标准，而对信息资源是否满足社会的实际使用需要，在多大程度上得到有效利用，则持十分漠然的态度。这种信息资源建设的理念，是和现代图书馆的管理思想相背离的。

纵观近代以来世界图书馆的发展，其根本的变化并非图书馆技术方法的革新与进步，而是图书馆管理理念的变化。图书馆不再被认为是一个单纯的保存知识信息载体的机构，传递和利用信息资源才是图书馆的根本目的。对此，列宁早在20世纪初就有过一段经典论述："一个公共图书馆引以自豪和引以为荣的并不在于它拥有多少珍本书，有多少16世纪的版本或10世纪的手稿，而在于图书在人民中间流传的广泛程度，在于吸引了多少新读者，如何迅速地满足读者对图书的各种要求，在于有多少图书被读者带回家去，有多少儿童来阅读图书，利用图书馆……"①列宁的这一论断是对现代图书馆的目的和管理理念的最清楚和最深刻的阐述，这一理念要求图书馆信息资源建设必须以信息资源的利用为根本目的。图书馆搜集、整理、保存的信息资源，只有通过有效地提供利用，在社会中充分发挥其作用，才能实现它的价值。

（二）实用性原则的要求

1. 根据图书馆服务任务的需要进行信息资源建设

不同类型的图书馆和信息机构，承担着不同的社会职能。这些社会职能，是通过它所担负的具体服务任务来体现的。服务任务不同，对信息资源的选择、搜集、整理、组织和传递的内容、形式及方法也各有差异。因此，图书馆和信息机构应根据本单位服务任务的实际需要，进行信息资源建设。

例如，国家图书馆和大型综合性公共图书馆，承担着为政府决策和国家的政治、经济、科学、教育和文化发展服务的任务。这一服务任务，决定了它要系统收集、保存各学科有价值的文献，成为全国或地区性的综合性文献信息中心。在网络化、数字化时代，国家图书馆和大型综合性公共图书馆也是国家或地区的文献信息枢纽。通过它们，人们可以检索各种大型的数据库，从而获取全球的信息资源。因此，这些图书馆必须加强数字资源建设，提高对全球信息资源的存取能力。而对中小型公共图书馆而言，它们的主要任务是为地方经济、文化发展服务，为满足人民群众学习科学文化知识的需要服务。这一服务任务，需要它重点入藏符合地方经济和社会发展的有关科研、生产、管理等文献，广泛收集能满足群众学习科学文化知识的书刊资料，同时要尽量系统或完整收藏反映本地区历史和现状的具有地方特点的文献。而对数字资源建设，则应该根据实际使用需要，采用经济、合理、灵

① 列宁. 对于国民教育能够做些什么[A]. 列宁全集. 第23卷[M]. 北京：人民出版社. 1990：365.

活、多样的形式进行，切不可盲目攀比，贪大求全。

又如，高等学校图书馆的主要任务，是为本校教学和科学研究服务。这一任务，决定了它所拥有和可存取的资源必须与本校所设的专业及其承担的教学、科研任务相适应，因而高校图书馆既要系统收集有关专业的教材和教学参考书，重点入藏与学校科研任务有关的文献资料，广泛而有选择地入藏各种课外读物，也需要以存取的方式为读者提供丰富的网络信息资源，以满足教师和研究生从事科研工作对国内外最新的学术信息及时、广泛的需求。而科学专业图书馆的主要任务是为科学研究服务，这一任务，决定了它要紧密结合本系统、本单位的研究方向和研究课题的需要，完整系统地收集本专业的国内外文献，有重点地收集相关学科的文献，有选择地收集其他学科的文献。同时，要特别注重数字资源的建设和利用，以存取方式获取世界上最新最前沿的科技信息。

总之，图书馆应根据本馆的服务任务，确定本馆信息资源建设的范围、重点、特色、结构等。只要立足于服务任务，才能建立起符合实际使用需要的信息资源。

2. 根据图书馆服务对象的需要进行信息资源建设

读者或用户是图书馆的服务对象。图书馆要完成所担负的服务任务，是要通过为读者或用户提供各种信息资源来实现的。图书馆的信息资源如果脱离了服务对象的实际使用需要，就无法实现它的价值。

各类型图书馆都有自己特定的服务对象，不同的服务对象的信息需求有不同的特点。

因此各级各类图书馆都要依据具体服务对象及其需要特点，建立与之相适应的信息资源体系。如省级公共图书馆，信息资源建设要突出各类专家读者的研究、设计、创作等需要的重点藏书，又要全面兼顾各类大众读者的学习、阅读、欣赏等需要的一般藏书。收藏文献的类型、类别、文种等方面，要做到广度与深度的结合，重点与全面的结合，形成学术性、情报性与知识性、教育性的统一。科学专业图书馆，信息资源建设要突出专家型读者的专业研究需要，又要兼顾他们对相关专业学习参考的需要，收藏以专业书刊、外文书刊及情报资料为重点的文献，形成学术性、情报性强的信息资源体系。高等学校图书馆，信息资源建设既要突出教师、科研人员、研究生的专业教学、研究用书，又要兼顾大学生专业学习和课外阅读的需要，收藏以教学、科研为重点多学科、多层次的专业文献，形成教育性、学术性、情报性相结合的信息资源体系。

在数字化环境下，用户的信息需求不仅有传统的文献需求，而且越来越多地表现为对数字资源的需求。然而，不同类型的用户对数字资源的需求是不一样的。一般来说，专家型或研究型读者需要及时、广泛地获取各学科领域前沿的学术信息，因此，通过网络获得数字化的信息资源对他们来说更为重要。而大众型或学习型的读者，他们需要系统学习某些学科门类的基础知识，因此他们可能更多地需要传统的文献信息。图书馆应该根据读者的实际使用需要来进行数字资源建设。

总之，了解各种用户群的特点，研究他们的具体需要内容，掌握他们利用信息资源的现状、效果及发展变化的规律，才能使建设起来的信息资源体系，符合实际使用需要。因此，根据图书馆服务对象的需要进行信息资源建设，是实用性原则的又一基本要求。

(三)实用性原则是信息资源建设中文献的内容价值与用户需求的统一

现代图书馆信息资源建设将实用性作为基本原则，并不意味着在馆藏文献的选择与采集中将用户的阅读需求作为唯一的取舍标准。相反，实用性原则在要求以用户需求为导向的同时，决不能忽视信息资源本身的内容价值。

有学者指出，图书馆活动需要以专业活动实践为基础，寻求文献社会化管理发展的专业方法，否则会在社会大潮中随波逐流，失去图书馆事业的真正价值。① 信息资源建设是图书馆一项最基础、最核心的业务活动，因而必须以专业思维、专业方法来开展这项工作，遵循专业活动自身的逻辑和规律。具体来说，就是在资源采选中既要以用户的需求为导向，也要结合图书馆的服务任务和信息资源建设自身的特点和规律来科学规划图书馆的信息资源体系，制定信息资源建设的政策和策略。

在图书馆馆藏建设中，国外很早就有“价值论”和“需求论”两种不同的主张(将在本书第四章详述)，国内图书馆界也对此进行过探讨。“价值论”的主张是图书馆选择补充馆藏，要以文献的内容价值为依据，而不必考虑读者的需要。而“需求论”则主张选择文献要以读者的需要为依据，而不必强求文献本身的价值。应该说，“价值论”追求文献本身的内容价值是无可非议的，“需求论”强调读者需求也完全合理，但如果将两种主张推向极端，用一种主张否定另一种主张就是片面的，不科学的。图书馆信息资源建设，在追求文献本身的科学价值、文化价值、保存价值的同时，不能忽视用户的需求。在强调以需求为导向的同时，也必须考虑文献本身的内容价值，要在“价值”与“需求”之间保持平衡，追求统一。当然，不同类型不同层级的图

① 王宗义. 专业话语：实践描述与思维构建——关于当代图书馆活动的若干思考[J]. 中国图书馆学报，2017(02)：13-23.

书馆在“价值”与“需求”的取舍上，也会有不同的侧重，这将在后面的章节中涉及。

实用性原则要求在信息资源建设中既要根据图书馆的服务任务，又要根据服务对象的需求，就是寻求“价值”与“需求”的统一。就文献的内容价值而言，大型综合性公共图书馆、研究型高校图书馆和科学专业图书馆，要注重所采集资源的专业学术价值、长期保存价值；中小型公共图书馆、以服务教学为主的学校图书馆，要注重采集资源的思想教育价值、知识传播价值等。就用户需求而言，各类型图书馆建设的资源，都要与自身服务对象的需求相符合，才能使资源真正发挥效益。因此，实用性原则是将文献的内容价值与用户需求有机统一起来的原则。

二、系统性原则

系统性原则是指在信息资源建设中要特别注意宏观和微观的信息资源系统各要素之间的相互联系，注意信息资源系统与环境的联系。

(一)系统性原则的依据

系统理论认为，世界上一切事物，无不从属于一定的系统，系统是物质存在的普遍方式和属性。一个国家的信息资源也是一个由相互作用、相互依赖的若干组成部分结合而成的具有特定功能的多层次的系统。系统的基本性质之一，就是相互联系性。它是指系统内部元素之间、系统与环境之间，存在着相互联系、相互作用的关系。它阐明客观世界是一个相互联系的整体，任何一种事物离开了它和周围条件的相互联系和相互作用，就成为毫无意义和不可理解的。系统的相互联系性要求我们在研究事物时，要从整体出发，特别注意系统要素的各种联系，从各种联系中综合考察事物，从而从整体上正确揭示事物的性质和发展规律。

从信息资源系统各组成部分的相互联系，以及信息资源系统与外部环境相联系的角度来分析，信息资源建设的系统性原则，主要是由以下客观因素决定的：

1. 科学知识的系统性

任何门类的科学知识都是人类不断探索、积累、总结的智慧结晶，经过不断地发展提高，逐步形成了本学科完整的知识体系。这种系统性体现在时间上从古至今，不断继承、积累，纵向发展，各类知识大量产生，各学科发展日益完善。在空间上从中到外，各门类知识相互渗透、交叉，横向联系，边缘学科、交叉学科、横断学科大量产生，各学科之间的关系越来越密切。科学知识的系统性特点，必然反映到知识信息的载体中。各类型知识信息载体虽然数量庞大、形式多样、内容广泛、交叉重复，但从内容整体看，是系统连贯的，形成了一个承前启后、上下联系的知识整体。因此，在信息资源建设时，必须注意反映信息资源内容内在的系统性，对某学科的知识信息资源进行系统地选择和组织。

2. 信息资源自身的连续性

知识信息载体不仅从内容上看是系统连贯的，其生产也是连续性的。例如，各种类别、各种载体类型的文献，其出版发行大多具有计划性和连贯性特征，尤其是时效性强的报刊杂志、丛书丛刊、多卷书等连续出版物，通常是按照一定的时间周期出版的。信息资源生产的这种连续性的特点，为信息资源建设连续系统地收集信息资源提供了条件和保障，同时也要求信息资源建设要制定长期采购计划，以保持信息资源系统的连续性。

3. 读者需求的系统性

信息资源利用的主体，是由不同层次的年龄结构、文化结构、知识结构组成的读者群系统。他们对信息资源的要求和使用，在类别和类型上，在时间和水平上，在范围和深度上，从现象上看好像广泛杂乱，变幻莫测，但实际上却是有一定的专指性和系统性的。尤其是从事系统学习和系统研究的读者群，更表现出循序渐进的阅读需求和专门深入的检索需求。要满足各种读者的系统需求，就要求在信息资源建设过程中始终保持各种类型和载体的合理比例，系统收集、分别组织，做好总体规划，使信息资源的系统性与读者需求的系统性相一致。

读者需求的系统性，还体现为读者对信息的时间需求的紧迫性。读者对那些情报性强、失效周期快、现实意义大的信息资料，要求及时获得，先睹为快。因此在信息资源建设中，对时效性强的文献信息，要尽量做到及时搜集、及时整理、及时与读者见面，尽量缩短文献出版发行与收集之间的时间差，尽量缩短文献信息收集整理与提供读者使用之间的时间差。收集、整理、使用越及时，信息的价值越大。尤其是那些具有现实经济效益、科学效益和教育效益的文献，其时效更为突出。反之，如果信息资源建设缺乏时间观念，增大信息生产与收集、整理、使用之间的时差，不仅会失去信息的使用价值，而且会失去读者。

4. 保存和传递的系统性

长期保存和广泛传递文献信息是所有图书馆的基本职能，也是图书馆区别于与其他文献信息机构的重要标志。而保存与传递职能的本身，要求有科学的信息资源系统。保存与使用价值是与信息资源的系统性成正比的。系统性越强，保存和使用的社会价值就越大。反之，信息资源的系统性越差，它的社会价值就越小。社会之所以需要图书馆，就是因为图书馆最完整、最系统地保存并传递着记录人类数千年文明成果的知识信息资源。因此，从一定意义上说，保存和传递信息资源的系统性，实质上是图书馆社会价值的标志。

近年来，有种观点认为，在网络环境下，图书馆可以通过远程存取、电子文献传递等方式来满足读者的需求，因此，信息资源建设的系统性变得不重要了。这种认识是片面的。实际上，在网络环境下，决定信息资源建设系统性原则的以上几个方面的因素并没有发生变化。而如何确定各种载体形态的信息资源的采集比例，如何协调信息资源"拥有"与"存取"的关系，正是信息资源建设系统性原则题中应有之义。

(二)系统性原则的要求

系统性原则既然是由信息资源系统自身的规律及其与外部环境相互联系的规律决定的，那么应该怎样贯彻信息资源建设的系统性原则呢?

1. 以服务的重要学科为中心的一些重要的纸质文献、数字化文献和特藏书刊，要完整系统地收集。各类型图书馆根据主要服务任务和读者需要，将某些学科、专业或专题范围的文献作为重点收集的对象。对这些重点藏书，从纵向系统看，要在内容上保持这些学科内在的历史延续性和完整性，反映出学科发展变化的特点和规律，反映出人的认识从低级到高级的发展过程；从横向系统看，要广泛收集这些学科的各个学派有代表性的专著和有关评论、重要期刊、主要相关期刊和其他类型文献资料。此外，图书馆将长期积累的某些类型的珍贵书刊资料作为特藏，对特藏书刊，要保持它们的历史连续性和稳定性。

2. 对与本馆服务任务直接相关的多卷书、丛书、连续出版物及重要工具书，要完整无缺，不能随意中断。这类文献无论在知识内容还是在出版发行形式方面，都具有更强的系统性。一旦中断，就会失去其完整性，因而也就失去了价值。目前，这类文献很多已经数字化，并通过网络传递，因此，图书馆要根据实际使用需要和可能的条件，确定这类文献中哪些应该购买印刷版，哪些应该购买电子版，哪些既要印刷版又要电子版。总之，要使这类文献成龙配套，形成相互联系、相互依存的系统。

3. 要注意各学科间相互渗透、边缘交错的内在联系，广泛而有选择地收集相关学科、边缘学科以及供一般读者学习和阅读的基础书刊。这类书刊设计学科面广，读者使用面宽，数量大，图书馆应根据需要挑选其中最主要、最有价值的部分入藏，从而形成有重点、有层次的馆藏文献资源体系。

4. 各种类型的信息资源之间，要保持合理的比例。它包括：各学科文献的比例、各文种文献的比例、不同内容深度的文献的比例、图书和期刊的比例、印刷型文献与非书资料的比例、实体馆藏与虚拟馆藏的比例等。总之，比例适当是系统性原则的重要特点。

三、特色化原则

（一）特色化的意义

特色，是事物所表现的独特风格，是一事物区别于他事物的显著特征。图书馆信息资源特色化，就是指一个图书馆的信息资源应该具有自己独特的风格，具有与其他图书馆信息资源不同的特点。在数字化环境中，信息资源建设特色化包括两个方面，一是馆藏文献特色化建设，二是特色数据库建设。

特色化原则的依据在于：首先，社会信息资源是一个整体，每一个图书馆的信息资源是这个整体的一个组成部分。如果每个图书馆的信息资源都具有各自的特色，在这个基础上开展地区性乃至更大范围的馆际协作，就能更好地实现信息资源的共享。其次，各类型图书馆，除了共同性的任务以外，还分别担负着为社会某些方面服务的特殊任务，拥有本馆特定的读者群，因此，图书馆必须根据本馆的性质、任务和读者对象的需要，建设能满足特殊的服务任务和特定读者需要的信息资源体系。

信息资源特色化是资源实用性的有力保障。图书馆的信息资源只有具备特色，才更具有实用价值。用千篇一律、同一模式建设的信息资源去满足日益复杂多样的读者需求，实用性便难以实现。

特色化原则与系统性原则相辅相成。在信息资源数量急剧增长的今天，任何图书馆都不可能离开现实需要和可能的条件，去追求馆藏资源体系的完整。这就要求每个图书馆对收集信息资源的主题必须有所限制，使建设起来的信息资源具有本馆的特色。因此，图书馆信息资源的系统性与特色化必然相互依存，互为补充。

特色化是衡量信息资源质量优劣的重要标志之一。特色化的藏书，必然是高质量的藏书。因为，评价图书馆信息资源质量的重要标准之一，是看其是否具有现实价值，即各种信息载体中的知识内容是否与实际需要相一致，与现实使用水平相符合，以及这种一致与符合的程度。而只有独具特色的信息资源，才能最大限度地接近读者对象的实际需要和现实使用水平。所以，要提高信息资源建设的质量，必须注重信息资源的特色化建设。

随着图书馆向数字化、网络化的方向发展，信息资源特色化建设尤为重要。这是因为，在网络环境下，当一个图书馆的馆藏转化为文献数据库并提供网上信息服务时，其他图书馆再把相同的资源进行加工上网是没有意义的。如果说传统的图书馆作为一个个独立的存在，他们所拥有的资源相互之间还允许一定程度重复的话，那么在网络上，图书馆作为网络整体的一个节点，它的数据库资源如果被网上其他机构的数据库资源所覆盖，那么它的生命力和存在价值就会大大降低。而只有各图书馆拥有的信息资源各具特色，互不雷同，图书馆从网络获取的资源才是丰富的和真正有价值的。

(二)特色化的内容

信息资源特色化主要包括以下几方面的内容：

1. 学科特色

即对某些学科、专业的文献有完整系统的收藏，形成自己的特色。学科特色对于科学专业图书馆、高校图书馆都是至关重要的。科学专业图书馆要围绕自己所服务的科研领域、任务来形成学科特色资源。高校图书馆要根据本校专业设置，尤其是重点学科专业情况，形成专业特色资源。这在单科性院校是不言而喻的，如一所中医学院对中医学文献的收藏。多科性或综合性大学，也要根据本校的专业设置、专业中某些学科方向的研究力量以及历史形成的特点等因素，确定馆藏特色。即使是公共图书馆，也要根据本地的生产、科研的重要领域，确定本馆资源的学科特色。

2. 专题特色

即围绕某些专题(事物、问题、人物等)较为完整系统地收藏有关文献，形成专题文献特色。如有些图书馆建立的服装文献特藏、陶瓷文献特藏、旅游文献特藏，有些图书馆的台湾问题研究文献特藏、东南亚问题研究文献特藏，有些图书馆建立起来的某位名人研究文献的特藏，等等。这种专题特色是馆藏特色的重要内容。

3. 地方特色

即根据本地区的地理、历史、经济和文化特点，对有关本地的文献完整系统地收藏，从而形成特色。而最具有地方特点的文献就是地方文献。所谓地方文献，是指凡涉及本地区政治、经济、历史、文化、科学等方面内容的文献资料。地方文献记载着从古至今本地区的历史沿革、经济特点、自然环境、风俗人情、文化古迹等情况，它为研究本地区的历史和现状提供了第一手材料，对发展本地区的经济、文化、科学事业，特别是发挥本地区的优势，具有独特的使用价值。因此，藏书的地方特色对于为地方经济、科学和文化发展服务的公共图书馆来说，是至关重要的。如湖北省图书馆对辛亥革命史料的收藏、青海省图书馆对高原农业、高原生物、高原医学等文献的收藏，都具有鲜明的地方特色。有些高校图书馆也注意收藏具有地方特色的文献，如厦门大学图书馆收藏的有关台湾问题的文献，哈尔滨建筑工程学院图书馆收藏的寒冷地区建筑与土木工程、冻土地带施工、低温工程及采暖工程等方面的文献，也具有鲜明的地方特色。

4. 文献类型特色

即根据图书馆的任务、历史特点、藏书协调组织的统筹安排等，对某些文献类型完整系统收藏，形成特色，如某些图书馆的标准文献特藏，专利文献特藏、缩微资料特藏、音像资料特藏等。

(三)特色化原则的要求

1. 对信息资源数量的要求

信息资源特色的形成，是图书馆对资源长期积累的结果，因此，一定的信息资源数量，是保证馆藏资源特色的基础，数量太少，特色就很难形成。这就要求图书馆对已经确定为馆藏资源特色的文献，要尽可能完整系统地收集，在经费上优先分配，使这些种类的文献在数量上得以保证。

从品种量看馆藏资源是否形成特色，不能以某类文献收藏的绝对数量来评价，而要看某类文献入藏的完备程度。可用文献缺藏率指标来评价。所谓文献缺藏率，是指某类必备文献的缺藏种数与该类必备文献总种数之比。某类必备文献的总种数，可以通过《全国新书目》、《全国总书目》、《中国科学引文索引》(CSCD)、《中文社会科学引文索引》(CSSCI)、《中文核心期刊要目总览》等工具进行统计。很显然，作为馆藏特色的文献种类，其缺藏率高，就意味着对该学科文献的网罗度不够，数量太少，馆藏特色也就很难形成。因此保证特色必须降低必备文献的缺藏率。

2. 对信息资源质量的要求

信息资源数量是形成特色的一个因素，但绝不是有了数量就自然形成特色。资源数量要以资源质量为基础，并以质量来控制数量，馆藏特色才有保证。

特色化对信息资源的质量有什么具体要求呢?

首先，它要求收集的文献在内容上要有一定的深度，能够体现学科发展的最新水平与动向。显然，如果一个图书馆入藏的书刊大多是一些浅易教材(如入门、基础、辅导等)及一般的科普性趣味性读物，那么，它的馆藏特色就失去了质量基础。这一点，对于科学专业图书馆来说是毫无疑问的。对于高等院校图书馆来说，为了保证馆藏特色，也必须有一定品种数量的符合专业特色的有较高水平和深度的科研用书，包括特藏书、外文原版书、大型成套工具书等。省级公共图书馆同时担负着为科学研究与生产服务和为广大群众提高科学文化水平服务的任务，并以为科研生产服务为主。因此，省级公共图书馆不仅要收藏为普及科学文化服务的书刊，更要注意收集一些学术性较强的科学专著、期刊及其他类型的资料，否则就很难形成特色。

其次，特色化要求信息资源的构成比较合理，尤其是已形成特色的学科领域的最新文献资料要占合理的比例。这里可用新书率指标来衡量。所谓新书率(“新书”可参考不同学科文献的“半衰期”来界定)，是指某类新书入藏的总册数与某类图书总数之比。一般认为，公共图书馆新书率应在15%—20%，高校图书馆文科新书率应在20%—25%，理工科应在25%—30%。达到新书率的标准，就能使图书馆提供最新的信息和最先进的知识，使信息资源的特色经得起时间的考验。如果没有新的信息资源的及时补充、更新，原有的特色就会衰老和消失。

3. 对信息资源类型的要求

在数字化、网络化环境中，图书馆信息资源体系的构成不仅有图书馆的现实馆藏，而且包括数据存在于图书馆外其他地方的虚拟馆藏。由于虚拟馆藏数量极为丰富，存取方便快捷，已成为图书馆赖以提供信息服务不可或缺的重要资源。因此，图书馆的特色信息资源建设应该将虚拟特色馆藏纳入其中。这方面的工作，一是将本馆有特色的馆藏资源数字化，建立特色资源数据库，如暨南大学图书馆建立华人华侨文献信息中心，利用特色馆藏，开发的《客家人文》数据库；中山大学图书馆建立的港、澳、珠江三角洲研究资料中心，开发的相关数据库。二是发掘网上特色资源，建立特色数据库。

4. 对重点藏书及核心期刊的要求

重点藏书是图书馆为主要服务任务和重点服务对象配备的某些学科、某些专业或专题的文献，或是根据历史、地理条件，图书馆需要长期积累、保存的文献。重点藏书是图书馆信息资源中的精华，图书馆信息资源的特色主要体现在重点藏书中。因此，对重点藏书的要求，一是要做好调查研究，使确定的重点藏书真正符合客观实际，有较强的针对性；二是收集要全面系统，在纵向上注意其历史连贯性，横向上注意各学科的相互联系性，补充要及时；三是要保持其稳定性，保证购书经费及各类书刊的合理比例，调整其局部变化。

核心期刊是重点藏书中的一个重要组成部分，这种期刊信息密度大，内容质量高，论文寿命长，引用率、文摘率、借阅率也都比其他期刊高，因此，它代表着某学科、某专业领域的学术水平和发展趋势。核心期刊是信息资源特色的一个重要体现，因为核心期刊在收藏的系统性、完整性方面要求更高，所以对核心期刊要根据本馆实际情况和读者需要，结合期刊本身的质量(可靠性、权威性、实用性等)，慎重确定。一旦各专业核心期刊确定后，就要从各方面给予保证，系统订购，长期保存。

四、共建共享原则

共建共享原则是指一个地区、一个系统、一个国家，乃至全球的图书馆之间、图书馆与其他信息机构之间，建立广泛的合作关系，科学规划，分工协作，共同建设，相互提供利用，建立相互联系、相互依存的信息资源保障体系。

共建共享原则的依据在于，任何社会系统都是有目的的系统，我国信息资源系统的整体目标，就是要对庞杂的信息源进行全面而又精确的控制，无论以何种载体形式，都能够最大限度地满足整个社会的信息需求。很显然，在当今信息资源数量急剧增长的情况下，任何单个图书馆都不可能实现这一目标，任何单个图书馆对信息资源的收集和控制能力都是有限的，对日益广泛而又复杂的社会信息需求的满足程度也是有限的。因此，必须对这一总目标进行分解，使比较复杂的整体系统的目标，分解成为若干相对简单的子系统的目标。这就是说，要从整体目标出发，对全国的信息资源建设进行统筹安排、科学规划、合理布局。各图书馆要在服从整体目标的前提下，建立本馆有重点有特色的专门化的信息资源系统。各图书馆之间通过分工协作，联合采集，优势互补，建立起相对完备的信息资源保障体系。同时通过建立于现代信息技术基础上的馆际互借和文献传递系统，各馆的资源相互提供利用，从而实现广泛的信息资源共享。

信息技术的发展、网络环境的形成，使信息资源共建共享变得更为必要和迫切。因为当网络将分散在各不同空间的信息资源连结成为一个巨大的数据库的时候，相互重复的信息资源是没有意义的。同时，信息技术的发展和网络环境的形成也为信息资源共建共享提供了强有力的技术支持。海量的信息存储系统、高速和成本低廉的信息传输手段、联机联合目录及各种电子化的检索工具等，都为信息资源共建共享创造了有利条件。

关于信息资源共建共享的意义、内容、方法、模式等问题，本书的第九章和第十章将做系统详尽的阐述。

信息资源建设的四项原则是一个相互联系、不可分割的统一体。其中，实用性原则是基本原则，系统性原则和特色化原则，既要以实用性为前提，又是实用性原则的保证。共建共享原则，则把信息资源建设的实用性、系统性和特色化从微观领域带入宏观领域，丰富了这些原则的内涵，同时也使信息资源建设真正成为一项社会性的事业，并对促进社会的发展和进步发挥重要的作用。

第二章 信息资源建设政策

信息资源建设是一项复杂的系统工程，它不仅与信息技术的发展密切相关，而且受到经济、政治、法律、文化、出版以及人们的价值观念等多种人文社会因素的影响。因此，为了避免信息资源建设工作的随意性，提高其标准化和规范化，建设可持续发展的信息资源体系，必须对信息资源建设的目标、原则、任务、方式、步骤和措施等问题进行研究。这些问题就是信息资源建设政策所要研究的问题。

第一节 信息资源建设政策的基本问题

一、什么是信息资源建设政策

政策，是“人们为实现某一目标而确定的行为准则与谋略。”①信息资源建设政策就是人们为实现信息资源建设目标而制定的方针、原则、策略、措施、对策等。具体地说，信息资源建设政策的主要内容，或者说，信息资源建设政策要解决的问题包括：明确信息资源建设的目标、原则；规划图书馆信息资源的结构和信息资源的宏观布局；确定图书馆各类信息载体的采集原则、选择标准、入藏比例及经费安排；制定适应新的信息环境的数字信息资源建设规划、步骤；规定馆藏信息资源的管理原则、方法、措施；提出信息资源共建共享的目标、任务、实施步骤等。

信息资源建设政策具有以下特点：

第一，中介性。政策是理论与实践的中间环节，是联系理论与实践的桥梁。任何理论指导实践都要借助于一系列的中间环节。信息资源建设理论要

① 王福生．政策学研究[M]．成都：四川人民出版社，1991：28.

指导信息资源建设实践，也必须借助于信息资源建设政策这一中间环节。

第二，系统性。信息资源建设政策不是就信息资源建设的某一方面做出规定，而是一个完整的政策体系。这些政策之间相互影响、相互配合和相互制约。要保证政策机制的正常运行和各项政策的付诸实施，必须注意政策之间的相互联系。

第三，规范性。信息资源建设政策是按照一定的程序研究制定的，因此，它的改变与修正，也都必须按一定的程序进行。正是这种程序的规范性，使得它能够对信息资源建设全过程起到指导和规范作用。

第四，稳定性。政策必须保持一定的稳定性，才有利于政策的实施及政策目标的实现。朝令夕改，会丧失政策的严肃性和权威性。信息资源建设政策也应该具有这种稳定性。政策一经提出就应该是比较成熟的，符合客观规律的，其基本内容是正确的、合理的。

第五，变通性。任何政策都是根据客观形势制定的，客观形势是变化的，这就决定了政策的变通性。信息资源建设也要随着信息环境和图书馆任务的变化而及时调整和改变自己的策略。

二、信息资源建设政策的作用

近 30 年来，世界上各发达国家和一些发展中国家都十分重视研究和制定信息资源建设政策。特别是随着信息技术的迅速发展带来的信息载体与信息传输方式的巨大变革，信息资源建设在观念、模式、策略、标准、方式诸方面都面临着新的变化，图书馆必须认真研究和制订适应新的信息环境的信息资源建设政策。从我国图书馆的实际情况来看，研究和制订信息资源建设政策的作用主要体现在以下几方面：

(一)为图书馆信息资源建设提供战略指导

信息资源建设是图书馆一项重要的基础性工作。它关系到图书馆能否建立一个科学合理的信息资源体系，以有效履行它的各项职能，并最大限度地满足读者和用户的信息需求的大问题。这种事关图书馆发展全局的问题，不是制定一般的选书或采访标准所能解决的。因此，必须研究和制定正确的政策，对信息资源建设提供战略指导。这种指导包括：

1. 对信息资源建设模式的指导

信息资源建设模式，是对图书馆信息资源建设所作的方向性、原则性的规定，对信息资源建设全过程起着决定性的作用。对信息资源建设模式的指导，就是图书馆要在考虑本馆的特点、中心任务、发展方向、客观条件及由此而决定的整体发展战略的基础上，确定本馆信息资源建设的最佳模式。

不同类型的图书馆，由于其服务任务、服务对象的需要以及客观条件的不同，所确定的信息资源建设模式是不同的。即使是同一类型的图书馆，也因为具体情况不同，而使信息资源建设模式有所区别。因此，确立信息资源建设模式是一项十分重要而又复杂的工作，需要进行认真的调查研究和全面综合的考虑，切忌主观随意性。很显然，信息资源建设政策的制定对信息资源建设模式的确定起着重要的指导作用。

2. 对信息资源建设目标的指导

信息资源建设目标包括数量目标、质量目标、特色化目标等，每一项目标都包含着丰富的内容。这是一个复杂的目标体系，有的是长远目标，有的是近期目标，有的目标很"实"，有的目标较"虚"，而影响这些目标的主客观因素也很多。因此，确定信息资源建设目标必须进行科学的论证，分析各项目标的必要性和实现的可能性，切不可盲目草率。这项重要而复杂的工作，必须在信息资源建设政策的指导下进行。

3. 对确定重点藏书发展领域的指导

确定重点藏书发展领域，就是从众多学科领域中，选择对完成本馆的主要服务任务和满足本馆主要服务对象需求具有决定性作用的某些学科或专题，对这些学科或专题的各种信息载体完整系统地收藏。重点藏书是图书馆藏书体系的核心。图书馆要根据本地经济建设及科学、教育、文化发展的需要和本馆承担的主要服务任务，本校的重点专业或本单位的主要科研方向，本馆主要读者或用户的需求，原有藏书基础及各馆重点藏书分工协调等因素，确定本馆重点藏书的发展领域。这也是一项影响图书馆信息资源建设方向和水平的重要工作，必须运用政策进行宏观指导。

(二)为图书馆信息资源建设提供标准和规范

信息资源建设不仅需要政策的战略指导，而且需要政策进行具体规范。例如书刊选择和采购，许多图书馆没有科学的标准、明确的范围，只是将图书粗略地划分若干类或专题，机械地规定哪一类每种采购多少册。这种不区别图书内容水平程度和读者对象需求的规定，本身就缺乏科学性，在执行中随意性更大。又如购书经费的分配问题，一些图书馆对各门学科、各种类型、各种语种、各种载体的文献资源采集的经费分配比例缺乏合理的标准。在经费使用中，还存在着经费充足时突击购书，经费短缺时又随意中止应订书刊的情况。

随着信息环境的变化，图书馆的文献采访策略、资源选择标准、复本标准、经费分配方法、文献获取的具体方式等，都发生了明显的变化，对此，都需要制订明确的政策加以规范。比如图书馆的文献采访策略以及与此密切相关的经费分配问题。由于近年来网络信息资源如雨后春笋般涌现，图书馆在信息资源建设方面都面临“拥有”(ownership)还是“存取”(access)的选择问题。事实上，在目前情况下，任何图书馆都不可能以“存取”来取代“拥有”，当然也不应该固守“拥有”的模式而拒绝“存取”。图书馆应该从传统的“拥有”这种单一的信息资源建设策略，转变为“拥有”与“存取”相结合的策略。图书馆的信息资源采购经费除一部分转换为实物形式的文献外，还有相当一部分将转换为服务的形式，如使用网络化信息资源需要缴纳的入网费、检索费、租借费等。图书馆如何调整采访策略，如何合理分配经费，是必须通过信息资源建设政策加以规范的问题。

信息资源建设是一项延续性很强的事业，它的现状既受历史因素制约，同时又对未来产生决定性的影响，所以工作的失误往往给信息资源建设带来难以弥补的损失。因此，必须改变那种单纯凭经验办事的做法。通过政策的规范作用，避免信息资源建设中的盲目性和随意性。同时使信息资源建设不因图书馆决策者和采访人员的工作变动而改变，也不因他们个人的看法和兴趣的改变而改变。

(三)为信息资源共建共享提供依据

随着信息技术的迅速发展，影响信息资源共建共享的技术因素正在逐渐消失，然而各种人文、社会因素不但没有消失，相反变得日益复杂，这就需要政策发挥调节作用。

制订信息资源建设政策，就其微观而言，它可以使各馆信息资源特色更加鲜明，结构更趋合理，从而为合作藏书、资源共建提供基础。藏书特色化与合作藏书发展之间存在着辨证关系。藏书特色化是合作藏书发展的基础和前提，如果没有各馆明确的藏书特色，合作藏书就无法进行。另一方面，如果没有合作藏书作为各馆满足读者需要的保障，那么藏书特色化也就失去了意义。因此，藏书特色化与合作藏书是相辅相成的。在今天的网络环境中，图书馆资源的特色化建设显得更为必要和迫切。制定信息资源建设政策，就是要明确本馆信息资源的特色，并按特色化的要求设计和调整信息资源结构，从而为信息资源共建共享创造良好的基础和前提。

制订信息资源建设政策，就其宏观方面来看，可以明确各馆参与信息资源共建共享的权利和义务，建立一种利益的平衡机制，以保证参加合作的成员馆都能得到实惠，调动其积极性。从合作藏书、资源共享的实践来看，建立利益平衡机制是十分重要的。虽然从整体上看，信息资源共建共享对所有图书馆都有利，当从局部上看，如果没有一种利益平衡机制，就很难保证参加共建共享活动每个成员都能获得与其投入相应的利益，有的甚至会相差很远。于是那些投入多、获益少的成员自然会失去积极性。因此，要有效地开展信息资源共建共享活动，就必须制定正确的政策，建立一种利益平衡机制，使各图书馆之间能依据他们在资源共建共享中的投入和贡献，获得相应的利益。可以说，信息资源共建的关键在于制定既符合客观现实，又有一定灵活性，能适应情况发展变化的信息资源建设政策。

三、国内外信息资源建设政策研究概况

信息资源建设是从藏书建设、文献资源建设等概念发展而来的。在欧美国家，概括这类活动所使用的概念是“藏书发展”(Collection Development)。这是一个含义比较宽泛的概念。虽然它还不如信息资源建设的概念那样具有更大的包容性，但已经涵盖了信息资源建设的主要内容。国内虽然普遍使用信息资源建设这一概念，但在研究信息资源建设政策相关问题时，仍较多使用“馆藏发展政策”“藏书发展政策”“电子资源发展政策”等术语，“信息资源建设政策”这一术语相对使用较少。因此，国内外关于藏书发展政策研究的状况，基本上反映了信息资源建设政策研究的概貌。

(一)国外研究概况

自20世纪70年代以来，以美国为代表的西方图书馆界积极研究和制定图书馆藏书发展政策，在理论和实践方面都取得不少成果。1977年，美国图书馆学家奥斯本(C. B. Osburn)撰文论述了藏书发展政策的功能和目的及达到此功能目的所应注意的问题，并提出一个制定藏书发展政策的工作计划。此后，图书馆学家集中讨论了藏书发展工作的领域和方法、制定藏书发展政策的必要性和具体模式。许多图书馆都意识到研究和制定藏书发展政策的重要性。

20世纪80年代以来，藏书发展政策研究进一步发展，研究领域不断拓宽。图书馆学家系统探讨了藏书发展与藏书发展政策的定义、价值功能、内容范围、基本框架，制定书面的藏书发展政策的必要性和目标，制定藏书发展政策的程序及原则，并通过分析现有藏书发展政策状况来评价现有藏书发展文件，还探讨了一些具体问题，如藏书经费分配的目的和特征、分配原则及分配过程等。图书馆藏书发展政策制定工作也得到迅速发展。截止到1993年，72%的高校图书馆和78%的公共图书馆已制定藏书发展政策，并呈递增趋势。①

---

① Futas E. *Collection Development Policies and Procedures*(3rd)[M]. Phoenix：Oryx Press，1995：13.

20 世纪 90 年代，社会信息化浪潮给图书馆藏书发展政策带来冲击和挑战，国外图书馆界更加关注藏书发展政策的研究。哈佛大学图书馆的 Dan C. Hazeu 撰文探讨了信息时代网络环境下藏书发展政策的变化，认为“传统的藏书发展政策将不再适应今天的需要，用户、图书馆和管理者都需要更具灵活性的政策文件”。① Elizabeth Futas 所著《藏书发展政策与程序》第三版(1995 年)在收集美国 350 多所公共和高校图书馆藏书发展数据的基础上，针对近年来形势变化，重新探讨了美国图书馆藏书发展的目的和目标、藏书规划、藏书评价和选书标准等问题，并探讨了电子文献与联机服务的选择标准问题。许多图书馆学家针对新的信息环境给图书馆藏书带来的影响和变化，提出了一系列新的藏书发展政策，主要包括：建立超文本信息图(Hypertext Information Maps)；电子文献采访的技术化和专门化；确定筛选数据库资料的基本标准；建立虚拟图书馆，发展合作藏书，等等。②

进入 21 世纪以来，国外图书馆藏书发展政策的研究和制定方面也出现了一些新的问题。“在实际工作中，许多馆藏发展政策在制定出来后就被放置一旁”。③ “在澳大利亚，除了少数图书馆如新南威尔士州立图书馆之外，制定新的藏书发展政策或修订陈旧的藏书发展政策不再受到重视，人们更多地是将注意力集中到数字资源领域。”④有的学者则开始质疑藏书发展政策的作用。事实上，产生这些问题的原因主要是有些图书馆制定的藏书发展政策不能适应信息环境的新变化。正如美国学者 Daniel C. Mack 在分析这一现象的原因时指出，“新的媒体资源格式多样而复杂，给图书馆的资源获取、存储、定价、许可各方面都带来困难；随着全球化和学科边界的消融，新研究方法的出现，女权运动研究、身份政治等后现代主义和批判理论促使图书馆员在获取、评价文献时必须对其他领域和地域了解更多；经费短缺不仅影响了可获得资源的种类，还决定了存储这些资源的方式和空间；越来越多的采购馆员必须与其他部门如编目部等一起做出藏书决定。所以这些因素都会对

① Dan C. Hazeu. Collection Development Policies in the Information Age[J]. *College & Research Libraries*, 1995 (01): 29-31.

② Hitchingham, Eileen. Collection Management in Light of Electronic Ublishing[J]. *Information Technology and Libraries*, 1996 (03): 38-41.

③ Janice Adlington. Review of “Collection Development Policies: New Directions for Changing Collections”. [J]*Libraries and the Academy*, 2004(07): 434.

④ John Kennedy. A collection development policy for digital information resources[J]. *The Australian library journal*. 2005(08), Vol. 54 Issue 3: 238-244.

藏书发展政策的制定产生影响。”①John Kenned 指出：“当图书馆的资源变成非实体获得的、并且在需要的时候可以被获取时，试图指导收藏工作的 CDP 被弱化就不足为奇了。”②

尽管如此，还是有许多学者对藏书发展政策研究热情未减。一方面，数字资源发展政策越来越受到关注。在 Frank W. Hoffmann 和 Richard J. Wood 2005 年的新著中，给予电子资源的藏书说明以更多的篇幅。该书分为两个部分：(1)藏书发展政策的构成；(2)虚拟藏书发展。③ 在 Daniel C. Mack 新编辑的有关藏书发展政策的论文集中，也大量涉及了数字资源与藏书发展政策的问题。④ 而 IFLA 的“Guidelines for A Collection Development Policy Using the Conspectus Model”也对数字环境下图书馆藏书发展政策的主要内容和制定程序进行了详尽的阐述。⑤ 2012 年，IFLA 还发布了针对电子馆藏发展的专门指南。其中特别提到，补充的电子资源建设政策应与传统的馆藏发展政策相辅相成，而不应独立于传统政策之外。⑥ 由于数字资源获取和利用面临较大的版权挑战，一些学者建议图书馆要充分考虑数字资源采集工作中可能遇到的版权障碍，以适应数字时代的馆藏发展政策。此外，数字馆藏采购规模、采购优先级和采购量等具体政策要素的研究也变得较为重要。另一方面，多位学者对各类型图书馆藏书发展政策开展了研究。其中，有关高校图书馆藏书发展政策的研究最多。知识经济和科学知识传播方式的变化要求高校图书馆在馆藏政策和馆藏建设策略中采用新的范式。Chaputula 等学者通过研究指出，高校图书馆藏书发展政策在实践中存在着制定过程缺乏用户参与、政策内容脱离用户需求、图书馆员的政策知识和实践能力不足等问

---

① Dan C. Hazeu. Collection Development Policies in the Information Age[J]. *College & Research Libraries*, 1995 (01): 29-31.

② Kennedy J. A Collection Development Policy for Digital Information Resources[J]. *Australian Library Journal*, 2005, 54(03): 238-244.

③ Judy Ganson. Review of “Library Collection Development Policies: Academic, Public, and Special Libraries”[J]. *Reference & User Services Quarterly*, 2006(45): 267.

④ Janice Adlington. Review of “Collection Development Policies: New Directions for Changing Collections”[J]. *Libraries and the Academy*, 2004(07): 434.

⑤ IFLA. Guidelines for a Collection Development Policy Using the Conspectus Model [EB/OL]. [2020-02-15]. https://www.ifla.org/publications/guidelines-for-a-collection-development-policy-using-the-conspectus-model? og=8708.

⑥ IFLA. Key Issues for e-Resource Collection Development: A Guide for Libraries[EB/OL]. [2020-02-15]. https://www.ifla.org/publications/key-issues-for-e-resource-collection-development-a-guide-for-libraries? og=8708.

题。也有学者研究了高校图书馆藏书发展政策的内容要素，建议政策应随采购需求驱动模型、预算方式等的变化作出调整以应对变革挑战。在公共图书馆藏书发展政策研究方面，除了政策制定指导原则、政策制定具体方法和内容的研究外，Ji-Eun 等人通过探索性研究，提出了公共图书馆藏书发展政策的评价指标体系。此外，也有一些学者对儿童和青少年图书馆、残疾人图书馆、神学院图书馆的藏书发展政策进行了探讨。①

（二）国内研究概况

我国图书馆界对于藏书发展政策的关注始于 20 世纪 80 年代初期。早在 1982 年，肖自力先生就翻译介绍了美国图书馆协会制定的《藏书建设方针规范指南》，姜建军等在 1984 年提出《高等院校图书馆藏书建设方针的编制模式》。1994 年以后，我国藏书发展政策研究进入一个重要阶段。1997 年，武汉大学肖希明主持的课题“面向 21 世纪的中国图书馆藏书发展政策研究”获得国家社会科学基金立项资助，该课题的最终研究成果《中国图书馆藏书发展政策研究》成为我国第一部系统研究图书馆藏书发展政策的专著。越来越多的学者借鉴国外研究成果，较为系统地探讨了图书馆藏书发展政策的理论与实践问题。

厦门大学钟建法对 1994—2003 这十年的研究成果作了综述。② 学者们主要围绕藏书发展和藏书发展政策的概念、功能作用、内容框架、制定依据和程序、网络环境下应做的调整，以及有关政策研究的未来展望等问题进行了研究。国内学者普遍赞同和引用美国学者 C. B. Osbum 的观点，认为藏书发展政策是指图书馆对不同学科领域、不同深度和广度的各类型文献信息资源做出选择和保存决策的指南，是图书馆规划馆藏发展，合理安排购书经费的基本依据。它明确了图书馆现有馆藏的范围、性质以及未来发展计划，精心设计和规定各相关主题领域中现实馆藏和重点收藏的深度和广度，阐述图书馆基本的选书原则和选书标准。藏书发展政策是一个关于各种藏书活动的政策体系，是馆藏发展的规定性文件、运行规则和基本依据，是馆藏布局的基础。因此，藏书发展政策的制定和实施是藏书发展的核心问题。

从 2004 年开始，该领域的研究对象更加多样，研究目的更加聚焦。较多研究成果通过对国内外政策案例的分析为我国政策制定提供建议，一部分

① 陈令荣. 英国高校图书馆馆藏发展政策研究[D]. 郑州大学，2018：11-13.

② 钟建法. 十年来我国藏书发展政策研究综述[J]. 大学图书馆学报，2004(06)：43-46.

成果则通过调查分析或理论探讨构建完整的政策体系。研究对象的多样性主要体现在，既有对混合藏书发展政策、数字资源发展政策、特殊领域信息资源发展政策的研究，又有对高中图书馆、高校图书馆、公共图书馆、专业图书馆等各种类型图书馆的藏书发展政策的研究。

在藏书发展政策体系构建研究方面，有学者结合高校图书馆的具体情况，构建包括文献采访政策、经费分配政策、藏书发展纲要、藏书管理政策、合作与共享政策、捐赠事项等内容的政策体系，并参照国外政策拟定我国藏书发展政策文件的基本框架，具体包括序言、图书馆所服务的地区或机构的基本情况、图书馆的任务及藏书现状与发展目标、藏书发展纲要、文献采访的基本原则和方针、各类型文献的选择标准、采访工作的组织与采访者的责任、文献交换与接受赠书、经费预算、藏书管理、合作藏书与资源共享等要素。① 数字资源建设和信息资源共享是藏书发展的重要领域。有学者构建了包含数字馆藏发展纲要、数字馆藏采访政策、经费分配政策、数字馆藏管理政策、数字馆藏保藏政策、评价整合、合作馆藏和共建共享政策等内容的数字馆藏发展政策体系。② 信息资源共享政策体系从内容上来看，应当涵盖信息资源公共获取政策、信息资源布局政策、经费与投资政策、文献收集政策、书目信息报导政策、文献传递政策、技术支持政策、管理政策等内容；从层次角度看，应当是国家政策、地区政策、系统政策、实体图书馆政策的统一体。③ 此外，肖希明主持的课题"国家信息化发展战略中的信息资源建设政策研究"，在调研国内外政策和国内图书馆等信息机构政策需求的基础上，从国家信息资源建设视角构建了系统的政策体系，并对数字资源建设政策体系、信息资源共建共享政策体系、基于市场机制的信息资源建设政策体系和基于非盈利机制的信息资源建设政策体系进行了更为细致的研究。虽然该研究较为宏观，并非针对图书馆藏书发展政策，但作为国家信息资源建设的重要组成部分，其课题研究成果对图书馆藏书发展政策仍有指导和借鉴意义。

通过研究，学者们普遍认为应当加强对数字资源发展政策、特色馆藏建设政策、信息资源共建共享政策的完善。在数字资源发展政策方面，数字资源建设所遇到的访问方式、界面、技术支持和许可证协议等挑战是传统资源建设未曾遇到的，随着数字资源在馆藏体系中的比重越来越大，有必要完善

---

① 李家清．网络信息资源建设研究[J]．情报杂志，2001(09)：54-55，58.

② 索传军，袁静．论数字馆藏发展政策的框架与内容[J]．中国图书馆学报，2007(02)：65-69.

③ 肖希明．推进我国信息资源共享政策体系建设[J]．情报资料工作，2005(06)：5-7.

并制定独立的数字资源发展政策，使数字资源的评价、选择、购买、许可使用、技术支持与维护、续订等方面更加规范化与科学化。①② 现有研究成果多以国内外不同类型图书馆数字资源发展政策为案例，既有对政策整体的研究③，也有对数字资源的版权政策④、保存政策⑤、选择标准⑥、典藏管理政策⑦、保存与利用中的隐私政策⑧等政策要素的研究。通过研究，学者们分析政策类型和政策内容。首先分析了数字资源发展政策存在的问题，提出了完善我国数字资源建设政策的建议。有学者还分析了电子书建设过程中，由用户、电子书商、图书馆组成的直接利益相关者和由学校、政府、媒体、业界组成的间接利益相关者的利益诉求，认为应当构建基于各方利益诉求的电子书馆藏发展政策。⑨ 其次，强调应当重视特色馆藏建设政策。为了避免建设“大而全”“小而全”的资源体系，形成信息资源的联合保障格局，重视特色馆藏建设是图书馆的共识。特色馆藏建设的可持续性要求图书馆重视制定与其相关的政策，通过政策明确该馆的特色馆藏是什么，高校图书馆甚至要列出各学科领域的特色馆藏，对特色馆藏的收藏范围、采访原则、数字化加工、共建共享等具体问题进行规范，并随工作的发展与读者需求的变化进行及时修订和完善。⑩ 再次，重申开展馆际合作和信息资源共建共享是

---

① 代晓飞．香港地区高校图书馆馆藏发展政策研究[J]．图书馆学研究，2011(06)：31-33，43.

② 张新兴，肖希明．台湾地区大学图书馆馆藏发展政策研究[J]．大学图书馆学报，2011，29(02)：49-55.

③ 隋移山．解析电子资源发展政策与实践——以山东大学图书馆为例[J]．大学图书馆学报，2013，31(04)：49-53，35.

④ 潘菊英等．国内外高校图书馆电子资源版权政策比较分析[J]．图书馆，2013(02)：57-60.

⑤ 寇爽．高校图书馆数字资源保存政策分析[J]．图书馆建设，2012(03)：40-42，46.

⑥ 唐琼．数字资源选择标准研究：基于国内外馆藏发展政策的考察[J]．图书馆杂志，2011，30(10)：22-29.

⑦ 朱林，许馨．论图书馆数字资源典藏管理政策[J]．情报资料工作，2006(06)：49-52.

⑧ 刘可静，孙铮．美国图书馆数字资源长期保存利用中的隐私政策与实施措施及启示[J]．图书馆，2011(06)：92-94，113.

⑨ 刘磊等．基于利益相关者需求的图书馆电子书馆藏发展政策研究[J]．图书与情报，2017(04)：72-82.

⑩ 石剑兰，高波．剑桥大学图书馆藏书发展政策[J]．图书馆论坛，2018，38(10)：163-171.

信息化时代图书馆发展的必由之路。针对信息资源共建共享过程中存在的问题，学者们认为，明确信息共建共享目标、制定清晰的共建共享政策是推动其发展的重要保证。图书馆合作与共享活动涉及馆藏建设协调、电子资源集团采购、电子资源存储与运行、馆际互借与文献传递、联合目录、人员培训与藏书保护等方方面面，藏书发展政策应详细说明本馆参与的各种图书馆联盟或资源共享网络的性质和任务、资源共享的原则和方法以及本馆在其中承担的责任和享受的权利，将原则性规定与操作性说明融于一体。①

值得指出的是，我国图书馆界对藏书发展政策的研究已经从理论探讨进入实际应用。教育部高等学校图书情报工作指导委员会于2007年颁布、2013年修订的《普通高等学校图书馆文献资源发展政策编制指南》，与《文献经费预算与分配方案编制指南》《文献采选原则与标准编制指南》《文献集中采购工作指南》《电子文献发展政策编制指南》《文献资源发展协作指南》《馆藏复选指南》《馆藏评价指南》等文件共同构成了完整的文献资源发展指南系列，以期为高校图书馆编制文献资源发展政策提供更为详细的操作性指导。北京大学图书馆、厦门大学图书馆、上海财经大学图书馆、武汉大学图书馆等已经制定了较为系统的藏书发展政策。在公共图书馆领域，2017年实施的第六次县级以上公共图书馆评估定级，将制定"馆藏发展政策"作为公共图书馆业务建设的首条标准列入评估指标体系，从而促使各级公共图书馆纷纷制定了本馆的馆藏发展政策。可以肯定，随着高校图书馆一系列文件的出台和公共图书馆评估政策的引导，我国高校图书馆和公共图书馆的馆藏发展政策的制定将会更加科学化、规范化。

第二节　微观层次的信息资源建设政策

图书馆是信息资源的主要集散地，对信息资源建设政策的研究，首先是对图书馆信息资源建设政策的研究。图书馆信息资源建设的内涵十分丰富，所以图书馆信息资源建设政策包含的内容也是非常广泛的。同时，图书馆信息资源建设政策不仅包括微观层次即个体图书馆的信息资源建设政策，也包括宏观层次即涵盖图书馆在内的多个信息机构的共建共享政策。本节主要探讨微观信息资源建设政策的内容。

① 张新兴，肖希明．台湾地区大学图书馆馆藏发展政策研究[J]．大学图书馆学报，2011，29(02)：49-55.

一、图书馆所服务的地区或机构的基本情况和图书馆任务的分析

各级公共图书馆和各机构(学校、科研单位、企业、事业团体及国家机关等)所设的图书馆，是为所在地区和所属机构服务的，因此各地区的地理、历史及经济文化特点和各机构的性质、任务等因素，是图书馆制定信息资源建设政策的基本依据。图书馆首先应当对此进行分析，如公共图书馆，要分析所在地区的自然条件和资源优势、经济发展水平和特色、产业布局、科学技术发展状况及重大的科研或工程项目、教育发展状况、历史和文化特点、本地区的经济和社会发展的整体战略等。对高等学校图书馆来说，要分析所在高校的性质、任务、发展目标，学校的基本情况，如学科与专业的设置，所设的院、系、专业及研究所、研究中心的情况，硕士点、博士点、博士后流动站及国家和省重点学科设置情况，各类别各专业学生的数量、教师和科研人员数量及学历、职称构成等情况。其他类型图书馆也要对所属机构的基本情况进行分析。

图书馆为所在地区或机构服务，是通过为读者或用户提供文献信息来实现的。因此，制定信息资源建设政策，必须对读者及其需求进行分析，包括读者的数量、类型、结构、需求特点及影响信息需求的各种因素等。图书馆要经常地、有针对性地进行读者调查分析，了解其真实的需求，并且将调查结果切实用到信息资源建设中去。

在对图书馆所服务的地区或机构的基本情况及读者需求进行分析的基础上，要确定图书馆的任务。对各类型图书馆的任务，政府及有关部门颁布的图书馆工作条例、规程中有明确的规定，图书馆还应该根据各自的实际情况，将这些任务具体化，使之更具有针对性，并且在信息资源建设政策中加以阐述。

二、图书馆信息资源现状分析

图书馆信息资源现状是信息资源建设的现实基础。制定信息资源建设政策必须以此为依据，这就要求必须全面调查统计图书馆信息资源的情况。要了解馆藏文献中各学科出版物在类型、语种、出版时间、水平程度等方面的品种数量及其比例关系，掌握原有藏书基础、优势与薄弱环节，弄清现有馆藏文献被利用的程度和对读者需求的满足程度。

当今图书馆赖以提供服务的资源基础，不仅有印刷型文献，而且有各种电子出版物，不仅有为图书馆所“拥有”的实体馆藏，而且有并非图书

馆所有，但需要时可以便捷地为图书馆所用的虚拟馆藏。因此对图书馆信息资源现状的分析，应该包括对各类数字信息资源状况的分析，如各种载体形态(软磁盘、只读光盘、交互式光盘、照片光盘等)、各种内容形式(全文型、二次文献型、多媒体型等)、各种源文献类型(汇集型、原著型、检索型等)的电子出版物的数量及其比例，图书馆引进的各类数据库(书目数据库、全文数据库、事实数据库等)的情况，图书馆自建数据库的情况，图书馆对网络信息资源开发利用的情况，图书馆数字人文与科学数据建设的情况等。

根据以上分析，图书馆可预测未来馆藏发展方向，以及经过努力可以达到的水平。对原有的资源优势，要注意保持和发展；对薄弱环节，要加以充实；对原有资源格局中已经不适应发展变化了的图书馆任务与读者需求的部分，要进行调整和修正。

三、图书馆信息资源建设目标的确定

信息资源建设目标，是图书馆对经过一段时期后信息资源建设应该达到何种水平所做的规定。包括：

第一，数量目标，即在一定时期内图书馆拥有和可获取的信息资源的增长应达到什么目标，对各学科信息资源的覆盖率应达到什么比例。必须指出的是，由于现代图书馆信息资源结构的变化，信息资源建设数量目标已决不单纯是印刷型文献入藏的数量目标。它至少应该包含以下内容：①各学科图书的种数、册数；②期刊的种数；③其他特种文献资料的种数；④音像资料和缩微资料的数量；⑤电子出版物的种类和数量；⑥网络数据库和自建数据库的种类和数量；⑦开发利用的网络信息资源的种类和数量；⑧科学数据的数量；⑨可共享的数字资源种类和数量。

第二，质量目标，即对各类信息资源的科学价值、现实使用价值提出明确的标准，对信息资源要达到的广度、深度、新度提出明确的要求。所谓广度，主要表现在信息资源的学科、文种、载体类型及参考工具书的配备是否全面广泛和相互联系。核心书刊的完备程度、相关书刊的广泛程度、外文书刊的比例、期刊及内部资料品种的丰富程度、各种参考工具书和检索工具的配备程度，各种信息载体的比例，以及各种全文数据库、事实数据库、数值数据库、多媒体数据库的覆盖面等，是衡量资源广度的具体标准。所谓深度，主要指重点专业信息资源的系统完整程度，包括各个时期、各个国家、各种主题范围、各种代表性著述的信息资源是否齐备。所谓新度，主要是指各学科领域最新出版的信息资源、新学科资料和新型信息载体的资料在资源

体系中所占的比重，以及能否反映各学科的新进展、最新研究成果以及最新的知识信息内容，这是衡量信息资源质量中知识信息含量的具体标志之一。

第三，特色化信息资源建设目标。特色化是现代信息环境对图书馆信息资源建设的客观要求。图书馆应根据本地区的地理、历史与文化特点，本地区、本单位赋予图书馆的服务任务，本馆读者的需求等因素，确定本馆的特色藏书与特色数据库，并对标志特色化形成的各项指标做出具体的规定。

四、图书馆信息资源结构的规划

图书馆信息资源结构是组成图书馆信息资源体系的各种不同信息资源要素之间的联系、组合形式，而不同的信息资源要素，其联系、组合的形式是多种多样的，因此，图书馆信息资源结构是一个由多种因素形成的结构。一般认为，信息资源的学科结构、等级结构、时间结构、文种结构和载体类型结构是信息资源体系的几个基本的构成面。

信息资源结构是信息资源建设中极为重要的问题。因为，图书馆信息资源是一个系统，而这个系统功能的发挥，不仅取决于系统的组成要素，即信息资源个体的质量，而且取决于这些个体资源的构成、组合状况，即信息资源结构的合理程度。因此，图书馆信息资源结构的规划应当成为信息资源建设政策的重要内容。

图书馆信息资源结构的规划，就是要通过对学科结构、等级结构、文种结构、时间结构、资源类型结构这五个“面”的设计，形成一个信息资源的多维立体结构，以此规划未来信息资源的建设。

1. 学科结构

学科构成是信息资源结构最基本的要素。如何划分信息资源的学科范围，制定一个学科齐全、粗细适度、科学合理的统一的学科框架来规范信息资源的学科结构，是制定信息资源建设政策的关键。国外图书馆在划分学科范围时标准不一，有粗有细。我国图书馆界认为，应以我国多数图书情报机构采用的《中国图书馆图书分类法》为基础，参照国务院学位委员会公布的学科、专业目录和国外学科划分的一些标准，拟定300—500个学科、专题，作为我国图书馆确定信息资源学科结构的依据。

2. 等级结构

等级结构是指图书馆根据信息内容的水平程度及读者需求的不同层次，相应地划分出若干层次的收藏级别，并规定各级别所应达到的收藏目标，以反映所收集的信息资源的内容深浅程度、完备程度，以及满足某种性质工作对信息资源需求的水平。因此，等级结构是图书馆信息资源结构规划的关键。

20世纪70年代后期，美国图书馆协会的《藏书发展方针规范指南》，提出了一个五级藏书框架模式。这五个级别是：

A. 完整级。图书馆在需要的、明确而有限的领域中，尽可能合理地努力搜集包括全部记录知识的有意义的著作(出版物、手稿、其他形式)。这种搜求深度的目的，是保持一种"特藏"，目的即使达不到，也要竭尽全力；

B. 研究级。这一级藏书要搜集进行独立研究所需要的主要资料，包括研究报告、新发现、科学实验和其他对研究者有用的情报，也包括该领域中重要的参考书、广泛选择的专著、广泛的期刊收藏等。

C. 学习级。这一级藏书保证大学生和研究生课程学习需要，也能满足独立学习的要求，能保持有限的或一般目的所需要的专题知识就够用了，比要研究级的程度要低些，它包括有关该专题的范围广泛的基础专著、较重要的作者的全集、代表性期刊、参考工具书等；

D. 基础级。这是高度精选的藏书，用以介绍和认识学科，并指出在其他地方可用的各种资料。包括该领域中的主要工具书、百科全书、重要著作选辑、历史概述、重要书目和一些主要期刊；

E. 最低级。除了某些学科领域的基本著作以外，基本上不再选购其他图书。

20世纪80年代初，藏书等级结构理论引入我国。国内有关专家针对我国图书馆的现状和条件，参照美国图书馆的做法，拟出一些藏书等级的初步方案，有五级、三级、七级、四级等多种观点。其中影响较大的是肖自力参照美国的五级藏书结构拟出的五级藏书方案，即以完整齐全搜集某专题领域所有知识记录为目标的完整级，以满足独立研究需要为目标的研究级，以满足大学生和个人自学大学课程的需要为目标的大学级，以介绍人们认识不同专业领域为目标的基础级，以及藏书范围之外的最低级。① 为了使等级结构的设计适应新的信息环境，1996年，美国图书馆协会在原有收藏级别的基础上，对最低级、基础信息级、学习或教学支持级进行细分，修订为共10级的馆藏框架模式，并将非印刷型文献和电子资源反映在指南的阐述中。②③

---

① 肖自力. 试论藏书结构[J]. 图书情报工作，1981(01)：41-46.

② 曹学霖. 与时俱进的图书馆资源结构观——ALA模式II与伯克利模式介评[J]. 图书馆理论与实践，2008(06)：14-15.

③ IFLA. Guidelines for a Collection Development Policy Using the Conspectus Model [EB/OL]. [2020-02-15]. https://www.ifla.org/publications/guidelines-for-a-collection-development-policy-using-the-conspectus-model? og=8708.

在网络环境下，信息资源的类型和收集方式、使用方式等都发生了很大的变化，图书馆馆藏等级结构也出现了许多新的特点。因此，美国伯克利数字图书馆提出了数字图书馆馆藏划分的四个级别，即永久保存级、服务级、镜像级和链接级。

所谓永久保存级的馆藏，是指具有这样一些特点的现实馆藏：保存价值已得到鉴定；用途得到认可；具有唯一性；并仅仅定位在某一个特定的图书馆，其他地方不可获得。

服务级馆藏是指对用户有用、是用户所必须用的虚拟馆藏。其特点一是本馆用户十分需要的；二是它储存在其他数字图书馆的服务器上。

镜像级馆藏是其他数字图书馆馆藏的拷贝，其特点是：其地址可能会慢慢移动，并经常不可存取；在其他地方也很容易找到该资料；它支持图书馆馆藏的发展，但并不是其主要馆藏；是否值得安装，要视当地情况而定。它和永久保存级相比，相同之处是两者都是实体馆藏，不同之处是缺乏唯一性。

链接级馆藏是在任何地方均可寄居的信息资料，图书馆可以在本馆资源的某一位置上显示它，它可以在远地提供一条链路。图书馆在认定链接级馆藏时应考虑到：在任何地方均可链接到该信息，它支持图书馆的馆藏发展，它的资源量充足，值得链接。链接级馆藏的特点是内容较为广泛，与服务级馆藏相比，同用户的关系可能不那么紧密。

同时，馆藏级别的划分除永久保存级的馆藏级别不可变化外，其他三个级别的馆藏级别均可能随着图书馆的馆藏政策变化而发生变化。

与传统图书馆馆藏级别的划分标准相比，上述馆藏级别的划分标准增添了物理储存地点的因素，体现了网络上的图书馆馆藏建设的特点：图书馆馆藏建设必须遵循共建共享的原则，即各单个图书馆的馆藏资源必须相互协作，互通有无，也就有了物理储存地点相互协调、统一布局的问题。①

3. 时间结构

时间结构是指馆藏信息资源按出版时间或公布时间划分的层次。图书馆采集的各类信息资源，出版或生产的时间有先有后，不同历史时期的知识记录，反映了人类科学文化知识源远流长、继承发展的纵向关系，也是图书馆馆藏系统性的反映。对知识信息的利用者来说，图书馆收藏或即时获取的各种类型的信息资源，不仅要能够满足他们获取最新信息知识的需求，而且要

① 代根兴. 数字时代的图书馆信息资源建设[M]. 北京：北京图书馆出版社，2006：27.

能满足他们查询知识的回溯性需求，也就是说，既要有经年累月积累起来的典籍，也要有反映各学科领域发展前沿的最新的信息资料。知识有更新的规律，记录知识的文献信息也因此有自己的生命。不同学科、不同水平、不同载体形式的文献信息，各有不同的价值，也各有不同的生命周期。因此，合理设计馆藏的时间结构，是规划馆藏的一个重要问题。

4. 文种结构

文种结构是指馆藏中各种语种的信息资源的构成情况，它反映了图书馆对社会文献信息覆盖的程度，也反映了馆藏水平和对读者多方面需求的满足程度。因为各学科领域信息资源涉及的文种越多，其完整系统程度也越高，满足需求的能力就越强。所以文种结构是图书馆信息资源收藏水平、读者知识利用水平的重要标志之一。从信息资源的利用来看，外文资源主要满足读者进行科学研究的需要，所以通常在研究型读者较多的图书馆，外文资源的比例也比较高。而面向社会大众的公共图书馆，采集信息资源的文种，则以母语为主。因此，在图书馆规划信息资源结构时，应该根据本馆的任务和实际需求，建立合理的文种结构。

5. 资源类型结构

资源类型结构是指馆藏中各种不同出版形式、不同载体的信息资源的构成情况，这是馆藏结构中极为重要的一个构成面。随着科学技术，尤其是信息技术的迅速发展，现代文献类型繁多，新的信息载体不断出现。特别是近年来大量涌现的各种数字资源，已成为现代文献群中庞大的组成部分。不同类型的信息载体在储存、传递、交流信息知识方面各有其特点和作用。纸质文献中的图书以知识系统完整见长；期刊以传递信息及时灵活取胜；专利、标准有其独特的用途，并自成体系；光盘数据库具有海量储存和多媒体的功能；网络信息资源则使人们获取信息完全突破了时空的局限而异常便捷。因此，图书馆只有建立多样化的信息资源类型结构，才能满足读者多方面的信息需求。图书馆在规划馆藏信息资源结构时，必须对各种类型信息资源的比例提出明确的要求。

以上所述的馆藏信息资源的学科范围、收藏等级、时间、文种、资源类型五个要素，构成了图书馆信息资源结构的五个“面”。如果将这五个“面”用特定的代码符号来表示，则可以设计出一个“信息资源结构一览表”，实质就是一个信息资源建设纲要。这是信息资源建设政策中极为重要的部分。

五、印刷型文献的采访政策

由于印刷型文献目前仍然是大多数图书馆信息资源的主要组成部分，因此，确定印刷型文献的选择与采访标准，是信息资源建设政策的主要内容。

(一)图书采访政策

每个图书馆都会根据本馆的实际情况制定本馆的图书采访政策。一般来说，图书采访政策应该包括以下内容：

1. 确定入藏图书的主题和学科范围

读者对图书的需求，总是对某一特定主题或学科门类的图书的需求。因此，任何图书馆(除版本图书馆外)收藏文献总是有一定的学科或专题范围。显然，图书馆只能选择入藏与本馆藏书的学科或专题范围相符的图书。图书馆必须根据服务任务和服务对象的需求，确定哪些学科或主题的图书是必须入藏或重点入藏的，哪些学科的图书是不予入藏的。

2. 确定入藏图书的内容深度

图书馆有不同的读者群，而不同的读者群对图书内容的深浅程度要求是不一样的。因此，图书馆在选择入藏图书时首先要考虑是提供哪一读者群阅读使用的。图书馆必须根据不同读者的阅读水平和需求能力选择入藏不同内容深度的文献。

3. 提出评价图书内容质量的标准

图书的内容质量，是指图书本身所具有的科学价值、艺术价值、现实价值和参考价值。

如何评价图书的内容质量，是一个比较复杂的问题。图书采访政策应该提出一些具有可操作性的客观标准。比如，对图书的著作者与出版社有何要求，对图书内容所涉及地域、时代有何规定，对新版、重版图书的选择标准，对名著、畅销书、热门图书的选择标准等，都应该在政策文件中加以说明。

4. 明确馆藏资源特色及相关保障措施

图书采访是特色馆藏建设的第一关。图书采访政策要明确本馆将确定哪些领域(学科、专题、地域、文献类型等)的文献作为本馆的特色资源。同时要提出标志这些特色资源形成的具体标准，比如说，特色馆藏对该领域文献的覆盖程度、特色馆藏应达到的层次级别、特色馆藏中新近出版的文献的比例，以及如何采取措施保证符合本馆特色的文献的入藏。

5. 确定复本配置标准

读者对图书的需求不仅表现为对图书品种的需求，而且常常表现为众多读者在同一时间内对同一种图书的需求。因此，在图书采访政策中必须明确藏书复本的配置问题。由于影响复本量的因素很多，而各图书馆的具体情况又很不相同，所以不同图书馆很难有一个共同的规范化的复本标准，各馆只能根据自己的实际情况来确定藏书复本量。目前，我国图书馆基本上都采用经验方法来确定，即在总结经验的基础上，通过调查研究，综合分析影响藏书复本量的各种因素，找出各类藏书的最佳复本数量，以此为标准，作为配置复本的参数。

随着数字化阅读的普及，其便捷性使得读者对这种阅读方式的接受度越来越高。图书馆通过为读者提供共享性较强的电子书，可以有效减少复本量，节约经费。国外一部分图书馆，如伦敦政治经济学院图书馆、芝加哥大学约瑟夫图书馆、哥伦比亚大学托马斯图书馆都规定，一般情况下仅保留一个复本，除非是需求量极大的情况，才考虑增加复本量。① 由于个体图书馆及其读者的具体需求存在差异，因此，图书馆在制定复本配置标准时，必须根据读者需求的实际情况，在纸质图书和电子书之间找到最佳的结合点。

6. 确定图书采访工作的规范

图书采访工作的规范程度关系到图书文献甚至整个图书馆信息资源体系的质量，因此，应当在信息资源建设政策中对经费预算、图书采访人员的职责、选书工具、采购方式、采购程序等加以说明。为了提高读者需求的满足程度，图书馆应当结合采用预定、现购、网购、需求驱动采购等多种图书采购方式，并且在政策中明确各种方式的应用目的、相关程序和规范。

图书采购是图书馆业务中一项重要的商业性活动。因此，它不仅要遵循图书馆信息资源建设的一般规律，而且要遵守国家的有关法律和政策。为了规范图书馆的文献采访行为，已经有越来越多的图书馆开始实行图书招标采购。招标采购有利于图书馆选择资信优良的发行商，有利于图书馆获得更多的配套服务，有利于图书馆获得更多的优惠价格。为了保证通过招标采购后图书馆获得的文献的质量，图书馆在图书采访政策中必须对相关的问题做出规定，比如，图书招标采购的原则、招标的方式、招标采购工作的组织和一般性程序等。

(二)期刊采访政策

期刊是一种重要的文献信息源，因而也是图书馆信息资源体系的重要组成部分。但由于期刊的采访有自身的特点和规律，因此，图书馆的信息资源建设政策有必要对期刊采访做出专门的规定。一般来说，期刊采访政策应该包括以下内容：

1. 确定期刊采访的标准

与图书采访相比，期刊采访标准除了首先考虑期刊内容所涉及的主题及

---

① 张欢．国外财经院校图书馆馆藏发展政策调查与分析[J]．图书情报工作，2016(23)：55-61.

学科范围以外，还必须考虑其他因素，包括：①期刊的使用频率和被引用率；②期刊的价格，包括直接价格和相对价格(全年的订购价格除以每年平均被读者利用的次数)；③通过其他途径(如馆际互借、电子文献传递)的可获得性；④期刊从索引、文摘及书目数据库中的可检索性，这是读者使用期刊的向导。这些都是确定期刊采访标准必须考虑的因素。

2. 确定核心期刊及相关保障政策

核心期刊包含着某学科、某专业领域最丰富、最前沿的学术信息，是该学科、专业高水平研究成果最集中的刊物。但对各学科核心期刊的认定，各图书馆可以有不同的标准。比如有的图书馆是根据期刊是否被著名的综合性期刊指南，如《乌利希国际期刊指南》等收录，或者是否成为国际公认的权威检索刊物，如 SCI、SSCI、ISTP、ISR、EI 等的来源期刊，中文期刊则依据是否成为 CSCI、CSSCI 等重要检索刊物的来源期刊。有的图书馆是根据北京大学图书馆编撰的《中文核心期刊要目总览》来认定中文核心期刊。不管采用何种标准，都要在信息资源建设政策文件中明确规定。并且要对保证核心期刊订购的措施做出具体的规定，以确保核心期刊的完整性、系统性。

3. 协调印刷型期刊的订购与其他获取途径的关系

随着现代通信技术的发展，尤其是网络环境的形成，文献传递方式发生了革命性的变化。读者所需要的期刊，不一定必须在本馆获得，可以通过馆际互借、电子文献传递等形式获取，还可以从因特网上获取各种各样付费或免费的网络化电子期刊。显然，读者从其他途径获得期刊的可能性越大，对馆藏期刊的依赖性就越小。据此，图书馆在期刊采访时，对那些价格昂贵且利用率很低的期刊少订或不订，而通过馆际互借等途径来满足读者的需求，是一种可行的策略。但对何种情况下订购印刷型期刊，何种情况下通过电子文献传递等方式获取期刊，应该在信息资源建设政策中予以明确。

六、数字馆藏建设政策

数字馆藏，又称电子馆藏，“是指电子信息网络环境下，图书馆通过一定的方式(如购买、租用、自行开发、建立镜像、链接等)，提供给用户使用的电子信息资源，这些电子信息资源既可存储在图书馆中，也可存储在图书馆之外”①。在今天的图书馆，印刷型馆藏与数字馆藏共同构成图书馆信息资源体系，因此，数字馆藏建设政策无疑是图书馆信息资源建设政策的重

① 李平，初景利. 国外图书馆电子资源建设政策及启示[J]. 大学图书馆学报，2006(05)：51-55.

要组成部分。

国外图书馆界十分重视数字馆藏建设政策问题的研究。1996年，美国查尔斯顿(Charleston)会议讨论了电子藏书和电子资源建设政策制定相关的一系列问题，包括：电子资源的预算和经费以及电子资源的选择、存储、使用、质量评估、保存和存档问题。20世纪末，美国许多大学图书馆都制定了本机构的数字馆藏建设政策。据《美国研究图书馆协会2010年电子资源评估调查》统计，124家成员组织中有73家拥有电子资源发展政策。① 国内图书馆界对数字馆藏建设政策的研究和实践还处在起步阶段，关于数字馆藏政策的研究还没有形成规模，大部分图书馆制定了零散的数字馆藏建设相关规范或政策。

(一)数字馆藏建设政策模式

从国内外一些主要图书馆制订的数字馆藏建设政策看，数字馆藏建设政策的内容各有所侧重，各具特点。有的政策注重战略，有的则十分具体详尽，大致可分成综合型、专门型、混合型3种模式。② 这里的流程型模式，因为和前面三种有重复，并且没有找到合适的例子，就去掉了。各图书馆的政策模式变化比较大。

1. 综合型

综合型模式是制定独立的涉及数字资源建设方方面面的政策，主要内容包括：政策的目的、范围、选择标准、各种载体和复本、许可使用、存档、责任和图书馆部门合作、应用和评价。这种模式的数字馆藏建设政策体系完整，有指导原则，有具体目标，充分考虑了电子资源与印本资源的不同特点，具有很强的针对性，因而具有很大的影响。这一模式的代表有：亚利桑那大学图书馆的数字馆藏建设政策③、香港大学的电子资源馆藏发展政策④等。

2. 专门型

专门型模式是根据电子资源载体或电子资源建设的某个主题制定电子资

① 隋移山．解析电子资源发展政策与实践——以山东大学图书馆为例[J]．大学图书馆学报，2013，31(04)：49-53，35.

② 李平，初景利. 国外图书馆电子资源建设政策及启示[J]. 大学图书馆学报，2006(05)：51-55.

③ The University of Arizona Library. Collection parameters[EB/OL]. [2020-03-07]. https://new. library. arizona. edu/department/content-collections/policies/parameters.

④ The University of Hong Kong Libraries. Electronic Resources Collection Development Policy[EB/OL]. [2020-03-07]. https://lib. hku. hk/cd/policies/erp. html.

源建设政策，如电子图书建设政策、电子期刊建设政策、Internet 资源建设政策、电子资源采访政策、电子资源使用与许可政策等。例如，奥克兰大学图书馆针对数字化活动制定《数字化活动——最佳实践指南》，以此来明确数字化的目的、指导原则、数字化活动的管理方法、数字化材料的选择标准、其他相关标准、保存行动等内容。① 俄勒冈大学图书馆专门制定了脱机电子资源建设政策②和电子期刊建设政策③，都涉及电子资源的内容选择标准、存取、许可等问题。西北大学图书馆制定了电子专著政策，内容主要是电子专著的选择原则和例外情况。④ 耶鲁大学图书馆制定了电子资源获取和利用政策，具体罗列了许可和禁止的使用行为。⑤

3. 混合型

混合型模式是将电子资源建设政策体现在图书馆藏书建设政策或者图书馆战略计划中。剑桥大学图书馆的馆藏发展政策框架对选择在线数据库时应考虑的因素、数字化内容的目标和选择、开放获取资源的开发利用途径等数字资源建设相关内容进行规范。⑥ 香港中文大学图书馆的馆藏发展政策中含有电子资源馆藏发展政策，对电子期刊、电子图书、其他电子资源、长期保存和获取、图书馆数字化政策等问题进行说明。⑦ 北京大学图书馆、厦门大学图书馆等也颁布了涉及数字资源政策内容的馆藏发展政策。⑧

---

① Digital Library Doard. Digitisation activities: best practice guidelines [EB/OL]. [2020-03-06]. https://www. library. auckland. ac. nz/docs/digital_projects/digitisation_guidelines.

② UO Libraries. Electronic Journals[EB/OL]. [2020-03-07]. https://library. uoregon. edu/colldev/cdpolicies/ejournals.

③ UO Libraries. Electronic Journals[EB/OL]. [2020-03-07]. https://library. uoregon. edu/colldev/cdpolicies/ejournals.

④ The Northwestern Libraries. Collection Development Policy-Electronic Monographs [EB/OL]. [2020-03-07]. https://www. library. northwestern. edu/documents/about/policies/electronic-monograph.

⑤ Yale University Library. E-Resource Access and Use [EB/OL]. [2020-03-01]. https: //guides. library. yale.edu/about/policies/access.

⑥ Cambridge University Library. Collection development policy framework[EB \ OL]. [2019-10-07]. https://www. lib. cam. ac. uk/about-library/library-management/policies.

⑦ 香港中文大学图书馆．馆藏发展政策[EB/OL]．[2020-03-06]．https://www.lib. cuhk.edu.hk/sc/collections/policy#Section8.1.

⑧ 刘磊等. 中美高校图书馆数字馆藏发展政策比较研究[J]. 图书馆学研究，2018(20)：20-27，34.

(二)数字馆藏建设政策的内容

数字馆藏发展政策应该根据图书馆的性质、目的、任务及所服务的读者对象来制定。不同类型图书馆的具体政策不尽相同，但包含的大致内容基本一致。

1. 数字馆藏采访政策

数字馆藏采访政策是选择数字资源时应遵循的一系列原则和标准。电子资源的选择准则与传统的印刷型资源并没有本质不同，基本的指导原则是一致的。但电子资源有不同于印刷型资源的一系列特征，选择时除了考虑资料的内容和形式，还必须考虑设备、检索方式、购买方式以及技术等因素，需对主题、用户需求、资源质量进行广泛而深入的了解。① 电子资源的选择标准，一般包括用户需求，资源的内容，系统功能与技术要求，资源的成本，资源许可协议，资源供应商及其服务，资源长期保存等。②

2. 特色数据库建设政策

特色数据库是图书馆特色资源的集中反映，是图书馆吸引读者、提高社会影响力的核心资源，它不仅充分展示了图书馆的个性，也成为图书馆提高信息服务竞争力的重要品牌。因此图书馆要根据本系统本地区的社会信息需求和本馆的技术力量、经费等条件，选择适合的主题，系统地将馆藏资源中的特色文献制作成独具特色的文献数据库或专题数据库，并上网提供利用。在制定数据库建设政策时，要正确分析本馆资源的特色和优势是什么，要建设什么类型的特色数据库(专业特色、主题特色、地方特色等)，要达到什么目标，以及计划采取哪些措施与步骤。

3. 网络信息资源开发政策

因特网流动着极为丰富的信息资源，图书馆根据读者需求搜索、选择因特网上的信息资源，下载到本馆或本地网络中，或者链接到图书馆的网页上，以方便读者迅速检索自己感兴趣的有价值的网络信息，是数字馆藏资源建设的重要组成部分。在图书馆信息资源建设政策中，对网络信息资源的开发与组织应明确：(1)网络信息资源开发与组织的方式。因特网信息资源的开发与组织方式包括搜索引擎组织方式、学科导航库方式、分类法方式、主题法方式、本体方法等。图书馆应根据需要和可能的条件，来决定开发与组

---

① 索传军，袁静．论数字馆藏发展政策的框架与内容[J]．中国图书馆学报，2007(02)：65-69.

② 唐琼．数字资源选择标准研究：基于国内外馆藏发展政策的考察[J]．图书馆杂志，2011，30(10)：22-29.

织网络信息资源的方式。(2)网络信息资源的选择标准。因特网上的信息资源丰富，但有很多信息与图书馆信息资源建设是无关的，有的信息本身就是无用、乃至有害的。还有一些虽然是有价值的信息，但这些信息组织上过于松散，数据类型多，随机变化大，对图书馆来说很难开发利用。因此，图书馆在开发网络信息资源时，就面临一个信息的选择问题。图书馆信息资源建设政策要明确网络信息资源的选择标准。一般应考虑的标准是用户的信息需求、信息本身的内容质量(如信息的真实性、权威性、完整性、时效性等)、信息的形式特征、使用的方便程度、使用和运行环境、成本效益等。

4. 开放存取信息资源建设政策

开放存取资源主要是指通过开放存取期刊、学科库、机构库和个人网站(博客)等开放存取实现途径出现的数字化学术信息资源。随着开放存取运动的不断深入，开放存取资源也不断增多，逐渐成为图书馆信息资源体系的重要组成部分。开放存取资源的有效利用可使图书馆文献数量和种类保持可持续增长、增强文献保障能力、提高用户服务水平、降低用户信息获取成本、提高信息利用价值、使图书馆走可持续发展之路。因此，开放存取信息资源建设政策应成为数字馆藏建设政策不可缺少的内容。①

图书馆开放存取信息资源建设的方式主要有两种，一是对网络上分散的开放存取资源进行开发利用，二是创建机构知识库。针对开放存取资源的开发利用，图书馆信息资源建设政策应确定要收集的开放存取资源的类型、重点，明确开放存取资源的收集途径、选择方式、评价标准、元数据描述标准、标识方式、整合方式、保存方法与利用许可等内容。由于开放存取资源的特殊性，建议制定全面的开放存取资源开发指南，指导馆员如何将该类资源纳入馆藏体系。② 如果图书馆建设了收录所服务机构所产生的智力成果的机构知识库，也应制定相应的政策规范其建设活动。政策应包含内容政策、提交政策、使用政策、保存政策、利益平衡政策和服务政策等条目。其中，内容政策说明所收录资源的类型、性质、格式、大小、语言、版本要求等。提交政策定义提交者、提交方式、内容质量控制、版权归属、审查方式等。使用政策主要规范用户对元数据和全文数据的再利用行为。保存政策包括保

---

① 黄如花．利用开放存取资源提升馆藏质量[J]．中国图书馆学报，2008(05)：26-32.

② Bulock C, Hosburgh N, Mann S, et al. OA in the Library Collection: The Challenges of Identifying and Maintaining Open Access Resources[J]. *Serials Librarian*, 2015, 68(01): 79-86.

存期限、撤销政策、版本控制等内容。利益平衡政策主要包括知识产权政策和隐私政策。服务政策则规定服务对象和服务方式。①

5. 数字人文资源建设政策

数字人文是将数字化、可视化、数据分析、机器学习等数字技术应用在人文学科，提出、探索和解决人文问题的跨学科领域。图书馆在数字人文领域已有较多的参与行为，数字人文资源建设便是其中之一。例如，英国兰卡斯特大学图书馆在其面向2020发展战略中指出，为了使图书馆具备在数字时代持续参与大学创新的能力，图书馆将利用其在资源描述、长期保存和资源发现等领域的专长，对馆藏稀缺资源进行数字化加工和处理，通过数字手段赋予馆藏稀缺资源新的生机，使之得到学者和社会大众的更多关注，进而推动特藏资源的建设和保护。通过资源组织和管理，来提升馆藏稀缺资源的价值，最大限度发挥其影响力。② 除了利用数字技术建设经过深度组织挖掘的数字人文资源，图书馆还可以对数字人文领域的知识信息、工具等进行专题建设，帮助相关人士了解、开展该领域研究与实践工作。北京大学图书馆就主持编撰了《北京大学数字人文指南》，搜集整理全球数字人文动态信息。③ 为了使图书馆更好地参与数字人文资源建设，充分发挥其在信息组织与检索、信息基础设施建设等方面的传统优势，图书馆有必要制定数字人文资源建设政策，对数字人文资源的建设目的、建设重点、建设方式、建设工具、资源保存、资源发现等方面进行指导。

6. 科学数据建设政策

科学数据又称科研数据，是指科研人员在科学研究过程中通过科学实验、实际调查等方式产生和获得的数据资料，包括数字、图表、图片、文本、声音、影像等形式。随着开放存取运动的发展，科学数据的开放共享越来越得到政府、科研资助机构、科研机构和图书馆的重视。作为一种基础科技资源，科学数据的存储、共享和重用，能有效降低科研消耗，提高科研效率，对国家科技创新具有重要意义。美国高校图书馆在开展科学数据的获取、存储、发布、分析、引用、咨询等方面已取得较多成果。我国高校图书

① 徐速，张新鹤. 我国机构知识库开放获取政策体系与内容研究[J]. 图书情报知识，2017(06)：42-49，97.

② 钱国富. 英国高校图书馆数字人文服务探析——以兰卡斯特大学为例[J]. 大学图书馆学报，2017(04)：30-34.

③ 朱本军，聂华. 数字人文：图书馆实践的新方向[J]. 大学图书馆学报，2017(04)：23-29.

馆的科学数据建设与服务尚处在起步阶段，北京大学、武汉大学、复旦大学3家高校图书馆建有科学数据服务平台，为高校、研究机构和政府部门提供数据保存、数据管理与数据共享服务。这就要求图书馆完善与科学数据建设相关的政策，明确科学数据建设的目的、职责、流程，在数据采集、数据组织、数据存储和管理、数据保存和共享等方面制定详尽的规则，从而有效地对科学数据进行管理，充分发挥科学数据的使用价值。①

7. 数字馆藏建设中图书馆各部门的合作

数字馆藏建设涉及图书馆的多个业务部门，需要各部门的协调与合作。因此，在数字馆藏建设政策中对此应该进行专门的规定。包括在数字资源的评估、选择、采访、续订方面各部门的合作，相关技术支持和维护方面的合作，对馆员和用户开展培训方面的合作等。

七、书刊交换与接受赠书政策

书刊交换与接受赠书，是扩充和丰富馆藏、节约经费和获取难得资料的有效途径。在书刊交换方面，应规定确定交换对象的原则、交换书刊的专业学科范围、以什么出版物进行交换、从对方交换来什么书刊资料，以及书刊交换的方式。国外图书馆在制定藏书发展政策时，一般专列出“赠书”一章，明确规定接受或拒绝赠书的原则，什么是不能接受的附加条件等。我国图书馆在制定信息资源建设政策时，也应对国内外书刊交换和接受赠书做出相应的规定。有关接受赠书，应规定接受赠书的原则、范围、可以接受或不能接受的条件等。

八、经费分配政策

经费问题无疑是影响信息资源建设的至关重要的问题。尤其是在经费有限的情况下，如何合理分配经费，直接关系到能否建立起科学合理的信息资源体系。因此，信息资源建设政策中应该明确经费使用的原则和经费分配方法。传统的经费分配主要是书刊经费比例、中外文书刊经费比例划分问题。在信息资源建设政策中，仍然应该根据图书馆的实际情况来合理安排这些经费的比例。

随着文献出版形式和信息载体多样化以及网络信息资源的出现，如何合理安排各种出版形式、各种信息载体的经费比例，以及协调“实体馆藏”与“虚拟馆藏”建设的经费投入，成为信息资源建设政策中迫切需要解决的问

① 刘玉敏，张群. 中美高校图书馆科学数据服务调查与分析[J]. 图书馆论坛，2017(11)：132-138.

题。图书馆赖以提供服务的网络信息资源，很大一部分是需要缴纳一定费用的，如入网费、检索费、租借费等。因此，传统图书馆的经费预算的分配使用发生了较大的变化，即从单纯的购买资料的形式，转变为购买、租借、联网检索等相结合的形式。图书馆用于购买印刷型图书和期刊的一次性投资将减少，而用于使用、检索联机目录、全文数据库、电子期刊等数字化资源的连续性投资将增加。这种经费使用结构的变化已经显著体现在国内外图书馆的藏书发展政策中。例如，亚利桑那大学图书馆的馆藏政策明确指出，由于数字格式能为用户提供随时随地的访问，并帮助图书馆避免建立和管理成本高昂的场外存储设施，图书馆几乎所有的期刊订阅和大多数新书都是数字化格式的，但当数字格式无法满足重要需求时，图书馆也会考虑采购印刷型文献。① 香港大学图书馆的信息资源经费要在图书、连续出版物(期刊、丛书、报纸)、视听资料、非印刷品、电子资源和其他图书馆信息资源之间进行分配。②

图书馆信息资源建设政策应该明确地指出选择印刷型文献和电子文献及网络信息资源时使用的标准和策略，应该就信息资源建设经费如何在拥有馆藏和存取两方面保持恰当的比例给予指导性的说明。

九、馆藏信息资源管理政策

馆藏信息资源管理包括传统的馆藏文献的清点、保护，馆藏文献布局调整等内容。图书馆信息资源建设政策要明确提出馆藏文献保护目标和任务，确立保护的原则，落实保护的经费投入，制定保护的技术标准和措施等。馆藏文献布局调整是改善信息资源构成质量，保持信息资源利用活力的重要保证。图书馆必须使更新馆藏、剔除呆滞书刊的工作经常化、制度化。为此，信息资源建设政策应对馆藏文献布局调整的目标和任务、标准和范围、方法和程序都加以明确的规定。

在数字环境下，数字馆藏已经成为图书馆信息资源体系的重要组成部分，数字馆藏的管理也成为馆藏信息资源管理的重要内容。数字馆藏管理不同于印刷型馆藏文献的管理，它既有技术的，又有法律的，还有经济的和管理的因素，因而比印刷型馆藏的管理更为复杂。数字馆藏管理主要包

① The University of Arizona Library. Collection parameters[EB/OL]. [2020-03-07]. https://new. library. arizona. edu/department/content-collections/policies/parameters.

② The University of Hong Kong Libraries. Collection Development Policy [EB/OL]. [2020-03-07]. https://lib. hku. hk/cd/policies/cdp. html#Sect5e.

括以下四方面的内容：选择什么样的模式存放数据；选择什么样的方式组织信息；选择什么样的策略供读者访问；选择什么样的思路保证馆藏的可持续发展。①

数字馆藏管理政策，是关于规定如何组织、访问、保护和保藏数字资源可持续发展的文件，具体包括以下几个方面的内容：②

1. 数字馆藏组织政策

数字馆藏组织政策，就是利用一定的科学规则和方法，制订对馆藏数字资源的特征加以描述和序化的策略，以便于用户对馆藏数字资源的利用。数字馆藏组织包括实体数字馆藏组织和虚拟数字馆藏组织，组织的方式有多种，各馆数字资源数量种类和服务对象不同，因而组织方式也要因馆制宜，每个馆要制定自己个性化的馆藏组织政策或策略。

2. 存储和访问资源政策

这是数字资源主要区别于非数字资源的一个关键部分。数字资源存储有许多种方法，用户也有很多不同的访问方法。数字资源的存储与保藏政策，与本馆的数字资源、信息设备情况和目标任务等密切相关。而数字资源的访问方式则受到资源的知识产权授权模式和读者类型等多种因素影响。在制定数字馆藏管理政策时，需要注意或解决下面两类问题：一是长期典藏数字资源相关的问题，如哪些资源获得迁移至永久存储？怎样管理存储等级，由谁来管理？怎样更新存储媒体及多长时间更新一次？数字对象如何从数据库中向外传播？如何进行灾难恢复？二是数字资源存取。有两个问题需要弄清楚：第一，作为当前馆藏的一部分怎样快速存取资源？第二，经过一段时间怎样从典藏存储库中存取资源及怎样控制它。这两种情况涉及潜在的复杂的法律问题，在对这样的馆藏资源进行存取时应持慎重的态度。

3. 馆藏数字资源保护政策

馆藏数字资源保护政策也称数字资源的安全管理政策或策略。它是图书馆在一定时期内为保障馆藏数字资源的安全所制定的安全管理措施。与纸质文献保护相比，数字资源保护涉及的因素更多，更复杂。在制定和实施数字资源安全保护政策和策略时，应综合考虑管理、技术、法律和设备等方面的因素，积极主动采取有效可行的安全防范措施．确保数字资源的安全。

4. 数字资源保藏政策

作为馆藏管理政策的一部分，保藏是有长期计划的。信息资源政策文件

① 索传军．论数字馆藏的管理[J]．大学图书馆学报，2003(02)：30-35.

② 索传军．论数字馆藏管理政策[J]．中国图书馆学报，2005(05)：62-65.

必须解决典藏级馆藏资源怎样跟踪并保证经过一段时间后资源的可存取性。这包括文档内容的评价，而且以技术的视角保持与技术发展同步。数字资源保藏政策也包括：连续存取文档内容的特定策略，迁移计划的不断发展及标准。数字保藏需要在政策文件中进行系统的表述。

上述九个方面构成了信息资源建设政策体系的基本内容。这是一个开放的体系，随着信息环境的变化，它也将不断容纳新的要素，同时更新和充实各要素的内涵。

第三节　宏观层次的信息资源建设政策

宏观层次的信息资源建设政策是指信息资源共建共享政策。信息资源共建共享的实质是众多图书馆及其他各类信息机构参与的对信息资源共同建设和相互提供利用的一种机制。因此，信息资源共建共享政策不能局限于某一图书馆信息资源建设政策的范围，而应该从宏观层次上对它进行研究。

一、信息资源共建共享政策的意义

随着现代信息技术的发展，阻碍信息资源共享的技术因素正在逐渐消失，但影响信息资源共享的人文、社会因素却依然存在，如理念、体制、管理等方面的问题，在很大程度上阻碍着信息资源共享的开展。比如说理念，我们还很少从这样一个层面来理解信息资源共享的意义，即，自由、平等地获取信息，是一种基本人权，是我国宪法赋予每个公民的神圣权利，图书馆是国家和政府为保障公民的这种权利而进行的一种制度安排，而信息资源共享则是图书馆实现这一制度目标而选择的一种机制。这是信息资源共享的观念基础或理论基础。比如说体制，我们一直在批评的条块分割，缺乏宏观调控，缺乏统一标准等都成为束缚技术因素在信息资源共享中发挥作用的重要因素。比如说管理，由于缺乏科学的决策机制和利益平衡机制，很难保证参加资源共建共享活动的每个成员都能获得与其投入相应的利益，于是那些投入多，获益少的成员自然就失去了积极性。因此，有必要从根本上解决信息资源共享的政策问题，使信息资源共享有据可依，有人力、资金和组织的保障，有统一的技术规范和标准，有明确的权利与义务，有相应的利益平衡与制约机制，从而为实现真正的信息资源共享打下基础。

信息资源共享正成为当代信息领域的世界性潮流。但在信息资源共享的进程中，还存在许多复杂的矛盾。如信息资源共享与知识产权保护之间的矛盾。信息资源共享是建立在信息开放、扩大流通的基础上，要求信息无偿或低成本使用，限制信息专有，反对信息垄断，代表现实公众利益。而知识产权则是基于个人的创造性智力劳动成果依法所产生的权利，为权利人所独占或垄断，具有专有性、排他性，以保障社会知识创新，它所代表的是社会发展利益。显然，二者存在一定的矛盾性。国家必须通过政策的制定在二者的利益上做出比较合理的平衡。又比如说信息自由、信息公开与信息安全、信息保密，也是存在矛盾的。信息资源共享要求信息无障碍地获取，但信息保密在许多时候，尤其是在关系到国家安全的问题上，又是非常必要的。如何在这两者中寻求协调与平衡，也是信息资源共享政策应该关注的问题。

二、信息资源共建共享政策体系

信息资源共建共享是一项系统工程，涉及面广，影响因素多，因此，信息资源共建共享政策所涉及的问题也是多方面的，它们之间相互联系，形成了一个政策体系。①

1. 信息资源公共获取政策

信息资源公共获取，就是信息能够便捷地、免费或通过合理付费方式被一般公众无障碍地获取。以前我们在讨论信息资源共享时，往往是忽视信息资源公共获取问题的。其实这一问题涉及信息资源共享的基本理念，是信息资源共享政策体系的基础。信息资源公共获取政策主要包括：①信息公开政策，包括政府信息公开政策、企业信息公开政策和信用信息公开政策；②信息保护政策，主要是指信息内容安全政策、信息保密政策、保护个人隐私政策、知识产权法规政策、跨国数据流控制与管理政策等；③信息资源保障政策，包括国家、政府信息资源建设指导政策、国家信息基础设施建设政策、信息人才保障政策、信息机构管理政策等；④信息交流与合作政策，包括信息工作、信息技术及信息标准统一指导政策、国际和国内信息交流与合作政策等。

2. 信息资源布局政策

信息资源布局，就是在调查与掌握我国信息资源分布现状的基础上，有计划、有步骤地对分散、庞杂的信息资源进行科学、合理的配置，逐步使全国各图书馆及其他信息机构的信息资源形成一个整体，使全国的信息资源对于整个社会的信息需求达到一个满意的保障程度。信息资源布局是信息资源共享的系统工程的起点。

信息资源布局政策，就是要确定我国信息资源合理布局的总体目标和长

---

① 肖希明. 推进我国信息资源共享政策体系建设[J]. 情报资料工作，2005(06)：5-7.

远规划，提出信息资源布局的原则，确定信息资源布局的模式，编制信息资源布局的方案和具体的实施步骤，规定全国信息资源保障体系的完备程度和各层次信息资源保障子系统的具体目标，提出各系统各地区信息资源建设分工协调的任务与要求。

3. 经费与投资政策

虽然信息资源共享带来的社会效益和经济效益都是十分明显的，但是，资源共享的前提是资源共建。而在共建的过程中，必定需要更多的资金投入。例如，必须建立丰富的文献资源体系作为共享的物质基础，必须建立大量的书目数据库和高效的联机检索网络作为共享资源的手段等，都需要增加经费投入。因此，国家要把信息资源共建共享作为国家信息基础设施建设的一部分加大对它的投入。政策中要确定信息资源共建共享活动经费在国家信息基础设施建设经费中的合理比例及增长速度，明确其经费来源、拨款渠道、支配权限与责任等。同时，信息资源共建共享单靠政府投入是不够的。因此，政策要鼓励企业和社会各方面为信息资源建设投入资金，并使这种投入能够得到一定的回报。

4. 文献收集政策

文献收集是信息资源共享的一项重要的基础性工作。虽然，在网络环境下文献信息资源的“获得”并不一定要本馆“拥有”，然而，就一个国家、一个地区而言，建立一个相对完备的文献信息资源保障体系却是十分必要的。这不仅是因为目前网络中全文文献资源有限，而对文献资源共享的最终用户来说，获取原始文献又是十分重要的。更重要的是，从信息安全的角度来看，中国作为最大的发展中国家，应该有能满足自己需求的较完备的文献收藏。因此，必须通过各个层次、各种形式的分工协调，尽可能地收集齐全世界所有重要的文献资料，能基本满足国内用户对文献信息的需求。

文献收集政策，在宏观层次上，就是要制定全国文献信息资源建设规划，确定国家或地区文献信息资源保障体系的结构，制订文献合作采访的策略与方法，如何进一步完善出版物呈缴本制度，如何建立全国的联合储存系统等。在微观层次上，文献收集政策要摒弃“大而全”“小而全”的藏书策略，把馆藏文献作为国家或地区文献信息资源体系的组成部分，根据协调组织的要求，将所承担的学科文献资料尽量收集齐全。同时，要建立并保持本馆的藏书特色，对特色藏书采取特殊的文献收集政策。

5. 书目信息报导政策

信息资源共享的前提是书目信息资源的共享。在当今社会，文献数量浩繁、类型复杂、内容重复庞杂，如果没有一个强有力的书目控制系统，人们要获取、利用出版物，便如同大海捞针，信息资源共建就失去了意义，共享也就成为一句空话。

书目信息报导政策的主要内容包括建立全国性的书目信息报导体系和区域性书目中心的规划，确定全国联合目录建设的总体规划与协调，制定包括在版编目、统一编目、联合编目与联合目录数据库建设的书目信息资源共享计划，提出完善公共性图书馆目录查询系统的措施，制定书目著录的各项标准，协调图书馆界、情报界与图书出版界、发行界及其他各种类型的文献信息部门的书目工作，建立我国综合性的书目信息网络。

6. 文献传递政策

信息资源共享有赖于建立一个迅速、高效的文献传递系统。由于网络技术的飞速发展，传统的馆际互借发生了革命性的变革。通过各种联合目录数据库和图书馆的 OPAC，可以了解其他文献信息机构的馆藏，并通过网络发出馆际互借的请求，用传真、扫描、电子邮件、网络内部快递服务系统等进行文献传递，大大加快了文献传递的速度。如今，电子文献传递已经成为图书馆在网络化环境下开展馆际互借，实现信息资源共享方便而快捷的途径。

文献传递政策就是要由权威协调机构制定有关馆际互借的法规、条例、规章制度及国家标准，统一规范全国的馆际互借；明确各级图书馆在馆际互借方面的权利和义务，规定国内和国际的馆际互借范围、方式和保证措施；规划建立书目信息利用共同体和不同层次的文献传递物流系统；规范馆际互借的收费标准和经济结算机制等。

7. 技术支持政策

现代社会的信息资源共享是建立在先进的信息技术强有力的支持之上的。迅速发展的网络，高速廉价的信息传输手段，统一的传输协议与文本格式，使不同时空、素不相识的人们可以同时通过基于相同标准的浏览检索工具访问同一信息。所有这些，都为信息资源共享创造了有利的条件。

技术支持政策就是要根据我国的国情，采取积极和稳步发展的方针，确定我国信息资源共享技术保障的目标、途径、标准、实施方法与步骤；制定全国信息网络化建设的规划、设计、标准、组织和实施方案，加快网络通讯平台的建设；制定数据库建设的规划，改变目前数据库建设力量分散、低水平重复的局面，以及小型数据库的标准化改造，加强对科技、经济和社会发展具有重大意义的科技文献数据库、科研基础数据信息库、科研成果数据库、专利数据库等大型数据库的建设等。

8. 管理政策

信息资源共建共享的运行需要有效的管理。而管理的手段就是制定科学的管理政策。管理政策涉及的内容很多，但主要应解决以下几个问题：

(1)实现管理体制的创新。这是信息资源共享政策体系建设首先要解决的问题。有人提议建立国务院所属的统管全国各类型图书情报机构的行政职能部门，对全国的图书情报事业，包括信息资源共建共享进行集中管理。这一想法是不现实的，因为它不符合我国经济体制和行政管理体制改革的方向。对图书情报事业加强宏观调控是必要的，但宏观调控不等于由政府设行政职能部门直接管理。因此，正确的思路是在自愿、平等、互惠的基础上，建立不同层次的图书情报工作协调机构，其主要职能就是在各个层次上组织和协调信息资源共享活动，制定相应的运行管理政策，包括成员馆义务和权利的规定、资源共建共享的目标、方针、发展战略和总体规划、共建共享技术规范、重大事件的决策程序、成员馆纠纷的仲裁、共建共享经费的预算、协调委员会的权限及其任期和选举等。①

(2)在自愿、平等、互惠的基础上，建立不同类型的图书馆联盟。

(3)信息资源共享需要富有活力的运行机制。要通过制定正确的政策，建立一种利益平衡机制，使参加资源共建共享网络的各成员之间，能够依据他们在文献资源共建中的投入和贡献，获得相应的利益，这样信息资源共建共享才能有长久的活力。

三、信息资源共享政策体系的层次

信息资源共享政策可分为从上到下的几个层次：

- 国家层次：主要制定全国统一的、共同遵守的国家政策，它除了为全国的信息资源共建共享提供宏观指导外，还参与国际合作体系的有关活动，共同制订国际目标与规范。
- 地区层次：在与国家政策相一致的基础上，依据本地区的特点与优势，按照规定的义务与权利，制定区域发展政策，为本地区各系统信息资源共建共享提供依据与指导。
- 系统层次：在与国家及地区政策相一致的基础上，按照本系统的义务与权利，规划本系统信息资源建设的方向、目标，建设中心与示范馆，提供培训、咨询等。
- 实体层次：按照国家、地区的宏观指导，系统设定的具体目标与任务，结合本馆的具体情况，制定兼顾本馆利益和整体发展，能充分发挥本馆

① 黄长著，霍国庆．我国信息资源共享的战略分析[J]．中国图书馆学报，2000，26(03)：3-11.

优势与特点的信息资源建设政策，真正建设成本馆特色鲜明，与他馆优势互补的信息资源体系，为资源共享打下基础。同时在特色数据库建设、数字图书馆建设、网络共享及按照统一的规范与标准开展服务、馆际互借等方面制订相应政策。

第四节　信息资源建设政策的制定和实施

信息资源建设政策不仅是个理论研究的课题，更是一个实践性、操作性很强的问题。无论是微观层次的图书馆信息资源建设政策，还是宏观层次上的信息资源共建共享政策，其内容都需要以书面的形式予以明确，并重视政策的实施。

一、制定信息资源建设政策的原则

1. 实事求是原则

从实际出发，实事求是，是制定各项政策的基本原则，也是制定信息资源建设政策必须遵循的原则。它的具体要求是：

首先，信息资源建设政策必须符合图书馆的任务与读者的实际需要。不同类型的图书馆，其服务任务与读者的需求是不同的，因而它们制定的信息资源建设政策也应该是不同的。公共图书馆主要承担社会教育职能，担负着提高广大人民群众科学文化水平和丰富群众精神文化生活的任务，读者需要的主要是各种类型的文献，因此，这类图书馆应以扩大馆藏文献拥有量为主要任务。同时，由于我国公共图书馆数量与我国的人口总人数相比，较为有限，再加上数字化阅读的便利性，为公众提供内容丰富多样的数字文化资源、多媒体学习资源和科普资源等数字信息资源也是公共图书馆的重要任务。公共图书馆应当在实体馆藏和数字馆藏间做好平衡。研究图书馆和专业图书馆，主要是为科学研究服务，服务对象主要是科研人员。读者需求所涉及的学科范围广泛，内容专深，对国外文献信息的需求量大，读者大多具有一定的文献信息检索能力。对这类信息需求，图书馆应该更注重网络信息资源的建设和利用，以存取的方式获取世界上最新最前沿的科技信息。因而以存取为主是这类图书馆信息资源建设的方向。即使同是高校图书馆，情况也有区别。对于教学科研并重的重点综合性大学，更多地需要以存取的方式为读者提供丰富的网络信息资源，以满足他们从事科研的信息需求。而对于以教学为主的地方性院校，则应更多地关注扩大馆藏文献的拥有量，以满足教学和学生阅读求知的需要。总之，图书馆必须针对本馆的实际需要来制定信息资源建设政策。

其次，信息资源建设不能脱离图书馆可能的条件。一是经费条件。数字信息资源建设需要有大量的经费投入。因此，图书馆不能不顾自身的条件，片面追求“数字化”，将本来就很紧张的经费大量用于电子信息资源建设，而导致传统文献资源建设的萎缩，进而影响图书馆的服务能力。二是设备和技术条件。数字信息资源建设需要有良好的通讯和网络条件、大容量的信息储存设备，需要有一批能熟练掌握计算机、网络及其他相关信息技术，去获取、分析、评价、组织和管理知识信息的人才。图书馆必须根据现有的或在可以预见的时间内能够具备的设备和技术条件去制定信息资源建设政策。三是资源条件。特色数据库是图书馆信息资源建设的重要内容。但图书馆建设特色数据库一定要搞清楚本馆的馆藏优势，保证自己所建设的数据库确实具有自身的特色，如果本馆的资源特色不明显或资源不足，就没有必要建设特色数据库。

2. 系统性原则

系统性，是事物本身固有的相互作用、相互依赖，共同结合成一个具有特定性质和功能的有机整体的特性。由于事物是普遍联系的，都具有这种特性，因此每一事物都处于某一系统之中。社会是一个有机整体，是一个总的系统。图书馆是这个整体系统的一部分，同时图书馆本身又是一个系统，信息资源建设又是这个系统的组成部分。图书馆的信息资源建设政策必须服从于和服务于图书馆整体发展战略。比如某重点大学的目标是在若干年内建设成为世界一流大学，那么这所大学图书馆信息资源建设的目标就是要尽可能系统地收集各相关学科最前沿的研究资料，并且进行大规模的数字信息资源建设，以保证能及时方便地获取全球的信息资源。如果某大学的定位是为地方经济建设培养应用型人才，那么这所大学图书馆信息资源建设的目标就是要建设实用型的文献资源体系，以满足学生系统学习课程和阅读求知的需要。

系统性要求我们不仅要考虑大系统与分系统的关系，还要考虑相同层次系统间的横向关系。如图书馆的信息资源建设政策就是与图书馆的信息服务政策、信息基础设施建设政策、有偿服务政策等相互联系的。只有各项政策相互配合，形成一个有机整体，才能实现系统的总目标。

制定信息资源建设政策，不仅要协调好与图书馆其他子系统的关系，而且要注意与其他馆的合作关系。各馆都要将本馆的信息资源纳入整体信息资源系统，通过分工协调，规定各馆信息资源建设的责任和范围，使不同学科、不同主题或不同类型的文献由不同图书馆分担收藏，从而构建全社会信息资源保障体系，并且通过馆际互借、文献传递，实现资源共享。

3. 连续性原则

连续性，就是前后政策内容的继承性，政策在有效时间内的持久性。它是政策稳定性的动态表现。诚然，政策要依据形势的变化而有所发展，但这种发展，一般来说不是对前一政策的否定，而应是对前一政策的“扬弃”，即一项政策在制定时，要保留前一政策的合理内容。信息资源建设是一项连续性很强的事业，它的现状既受历史因素的制约，同时又对未来产生重要影响。因此在制定信息资源建设政策时，一定要对原来的有关政策进行研究，吸收其合理的内容，同时对出台新的政策，要十分慎重。比如确定信息资源建设目标，一定要考虑本馆原有的藏书基础。确定本馆的特色信息资源，一定要考虑本馆已经形成的藏书特色，评估这些特色是否合理，是否还有生命力。对某些连续性很强的文献类型，如期刊和某些特种文献资料，只要符合本馆读者需要，就不能轻易放弃或中断收藏。对数据库的引进，尤其是对连续更新的网络数据库使用权的购买，一定要根据现实使用需要和可能的条件，进行充分论证。一旦决定，就要保持其连续性，否则，这些资源的使用价值就大大降低。

4. 前瞻性原则

政策是为人们指明行动将要达到的目标，以及如何行动的原则、方法，因此一般说它是面对未来的。对未来趋势、发展规律把握得如何，决定着政策的成败。因而政策的正确与否，很大程度上取决于人们对事物未来发展趋势和结果进行判断的正确程度。信息资源建设政策的制定不仅要以现状为基础，而且要对影响信息资源建设的各种因素及发展趋势进行科学的分析和预测，如信息技术的发展、信息载体的变化、图书馆服务任务及读者需求的变化、社会经济、政治、文化发展的影响等。只有对这些因素进行科学分析和预测，才能使信息资源建设政策不仅具有现实指导意义，而且能适应未来环境的变化。

二、制定信息资源建设政策的程序

制定信息资源建设政策必须有一定的程序，以保证政策的正确性和科学性。政策制定是一个有序的动态过程。美国图书馆学家 Elizabeth Futas 在《藏书发展政策与程序》一书中提出制定藏书发展政策的四个步骤：建立制定政策的筹备委员会；收集做出各项正确决策的各类信息；拟定草案并广泛征求意见；批准草案形成正式的政策文件。① 这一程序的逻辑顺序对我们来

① Futas, Elizabeth. *Collection Development Policies and Proceduers* (3rd)[M]. Oryx Press, 1995.

说也是适用的。一般来说，制定信息资源建设政策包括以下环节：①

1. 成立工作小组。信息资源建设政策的制定应该由图书馆馆长决定，并组建一个专门的工作小组来负责制定政策的具体工作。这个小组的成员必须具备图书馆的专业知识和图书馆服务领域的其他学科知识，有能力对图书馆所服务的社区和读者的信息需求进行调查研究，具备政策制定的相关知识和能力。要确定这个工作小组的负责者、工作任务、完成期限、经费等。

2. 收集决策信息。深入调查研究，收集与图书馆相关的个人或团体、读者、社区等信息，以做出正确决策。这些调查包括对馆藏现状的调查，以摸清家底，了解本馆各学科文献收藏的强弱情况；读者利用本馆文献现状的调查，以了解读者对馆藏文献的使用情况；对图书馆服务的社区(如大学图书馆对本校读者)近期与中长期学习和科学研究对信息资源的需求、读者获取知识信息常用的方法、读者对文献时效要求的调查；对信息资源类型和出版情况的调查等，并对这些调查的结果进行定性与定量的分析、评价和确认。

3. 拟订政策草案。由于政策文件不仅是本馆的工作文件，而且要向读者公布，因此，应该用通俗而明白的语言阐述政策的内容。

4. 征求修改意见。制定信息资源建设政策要有图书馆员和读者的参与，这是因为图书馆信息资源建设的目的是为了更有效地为读者提供文献信息服务，读者的满意程度是评价图书馆信息资源建设的一个重要指标。读者的参与，一是在制定政策前的准备阶段，配合调查，充分发表对图书馆信息资源建设的意见，二是在政策草稿完成后，及时公布，听取读者意见，特别是听取对学科藏书发展和文献信息需求最有发言权的专家学者的意见。由于图书馆员的工作与图书馆信息资源建设密切相关，他们对图书馆的情况也最熟悉，因此在制定政策的过程中，图书馆的各业务部门都应该参与并提出建议，特别是参考咨询部门和流通阅览部门应该积极参与。图书馆员的支持是政策顺利实施的重要保证。

5. 修改政策草案。根据馆员和读者的意见对草案进行修改，并提请某种形式的图书馆咨询委员会(如大学里的图书馆工作委员会)进行讨论，再次进行修改。

6. 报批政策草案。由于信息资源建设政策规定着图书馆未来信息资源建设的方向和经费的需求和流向，因此获得图书馆上级主管部门的支持是非常必要的。在大学，信息资源建设政策必须得到以校长为代表的领导层和学校有关职能部门的参与和支持。没有上级主管的审核与批准，信息资源建设

---

① 余海宪. 藏书发展与资源共享[M]. 北京：人民教育出版社，2002：67-69.

政策的作用将是十分有限的。

7. 公布政策文件。将正式审核通过的信息资源建设政策以各种形式向全体馆员和读者公布，并向有馆际协作关系的图书馆公布。

三、信息资源建设政策制定与实施的注意事项

为了提高信息资源建设政策的科学性，提高政策的实施效果，在制定与实施的过程中有以下几个注意事项。

1. 明确图书馆的使命和信息资源建设目标。图书馆的使命是信息资源建设工作的最高指导思想，有了明确的使命，才会有明确的信息资源建设目标，才能根据目标制定合理的政策。① 各类型图书馆均有各自不同的使命和信息资源建设目标，例如，公共图书馆是为所在地区服务的，本地区的地理、历史和经济文化发展需求是图书馆确定信息资源建设目标的基本依据;② 高校图书馆是为学校教学、科研服务的，其信息资源建设应与学校的发展阶段相匹配。③

2. 重视用户信息需求的分析。用户需求是制定信息资源建设政策的出发点，图书馆应通过调查分析用户的数量、类型、结构、需求特点和影响信息需求的各种因素等,④ 并于信息资源建设政策中做适当说明,⑤ 据此制定本馆的信息资源建设重点，确定各学科、各层次、各载体类型信息资源的入藏比例，特别是数字资源和纸本资源的比例。⑥ 为了使用户需求得到最大限度的满足，图书馆应在制定政策时对信息资源建设中需要用户参与的工作环节、用户享有的权利和承担的责任等进行说明，鼓励和吸引用户参与到信息资源建设工作中。⑦

---

① 蔡筱青．法国图书馆馆藏发展政策及其启示[J]．图书馆学研究，2010(23)：82-85.

② 齐东峰，罗欢．密执根图书馆馆藏发展政策及其启示[J]．图书馆杂志，2012，31(7)：74-78.

③ 章洁，高波．伦敦政治经济学院图书馆馆藏发展政策研究[J]．图书馆理论与实践，2018(12)：12-16.

④ 齐东峰，罗欢．密执根图书馆馆藏发展政策及其启示[J]．图书馆杂志，2012，31(07)：74-78.

⑤ 张秋．台湾地区图书馆馆藏发展政策实践研究[J]．图书情报工作，2004(04)：19-23.

⑥ 石剑兰，高波．剑桥大学图书馆藏书发展政策[J]．图书馆论坛，2018，38(10)：163-171.

⑦ 张新兴，肖希明．台湾地区大学图书馆馆藏发展政策研究[J]．大学图书馆学报，2011，29(02)：49-55.

3. 设置专门的藏书发展组织。设置藏书发展委员会是国外图书馆的普遍做法。藏书发展委员会一般由馆长或副馆长统筹全局工作，学科馆员和其他馆员负责信息资源建设政策制定与执行、文献采购、读者工作处理和馆藏剔除等具体事务。我国图书馆可设置由馆长领导、各部门馆员参与的跨部门信息资源建设组织，一方面可以保障信息资源建设政策制定论证充足、行文严谨，另一方面也可提高政策的权威性，确保其顺利实施，由此维护信息资源建设的长期发展。①

4. 不断提升政策的可操作性。信息资源建设政策是图书馆馆员的工作指南，旨在减少工作人员的盲目性和主观随意性。因此，在制定政策细则时，应作出尽可能详尽且科学的规定，使信息资源建设工作有章可循、便于操作。政策应对图书馆目标、馆藏范围、特色资源收藏、经费分配方式、馆藏资料的收藏级别、各类型资料的复本数量等问题作出具体的规定，还要明确信息资源建设各项工作的责任人、运作程序、操作规范等，保证政策实用性。②

5. 重视政策的执行、修订和公开。信息资源建设政策一经确立，就应该成为信息资源建设实践的基本遵循。为了保证政策对信息资源建设实践指导的效果，图书馆需根据主客观环境的变化，如社会信息环境的变化，图书馆所服务的社区或机构的目标、任务的变化和可能提供给图书馆条件的变化，读者对象及其需求的变化以及图书馆协作组织的变化等，对信息资源建设政策进行定期或不定期的修订，以保持政策的生命力。例如，图书馆所服务地区或机构有重大政策的改变，图书馆应视实际需要，随时对政策开展修订工作。同时，信息资源建设政策应全文公开于图书馆网站，并开放网络论坛，让更多用户了解图书馆信息资源建设的方向，并不同程度地参与图书馆信息资源建设工作。

---

① 吴春浩，王敏．美国高校图书馆馆藏发展政策研究[J]．图书馆建设，2013(05)：32-34，43.

② 石剑兰，高波．剑桥大学图书馆藏书发展政策[J]．图书馆论坛，2018，38(10)：163-171.

第四章 信息资源的选择

信息资源选择是由文献采访拓展、演变形成的概念。在图书馆学术语中，文献采访是指图书馆的采访工作人员通过对馆藏、用户和信息源的调查，有目的、有计划和系统地选择与采集馆藏所需的文献，以满足用户需求的过程。由此可以看出，文献采访是包括了文献的选择与采集两个环节的。虽然文献的选择和采集在图书馆往往是在同一岗位上完成的，但两者仍然是一前一后的两个环节。文献选择(selection)是指根据一定的方针、原则、标准，对众多的文献进行鉴别、判断，从中挑选出适合馆藏建设目标及用户需要的出版物的过程。文献采集(acquisition)则是指利用各种途径，采用多种方式方法，并按照一定的程序和规则收集已经选定的出版物。由于在数字化网络化环境中信息资源概念内涵和外延的变化，实体文献资源被纳入信息资源体系，因而可以用信息资源的选择和采集来涵盖原来的文献采访活动。而信息资源的选择与采集对象既包括实体文献资源，也包括数字资源。同时，从文献采访演变而来的信息资源的选择与采集实际上也是一前一后的两个环节，两者有各自的活动内容，但又有密切的联系，特别是在理论研究中，很难将两者严格区分。

第一节 信息资源选择理论

一、中国古典图书选择理论

在中国传统的藏书楼时期，信息资源的选择实际上就是对文献的选择。古代藏书家不仅非常重视文献的选择，而且注意对文献选择的经验进行总结，留下了许多颇有价值的论述。当然，这些文献选择的论述也往往是与采集、购求文献交织在一起的。

(一)“求书八法”

“求书八法”是宋代著名目录学家郑樵在《通志·校雠略》一书中提出来的。《校雠略》中的《求书之道有八论》(九篇)是我国古代有关藏书建设的经典系统论述。郑樵在《校雠略》中指出：“求书之道有八：一曰即类以求，二曰旁类以求，三曰因地以求，四曰因家以求，五曰求之公，六曰求之私，七曰因人以求，八曰因代以求，当不一于所求也。”①归纳起来就是要按照图书和收藏的类别、按照人物的居住地与事件的发生地、按照图书的性质和收藏处所、按照图书的流传情况等访求图书的方法。郑樵特别强调“求书之道有八”，“当不一于所求也”，也就是说，虽然访求图书的方法是多种多样的，但是不能拘泥于某一种方法，而应该综合运用各种方法去访求图书。郑樵的“求书八法”全面而系统地揭示了我国古代官府藏书和私人藏书访求图书的历史经验，被后世许多藏书家奉为访求图书的重要准则。

(二)“购书三术”与“鉴书五法”

“购书三术”与“鉴书五法”是明代著名藏书家祁承㸁积30多年的藏书经验而提出的。

他所撰写的《澹生堂藏书约》是有感于藏书聚而散，散而复聚的历史教训，专为“令儿辈朝夕观省”而编撰的一部家训。全书共分《读书训》《聚书训》和《藏书训略》三个部分，其中《读书训》和《聚书训》主要是抄录“古人聚书、读书足为规训”的事迹，而《藏书训略》则是作者自叙其平生购求图书、鉴别图书经验的理论著作。他系统总结了读书、聚书、购书、鉴书的经验，在“求书八法”的基础上，进一步提出三种购书方法：辑佚法、分析法和编制采访目录法。

祁承㸁的《藏书训略》内容分为购书和鉴书两个部分，在购书上他提出了购求图书的三个基本方法，于《藏书训略》开头指明：“夫购书无他术，眼界欲宽，精神欲注，而心思欲巧。”②被称之为“购书三术”；在鉴书上他提出了“鉴书五法”：“夫藏书之要在识鉴，而识鉴所用者在审轻重、辨真伪、覈名实、权缓急而别品类，如此而已。”③所谓“审轻重，就是要注重早期的著作和版本。所谓“辨真伪”就是要辨别图书的真伪。所谓“覈名实”就是要

---

① 郑樵. 通志略：五十二卷[M]. 铅印本. 上海：中华书局，1936.

② 祁承㸁. 澹生堂藏书约：外八种[M]. 影印版. 上海：上海古籍出版社，2005：15-18.

③ 祁承㸁. 澹生堂藏书约：外八种[M]. 影印版. 上海：上海古籍出版社，2005：15-18.

对同名异书、名亡实存等图书的变化情况“逐一研覈，不为前人所谩”。所谓“权缓急”就是不必讲求“博洽”，要注重“世用”，分清轻重缓急，按照先史后经，然后子集等次序收集图书。所谓“别品类”则是要准确类分图书。

（三）购求书之“六难”

购求书籍的“六难”是清代藏书家孙庆增在其撰写的《藏书纪要》一书中提出的，这是一部古代全面论述藏书技术的专著，也是一部十分经典的藏书建设论著。《藏书记要》共分：购求、鉴别、钞录、校雠、装订、编目、收藏和曝书八则，对于如何搜藏古籍的技术阐述得比较详细，甚至比《澹生堂藏书约》还要精密，但其艺术感染力与《澹生堂藏书约》相比则有所不及。

孙庆增在《藏书记要》中的第一则购求中说：“购求书籍，是最难事，亦最美事、最韵事、最乐事。”他认为购求书籍有“六难”：“知有是书而无力购求，一难也。力足以求之矣，而所好不在是，二难也。知好而求之矣，而必于较其值之多寡大小焉，遂致坐失于一时，不能复购于异日，三难也。不能搜之于书傭，不能求之于旧家，四难也。但知近求，不知远购，五难也。不知鉴识真伪，检点卷数，辨论字纸，贸贸购求，每多缺轶，终无善本，六难也。有此六难，则虽有爱书之人，而能藏书者，鲜矣。”尽管购求书籍有“六难”，孙庆增还是将之喻为“最美事，最韵事，最乐事”，他认为“购之求之，得一善本为美事”。对于难得之书“或偕之闲访于坊家，密求于冷铺，于无心中得一最难得之书籍，不惜典衣，不顾重价，必欲得之而后止。其既得之也，胜于拱璧，即觅善工装订，置之案头，手烧妙香，口吃苦茶，然后开卷读之，岂非世间一大韵事乎”。此足见其对购书求书的痴迷，不惜倾家荡产。“至于罗列已多，收藏既富，牙签锦轴，鳞比星章，不待外求而珍宝悉备，以此为乐，胜于南面百城多矣。”①这是他图书购置后愉悦心情的真实写照。

谭卓垣在《清代图书馆发展史》中曾评价道：“孙所写这本手册是整个19世纪时代唯一的一本向私人藏书家交代图书馆学术的参考书。令人惊奇的是它所提出的建议，一向为收藏家所谨守不渝，直至今日对现代的中国图书馆犹具有影响。编辑珍本书目时用的许多术语皆出自该书，更不谈鉴别宋、元版本的规范之胥以此书为圭臬了。”由此，我们可以看出《藏书记要》的价值及对后世的深远影响。

（四）置书要略之法

置书要略之法是由叶德辉在《藏书十约》中所反映的藏书建设思想，叶

① 孙庆增. 藏书记要[M]. 上海：古典文学出版社，1957.

德辉在《藏书十约·序》中说:“国初孙庆增著《藏书记要》,详论购书之法与藏书之宜,以及宋刻名抄,何者为精,何者为劣,指陈得失,语重心长,洵收藏之指南,而汲古之修绠也。”“因举历年之见闻,证以阅历之所得,述为十约,以代家书,子孙守之去之,余固不暇计矣。”

《藏书十约》的特点主要在于结合了南方地带藏书应注意的事项提出其经验,阐述了购置图书要分清主次要略,辩明真伪优劣,择优而藏的观点。全篇共分:购置、鉴别、装潢、陈列、抄补、传录、校勘、题跋、收藏、印记十约,对于私人收藏古籍的方法,讨论甚为周详。如购置中说:“置书先经部,次史部,次丛书。经先十三经,史先二十四史,丛书先其种类多校刻精者。初置书时,岂能四部完备,于此入手,方不至误入歧途。”①其后对各种版本优劣一一阐述,强调对优良版本的收藏,主张购书要精,“宁可阙如,不可取以充数也。”

前人总结的这些选书购书方法,虽然受时代的局限,主要是适应以个人为主体的选书与购书体制,而现代图书馆信息资源就是向着社会化和整体化方向发展,远非古代藏书楼和近代图书馆选择与采集文献方法所能比拟。但前人总结的理论和方法,现在仍有一定参考借鉴价值。

二、当代中国信息资源选择理论研究

当代中国关于信息资源选择的理论研究成果十分丰富。尤其是在20世纪80年代后,有很多专门论述信息资源选择的论文和专著发表。关于当代中国信息资源选择理论的主要内容有:

(一)关于信息资源选择的基本理念

以人为本,满足需求,是当代中国信息资源选择理论中最重要的基本理论,特别是进入21世纪后这一理论更受到普遍重视。很多著述都阐述了这样的观点:图书馆是适应社会的需要而产生和发展起来的,满足社会大众对文献、信息和知识的需求,是图书馆根本不变的宗旨。以人为本,满足需求,是指导当今信息资源选择最重要的理念。

这一理念要求图书馆在信息资源选择时,要把满足不同的读者的阅读需求放在首位。图书馆信息资源选择不仅要考虑信息资源本身的价值,更要根据本馆的社会服务任务和读者的需求,选择入藏相关的学科、类型、语言文种和水平深度的信息资源。同时要随着服务任务的变化与读者阅读需求的变

① 叶德辉.藏书十约[A].叶德辉书话[M].李庆西,标校.杭州:浙江人民出版社.1998.

化，调整图书馆馆藏的学科范围、内容水平、类型结构，使之始终与社会需求保持一致。

这一理念还要求图书馆采访人员不仅要有广博的专业知识，对书的鉴赏能力，还要有对社会文献信息需求的判断能力。他们是在代表整个图书馆及其读者的利益进行信息资源的组织工作，因此文献采访人员不应将个人的好恶、个人的价值观带到选书工作中，以免造成文献收藏重点、质量和结构的偏差。对此，各个图书馆都要建立良好的选书机制，以防止因人员变换等原因而影响整个藏书建设工作。

(二)关于信息资源的数量与质量

数量与质量问题是图书馆信息资源选择理论中一个永恒的研究课题。一定数量的藏书，是图书馆进行文献信息交流的基础条件，也是衡量图书馆服务能力的重要标志之一。但是，由于信息资源数量的急剧增长，也由于图书馆在资源建设中长期存在片面追求藏书规模的倾向，所以在20世纪80年代的一段时间里，我国的许多图书馆，特别是大中型图书馆藏书数量迅速增长，从而给图书馆带来了诸如空间紧张、设备短缺、人力不足、藏书利用率下降等一系列问题。因此，如何控制图书馆藏书数量的过快增长，成为80年代文献采访理论中的热点问题。一些学者引进了英国的“藏书稳定状态理论”来研究我国图书馆藏书增长问题。“藏书稳定状态理论”是1975年英国大学拨款委员会公布的阿金森报告(The Atkinson Report)提出的理论，即“一个有一定规模的图书馆，在藏书发展到一定数量时，其剔除文献的速度应当相当于采购的速度。”就是说，图书馆在发展到一定的规模和水平时，不应无限制地继续发展其藏书的数量，而应该控制藏书增长的速度，使藏书整体在一定时限内处于相对稳定的状态。因此，稳定状态理论又被称为“零增长理论”。

但“零增长”理论在国外图书馆界是有争议的。事实上，要求各类型图书馆绝对控制藏书数量的增长，入藏一本书就剔除一本书，是不可能也是不应该的。因为在同一时间内，新出版的文献数量总是比失去价值的文献数量大。但这个理论却可以给我们启示：图书馆藏书在达到一定数量规模以后，应该保持低速增长的状态才比较合理。

与藏书数量密切相关的是藏书质量问题。当代信息资源选择理论认为，图书馆藏书质量的优劣，不仅取决于文献本身的科学文化价值，而且取决于藏书是否具有较强的实用性和较高的使用效益。因为，即使藏书本身的内容价值再高，但如果缺乏实用性、针对性，那么内容的高质量也是没有意义的。因此，现代图书馆的藏书质量，应该是藏书的内容质量、构成质量和使用质量的综合体。

藏书的内容质量是指选择入藏的各学科门类、各种类型的文献本身的知识情报价值。衡量的标准，是看其是否具有科学性、现实性和参考性，即是否具有科学价值、现实价值和参考价值。

藏书的构成质量是指藏书体系结构的质量，即藏书体系结构是否科学合理，衡量的标准包括藏书对各学科和各类型的文献的涵盖程度、重点专业书刊的系统完整程度，以及各学科领域的最新书刊和学科资料在藏书中所占的比重。

藏书的使用质量主要是指满足读者需要的程度即通过使用所产生的社会效果。藏书的内容是否同读者的需要和实际接受水平相符合、藏书的数量对读者保障程度和满足程度、各种书刊被读者利用的时间和频率，各种书刊被利用后产生的社会效益和经济效益等，是衡量藏书使用质量的综合标志。

(三)关于印刷型文献与数字化文献

20 世纪 90 年代以前新产生文献的主体是印刷型文献。图书馆信息资源选择的对象也只能主要是印刷型文献，辅之以少量的非书资料，如视听资料等。90 年代中期以后，随着信息技术的发展和因特网引入我国，光盘、网络数据库等数字信息资源开始大量出现，并逐步成为图书馆信息资源选择的重点对象，信息资源选择的对象进入印刷型资源与数字资源并重的阶段。因此，如何在印刷型资源和数字资源之间进行必要的抉择，为二者确定合适的经费比例，成为图书馆信息资源选择理论研究的热点问题。

由于印刷型资源和数字资源各有长短，因而这往往是一个两难的抉择。以期刊文献为例，国外有研究表明，订购印刷型资源以获取论文是最不经济的；但也有国外研究表明，印刷型期刊是除印刷型图书外最重要的馆藏文献。还有研究表明，如果一种期刊在某个文献信息机构一年内的使用少于 5 次，那么它更适合于数字化存取模式；如果是 10 次或更多，那就视不同学科领域而决定选择存取或拥有模式。虽然每一个采访人员在对数字资源和印刷型资源进行取舍，以及为二者确定经费比例方面都有自己的体会和经验，但如何针对各馆实际情况做出科学的选择决策，仍然是理论需要研究的问题。

如何处理印刷型资源与数字资源的重复问题，也是图书馆信息资源选择理论需要研究的问题。在数字化环境中，作为信息资源选择对象的数字资源除了小部分仅有数字化版本外，大多数都是数字化版本和印刷型版本同时存在，或者是已有的印刷型资源经过数字化加工而来的；有些数据库是汇集众多文献形成的，如各种期刊全文数据库，而任何一个图书馆都可能已经拥有了其中的一部分信息资源。虽然说由数字化信息资源体系和传统的信息资源体系构成的图书馆馆藏信息资源体系是一个整体，这两部分之间不应当重复，但鉴于数字信息资源生产的现状，信息资源选择工作中必须采取适当重复的原则，也就是数字资源、印刷型资源内容可以有一定的重复。如何处理信息资源重复的问题，在重复与图书馆经费承受能力之间取得平衡，已经成了文献采访人员的两难选择。① 同时这也是在新的信息环境中图书馆信息资源选择理论应该研究的问题。

随着时代发展，“纸电同步”开始受到推崇，“纸电同步”这一模式的出现为解决印刷型资源和数字资源相重复的问题提供了有效的解决办法。在”纸电同步“模式下，图书馆依据读者浏览数字资源的情况来决定采购印刷型资源的数量和品种。当同一印刷型资源被许多读者选购时，图书馆可以增加数字资源的采购量来满足读者需求，从而有效地控制印刷型资源的数量，提高印刷型资源的利用率，同时，还能够节省印刷型资源存储的物理空间，不仅如此，由于印刷型资源的价格不断上涨，图书馆加大数字资源的拥有数量，将减少建设成本。

(四)关于合作藏书与特色馆藏

合作共享、突出特色的图书馆信息资源选择理论在我国20世纪50年代就被提出来，在数字化、网络化的时代背景下，这一理论更受到图书馆界的重视。在一定范围内的各类图书馆在信息资源选择中协调合作，形成特色馆藏，是实现图书馆信息资源共享的重要途径。而在网络环境下图书馆文献信息资源共享则是信息时代图书馆求得生存和发展的必然选择。

合作馆藏建设是指数家图书馆以分工合作的方式进行馆藏信息资源建设，合理配置馆藏资源，通过合作馆藏建设，各个图书馆能够结合自身优势打造有特色的内部馆藏资源，同时，各图书馆之间能够形成一体化的印刷型资源和数字资源体系，从而避免了馆藏资源建设的重复与浪费现象。随着时代发展，单一的馆藏信息服务已不再满足读者需求，迫切需要内容全面、类型完整、形式多样、来源广泛的信息②。由于用户已不再满足于单个图书馆所提供的信息服务，因此，各图书馆加强彼此间信息资源的共建共享成为当前的一个重要趋势，例如美国纽约州立大学各个分校之间所开展的馆际互借服务等。

---

① 王春生．论20世纪90年代以来文献采访工作的发展趋势[J]．大学图书馆学报，2005(05)：25-29.

② 郭绍全．现代图书馆的合作馆藏与资源共享模式[J]．图书情报工作，2008(S1)：154-157.

特色馆藏是指一个图书馆所收藏的文献资料具有自己的独特风格，其有两方面的含义：一是指一个图书馆中的部分馆藏独具特色；二是指一个图书馆的总的馆藏体系具有与众不同的特点①。随着读者需求的变化，图书馆的大众化藏书服务无法满足用户需求，因此，特色馆藏资源建设成为了各图书馆的重点。建设特色馆藏在世界范围内早已形成一股潮流，如英国剑桥大学图书馆的特色馆藏包括手稿、印刷型文献、人工制品，以及现代地图、音乐作品，亚洲和近东、远东文献，其中最古老的特色馆藏是公元前1400年至公元前1200年的中国甲骨文馆藏②。美国哈佛大学图书馆的特色馆藏涉及多种学科，如音乐、神学、艺术、植物学、人口研究、历史、医学等。自20世纪90年代以来，我国国内许多大学也开始建立自己的特色馆藏，如四川大学图书馆的巴蜀研究资料、暨南大学图书馆的华侨华人文献库、中山大学图书馆的孙中山数字图书馆等③。图书馆通过建立特色馆藏在发挥自身的特色优势的同时，也能够为重点学科与特色专业提供支持，对地方社会经济发展也将起到促进作用。

通过协调合作和特色馆藏的建立，图书馆在信息资源建设中可达到三个目的：一是节省信息资源建设经费。对大多数图书馆而言，文献购置经费的增长总是赶不上书刊价格上涨的幅度，再加上各地区经济发展的不平衡，使有些图书资源建设经费严重匮乏。通过协调与合作，各图书馆就可以有限的经费，集中建设以地情资料为中心的特色文献资源，而不必“大而全”“小而全”地进行信息资源的收集，这样就大大节省了信息资源建设经费。二是提高信息资源的利用率和经济效益。信息资源的价值是通过信息用户的广泛利用来得以实现的，信息资源是否得到充分利用是衡量信息资源建设经济效益的重要标准。我国在信息资源建设中最突出的问题是一方面信息资源匮乏，另一方面已有的信息资源利用率较低。通过各类型图书馆信息资源协调采购，就可使一馆的信息资源更能有重点地收藏，在区域内统筹规划，实现信息资源合理配置，充分发挥信息资源的作用，推动信息资源的全社会共享，从而提高了信息资源的利用率和经济效益。三是加强信息资源的特色化建

① 郝俊勤，王丽明，李淑．促进图书馆特色馆藏建设之探讨[J]．现代情报，2003(10)：28-29.

② 鄂丽君．英国高校图书馆特色馆藏建设与服务调查分析[J]．大学图书馆学报，2016，34(04)：43-50.

③ 闫丽庆．国内外大学图书馆特色馆藏建设概况及比较[J]．新世纪图书馆，2011(01)：26-29.

设。信息资源建设要求图书馆在文献采集时必须注重特色，只有将各具特色资源的图书馆连接起来，建立信息资源共享网络，才能形成较完善的信息资源体系，为满足信息用户的多层次、多形式、多方面的信息需求提供条件。

（五）关于拥有与获取的选择

“拥有”是指通过物理馆藏占有文献来为读者提供服务的一种模式，它是图书馆馆藏资源建设的基础。在这一模式下，各图书馆的发展相对独立，图书馆之间缺少合作，没有实现馆藏资源的共享，各图书馆的信息资源建设处于自给自足的状态，面对读者需求的变化，图书馆所提供的单一且数量较少的信息资源将不能很好地满足读者需求。

“获取”则是一种不占有物理馆藏，借助互联网等技术来为用户提供服务的模式。在“获取”模式下，图书馆的文献资源不再以简单的存储为主，而更多的是文献资源的传递。同时，图书馆也改变了传统的服务方式，为用户提供主动的动态服务，由于“获取”模式下的图书馆所拥有的数字信息资源不再受到图书馆自身馆藏能力的影响，与印刷型资源相比，其采购成本较低，因此，可供读者选择的资源数量将更加丰富。

拥有与获取理论产生于20世纪90年代之后，它为图书馆在信息资源建设中如何处理拥有馆藏信息资源和获取馆外信息资源之间的关系提供了有效的解决办法。信息环境的两大变化为这一理论的产生营造了客观条件，其一是由于印刷型资源的数量以及价格的不断上涨，图书馆因其有限的物理馆藏空间和经费，无法容纳并负担更多的印刷型资源，单纯依靠图书馆自身的馆藏能力无法满足用户需求；其二是由于互联网等信息技术的迅猛发展，打破了以传统方式传播信息资源的局面，借助这些技术，使图书馆获取馆外的信息资源变得简单易行，图书馆的馆藏信息资源得以扩大，能为读者提供更为丰富的信息资源，同时，在很大程度上节约了馆藏成本。

近些年，拥有和获取问题引起了国内外图书馆界的广泛讨论。在国外，有学者认为获取比拥有更为重要，甚至出现获取应该被拥有取代的声音。实际上，拥有和获取没有孰优孰劣之分，二者同样重要，拥有是获取的前提，而获取则是共享的保障，因此，这两者的关系并不是对立的。一方面，随着当今互联网等信息技术的发展，信息资源的共享是必然的趋势，单纯依靠拥有而摒弃获取有违时代要求。另一方面，当前，用户对信息资源的需求呈现出多样化的特征，因此，仅仅依靠获取来提供服务难以让用户满足。拥有和获取理论的出现为图书馆应对时代变化提供了有力武器，图书馆之间以及图书馆与其他信息机构之间的合作都得到了加强。所以，在拥有和获取理论下，将有效促进信息资源的共建共享。

三、国外选书理论

国外图书馆对文献采访工作也非常重视，尤其是近代以来，开始出现对文献选择标准的研究。欧美各国的选书理论发展迅速，形成了许多思想流派，有些思想对我们今天的选书工作仍然有一定的参考借鉴作用。

早在17世纪，法国的诺德(Gabriel Naude)在《关于如何创办图书馆的意见》一书中专门论述了选书的问题，提出选择文献应充分听取具有图书知识的人的意见，要根据大众的需求收集文献，选择文献时要注意文献最本质的东西，这一论述对后世的选书论影响极大。1808年俄国的奥列宁开始研究国家图书馆藏书绝对完整性概念。1826年莫斯科大学图书馆馆长雷斯提出了图书馆需求理论，即首先需要最新、最有价值的出版物，其次是补充缺藏的早期专门出版物。1858年美国的贾维特(Charles C. Jewett)在纽约图书馆会议上，提出资料的选择与图书馆的发展休戚相关。日本图书馆学者森耕一认为，贾维特的观点“成了此后展开的选书论的萌芽”。

由于各国选书理论流派纷呈，争论激烈，所以在19世纪末20世纪初，欧美各国对选书的关心出现了高潮，在图书馆学校中，开设了选择论的课程，选书理论作为一种专门知识，列入了美国哥伦比亚大学图书馆学校和德国哥廷根大学图书馆学讲座的专门课程之中。选书理论体系包括选书的思想、选书的原则、选书的标准、选书的依据以及选书组织与人员结构等，各国都形成了不同的流派，主要有如下几种：

(一)价值论

价值论的代表人物是美国的著名图书馆学家杜威(Melvid Deway)和海恩斯，这一观点在19世纪末以前影响较大。他们主张选择科学或艺术价值高的出版物补充馆藏，即以文献的内容价值作为文献选择的依据。特别是那些具有长期价值的文献，而不必考虑用户的实际需求，即使使用的人少也要选。杜威认为图书馆藏书作为社会“严肃的、教育的基本资源”而存在，必须收集内容最好的出版物，给读者以最大的教益。他提出的口号是：“花最少的钱，买最好的书，供最多的人阅读”。价值论和杜威的口号注意到图书馆藏书的社会效益和经济效益，这是很可取的，但价值论只重视出版物自身的内容价值，不考虑读者的实际需要，这就不能达到“供最多的人阅读”的目的，因此带有一定片面性。

(二)需要论

需要论的代表人物是美国的普尔・克特(Pull Kert)，他在1876年波士顿公共图书馆会议上提出：公共图书馆的基本目的是为各阶层的人士提供图书，因此，为了适应人们多方面的需求，在选书时不应无视广大读者的各类需要。在20世纪初认同此一观点的人很多。这一派强调的是藏书补充的实用性，他们主张选择文献应以用户需要为依据，不必强求文献本身的价值，如果读者需要，即使质量不高也应当选。他们认为，读者的知识水平、兴趣爱好、年龄职业不同，阅读需求就不同，对什么是“最好的书”看法也就不一样，“就像读者有很多种类一样，所谓好书也是有很多种类的”，不能以自己的观点强加于人。因此，图书馆应根据不同读者的具体要求，选择入藏出版物，而不能以图书馆员的观点判断文献价值并作出选书决策。当然，需要论也难免过于偏激，“只要读者需要，质量不高的书也选”这一观点，显然忽视了图书馆社会阅读的导向作用。

(三)综合计分法

综合计分法是由英国的图书馆学家麦高文(Lionel Roy Mocolvin)提出的。1925年，他撰写了《公共图书馆选书理论》一文，使需要论理论化，在图书馆界确立了需要论的地位。麦考文认为，图书选择是图书馆中最基本的任务，或称为最基本的职能。优良的图书选择会引导出优良的读者服务。他发展了需要论的理论，吸取了价值论的思想，将两者有机结合起来。他认为选书一方面要重视出版物本身的价值，另一方面更要重视社会需求，在此基础上，提出了一个纯理论的“图书选择评分法”，从文献的知识价值和社会需求二方面对文献进行综合评价，以决定文献的取舍。他举了两个例子加以论证。

例证一：假设一书A的知识价值为10，另一书B的知识价值为1，而这两种书的社会需求性均为6，则A与B两书的选择评分之比为60∶6，A书的评分最高，即选A书。

例证二：假设例证一中所述的A、B两种书，A的知识价值是10，B的知识价值为1，而A的社会需求为6，B的社会需求为72，则A、B两书的选择评分之比为60∶72，B书的综合评分最高，即选B书。

麦高文的选书思想理论具有辨证观点，对现代选书有一定影响，特别是在欧美国家十分推崇这种综合选书思想。但麦高文的论证在实践中难以实行，因为各种出版物的两项评分不可能计算精确，而且也不是高分排斥低分，只选其一，不选其二，还是要全面兼顾，分别选择。另外，图书馆不可能对每一本书进行计分。但是该理论表明了以需求为中心的选择方法，比较符合公共图书馆的发展需要。

也有一些需要论者片面强调阅读自由，提出公共图书馆应该像公园一样，反对精选和推荐图书，这种观点在图书馆界多不被认同，认为这样所造成的社会问题十分严重，丧失了图书馆的引导作用。

(四)社会调查选择说

社会调查选择说是英国的另一位图书馆学家维拉德提出的，这种选书理论与需要论一样不考虑文献本身的价值，而是依据对读者所作的社会、心理研究的结果来进行选书工作。其方法是按年龄、教育、职业等特征对读者进行分组，然后根据对各组读者的活动、社会需要和阅读兴趣的分析来发现读者的阅读要求，从而指导选书工作，使藏书补充选择有目的地进行。

(五)使用概率论

使用概率论是印度著名图书馆学家阮冈纳赞(S. R. Ranganatan)提出的。他在《图书馆专刊选择》一书中指出："负责图书采购的图书馆员或教师，应该注意到选购图书对于读者使用该书的概率。"他主张选择文献要以用户使用该文献的概率大小为标准，尽量选择那些符合用户需要、利用率较高的文献。

阮冈纳赞认为图书馆入藏的每一本书是否被利用，利用的程度如何，是一个随机事件，而这些随机事件发生的可能有大小，概率越大，表示图书被利用的可能性越大。图书馆必须选择那些使用概率较大的出版物，实质就是必须选择可能使用率高的出版物。

第二节　不同类型图书馆信息资源的选择

图书馆的类型，依据不同的划分标准就有不同的划分结果。在我国，通常认为公共图书馆、高等学校图书馆、科学与专业图书馆是我国图书馆事业的三大支柱。这些不同类型的图书馆，由于其性质、服务任务和服务对象的需要不同，因而其信息资源体系也有各种特点，对信息资源的选择也有各自的标准、特点和规律。

一、国家图书馆

由于各国情况不同，国际图书馆界对国家图书馆的名称和职能有着不同的解释。我国《公共图书馆法》第二十二条规定，国家图书馆"主要承担国家文献信息战略保存、国家书目和联合目录编制、为国家立法和决策服务、组织全国古籍保护、开展图书馆发展研究和国际交流，为其他图书馆提供业务指导和技术支持等职能。"我国国家图书馆同时具有公共图书馆的职能，是一种特殊的公共图书馆。

（一）国家图书馆信息资源选择的方针任务

作为国家总书库，国家图书馆的基本任务是全面系统地收集、保存国家文献，它要求国家图书馆将国内出版的各类型、各语种的出版物，全面采集入藏，以使国家图书馆成为本国书刊资料查询和借阅的最终基地。

对于国外文献收藏，国家图书馆虽然比一般的图书馆有较充裕的购书经费，但面对浩如烟海的外文图书资料，任何国家图书馆都不可能、也不需要进行全部的采集。因此，中国国家图书馆以“中文求全，外文求精”为采访方针，全面入藏国内正式出版物，同时重视国内非正式出版物的收藏。对国外文献，采选的重点是海外中国学、中国研究以及有价值的海外中文文献，加强外国社会科学文献、国际组织与外国政府出版物的采集，加强小语种文献和周边国家与地区出版物的采集。国外许多国家图书馆将推进文化资源收集与保护、成为国家文化记忆的守护者作为重要目标，不仅收藏本国的文化记忆，也关注其他国家/地区甚至世界范围内的文化财富，强调文化资源的全面性与多样性，数字资源受到重视，口述资源、网页资源等被纳入收集计划①。

（二）国家图书馆文献信息资源选择的原则

各国的国家图书馆在选择信息资源时的重点和原则是有区别的。中国国家图书馆的信息资源选择原则是按全面采选、着重采选、适当采选和不宜采选四个级别进行选择。首先考虑适合党政军领导机关，科研部门和重点生产建设单位等主要服务对象的需要，对国际机构和外国政府出版物，尽力采集，并使之成为本馆藏书的一个特点。同时，也考虑到本馆的综合性质，适当地加大采选数量，扩大采选的题材范围。而美国国会图书馆在选择信息资源时则首先考虑的是如何满足国会议员的需要，其次是联邦政府的官员和政府各部门的需要，最后才是一般公众的需要。但总的说来，根据本馆的方针、任务，有重点、有选择地采选有关外文书刊资料，应是一切国家图书馆采购外书刊资料时所应遵循的原则。

中国国家图书馆的信息资源选择原则，是为巩固国家图书馆作为世界中文文献保存基地和国内外文文献最大收藏单位的地位而制定的。其具体内容包括：

（1）全面入藏中文各学科各类型文献；

（2）适时调整外文文献采集的范围和重点；

---

① 何亚丽，卢心怡．国外国家图书馆发展战略研究［J］．数字图书馆论坛，2020（04）：17-22.

(3)加强古籍善本、名人手稿、信札以及近现代珍稀文献等的采集，并有计划地收集流散海外的中文善本古籍的原件或复制品；

(4)重视音像资料、缩微文献的入藏；

(5)加大电子出版物、网络文献等数字资源的采集；

(6)采取必要的措施提高国内出版物的缴送率；

(7)倡导社会机构和个人捐赠；

(8)加强文献的交换与补缺；

(9)探讨数据库购买使用与许可使用同步实施的方式。

随着信息技术的发展，数字信息资源成了国家图书馆采选的重要内容。为适应数字出版物的发展趋势和国情馆情，肩负国家总书库职能的国家图书馆，在进行数字信息资源采访时遵循的原则是：针对性与可靠性原则，即对出版商进行评估；适用性原则，即根据本馆的计算机软硬件设施选择适合的数据库；延续性与时效性原则，即采选以后为保持其连续性不宜停止；协调性原则，即与书本式的连续出版物相协调，避免重复购买。此外，在采选过程中还应当注意中外文数据库的合理搭配。

(三)国家图书馆信息资源选择的特点

1. 信息资源选择任务重，数量大，范围广，种类全

国家图书馆作为面向全国的中心图书馆，必须全面、系统搜集本国出版物，在信息资源选择时要兼顾各学科、各种载体、文种、类型，成为全国总书库，因而国家图书馆的信息资源采集量十分巨大。与此同时，国家图书馆还必须拥有丰富的外文馆藏。对国外出版的外文书刊资料，也要视内容、水平、语种、著者、年代、地域以及出版物类等情况，分别进行采选，力求精、新。

“十二五”时期，国家图书馆在馆藏文献资源结构方面有一些新变化：一是文献入藏范围扩大，将重印本、部分少儿文献、部分地市级城市出版的报纸及活态记忆资源纳入馆藏范围；二是文献采集与征集范围扩大，网络资源采集的范围与频率均显著增长，面向海外的日本战犯审判资源采集、散佚海外的中华珍贵典籍数字化回归都有新突破；三是自建数字资源在内容上除善本古籍和近现代文献的数字化外，开始呈现出多元化趋势，面向全国征集一些具有地方文化特色的专题资源①。《国家图书馆“十三五”规划纲要》树立了新的资源选择目标，提出加强多渠道文献信息资源采集与管理，具体包

① 申晓娟．国家图书馆“十三五”发展规划概要[J]．数字图书馆论坛．2016(11)：2-11.

括：加强出版物样本缴送管理，根据馆藏发展政策，采取多种措施提高国内正式出版物、博士学位论文和博士后出站报告等法定缴存出版物的入藏完整率。加强民族文字文献、古籍特藏、民国时期文献、家谱资源、地方志、珍贵历史资料、名人手稿、非正式出版物、海外华人史料等的采访收集。完善文献补藏规划，建立私人珍贵书籍寄存制度，拓展文献补藏渠道和方式，重点开展对遗散海外的中华珍贵典籍和民国时期文献的数字化和缩微补藏①。

2. 有出版物呈缴制度的保证

为了保存国家的文化遗产和保障公民自由利用信息资源的权利，由国家法令规定全国各出版社每出版一种新出版物，必须按规定数量向指定的图书馆等机构缴送样本，这种制度称为出版物呈缴制度。1979 年 4 月 18 日国家出版局颁发的 193 号文件《关于修订征集图书、杂志、报纸样本办法的通知》中第二条明确规定，凡出版社、杂志社和报社编辑、出版的各种图书、杂志、报纸，均应在出版物出版后，即向国家出版事业管理局、版本图书馆、北京图书馆缴送一定数量的样本。2017 年 11 月 4 日第十二届全国人大常委会第三十次会议通过的《中华人民共和国公共图书馆法》第二十六条规定，出版单位应当按照国家有关规定向国家图书馆和所在地省级公共图书馆交存正式出版物。呈缴本制度的实施，保证了国家的文献储存制度，保证了国家图书馆能够系统、全面地收藏本国的出版物，使国家国书馆能够成为名副其实的国家总书库。

3. 有较充裕的购书经费，重视书刊交换

国家图书馆肩负着保存一个国家文化遗产的重任，与本国其他类型图书馆相比，各个国家的国家图书馆在文献购置费用上相对比较充裕。当然，由于各个国家的经济状况不同，造成不同国家的国家图书馆购置经费数量上的巨大差别。尤其是发达国家和发展中国家的国家图书馆的文献购置经费，要相差几倍甚至几十倍。国际书刊交换是补充馆藏的重要来源之一，也是获取一些难得资料(政府出版物、学术研究机构出版的非卖品、绝版书等)的有效方法，亦能节省书刊采购经费，促进信息资源共享。

各国的国家图书馆都很重视书刊交换工作。国际书刊的交换与赠送，不仅是国际间图书馆交流合作的重要形式，还起到了增进各国人民之间相互了解和加强友谊的作用。一个国家的国家图书馆具有与国外进行书刊交换的有利条件，中国国家图书馆的文献交换工作，在人员、经费、联系的国家和交

① 国家图书馆“十三五”规划纲要[EB/OL].[2019-11-13]. http://www.nlc.cn/dsb_footer/gygt/ghgy/.

换的出版物方面，均居全国第一位。很多国家图书馆受国家的委托，还成为某种专藏资料的保存馆，如中国国家图书馆就是国家指定的联合国出版物的保存馆，这些都为国家图书馆成为图书馆资源中心和国家藏书中心创造了有利条件。

二、公共图书馆

公共图书馆是指向全体社会公众免费开放，收集、整理、保存文献信息并提供查询、借阅及相关服务，开展社会教育的公共文化设施。我国的公共图书馆主要由各级政府的文化主管部门主办，包括省(自治区、直辖市)图书馆，地、县(市、区)级图书馆，以及儿童图书馆等。公共图书馆的主要特性体现在公共性上，普遍、均等提供服务是公共图书馆的核心价值，信息资源建设的根本目标是保障公众平等、自由地获取各类信息，其信息资源选择的特点也由此决定。

(一)省(自治区、直辖市)图书馆的信息资源选择

省(自治区、直辖市)图书馆，是指我国省、自治区、直辖市一级地方的公共图书馆。《省(自治区、市)图书馆工作条例》中指出："省(自治区、市)图书馆(以下简称省馆)是国家举办的、综合性的公共图书馆，是社会主义科学、教育、文化事业的重要组成部分，是向社会公众提供图书图阅读和知识咨询服务的学术性机构，是全省(自治区、市)的藏书、图书目录和图书馆间协作、协调及业务研究、交流的中心。"它是全国公共图书馆系统中的骨干，在全国图书馆事业中占有重要地位。省(自治区、直辖市)图书馆坚持为人民服务、为社会主义服务的方向，同时担负着为本地区国民经济、科学研究服务和为普及与提高广大群众的科学文化水平服务的任务，并以为科研服务为其工作的重点，因此省馆应根据本省经济、科技、教育和文化发展的需要，结合原有藏书基础，确定书刊资料补充原则，通过多种途径，有计划、有重点地补充馆藏，逐步形成具有地方特色、适合当地读者需要的地区综合性科学藏书体系。省(自治区、直辖市)图书馆信息资源选择的重点及主要特点如下：

1. 信息资源选择以综合性、通用性为主

省馆的方针、任务决定了省馆应具有一个综合性的科学藏书体系，它要根据本地区政治、经济、文化特点，收集社会科学、自然科学和技术科学、图书馆学与情报学等各科知识领域内古今中外的书刊资料；全面系统地收藏各知识门类的基本理论著作、通俗书刊和新的情报资料，包括马列主义经典著作，各学科的经典著作，党和政府的政策、法令文件，主要领导人和各学

科带头人的重要著述，各学科代表性的基础书刊，通俗性科学文化宣传读物，普及教育读物，优秀的文艺作品以及新兴学科的书刊等，既要有研究性、史料性的资料，又要有通俗的、普及性的读物，用以满足不同阶层、不同类型的所有读者对象的广泛需要。其品种要广泛，复本量控制在满足读者基本需求的限度以内。外文原版书刊的重点要与其他类型图书馆分工协调，重点收藏的图书文献类型以印刷品书刊为主。此外，还要注意藏书的完整性，对重要的报刊、丛书、多卷书和其他连续出版物要力求配齐。综合性参考检索文献要保持完备。

2. 信息资源选择以为本地区经济建设服务为重点

省馆是该地区的文献收藏中心，它的重要任务就是满足本地区经济建设和科学研究的信息需要。为此，省馆在信息资源选择时不仅要全面收集经典著作、参考工具书、检索工具书，对各学科的基本理论著作、情报资料也要考虑到为本地区产业发展提供信息资源支持而有选择地收藏。这就要求系统、有选择地收集，并要重点收藏本地区经济建设需要的专业性资料，用于开展借阅、咨询、查新、定题等服务，以满足区域产业发展对专业信息资源的需求，服务于本地区经济的发展。

3. 注重地方文献和地方出版物的收集

地方文献是省级公共图书馆馆藏资源的重要组成部分，收集保存地方文献是省级公共图书馆的重要职责。各省级公共图书馆由于所处地区经济、文化、历史特点的差异，使其藏书在地方文献、地方出版物等方面，带有各自的地方特点，形成了不同的藏书特色，因此，在信息资源选择时为保持这一特色，必须对本省(自治区、直辖市)的正式出版物和有关本地区的地方文献资料应尽全收集，作为特藏部分，应达到完整级水平。这样它才能成为地方文献的收藏中心和查阅中心。我国各省公共图书馆都重视对本省地方文献的收集工作，基本上都设有地方文献收藏室或地方文献阅览室。

(二)市、县(区)图书馆的信息资源选择

市、县(区)图书馆是指除省、自治区、直辖市公共图书馆外的各地级市图书馆及县(区)图书馆。它是所在地区的藏书、目录、馆际协作和业务辅导中心。这类图书馆数量庞大，是公共图书馆系统中的主力，遍布全国各地。大多数地市级图书馆都有一定的规模，藏书基础较好，起着重要的承上启下的“中继”作用。而县区图书馆县(区)图书馆是我国公共图书馆的基础，是公共图书馆中数量最多的一部分。它联系着我国城镇、农村和我国人口最多的农民，在普及科学文化知识、丰富群众文化生活方面，起着十分重要的作用。这类图书馆虽然数量大，但藏书规模不大，有些还没有独立建制，往

往附属于其他文化单位。近年，随着政府对构建覆盖全社会的公共文化服务体系的重视，文化事业经费投入增加，以往没有公共图书馆的中西部地区的市、县(区)新建了图书馆，在公共数字文化工程以及新技术应用和资源共享的推动下，市、县(区)公共图书馆的资源数量、类型都得以丰富。

1. 市图书馆信息资源选择的特点

市图书馆一般都拥有以满足本地区政治、经济、文化、科学、教育实际需要为主的综合性的藏书体系。在信息资源选择方面的特点是重点收藏对本地区经济、科学、文化、教育有实用价值的文献资料，注重文献的精选和特色收藏，对本地区的地方文献重点收藏。有的市图书馆还针对本地区产业发展需要，建设了专门的图书馆，例如，佛山市禅城区联合图书馆的澜石金属图书馆和环市童装图书馆、景德镇市图书馆的陶瓷文献图书馆等。市图书馆还利用网络数字信息资源以弥补纸质文献购置的不足。

第六次地市级公共图书馆评估中关于“文献馆藏量”的指标解释，要求地市级公共图书馆重视对本辖区读者文献信息资源需求的满足能力，重视实现阅读和信息服务的均等化，重视文献信息资源配置与服务对象数量的匹配，以实现文献信息资源服务的全覆盖和均等化①。由于市馆的藏书数量比省馆少，品种不全，文种单一，故其必须主动与其他图书馆建立协调关系，特别是在信息资源采购的合作协调上，要有计划、有步骤地进行，组成以市馆为中心，各分馆(室)为纽带的市级图书馆网。我国已经形成了一些以市级图书馆为中心的区域图书馆联盟或区域图书馆网，通过编制联合目录、开展馆际互借等协作活动，实现信息资源共建共享。

2. 县(区)图书馆信息资源选择特点

县(区)馆是为本县(区)的政治、经济、文化服务的文化教育机构和设施，是本县范围内的藏书、目录和图书馆之间的协作、协调及业务研究、交流的中心。县(区)级图书馆作为基层中小型公共图书馆，数量最多，星罗棋布，面向的是本县及下辖乡镇、村的普通大众，在促进服务均等化、扩大服务覆盖面方面发挥着重要作用，这要求其信息资源选择的重点是适合当地工农业生产需求的实用性文献、地方文献、中文工具书、科普读物、文学艺术作品等。

由于在县馆的服务对象中，大众性读者占多数，科研读者为数较少，绝大多数读者借阅书刊的目的并非为完成特定的科研生产任务，更多是为了业

① 王晶峰．地市级公共图书馆评估之文献资源建设探析[J]．四川图书馆学报，2018(02)：53-57.

余学习、休闲娱乐，或满足生活中的基本信息需求，故在信息资源选择的过程中，要根据普及与提高相结合，以普及为主的原则，采选专业书刊的比重不宜太大，从而建立起一个比较通俗的综合性藏书体系。县(区)馆的主要服务对象为直接为工农业生产服务的科技、管理人员以及城镇工人、居民，因此，侧重为广大群众服务，重在普及是目前县(区)级图书馆信息资源选择的主要任务。县(区)图书馆的藏书规模一般不大，随着公共数字文化工程的建设、全国或省域数字信息资源整合与共享工作的推进，不少县(区)图书馆通过共享上级图书馆资源的方式，扩充本馆馆藏，获得适合本地区群众需求的资源。

(三)少年儿童图书馆的信息资源选择

公共图书馆也包括少年儿童图书馆。在我国，少儿图书馆数量规模都不大，多附属于省级、市级图书馆，也有独立建制的少儿图书馆。其信息资源选择主要以思想性、科学性、教育性为指导原则，采购知识性强、趣味性强、符合未成年人阅读特点的优质资源，培养少儿的阅读兴趣，形成良好的阅读习惯，促进其智力开发和学习能力的提升。

少儿图书馆的读者具有特殊性，他们都是一些处于成长发育阶段，思想尚未成熟，明辨能力不强的小读者。因此，体现鲜明的思想性的优秀书刊是儿童图书馆信息资源选择的重要内容，这样有利于对少儿进行正确的引导。少儿图书馆藏书的目的是培养少年儿童正确的人生观以及对科学文化的兴趣；供给科学文化知识，补充少儿在学校内所学的不足，作为教育的延伸。为适应小读者的不同需求，选择少儿图书应根据其性质、任务、经费诸多因素，有计划、有重点地收集文献资料，体现“适用”和“特色”。文献的级别应以普及型为主；学科内容以基础型为主；文献载体以多样化为主。此外，少儿图书馆藏书的系统性体现在对重点藏书全面而系统的收藏，即藏书的科学与系统，保证藏书的质量。采集图书，既要科学地反映各学科体系之间的配比和内在联系，又要注意客观地反映某学科的历史沿革和不同观点，给小读者展示明显、清晰的知识脉络体系。以其他公共馆、少儿馆的资源采购为参考，尽量避免同类资源、相同资料重复采购，对于其他馆已经购买并且外网免费开放的资源，应联合相应馆以网络链接的形式使用该资料①。

随着网络覆盖率的提高和智能终端的普及，越来越多的少年儿童具备了数字素养，其获取信息的方式也在发生变化，希望不受时空限制获取通过网

① 宋艳．我国少儿图书馆数字资源建设现状调查分析[J]．图书馆学研究，2015(23)：26-29.

络传递的数字化信息，这种变化使数字资源成为和纸质资源同等重要的资源类型。《2018中国儿童数字阅读报告》显示，儿童数字阅读潜在用户规模达2.5亿，人均年阅读量达到40本①。为满足少儿读者的需求，少儿图书馆需要加强对数字信息资源的选择，包括电子书刊、在线课堂等学习资源，以及益智游戏、适合少儿观看的数字影片等，协调馆藏纸质资源和数字资源的比重，迎合少年儿童的阅读习惯和阅读需求。在充分调查和了解少儿读者需求的基础上，建立符合少儿认知并有利于其身心发展的高质量的数字资源体系。在购买数字资源时，要充分做好资源的甄选工作；在自建数字资源时，要根据本馆特色和地方特色进行数字资源的建设；还可以通过网上免费获取、馆际互借以及和其他图书馆之间资源共建共享等途径开发和充实本馆的数字资源馆藏②。

三、高等学校图书馆

高等学校图书馆是学校的文献信息资源中心，是为人才培养和科学研究服务的学术性机构，是学校信息化建设的重要组成部分，是校园文化和社会文化建设的重要基地。因此，高校图书馆的信息资源选择要围绕学校的专业设置、人才培养目标、专业教学计划、科学研究方向来进行。所选择的信息资源必须满足教学科研的需要，包括对学生进行思想品德教育，学科专业教育，以扩大学生的知识面为目的的文化素质教育，以及对读者利用信息资源提供指导的信息素养教育等。所以，为教学和科学研究服务是高等学校图书馆信息资源选择的出发点。

(一)高校图书馆的信息资源选择特点

高校图书馆肩负着为学校教学和科研服务的双重任务，其信息资源结构要与学校的办学方针和专业设置相吻合，这就要求信息资源的选择必须保证教学用书的系统入藏，科研用书的重点入藏，课外阅读用书的选择入藏；必须配合学校的重点学科与重点专业进行，并逐渐形成具有本校特色的、多学科多层次的、科学合理的信息资源体系。这种信息资源体系的基本特征表现在三个方面：一是馆藏资源的教育性。反映以培养人才为目标的用书的性质和内容，包括各层次学生教学用书的基础资源，课外阅读用书的思想教育、

① 2018中国儿童数字阅读报告在京发布[EB/OL].[2020-06-09]. https://cn.chinadaily.com.cn/a/201905/08/WS5cd2a0bea310e7f8b157b8bf.html.

② 袁梦群，严贝妮. 省级少年儿童图书馆数字资源服务调查与分析[J]. 图书馆理论与实践，2019(08)：70-73.

综合教育等辅助资源。二是馆藏资源的学术性。反映科学研究用书为重点的水平深度，包括有关专题领域内不同学派、不同类型、不同文种、不同级别的重要书刊资料的系统重点收藏，达到研究级水平。三是馆藏资源的专业性。反映学校教学与科研用书的专业范围与专业特色。无论综合大学、师范院校、文科与理工科院校，都要建立多科性的专业藏书体系，搜集相关学科的信息资源。

（二）高校图书馆对信息资源选择的具体要求

高校图书馆要构建一个为教学科研服务的合理的信息资源体系，就必须从信息资源选择入手，其具体要求是：

1. 重点系统入藏专业及有关专业教学科学研究用书

高校图书馆文献采访的重点应放在学校专业设置中基础较好、力量较强、科研方向明确的专业学科用书上。一般来讲，这类重点藏书多数是属于研究性的专业书刊资料，从水平程度与读者对象来说，是既适合高年级大学生、硕士研究生、助教需要的初级研究水平用书，又适合讲师及中级研究人员需要的中级研究水平用书，同样也适合副教授以上及高级研究人员需要的高级水平用书，包括与专业有关的外文书刊资料。主要类型有图书著作、期刊、内部资料，其他连续出版物以及重要的参考工具书和检索资料也应全面系统地搜集。

2. 多层次按比例入藏学生教学参考用书

高校图书馆在选择信息资源时必须注意从不同年级和不同专业的学生阅读需要出发，合理地购置专业设置、课程设置所需要的必读和选读主要教学参考书，包括公共基础课、专业基础课、专题课、专题选修课等不同层次的教材、教学参考书、实习用书，以及其他信息资源。这类信息资源的入藏应以中文书刊为主，适当选择少量外文原版教材作参考。各种层次的教学参考书和文献资料的选择标准不同，但都必须注重内容质量，并依据学生现实使用人数等因素来确定其复本比率和复本限量，实现有计划按比例地入藏。

3. 全面广泛选择入藏课外阅读用书

思想教育、综合教育等各种必备的业余与课外阅读用书是高校图书馆信息资源选择不容忽视的部分，它包括政治理论、思想修养、道德法纪、科学技术、文学艺术、文化知识、社会生活等方面的信息资源。此类信息资源内容广泛，形式多样，入藏时须精挑细选，这是全校师生员工所需要的共同性藏书。这些信息资源的入藏，对于读者扩大知识面，开发智力，丰富文化生活，培养创造性与开拓性精神，都具有重要作用。

以上是高校图书馆对信息资源选择的具体要求。需要注意的是，新时代高校图书馆面临着用户多样化的需求，如用户对交叉学科、跨学科、新兴学科文献的需求，对碎片化、移动化阅读的需求，以及对“创新创业”相关的需求等。① 这就要求高校图书馆主动迎接挑战，根据新的需求变化，选择信息资源。

四、科学与专业图书馆

科学与专业图书馆是科学研究的重要部门，它在科学研究、生产建设方面起着“耳目”“参谋”的重大作用。《国际图书馆统计标准》将专业图书馆称为“专门图书馆”。同时指出：这种图书馆是“由协会、政府部门、议会、研究机构(大学研究所除外)、学术性学会、专业性协会、博物馆、商业公司、工业企业商会等或其他有组织的集团所支持的图书馆”。在我国，科学与专业图书馆的范围主要包括科学院系统的图书馆、政府部门所属的研究院(所)专业图书馆、大型厂矿企业的技术图书馆以及其他专业性的图书馆。科学与专业图书馆最重要的职能就是传递科学情报。因此，科学与专业图书馆信息资源选择的主要任务就是购置科研人员所需要的科技文献信息，建立高质量的专业特色馆藏体系。

(一)科学与专业图书馆信息资源选择的特点

1. 信息资源选择具有较强的目的性和针对性

科学与专业图书馆专业性很强，它要求严格按本单位的科研、生产方向建立文献情报资料收藏体系。《国际图书馆统计标准》指出：科学与专业图书馆所收藏的大部份是有关某一特殊领域，如自然科学、社会科学、农业、化学、医学、经济学、工程、法律、历史等学科的信息资源。信息资源选择一般紧密结合所在机构的科研方向、任务和科研项目来进行。为了完成研究任务，要通过各种方式来搜集国内外科学技术文献，为科学研究和生产技术创新服务，满足科研人员的特定研究需求。由于不同时期的科学研究课题方向不同，信息资源选择的重点在不同时期也会随之发生改变，为保证满足科学研究的需要，一般科学与专业图书馆都重视书刊资料的国际交换。

2. 信息资源选择注重研究性和科学性

科学与专业图书馆在选择信息资源时注重科学研究需要，凡符合本单位所需要的专业书刊资料、缩微品、录相带、录音磁带等各种载体的文献以及网络资源、数据库资源都力求收集齐全，不但包括本学科，而且包括相关学

① 朱强．新时代高校图书馆文献资源建设的挑战[J]．图书情报知识，2018(06)：4-9.

科的资料。因此，采访人员要拥有较强的信息意识和信息获取技能，要走在科学研究工作的前面，通过调研国内外科学技术的发展情况和趋势，来收集和分析国内外科学情报，不断向科研人员和领导部门提供分析报告和有科学价值的情报资料。科学与专业图书馆信息资源选择工作本身也是科学研究的前期劳动，有些科学与专业图书馆还与一些科研课题组合作，不仅提供文献信息收集服务，而且还担负情报信息的分析整合研究，成为科研项目组的重要组成人员。

3. 信息资源选择注重先进性和时代性

科学与专业图书馆必须通过高质量的信息资源建设，才能使其藏书体系反映学科领域的先进水平和动向。因此在选择信息资源时，必须重点选择反映国内外最新科学理论和技术成果的资料，尤其是国外书刊应占有相当大的比重。要注重入藏一些经过精选的专著及有关工具书，对一般书籍严格按需要入藏，对一些陈旧无用的资料及时加以剔除，促进馆藏的新陈代谢，保证馆藏信息资源的先进性，有利于科学研究开展。

当前科研环境的范式转变、科技创新政策的挑战、虚拟科研环境的出现，对科学与专业图书馆服务科技创新提出了更高的要求①。科学与专业图书馆急需以用户需求为导向，将服务融入科研创新的过程当中，建立系统的、丰富的专业领域信息资源，开发创新更多的资源产品②。

(二)科学与专业图书馆对信息资源选择的要求

不同科学的专业领域和任务各不相同，对信息资源选择的要求也有区别。在该类型图书馆中，中国科学院系统图书馆具有代表性。

中国科学院的研究工作特点是侧重基础，侧重提高，侧重自然科学的新理论、新技术、新材料、新工艺，解决国民经济和国防建设中综合性的重大科学技术问题。结合这一特点，科学院图书馆信息资源选择的主要任务之一，就是紧密结合本院、本地区、本所的研究方向重点收藏有关学科和相关学科国内外科技文献，调研国内外的情报进行分析、研究，为全院、地区所，制订科技政策、规划、计划，确定研究课题，为科学研究工作服务。

科学院系统图书馆具有三级文献信息资源体系：一为院馆，是全院文献信息中心，要建立综合性科学信息资源体系。例如，中国科学院文献情报中

---

① 尤越，贾苹．专业图书馆服务科研机构的创新型实践与探索——以国家科学图书馆与省科院合作联盟为例[J]．图书馆工作与研究，2016(03)：71-76.

② 马恩．新形势下专业图书馆的信息资源产品与服务[J]．图书情报工作，2017，61(S2)：35-37，42.

心是中国科学院的院馆，馆藏图书1145余万册(件)，建立了以数字资源为基础的文献保障体系，扩大商业电子资源的保障引进，初步建成了综合开放的信息资源保障体系①；二为院地区图书馆，是本地区院内信息资源中心，要建立多科性科学信息资源体系；三为所情报研究室，是本所信息资源中心，要建立专科性科学信息资源体系。不同层次的科学院图书馆对信息资源选择的范围重点虽有不同，但总体上仍有很多共同点，其主要选择要求是：

(1)有关学科中外文科技期刊及其他连续出版物品种齐全，系统完整；

(2)新兴学科科技情报资料广泛及时收藏；

(3)有关自然科学经典著作及科技史料重点收藏；

(4)各学科基本理论著作及参考工具书和检索文献择优收藏；

(5)加强各类型数字资源的选择，重视书刊交换。

(6)注重全院系统图书情报资料一体化及文献采购协调。

此外，应根据科研环境的变化和科研需求，确立信息资源选择的目标和内容。例如，中国科学院文献情报中心围绕科技发展态势变化和国家科技发展需求，将“分布式大数据知识资源体系建设”作为“十三五”时期三个重大突破方向之一②。

对于其他专业研究部门图书馆、厂矿企业部门图书馆的文献采访，一般要求结合本部门研究任务和技术发展的方向进行。

第三节　各类型信息资源的选择

信息资源按照载体形式分类，可以分为印刷型信息资源、数字型信息资源两大类。这两类信息资源构成了图书馆信息资源主体，是各类图书馆及信息机构选择的主要对象。

一、印刷型信息资源的选择

印刷型信息资源仍然是图书馆信息资源体系重要的组成部分，因此，印刷型信息资源的选择仍然是大多数图书馆最重要的基础性业务工作之一。印刷型信息资源的主要类型是图书和期刊，这两类信息资源有不同的选择标准

① 中国科学院文献情报中心介绍[EB/OL].［2019-11-18］. http://www.las.cas.cn/gkjj/gqjs/.

② 黄向阳等. 中国科学院文献情报中心“十三五”发展重点[J]. 数字图书馆论坛, 2016(11): 21-26.

和方法。

（一）图书的选择

图书是记录和保存知识、表达思想、传递信息的最古老、最主要的手段。它历史悠久，流传广泛，知识成熟，便于阅读，适于长久保存，是人们系统学习各学科基础知识的主要途径，因而至今仍然是不可或缺的信息资源类型，也是图书馆信息资源选择的主要对象。图书著作按内容性质和使用对象又可分为政府文件汇编、科学专著与论文集、生产技术专著、科普与通俗读物、文学艺术著作、教材与教科书、参考工具书、少儿读物等。对图书的选择是图书馆的重要工作。

1. 图书选择的标准

图书选择标准是指图书馆在选择各种图书时，判断应否收集的图书评价标准。图书选择标准涉及图书评价的各个方面。每个图书馆在进行图书采访时都会有一定的选择标准，不同时期、不同国家和不同类型的图书馆进行图书选择的标准也不一样。在中国古代的藏书楼时期，由于文献生产量不大，主要以保存文献为主，对文献的收集主要追求系统和完整。因此，当时主要是以文献内容和版本因素作为文献选择的标准。到了现代，知识急剧增长，出版物数量巨大，使图书馆文献选择越来越困难。为了减少图书选择者因自身的文化素质、学识水平、兴趣爱好等因素的局限造成的失误，图书馆应根据本馆的性质、任务、服务对象等制定出一个比较详细、可行的图书选择标准，使入藏图书符合本馆文献资源建设原则和发展规划，使采访人员在选择图书时有所依据。一般来讲，图书选择标准主要包括如下几个方面。

(1)图书的内容范围

图书内容的学科或主题范围是图书馆选择图书首先要考虑的因素。这主要是由于：

第一，图书的出版量在迅速增长，而图书馆则由于经费、时间、人员、设施、图书出版信息的收集和图书采集渠道等条件的限制，任何图书馆都无法将所有图书收集齐全。因此，图书馆只能根据本馆的性质、任务和目的，来确定哪些学科或主题内容的图书应重点选择，哪些可一般入藏，哪些不入藏。

第二，读者对图书的需求，总是针对某一特定主题或学科门类的图书，而由于每个图书馆的性质、任务不同，读者所需求的图书的学科或主题范围也各不相同。显然，任何图书馆(除版本图书馆外)只能选择入藏与本馆藏书的学科或专题范围相符的图书。对于读者需求较少的或不在本馆收藏范围内的图书一般都谨慎收藏或不收藏，以免造成浪费。

(2)图书的内容质量

图书馆满足社会信息需求的能力不仅取决于馆藏文献的数量，而且取决于馆藏文献的质量。因为读者信息需求得到满足一般是指读者得到了所需要的信息内容，而馆藏文献资源的质量越高，满足读者信息需求的可能性就越大。但如何评价图书的内容质量，是一个较复杂的问题，往往缺乏具有可操作性的客观标准。一般来讲，对图书的内容质量的评价包括三个方面：

一是对图书信息容量的测定。读者获取图书的目的主要是为了得到其中的知识信息，因此，满足读者需求的关键是馆藏图书中是否具有读者所需要的知识情报信息以及知识情报信息的数量，也就是说馆藏图书的信息知识容量决定了图书对读者的满足程度。一般来讲，对于图书容量的测定，可以依据篇幅、内容的创新程度、准确性、专业针对性、为读者理解和使用的程度来进行。

二是从图书满足多层次性需求来衡量。不同类型的图书馆有不同的读者群，而不同的读者群对图书内容的深浅程度要求是不一样的，其需求是多层次的，满足需求的图书信息内容要求就有所区别，如研究型读者，其需求主要表现为情报信息需要，图书的情报信息价值应可以从图书的可靠程度、科学水平、参考作用等方面进行评价。可靠性、适用性、先进性、新颖性、信息含量等多种角度(价值尺度)来评价；而学习型读者主要是学习知识的需要，图书内容质量表现为知识价值、智力价值，即满足读者知识智力发展的需要。图书馆在选择入藏图书时必须考虑主要是提供给哪一读者群阅读使用的。任何图书馆只能选择入藏适合本馆读者阅读水平和需求的图书。所以，采访人员分析判断图书的内容质量时要考虑所选择的图书在内容性质上与读者兴趣、阅读需要及其知识结构相适应；在水平深度上要与读者的知识智力水平相适应。

三是从时效性上评定。图书的内容具有理论上的、相对的时效性，一般来说，图书内容会随着时间的变化而失去价值，因为新的图书在不断产生，它所记录的信息内容总比旧图书有所更新、增加，同时也必然受到社会政治、经济、科技、文化的变革等方面的影响。因此，时效性也是评价图书内容质量的一个重要方面。

(3)图书的读者对象

无论是对图书内容的选择还是对图书内容质量的评价，最终都以满足读者需求为依归。因此，图书采访必须了解各类型读者的特点及他们对图书的需求倾向，同时也必须清楚每一种图书都有自己的特定读者对象。图书的类型多样，其读者群体也各不相同。1977 年，美国图书馆学家斯威尼(R. Sweeney)受国际图联委托，提出用户对象代码的建议。他建议将文献大致分为教学用与非教学用两大类，教学用文献的使用对象依次分为小学生、中学生、大学生、研究生及研究人员，非教学用文献的用户则依次分为儿童、青年、一般成年人、专业成年人。不同读者对象有不同阅读要求，图书馆要选择适合本馆读者水平和需求能力的图书，就必须通过各种图书介绍来直接或间接地了解图书适用对象的信息。

(4)图书的责任者

图书的责任者主要指图书的著者和编者，这种图书选择标准是根据著者在其所从事活动领域的知名度及社会评价等标准来判断图书的内容价值。

这是因为图书的责任者在其所从事的学科领域范围中的地位和知名度，基本可以反映该图书在所涉及的学科领域中所占的学术地位，所以，图书馆应优先选择该学科领域重要著者的重要著作。特别是那些经过长期流传被公认为具有独特的科学价值和文化价值的著名作者，他们在社会上具有较大影响和一定的地位，他们所撰写的著作往往具有长久的利用和保存价值，其重要性远远超过一般著作，因而在图书馆藏书中占有重要位置。知名作者的著作有的经过时间和历史的检验成为名著，而名著的数量和所占比例，在一定程度上反映了该馆藏书的质量和水平。因此，图书馆在入藏图书时应注意对名著的选择。

由于目前图书出版业繁荣兴旺，同一种类的图书往往有多家出版社出版，内容也多有交叉，特别是在各类教材中，出现很多不同编写者编著的同名图书。因此，了解图书的责任者，成为判断图书内容质量的重要依据。

(5)图书的出版者与出版记录

图书的出版者也是不容忽视的图书选择标准。图书的出版者和图书的质量有着紧密的联系。因为任何一家严肃的、注重事业的出版社，都会注意树立和维护其声誉，都会对其所出版的文献进行认真的审查，力争出版高质量的图书。通常情况下，著名的出版机构对图书的评审严格，出版的图书质量较高。因而，采访人员应优先选择那些享有较高声誉的出版机构出版的图书。另外，每种图书都有自己的出版记录，如出版年代、版次、印刷及定价等。从出版年代可以了解图书所采用资料的新旧，从而选择那些最新出版年代的书；图书再版次数多寡，一般说来与它的质量及使用价值成正比，藉此可推断该图书的现实性与通用性，从而选择那些受读者欢迎的图书；图书印数多少也在一定程度上表明了图书的普及程度，但对于满足研究型读者的需要来说，则不能以此为选择标准，因为有些书印数较少而价值却很高。

(6)图书的价格

图书价格也是图书馆采访人员应该考虑的因素，在图书价格大幅上涨，经费紧张的情况下，图书馆在采集图书时就须量力而行，尽量合理使用购书经费。有些图书馆在制订图书选择标准时，根据本馆的经费状况确定单种文献的最高限价，供图书选择人员参考。对于那些价格昂贵而图书馆必需的或应该入藏的图书，图书馆应专门提交馆文献采访委员会或馆内外专家研究决定。

(7)图书的印刷质量

图书的印刷质量作为图书选择标准一般是在现购时才能使用，因为在用预订、网购、邮购和代购等形式购买图书时，采访人员是无法看到或拿到实物的，这样也就无法检查图书的印刷质量。而在现购时，则可进行翻阅检查。

以上是对具体图书进行选择的通用标准，实际上，图书馆在实际进行选择时还需要结合本馆的实际情况，如馆藏基础、馆藏图书的系统性、馆藏特色等因素，对图书选择标准做出更具体的规定。

2. 复本配置

图书选择标准主要是解决图书品种的采访问题。但是，读者对图书的需求不仅表现为对图书品种的需求，而且常常表现为众多读者在同一时间内对同一种图书的需求。因此，在图书采访中必须明确藏书复本的配置问题。

(1)复本的概念

图书复本，泛指两本以上，内容和形式完全相同的重复书。对此，学术界有不同理解。一种观点认为：收藏两册以上图书时，第二册以后称为复本。如《现代汉语词典》上解释："同一种书刊收藏不止一部时，第一部之外的称为复本。"日本《新选国语词典》上解释："在图书馆，同一种图书有二册以上的时候，从第二册开始的图书为复本。"另一种观点认为：复本是指收藏同一种出版物的册数。图书馆也通常在这两种意义上使用"复本"的概念。如人们说某书有5个复本，一般是指总共购进5本书，而不是5+1=6本。但当一种书只有一册时，往往说没有复本。需要明确的是，品种和复本虽都属于数量范畴，但两者的数量性质明显不同，品种表现的是不同内容图书的数量，而复本则表现的是相同内容的图书重复数量。品种数量称种数，复本数量称册数、本数或件数，往往作为藏书统计单位。

(2)复本的合理配置

确定复本数量，进行合理的复本配置关系到藏书质量和服务质量。图书馆的复本配置关键是必须处理好图书品种与复本的关系。

图书馆要满足读者多种多样的需求，就需要不断增加图书品种和一定数量的复本。但在经费有限的条件下，增加图书品种和增加图书复本往往会产生矛盾。增加图书品种数量，就要相应减少复本数量；而增加某些图书的复本量，就要相对减少其他图书品种。图书品种过少，难以满足科学研究的需要；增加品种而减少复本，对有些需求量大的图书来说，就会增大拒绝率，降低满足率；而如果复本量过多，又可能时过境迁后造成积压浪费。由此可见，处理好藏书品种与复本的关系确实是采访人员应重视的问题。

各类型图书馆在处理这一问题时应注意从实际出发，调查研究，区别对待，做到因馆而异，因书而异，因需而异。一般来讲，各类型图书馆在图书品种和复本配置上都有一定规律可循。如专业性科研图书馆，用户研究课题用书的需要广泛分散，藏书应做到"种多册少"；省级公共图书馆要满足研究型读者和大众型读者两类不同用书需要，应分别做到科研用书"种多册少"，大众读物"种多册多"；高等学校图书馆，读者需求复杂多样，应分别采取不同的办法：科研用书"种多册少"、指定主要教学参考用书"种少册多"、教学参考用书及重要课外读物"种多册多"、一般参考用书及一般课外读物"种少册少"。当然，各图书馆都有自己的特殊性，对品种与复本的关系不能僵化处理。

处理藏书品种与复本的关系，还有一个重要的策略，就是注意利用图书品种对于复本的替代关系。同类书刊的品种，或者基本内容、体裁形式相同，或者满足读者阅读需求的功能大体一样，在这种情况下，增加同类图书的品种数量，等于每种书的复本数量，总的复本数量不变，品种可以代替复本。品种起到复本的作用又超过复本的功能，既能更好地满足读者对同类书刊数量与内容的要求，又优化了藏书结构，因而是一种解决品种和复本矛盾的好办法。

(3)确定藏书复本量的依据与方法

①确定复本量的主要依据

确定藏书复本量，要受到许多相关因素的制约，这些因素主要是：

a. 现实读者数：指在同一段时间需求同一种文献的本馆读者数，称现实读者人数。复本量应与现实读者数量成正比。

b. 图书借阅制度：图书馆规定的图书借阅方式、期限及数量等制度对复本量的影响较大。如图书馆提供图书外借就比只限馆内阅读需要更多的复本。图书馆规定的借阅期限长短，限借数量大小，都会影响到图书流通速度的快慢，也决定图书馆需要复本量的多少。

c. 图书的有效期：图书内容的老化速度不一样，有效使用期限长短也不同。各类图书的有效期长短与科学技术发展、社会进步、文化出版事业繁荣等因素密切相关。一般而言，有效使用期长的图书所需复本比有效使用期短的图书要少。

d. 图书的类型与价格：读者对不同类型的图书使用的目的并不相同，因而对复本的需求就不一样。如字典、词典、目录、索引等参考工具书，用户仅是需要利用它查找和检索知识或信息，一般图书则可能被读者阅读研究，因此，一般图书所需的复本量应大于工具书。另一方面，图书馆受购书经费的限制，在确定复本量时，往往会考虑图书价格因素。

e. 流通部门数与保存本数：图书馆流通分支部门数量、保存本数量与复本数量成正比。图书馆所设的分馆、阅览室、外借处等流通分支部门多，并对同一种类出版物需求量大，或需要保存本的数量多，都会增加图书的复本量。

f. 图书馆复制能力：如果图书馆能以较低的价格，对读者需要的图书进行复印或采用缩微、扫描、拍照、刻录等方式提供，即使图书的复本量低，也一样能满足读者的需求。

g. 其他因素：影响复本量还有其他一些因素。如：出版物的文种通用与否，使用范围宽窄，水平深浅难易程度等，都是选购各种出版物复本量多少的综合考虑因素。

②确定藏书复本量的方法

由于影响复本量的因素很多，而各图书馆的具体情况又很不相同，所以不同图书馆很难有一个共同的规范化的复本标准，各馆只能根据自己的实际情况来确定藏书复本量。目前，我国图书馆界在确定复本数量时，主要采用两种方法。

a. 经验模式法：该法是在总结经验的基础上，通过深入地调查研究，对复本量的各种影响因素进行分析，并找出各类图书的最佳复本数量，并设计出与之相应的复本量模式作为复本配置的标准。目前，我国图书馆基本上都采用这种方法来确定复本量。

经验模式可分为一维型和多维型两种类型。一维型模式仅从学科或其他某一方面来区分不同馆藏图书的复本量。这种模式是简单地将各大类图书复本量进行规定，未能区分各种不同因素对图书复本的影响，分类过于粗糙，复本量选择幅度过大，不便掌握，实际应用起来问题较多。而多维型模式是从综合多方面的因素来确定文献的复本量，它能较详细地区别不同情况下的复本标准，具有可操作性。如先将各大类图书复本量进行大致的划分，每一类再根据一定的标准进一步细分成普及读物、专著、参考工具书、缩微文献、视听文献、电子出版物、外文原版、港台原版、参考价值高等类别，每一类别再根据实际需求来定复本量。

b. 数学方法：数学方法是将影响馆藏图书复本量的若干因素进行量化，通过数理分析，建立起数学模型，并经公式计算得出复本量标准。国外学者较早提出了这种方法，原苏联的图书馆学家斯多利亚洛夫和阿列菲也娃曾提出过一个计算复本量的简单数学公式：$D=A\cdot t/T$。其中，D 为复本量，A 为某种文献的用户数量，t 为单个用户利用该文献的平均日数，T 为根据预测得知的文献内容有效期。

但由于该公式仅从文献使用年限来考虑用户需求的满足，没有考虑影响复本量的其他一些因素，因此很难在实践中应用。

我国学者对此也进行了深入研究，并提出了一些计算复本量的数学公式。如于鸣镝在《复本数学模式初探》和《复本数学模式补正》两文中提出的计算科技出版物复本量的参考公式是：

$$D \approx \frac{LR}{12E}(1+C)+S+K+W$$

其中：D—— 复本数，R—— 现实读者数，L—— 借阅期限(月)，12—— 一年的月份数，E—— 出版物的有效期(年)，C—— 读者续借该书的概率，S—— 分馆、阅览室需要量，K—— 保存本数，W—— 自然损耗数与丢失数。随着借出期限和读者人数的增减，复本量上下浮动。一类书的复本量除以品种 数，就得出每种书的平均复本量。同一类书中不同品种书的复本量，依据内容价值、流通量大小等，在总复本量不变的情况下，各种书复本量有高有低。

图书复本量的数学模式虽然存在一定合理性，但在现实中，复本量的确定要考虑众多的变异因素和偶然性，很难完全依赖数学模式。近年来，馆藏文献数字化对复本配置产生了直接的影响。文献的数字化和网上资源的提供利用，不仅减少了图书馆现实文献的复本量，还节约了购书经费。《全国高校馆 2015 年版图书入藏概况分析》显示，低复本采购的图书馆越来越多，纸质图书的低复本采购已成为一种趋势①。在占比越来越少的纸质图书采购经费和不断降低的纸质图书借阅率背景下，已经有图书馆实行纸质图书“零复本”采购策略②。但对大多数用户来说，图书阅读仍是难以替代的知识信息的获取方式。因此，图书馆在制定复本配置标准时，还须根据用户需求的实际情况，在两者中找到最佳的结合点。

---

① 新书贡献率整体下降 低复本采购成趋势[N]. 新华书目报，2016-03-25(011).

② 赵炜霞，唐金玲，吴雷. 数字时代高校图书馆纸质图书“零复本”馆藏策略研究[J]. 图书馆研究，2017，47(06)：74-79.

(二)期刊的选择

期刊作为一类重要的信息资源，在图书馆信息资源建设中占有重要地位。期刊选择的质量将对图书馆的信息资源建设产生重大影响，也直接影响图书馆服务功能的发挥。由于期刊从内容到形式都与图书有不同的特点，特别是社会信息化的发展，给期刊工作带来了更为深刻的影响，因此，需要对期刊选择进行专门阐述。

1. 新的信息环境及其对期刊采访的影响

随着网络信息技术的发展，传统的期刊选择工作面临许多新的挑战，主要体现在以下几个方面：

(1)纸质版期刊价格持续上涨

一方面，纸质版期刊原材料成本上涨，加之纸质版期刊出版商的垄断地位及其追求利润等原因，导致出版商不断推动提高纸质期刊订阅价格；另一方面，因为受众变少、成本变高、订数下降等原因也促使纸质版期刊价格随之上涨。期刊订购价格的上涨给图书馆经费带来了很大压力，经费增加的额度往往赶不上期刊价格上涨的幅度，导致许多图书馆不得不大量削减入藏期刊的品种。

(2)数字化期刊的普及

目前不少期刊采用了电子版优先出版模式，从读者信息需求时效上看，电子版期刊具有较大优势。从保存角度来说，电子版期刊节省了纸本装订的费用，也与纸本期刊合订本一样具有永久保存性质，这种电子版期刊保存时还具有更方便的查询和检索功能①。各类电子设备使得电子期刊相比纸质版期刊使用起来更加便利。而传统的纸质版期刊更新较慢、容纳内容有限且检索不够方便、贮藏和利用对于时空要求较高等劣势。电子期刊的广泛存在使得图书馆压缩了对纸质期刊的订购，转而去订购价格相对低廉、更新更加及时、利用更加便利的电子期刊。

(3)许多期刊正在逐步实现开放获取

开放获取(Open Access，OA)运动自19世纪90年代末兴起以来，在全球范围得到蓬勃发展。开放获取期刊是开放获取计划的重要实践，其出现代表了数字技术与知识共享理念的结合，具有传播速度快、获取便捷、被引频次高等优势②。一些出版机构、高校等新创办了OA期刊，或将传统期刊转

---

① 陈丹，楼茜，马晨辉．基于读者使用与订购数据的中文纸本期刊建设策略研究——以华东师范大学图书馆为例[J]．图书馆杂志，2018，37(06)：44-51.

② 乌仕明，李正风．科技期刊开放获取对科学建制的影响[J]．中国科技期刊研究，2017，28(11)：979-985.

化为 OA 期刊，或将期刊中的部分论文开放获取，OA 期刊的数量不断增加。OA 期刊的出现缓和了自 20 世纪 70 年代起出现的“学术期刊危机”，任何人都可以在不受版权、成本等的限制下实现免费获取 OA 期刊信息，这为科学研究以及公众获取利用都带来了极大的便利，减少了社会利用期刊的成本。也使得图书馆资源建设费用减少，资源来源渠道得以拓宽，越来越多的图书馆将 OA 期刊纳入馆藏范围。

(4)数字化环境中期刊信息需求发生变化

数字化浪潮的推进使得期刊信息在储存、管理、传递等方面都发生了许多改变，同时这也使得图书馆对于期刊信息的需求发生了改变。首先，这种需求改变表现在对于期刊类型的需求上，数字化环境中图书馆愈加需要大量的融合交叉的期刊，这就对便捷获取和利用提出了很高的要求。其次，这种需求改变也表现在图书馆对期刊信息的利用行为上，图书馆常常需要通过收集大量的目标期刊进而获取目标信息，再进行数据处理和分析得到想要的结果。再次，这种需求改变还体现在图书馆及其用户对期刊信息获取的方式上，希望在自己的终端设备上轻松便捷地实现对期刊信息的检索、获取和利用。最后，这种需求改变也体现在图书馆及其用户对于电子期刊信息传递的需求上，希望将期刊信息进行快速便捷传递从而方便交流。

(5)数字化环境使得期刊信息资源实现共建共享，但也使得资源选择变得困难

数字技术与网络技术的应用使得期刊往往同时存在于多个数据库中，通过网络开展联机编目、联机检索、馆际互借和电子文献传递等方式，实现期刊信息资源的共建与共享。期刊文献的保障体系也随之由分散存在、自给自足型的体制逐渐向统一共享型转变，多个具有期刊信息需求的图书馆可以通过共建共享的方式获取和利用期刊信息。然而，繁杂的电子期刊数据库也使得图书馆对于数据库的选择变得复杂起来，这表现在电子期刊发行形式、征订渠道等多样化上，从而导致图书馆难以以最高性价比获取所需的目标期刊信息，这使得图书馆选择期刊信息时变得更加困难，需要花费更多时间和精力，同时需要提升信息素养、辨识能力等。

2. 期刊评价的工具与方法

期刊选择是一项学术性很强的活动。它不能凭经验办事，而是要运用科学的理论与方法对期刊进行评价。期刊评价的实质是对期刊的总体认识，包括定性研究(理论探讨)和定量分析(应用研究)两方面的内容。对期刊进行评价，不仅有利于营造鼓励学科理论创新的大环境，为促进学术理论研究的发展与推动期刊工作的改革提供契机，而且期刊评价的结果是期刊采访中对

期刊进行选择的依据。

(1)期刊评价的工具

期刊的评价必须借助科学的评价工具，而国内外已经研究建立起来的系统而科学的期刊评价体系，就可以用来作为期刊评价的工具。

①国际期刊评价体系介绍

引文评价系统是从文献之间的引证关系着手，去揭示科学文献之间(包括学科之间)的内在联系。它从引文去追溯科学文献之间的种种内在联系，通过文献计量法的处理，就可以找到一系列内容相关的文献从而可以分析出某一学科的研究动态、发展情况，以及该学科的核心作者群，同时可以对学术期刊的学术水平和在学科领域的地位进行评价。它可以根据某一名词、某一方法、某一理论的出现时间、出现频次、衰减情况等，分析出学科研究的走向和规律；还可得出多种统计、排序信息。由于它的重要作用和强大功能，受到全世界科学研究人员的普遍欢迎，产生了极为广泛的世界性影响。美国科学引文索引(SCI)、美国科学引文索引扩大版(SCIE)、美国工程索引(EI)、美国化学文摘(CA)、英国科学文摘(SA)、日本科学技术文献速报、俄国文摘杂志等引文索引在全球享有崇高的地位，已成为评价世界各国作者、机构、期刊、国家、地区学术水平和科技发达程度的重要参考。

②国内期刊评价体系介绍

我国也有一些有代表性的引文数据库系统①，简介如下：

a. 中国科学引文数据库(CSCD)

中国科学引文数据库由中国科学院国家科学图书馆制作，收入我国数学、物理、化学、天文学、地学、生物学、农林科学、医药卫生、工程技术、环境科学和管理科学等领域出版的中英文科技核心期刊和优秀期刊近万种，包括了从2000年来我国出版的各类学术期刊约10000种，其中连续收录学术期刊6000余种，累计论文约4800万篇，引文记录约2.4亿条。保持每月更新，内容丰富、结构科学、数据准确。系统提供来源、被引文献检索，多类型数据导出，多角度分析数据等功能。通过这些功能，用户可迅速从数百万条引文中查询到某篇科技文献被引用的详细情况，还可以从一篇早期的重要文献或著者姓名入手，检索到一批近期发表的相关文献，对交叉学科和新学科的发展研究具有十分重要的参考价值。

中国科学引文数据库除提供文献检索功能外，其涵盖了5大中文核心数

---

① 毛力. 期刊国际应用评价——维普动力推动中国期刊走向国际[EB/OL]. [2006-11-30]. http://dx1.cqvip.com/tq/tb01-3.

据库期刊的数据，具有个性化被引信息设置。对数据进行多维度、深层次的统计与分析，客观揭示各对象的科研产出和学术影响力，成为我国科学文献计量和引文分析研究的强大工具。CSCD 已在我国科研院所、高等学校的课题查新、基金资助、项目评估、成果申报、人才选拔以及文献计量与评价研究等多方面作为权威文献检索工具获得广泛应用。

b. 中文社会科学引文索引(CSSCI)

中文社会科学引文索引(CSSCI)是由南京大学承担的教育部重大研究项目，是我国人文社会科学重要的信息查询与研究评价的主要工具，用来检索中文社会科学领域的论文收录和文献被引用情况，从来源文献和被引文献两个方面向研究人员提供相关研究领域前沿的信息和各学科研究发展的现状，①凝聚了国内学术界、期刊界、管理部门集体智慧的知识创新成果。CSSCI 数据库来源期刊/集刊遴选范围是国内外公开出版的中文人文社会科学学术期刊以及中国大陆公开出版的学术集刊。

CSSCI 数据库目前设置了 23 个基于学科分类的期刊类别，同时根据我国期刊发展的实际情况设置“高校综合学报”和“综合社科期刊”两个综合期刊类别，总计 25 个学科类别。来源期刊遴选的重要参数是期刊的影响因子，在对影响因子计量排序的基础上，选出各学科期刊总量的 15%—20%期刊提交给由全国社会科学研究与管理专家组成的咨询委员会进行审议，最终确定 CSSCI 的来源期刊。所收的期刊是严格按期刊影响因子分学科排序位次和国内知名专家的定量与定性相结合的评价相结合而产生出来的。目前，CSSCI 系列数据库已被国内外数百所高等院校和科研院所订购或包库使用。CSSCI 系统可以提供期刊的多种定量数据，由期刊的多种定量指标可得相应的统计排序，由此可评价期刊的学术影响和地位。

c. 万方期刊引文评价体系(CSTPC)

中国科技论文统计与引文分析数据库是在中国科技信息研究所历年开展科技论文统计分析工作的基础上，由万方数据开发的一个具有特殊功能的数据库，分成论文统计与引文分析两张光盘。全部数据来源于国内权威机构认定的 1200 多种科技类核心期刊，以及国家科技部年度发布的科技论文与引文的统计结果。CSTPC 自 1989 年创建以来至 2017 年，收录自然科学领域期刊 2029 种，我国作者作为第一作者的论文 47. 23 万篇；收录社会科学领域期刊 394 种，我国作者作为第一作者的论文 5. 95 万篇，并在此基础上，每

① 王文军. 中国学术文摘：现状与展望——以“三大文摘”为中心的实证研究[J]. 清华大学学报(哲学社会科学版)，2013，28(06)：5-12，155.

年继续追加统计一次，覆盖了我国数学、物理、化学、生物、医学等科技领域。该数据库集科技文献检索、论文统计分析和引文统计分析于一体，有助于科技人员查找重要科技论文及有关参考文献，帮助各级科技管理部门和各科研机构、高等院校掌握全国和各单位及部门科技论文的发表情况，了解历年来我国科技论文和科技期刊统计分析与排序结果，开展科技论文的引文分析。

d. 同方期刊引文评价体系

《中国学术期刊引证报告数据库》是中国科学文献计量评价数据库 ASPT 系列光盘之 H 辑，创建于 2002 年，由中国学术期刊(光盘版)电子杂志社中国科学文献计量评价研究中心主办，清华同方光盘电子出版社出版。《中国学术期刊引证报告数据库》是对我国正式出版的学术类期刊引用及被引用情况的分析报告。选用近 5000 种学术水平较高的中国学术期刊(光盘版)入编期刊作为统计刊源，从多学科分类角度对全部期刊进行文献计量统计。

《中国学术期刊影响因子年报》系列数据库于 2010 年推出，由中国科学文献计量评价研究中心、清华大学图书馆研制，中国学术期刊（光盘版）电子杂志社出版，分为人文社会科学、自然科学与工程技术两个版本，附光盘版，每年出版一期。《中国学术期刊影响因子年报》首次提出了一套全新的期刊影响因子指标体系，并制定了我国第一个公开的期刊评价指标统计标准——《〈中国学术期刊影响因子年报〉数据统计规范》。年报被中国知网应用，可在中国知网查找到具体某一刊物的影响因子，包括复合影响因子、综合影响因子。

e. 维普综合引文评价体系

《中文科技期刊数据库》(引文版)是由科技部西南信息中心在十几年的专业化数据库生产经验的基础上开发的产品，是我国最大的数字期刊数据库。收录 14000 余种期刊，1983 种核心期刊，5700 余万篇文献，学科范围涵盖社会科学、自然科学、工程技术、农业科学、医药卫生、经济管理、教育科学和图书情报，提供基本检索、传统检索、高级检索、期刊导航、检索历史功能，中心网站日更新。

该数据回溯历史悠久，具有很高的计量统计参考价值。目前已拥有包括港澳台地区在内 6000 余家大型机构用户。

此外，目前还有比较典型的几种期刊评价指标体系：中文核心期刊的评价研究——《中文核心期刊要目总览》、中国人文社会科学核心期刊的统计与分析——《中国人文社会科学核心期刊要览》《自然科学学术期刊评价指标体系》。

(2)期刊的评价方法

要选择期刊，必须首先对各种期刊进行评价，经过各种标准的评价，对其学术价值和利用价值有一个全面的了解，才能保证所选择期刊的质量。期刊的评价方法可以从两个大的方面来进行。

①期刊的一般评价

这是期刊评价最基本的方法。主要包括6方面内容。

a. 外观：期刊一般由刊物的名称、出版频率、开本、页数、容量、定价、发行方式、发行范围等基本元素构成。它们受期刊的性质、内容、发行数量、经费等因素的影响。

b. 编辑方针：无论什么类型的期刊，在其诞生之前必须首先确定期刊的编辑方针、风格及总体构想。具体包括办刊宗旨——创办刊物的指导思想以及目标、方向等；期刊的性质——期刊内容的学科类别属性和层次；读者对象——由期刊的宗旨、性质决定的社会读者群体；期刊内容——根据期刊的性质和读者对象确定的刊登内容、范围和层次以及重点刊登的稿件性质。

c. 期刊的特征：在内容与形式上区别于其他期刊的特点。

d. 版面设计：主要指期刊封面、封二至封四、刊芯页面的设计。版面设计的原则是实用、经济、美观，形式与内容的统一。

e. 索引：期刊论文的索引必须包含三个项目：题名，即该论文的标题名称；责任者，包括该论文的作者、译者、校注者；文献出处，即该期刊的卷期标识及页码。

f. 期刊的发行：这是期刊传播的重要环节。我国目前的期刊发行基本上是邮局发行和编辑部自办发行。

②期刊的实质评价

对期刊进行评价，其方法是多种多样的。黄宗忠在他主编的《文献采访学》一书中对期刊实质评价的方法进行了详细的阐述，他认为期刊的实质评价方法主要有7种(下文a~g)。随着期刊评价理论与技术的发展，近年出现了新的评价方法，如主成分分析法、期刊h指数、权威因子、PRP指数。

a. 利用布氏定律测定核心期刊法。世界著名的英国文献学家和化学家布拉德福(S. C. Bradford，1878—1948)发现的文献离散定律也称布拉德福定律，简称布氏定律，是选择和确定核心期刊最基本的方法之一。利用布氏定律测定核心期刊，可以分为三步：首先对所有相关期刊刊载某一学科或专业领域的论文进行全面统计；其次对所有的相关期刊按其刊载某一学科或领域的论文多少作递减等级排列；最后根据具体情况，选择排在最前面的若干种期刊为核心期刊。利用布氏定律测定核心期刊，必须注意两点：一是对相关期刊刊载某一领域论文的时间界限必须明确限定；二是为了排除大型期刊对小型期刊、出版频率高的期刊对出版频率低的期刊所占的优势，在排序时，可以用刊载载文量的相对比例进行补偿。

但是布氏法是一种纯客观的测定核心期刊的方法，忽略了客观世界的变化和主观世界的状况。比如，在数量方面，只是以刊载一定主题的论文的绝对数量对期刊进行排列，这样小型期刊和出版频率低的期刊可能被排除在核心期刊外；在质量上，完全以相关文献数量的多少来衡量某些期刊是否核心期刊，而不管这些文献产生的效益如何。

b. 引文分析法。期刊论文的后面附有所引用文献或参考文献，这已经是众所周知的著文习惯了。所谓引文分析法就是利用各种数学、统计学及逻辑学方法对期刊、论文、著者等各种研究对象的引用或被引用的对象进行分析，以便揭示其数量特征和内在规律的一种文献计量研究方法。它以来源文献的引文(或参考书目)作为处理和操作对象，实际上也是反映期刊被利用的状况，这种方法比较完善，应用较广。

期刊文献被引用多少，是对期刊质量和学术价值的极好测度，利用它可以比较科学地选择和测定核心期刊，这是研究核心期刊的重要方法，但也有缺陷。比如期刊文献的引用，受期刊管理工作水准和著者语言能力的限制和影响；期刊文献的互相引用是一种复杂的思维过程，期刊的可得性及其出版规模、频率等，会影响其被引用。

c. 流通统计法。流通统计法是指根据用户阅览和外借期刊的次数来评价期刊质量的方法。这种方法主要靠用户借阅档案和期刊袋卡，但是，对于室内开架阅览的期刊因简化或取消了填卡的手续，只能靠抽样调查解决。流通统计评价期刊的质量有时有一定的局限性。

d. 二次文献分析法。这是通过主要文摘或索引所摘引的各种期刊论文篇数的多少来评价期刊质量高低的方法。一般来说，摘引率越高的期刊其质量也就越高。

e. 载文量法。载文量法是指通过对期刊文献每一个分册刊载的专业论文的数量的多少来评价期刊质量的方法。

f. 编辑单位分析法。不同的编辑机构所出版的期刊质量也不同，著名的学者所组成的编辑部或著名的学术团体、科研机构、大学等所出版的期刊，其质量一般都较高。另外，一些著名的商业性出版社出版的期刊，一般质量也较高，这类文献往往都为一些著名学者或研究机构提供资助，以取得其文献及研究成果的出版权。

g. 主成分分析法。基于期刊引用认同和期刊引用形象对期刊进行评价，对主成分加权求和得到综合评价值，避免由于指标相关产生的信息重叠问题带来的评价偏差，以及人为主观因素确定指标权重所带来的评价结果不准确。

h. 期刊 h 指数。期刊 h 指数是指期刊至多有 h 篇论文被引用了至少 h 次，这一指标能够直接反映期刊的高被引论文数量及其被引强度。基于 h 指数做出改进得到的相关指数都可以称为 h 指数。其不足之处在于仅涉及相对高被引的论文，但相对低被引论文是否全无价值并未探讨。

i. 权威因子。2011 年版的中国科技期刊引证报告提出了权威因子。引用 PrestigeRank 算法，得出的值在一定程度上可以反映期刊的权威性。弥补了只注重被引数量而较少关注引用重要性区别的缺陷，更全面地计算期刊的权威性。

j. PRP 指数。匈牙利科学计量学家 Vinkler 提出 PRP 指数，该指标以期刊中的高影响力论文为标准，对期刊质量进行评价。主要分为两个步骤：首先选定一些不同的学科领域及每个领域中有代表性的专业期刊若干种。然后，确定出每种期刊刊载论文中的高影响力论文集合。每种期刊所刊载的论文中价值最高、影响力最大的论文，在一定程度上能代表该刊的质量。

3. 期刊选择的标准

标准是衡量事物并对同类事物进行比较的准则。随着影响期刊选择的各种因素的变化，我们有必要重新审视和调整图书馆期刊的选择原则和标准。制定期刊选择标准时，应注意考虑以下 5 个因素：

(1)用户需求

决定一种期刊是否入藏，应以是否满足用户或读者的需求作为出发点和归宿。首先应满足读者对期刊，特别是学术期刊，从学科、专业角度提出的需求，这是期刊选择中首要的考虑标准。其次是读者对期刊质量提出的需求。一般来说，核心期刊学科信息量大、能够代表学科发展水平和方向，是质量比较高的期刊。因此，在制定期刊选择政策时，要明确各学科的核心期刊，并优先订购核心期刊，同时还要注意保证它的系统性、完整性。总体而言，应遵循用户需求原则，精益分析需求信息，实施精益采购①。

(2)期刊的使用频率和被引用率

期刊的使用频率是反映读者阅读倾向的重要指标。如果订购的某种期刊无人使用或者只有很少人利用，就说明该期刊不符合读者的阅读需求。对那些使用频率很低的期刊，即使是核心期刊，图书馆也应考虑不

① 徐洁．面向学科建设的“精益采购”策略研究——以南京师范大学物理学科外文电子期刊利用计量为例[J]．新世纪图书馆，2019(06)：26-29.

予订购。

期刊论文的被引用率，经常能反映出期刊的重要程度。特别是本校师生的学术论文的引文，更能准确地反映出期刊与读者需求的相关程度。图书馆可对馆内收藏的本校师生的论文，如硕博士学位论文中的引文进行统计，得出每种期刊的被引用次数。对被引用次数高的期刊，应该作为期刊人员订购的重点。

(3)期刊的价格及其比较

期刊订购经费在图书馆文献购置费中占的比例相当大，因此，期刊价格是期刊选择中不能忽视的因素之一。

期刊价格有两种计算方式：一是期刊的直接价格，一是期刊的相对价格，即期刊全年的订购价格除以每年平均被读者利用的次数。同一种期刊在不同的图书馆有不同的相对价格。图书馆在期刊选择中，固然要考虑期刊的直接价格，但更要注意期刊的相对价格。有些直接价格高的期刊，如果使用频率高则平均每次使用费相对较低，也就是说这些期刊的相对价格并不高。无疑，相对价格低的期刊是应该优先选择的。

除了期刊本身的价格外，各种不同载体形态的期刊价格的比较也是期刊选择中必须注意的因素。近年来，各种类型的电子期刊不断涌现且价格逐步下降，因而图书馆在期刊的载体形态上有较大的选择余地。对不同载体的同一种期刊，如果必须订购，那么就要认真核算价格与成本，比较印刷型、电子型、网络型期刊哪个更合算。

(4)其他途径的可获得性

随着现代通信技术的发展，尤其是网络环境的形成，文献传递方式发生了巨大的变化。读者不一定必须在本馆获得所需要的期刊，也可以通过馆际互借，以传真、电子邮件等形式获取，还可以从因特网上获取各种各样网络化的电子期刊。显然，读者从其他途径获得期刊的可能性越大，对馆藏期刊的依赖性就越小。据此，图书馆在期刊选择时，对那些价格昂贵且利用率很低的期刊少订或不订，而通过馆际互借等途径来满足读者的需求，是一种可行的策略。当然，不管何种途径，成本——效益的核算是必要的。如果文献其他获取途径耗时、低效、成本高，还是应该考虑舍弃这些途径而采购以增加期刊馆藏。

(5) 期刊的可检索性

由于许多读者往往首先通过综合性或专题性的索引、文摘或书目数据库来查检文献，然后再根据这些检索工具提供的线索到相应的期刊上查找文献的全文。因此，某种期刊是否被著名的综合性期刊指南，如《乌利希国际期刊指南》等收录，或者是否成为国际公认的权威检索刊物，如SCI、ISTP、ISR、EI等的来源期刊，成为评价期刊的潜在指标之一。同样的还有国际标准期刊清单等，都是读者使用期刊的向导，也是图书馆订购期刊的重要标准。显然，这些检索工具和检索系统中所收录的期刊，是图书馆期刊选择的重要依据。

除了以上五方面的因素外，还要考虑到诸如期刊的语种、外表形式、出版者声誉等方面的选择标准。只有在对各种影响因素进行分析、评估以后，才能在期刊选择中做出科学合理的决策。

二、数字信息资源的评价与选择

随着时代的发展，数字出版成为一种新型出版方式，不少出版物同时拥有纸质版本和电子版本，或仅拥有电子版本。愈来愈多的信息资源以数字化形态存在，数字信息资源在馆藏中所占比重增加，数字信息资源的评价与选择已经成为图书馆的一项重要工作。

在图书馆界，人们习惯称数字信息资源为数字资源，因此，本书也采用“数字资源”这个习称。

（一）数字资源评价的理论与方法

较之纸质信息资源，数字资源的储存、检索、获取和利用更加便捷，用户只需满足一定的硬件设施、网络条件和数字素养等基本条件即可完成对于数字资源的获取和利用。但是，如何在海量及纷繁复杂的数字资源中，辨识出高质量的资源是一项具有挑战性的工作，首先需要开展对数字资源的评价。

1. 数字资源评价的必要性

(1)有助于更好地满足用户信息需求

信息化时代的飞速发展使得数字资源数量庞大，但质量又良莠不齐，信息用户有时候很难依靠自身的知识积累和经验积累去判断所获取的信息资源是否可靠，这可能会导致信息用户信息获取和利用的成本上升，效率反而下降。因而，为了更好地满足信息用户的信息需求，从而提高对数字资源利用的效率，十分有必要去选择可行的评价方法制定科学合理的评价指标和体系，为用户提供精准、具有针对性的服务。

(2)有助于提升信息服务质量

数字资源评价也是提高数字信息服务质量的需要。通过对学科领域、专业领域、主题领域等具有相关性的数字资源进行评价，以此评选出优质或核心数字资源来源，可以提高数字资源的精度，有助于对资源质量进行把控，进而促使改善资源质量和品质①。信息资源是信息服务的基础和重要内容，高质量的信息资源才能确保高质量的信息服务。

2. 数字资源评价的角度

目前，数字资源评价的角度主要是从评价对象角度和评价主体角度两个角度进行分析和评价，每一种评价角度下面又细分为对该评价角度下的某种重要要素进行评价，具体如下：

(1)评价对象角度

①基于资源的评价

基于资源的评价是对数字资源本身进行评价，如从准确性、权威性、客观性、独特性、时效性、信息来源、收录的广度、收录的深度、交互性、快捷性、界面设计、稳定性、安全性、费用和可获取性等角度对数字资源进行评价。

②基于机构的评价

基于机构的评价是指从数字资源来源机构的资源订购与使用的角度进行评价，依据机构的数字资源订购和使用情况来评价数字资源，如图书馆用数据库试用阶段的利用情况来确定数据库的最终购买，以提高资金的使用效率。

③基于用户需求与使用的评价

基于用户需求与使用的评价主要是指从用户需求的角度(依据用户需求选择资源)和用户利用的角度(绩效评价)进行评价。以需求为导向的评价方法立足于用户需求与使用对数字资源进行评价，将用户需求与使用融入评价体系中，在理想情况下，其真实性和可靠性有一定的保障。

(2)评价主体角度

①服务机构评价

服务机构评价即来源方评价，由数字资源的生产者对其生产的资源进行评价，这种评价主要是建立在服务机构自我评价的基础上，因此其指标、数据、评价结果等信息可信度难以确定，从而导致评价结果可能难以令信息用户信服。

②第三方评价

第三方评价主要是由数字资源的生产者和利用者之外的第三方专业机构或者商业组织等，发挥其专业性、权威性和客观性等优势，按照一定的评价标准、程序和步骤收集并分析数据，对数字资源进行评价。此种方法对于第三方评价机构的专业资质要求较高，同时要求第三方机构保持应有的独立

① 张洋，张磊. 网络信息资源评价研究综述[J]. 中国图书馆学报，2010，36(05)：75-89.

性，从而做出准确客观的评价。

③用户主体评价

用户主体评价是指由数字资源的利用者对数字资源进行评价，属于一种成本较低且比较有效的评价方法，更加契合用户个人的需求。但是，由于用户自身专业性不够强、容易受到外界干扰等原因，用户个人的评价严重依赖于个人主观感受，有时可能比较片面，尤其是在用户对该数字资源不够了解的时候，难以真实、全面、客观地评价。

3. 数字资源评价的方法

数字资源评价的方法主要可以分为以下三种：定性评价方法、定量评价方法和定性定量综合评价方法。

(1)定性评价方法

定性分析具有较强的主观性，主要依赖于评价者个人或团体对经验、事实等进行主观分析，从而对数字资源进行评价，主要包括问卷调查法和专家评议法等方法。但是，定性研究方法也存在一定的弊端：一是由于主要依赖于评价者的主观分析判断，因而其评价指标可能会不够合理，结果也不一定准确；二是由于问卷收集时间和专家评议时间等的客观存在，或将导致评价存在滞后性，很难做到及时；三是如果用户范围广，则可能导致评价方法的适用性较差；四是由于主观性导致此评价方法的可信度存在疑问。定性评价方法主要有以下两种：

①问卷调查法

问卷调查法是指调查者充分依据现实情况、经验总结等制定有关数字资源评价的题目及选项，形成调查问卷，并投放给目标受众，以此调查研究目标受众对数字资源的评价情况作为评价结果。在问卷调查中，要求问卷设计考虑综合全面，始终围绕着数字资源的相关变量或影响因素进行问卷的设计，易于理解和填答，在问卷设计完成后经过预调查了解和改善问卷内容和质量，在问卷收集过程中注意覆盖的受众要全面，结构要趋于合理，确保受调查者能够准确了解问卷并如实填答。

②专家评议法

专家评议法是指组织数字资源及其相关领域的专家共同探讨、集思广益的一种评价方法。此方法权威性较高，但耗时耗力较大，且不易组织，遇到专家意见强烈不一致的情况时难以处理。

(2)定量评价方法

定量评价方法主要是通过建立评价指标体系，收集数据资料进行分析，从而实现对数字资源的评价，在数据资料足够客观真实的情况下，获得的评价结果较为准确。但是，此评价方法也存在一定的缺陷，如数据资料中的某些数据容易通过人为“刷”量的不当方法实现，从而影响到了数据资料的客观性和真实性，进而导致评价结果不一定准确和真实。定量评价方法主要有以下几种：

①层次分析法

层次分析法充分利用人的分析、经验判断和综合能力，先按照指标之间的从属关系列出一级指标、二级指标、三级指标等，以此构建层次结构模型，这种分析方法适用于结构较为复杂、决策准则多且不易量化的情况，但其结果仍受人的主观判断影响大，步骤也比较复杂，所需收集的数据量较大且所需数据来源可能较广，对评价的结果也存在滞后性。

②模糊综合评价法

模糊综合评价法的基本原理是先将数字资源评价这一问题取出若干评价指标(即影响因素)，再分别确定各个评价指标的权重向量和权重判断矩阵(即模糊关系矩阵)，最后将矩阵与指标权重向量进行模糊运算和归一化，得到数字资源评价结果，是一种综合考虑了层次分析法和模糊一致矩阵的综合评价模型。

③链接分析法

链接分析法是客观定量评价中较为重要的方法之一。它主要利用网络站点间链接正向肯定关系而对网站自身信息组织和揭示的科学性和合理性以及网站影响力进行间接评价，即网站的外部链接数量越多，网络影响因子越大，该网站的信息越有价值，利用率越高，该网站产生的影响力愈大①。该方法主要用于网络信息资源的评价。

④自动评价法

自动评价方法是指从数字资源自身的属性及其特点出发，利用计数器、Cookies、缓存以及IP地址等信息作为分析基础数据，分析用户访问、利用等具体情况，分析数字资源的使用负载并进行评价的一种客观评价方法，具有客观性和可靠性等优点②。

⑤网络流量监测法

网络流量监测法是指采用可以监测网络流量的计算机TCAM、ASIC硬

① 张向先，袁小姗．基于链接分析法的我国省级科技信息研究所网站影响力评价研究[J]．情报理论与实践，2011，34(03)：91-94.

② 刘记，沈祥兴．网络信息资源评价现状及构建研究[J]．图书情报工作，2006(12)：88-91，43.

件或辅助工具软件对目标网站等进行访问量、数据下载量等具有代表性的网络流量数据或全部流量数据的监测，从而对数字资源进行评价。该方法耗时较长，且容易受到人为影响。

⑥结构方程模型法

结构方程模型可以对多变量间交互关系进行处理分析，被广泛应用于多元数据分析，以弥补传统统计方法的不足①。完整的结构方程模型分为结构模型(structural model)和测量模型(measured model)两个部分。结构模型是指潜在变量之间的关系以及模型中其他变量无法解释的变异量部分；而测量模型是指实际观察变量(observed variable)与潜在变量(latent variable)或构念(construct)间的相互关系，描述潜在变量如何被相对应的显性指标所测量或概念化②。通过量表或问卷调查等收集观察变量，对无法直接测量的数据则进行量化为潜在变量。经过阐明研究假设、分析方法的必要性、模型设定、模型辨识、模型估计、模型评价和模型修正等步骤最终实现对数字资源的评价。

⑦网络日志统计法

网络日志统计法是指利用一定的网络工具对数字资源有关日志信息，如访问次数、停顿时间、抓取量、目录抓取统计、页面抓取统计、蜘蛛访问IP、HTTP状况码等数据信息进行收集分析，从而获取关键指标信息对数字资源进行评价的一种评价方法。该方法同样可能受到人为操纵的影响，因而需要长期追踪确定。

(3)定性与定量综合评价法

除了定性方法和定量方法，也有专家学者们对数字资源评价结合了定性分析方法和定量分析方法，提出了定性与定量综合评价法，力求使得评价指标、体系和评价结果更加准确真实，如南京大学的张玥、朱庆华认为在指标权重的分配时结合模糊综合评价法及德尔菲专家调查，便会比单纯采用定性方法和定量方法所产生的指标权重的主观性要低③④。

---

① 卢扬，田红梅，任延安．基于结构方程的高校图书馆数字资源评价实证研究[J]．图书情报工作，2015(S1)：88-90.

② 陈明红，漆贤军．基于结构方程模型的网络信息生态系统信息资源配置研究[J]．情报杂志，2012，31(09)：169-174.

③ 吕静，邹小筑．国内网络信息资源评价研究综述[J]．图书馆学研究，2010(08)：8-10，80.

④ 张玥，朱庆华．层次分析法在博客评价中的应用[J]．图书情报工作，2007(08)：76-79.

(二)数字资源选择的原则

数字资源数量的膨胀、资源结构复杂、分布广泛，都为数字资源选择带来了困难，需要遵循一定的选择原则。遵循数字资源选择的原则，能够实现资源的最优化配置，提升数字资源建设的效益，充分满足用户的现实需要和潜在需求。受到所处时期、国家与地区的信息化水平、数字化网络化环境的影响，信息资源选择的原则也存在差异。根据我国国情和图书馆的实际情况，数字资源选择应当遵循价值原则、成本效益原则、系统性原则、避免重复原则、避免风险原则等。

1. 价值原则

价值原则是指数字资源应具有长期使用价值、文化价值、保存价值以确保特定用户群体感兴趣，并能满足用户需求。这类数字资源的传播对保护原始资源及提高馆员工作效率等方面都具有重要意义。它要求图书馆选择的资源主题和形式应支持用户的需求和兴趣，符合用户利用信息的习惯，同时这类资源必须具备较高的使用价值、文献知识价值，能够推动图书馆发展。价值原则要求图书馆应处理好两方面的问题：

(1)全方位评估资源价值。资源是否能长期使用、用户是否感兴趣、是否具有保存价值等，不能单一地从其中一方面评估资源的价值高低。

(2)平衡"用户需求"与"专业价值"的关系。用户需求的资源不一定具有专业价值。专业性较强的资源，不一定是用户感兴趣的资源。图书馆在购买资源时，要合理分配两者的比例，同时满足用户需求和专业需求。

2. 成本效益原则

成本效益原则是指在数字资源选择时应将数字化成本与最终用户使用满意度相结合进行分析，力求使有限的成本产生尽可能大的效益，或在控制效益时尽可能降低成本，提高成本效益。图书馆要控制资源购买成本，及时调整资金流，购买适合用户的数字资源。成本效益原则要求馆员注意以下三点：

(1)合理规划购置费。有选择地购买资源，优化馆藏资源结构，使图书馆有限的经费得到有效的应用。

(2)了解用户对资源的需求程度。通过统计报告分析资源使用情况，充分了解用户对不同资源种类的需求，购买使用率较高、用户需求较大的资源。

(3)除资源本身的成本，还要考虑相关投入。在核算成本时，要注意加入相关投入，如软硬件购置及维护费、相关软件费用、用户服务成本等。

3. 系统性原则

用户需要的知识和信息往往涉及多门学科或多个领域，片面、单一的信息已不能满足其需求。选择数字资源应该以建立系统资源为目标，保证资源的连贯性、完整性和系统性，间断的信息资源会失去其使用价值。图书馆应根据已有馆藏情况，选择符合本馆发展方向或目标的资源，进行连续性购买，保持资源的完整性和系统性，形成有特色的馆藏体系①。为了确保资源选择的系统性，图书馆必须要注意以下四个方面的问题：

(1)选择资源时，要全面评估资源价值，确定选择后，就要持续购买，保证信息资源内在的历史延续性，不轻易停购。

(2)注重数字资源覆盖的范围及其学科体系的内在联系，确保资源体系的广度和深度，且该资源能不断扩充更新。

(3)建设具有本馆特色的馆藏体系。明确要建立一个什么样的资源体系，既要符合本馆的发展规划和定位，也要满足特定用户的需求，持之以恒地购买某一方向的资源，打造自己的特色馆藏体系。

(4)控制本馆各类信息资源的购买比例，把握好重点和一般的关系，使资源间相互联系，形成一个有机整体。

4. 避免重复原则

避免重复原则是指为防止数字资源重复购买导致经费浪费，避免对已有数字化版本的馆藏再次数字化，或重复购买。但也要考虑已有数字资源的保存情况、是否还能发挥其价值，来决定是否重新购买或数字化。这也是数字资源选择的一个基本原则。资源的重复购买或数字化会带来严重的资源浪费，对图书馆也是一种损失。图书馆应及时、全面地梳理已有数字馆藏和纸质资源的电子化数量，避免重复，实现经费的最优配置。

我国图书馆界长期存在各自为政、彼此孤立和难以协调的情况。加强图书馆之间的合作和交流，通过图书馆之间的交流实现资源共享，将资源进行高度整合，建立地区或者全国统一的资源集成库，一定程度上解决资源重复的问题②。另外，图书馆可以通过和其他图书馆共同购买资源，对某些资源进行分工承担，逐步减少图书馆系统中的重复购买的情况。

5. 避免风险原则

图书馆要避免在资源选择过程中数字资源版权、购买合同、用户个人隐私的风险。对于版权、双方责任义务、合同文本表述等方面可能存在的风

① 曹霖．地方高校转型发展给予图书馆服务创新的思考——以文山学院图书馆为例[J]．文山学院学报，2018，31(05)：104-111.

② 陈雅，李文文，郑建明．泛在知识环境下我国高校数字图书馆集成服务平台构建[J]．情报学报，2011，29(11)：1605-1607，1620.

险，谨慎处理，避免风险的发生。用户的使用信息、IP 地址、检索、下载行为都会留下记录，这些记录属于用户的个人隐私。图书馆有保护用户个人隐私的义务。避免风险原则要求期刊采访人员注意以下三点：

(1)在购买数字资源过程中，应确定资源供应商保证资源来源及获取的合法性，明确资源供应商在非法使用方面的规定，通过相关措施规避这类风险。

(2)制定合同时，图书馆应注意合同条约的明确性，合理划分双方的责任和义务，避免造成不必要的损失。

(3)在保证用户的个人隐私安全方面，从馆员和图书馆系统两方面入手，一方面对馆员的职业道德和素养进行培训，避免误用和泄露用户个人信息。另一方面完善系统的安全性能，避免用户个人隐私泄露。

(三)数字资源选择的标准

标准是以科学、技术和实践经验的综合成果为基础，在工作中共同遵守的准则。影响数字资源选择的各种因素在不断变化，我们有必要重新审视和调整图书馆数字资源选择的原则和标准。制定数字资源选择标准时，应注意考虑以下 8 个因素：

1. 用户需求

在选择数字资源时，应基于用户的需求并以满足用户需求与解决问题为目标。在数字化、网络化环境下，用户信息需求从广度、深度、内容上都有了较大的变化。首先应满足用户对数字资源多元化的需求，这是数字资源选择时首要的考虑标准；其次是用户对数字资源质量提出的需求。目前，数字资源信息量非常庞大，应选择具有代表性、新颖性、避免重复的信息资源，同时也要保证信息资源的系统性和完整性。因此，在制定数字资源选择政策时，要充分研究和了解用户对信息的需求，最大限度地满足用户需求。

2. 资源质量

数字资源质量是信息资源价值的重要体现，可以分为两类：功能质量和内容质量。功能质量主要涉及数字资源所在界面或检索系统的性能标准，内容质量包括权威性、完整性、时效性、准确性、客观性五个方面①。一般来说，具有这五方面性质的数字资源，都具有较高的信息质量，能够充分满足用户信息需求。另外，提高信息资源质量，可以从完善数字资源检索系统及功能入手。因此，在数字资源选择的过程中，应从功能质量和内容质量考察信息资源质量，确保选择和引进高质量的信息资源，使用户在第一时间获取

① 莫祖英，马费成．数据库信息资源内容质量用户满意度模型及实证研究[J]．中国图书馆学报，2013，39(02)：85-97.

有用的、认可度高的数字资源。

3. 资源价格

资源价格是数字资源选择中必须重视的因素之一。图书馆在购入数字资源时，应考虑数字资源的定价模式、成本效益。通过资源的总投入与使用率，计算其效益，以购入效益最高的资源。资源供应商对不同规模的图书馆在不同时期提供的定价模式都存在差异，其中捆绑定价模式在一定程度上会造成资源浪费。一般来说，资源供应商会采用多种模式的混合策略，一个合理的定价模式应具备：简单易操作、可以预知的成本和花费、清晰易理解。不同的定价模式各有优缺点，图书馆应结合本馆的实际情况选择资源供应商的定价模式。

4. 资源风险

网络环境下，信息使用的不规范性以及无约束性导致版权受侵犯的事件越来越多。数字资源选择很有可能涉及版权、合同及隐私等问题，图书馆应谨慎处理。首先，在馆藏资源建设政策指导下采购具有权威性和学术价值的、无版权争端的数字资源①。其次，图书馆在资源选择过程中要严格审查资源供应商是否具备代理权和各种相关资格证书，避免构成侵权行为。再次，图书馆要采取必要措施约束用户对数字资源的非法使用行为，这种侵权行为，也会使图书馆承担侵权责任。图书馆与资源供应商签订授权协议，关键条款需界定明确，清晰规定双方的责任和义务。保护用户的个人隐私信息，既是用户合法权益的要求，也是图书馆职业道德的内容。

5. 功能与技术支持

数字资源检索系统及功能的好坏决定了资源的价值是否能够得到充分利用。当访问量过大时，检索系统及页面有可能出现瘫痪、中断等情况，影响数字资源的使用效果。图书馆检索系统及功能以互联网为基础，兼容其他数字资源平台及页面，提供集成化服务系统。因此，首先要选择能够支持资源集成的数字资源，满足数据内容、数据组织和数据利用的标准化、开放的要求；其次，采用国际通用的数据格式、元数据格式、数字对象唯一标识符、标引与分类语言；最后，建设可嵌入的资源检索接口，采用标准和开放的系统调用方式，使接口与图书馆系统接合②。

---

① 齐东峰．图书馆学术电子书采购诉求与出版商利益的矛盾与平衡[J]．国家图书馆学刊，2014(03)：99-104.

② 张晓林等．国家科学数字图书馆数字资源采购的技术要求[J]．中国图书馆学报，2004(04)：14-19.

6. 与服务的关联性

数字资源选择是综合考虑图书馆发展、用户需求、已有馆藏等因素的结果。数字资源选择要符合图书馆发展的需求、与其发展规划保持一致，随着图书馆发展需求，优化资源选择。用户作为信息的使用者，信息资源选择要和用户有较高的契合度，能够为用户产生价值、收益及影响，以提高用户满意度。同时，资源选择应建立在已有馆藏的基础上，馆藏结构在不断地变化，分析已有馆藏后，处理好纸质和数字化资源的关系，避免内容重复的现象，达到优化和补充馆藏结构的目标。

7. 资源使用情况

数字资源使用情况主要通过用户利用率表现，利用率以用户在一段时间内某种资源使用人数与用户总人数的比值来考核①。为用户提供使用是图书馆资源选择的最高准则，利用率高的资源表示用户对这类信息的需求较大，也能够达到满足用户需求的目的。另外，利用率高也反映了较好的成本收益。因此，图书馆应对已有的资源进行评估，分析用户需求及使用规律，为资源选择提供依据。但要注意，资源使用情况不是促使用户满意的唯一因素。

8. 资源供应商及其服务

资源供应商及其服务的选择是数字资源选择中需要考虑的因素之一。一般来说，资源供应商应提供六方面的服务：足够的资源试用期、技术维护、售后培训、资源长期保存及使用、资源使用统计报告②。在选择资源供应商及其服务方面，图书馆应争取足够长的试用期，以了解资源试用效果。选择有专业技术支持人员的资源供应商，以便出现问题时能够更好地解决。如果资源供应商能提供充足的相关宣传及培训资料，则有利于帮助图书馆培训用户。最好选择支持长期使用的资源供应商，以保证用户长期、充分使用资源。另外，资源供应商如果提供具有连续性、可信性和可比性的使用报告，将对图书馆制定购买政策起到辅助作用。

---

① 王鉴辉．数字图书馆评价体系问题研究[J]．中国图书馆学报，2004(04)：55-57.

② 唐琼，吴钢，谭明君．图书馆数字资源选择标准体系权重的确立研究——用户与馆员的双重视角[J]．图书情报知识，2011(03)：26-34.

第五章 信息资源的采集

信息资源的采集是指采用一定的方式和途径，按照一定的程序和规则收集经过选择的信息资源的过程。它要求采购人员主动地寻找信息资源的来源，利用多种方法，开辟各种渠道，通过各种途径，做好实体文献资源和数字资源等各种载体信息资源的采集，保证所选信息资源能及时获得。信息资源采集是信息资源建设中一项基础的业务工作，是一项技术性和实践性很强的活动。

近年来，现代通信技术和计算机网络技术的飞速发展，以互联网为代表的高速信息网络将大量的用户、信息资源、信息服务系统紧密联系起来，传统出版正向数字出版大踏步迈进，信息生产与传播的手段和方式都发生了巨大的变化，信息资源呈现出品种多、数量大、来源渠道多样化等特点。随着图书馆自动化、网络化、智慧化程度日益提高，信息资源采访工作的内外环境发生了巨大变化，使得信息资源采集模式也发生了新的变化，面临许多新的问题和挑战，及时有效调整信息资源采集策略显得尤为重要。

第一节　实体文献资源的采集

实体文献资源仍然是图书馆信息资源体系建设的基本构成部分。实体文献资源包括印刷型图书、期刊、特种文献、特藏文献或专藏文献、非书资料（微缩文献、视听文献、机读文献）等。这里主要讨论印刷型图书、期刊和特种文献的采集。

一、印刷型文献采集中的书目信息源

印刷型文献采集需要了解和掌握大量信息源。各类中外文书刊的书目是文献采集中重要的信息源，是图书馆文献采集人员进行图书评价、选择和审

定的重要依据。各类图书馆要在浩如烟海的出版物中采集所需的文献，就必须通过各种渠道搜集书刊目录，可以说对中外文书刊的书目信息的搜集是文献采集工作的关键。

(一)国内书刊目录

国内中文文献采集的书目工具，按其性质与用途，主要分为征订目录、通报目录、参考性书目和网上可供书目等几大类。

1. 征订目录

征订目录是图书馆文献采访人员订购书刊时直接使用的主要书目工具，它反映出版社的出版计划，并在书刊出版前提前向各类型信息资源收藏机构和信息用户进行宣传，以便选择和预定。中文书刊征订目录中曾经被广泛使用的《科技新书目》(1998年后为《新华书目报》科技新书目版)、《社科新书目》(1998年后为《新华书目报》社科新书目版)、《上海新书目》、《全国地方版科技新书目》等都已改为电子版。目前，在公共图书馆和高校图书馆普遍使用的是各大馆配商(图书发行商)在图书采购平台上发布的征订目录，如湖北三新文化传媒有限公司的“云田智慧图书馆云平台”就有上百万种图书的书目信息，可以实现一站式检索，给订购图书提供了极大便利。

2. 通报性书目和积累性书目

通报性和积累性书目是一种积累报道全国各地出版社已经出版发行的图书情况的总书目，是记录一定时期内文献出版情况的目录，其主体是国家书目。这类书目工具可用于图书情报机构检查、补充漏订、漏购的出版物。各图书馆可利用此类书目来检查已入藏文献的完整情况，并作为选购和补购书刊的依据。这类书目主要有《全国新书目》《全国总书目》《中国国家书目》《中国图书在版编目快报》等。

3. 参考性书目

参考性书目所列图书均是已经出版发行的图书。参考性书目不是直接用于订购书刊的目录，而是供采访人员在进行文献采集工作时参考的目录，它包括各种联合目录、专题目录、推荐书目等。中文书刊的参考书目主要有《中国报刊大全》《中文科技资料目录》《中文核心期刊要目总览》等。

4. 网上可供书目

自20世纪90年代末以来，国内已有数百家出版发行单位在互联网上注册域名，设立网站，借助网络这种新型媒体向用户提供可供图书目录和最新出版信息。一些网上书店也建立了自己的书目数据库。如当当网上书店建成了具有行业标准的、规模庞大、信息覆盖全面的中国可供书目数据库。网上传递的书业信息容量大、速度快，跨越时空局限，文献采访人员如能善于利用，必将成为图书馆等信息服务机构了解现今国内外出版物状况的巨大信息港。

(二)国外书刊目录

反映国外文献出版发行情况的书目很多，数量庞大，按其编辑出版地的不同，可以把它们分为两大部分。一部分是我国有关部门编制的征订目录和参考书目，另一部分是国外编制的出版社书目、书商目录、国家书目、在版书目等。

1. 国内选编的外文图书征订目录

随着我国图书对外贸易体制的改革，国内出现多家从事国际图书贸易的公司，形成了以中国图书进出口公司(简称中图公司)和中国教育图书进出口公司(简称教图公司)为核心，中国国际图书贸易公司、中国出版对外贸易公司、北京图书进出口公司、上海外文图书公司等多家公司竞争发展的局面。这些公司都编制了自己的国外文献的征订目录，这些目录是外文文献采访人员的主要参考工具。

2. 国外编印的外文书刊目录

国外编印的出版物目录种类多，数量大，用途各不相同。尽管有些内容被中图公司、教图公司或其他国内经营文献进口业务的公司选编进各种外文图书征订目录，但绝大多数并未被录入进来。这样就使一些大型的或专业性很强的文献信息机构，在文献采访时如果仅依靠国内编制的书目工具，就很难全面掌握有关外文文献的出版信息。所以，对外文文献的采集应该利用各种重要的国外书目工具，以便对所要订购的外文文献进行筛选，购进真正需要的优质文献，避免造成重复和遗漏。

通常搜集国外书目的渠道主要有三条：一是通过贸易渠道有选择地向国外订购；二是通过非贸易渠道(交换、索取或赠送)获得；三是通过网络获取有关信息。国外网上书店星罗棋布，如美国亚马逊(http://www.amazon.com/)网上书店，是目前全球最大的网络书店，其网站书目信息量十分巨大，在其网站主页上可以看到书店经营的项目有BOOK(图书)、MUSIC(音乐制品)、VIDIO(视像制品)、GIFTS(礼品)和AUCTION(拍卖品)等文献信息。在亚马逊网上书店的BOOK项内，用户可通过文献名、责任者、出版者和出版日期、关键词等进行查询，也可通过其主页左栏的浏览窗口以分类的形式查询文献。

二、实体文献信息采集的方式

图书馆等信息资源机构要实现最大限度满足信息用户需求的目的，就必须依据一定的原则标准，通过各种途径将各种类型文献采集回来。科学的信息资源采集方法是采集到高质量信息资源的保证。由于现代信息资源数量庞大，类型复杂，学科广泛，出版发行分散多头，有商品性的，有交流性的，有公开的，有内部的。因此，信息资源采集必须采用多种渠道、途径和方法。

(一)购入采集方式

购入采集方式是指向信息资源机构、出版发行单位和个人有偿获取信息资源的方式。它包括预订、现购、邮购、代购、网购、复制等形式。购入采集是补充信息资源的主要方式和经常性来源，是保证信息资源机构有计划、有针对性地入藏信息资源，构建系统的信息资源建设体系的主要方式。

1. 预订

预订是指采访人员依据出版发行部门提供的征订目录进行圈订，然后送交出版发行部门，按预约计划购买文献资料的方法。它包括期货预订和现货订购两种方式。出版社、书店、邮局、图书进口公司、内部书刊编印单位，凡是计划发行的或所拥有的各类出版物，都预先编制征订目录，向各单位和个人订户征集具体订数，订户根据需要选择圈选，并在预订单上填写所需文献的名称或编号、所需份数等，在规定的时间内向出版发行机构返回订单，待文献出版后出版发行机构按预订的种、册数供应订户。图书馆是各种大宗出版物最主要的单位订户之一。采访人员可依据实际采集的需要和范围，通过图书发行商的征订目录预订国内公开出版的图书；通过邮局征订目录预订国内公开出版的报刊；通过出版社杂志社征订目录预订它们公开出版自办发行的图书期刊；通过各种学术团体、机关单位、学校出版物征订目录预订公开出版或内部出版的书刊资料。对外文进口图书的采购预订由于受外汇管理规定的限制，目前预订外文图书报刊资料，还需委托国内的代理商办理。主要是：中国教育图书进出口公司、中国图书进出口(集团)总公司以及各地的外文书店等。随着国家相关政策的逐步实施，外国独资代理商陆续登陆中国发行市场，与国内代理商展开竞争。

目前，国外一些出版机构多采用“大宗采购”这一订购方式，并利用计算机和网络等现代化手段进行管理，简化了文献订购的程序，方便了图书馆的文献采集。其方式主要有：纲目订书、提类订购、全数订购、集中订购、租借订购、长期订购等。

纲目订书是指图书馆将自己的藏书补充计划按入藏文献范围、内容、出版社、价格等列成纲目，提交给有关书刊发行代理商。书商根据图书馆所提出的“纲目”，将其需要的最新文献直接寄给信息资源机构，图书馆有权退回不符合需要的书刊，但退书率不得高于10%。这种方式简便易行，只要签一次合同就能连续不断地获得所需图书。

提类订书是指图书馆将自己所需订购的信息资源的学科类目告知有关书刊发行机构，由他们根据图书馆提供的类目，为其选择所订购的信息资源。但这种方式很少能退货，比较适合于范围较窄的学科领域，需要有足够的经费保证。

全数订购是指图书馆根据本单位的需要，向一些学术机构和专门出版社等特定的出版机构订购其全部出版物。

集中订购是图书馆向特定的出版机构或发行代理机构大批采集信息资源。这种订购方式是由出版或发行代理机构先将文献样品成批送到图书馆，让其选择，合适的留下，不需要的退回。在这种采购方式中，发行人员参与图书馆的信息资源采集工作，许多出版和发行机构为争取订单，常常派人主动向图书馆提供样品及各种书目任其参考，使其能更全面地掌握出版信息，并能在较短的时间内采集到大量的信息资源。此种方法比较适用于新建图书馆的信息资源采集。

租借订购是出版机构按期向图书馆提供它们新出版的信息资源，图书馆根据信息资源的内容和形式决定保留或退回。留下的文献再根据事先的协定付出一定的租借费。文献经过一段时间失去使用价值后，再退还给出版机构。如经使用，图书馆认为有必要将其长期保留，也可购买。该方式比较适用于图书馆有一定需求，但本馆又不必入藏的信息资源。

长期订购是保证多卷和连续出版物完整入藏的一种手段。它只须办理一次手续，长期有效，而且还可享受10%—30%的优惠。采用大宗采购使图书馆在新书出版后很短的时间内便可收到所需图书，避免漏购，还可获得较多的优惠和减少选订时的大部分事务性工作。

总之，预订是图书馆等信息机构有计划采集信息资源比较可靠的方法。其优点是信息资源来源保障率高，采访人员和出版发行部门都能掌握主动权，不至于重复和遗漏。但这种方式也有局限性，一是征订目录的著录过于简单，采访人员单凭书目订单不能完全了解文献的内容和水平，加上书目有时带有广告色彩，就容易错购或漏购；二是征订目录所登载的信息资源仅是计划出版，因此会出现因订数过少而不出版的情况，从而影响图书馆的信息资源采集计划；三是通过预订的文献到馆周期过长，预订手续复杂，这些都给信息资源采集带来困难；四是各种各样的书店书社、图书中心、发行公司以及出版社、编辑部乃至著作者本人，纷纷将订单寄到图书馆采访部门，使得工作人员无法得到准确的出版信息，由于同一选题重复出版，同一种书在不同书目重复征订不作说明，很容易造成重购。因此，图书馆要搞好预订工作，要求采访人员熟悉发行渠道，掌握书源信息，广泛收集征订书目和出版动态，科学地选择所需书刊品种与复本，合理地分配购书经费，注重品种与复本数量适当，及时准确地填报征订单。图书馆还可与出版发行机构签订合同，规定预订文献出版后到馆的期限，对过期未到的文献可通过其他的方式、渠道补购，同时做好预订的准备、检查、验收和登记工作。文献订购是大中型图书馆采集信息资源的主要方式之一，但还需与其他采购方式相结合。

2. 现购

现购是指文献采访人员直接到书店、书市或出版社销售部门选购书刊。这种方法能获得预订所得不到的书刊，如有些发行量小的书、内部发行的图书、古旧图书、地方出版物等，往往不经过征订就直接在市场上销售。有些漏订的书、预订不足的书以及需要临时补配的书，都需要通过到书店、书市、出版社及有关单位直接选购来解决，因此，现货选购成为文献补充和采集的重要方式。尤其是现代电子信息技术的飞速发展，使以前采访人员在现购时面临的重购问题迎刃而解，采访人员只要通过笔记本电脑或网络就可解决查重问题。

现购的方式有两种：一是在本地区直接选购，信息资源机构可与各类图书发行机构建立长期购销关系。书商根据信息资源机构提供的收集藏书范围、重点和复本基数预留新书，采购人员定期去书店采购所需图书品种与复本，经过筛选后不需要的图书可及时退还。二是到外地采购，主要是利用书展或书市的机会前去采购。文献采访人员在外出采购时，必须先要熟悉馆藏，明确外出采购补缺范围，编制补充采购计划等。

现购可弥补预订方法的不足，一些漏订的信息资源和发行量小的信息资源都可通过现购的方式解决。更重要的是，现购能看到实物，并据此进行鉴别和选择，了解其内容与质量，以决定取舍，简便而迅速。但由于现购受图书发行商拥有的品种数量的限制，在采购时偶然性大，很难保证文献采集的完整性和系统性。所以，直接选购图书的方法对于小型图书馆来说，是一种主要的购书方法，而对于大中型图书馆，仍是一种辅助购书方法。

3. 邮购

邮购也称函购，它是指文献采访人员根据有关的书目、广告、订单等直接与外地书店的邮购部、出版社的读者服务部、有关单位的图书经销部挂钩，按照所开列的书目或范围数量要求，采用邮寄托运的方法购买所需文献资料。邮购的对象一般都是在本地脱销或购买不到的出版物，这种方式能起到补漏、补缺的作用，是一种辅助性购书方法。

4. 代购

代购是指采访人员委托他人在外地或国外选购所需文献资料。一般来讲，代购的文献都是具有一定价值或用户急需而本地又没有货源的文献资料。代购的形式有两种：一是临时性代购，就是委托他人按照所列书目到外地、外单位选购文献资料，如是外文文献资料则可委托出国人员或外文书店采购人员代购。二是长期性相互代购，就是委托外地有友好关系的单位按一定的范围和数量代购当地的信息资源，建立起长期互相代购的关系。采用这种方法的优点是及时有效，但委托他人代购必须开列书目并限量，要注意避免错购和重购。

5. 网络采购

网络采购是指信息资源机构通过网络进行书目信息的浏览、信息资源的预订、书款结算的一种信息资源采集方式。随着网上书店的数量和规模不断扩大，网络采购已成为图书馆等信息资源机构进行信息资源采集的重要方式。出版商已不再通过书目征订这种单一渠道，网上选购为信息资源采集方式带来了革命性的飞跃：一是为图书采访工作手段现代化创造了良好的环境，利用网上书目选书，将大大地缩短周期。二是由于网络在载体容量上的优势，能提供的书目信息数量是印刷型书目望尘莫及的。三是网上反映一本书也是多角度的，包括书的内容简介、目录、封面、书摘、书评等。采集人员利用书目信息进行鉴别、筛选后可在网上直接订购或向出版社、图书进出口公司订购。当然，利用网上书目直接选书、购书的工作方式将大大地增加信息采集人员的工作量及工作难度。

6. 复制

复制是指采用多种复制方法获得复制品。复制的对象多为重要的科技文献或信息用户需要而图书馆没有收藏又无处购买的信息资源，特别是发现有价值的信息线索，就可采用复制的方法，也可委托有关文献信息机构、情报部门代为复制，或通过馆际互借方式由本馆自行复制。对图书馆来讲，复制也是一种补充稀缺书的好方法，如孤本、善本、无法购入的原版本等，均可通过复制的方法获得，这样复制品可代替原版书刊为用户使用。复制的方法包括抄录、照相复制、静电复制、缩微复制、录音录像复制、扫描仪扫描、光盘刻录复制、计算机磁盘光盘拷贝等。复制文献虽然通常需付一定的费用，但却是获得珍贵书刊和罕缺资料的好形式。

(二)文献招标采购

文献招标采购也是一种信息资源的购入采集方式，是进入21世纪以来我国图书馆信息资源采集中通常使用的一种资源购入方式。由于这种购入方式比较特殊，所以需要专门加以介绍。

1. 文献招标采购的含义

文献招标采购，是指文献资源政府招标采购，即依据《中华人民共和国招标投标法》和《中华人民共和国政府采购法》，在事先提出采购计划、采购金额、文献资源质量、文献类别、语种安排、种类、复本和服务条件等要求的前提下，公开向文献提供商发布公告、通告或邀请函，然后经过招标、投标、开标、评标与定标等程序，按照一定规则，公开、公平、公正、透明地从招标采购投标商中选择数家作为文献资源采购供货商，并随之签订文献资源采购合同的交易行为①。

2. 文献招标采购的方式

按照《中华人民共和国政府采购法》的相关规定，文献采购招标方式可以分为公开招标、邀请招标、竞争性谈判、单一来源招标和询价采购②。

(1)公开招标

公开招标，也称无限竞争性招标，是一种由招标人按照法定程序，在政府或图书馆网站，或公开出版物上发布招标公告，所有符合条件的供应商都可以平等参加投标竞争，从中择优选择中标者的招标方式。通过招标，招标人可以有较大的选择余地，可在众多的投标人中选定供货质量高、到货及时、服务质量好、报价合理的馆配商。其缺点在于招标周期长，工作复杂，需花费的成本也较大③，对于采购量较小的招标项目，不宜采用公开招标的方式。

(2)邀请招标

邀请招标，也称选择性招标，是指招标人以投标邀请书的方式邀请特定的法人或者其他组织(不能少于三家)投标，只有接到投标邀请书的法人或者其他组织才能参加投标的一种招标方式。这种采购方式具有以下特点：一是发布信息的方式为投标邀请书；二是采购方在一定范围内邀请供应商参加投标；三是竞争范围有限，采购方只要向三家以上供应商发出邀请标书即

---

① 丁金龙. 高校图书馆图书采购招标的质量控制研究[J]. 图书馆，2009(05)：128-129.

② 赵洁等. 高校图书馆信息资源建设研究[M]. 北京：海洋出版社，2018：189-190.

③ 中国法制出版社编．新编常用法律词典(案例应用版)(精装增订版)[M]. 北京：中国法制出版社，2016：218.

可；四是招标时间短，招标费用相对较低；五是公开程度逊色于公开招标。

(3)竞争性谈判

竞争性谈判，是指采购方或代理机构通过与多家供应商(不少于三家)就采购事宜进行直接谈判，最后从中确定中标供应商的一种采购方式。采购中的谈判是指采购方或代理机构和供应商就采购的条件进行比较性的讨价还价，并达成一项双方都满意的协议的过程。竞争性谈判具有较强的主观性，评审过程较难控制，容易导致不公正交易，甚至腐败，必须对这种采购方式的使用条件进行严格限制，并对谈判过程进行严格控制。

(4)单一来源采购

单一来源采购，也称直接采购，是指达到了限额标准和公开招标数额标准，但所购商品的来源渠道单一，或属专利、首次创造、合同追加、原有采购项目的后续扩充和发生了不可预见紧急情况不能从其他供应商处采购等情况，是一种没有竞争的谈判采购方式。由于单一来源采购只同唯一的供应商签订合同，采购活动处于一对一的状态，且采购方处于主动地位，在交易过程中，更容易造成各种不规范行为和腐败行为。因此，需要从法律上对单一来源采购的使用规定有严格的适用条件。

(5)询价采购

询价采购，也称货比三家，是指采购方根据采购需求，从符合相应资格条件的供应商(一般不少于三家)发出询价通知书，让其报价，然后在报价的基础上进行比较，按照符合采购需求、质量和服务相等且报价最低的原则确定成交供应商的一种采购方式。询价采购是一种相对简单而又快速的采购方式，适用于采购货物规格、标准统一，现货货源充足，且价格变化幅度较小的采购项目。

3. 文献招标采购的流程

依据《中华人民共和国招标投标法》和《中华人民共和国政府采购法》的有关规定，文献招标采购工作必须按照招标、投标、开标、评标、定标、签订合同等基本程序进行。其实施操作流程应包括：招标前准备工作、招标中组织实施和招标后服务管理三个阶段①②③：

---

① 杨琳．医院图书馆文献招标采购的实践与思考[J]．图书情报工作，2012(S2)：83-84.

② 赵洁等．高校图书馆信息资源建设研究[M]．北京：海洋出版社，2018：191-193.

③ 普通高等学校图书馆文献集中采购工作指南[EB/OL]．[2020-3-8]．http://www.scal.edu.cn/gczn/201311050857.

文献招标采购的标的物可分为固定标的物和非固定标的物。固定标的物指所采购的文献内容和形式明确，能够详细列出所采购文献的名称、卷(期)次、数量、到货期限等具体事项，如：已出版的中外文图书和连续出版物、文献数据库等。非固定标的物指不能列出所采购文献的具体名称、数量，而是按年度或其他时间段对文献采购的数量或金额进行控制。一般在选择长期供应商时标的物不固定，也称“供应商资格招标”。

图书馆文献招标采购工作首先要做好前期准备工作，包括确定招标原则、确定招标标的。其次要根据各图书馆的有关规定组织评标小组专家，主要由纪检、审计、财务部门以及图书馆的相关人员组成。招标工作的具体实施操作步骤如下：①组建文献采购招标工作小组，由工作组拟定招标内容、方式、招投标日期；②由招投标工作组制定评标标准，并经各方讨论后确定；③拟定文献采购邀标书，邀请符合资格条件的馆配商积极参与投标；④认证投标馆配商资格、确定参与投标的商家，通知经确认具备投标资格的投标单位进行投标答辩，答辩结束后招标工作小组进行开标议标，经投票后公布招标结果；⑤图书馆与中标单位进行商务谈判并签订合同。①

4. 文献招标采购的意义和存在的问题

文献招标采购具有积极意义：首先，招标采购是文献采购工作走向法治化、规范化的必然要求，它有利于提高文献采购的透明度，有限管理和监督图书馆经费使用情况，从源头上防治腐败；其次，通过招标投标，可以选择资信优良、供货能力强、文献品种丰富、质量优良、到货迅速的图书供应商，从而有利于提高图书馆文献资源体系的质量；再次，通过公开招标采购，引入市场竞争，图书馆可以得到更多的价格优惠，从而降低资源建设的成本，同时还得到供应商提供的若干附加服务，在一定程度上缓解图书馆人力不足的问题。

文献招标采购目前存在比较突出的问题是在招标采购的过程中过分注重图书文献的价格因素，从而使报价最低的图书供应商最容易中标。而“低价中标”往往带来诸多问题。首先，供应商不可能以低于或等于中标折扣价从那些出书质量高、声誉良好的出版社购买到高质量有品位的图书，因而只能将那些质量平庸甚至低劣，但折扣很低的图书向图书馆供货。同时“低价中标”的供应商在向图书馆提供的书目信息中，往往屏蔽了那些高质量但折扣很高(打折很少)的图书，使图书馆根本不知道这些图书的出版，而招标采购也使图书馆不可能通过其他渠道来采购那些高质量的图书。这是造成目前

① 金胜勇等. 信息资源建设[M]. 北京：科学出版社，2017：64.

许多图书馆，特别是学术型图书馆馆藏质量不高的重要原因之一。① 而造成这种状况的重要原因，是目前在文献招标过程中，评标小组中图书馆专业人员所占比例太少，非图书馆专业人员所占比例过大，而非图书馆专业的评委很难了解图书馆资源建设的原则、用户的需求，以及考察图书供应商需要考虑的诸多因素。② 因此，在文献招标采购的过程中扩大图书馆话语权是解决这一问题的关键。

(三)非购入采集方式

非购入方式是指信息资源机构不用货币购买而采用其他方法免费或用少量经费获得各类文献或非卖品文献的方式。主要包括接受呈缴(交存)、交换、接受捐赠、征集、调拨等方式。

1. 接受呈缴(交存)

呈缴是国家为保证完整地收集和保存本国全部出版物，以法律或法令的形式规定全国所有出版社和其他出版单位，凡新出版的文献，都必须向国家或地方政府指定的图书馆等单位缴送一定数量的样本。我国《公共图书馆法》第二十五条规定："公共图书馆可以通过采购、接受交存或者捐赠等合法方式收集文献信息。"

第二十六条规定："出版单位应当按照国家有关规定向国家图书馆和所在地省级公共图书馆交存正式出版物。"高校图书馆也要求本校的硕士、博士研究生向本校图书馆交存学位论文样本。

2. 交换

交换指文献信息机构之间交换自己采集的文献资料或与其他相关机构、部门之间直接进行交换，或通过协调机构间接进行交换，以达到互通有无、调剂余缺、资源共享之目的。这是图书馆丰富馆藏的一种文献补充工作，也是很多图书馆获取一些国家地区和一些机构内部文献资料和难得文献资料的重要渠道。

3. 接受捐赠

接受捐赠是指图书馆等文献信息机构接受团体或个人捐赠的文献，以丰富馆藏的一种形式。这也是图书馆获得珍贵书刊丰富馆藏的重要来源之一。捐赠的文献包括知名人士赠送的文献、国外友好人士和社团赠送的文献、个

---

① 蔡迎春. 当前藏书采选机制对藏书质量的影响与思考[J]. 图书情报工作，2019(09)：31-37.

② 蔡迎春. 当前藏书采选机制对藏书质量的影响与思考[J]. 图书情报工作，2019(09)：31-37.

人著者赠送的文献和出版发行者赠送的文献等。

4. 征集

征集是指图书馆有针对性地从机构或个人那里获得各种珍贵文献资料的方式。征集的对象一般是政府机关、学术团体、厂矿企业、学校及科研单位、商业部门等非正式出版单位及个人。征集的方式有信函联系、上门访求等。

5. 调拨

调拨是指在上级主管部门或信息资源协作协调机构的组织下，有计划地将一些图书馆的馆藏文献调拨给有需要的图书馆，使接受调拨的单位免费迅速地增加其藏书量，也使调拨出去的文献资料能充分发挥其潜在价值。

三、实体文献资源采集的流程

实体文献资源采集是一项技术性和实践性较强的工作。因为涉及财务管理问题，所以它有严格的程序和规范要求。实体文献资源采集流程一般要经过三个阶段，即选购阶段、订购阶段和验收阶段。

(一)选购阶段

选购阶段是订购前的准备阶段。这一阶段的工作分为三部分：(1)搜集各种书目信息，书目信息齐全，才能有更多的选择余地，对同类信息资源通过比较来选择比较优秀的进行订购，才不至于出现漏购和错购。(2)对征订目录上的文献进行圈选，选择的信息资源是否合适，直接关系到馆藏信息资源资源的质量。对外文原版书刊、昂贵的中文书刊和重要书刊的选订，应经馆内外专家或选书委员会、选购小组讨论通过，最后由主管人员审定批准。(3)采访人员对经过选择决定采集的文献要进行“查重”，即检查核对本机构以前是否订购过某种信息资源以及订购的数量，以避免重复浪费。随着计算机在图书馆的普及应用，用计算机进行查重已十分方便、快捷。

(二)订购阶段

订购阶段是初选和查重之后的采购行动实施过程。采购人员在通过综合平衡确定了合理的复本数量后，要尽快办理相关审批手续，填报预订单、寄发订购单，即完成订购工序。

近年来，一些信息资源机构通过网上书店购买选定所需文献。网上订购方式要求采访人员将所选信息资源放入“购物篮”，并查看购物篮内所选的信息资源，然后提交订单，书店收到订单后会很快给用户发出“订购确认”的电子邮件，如果用户发现订单有差错，可以及时改正。这种方法便捷有效，而且还可享受打折优惠。

(三)验收阶段

预订的信息资源到货后，要及时进行验收。验收包括三个步骤：一是按发票验收，即验收人员用发票或清单核对到货的信息资源，查清单价、种册数、总金额；二是提样本核对预订目录，即将核对到货的文献，例如每种图书抽出一册样书逐一核对预订目录，仔细检查收到的书刊是否与预订品种、册数完全相符合，如发生多发、少发、漏发、错发及搭配等问题，必须及时向发书单位反映并纠正差错；三是财务报销，核对完毕后，在预订目录上注明寄到标识，在发票与清单上办理盖章手续，进行书款结算，然后将验收好的文献成批移交给登录人员，完成验收程序。

随着现代信息技术的广泛应用，图书馆等信息机构的文献信息资源采集工作程序也发生了变化，大多数图书馆都采用了图书馆自动化集成系统中的信息资源采访子系统，近年来更出现了"智慧图书馆云服务平台"，这些系统或平台一般都具有处理订单、制作预订卡、查重、登录、验收、统计等多项功能，实现了信息资源采集的现代化管理，提高了工作效率和质量。

第二节　虚实结合的资源采集新模式

进入 21 世纪以来，影响信息资源采集的环境因素发生了重要变化。首先，信息技术飞速发展，互联网、大数据、云计算、物联网、人工智能等新兴技术逐渐融入社会生产生活的各领域，与传统行业深度融合，创造出无数新的发展生态。其次，社会信息需求越来越从粗放型向精细化、细粒度化发展，对信息服务针对性、精准性的要求越来越高。再次，我国信息资源市场环境越来越成熟和完善，信息资源的供给侧和需求侧在追求互利、双赢的目标中开展了良好的合作。新的环境，催生了信息资源采集的若干新的模式。

一、读者决策采购

近年来，信息资源采集尤其是实体文献采访工作面临着巨大的困难和挑战，海量的文献资源与采集符合馆藏要求和读者需求的矛盾日益突出。不少图书馆借助迅速发展的计算机和网络技术，采用网上设置"荐购服务"栏目的办法，让读者参与到图书馆文献采访中来，由读者向图书馆推荐所需要的文献，以解决文献采访瓶颈问题①。经过多年的实践，图书馆发现这种简单的推荐方式难以形成以读者使用为目的的藏书采购机制，因而对图书馆馆藏贡献有限，因而部分图书馆开始尝试对推荐方式加以改进。20 世纪 90 年

① 尚新丽，屈亚杰．高校图书馆网上荐购服务现状调查研究[J]．图书馆学研究，2014(20)：58-61.

代，美国大学图书馆开始的一种基于用户需求的资源建设模式，称为读者决策采购(Patron-Driven Acquisitions，简称PDA)。1990年，美国巴克内尔大学首次实施为期三个月的采购读者馆际互借请求文献的尝试，间接实现了读者决策文献采购①。而读者真正地部分或全部拥有文献选择主动权则开始于90年代末。1999年，美国科罗拉多研究图书馆联盟(Colorado Alliance of Research Libraries)与当时全美最大的电子书整合平台NetLibrary(原隶属于OCLC，现归属于EBSCO)协商并进行了基于读者需求驱动的电子书采购试验，被认为是PDA的开端②。进入21世纪以后，PDA随即风靡全美高校图书馆，文献选择(特别是电子书选择)的职责逐渐从图书馆转移到读者手中，PDA成为了美国高校图书馆馆藏建设的主导模式③。2010年，PDA被美国大学与研究图书馆协会(ACRL)列为“学术图书馆的十大发展趋势”之一④，引起了图书馆界和馆配商等利益相关者的广泛关注，促进了PDA在世界范围内的开展。2011年，有学者首次将PDA理念引入国内⑤，拉开了国内图书馆界关于PDA研究和实践的序幕，引起了业界的极大兴趣。

(一)读者决策采购的含义

读者决策采购(Patron-Driven Acquisitions，PDA)，也称需求驱动采购(Demand-Driven Acquisition，DDA)或称“按需购买”(Purchase on Demand，POD)，也有学者建议译为“供需互动采购⑥”“用户驱动采购⑦”或者“读者主导式采购⑧”。而“读者决策采购”较多被图书馆界接受和采用。

目前，国内还没有对PAD的定义达成一致。有的学者认为PDA是一种新

---

① Perdue J，Fleet JAV. Borrow or Buy? Cost-Effectivedelivery of Monographs[J]. *Journal of Interlibrary Loan*，1999(04)：19-28.

② Swords D A. *Patron-Driven Acquisitions：History and Best Practices*[M]. Berlin：De Gruyter Saur，2011：119.

③ 李显志，王良超，张麒麟．美国高校图书馆文献选择角色的演进——兼论读者决策采购本土适应性的思考[J]．图书馆建设，2019(04)：102-110.

④ ACRL Research Planning and Review Committee. 2010 top ten trends in academic libraries[EB/OL]．[2020-03-01]．https://core. ac. uk/download/pdf/71972447.

⑤ 张甲，胡小菁．读者决策的图书馆藏书采购——藏书建设2.0版[J]．中国图书馆学报，2011，37(02)：36-39.

⑥ 卞丽芳，袁润，王正兴．PDA(Patron-Driven Acquisitions)辨析[J]．中国图书馆学报，2012(05)：109-114.

⑦ 胡银霞．基于PDA的电子书采选策略[J]．图书情报工作，2012，56(09)：70-74.

⑧ 王春生．读者主导式采购探析[J]．图书馆建设，2012(10)：27-30.

兴的图书采访模式，根据读者的实际需求与使用情况，由图书馆确定购入①。有的认为 PDA 是根据读者的实际需求与使用情况，由图书馆以一定的标准或参数确定购入文献的资源建设新模式②。还有的学者认为 PDA 是指图书馆基于读者对某一本书的实际阅读或浏览情况(如读者的点击次数、阅读停留时间等)，预设一定的参数，当达到相应条件(如点击人数超过 10 次、图书单价低于 200 元等)时，自动触发购买某一文献指令的一种资源采购模式③。

综合上述表述，PDA 的核心内涵可归纳为：第一，用户享有决策权。用户的实际需求是文献资源采购的依据；第二，设定一定的参数和标准。采购方在与馆配商签订 PDA 协议时，只有当用户的需求或使用符合预设的参数和标准时，才能触发采购指令；第三，在需要的时刻获取资源。采购方可以永久购买文献资源，也可以仅购买文献资源在某段时间或者某些方式的使用权限，而不是长期、集中购买文献资源，具有很大的灵活性。

(二)读者决策采购的类型和模式

读者决策采购按载体类型可分为纸本图书以及电子图书的采购。

国外 PDA 的类型主要针对电子图书，纸质图书相对较少，这是由成熟的国外电子书出版行业促成的。而我国中文电子图书的市场供给复杂，电子图书市场又存在着平台众多、整合困难等诸多问题，致使我国 PDA 以纸质图书较多。

1. 电子图书的 PDA 模式

采用电子图书的 PDA，首先需要选择国内外 1—2 家电子书商试行。由于针对性及专业性强的纸质图书到馆周期长，一般要 4—5 个月甚至更长时间，严重影响了图书的使用率。对此类外版图书如果选择购置电子版并且采取 PDA，读者能够及时获得资料，既解决了到馆周期长的问题，又使采购的资源得到了有效利用。

由于我国电子书行业存在平台众多和整合困难，电子书格式、功能与呈现方式不一，标准的行业认可度和执行力不足，新书纸电同步率不高，定价偏低等诸多问题，因此，我国开展电子图书 PDA 主要以外文为主④。

---

① 胡小菁. PDA——读者决策采购[J]. 中国图书馆学报，2011(02)：50.

② 刘华. 馆藏建设的风向标——读者决策采购[J]. 图书馆杂志，2012，31(01)：38-41.

③ 杨永权. 基于大数据环境下读者决策的图书采购模型研究[J]. 河南图书馆学刊，2019，39(02)：85-87，111.

④ 顾烨青，陈铭. 高校馆配中文电子书的现状与问题分析[J]. 高校图书馆工作，2018(01)：42-52.

国内馆配电子书平台相继开通 PDA 服务，其中易阅通、畅想之星、田田网、台湾知识宝与芸台购这5家较为成熟，它们集版权控制、新书发布、销售、图书馆采购和读者借阅服务为一体，专注于为出版方、图书馆搭建信息对接桥梁，提供资源整合、信息推送、买卖交易等服务，与早期的超星、方正 Apabi、书生之家等传统电子图书平台相比，它们侧重于纸电同步与融合以及新书更新率，并提供 PDA 服务模块①。

2. 纸质图书的 PDA 模式

纸本图书的 PDA 模式指图书馆在购买纸本图书时所采取的一种由读者决定文献资源购买与否的馆藏资源建设模式。图书馆通过设立预设文档及触发参数，读者浏览图书目录次数达到预设参数，就会触发购买。纸质图书的 PDA 又有不同的模式，一种是将馆际互借申请中符合预设要求的申请直接转换为纸质图书的订单，另一种是读者在图书馆 OPAC 上检索书目记录，如发现需要的图书则点击“申请购买”，向图书馆荐购该书，从而触发图书馆向书商发送订单②。如我国国家图书馆中文图书采访工作中，将“读者推荐单”嵌入该馆门户网站，面向全国读者收集推荐信息③。四川农业大学以在馆书展的方式开展外文原版图书 PDA 实践活动，通过收集分析荐购群体的学历、职称等信息，并综合考虑学校学科设置、馆藏特色等多方面的因素，最终确定读者荐购的书目④。深圳图书馆联盟纸质 PDA 模式构建中，先采用“自制书目 PDA 采购”模式，条件成熟后采用“征订书目 PDA 采购”模式并实现纸电一体化的 PDA 项目的构想⑤。因此，图书馆的纸质图书 PDA 模式一般分为自制书目型 PDA、门户网站型 PDA、书展型 PDA、图书馆联盟方式 PDA，主要涉及读者借阅可能性较大的中文期刊，普通中文、外文和港澳台图书等，而像古籍等以收藏为主的书籍，几乎不开展 PDA 项目⑥。

---

① 杜玉玲，赵旭鹏．国内馆配电子书平台 PDA 方案对比分析[J]．图书馆学研究，2018(04)：40-47.

② 刘惠敏．纸电同步趋势下我国高校图书馆开展读者决策采购(PDA)的策略分析[J]．图书馆建设，2018(06)：19.

③ 郭建平．供给侧改革背景下图书馆采购模式探析：以国家图书馆中文图书采购工作为例[J]．图书馆研究与工作，2018(02)：47-50.

④ 刘虹．原版外文图书的采购模式探讨[J]．图书情报工作，2014(S2)：41-42，45.

⑤ 吴锦荣．深圳图书馆联盟基于 PDA 的合作馆藏建设模式研究[J]．图书馆理论与实践，2017(11)：91-98.

⑥ 温娜．2011 年以来国内图书馆 PDA 主流模式研究[J]．图书馆研究与工作，2019(01)：18-19.

近年来，有些图书馆在探索一种“你读书，我买单”的纸本图书采购模式，可以认为是读者决策采购的一种类型。具体操作过程是，图书馆与实体书店合作，读者在书店挑选到所需图书，书店工作人员核对读者身份，确定所购图书符合采购要求，书店工作人员即对所购图书进行现场编目，并将数据传到图书馆服务器，读者即可将该图书借走，由图书馆“买单”。读者则在规定期限内，将所借图书还回图书馆。2014 年内蒙古图书馆推出的“彩云服务”，是这种读者决策采购模式的典型。

(三)读者决策采购的流程

不同的 PDA 实施在标准制定、细节规定上不尽相同，但大多遵循以下基本工作流程(1)图书馆选择合适的书商，并与其确定符合馆藏发展政策的预设文档之后，由书商提供符合预设文档要求的图书 MARC 记录；(2)图书馆将书商提供的图书 MARC 记录经过一定方式的过滤或处理，导入至图书馆目录；(3)用户在图书馆目录中检索、发现、点击阅读其所需文献；(4)系统对用户的检索、发现、点击、阅读信息进行分析和综合处理，按照设定的购买标准，确定用户行为是否足以促使该文献资金进入购买流程；(5)如若符合所设购买标准，系统自动触发购买，用户可享受即时阅读服务。①

在读者决策采购的整个采购流程中，从读者角度而言，读者决策采购真正实现了购买决策由用户决定，用户的检索、发现、点击等行为完全基于其真实意愿而产生，采购决策的形成能够在一定程度上保障用户的需求和文献资源的利用率；从图书馆角度而言，直接以用户需求触动其采购决策形成，有利于文献资源采购决策效率的提高和决策效果的改善，同时还缓解了采访人员的工作压力②。

(四)读者决策采购的优势和实施策略

通过读者决策采购 PDA 实践分析，可以发现 PDA 有以下优势③：(1)能够提高图书馆采购的决策效率；(2)实现采购资源的节约及优化配置；(3)最大限度满足用户需求，提高资源利用率；(4)能使图书馆牢固树立“以读者为中心”的服务理念；(5)促进图书馆为读者服务的针对性，提高馆

---

① 沈敏芳. 读者决策采购(PDA)——图书馆电子资源建设新模式[J]. 图书馆理论与实践，2013(04)：13.

② 陈峥. 图书馆读者决策采购(PDA)研究及展望[J]. 农业图书情报学刊，2015(01)：85.

③ 沈敏芳. 读者决策采购(PDA)——图书馆电子资源建设新模式[J]. 图书馆理论与实践，2013(04)：13.

藏质量;(6)改善图书馆在科研和教育活动中的地位,提升社会价值。

图书馆应当立足于馆内实际情况,实施PDA策略,在PDA实践中要做好以下几方面工作①:(1)做好PDA实践的基础设施配置工作,如PDA系统上线的硬件设施、运行环境,如何实现MARC数据与图书馆系统的对接和导入。(2)选定适合的资源供应商,该供应商能够具备一定的技术资源实力,不仅能够提供大量用户所需的各类文献资源,还具备对PDA系统中一定技术性问题的解决能力、对接系统的开发能力等,从而对图书馆及用户的需求做出迅速反馈。(3)通过与资源供应商的谈判,达成互惠条款,实现图书馆、用户、馆配商的多赢局面,互惠条款包括以下内容:①一定时间或一定页数范围内的免费阅读,从而使图书馆为那些用户真正需要深入阅读的文献买单;②价格区间,根据量变引起质变的原理,以用户的阅读深度为标准,制定弹性的租借或购买价格政策;③价格折扣,以规模性购买量为条件,要求书商提供最大限度的价格优惠,薄利多销。(4)设定合理的购买标准,综合考虑本馆文献资源预算、战略目标、用户人数等因素,通过合理点击阅读标准的设定,触发图书馆的合理采购。

二、纸电同步采购

随着带屏幕显示的电子设备,如MP3、MP4、笔记本电脑、手机、阅读器等的不断普及,数字阅读日益受到众多读者的青睐,阅读电子书的人越来越多,尤其是很多年轻人,他们对于电子书的追捧已经超过纸书。为了适应当代读者的阅读方式,纸质图书和电子图书同步发展已然成为当前图书市场的主流。

(一)纸电同步采购的含义

目前对于"纸电同步"概念还没有明确的定义,国外在电子书领域发展较早,目前纸质图书与电子图书的同步发行运用得较为广泛,相关理论研究也相对比较成熟,按照2015年4月财政部和国家新闻出版广电总局联合发布的《关于推动传统出版和新兴出版融合发展的指导意见》,可以将其理解为,按照积极推进、科学发展、规范管理、确保导向的要求,立足传统出版,发挥内容优势,运用先进技术,走向网络空间,切实推动传统出版和新兴出版在内容、渠道、平台、经营、管理等方面深度融合,实现出版内容、技术应用、平台终端、人才队伍的共享融通,形成一体化的组织结构、传播

① 陈峥.图书馆读者决策采购(PDA)研究及展望[J].农业图书情报学刊,2015(01):85.

体系和管理机制①。通俗理解，所谓纸电同步，也可称为“混合出版”，是指出版社对同种图书既出版纸质书又出版电子书的两种不同出版形式的同步发展的状态，是纸质与数字出版并存的混合形态。

纸电同步采购是指同步采购纸质和电子等不同载体类型的文献资源的采购模式，采购方可以同时采购某一品种图书的纸质版本和电子版本，并按需求设置各自的复本数量②。随着纸电同步出版日益成为出版业的发展趋势，纸电同步采购也正成为图书馆信息资源采集的新模式。

(二)纸电同步采购对图书馆信息资源采集的影响

1. 实现对书目信息的全面了解，扩大资源采集的范围

在实现纸质图书和电子图书同步发行后，各纸质版和电子版的图书的书目数据可以同时出现在指定的采购平台商，采访人员在获得该平台的访问权限后，根据各自的馆藏建设方针、任务，在出版发行的所有文献书目中采购需要的图书，不再是只能通过馆配商的“二次书目”和内容提要来选购图书。同时，可通过电子图书浏览整本书及重点章节，在此基础上确定采购的图书，避免由于馆配商提供书目不完全、提要表述不充分，而导致的采访人员难以发现符合本馆馆藏建设要求的、体现自身藏书体系的、具有收藏价值的图书。通过纸电同步，采购人员选书的范围不断扩大，有利于进一步改善馆藏结构，提高馆藏质量，满足用户需求。

2. 扩充收藏文献种类，降低复本数量

现阶段多品种低复本图书采购模式已成为趋势。据统计，图书馆购置图书单品平均 1.5—2.0 册。通过纸电同步采购，可以让用户通过浏览电子图书来决定采购纸本图书的品种、数量。对于出现多读者选购同一本图书的现象，在决定购置一定复本量的基础上，可以考虑购买电子图书以满足用户需求，从而有效地控制复本数量，杜绝零使用率图书的出现，提高图书利用率。同时还可节省文献收藏的物理空间，大大缓解书库压力。近年来，新书发行规模持续增长，且纸本图书定价不断上涨，各馆每年在文献信息资源购置费上虽有所增加，但实际采购到馆的图书数量却不断减少。由于电子图书的价格大幅低于纸本图书，为保证图书种类，节省购书经费，实现多品种低复本的馆藏目标，应加大电子文献的收藏，让有限的经费发挥最大的效益。

---

① 关于推动传统出版和新兴出版融合发展的指导意见[EB/OL]. [2020-03-01]. http://www.cac.gov.cn/2015-04/10/c_1115079278.htm.

② 宋旅黄. 图书馆与馆配商合作效益研究[M]. 北京：中国社会科学出版社，2019.

3. 有利于用户参与采购，增强资源采集的针对性

在传统的文献采访中，用户的参与度不高，纸电同步采购中有用户参与采购环节，用户可以利用纸电同步采购平台的书目数据库选择图书，试读确认后直接荐购给采购方，并可以在后台查询荐购处理状态。采购方按照采购平台相应的处理方式和流程操作就可以顺利实现订购。纸电同步采购利用网络让用户参与采购工作，可以不受时间、地点、人数的限制，能够实现随时随地更大范围调动用户参加荐购的积极性，从而让更多用户参与到馆藏建设中，使图书采购更具有针对性，从而有利于提高馆藏文献的利用率。①

4. 促进阅读推广，提高资源使用效益

纸电同步采购以读者需求为中心，读者深度参与文献资源选采推荐，通用微信、微博等新媒体平台参加各类阅读互动活动，引领阅读习惯带来阅读新体验，提高阅读积极性，促进阅读推广活动走向深入和多样。同时图书馆利用纸电同步平台，深度挖掘阅读数据，获取读者阅读爱好，精准分析阅读行为，通过新媒体推送阅读纸质馆藏图书，提高馆藏纸书阅读率，发挥图书资源最大效益。②

(三)国内外纸电同步采购的现状

国外开展的读者决策采购着重在对电子图书的采购，这得益于国外图书较高的纸电同步率。早在2012年，美国排名前6位的出版社已经实现了93%图书的纸电同步出版，英国剑桥大学出版社的图书纸电同步出版率更是高达95%。而在我国，刚开始出版社对于图书的纸电同步出版态度并不积极，反而是馆配商在真正推动图书的纸电同步出版③。2015年4月，北京人天书店“畅想之星馆配中文电子书平台”正式发布，第1期《中文电子书目录》上线；2016年4月，湖北三新文化传媒有限公司正式推出“田田网”订购平台，为高校馆提供中文电子图书的单本订购服务；同月，浙江省新华书店集团的开放式纸电相融馆配服务云平台——“芸台购”上线；2016年5月厦门外图集团有限公司“知识宝”(HyRead)云阅读面向大陆市场推出台版电子书④。

---

① 王雅玲. 纸电同步下的图书采访模式变革[J]. 吉林省教育学院学报，2018(06)：175-176.

② 周群. 纸电阅读同步推广系统与读者关联数据挖掘研究[J]. 情报科学，2017，35(11)：78-82.

③ 刘惠敏. 纸电同步趋势下我国高校图书馆开展读者决策采购(PDA)的策略分析[J]. 图书馆建设，2018(06)：19.

④ 段双喜. 图书“纸电同步发行”趋势下的采购策略研究——基于华东师范大学图书馆利用数据的分析[J]. 图书馆杂志，2017，36(11)：56-61.

2019 年 4 月在杭州举办的"第 5 届中国数字阅读大会"上发布的《2018 年度中国数字阅读白皮书》显示，截至 2018 年，我国数字阅读用户总量达到 4.32 亿，人均数字阅读量达 12.4 本，人均单次阅读时长达 71.3 分钟①。这些数据背后，是已经发展起来的中国数字阅读市场，还有随之而来的出版业自我进化，媒介和技术的快速发展赋予出版业新活力，纸电同步已经成为一些出版机构的重要战略，出版社成为推动纸电同步模式不可或缺的坚实力量，例如，读客文化早在 2016 年纸电同步率就已高达 85%，对纸电同步的布局更可以追溯到 2012 年；上海译文社的《刺杀骑士团长》大获成功后，纸电同步悄然成为该社的战略方向；人民邮电出版社、化学工业出版社、人民文学出版社等也在不遗余力地推动纸电同步，2018 年化学工业出版社有 1800 个图书品种实现了电子化②。

（四）纸电同步采购的方式

对出版机构来说，纸电是否同步其实面临着两难选择，一方面目前电子书的定价普遍偏低，限于作者和出版社的经济考量，更倾向于只做纸书；但另一方面，电子书的需求却一路高涨，不推电子书也会丢失一部分用户市场，而且越来越多的读者认可经典书的纸质版，对于故事类的类型文学，读者更倾向于电子书。读者用纸质书还是电子书完成一次阅读并不重要，重要的是他可以在任何时间、地点有适合于当时情景的阅读方式。纸质书与电子书各有优势，既读电子书也读纸质书的读者比例越来越高，因此在现阶段纸电同步采购中，存在着多种采购方式，且处于以下多种采购方式并存的局面③。

1. 购买纸质图书赠送电子图书

在开展纸电同步采购初期，馆配商可在取得版权方同意的情况下，通过促销、季度优惠、平台试用等形式，推行购买纸质图书赠送电子图书的采购方式。采购方在购买馆配商的纸质图书后，馆配商按一定规格赠送一批电子图书或者开放部分电子图书使用权给采购方。采购方在花费相同的采购经费基础上可以获得额外的电子图书资源。这种纸电同步采购方式主要为馆配商促销推广的临时性措施，对于纸质图书和电子图书的常规采购，还需要更为

① 《2018 年度中国数字阅读白皮书》发布大众阅读市场规模占比逾九成［EB/OL］.［2020-03-01］. http://guoqing. china. com. cn/2019-04/15/content_74682816.

② 从纸电同步到纸电声一体化"蝶变"［EB/OL］.［2020-03-01］. http://www.cbbr.com.cn/article/128717.

③ 宋旅黄. 图书馆与馆配商合作效益研究［M］. 北京：中国社会科学出版社，2019：173-179.

良性的采购方式。

2. 纸质图书和电子图书捆绑销售

要实现纸电同步采购，首先需要作为内容提供方的出版社增强数字出版的信心，提高图书的纸电同步率，实现采购方在采购纸质图书的同时也能够购入相应的电子图书。由于一般情况下，电子图书通常会滞后纸质图书6—12个月交付，因此采购方在购入纸质图书后，可以要求馆配商在6—12月之内交付相应的电子图书。纸质图书和电子图书捆绑销售可以促进出版社电子图书销售实现盈利，但是采购方需要花费额外的费用购买图书的电子版本，而总的品种数没有增加。

3. 纸质图书和电子图书按需购买

随着数字出版的不断发展，出版社对数字出版的投入也会越来越大，同步发行图书的纸质版本和电子版本的趋势也会越来越明显，采购方在采购时才能实现纸电同步采购，按需求选择购买纸质版或者电子版图书，或者两者同时采购。纸质图书和电子图书按需购买在纸电图书同步率、纸电图书选择及复本分配灵活度、电子书交付周期、采购方与馆配商信息交互等方面都有很大的提升。

(五)纸电同步采购的实施策略①

要实现纸电同步采购，图书馆等机构可以开展以下采购策略②：

1. 构建统一的纸电同步全品种采购平台

目前，国内馆配商都建立了专门的图书采访平台来展示自身拥有的图书。采购方可以根据招标结果，在相对应的采购平台完成采购行为。但是由于招标结果每年都不相同，因而图书馆可能需要不断地切换不同的采购平台，使得采购流程复杂化，而且部分采购平台在设计过程中也存在缺陷，导致采购过程繁琐，而且馆配商并不能做到覆盖全国所有图书品种，提供的书目也存在各自的偏好和特点。

要实现纸电同步采购，首先要实现不同平台间电子图书资源的有效整合，打造统一全品种可供书目的采购平台；其次纸电同步采购平台，应以图书馆、馆配商以及出版社为参与主体，形成具有版权管理、数据统计、物流管理、后台服务等功能在内的多功能服务框架，同时采取会员登录模式，由

① 张书玉.“纸电同步”视域下的高校图书馆文献资源建设探析[J]. 图书馆学刊，2019(04)：72-73.

② 张书玉.“纸电同步”视域下的高校图书馆文献资源建设探析[J]. 图书馆学刊，2019(04)：72-73.

出版社与馆配商通力合作，负责纸电同步图书的上传工作，图书馆则根据需要完成采购。目前，国内部分图书馆已经开始启动构建统一采购平台，这将会提升我国图书馆纸电同步采购的进程。

2. 提高文献资源的纸电同步率

出版商、图书版权以及市场需求等都影响着纸质图书和电子图书的出版发行。随着纸电同步的快速发展，部分理念先进的图书出版公司率先试验，如读客图书有限公司 2014 年就开始启动了纸电同步的图书销售形式，成为国内最早开始纸电同步的图书销售公司，仅当年依靠电子图书部分获取利润即达到十万元，截至 2016 年利润超过千万元以上，目前该公司通过纸电同步出版发行的图书份额占据总份额的八成以上。为实现自身利益，出版社开始逐步提升纸电同步图书占比。但是与愈发增强的用户需求相比，现阶段纸电同步效率还不足以满足需求。

首先，由于采购方对图书进行采购必须采取招标形式，对于投标企业有诸多限制，仅有较少企业能够成为馆配商，这无疑缩小了文献品种可选择的范围。其次，采购方仅能与中标企业进行合作，在投标文件中双方就已经对图书价格进行了规定，而在实际的采购中，馆配商考虑到自身所能获取的利润、供货渠道等问题，可能无法完全满足图书馆的采购需求。再次，图书出版公司对采购方的实际需求情况缺乏认识。这就需要馆配商在需求调查基础上，与采购方进行密切接触，通过对纸电同步采购的图书需求、专业类书籍要求、畅销书种类等情况进行评估，真实掌握采购方对文献资源的需求，从而实现对采购方采购需求的充分认识，进而对市场发展趋势进行正确判断，在保证自身能够获取更多利益的同时，为采购方通过纸电同步采购到所需文献资源提供保障。

3. 规范纸电同步采购的编目标准

书目数据不仅有助于用户准确找到所需文献资源，更为重要的是能够提升文献资源检索的全面性和准确性。首先，在编制书目数据时，必须确保对文献资源进行真实、全面性地显示。尤其是在编制纸电同步采购的图书书目时，必须保证信息的详细性，确保其与书目管理系统相结合时，在书目管理系统中对此类图书的所有信息可以很好地展示。其次，在开展纸电同步采购的图书编目相关工作时，应以用户现实要求为依据，以编制目的为方向，从书名、责任者、分类号、文献形式等不同角度对图书进行系统的描述，为保证该类图书能够顺利地融入书目管理系统，必须加快编目标准化工作进程。充分发挥图书馆领域权威部门的领导作用，将国家图书馆、CALIS 等机构纳入参与主体，联合计算机、图书馆等相关领域专业人士，对现有编目规则进行整改，以适应纸电同步采购文献资源的发展需要。最后，要以现有编目规则为基础，通过加入代码、子字段等方式，凸显纸电同步采购图书的形式特点。

实现纸电同步采购图书的标准编目，将进一步提升用户的阅读体验，提高书目数据的管理水平。用户借助详尽的书籍描述，能够准确掌握文献的内容、载体等情况，提升其检索文献的效率。采购方借助统一的编目规则，能够明确不同载体的图书目录标准，采购人员能轻松在系统内识别出不同的载体类别，从而实现管理的规范化、效率化。

三、精准采购

由于出版社每年出版的图书种类众多，涉及的学科分支也较多，这给学术性图书的采购造成了一定的困难。为了提高信息资源的利用率和采购效率，除了要提升用户在信息资源采集中的参与度，采用新的互联网技术以外，还需对信息资源建设进行整体规划，结合自身定位和馆藏特点，制定采购信息资源的品种范围，纸电文献资源的复本数比例等。特别是对于高校图书馆，对本校学科的支持度是进行信息资源建设的重要指标，采取精准采购模式，能够在采购学科相关文献信息资源过程中优化馆藏结构，提升采购效率，对学科建设工作起到积极推动的作用。

(一)精准采购的含义与工作机制

精准采购是图书馆，特别是学术型图书馆与馆配商密切合作，以支持学科建设，增强学术性图书与研究型用户需求的契合性为目标，运用精益思想，以学科、资源分类、核心出版社等关联关系为切入点，为学术型图书馆制定科学合理的学科文献采集方案，以提高学科文献采集效率的资源采集模式。

精准采构的工作机制主要包括设立标杆、分析标杆馆藏结构、确定核心出版社等内容①。

1. 设立标杆

在对某学科文献进行精准采购时，首先要设立该学科的标杆高校。通过标杆高校在该学科发展过程中的示范性以及优先性制定学科文献信息资源的采购方案。例如“理论经济学”这个学科领域，武汉大学该学科的发展较为完善，学科排名位于全国前列，因此可以确立武汉大学作为标杆，其他采购方在采购该学科的文献信息资源时，可以参照该标杆的该学科馆藏结构进行

① 宋旅黄．图书馆与馆配商合作效益研究[M]．北京：中国社会科学出版社，2019：135-138.

相关的采购。

2. 分析标杆馆藏结构

在选定标杆后，下一步采购工作是对标该学科进行馆藏结构分析，将学科层次划分为一级学科和二级学科，在制定学科精准采购的采购表时，需要将该学科细分至二级学科，以保障所采购的文献信息资源符合学科建设的需求。对于标杆的馆藏结构分析主要是了解标杆在该学科下二级学科文献信息资源的馆藏情况，分析该学科下二级学科的馆藏结构，确定学科优先发展方向。

3. 确定核心出版社

采购方可以根据标杆的学科结构对自身的学科建设进行规划，确定学科培养方案，然后确定发展该学科所学的文献信息资源。对具体学科所需要的文献信息资源的采购来源主要是通过分析标杆文献信息资源馆藏所属的出版社的占比情况来确定。一般来说，对于某一具体二级学科图书的出版，会存在一定的出版社偏向，即在该学科出版中会根据出版物的销量或者学术影响力使该出版社成为该学科领域的核心出版社。根据该二级学科出版物确定的核心出版社，采购方进行有针对性的采购，能对该学科的馆藏结构进行进一步的优化升级。

(二)精准采购的优势

精准采购能够对馆藏结构进行优化，主要体现在扩大学科文献采集面、减少漏购率、节约订购成本、提升学科建设支持度等方面。

1. 扩大学科文献采集面

精准采购能够实现对各学科文献信息资源采购量的比例的科学合理调整。采购方在进行精准采购中，需要把握学科建设的发展方向，根据自身的馆藏或者教学特色以及经费制定学科构成结构，确定优势重点学科以及弱势非重点学科，合理分配文献信息资源采购量，确保优势重点学科的建设示范作用，同时兼顾其他弱势学科的发展，为学科多元化发展制定合理可行的采购策略。

2. 减少漏购率

精准采购在一定程度上能够解决普遍存在的漏采问题。首先，精准采购能够对学科结构进行调整，促使各学科采购文献信息资源量得到均衡分配，在一定程度上缓解了学科之间的资源分配问题。其次，精准采购确定了各学科的核心出版社，保障了各学科采购文献信息资源的学科专业性，使得采购方能够准确把握各学科的发展趋势，提升采购各学科文献信息资源的专业性，实现了所采文献信息资源的有效使用，从而降低了文献信息资源的漏购率。

3. 节约订购成本

采购方通过为其学科建设量身打造精准的学科建设采购方案进行书目挑选，节省了传统采购过程中产生的采购人员差旅费等费用开支，对文献信息资源的选择范围和选择面更加精准，能够在有限的经费内采购到更全面、更有价值的文献信息资源。

4. 提高学科建设支持度

精准采购能够提供有针对性的文献信息资源，提高馆藏文献信息资源的利用率，改善了文献信息资源的采购渠道，能够更好地满足用户对文献信息资源的需求，从而提高用户对采购服务的认可度，提升了对学科建设的支持度。

(三)精准采购的实现策略①

要实现精准采购，可以采取建立馆藏文献资源测评体系、规范资源选题策划、制定科学合理的学科分类采购表、实现馆藏数据双向互通等方式②。

1. 建立馆藏文献资源测评体系

通过数据挖掘和数据分析制定适合馆藏发展的信息资源建设方案，构建馆藏文献资源测评体系对各学科资源建设方案进行测评。馆藏文献资源测评体系主要是设立各学科的统一量化测量指标，从多维度角度分析学科建设方案的合理性、准确性、经济性等方面，充分考虑学科结构的合理性、经费的最优利用、文献信息资源的借阅率等问题。对精准采购进行多元指标的检查，对检测的各项指标逐一量化，综合考虑精准采购方案的可行性和精准度。关注各项指标之间的权重，利用综合评价方法对年度新书馆藏量、学科文献信息资源采购精准度、各学科文献信息资源利用率等指标进行打分评价，从而建立馆藏文献资源测评体系。

2. 规范资源选题策划

为了实现高效率的学科精准采购，同时节省投入成本，避免人力物力的浪费，需要对学科采购的文献信息资源进行规范化的选题策划，即从出版源头对文献信息资源进行归类处理，方便对馆藏学科结构进行深入的分析研究。目前出版界存在出版同类主题较多的问题，很难体现专业性和权威性。规范资源选题既需要馆配商、采购方和出版社三方协力合作，又需要馆配商

---

① 宋旅黄. 图书馆与馆配商合作效益研究[M]. 北京：中国社会科学出版社，2019：214-216.

② 宋旅黄. 图书馆与馆配商合作效益研究[M]. 北京：中国社会科学出版社，2019：214-216.

帮助采购方建立各类学科专家学者库，对各类学科的知名权威专家进行研究，建立学科权威智库，确定学科资源表，避免学科同质化，在规范资源选题的同时，为未来学科的纵向发展提供资源保障。

3. 制定科学合理的学科分类采购表

精准采购需要体现精准，需要将学科、资源分类、核心出版社三者有机结合起来进行研究。在制定精准采购学科分类采购表时，需要将文献资源对应的分类法和学科分类、分类法与核心出版社这两组对应关系进行深入研究。可以根据教育部公布的学科设置，与《中国图书馆分类法(第五版)》进行匹配，找出各学科对应的文献资源分类，从而将学科同具体的出版资源一一对应，最后根据分类法对应的文献资源的出版社确定各学科资源的核心出版社。学科分类采购表从学科、分类法、核心出版社三方面确定学科文献资源采购单，在一定程度上保障了采购文献资源的专业性和低漏购率，使各学科文献资源在采购过程中能够高效、科学、合理地采购到学科所对应的专业权威文献资源，满足各学科建设的采购需求，提升馆藏文献资源的利用率，优化馆藏结构。

4. 实现馆藏数据双向互通

在大数据时代，需要从结构化、非结构化的海量数据中深入挖掘出具有参考价值的信息资源，通过加工整合成为可供决策使用的丰富知识。采购方在进行精准采购过程中，需要进一步扩大馆藏数据资源库的建设，并且要实现馆藏数据能够与馆配商和出版社的的相关数据直接对接，形成相关数据的双向互通，保障精准采购的准确度。

第三节　数字资源采集

数字资源采集就是通过一定的方式和途径，将数字资源纳入数字馆藏体系的过程。资源采集是数字化处理过程的起点，并贯穿数字化处理过程的始终。采集必须注意数字资源的质量、价值和时效性，它直接影响整个管理工作的质量和效率。为了反映其客观过程的动态变化，数字资源采集的过程必须按照科学的方法遵循一定的程序，来保持数字资源管理的系统性和连续性。

数字资源采集不同于实体文献资源的采集主要表现在两个方面①：

第一，采集的目标不同，实体文献资源的采集方式是通过购买文献信息

① 肖希明等. 数字信息资源建设与服务研究[M]. 武汉：武汉大学出版社，2008：117-118.

资源实体，确定合理的复本量，以保证用户借阅需求，其采集目标是实体文献资源的拥有；基于网络的数字资源服务平台为多个图书馆的用户同时利用共同选购的电子资源提供了便利，使具有使用许可权的局域网用户在任何时间都能够访问和利用本地镜像站点、远程镜像站点或服务器上的数字资源。因此数字资源采集的目标是数字资源存取。

第二，采集的难点不同，实体文献资源的采集难点在于对相同内容的实体文献版本和出版社的选择，以及确定合适的复本，复本过多或过少都会影响采集经费的合理使用及用户文献信息需求的满足；数字资源采集的难点在于确定最佳的采集方式及价格模式。网络上存在大量的有用的免费电子资源，数字资源采集首先就要在保障资源可获得性和开发利用开放式数字资源之间取得平衡，最大限度地有效利用网络免费资源。对于有偿数字资源，例如数据库资源的引进，如果大量重复引进，并建立多个镜像站点，或不同系统的图书情报机构分别与相同的出版商、数据库供应商进行谈判、签订相应协议，将会造成图书经费和人力资源等的浪费。如何选择采集方，是国家引进、集团采购还是自主引进则是数字资源采集的难点。

一、数字资源采集的来源和范围

(一)数字资源采集的来源

联合国教科文组织在其出版的《文献术语》中将信息源定义为："组织或个人为满足其信息需要而获得信息的来源，称为信息源。"数字信息源一般分为实物型数字信息源、文献型数字信息源、电子型数字信息源和网络型数字信息源①。

1. 实物型数字信息源，又称为现场数字信息源，是指具体的观察对象在运动过程中直接产生的有关数字信息，包括事物运动现场、网上学术研讨会、网上产品交易会等；

2. 文献型数字信息源，是指承载着被系统数字化的知识信息的各种载体信息源，包括图书、报纸、期刊、专利文献、学术论文、公文等数字化信息源；

3. 电子型数字信息源，是指通过使用电子技术实现信息传播的数字信息源，包括广播、电视、电子刊物等；

4. 网络型数字信息源，是指蕴藏在计算机网络，特别是因特网中的有关信息所形成的数字信息源，包括大型学术信息系统、网上出版物、出版社

① 朱林，吴兆文. 数字信息资源管理研究[M]. 北京：世界图书北京出版公司，2012：41-42.

及网上书店、联机数据库、各专题网址、专业学术 FTP 等。

(二)数字资源采集的范围

数字资源的采集范围可以划分为以下三个方面①：

1. 内容范围，是指根据数字信息的内容与数字信息目标和需求相关性所确定的范围，包括数字信息本身内容范围和环境内容范围。本身内容范围是由数字信息本身相关内容特征组成的范围；环境内容范围是由数字信息周围与数字信息相关的内容特征构成的范围；

2. 时间范围，是指在数字信息发生的时间上，根据与数字信息目标和需求具有一定相关性的特征所确定的范围，这是由数字信息的历史性和时效性所决定的；

3. 网域范围，是指在数字信息发生的网点上，根据与数字信息目标和需求具有一定相关性的特征所确定的范围，这是由数字信息的网域分布特征和数字信息的相关性要求所决定的。

二、数字资源的采集模式

根据数字资源的存取方式和费用，可分为有偿访问的数字资源和开放存取数字资源即免费数字资源两种。有偿访问资源多为期刊、会议论文等印本文献的电子版，也包括商业公司制作的学科、专题数据库，属于需要投资采购的电子资源。开放存取的数字资源包括两层含义，一是指资源使用不收费，公众可以直接使用；二是指资源在使用上的开放性，系统为公共用户提供开放、方便的访问途径，用户甚至可以通过百度等通用搜索引擎获得这类资源。

(一)有偿数字资源的采集模式

有偿数字资源的采购模式按照采购的主体类型，可以分为国家采购、集团采购和单独采购三种模式②。

1. 国家采购

国家采购主要是指对于与国家经济及社会发展战略目标相关的教学科研人员及社会公众普遍需要的基础性、综合性数字资源，利用公共财政及政府出资购买，以保障整个国家或大多数地区的科研人员和社会公众对信息资源

① 朱林，吴兆文．数字信息资源管理研究[M]．北京：世界图书北京出版公司，2012：41-42.

② 肖希明等. 数字信息资源建设与服务研究[M]. 武汉：武汉大学出版社，2008：119-124.

存取利用的数字资源采购模式。国家采购是电子资源的一种整体化建设方式，是从集团采购发展起来的一种新型的电子资源交易方式。数字资源国家采购模式有统购型、补贴型、平台型三种出资方式。

(1)统购型。国家利用中央经费统一购买电子资源，全国的每一台联网计算机均可免费访问这一电子资源，这种方式称为统购型。有些经济实力强的小国，如冰岛，就采用这种采购方式。

(2)补贴型。政府支付一部分电子资源费用，另一部分则由各个图书馆来支付，电子资源的使用面积覆盖全国大多数科研与高等教育单位。加拿大的CNSLP(Canadian International Site Licensing Project)项目是补贴型国家采购的典型。

(3)平台型。国家投资建设一个统一的电子资源采购与访问平台，对全国的电子资源，主要是指电子期刊采购进行集中管理，包括采选、许可权、合约、价格、访问、整合和保存，平台的运转费用由国家支付，但电子期刊的购买费由基层图书馆来负担，也就是指国家建立一个电子期刊超市，批量购买电子期刊后再分销给全国的图书馆。这种模式以英国的NESLI(National Electronic Site License Initiative)项目最为有名。

国家采购模式采用的这三种出资方式中，统购型和补贴型之间的差别是政府的资助程度不同，但都具有政府的参与强度强，基层图书馆得到的实惠多，所获得的公平访问权比较彻底，电子资源的成本效益较大等优点，适合地域狭小、人口不多，并且公民文化水平较高、基础设施完善的国家，在采购的数字资源内容上只适合于综合型的电子资源，比较专深的电子资源使用人数不多，统一购买的成本效益并不理想；平台型的最大优点是解决了电子资源的永久保存问题，其缺点是全国建立一个采购电子资源的平台会导致电子资源交易的垄断，造成电子资源价格上升，损害基层图书馆的利益。

我国数字资源的国家引进开始于1997年，国家科技图书馆文献中心购买的美国*Science*杂志，英国皇家学会4种会刊和会志，以及英国Maney出版公司出版的15种材料科学方面的电子版全文期刊，自2002年4月2日起，我国大陆(不含港澳台地区)任一互联网IP地址用户均可通过其设在北京的镜像站点访问和利用这些数字资源。另外，CALIS中心购买的*Nature*、OCLC的*First-Search*，也对所有“211工程”的高校开放，已经具有国家采购的性质。

2. 集团采购

集团采购，是指某一地域或系统的多个图书馆通过建立采购联盟，共同推举谈判代表与电子资源提供商进行价格与使用条款谈判，最终购买合同则由提供商和各成员馆签订，购买费用由各成员馆自行支付给提供商。集团采购模式就是将多个图书馆组织起来，联合采购某种资源，以最少的经费获取最优的价格、最佳的服务和最符合需求的资源。

集团采购的组织方式主要有按地区集中组团的方式，如上海高校图书馆与专业图书馆组成的上海地区集团；按行业集中组团的行业方式，如CALIS；以及两者结合的复合方式。

集团采购的组织者通常是一个机构，也可有几个机构联合组成，也可以是专门的组织。其职责是负责集团的组织工作，包括对资源进行评估、与数据厂商或代理商谈判、组织数据库试用和宣传、审核，并代表集团签订集团合同等。目前我国国家级的集团采购组织者主要有：教育部中国高等教育文献保障系统、中国科学院国家科学数字图书馆、科技部国家科技图书文献中心。各地的高校图工委和省级公共图书馆也是数字资源集团采购的组织者。大部分图书馆是参加单位，可向集团组织者提出合理建议和要求，根据组团方案确定本馆是否参加集团，并签订合同，一旦参加集团，即可享受集团的各种优惠，同时承担相应的义务和责任，遵守合同和集团内的各种约定。

例如，高校图书馆数字资源采购联盟(Digital Resource Acquisition Alliance of Chinese Academic Libraries，DRAA)①，就是由我国部分高等学校图书馆共同发起成立的。其宗旨为：团结合作开展引进数字资源的采购工作，规范引进资源集团的采购行为，通过联盟的努力为成员馆引进数字学术资源，谋求最优价格和最佳服务。主要工作内容有：(1)数据库评估：由联盟牵头馆邀请专家组成集团采购数据库谈判组，根据试用和使用的情况，开展数据库集团采购的前评估和后评估工作；(2)数据库谈判：以数据库集团为单位，由联盟牵头馆组织谈判组与数据库商进行谈判。谈判组组长由联盟牵头馆所在单位的联盟理事担任；(3)集团采购方案审核与发布：集团采购方案由联盟牵头馆报理事单位审核通过并由谈判组签字后，由联盟牵头馆和联盟秘书处向成员馆公布，同时在联盟主页上发布；(4)组织培训：联盟可以独立或联合数据库商和代理商开展各类培训；(5)集团采购代理商选择：通过招标方式，遴选经国家新闻出版署批准的、有进出口资质的、优秀的代理商配合联盟开展数字资源集团采购；(6)售后服务监督：数据库商和代理商的售后服务监督工作由联盟牵头馆协同联盟秘书处共同担负。

3. 单独采购

单独采购，是指根据自身信息资源规划和用户需求，单位本身直接与数

① 高校图书馆数字资源采购联盟[EB/OL]. [2020-01-13]. http://www.libconsortia.edu.cn/index.action.

字资源提供商进行价格和使用条款谈判，最终签订购买合同，自行支付数字资源的购买费用。

单独购买模式适用于本单位重点建设的特色数字资源，这类资源更多面向那些学科面窄、科研人员少、需求量不大的数据库或电子期刊。从本单位特色资源体系建设和国家数字资源保障体系的角度出发，采用单位自主购买，国家补贴、扶持相结合的方式进行，通过馆际互借文献传递方式来满足其他机构用户的需求。

4. 其他采购模式

在数字资源采集实践操作中，提供商可以提供的产品种类繁多，并且相当一部分是综合性产品。对于大型综合单位可以选择包库购买等方式，但对于小型或专业学科领域内的单位，则需要采用灵活的购买方式。目前，采用较多的方式有①：

(1)包库购买，是指购买整个数据库，单位用户可以直接通过专线或镜像站点进行访问，无限制或者通过并发用户数限制。这种购买方式适合综合性大型单位或某些专业性很强的单位；

(2)按学科购买，是指一些小型单位或专业机构，会根据自己的学科和专业特点，购买某个数据库中某几个学科，而不是全部购买，它一方面可以节省经费，另一方面可以提高数据库的使用效率；

(3)按使用频率购买，是根据单位用户使用数据库的频率，例如用户登录次数、全文下载次数等相关标准来进行测评，进而定制购买策略，例如OCLC数据库就是根据检索该数据库的次数来付款；

(4)分别购买共享使用，是指各单位分别购买某个数据库的一部分，所有单位购买内容和数据放在一个统一的服务器上共享。

数字资源的采集模式各有优势和不足，在实际的数字资源采集中，各单位或机构需要从自身的实际出发，选择最佳的采购模式，最大限度地增加数字资源的保障能力。

(二)免费数字信息资源的采集模式

基于网络的数字环境提供了大量的能够免费使用的数字资源，特别是随着开放获取运动的推进，许多有价值的数字资源可以通过互联网获得而无须支付费用，既节约了采购经费，同时也增大了数字资源采集的范围，为用户提供更为丰富的数字资源。免费数字资源采集主要有选择性采集、全面采

① 朱林，吴兆文．数字信息资源管理研究[M]．北京：世界图书北京出版公司，2012.

集、联合采集、自动定制采集和呈缴本协商采集①。

1. 选择性采集

选择性采集，是指根据资源的历史价值、文化价值、研究价值和经济价值对资源内容进行较大人工介入的资源采集方式。

选择性采集，基于资源的价值论和需求论，根据资源的历史价值、文化价值、研究价值和经济价值，有选择地对价值高的信息或者是用户需求的信息进行甄别、采集，并通过一些专业人员的努力对采集的数字资源进行保存。

选择性采集的针对性和实用性较强，但是也存在一些问题：首先，在选择归档主题时，具有较强的主观性；其次，选择性归档的内容是有限的，且不可避免地会遗漏许多对未来有重要价值的资源；再次，选择性采集割裂了原网络资源之间的相互联系，且不采集外部链接资源，因此会丢失一些前后的背景信息，这些信息对某些资源和研究也许是极为关键的；最后，这种方式需要大量的人力和资金投入，信息采集的广度和深度受限，采集的信息覆盖度较低。

2. 全面采集

全面采集，就是利用自动采集技术把对象网站上的所有信息全部保存下来，也称为自动获取技术。通常是采用 Robot、Crawler 等网络搜索工具自动抓取，采用这种方法不但可以保存本单位的所有资源，还可以识别和采集其他网站上所需要的信息。

全面采集方法的优点是使用自动采集机对整个域名内的网站资源进行定期自动获取，人工干预少，采集效率较高。全面采集是基于对数字信息价值判断的不确定性，采集到的信息质量难以得到保证，它会带来技术、资金、设备等以下几个方面问题：(1)爬行和索引的时间太长，但任何在这段时间内产生和消失的网上信息就会被遗漏；(2)涉及的网络资源数量巨大，所以质量监控只能限于小规模的样本抽查；(3) 尽管与选择性采集相比，全面采集需要的人力投入小一些，但是全面采集在数据下载和存储上是极为昂贵的；(4)自动采集机无法访问那些需要密码或受其他因素控制以限制访问的网站，也无法获取深层网络(Deep Web)信息以及孤立网站，即与其他网站没有任何连接的单独网站的资源。

① 肖希明等. 数字信息资源建设与服务研究[M]. 武汉：武汉大学出版社，2008：126-129.

3. 联合采集

联合采集，是采用全面采集和选择性采集相结合的多元化采集方法，对大范围的网络信息进行自动采集，对经过选择的网站进行持续和自动采集，对不能自动采集的深层次网站的资源，积极采取人工介入，即自动获取与人工选择相结合，然后专家对这些网址的文献进行内容鉴定，对值得保存的信息，使用人工选择采集，对于某些极易消失的网站进行基于事件的专题采集。联合采集集中了全面采集和选择性采集的优点，弥补了各自的缺点，被认为是较为理想的采集模式。

4. 自动定制采集

开放存取(Open Access)运动，提供了大量有价值的可供免费获取和使用的学术信息资源。自动定制采集，就是通过网络以电子期刊、博客、微博、微信网络百科等形式发布，其相应的平台也提供了相关的检索和定制服务。可以通过 RSS 定制、微信公众号订阅等推送服务，定制经过选择的信息资源，随时接受推送的相关信息资源。这种采集模式的优势是能够保证采集的信息资源具有时效性，能够及时更新定制的数字资源，投入的人力物力较少。其不足是对站点服务的稳定性要求较高，定制服务将采集的信息资源限定在某些特定的主题和类型中，必然会造成部分有用的数字资源遗漏。

5. 呈缴本协商采集

有一些文献信息资源的出版商，同样是数字资源的出版商，如 Elsevier 等，将纸质期刊和电子期刊捆绑销售，订阅了一定数额的纸本期刊就能免费或低价获得这些期刊对应的电子版。呈缴本协商采集，就是与网络出版机构进行协商，将呈缴本制度扩展到网络文献领域，出版社根据协议定期将被选择的网络文献通过物理媒体移交或通过网络传递给所需单位，或者是需要的信息资源机构根据协议从出版网站上进行镜像复制或直接使用软件获取。

从免费数字资源的采集模式上不难发现，不管采取哪种模式采集数字资源，都需要得到网站所有者，包括网络出版机构的积极配合，例如一些控制访问的网站资源的获取、数据库网站的采集以及深层网络资源的访问等。上述五种采集模式并不是相互排斥的，可以根据不同情况选择其中的几种模式结合使用。

第四节　新技术在数字资源采集中的运用

数字资源采集离不开技术的支持和保障。在数字化、网络化时代，人们对数字资源的需求日益增多，而 Web2.0、数据挖掘、大数据、人工智能等新兴技术的发展，为数字资源的采集提供了新的技术手段。这些新技术的应用，更加注重与用户的网络交互性，让用户参与到信息资源采集中，不仅提高了信息资源采集的效率，而且使资源更加契合用户的需求，从而有利于提高资源的使用效率。

一、Web2.0 技术

Web2.0 是相对于 Web1.0 的新一代互联网应用的总称，它具有开放性、参与性、交互性、自组织性、微内容等特性，着重信息交流的双向性，注重人与人之间的交互，激励人们使用简单的软件工具搭建双向信息交流平台。Web2.0 的出现，为各类型信息机构开展有效互动的信息资源采集工作，提供了便捷的方式和更广阔的平台。Web2.0 技术包括 RSS(简易信息聚合)、Blog(博客)、Wiki(多人协作的写作系统)、Weibo(微博)、We Chat(微信)、QQ 等，不仅给图书馆等各类型的信息机构服务，而且对信息资源建设产生了重要影响。Web2.0 技术的应用不但可以提高信息资源采集的效率，而且能够加强信息资源采集与用户、出版发行商的互动交流，有利于提高信息资源采集质量和满足用户的需求①。

(一)基于 RSS 技术信息资源采集应用

RSS(简易信息聚合，也叫聚合内容)是站点用来和其他站点之间共享内容的一种简易方式。使用 RSS 订阅能更快地获取信息，网站提供 RSS 输出，有利于让用户获取网站内容的最新信息。网络用户可以在客户端借助于支持 RSS 的聚合工具软件，在不打开网站内容页面的情况下，阅读支持 RSS 输出的网站内容②。

(1)信息机构可以应用 RSS 技术推送信息资源采集的最新动态信息给用户，例如，将新书信息、新书出版信息、待采图书信息等动态信息依照学科分类以 RSS 输出模式传递给用户，用户利用客户端特有的 RSS 阅读器直接收集信息，无需登录网站搜索，免除用户辗转登录网站；

(2)采访人员依照不同层次用户需要，不定时将新书书目、特色专题书目、待选书目等形成 RSS Feed，挂上网页，借助 RSS 推送给不同用户，用户也可利用 RSS 推送自己从待选书目中选择的书目或者从其他渠道获得的

① 肖希明，郑燃. 新世纪十年信息资源建设回顾与展望[J]. 高校图书馆工作，2011(01)：9.

② 吴玉，刘苏宁. Web2.0 环境下图书采访质量控制模式研究[J]. 图书馆学刊，2014(02)：35.

优秀图书书目给信息资源采集部门。例如，某位用户选择的图书被采购了或者已经到馆，可借助 RSS Feed 反馈给用户，这样既能够满足用户的需求又让用户更加愿意参与信息资源采集工作，促进信息资源采集机构与用户之间互动的良性循环；

(3)采访人员可以利用 RSS 向出版社、馆配商或者供应商订阅最新书目和出版信息，以保证采访人员能够及时获取出版社、馆配商或者供应商的最新书目以及掌握最新出版动态信息；

(4)信息机构借助 RSS 推送本机构有关信息给出版社、馆配商或者供应商。例如，高校图书馆可以将符合本校专业特色的图书书目信息组织成 RSS Feed 发布，出版社、馆配商或者供应商通过 RSS 的聚合软件工具接收图书馆所需资源等信息。如果出版社、馆配商或者供应商有对应的图书可迅速将图书信息反馈给图书馆。这样就能缩短信息资源的采集时间，从而提高信息资源采集的工作效率和时效性①。

(二)基于 Blog 的用户、专家学者、教师的双向交流空间

Blog(博客)，即个人网络日记，通常具备 RSS 订阅功能，是继 MSN、BBS、ICQ 之后出现的第四种网络交流方式，各网络用户通过匿名或注册方式留言或发表评论，达到信息的互动交流与共享。

借助 Blog，采访人员一方面可以第一时间介绍到馆新书给用户，或提供特色专题书目 Blog 链接给有特殊需要的用户。同时，用户可以借助 Blog 及时获取待选图书信息、新购图书信息及新书到馆信息等，在 Blog 上也可畅所欲言地发表对信息资源采集工作的意见和建议，也可发布自己阅读过的优秀图书信息。采访人员充分掌握了解用户需求，信息资源采集工作才能实现个性化、科学化和专业化；另一方面，采访人员可以多关注专家学者的 Blog，掌握他们在教学科研等方面的显性需求和隐性需求，从而更好地提高学术信息资源采购质量，保障重点学科信息资源收藏的完整性和针对性。比如了解他们深厚的专业学科知识，院系专业设置、课程进度及科研情况等，弥补采访人员知识认知缺陷，尊重每位用户的意见和建议，对于学术信息资源的采购需求及时回复、评论，激励他们支持并参与信息资源采集工作，进而提高信息资源采集的质量，拓宽信息资源采集的覆盖面②。

---

① 江秋菊. Web2.0 环境下图书采访工作的互动研究[J]. 图书馆工作与研究，2014(06)：72.

② 江秋菊. Web2.0 环境下图书采访工作的互动研究[J]. 图书馆工作与研究，2014(06)：72-73.

(三)基于微博的与用户互动

微博是指一种基于用户关系信息分享、传播以及获取的通过关注机制分享简短实时信息的广播式的社交媒体、网络平台，允许用户通过 Web、Wap、Mail、App、IM、SMS 以及用户可以通过 PC、手机等多种移动终端接入，以文字、图片、视频等多媒体形式，实现信息的即时分享、传播互动①。微博以其信息内容发布个性化、信息传播的交互性和及时性、信息获取的自主性和选择性等特点，成为网络环境下用户获取各种信息、进行互动交流的便捷渠道之一。

随着新浪微博、腾讯微博的推出，图书馆等信息机构陆续开通微博，通过微博上传图书馆讲座、图书馆公告等信息，向用户推荐新购买的信息资源，链接转发社会、时事和娱乐等方面的新闻，开展参考咨询、用户培训、信息导航、知识推送、业界交流和用户互动等服务，拉近了机构与用户的距离。

为了增强信息资源采集部门与用户的互动交流，应构建文献采编微博，开展新书通报、新书评价、图书荐购工作。用户可将所需的书目信息上传到部门微博上，供采访人员在进行信息资源采购时参考，同时采访人员也可以将新书预订信息发送到微博上，供用户选择或者荐购。书目信息在微博上的流动，使信息资源采集的针对性更强，激发了用户参与信息资源建设的热情。例如，上海中医药大学图书馆采编部开通了新浪微博，除了发布图书馆公告、转发链接馆外信息外，还开展了新书推荐服务，重点将社科类全国新书排行榜推荐给粉丝，让粉丝荐购②。

(四)基于 IM 实现与机构内部、馆配商、出版社等的交流互动

IM(Instant Messenger，IM)，即时通信，可以在两人或多人利用网络时即时传递文字信息、文件、语音与视频等，具有即时性、低成本和高效率的特点。运用比较普遍的 IM 软件有 MSN、QQ、微信等。IM 是一种虚拟交流，可成为实体交流(实际调查访问)的有效补充。

采访人员将 MSN、QQ、微信的号码在网页中公布，也可主动寻求与机构内部其他部门、馆配商、出版社等有关人员的 MSN、QQ、微信号码互加好友，可以方便地实时沟通和交流，实现采访员与他们之间的互动。

---

①　百度百科。

②　苏杰. Web2.0 环境下图书馆图书采访互动机制研究[J]. 图书馆研究，2014(03)：58.

利用MSN、QQ、微信与信息资源机构内部有关部门的互动交流，特别是与流通部人员的互动交流是信息资源采集互动中的重要一环。可向流通部人员调查了解馆藏图书的流通、借阅及利用情况，并认真剖析用户借阅行为记录，更客观地发掘信息资源建设中的薄弱环节，为做好信息资源采集工作提供参考。信息资源采集采访部门还可以建立微信群，邀请同事到群里面互动交流，共享图片、视频、网址等，尤其要让一线流通部门的工作人员加入到微信群中，发送用户需求信息、上传用户借阅记录，使采访人员能随时与一线流通部门人员沟通，发现并了解图书馆藏的薄弱环节，根据用户需求充实缺藏图书。

目前，很多馆配商和出版社还开通了QQ群，利用QQ的在线聊天、视频电话、点对点续传文件、共享文件、网络硬盘、自定义面板、QQ邮箱等功能，开展图书订购服务。这些馆配商和出版社的QQ群虽然成员人数不一，但都利用QQ群定期将书目数据上传QQ群的共享空间，供群成员自由下载。为了做细服务，有的书商和出版社还提供了“回溯书目信息”和“专题书目信息”，以满足图书馆深层次的信息需求。QQ群为馆配商和出版社与信息资源机构的日常沟通搭建了一个“交互式”的平台。馆配商和出版社通过QQ群与信息资源机构开展沟通交流，能够较准确地掌握该机构的信息资源采集原则和流程，通过建立用户数据库有针对性地提供信息资源订购服务。采访人员与馆配商和出版社在互动过程中，也能够随时了解整个出版业的发展状况和最新的出版动态，了解馆配商和出版社的特色产品，从而选择订购。采访人员在遇到业务疑问时，也可以在QQ群里向馆配商和出版社及其他QQ群成员咨询。如果发现馆配商和出版社有不良行为，例如出现配送旧书、破损书的情况，采访人员可以即时向馆配商和出版社反映，以提高信息资源采集的质量①。

(五)基于Wiki的信息资源推荐

Wiki提供的是一种超文本系统，一种多人协作的写作工具，支持面向社群的协作式写作。Wiki站点可以有多人(甚至任何访问者)维护，每个人都可以发表自己的意见，或者对共同的主题进行扩展、探讨。

通过Wiki用户既能很好地利用已有的信息资源，又能将自己所拥有的信息资源提供给信息资源机构，用户除利用采访人员提供的书目参与订购信息资源外，还可以将自己知道的新书信息推荐给采访人员，通过提交

① 苏杰. Web2.0环境下图书馆图书采访互动机制研究[J]. 图书馆研究，2014(03)：59.

表单的方式将新书信息发给采访人员，采访人员则利用 Wiki 创建不同分类的"新书荐购"条目，由广大用户发挥群体优势，不断地对新书条目内容进行添加或补充①，信息资源采集的信息来源被高度扩大，采访人员可以依据某些用户的特殊需求，构建特色专题书目库提供给用户，满足不同用户的个性化、专业化需求。

(六)基于 Podcast 宣传信息资源

Podcast 是通过互联网发布音频、视频等多媒体文件的方法，用户只需订阅 RSS 就可自动接收文件。媒体文件可以在便携终端如 iPAD、PC、手机等设备上收听收看。

采访人员可借助 Podcast 向用户发布一些音频、视频文件，包括新书或特色图书封面、作者简介、内容简介、目录等，也可宣传一些人气图书，吸引广大用户，激发用户的阅读需求，提高信息资源的利用效率。用户也可将自己喜欢的图书或其他信息资源通过 Podcast 向信息资源采集部门发送相关多媒体文件，向采访人员推荐购买，从而满足自己个性化的需求。例如，清华大学图书馆的微视频新媒体推介图书馆项目"爱上图书馆视频及排架游戏"，获得了 2012 年"第 10 届国际图书馆协会联合会(IFLA)国际营销奖"第一名，给我们的启示是图书馆人应该具有营销精神，充分利用现代信息技术环境，努力宣传展现信息资源，向社会证明自身的价值②。

二、数据挖掘技术

(一)数据挖掘的含义

数据挖掘(Data Mining，DM)又称数据库中的知识发现(Knowledge Discovery in Database，KDD)，它是指从海量的、不完全的、有噪声的、模糊的、随机的实际应用数据中，识别并提取出隐含在其中的有效的、新颖的、潜在有用的信息和知识，是近年来随着人工智能和数据库技术的发展而出现的一门新兴技术。相对于传统的数据分析(如信息查询、报表分析)而言，数据挖掘的本质区别在于其使用的是基于发现的方法，运用模式匹配和其他算法决定数据之间的重要联系。数据挖掘的好处在于其客观

---

① 吴玉，刘苏宁．Web2.0 环境下图书采访质量控制模式研究[J]．图书馆学刊，2014(02)：35-36.

② 江秋菊．Web2.0 环境下图书采访工作的互动研究江秋菊[J]．图书馆工作与研究，2014(06)：71-73.

性，在没有明确假设的前提下去挖掘信息、发现知识，不仅能对过去的数据进行查询和遍历，根据历史数据推知未来，并且能够对将来的趋势和行为进行预测并自动探测以前未发现的模式，从而很好地支持人们的决策①。

(二)数据挖掘技术概述

数据挖掘的方法可分为基于数据保持类和基于模式提取类两种方法。基于数据保持类方法需要保存过去的数据以便与新输入的新数据进行匹配，从而进行预测建模和分析评价；而基于模式提取类方法则不需要保存过去的数据，一旦提取模式后，就可以把过去的数据移去。现代数据挖掘方法主要依靠模式提取技术，同时，为了改善和提高数据挖掘的功能、性能和效率，发展趋势是综合采用多种方法和技术，数据挖掘的主要分析方法包括统计分析方法、关联规则分析、仿生物技术、序列模式算法、神经网络分类方法、决策树、遗传算法、贝叶斯信念网络、模糊集、粗糙集方法、可视化技术、归纳学习法、聚类方法和分类预测等。

(三)数据挖掘技术在信息资源采集中的应用

数据挖掘技术在信息资源采集中可以应用于以下几个方面②③：

1. 收集用户信息

利用数据挖掘技术可以进行用户信息调查，根据业务流程数据库的集成数据进行数据挖掘，得到用户对信息资源的使用频率表，对用户进行分类，从而快速精确地对适合不同类别用户的信息资源进行聚类。通过对借阅记录中用户和信息资源的关联分析，找出用户的借阅习惯，返回用户可能感兴趣的书目，建立用户模型，帮助采访人员实现“信息找人，按需服务”的个性化主动信息服务，不断满足用户新的更复杂的需求。

2. 管理信息资源的采集经费

信息资源机构每年的信息资源采集经费是有限的，各门学科之间如何分配，各种文献载体形式如何均衡才能使这些经费优化配置，经济、高效地发挥效益，是信息资源采集中比较难以解决的问题。运用数据挖掘技术中的关联分析技术，对用户每次借阅的信息资源进行关联分析，发现各类信息资源

---

① 柯欢玲．利用数据挖掘技术支持图书馆文献采访决策初探[A]．广州市图书馆学会佛山市图书馆学会．2010年联合年会暨学术研讨会论文集[C]．2010：190.

② 雷亮．数据挖掘技术在文献采访中的应用前景[A]．中国图书馆学国家图书馆．第二届全国图书采访工作研讨会论文集[C]．2007：306-311.

③ 柯欢玲．利用数据挖掘技术支持图书馆文献采访决策初探[A]．广州市图书馆学会佛山市图书馆学会．2010年联合年会暨学术研讨会论文集[C]．2010：191.

之间的关联规则或比例关系，为信息资源采集提供科学、合理的分析报告、预测报告和必要的决策支持，针对性地补充和丰富馆藏信息资源，从而实现采访经费的合理配置。

3. 确定信息资源采集的重点

通过数据挖掘技术对流通数据库和采访数据库中的历史记录进行关联分析和序列分析，得出信息资源的利用率以及信息资源的拒借集合和频繁借阅集合，分析得出信息资源的利用率，为信息资源采集提供客观科学的分析报告和趋势预测信息，从而指导采访人员对信息资源种类进行科学的筛选，帮助采访人员确定信息资源采集的重点和复本数量，及时补充短缺的信息资源，剔除过时的信息资源，优化馆藏结构，保障信息资源体系的科学性和合理性。

4. 实现网络信息资源采集

目前，网络信息资源已经成为人们获取信息和知识的重要途径，但由于网络信息资源建立和发展的过程具有较大的自由度，网络上的信息资源通常具有分散性强、变动性大、潜在资源提供者和接受者难以计数和网站资源质量不稳定等特点。将部分有价值的网络信息资源进行采集和长期保存成为信息资源采集面临的一个新任务。随着互联网信息的指数级增加，搜索引擎返回太多的结果，其中包含太多无用或无关的结果，使得利用人工方法进行有价值资源的查找力不从心，因此利用数据挖掘技术可对网络上无序的、非结构的数据进行采集分类，获取更有价值的信息，丰富馆藏资源。

网络信息资源的数据挖掘工作可分为以下几步：(1)建立关键词表。文献采访人员根据某类学科的特征向数据收集系统提交专业搜索关键词，关键词可以是本学科的特殊用词，也可以是几个限定词的结合；(2)源文档采集。数据收集系统定期地根据关键词或者关键词的组合在网络上查找信息，建立数据库并对数据进行剔重、更新和加权；(3)信息资源整合。采访人员按任务目标将获得的数据进行分类分析、关联分析等，把有价值的内容标引后存入内容服务器，形成信息资源，并把它提供给用户使用；(4)用户浏览信息。最终用户通过 Web 方式，访问信息资源管理系统，得到经过整理的有价值的学科内容。

综上所述，基于数据挖掘技术的信息资源采集策略就是利用计算机管理数据库积累的信息资源使用数据，利用数据挖掘技术得到用户使用频率较高的信息资源数据，通过对馆藏结构和阅读倾向的公正、客观的统计分析，快速并且准确地得知用户需求信息，依据用户的需求来决定对信息资源的采集，最大限度地满足用户的需求，优先考虑需求缺口比较大的信息资源，准确掌握未来的信息资源建设动态，从而指导信息资源采集策略，提高对用户的信息资源服务质量。

三、大数据技术

随着云计算机、物联网等基础的大数据及其相关技术的发展和普及，让信息资源机构、用户、供应商和大数据企业间的智能化信息资源采集成为可能。利用大数据及其技术，信息资源采集不再高度依赖采购人员的主观经验，而是根据大数据挖掘、个性化信息资源需求，通过对用户各方面数据、馆藏数据、书目数据、文献价值、经费分配、风险、馆配商、供应商或者出版商提供的相关数据以及网络信息资源进行智能分析和管理，并预测用户需求、信息资源动态和采集细节，并以智能虚拟化的方式为采访人员、用户和馆配商、供应商或者出版商之间构建实现智能化的信息资源采集，从而提高信息资源采集的质量和准确性，降低采购成本、管理成本，提升信息资源采集效率①。

(一)大数据的含义

大数据研究的先驱美国著名咨询公司麦肯锡，在该公司的报告《大数据：创新、竞争和生产力的下一个前沿领域》中认为大数据(Big Data)是一种规模大到在获取、存储、管理、分析方面大大超出了传统数据库软件工具能力范围的数据集合，具有海量的数据规模、快速的数据流转、多样的数据类型和价值密度低的特征②。国际数据公司IDC从四个特征定义大数据，即海量的数据规模(Volume)、快速的数据流转和动态的数据体系(Velocity)、多样的数据类型(Variety)和巨大的数据价值(Value)。美国亚马逊公司的大数据科学家John Rauser给出了大数据的简单定义，即大数据是任何超过了一台计算机处理能力的数据量。一般而言，大数据是指难以在可接受的时间内，用传统数据库系统或常规应用软件处理的、巨量而复杂的数据集。

(二)大数据技术概述

大数据是动态的、开放性的、多样化的。随着海量的大数据产生，对数据处理的实时性、有效性提出了更高要求，然而传统的常规技术手段根本无法应付，在这种情况下，大数据技术应运而生。适用于大数据的技术，主要包括分布式缓存、基于 MPP 的分布式数据库、分布式文件系统、各种

① 陈兵兵，刘慧．大数据对采购与供应链的影响[R]．中国企业采购发展报告，2014：4-40.

② 大数据，百度百科 [EB/OL]．[2020-03-01]．https://baike.baidu.com/item/%E5%A4%A7%E6%95%B0%E6%8D%AE/1356941?fr=aladdin#reference-[3]-13647476-wrap.

NoSQL分布式存储方案等。NoSQL数据库技术主要实现搜索、实时统计分析、简单事务等。Hadoop数据分析技术主要实现用户积累、数据整合和分析处理等方位的服务。随着数据挖掘技术、聚类分析、可视分析、预测分析和数据管理等大数据技术的不断发展和完善，逐渐实现数据的多维度采集、整理、分析、预测和管理信息源，挖掘出有价值的信息及隐藏在数据背后的信息，进而揭示事物的本质及其发展规律①。

(三)大数据技术在信息资源采集中的应用

大数据技术在信息资源采集中的应用，主要涉及数据收集、数据分析、数据储备、平台整合等方面②③。

1. 信息资源采集数据的收集

在大数据环境下，对信息资源采集数据的收集是指通过大数据搜集用户信息，利用大数据准确了解每位用户的信息资源需求。这些用户数据的搜集主要通过信息资源机构、馆配商、供应商和大数据企业，还包括通过进行数据分析后获得的决策数据。馆配商或者供应商开放的信息资源采集平台拥有大量的信息资源采集数据。大数据企业的数据来源主要是互联网企业所提供的有关信息资源、大众用户以及阅读、交易等信息。这些数据为馆配商或者供应商营销和信息资源采集部门提供参考、预测数据。然后，将这些数据进行整合，找到关键字段把两个或多个数据进行连接，例如，用户通过身份证号码在机构的网站、馆配商或者供应商平台和互联网大数据企业间进行连接。通过这种方式，可以对用户的基本资料、行业特征和交易记录形成全方面了解。整理完用户数据之后按一定的逻辑给用户打标签。如某用户最近经常浏览孕妇服装、奶粉、育儿方法等内容，可以给该用户打上“孕妇”的标签。通过用户数据来全方位地了解用户，为下一步精准信息资源采集奠定基础。当这些用户数据越来越大，企业就将这些用户数据进行存放，为信息资源采集、馆配商或者供应商的销售提供科学、智能的预测。同时，馆藏种类、数量和结构等通过信息资源采集系统与馆配商或者供应商开放的平台互通连接。

---

①　邓小明．基于大数据技术的智能文献采访模式探析[J]．图书馆界，2017(03)：6.

②　伍瑾，毛忠行大数据背景下的高校图书馆图书采购模式探[J]．常州大学学报(社会科学版)，2014(09)：134-135.

③　邓小明．基于大数据技术的智能文献采访模式探析[J]．图书馆界，2017(03)：8.

2. 利用大数据分析实现信息资源精准采集

收集到用户数据后，图书馆确定有信息资源需求的用户人群。通过用户在网络上的阅读行为数据，确立信息资源采集服务的重点人群。然后根据需要提供服务的重点人群的信息资源需求对接馆藏信息资源情况，包括馆藏结构、专题、数量和网络免费获取的数据等。在处理这些数据的过程中，馆配商、供应商或者大数据企业可以根据用户行为数据进行推荐，引导或帮助其获取相关资源；同时向信息资源机构发出相关信息资源采集决策的数据。信息资源机构也可以根据实际需求、馆藏结构设定或其他情况，利用大数据进行用户行为、文献出版贸易、其他信息资源机构收藏利用等数据的搜集，进行信息资源精准采集。还可以利用大数据将信息资源采集数据、文献出版交易数据传送给具有某种阅读行为或大数据预测需要的用户，或将信息资源采集数据投放到用户个体，引导用户阅读，实现信息资源采集的最大效率。例如，可以将“双一流”大学的“双一流学科”的某专业学生用户作为用户数据分析对象，然后把目标用户群的主要参数放在学术交流、学术研究大数据库中，通过数据挖掘到这些学生用户、专家在网络中关注最多、提及最多的观点、资料或文献，然后将这一学科专业及热点相关研究文献信息传送给这一学科的其他学生用户和教师，从而实现学科专业的信息资源精准采集。通过利用大数据进行信息资源精准采集，可以提高信息资源采集的准确性和效率。

3. 丰富信息资源采集的大数据

从收集数据至利用大数据进行信息资源精准采集，再到丰富大数据建立长期关系，是一个不断循环、不断完善的过程。信息资源采集工作不是一段时间的工作，其最好的方式是建立长期持续用户数据、馆配商、供应商数据和大数据企业互动，并不断循环更新。用户数据的获取需要保持一种长期服务沟通关系。信息资源机构、馆配商、供应商和大数据企业等的信息资源采集平台中记录的长期信息，根据用户兴趣爱好、上网阅读、消费等网络行为等数据分析，通过 Email 、微信、微博、QQ 等即时通信工具向用户发个性化推荐信息，并引导用户积极参与信息互动，信息资源机构就可以根据这群用户进行基于互动的信息资源采集。利用数据分析，开展跟踪采访和持续采访，同时可以根据预测这些信息资源的发展趋势进行采购预测，进而预测信息资源采集经费的使用分配。通过这些长期的信息资源采集和数据积累，进行跟踪采访，从而提高信息资源采集效率。

4. 利用 Hadoop 技术的信息资源采集平台整合

2004 年，阿帕奇公司组织开展了 Hadoop 项目。该项目是一个非常重要的革命性开源系统，包括一些计算的系统、数据存储的系统、数据分析的系统。现在许多大数据企业、新生代企业都是以该系统开源平台为基础延伸出来的。传统的信息资源采集数据与大数据的关系是一个发展和结合的关系。利用 Hadoop 技术可以将两个系统进行整合，形成一个后端式的解决方案。目前也出现了一种基于不完全集成的新的大数据平台，同时兼容大数据和传统数据的融合，通过简化的试工帮助信息资源机构脱离技术的限制来利用数据。将信息机构的传统信息资源采集平台、馆配商平台、供应商平台与大数据企业平台整合，实现传统数据和大数据的融合，并利用大数据技术平台进行信息资源采集工作。

四、人工智能技术

人工智能(Artificial Intelligence，AI) 是由信息论、控制论、自动化、仿生学等多门学科相互渗透形成的一门综合性新兴学科。1956 年，John McCarthy 在 Dartmouth 会议上首次提出 AI 概念，而对 AI 技术研究的爆发期始于 2015 年，成为引领全球第四次产业革命的核心技术。2017 年 3 月，AI 被首次写入我国《政府工作报告》，同年 7 月国务院发布《新一代人工智能发展规划》，AI 在我国正式进入实质性发展阶段。因此，一些学者将 2017 年称为“AI 应用元年”。AI 已经走来，或将成为推动经济增长与时代进步的新引擎，而信息机构也一直密切关注信息领域相关的新技术，AI 自然成为了关注的热点，并被逐渐应用到信息资源采集系统中。

(一) 人工智能的含义

人工智能是指研究、开发用于模拟、延伸和扩展人的智能的理论、方法、技术及应用系统的一门新的技术科学，其研究内容包括知识表示、自动推理和搜索方法、机器学习和知识获取、知识处理系统、自然语言理解、计算机视觉、智能机器人、自动程序设计等方面①。

(二) 人工智能技术的概况

人工智能技术近年来得到迅速发展的支撑，主要来自于计算机计算能力、数据采集处理能力、人工智能算法和模型三方面因素。计算能力主要指计算机 CPU 计算能力与处理速度、分布式技术以及云计算技术等多种基础设备计算能力的提升；数据处理与采集能力，广泛庞大的网络用户群体产生的海量数据，在传统关系型数据库基础上，催生了大量非关系型数据库，使数据处理能力得到无限的扩充，也为机器学习提供了充足的样本；算法和模

① 储节旺，陈梦蕾．人工智能驱动图书馆变革[J]．大学图书馆学报，2019(04)：5.

型是人工智能的灵魂，当前人工智能主要体现为模仿人类学习特点，让机器通过学习形成并拥有知识领域，概括起来分为从样例中学习和统计学习两个方向①。神经网络算法和决策树算法是从样例中学习的代表，支持向量机是统计学习的代表。人工智能除了算法以外，还有一系列与之密切相关的周边技术，完成人工智能技术的运算结果和动作响应输出，包括采集多种数据的物联网感知技术以及自动控制技术，如机器人、自动驾驶、智能建筑等②。人工智能技术的核心特征则在于其能够借助计算机强大的数据处理能力完成人类无法完成的诸如采集、分析、统计、归类等任务，并有自主学习的能力。

(三)人工智能技术在信息资源采集中的应用

信息资源采集是典型的知识密集型工作，需要较高的专业素养和智力要求。要实现信息资源采集的智能化，需要利用人工智能技术，对实体文献资源和数字资源采集进行自动管理，提高工作效率，并能够随着采集内容的增加自主选择并调整采集方式，从而达到最优水平。人工智能技术可以应用于信息资源采集中的采集方式、用户需求、评价模型和决策反馈等方面③–④。

1. 读者决策采购智能化

利用人工智能技术可实现读者决策采购。信息资源采集不是独立的，它必须通过有效的传达机制，准确反映用户需求。人工智能技术在面向自然语言方向有机器翻译、语义理解和情感分析等具体技术分类，为信息资源采集提供了一套完整的解决方案。基于人工智能技术的读者决策采购依托本机构的用户信息库和馆藏信息资源，在后台进行大数据的抓取和分析，运用强化学习，对用户的阅读习惯和阅读兴趣产生有效回馈，对馆藏信息资源进行科学合理的规划。

2. 开放获取资源采集智能化

随着开放获取运动的理念不断深入人心，互联网上存在越来越多的开放获取资源，利用人工智能技术可以实现智能化采集开放获取资源。基于人工智能技术的智能化采集工具可以对开放获取资源进行智能化采集，弥补馆藏

---

① 周志华．机器学习[M]．北京：清华大学出版社，2016：10-13.

② 王红，袁小舒，雷菊霞．人工智能：图书馆应用架构和服务模式的重塑[J]．现代情报，2019(09)：102.

③ 储节旺，陈梦蕾．人工智能驱动图书馆变革[J]．大学图书馆学报，2019(04)：9.

④ 潘明茜，张建国．人工智能技术在图书馆文献采访中的应用[J]．图书馆学刊，2018(05)：98.

信息资源的不足，甚至可以根据预先定义，自动构建特色资源库和专题库并及时进行更新。

3. 信息资源数字化技术智能化

纸质文献资源数字化是目前及未来很长时间内信息机构需要面临的一项复杂的工作。现在的数字化工作基本是人工操作，速度慢，效率低，人工智能技术的采用可以实现对纸质文献资源的自动扫描，并能准确识别文字和图片。例如全自动机器人制造商 Kirtas 公司最新推出的扫描机器 Kabis，拥有完美模拟人手臂的真空吸附翻页技术，甚至比人手翻页更加轻柔，最大程度减少因人手的触碰对珍贵原件的损毁，每小时最高达 3300 页的全自动扫描速度，达到工业级数字化生产的速度。Kabis 曾参与 Google 寰宇图书馆、微软在线书馆、美国哈佛大学图书馆、英国剑桥大学图书馆等机构的大型数字化项目①。

4. 用户需求采集智能化

用户登录信息资源自动化管理系统后，不仅能够查询既有馆藏信息，还可以通过采访人员书目清单，掌握资源的到馆时间，了解何时可以借阅这些资源。计算机会根据用户查询请求，自动从馆藏数据库、其他信息资源机构或互联网平台等，全面采集与用户查找相符的信息，经过智能化比较、整合与评价，给出用户想要的结果。采访人员利用人工智能技术，可以广泛获取用户需求数据，通过与用户交流互动，深入了解不同层次用户需求，制定有针对性的采访方案，进而对科研资料、用户推荐书目、教学材料等进行全面采集，构建书目信息数据库。对采购书目的清点与查重可以直接交给计算机，采访人员只需输入限制条件，计算机就可以进行智能化筛选，去除重复无用的信息资源，并将符合需要的文献资源纳入馆藏数据库中。人工智能也会更加关注和记录用户工作生活的动态，以及信息与知识的互动活动，在一定程度上，甚至会触及用户的隐私信息，这就需要建立更加完善、安全的用户管理机制与手段，确保用户的数据不被盗取或滥用。

5. 信息资源采集评价智能化

采访人员在制定信息资源采访策略前，不仅需要全面采集用户需求信息，从出版社、价格、借阅量等角度进行综合评价，也需要根据自动化系统收集的用户推荐信息，合理确定最终需要采购的书目清单。而计算机系

---

① 全自动扫描机器人推动数字化图书馆建设[EB/OL]. [2020-3-1]. https://www.caigou.com.cn/news/2018022665.

统会根据用户行为数据，以及采访人员设置的限制性条件，将用户需求纳入定量模型库中，从中选择合适的模型进行数学计算与定量评估。在评价过程中，可以从信息资源的学术影响力、价格变动、借阅率等角度，设置对应的计算模型，也可以根据不同用户对馆藏信息资源的价值评价因素，采用层次分析法明确不同类型信息资源的采购价值，给出不同学科的经费分配比例，通过不断调整评价模型，最终得出符合需要的计算结果。

6. 信息资源采集决策反馈智能化

通过人工智能技术计算出不同学科、类型信息资源的经费分配情况，以及用户的评价结果后，系统可以自动对不同类型信息资源进行归类、判断与分析，明确最终所需购买的信息资源数量，确定所需购买信息资源的实际费用，并根据用户需求的强烈程度，确定某类采购信息资源的数量，形成完善的信息资源采购订单。计算机也设置了干预机制，能够智能评估输出结果，对采访全过程进行动态追踪，在用户需求预测、匹配等环节，以参数调节的方式进行合理干预，保障最终输出的结果最优。而反馈系统能够及时采集用户反馈信息，根据用户评价反过来调整文献采访活动①。例如，当新书到货经过编目入藏后，计算机系统会根据用户借阅情况，做出科学的判断与评价，反过来再指导信息资源采集工作，提高信息资源采集的质量。

人工智能技术在信息资源采集中的应用，能够模仿人的思维与决策过程，迅速发现不同数据之间的异同，通过大量计算与分析发现不同资源间存在的联系，为制定信息资源采集决策提供依据，是提高信息资源采集效率的有力工具。

① 唐晓波，谢力．基于主题的用户兴趣模型的构建及动态更新[J]．情报理论与实践，2016(02)：116-123.

第六章 数字资源建设

数字资源与印刷型文献资源共同构成图书馆信息资源体系。随着信息技术的迅速发展和网络环境的日臻完善，数字资源不仅在数量上所占的比重越来越大，而且在图书馆提供的服务中发挥着印刷型文献资源难以比拟的作用。数字资源的生产、存储、传递和载体形态等方面具有与印刷型文献完全不同的特点，因而对数字资源的采集、组织、加工、开发与利用也具有与印刷型文献资源完全不同的内容与方式。

第一节 特色数据库建设

一、特色数据库含义与类型

(一)含义

特色数据库是指依托馆藏信息资源，针对用户的信息需求，对某一学科或某一专题有利用价值的信息进行收集、分析、评价、处理、存储，并按照一定标准和规范将其数字化，以满足用户个性化需求的信息资源库。特色数据库的最主要特点在于“特”，《CALIS“十五”期间专题特色数据库建设方案》①将选题内容分为三类：(1)学科特色资源，如：与某重点学科有较突出的关系，或能体现高等教育特色，或具有交叉学科和前沿学科特色的资源；(2)地方特色资源，如：具有一定的地域和历史人文特色，或与地方的政治、经济和文化发展密切相关的资源；(3)馆藏特色资源，如：具有他馆、他校所

① CALIS.“十五”期间专题特色数据库建设方案[EB/OL].[2020-01-11]. http://www.lib.whu.edu.cn/calis2/tsk_gk_1.asp.

不具备或只有少数馆具备的特色馆藏，或散在各处、难以被利用的资源。

(二)类型

建设特色数据库，要注意三点：其一，独特性。使建成的数据库具有其他数据库不具备或很少具备的特点，如上海交通大学图书馆构建的李政道特色资源①(见图6-1)。其二，全面性。要保证建立的数据库的数据完整、全面。其三，标准化。一般来说，特色数据库可以划分为以下类型：

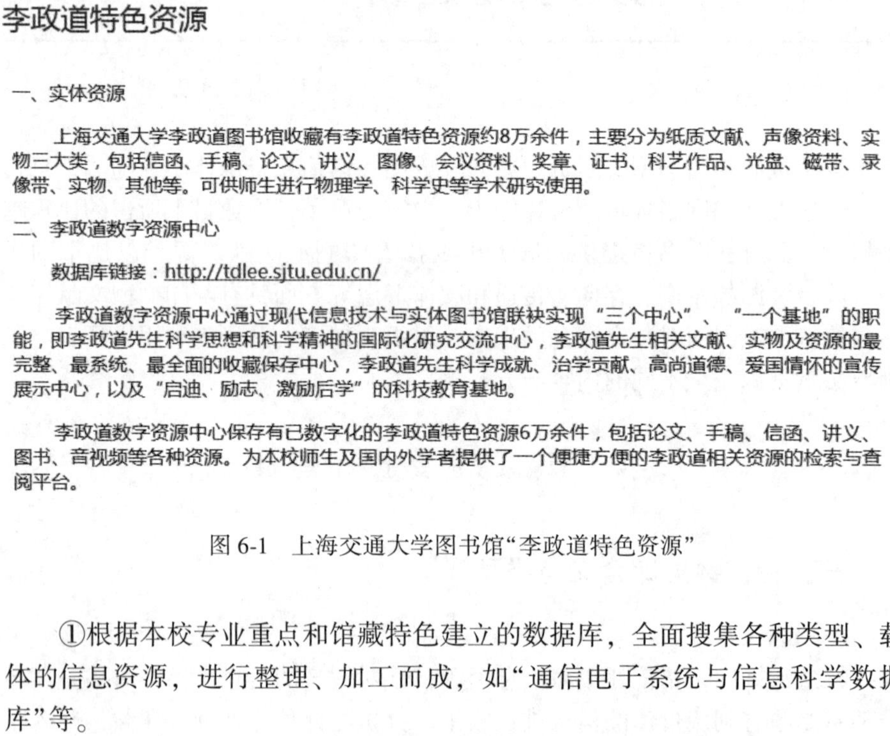
李政道特色资源

一、实体资源

上海交通大学李政道图书馆收藏有李政道特色资源约8万余件，主要分为纸质文献、声像资料、实物三大类，包括信函、手稿、论文、讲义、图像、会议资料、奖章、证书、科艺作品、光盘、磁带、录像带、实物、其他等。可供师生进行物理学、科学史等学术研究使用。

二、李政道数字资源中心

数据库链接：http://tdlee.sjtu.edu.cn/

李政道数字资源中心通过现代信息技术与实体图书馆联袂实现"三个中心"、"一个基地"的职能，即李政道先生科学思想和科学精神的国际化研究交流中心，李政道先生相关文献、实物及资源的最完整、最系统、最全面的收藏保存中心，李政道先生科学成就、治学贡献、高尚道德、爱国情怀的宣传展示中心，以及"启迪、励志、激励后学"的科技教育基地。

李政道数字资源中心保存有已数字化的李政道特色资源6万余件，包括论文、手稿、信函、讲义、图书、音视频等各种资源。为本校师生及国内外学者提供了一个便捷方便的李政道相关资源的检索与查阅平台。

图6-1　上海交通大学图书馆"李政道特色资源"

①根据本校专业重点和馆藏特色建立的数据库，全面搜集各种类型、载体的信息资源，进行整理、加工而成，如"通信电子系统与信息科学数据库"等。

②为本地区经济、文化建设服务而建立的数据库，搜集全国各类资料。如"巴蜀文化数据库""长江资源数据库""东北亚研究文献数据库""上海作家作品资料"等。

③为抢救濒临湮灭的珍贵史料而建设的数据库，如清华大学图书馆搜集整理有关中国工程技术史文献资料建设的"中国科技史数字图书馆资料库"等。

---

① 上海交通大学图书馆"李政道特色资源"[EB/OL].[2020-01-12]. http://www.lib.sjtu.edu.cn/f/content/detail.shtml?id=6329&lang=zh-cn.

二、特色数据库建设现状

目前我国高校图书馆、公共图书馆和科学院图书馆都十分重视创建特色数据库。高校系统以高等学校文献保障系统(CALIS)特色专题数据库为例，全国高校专题特色数据库是 CALIS“十五”建设的子项目之一，由 CALIS 华中地区中心武汉大学图书馆牵头组织实施。特色数据库子项目遵循“分散建设、统一检索、资源共享”的原则，采取重点支持和择优奖励相结合的资助方式，鼓励具有学科优势和文献资源特色的学校积极参加专题特色数据库的建设，建成一批具有中国特色、地方特色、高等教育特色和资源特色、服务于高校教学科研和国民经济建设、方便实用、技术先进的专题文献数据库。

项目采用集中组织管理、建库标准相对统一、参建学校分散建库、专家监督指导的建设方式，整个项目建设流程由公布建设内容和要求、项目申报、评审立项、项目实施、中期检查、试运行检查、成果验收七大环节组成。从 2003 年初启动以来，已完成项目启动、项目申报、立项评审等工作，目前正进入实施执行阶段。全国共有 61 所学校的 75 个项目获立项。已建成由 CALIS 项目资助的特色数据库共 53 个(详见表 6-1)。另外，科学与专业图书馆也根据其资源与人才优势，开发特色数据库。同时，各省市公共图书馆在各自特色文献的基础上，发挥收藏优势和地域优势创建一批具有地方文献特色的数据库和专题文献数据库。据有关调研统计，我国 34 所省级公共图书馆(不包含台湾地区)，共构建特色数据库 474 个①，其选题特色主要有 4 个方面，即地方文献特色、地域文化特色、馆藏文献特色与专题特色。

表 6-1　CALIS 全国高校专题特色库一览表

特色库名称	创建单位	特色库名称	创建单位
中国科技史数字图书馆资料库	清华大学图书馆	上海作家作品资料	上海大学图书馆
北大名师	北京大学图书馆	东南亚及闽台研究数据库	厦门大学图书馆
古文献资料库	北京大学图书馆	海峡信息	集美大学图书馆
专家讲座	北京师范大学图书馆	矿业工程数据库	中国矿业大学图书馆

① 杨思洛，杨依依. 省级公共图书馆特色数据库建设调查分析[J]. 图书馆，2019(08)：104-111.

续表

特色库名称	创建单位	特色库名称	创建单位
民国书目	北京师范大学图书馆	食品科学与工程专题数据库	江南大学图书馆
重型机械数字图书馆	燕山大学图书馆	珠江三角洲研究文献数据库	中山大学图书馆
高等教育信息专题数据库	天津大学图书馆	孙中山数字图书馆	中山大学图书馆
名优摩托车车型展示库	天津大学图书馆	华侨华人文献信息专题数据库	暨南大学图书馆
中国建筑参考图集	天津大学图书馆	海外华人经济文献数据库	汕头大学图书馆
中国历代建筑画作品数据库	天津大学图书馆	市场营销全文数据库	广东商学院
中国宗教建筑图片库	天津大学图书馆	粮油食品专题特色库	郑州工程学院图书馆
纳米技术信息库	天津大学图书馆	磨料磨具与超硬材料文献数据库	郑州工业高等专科学校图书馆
摩托车与内燃机技术剪报信息数据库	天津大学图书馆	有色金属文摘数据库	中南工业大学图书馆
东北亚研究文献数据库	吉林大学图书馆	机械制造及自动化	华中科技大学图书馆
古籍音韵学书目库	吉林大学图书馆	传感器专题文献	华中科技大学图书馆
光电工程数据库	长春理工大学图书馆	中国农村问题研究文献数据库	华中师范大学图书馆
文学专题数据库	烟台大学图书馆	材料复合新技术门户	武汉理工大学图书馆
食品科学与工程专题数据库	江南大学图书馆	长江资源数据库	武汉大学图书馆
矿业工程数字图书馆	中国矿业大学图书馆	经济学数据库	武汉大学图书馆

续表

特色库名称	创建单位	特色库名称	创建单位
上海交通大学出版物全文数据库	上海交通大学图书馆	环境资源法数据库	武汉大学图书馆
音乐数字图书馆	上海交通大学图书馆	长江三峡资料数据库	武汉大学图书馆
机器人信息数据库	上海交通大学图书馆	钱学森特色数据库	西安交通大学图书馆
复旦人著作	复旦大学图书馆	通信电子系统与信息科学数据库	西安电子科技大学图书馆
现代纺织参考平台	华东大学图书馆	巴蜀文化数据库	四川大学图书馆
上海大学教师论文数据库	上海大学图书馆	地方文献数据库	成都大学图书馆
纳米材料数据库	上海大学图书馆	民族风俗数据库	成都大学图书馆
钱伟长数据库	上海大学图书馆		

注：本表根据《全国高校专题特色库子项目工作会议纪要》①整理而成。

三、特色数据库建设流程

特色数据库建设是一项复杂系统工程，其建设流程一般包括如下几个环节：②

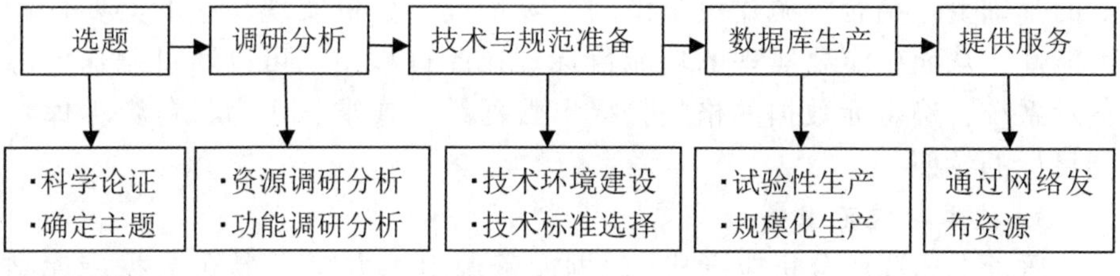

① 全国高校专题特色库子项目工作会议纪要[EB/OL].［2020-01-11］. http://www.lib.whu.edu.cn/calis2/tsk_gx.asp.

② 陈宝昀. 公共图书馆地方特色数据库建设的原则与流程[J]. 图书馆学刊，2012(11)：47-49.

1. 选题

选题是特色数据库建设的第一步，也是特色数据库建设成败的关键性环节。为了提高特色数据库建设的质量和效益，在特色数据库建设之前，必须进行科学论证，确定数据库建设的选题。特色数据库的选题应遵循的主要原则是需求第一、特色明显、讲求价值、不重复建设。需求第一，要求特色数据库建设选题首先要进行需求调查，优先选择那些特定用户群体或社会公众有明确的和较为集中需求的主题领域；特色明显，就是数据库的资源要做到"人无我有、人有我优"，真正富有特色，包括学科特色、主题特色、地域特色、馆藏特色等；讲求价值，就是要求特色数据库建设要在以需求为导向的同时，具有某一方面或兼具多方面的价值，如科学价值、文化价值、教育价值、经济价值、保存价值等；不重复建设，就是要调查同类数据库建设情况，避免重复，造成人力、物力的浪费。在特色数据库选题方面，浙江网络图书馆的杭州西湖龙井茶文化数据库、首都医科大学的京城名医数据库、首都图书馆的"古籍插图库"、吉林大学的东北亚研究文献数据库是选题较好的范例。

2. 调研分析

数据库建设过程中，调研分析是必不可少的环节。调研分析包括资源调查分析和数据库功能的调查分析。特色资源是特色数据库建设的基础，资源调查分析就是要对特色数据库的资源来源进行深入的调查了解，包括馆藏相关资源的数量和类型、资源是否确实具有特色、有多少资源尚在版权保护范围内及如何解决版权问题、馆藏以外的资源获取的可能性及途径等。功能调查分析就是要弄清用户对数据库功能的需求，因此要向一定范围的目标用户群发放功能需求调查表，在对样本统计分析的基础上，结合资源建设单位的实际情况，分析实现功能的必要性和可能性，从而确定要实现的功能目标。在此过程中，可以通过制作资源演示系统，确定元数据的格式，提出数据结构要求，作为特色数据库功能目标的参照。

3. 技术与规范准备

通过上述调研分析应形成《数据库资源组织方案》《特色数据库库结构方案》等文件，根据这些文件可提出详细的技术需求，选择科学的信息资源建设标准规范。主要解决技术环境的建设、技术需求的实现，以及信息资源建设标准规范的选择与制定问题。特色数据库的建设标准应遵循《我国数字图书馆标准规范研究》项目所推荐的一系列相关标准、元数据标引格式规范、文献著录的有关国际标准和国家标准，选择适用的、成熟的、可扩展性好的技术。①

4. 数据库生产

数据库生产包括试验性生产和规模化生产。试验性生产是完善数据库资源组织方案、熟悉技术环境和规范，全面把握数据库建设流程与关键的过程。试验性生产一般包括如下环节：(1)信息采集与准备，如对数字资源及网络资源的选择、非数字资源的数字化转换、对各种数字化素材的归类、整理和编辑，最后是按既定方案，实现数据库资源的结构化；(2)信息加工，即将整理并编辑好的素材入库，通过智能软件或人工方式提取元数据，进行内容标引，包括分析内容、给出主题分类，对内容全文进行相关记录与主题的动态关联；(3)信息资源存储，即根据服务范围、资源特色及在局域网和互联网上实现数据共享的要求，决定数字资源元数据、对象数据的存储方式；(4)信息资源发布与服务，即通过预发布系统将制作完成的数据以 Web 页面形式发布出来，由资源加工人员或系统校验工具进行质量控制。在进行试验性生产后，通过修正技术、标准规范和资源建设流程中不当之处，就可以确定全套标准、培训人员和协作规划，进行规模化生产。

5. 服务提供

建成的特色数据库通过网络的方式进行发布，提供服务。

四、特色数据库建设现状及应注意的问题

1. 宏观调控方面

我国的特色数据库建设缺乏宏观调控，基本上是各自为政、分散发展，一方面图书馆的经费紧缺，同时又在重复建设，造成资源浪费。所以必须进行宏观调控、统筹规划。可以在相关主管部门的指导和协调下，成立数据库建设协调合作中心，及时对现有数据库进行调查、统计并通报，对新建设项目进行协调管理，避免重复建设，以免造成人、财、物的浪费。特色数据库关键就是要有“特色”，如要突出地方特色，突出馆藏特色，突出学科特色等。

2. 标准化与规范化方面

标准化是特色数据库建设质量保证。数据库运行的可靠性、系统性、连续性、完整性、兼容性有赖于标准化，而且标准化是实现网络信息资源共享的基础。因此，在数据库建设过程中，注意数据的规范化和标准化，采用《我国数字图书馆标准规范研究》项目所推荐的一系列相关标准、元数据标引格式

① 范亚芳，郭太敏．特色数据库建设若干问题研究[J]．情报理论与实践，2008(04)：50-55.

规范、文献著录的有关国际标准和国家标准。主要包括通信标准(TCP/IP)、字符编码标准、标准通信置标语言/可扩展置标语言(SQML/XML)、元数据(METADATA)标准、检索语言标准、安全标准等。对各类型特色库实现统一元数据检索与分布式的全文服务功能，将不同厂商不同结构的数据库整合，统一检索，建立特色库元数据收集及对象数据访问机制。特色库建设的标准化与规范化有利于实现数据库之间的转换和互联、互访，同时又节约用户检索时间和降低费用，提高检索效率，最终资源实现共建共享的目标。

3. *检索功能方面*

有些特色数据库提供了题名、著者、刊名、分类号、关键词等检索途径，但缺少高级检索功能。用户只能输入简单的检索词进行检索，而不能利用检索运算符构造检索式，进行高级检索。要建立完善的多功能检索系统，提供多种检索途径。具体包括：要根据文献信息的内容及形式，选取最能反映其特征及最有可能被利用的检索途径，设置丰富有效的检索点。既要提供信息资源的外部特征检索和全文检索，又要提供分类和语词检索。还要能实现各项之间的“与”“或”“非”的逻辑组配检索，而且可实现标引词的位置运算符检索，并在一次检索结果的基础上实现多次限定检索。除了完善的检索功能外，还需要设置方便的浏览功能，建立友好的网上检索界面，在网页上设置较详细的帮助或举例的链接。

4. *知识产权方面*

在创建特色数据库过程中，数据资源无论是取自对本馆馆藏文献的数字化，还是来自购买数据库资源以及通过共享或链接利用网络数据，都会涉及知识产权问题。我们应从著作权人的利益和图书馆公众利益两方面综合考虑知识产权问题，协调均衡两者利益。既要提倡保护著作权人利益，同时也要大力发展数字图书馆。著作权法赋予图书馆对受知识产权保护的信息资源合理使用的权利，为社会公众的利益而使用信息资源，不以赢利为目的，可以在著作权法允许的范围内合理使用信息资源。在进行特色库建设时可以采用以下方式来解决知识产权问题：第一，自由利用那些不涉及著作权、不受著作权法的限制的信息资源。第二，委托出版社联系取得授权，或者直接与其合作，让其负责解决受著作权保护的信息资源的知识产权问题。第三，争取作者大力支持，争取让其赠给图书馆使用或者适当给予报酬。另外在收集、购买、共享、链接新的信息资源时，也要考虑知识产权问题。①

---

① 范贤玉．高校图书馆特色数据库建设的理论与实践[J]．图书馆建设，2005(02)：83-85.

5. 资源的深加工方面

特色数据库类型较为单一，专业特色不突出，根据学科建设、专业特色和地区特色进行文献深加工的专题数据库不多。多以馆藏常规文献为依托、以书目、学位论文为主攻方向，全文、图形图像及事实信息数据库很少，信息服务基本停留在“copy”的水平上。要把特色馆藏开发与个性化服务结合起来，个性化服务包括个性化定制服务、个性化推荐服务、个性化知识决策服务，这三种服务都要通过相应的软件系统来实现。①

当今数据库本身的发展趋势为：一是数据库主题由科技型向经济型、商业型倾斜；二是全文数据库在各种类型数据库中异军突起；三是数据库的多媒体化与网络化。全文数据库的发展已形成主流，我们要在坚持建设好图书馆书目、题录、文摘等二次文献数据库的同时，有重点地逐步建立起全文、数值、事实、图文、多媒体数据库，注重数据库的附加值，对数据进行组织、整理和深加工，创建易用、友好及检索途径众多的用户界面。

武汉大学图书馆的长江资源库②以长江流域为主线，按用户的不同需求，收集图书、期刊论文、学位论文、会议论文、科技报告、报纸文章、网页资源、图像、音频和视频等资源，选编了目录索引、文摘、全文和知识单元，按学科分类建立了长江流域库、长江环保库、长江水利库、长江经济库、长江旅游库、长江文化库和长江百科库；按主要文献类型建立了图书库、论文库、新闻库、网源库、图像库、媒体库、书目库和知识库；并按专题形式，提供包括长江政策、长江低碳经济、长江水利工程项目、长江水资源管理、长江航运港口、长江生态功能区、长江城市经济圈、长江流域规划等内容的查询，做到了资源的深度加工与揭示。

另外，还应重视特色数据库的管理与维护。

第二节　网络信息资源建设

一、网络信息资源是图书馆信息资源体系的组成部分

网络环境下的“馆藏”，不仅包括以某种实体形式存在于图书馆内的现实馆藏，而且包括了数据存在于图书馆之外的其他地方的虚拟馆藏。这种虚

① 吴慰慈．网络环境下图书馆信息资源建设[J]．图书馆论坛，2004(06)：11-14，24.

② 武汉大学图书馆的长江资源库[EB/OL]．[2020-01-12]．http://202.114.65.50/tpi_3/sysasp/include/index.asp.

拟馆藏实质上就是网络环境中的一种电子信息资源。这种电子信息资源不在本馆之内，但本馆读者借助计算机系统、通信网络可以方便地利用它。现实馆藏是指本馆可以利用的为读者服务的所有馆藏，包括传统的文献资源、馆藏书目数据库和电子出版物等。

目前，图书馆信息资源由4部分组成，即传统文献资源、馆藏书目数据库、电子出版物，网络信息资源等。图书馆信息资源建设的手段，不仅包括对文献的入藏，也应包括对光盘信息、网上信息的组织、导航和租用。“只有将文献资源建设、数据库建设与网络信息资源建设有机地结合起来，才能称得上完整的信息资源建设。”①在网络环境下图书馆信息资源建设的对象不再局限于传统的文献概念，而是包括传统的印刷型文献、电子出版物和网络信息在内的涵盖范围较广的信息资源，网络信息资源是图书馆信息资源体系的组成部分。

二、网络信息资源建设的内容和方式

图书馆网络信息资源归纳起来，应该包括②：(1)文献资源信息：包括馆藏资源和网络虚拟资源。馆藏资源指馆藏文献、本馆书目数据库、自建数据库及电子出版物等所有权或使用权归属本馆的资源。网络虚拟资源主要指所有权不属于本馆，但可以使用的散布于互联网上的信息资源；(2)辅助检索类信息：指为了方便用户快速找到所需资源而提供的信息服务，如专题资源导航、网上资源链接、虚拟咨询台等；(3)一般性信息：指图书馆主页上任何用户都可以获取的内容，如最新消息、本馆介绍、服务一览等。网络信息建设涉及资源的研究与跟踪、资源的搜集、信息获取机制的建立、资源的深加工、信息反馈机制的建立以及提供方便快捷的信息服务、科学管理体系的建立等方面。网络信息资源建设可从两方面进行③：一是对印刷型文献进行数字化处理，将其转化为网络资源；二是在互联网上搜寻、收集、分类、整理信息资源，建立虚拟信息库。其主要内容有：

(1)加强各类型网络数据库建设。网络数据库是现代信息服务的基础，是网络信息资源建设的核心。主要包括：①建立与完善联合目录数据库；②

---

① 高波，吴慰慈．从文献资源建设到信息资源建设[J]．中国图书馆学报，2000(05)：24-27.

② 唐承秀．高校图书馆网络信息资源建设的质量控制[J]．图书馆杂志，2005(02)：36-38.

③ 李家清．网络信息资源建设研究[J]．情报杂志，2001(09)：54-55，58.

建设全文数据库；③建设特色数据库。

（2）重视虚拟信息资源库建设。建设学科信息门户或服务平台，如北京大学图书馆的学科信息门户，针对某个特定学科，或者跨学科、交叉学科领域，为该学科建立学术信息门户，整合该领域的文献资源（期刊、图书、数据、会议）、研究热点、动态资讯、研究机构和自有学术成果等信息，以及学科态势分析报告、资源推荐、科研学术评价等服务，为学科提供一站式的学术内容服务。武汉大学图书馆采用美国 LibGuides 内容管理与知识共享平台制作而成，目前制作完成 31 个学科服务平台可供访问。图 6-2 为武汉大学图书馆的经济与管理学科服务平台，整合了丰富的经济与管理信息资源，融入最新的专业资讯，方便用户利用图书馆的资源与服务，为用户提供一站式的信息获取途径。

图 6-2　武汉大学图书馆的经济与管理学科服务平台

三、网络信息资源的选择

所谓信息选择，是指对大量的原始信息以及经过加工的信息材料进行筛选和判别，有效地排除其他不需要的信息，选取所需要的信息。要建立网络信息资源保障体系，应该制定特、精、全、省的资源搜集原则。“特”即要搜集具有特色的网络资源；“精”即要搜集来源可靠、内容先进、背景明确、发布规范的精品资源；“全”即要保证搜集目标的完整性；“省”即要尽可能地利用免费资源。

网络信息资源的选择与评价可从以下几方面把握：①权威性，主要根据网站的性质和知名度来判断。国家科学数字图书馆在建立数理学科门户网站时，提出如下评价网站权威性与声誉的政策：网站是否通过权威评价机构评价过？所选的站点是否被多个 Internet 站点链接？网站是由某公司、机构还是某领域的著名的权威或专家赞助？信息提供者的教育背景和职业背景及其研究方向？作者有知名的出版物吗？信息是否经过过滤？信息是否经同行评议过？资源是否由相关的权威推荐？是否有与权威机构的页面的共同链接？出版社是否知名和有声望？出版社是否是公认的出版界的权威？出版社是否是大学的出版社？为我们评价网站的权威性提供借鉴。②可靠性，来自权威性机构的信息基本上是可靠的，而匿名网站发布的信息可靠性较差；③客观性，注意把握商业网站和有倾向性的网站提供的信息的客观性；④时效性，注意网上信息发布时间和网页更新时间、更新频率、最近的修改日期；⑤原创性评估，要注意区分是以发布原始信息为主的网站，还是提供有关主题链接或者其他站点信息的镜像等。另外，还应考虑所选的信息资源范围标准，如导航系统的读者对象，所覆盖的学科及主题，信息的主要来源与深度等。有研究者还提出了从成本与费用方面选择网络资源，主要包括连接信息资源服务的费用、与信息资源中知识产权的使用相联系的费用。①

四、网络信息资源的组织方式

对于网络信息资源来说，其组织方法主要有②：

1. *搜索引擎信息组织方式*

搜索引擎组织网络信息主要采用主题树和数据库两种方式，也有称使用语词组织知识和使用分类法组织知识。所谓主题树组织方式，就是将信息资源按照某种事先确定的概念体系，分门别类地逐层加以组织，用户通过浏览的方式层层遍历，直到找到所需的信息线索，再通过信息线索联接到相应的网络信息资源。现有的提供目录分类式(或称主题指南、列表浏览)查询功能的搜索引擎就采用这种方法组织信息。而数据库组织方式，就是将所有已获得的网络信息资源以固定的记录格式存储，用户通过关键词及其组配查询，就可找到所需要的信息线索(即相关站点链接)，并通过信息线索直接连接到相应的网络信息资源。

① 付先华．网络信息资源的选择与评价[J]．武汉理工大学学报(信息与管理工程版)，2005(03)：98-101.

② 司莉．网络信息资源组织研究进展[J]．情报科学，2003(06)：653-658.

2. 学科门户方式

它是根据特定的目标，选定信息资源的学科领域，对有关的网站网页进行搜索和收集，加以鉴定核实，并对核实后的网址进行合理组织，使之能够提供检索、浏览和链接的信息集合。与搜索引擎的主要区别在于，它属于专题性和学科专业性的，系统性和易用性强。虚拟图书馆对网络资源的组织是优越于搜索引擎的关键环节，它针对某一学科或领域的研究者的需要，将Internet上与之有关的各种资源线索，包括与该学科或领域有关的研究机构、实验室、电子书籍、学术期刊、会议论坛、专家学者等的URLs(即统一资源地址，包括Http、Gopher、Ftp、Usenet等)，系统地组织起来，存放于某一网页，供用户浏览或者检索。用户在访问某一学科的虚拟图书馆的网页时，通过激活相关的网络线索即超级链接，就可以浏览到大量相关资料。

其知识组织方式一般有两种，第一种是分类方式(包括学科分类与资料类型分类)，其一是按照学科性质，根据学科概念体系，依学科分类的方法组织网上信息，用户可按树状结构逐步找到所需信息；其二是按照电子资源类型，即将搜集到的资源按照综合信息、研究机构、期刊与出版物、会议通告等外在形式进行分类组织，用户可以按资源类型找到所需信息。

第二种为数据库方式，即利用数据库技术，依据一定的索引语言抽取一个或几个标识点作为检索点，形成检索数据库或指示数据库供用户检索。数据库形式可以满足用户的特性检索，用户可以比较快地找到所需信息。有的图书馆在组织学科网络信息时，既采用分类组织，又采用了数据库方式，以增强导航库的功能。

3. 分类法方式

以文献分类法为工具的网络资源检索服务系统，从学科角度揭示网络信息，成为组织网上学术性知识内容的主要应用模式。陈树年在《文献分类学》(武汉大学出版社，2001)一书中提出文献分类法用于网络信息资源组织的优势是：①文献分类法几乎都是综合性分类法，涵盖人类知识的各学科领域，具有很高的通用性，对于科学、学术信息的组织更有独特的能力；②文献分类法的编制和运用既有成熟的理论的技术支持，也积累了丰富的实践经验，严格的词汇控制和完善的语义网络，有助于对网络信息的筛选和组织；③文献分类法是一个完整的知识分类体系，类目之间严密的逻辑关系，全面揭示了知识的内在联系，非常适合于浏览和对主题进行分类控制；④文献分类法有着长期的使用历史，并在各种文献数据库中广泛应用，有着深厚的用户基础；⑤文献分类法正在向电子化和分类主题一体化方向发展，更适合于对网络信息的组织。

传统文献分类法在网络中的应用主要表现在：①用于联机浏览检索；②用于非文本信息的组织；③用于超文本的管理；④作为网络信息组织的通用工具；⑤促进分类主题一体化。

一些著名的分类法，如 DDC、LCC、UDC、《中图法》等都已经不同程度地应用于网络信息的分类组织。当然，传统分类法要应用于网络信息组织，必须进行技术改造和不断创新发展，如分类法网络化和易用性方面的改造等。图 6-3 为厦门大学图书馆的《中图法》的分类浏览系统，为从分类法出发浏览书目数据提供途径。

图 6-3 厦门大学图书馆《中图法》分类浏览系统

4. 主题法方式

检索系统中提供主题词检索方式，在用户界面上，可直接浏览主题词表，从中选中主题词，作为搜索引擎的检索提问。用户可以在检索界面中修改检索提问，也可返回到主题词表界面重新选择主题词。绝大多数的词表检索界面上显示了词间关系，用户使用检索入口词，可查询叙词表中的上、下位词及相关词和用代关系，通过不断修正检索提问提高检索效率，也可直接按字母顺序浏览词表，从中选择主题词，作为检索入口词。用户可以在检索界面中修改检索提问，也可返回到主题词表界面重新选择主题词。还有叙词表可选中叙词，直接链接相关网络。其共同的特征是：词表内超文本导航。以 ERIC 叙词表为例，以“educational administration”作为入口词检索叙词表(见图 6-4)，显示了该主题词的记录类型、定义注释、类别、上位词、下位词、相关词以及替代词，并可用该词直接链接，通过点击“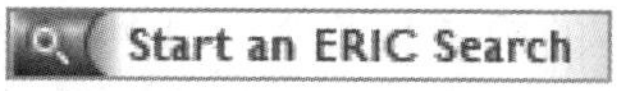

”图标就可查找 ERIC 资源，省略了输入检索词的步骤。之所以可以用来检索资源，是因为利用 ERIC 词表对资源进行标引。

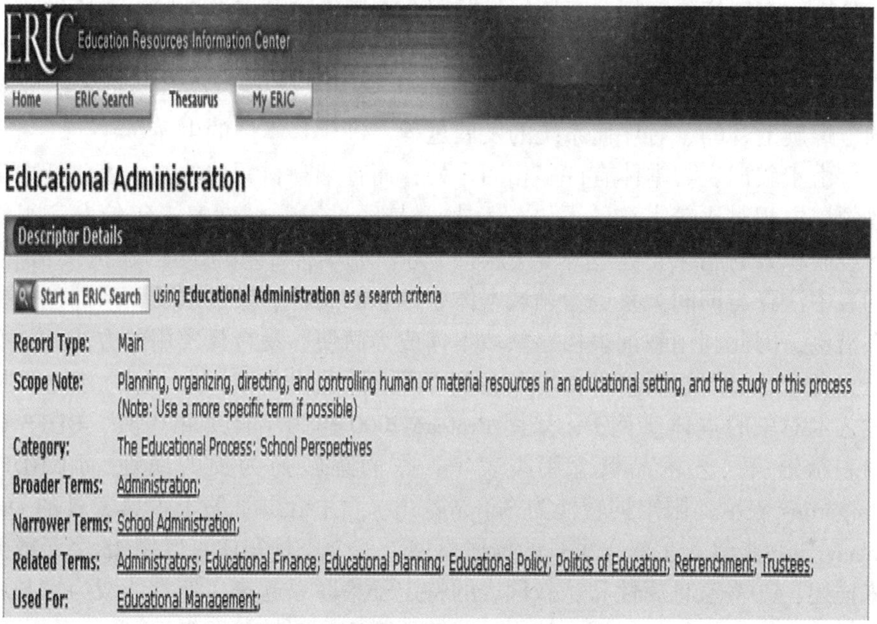

图 6-4　ERIC 叙词表检索界面

5. 本体方法

本体是网络信息组织与检索工具的理想选择，主要原因是：①本体关于领域知识的共同理解和描述使得现代网络信息组织是建立在语义信息而不是语法信息基础之上的，它是以信息(或知识)内容或其本质特征为依据进行信息组织的有效方法，它在优化网络信息组织的同时也必将促进信息组织向知识组织的转变；②信息组织的目的是建立有效的信息系统，从而便于信息的检索和利用，而本体对于概念及其之间关系的精确描述可以极大地提高信息系统的检索效率；③本体面向计算机和网络的特点及其形式化描述使其能更好地满足现代信息组织，特别是网络信息组织的需要①。本体的主要功能在于有助于对信息资源内容意义的精确理解，实现系统的互操作、复用和共享。当前主要应用于数字图书馆与信息检索之中。

有研究者提出了构建领域本体的知识工程法包括5个步骤②：①确定本体的领域与范围；②列举领域中重要的术语、概念；③建立本体框架；④设计元本体，重用已有的本体，定义领域中概念及概念之间的关系；⑤对领域本体编码、形式化，选用合适的本体描述语言对上述建立的领域本体进行编码、形式化。还有研究者提出领域知识本体构建的基本过程③，包括本体需求分析、本体构建规划、本体信息获取、本体概念及关系确定、本体形式化编码、本体的评价、本体的进化和本体的表示，并对其中的基本流程、内容与方法进行梳理和分析，强调了本体的进化、本体的构建是一个不断完善的、螺旋上升的、有序而系统的发展过程，进化是本体的生命所在。

由于叙词表与本体有许多相同之处，而且某学科领域的叙词表包括本学科领域中相对比较完整的术语(叙词)，是经过本领域专家多年的有序组织与经验积累的结果，这些术语(叙词)为领域本体中概念的创建提供借鉴，词表中注释与词间关系也为领域本体中概念的属性、实例以及关系的创建提供借鉴，因此利用叙词表构建领域本体成为简便、易行且实用的方法。如有研究者介绍了阿姆斯特丹大学信息科学利用《艺术与建筑叙词表》建立了描述艺术对象的本体实例④，采用 Protégé-2000 作为本体编辑工具，RDFS 作为表示语言。艺术品概念用类表示，叙词集转换为类的属性，用 RDFS Properties 表示，限定词转换为 Subproperties，并给出了关于古典家具的 Ontology 建立步骤：①建立家具的描述模型，一个家具实体可以用25个元数据来描述；②将家具属性和从叙词表的特定子集联系起来，使其能成为家具属性的值；③添加领域知识，特别是能够约束家具属性值的知识。

另外，网络信息组织还采用文件、超文本与超媒体、网站等模式⑤。因特网的信息组织，文件的组织通常有以下方法：一是将文件分级存放，这样

① 戴维民，田春虎．从情报检索语言到本体——信息组织的新变革[J]．图书情报工作，2005(07)：6-10.

② 肖敏．领域本体的构建方法研究[J]．情报杂志，2006(02)：70-71，74.

③ 杜小勇，马文峰．学科领域知识本体建设方法研究[J]．图书情报工作，2005(08)：74-78.

④ 唐静．叙词表转换为 Ontology 的研究[J]．情报理论与实践，2004(06)：642-645.

⑤ 黄如花．网络信息组织的模式[J]．中国图书馆学报，2004(01)：27-31.

在寻找某一特定文件时可以减少搜索时间；二是按文件所属的栏目进行存放，如可以将一级网页存放在一级子目录下，二级网页存放在二级子目录下，依此类推；超文本、超媒体既是一种新型的文本信息组织方式，也是一种有别于传统检索技术的新型信息获取方式，它将网络上相关文本的信息存储在许多节点上，节点间以链路相连，节点表示信息单元、片段或组合，而链表示结点间的同义、反义等关系，使用户可以从任一节点开始，根据信息间的联系，从不同角度浏览和查询信息；网站是万维网上最常见的信息集合，它利用超文本和超链接技术将多个网页组织形成一个庞大的具有特定结构的面向特定用户的或者任务的网站。

第三节 开放存取信息资源建设

一、开放存取的定义及类型

（一）开放存取的定义

开放存取运动倡导学术资源的公开获取，表达了在数字环境下学术资源无障碍流动的理想目标。开放存取运动自产生以来，受到国际学术界、出版界、图书情报界的广为关注，许多学术组织和机构以实际行动响应，并取得积极进展。

目前普遍接受的定义是由开放社会研究所（Open Society Institute，OSI）在匈牙利布达佩斯召集的开放存取国际研讨会上提出的。会议形成的《布达佩斯开放存取计划》（Budapest Open Access Initiative，BOAI）给出的定义是：开放存取（Open Access）是指通过公共网络免费获取所需要的文献，允许任何用户阅读、下载、复制、传播、打印、检索论文的全文，或者对论文全文进行链接、为论文建立索引、将论文作为素材编入软件。或者对论文进行任何其他出于合法目的的使用，不受经济、法律和技术方面的任何限制，除非网络本身造成数据获取的障碍。对复制和传播的惟一约束以及版权在此所起的惟一作用是，应该保证作者拥有保护其作品完整性的权利，并要求使用作者作品时以适当的方式表示致谢并注明引用出处①。

对开放存取概念进行分析，可见其包含两层含义：一是强调学术资源向用户免费开放；二是强调学术资源无限制的合理使用。

---

① Budapest Open Access Initiative［EB/OL］.［2020-01-12］. https://www.budapestopenaccessinitiative.org/boai15-1.

(二)开放存取资源的类型

国内外对于开放存取资源的类型的划分，目前尚无统一的标准，研究者们提出了多种类型，主要有：

BOAI计划提出了两种实现开放存取的策略，一是建立“自行存档”(Self-Archiving)，也有称“自归档”，二是创办“开放存取期刊”(Open Access Journals)。自行存档是指作者将论文以“Eprint”电子文档形式存放在所属机构的数据仓储中，自行存档的数据仓储又可分为基于学科的开放存取仓储和基于机构的开放存取仓储。笔者2020年1月12日访问其网站，全世界已有6141位个人和976个相关研究机构签署了BOAI计划协议，① 其中包括研究人员、大学、实验室、图书馆、基金会、期刊出版社、学术社团及同性质之相关计划等，签署的数量还在不断增加。

有研究者从网络用户的角度，认为开放存取实现方式目前大体可以分为两大类型，② 一种是单纯获取型，一种是在线交流型。单纯获取型是指网络用户通过这类方式能够免费获取有价值的信息资源，他们与信息源的沟通是一种间接形式，大部分时候，用户采用这种形式的开放存取，只在于获取。这种类型主要包括开放存取期刊、开放存取仓储、个人Web站点等类型。在线交流型是指网络用户通过这种方式不仅可以非常方便、自由地获取有价值的信息资源，而且在获取这些信息的同时，能直接将反馈信息传达给信息源。此种类型主要包括博客、维基、邮件列表服务、P2P的文档共享网络、论坛等。

还有研究者从开放存取资源的文献类型进行划分，认为有3种类型，即：开放存取图书、开放存取期刊、开放存取论文。③

有研究者将开放存取资源划分为3种类型④：(1)机构资源库(Institutional Repositories)。由大学、大学图书馆、研究机构、政府部门等类型机构创建和维护；(2)学科资源库(Disciplinary Repositories)。主要指预印本资源库；(3)开放期刊(Open Access Journals)。一般采取论文作者付费出版、读者免费获取的方式，对提供的论文实施类似传统期刊一样的严格的同

① View Signatures [EB/OL]. [2020-01-12]. https://www.budapestopenaccessinitiative.org/list_signatures.

② 杨帆，詹德优. 开放存取及其实现方式分析[J]. 图书馆论坛，2006(01)：186-189，171.

③ 王云娣. 网络开放存取的学术资源及其获取策略研究[J]. 中国图书馆学报，2006(02)：76-78.

④ 陈吟月. 学术资源开放存取的策略研究[J]. 图书馆，2007(01)：57-60.

行评审制度。

上述开放存取资源类型的划分深受 BOAI 计划的影响，笔者认为可将开放存取资源划分为开放存取期刊、学科开放存取仓储和机构开放存取仓储等类型。在开放存取环境下，科研人员可以通过网络自由发布、及时修改自己的研究成果，并和同行进行沟通交流，从而使学术信息的交流更加方便与快捷。开放存取运动已在蓬勃兴起。

二、国内外开放存取的发展现状

1. *开放存取期刊的发展*

开放存取期刊(Open Access Journal，OAJ)与传统期刊及与电子期刊的区别在于其访问方式与访问权限上，提倡用户利用因特网就可不受限制地访问期刊论文全文。

目前最具代表性、并且已经在学术界取得广泛影响的致力于开放存取的出版商或机构是 BioMed Central（简称 BMC)和 Pub1ic Library of Science(简称 PLoS)。BMC 目前出版 300 种生物学和医学领域的期刊，并行实施论文同行评审制度。BMC 出版社基于“开放地获取研究成果可以使科学进程更加快捷有效”的理念，坚持在 BMC 网站免费为读者提供信息服务，其出版的网络版期刊可供世界各国的读者免费检索、阅读和下载全文。在 2017 年，BMC 已出版 70000 篇开放存取论文。PLoS 倡导“所有出版物都是为了通过网络免费阅读、下载、复制、传播和使用”，可提供 215,000 篇经同行评审论文的免费获取。

DOAJ(*Directory of Open Access Journals*)①是世界上最有影响的开放存取期刊目录系统，由瑞典 Lund 大学图书馆创建和维护。截至 2020 年 1 月，已收录 130 个国家和地区的开放存取期刊 14171 种，可检索的论文已达 455 万多篇，涵盖农业、历史、书目及图书馆学与信息资源、教育、美术、综合类、地理及人类学与娱乐、语言和文学、法律、医学、军事科学、海军学、哲学与心理学及宗教、政治学、自然科学、社会科学、技术等 l8 个学科与专题领域。

2003 年 10 月由德国马普学会发起了《关于自然科学与人文科学资源开放获取的柏林宣言》(*Berlin Declaration on Open Access to Knowledge in the Sci-*

① Directory of Open Access Journals [EB/OL]. [2020-01-12]. https://doaj.org//. [EB/OL]. [2019-06-28]. http://europa.eu.int/eur-lex/pri/en/oj/dat/2003/1-345/1-34520031231en00900096.

ences and Humanities，简称《柏林宣言》)，2004年5月，路甬祥院长以及中国国家自然科学基金委员会主任陈宜瑜院士分别代表中国科学院和中国国家自然科学基金会签署了《柏林宣言》，表明中国科学界和科研资助机构支持开放存取，共同推动全球科学家共享网络科学资源的立场。从DOAJ收录期刊数量分析，截至2020年1月，在DOAJ中收录的中国期刊139种(包括我国香港地区与台湾地区)，占比不足1%。

2. 学科OA仓储的发展

早期的OA仓储多为学科OA仓储，又称学科知识库，学科知识库是以某一学科或多学科为主题来搜集整理数字化的学术成果，并提供这些数字资料的全球范围内的开放共享。往往只限于自然科学领域，如天文学、物理学、计算机科学、化学以及数学等，近年来，社会科学和人文科学领域的OA仓储也已出现。

学科OA仓储以arXiv电子印本文档库①最具代表性，arXiv电子印本文档库创建于1991年，目前由康乃尔大学进行维护和管理，共收录涉及包括物理学、数学、非线性科学、计算机科学和量子生物学与统计学等学科领域1642697篇预印本文献。arXiv电子印本文档库没有评审程序，但同行可以对文档库的论文发表评论，实现与作者间的双向交流。用户可以通过arXiv的Web界面免费检索全文，注册用户也可通过arXiv的Web界面提交论文，并对论文进行更新。

我国以中国预印本服务系统和中国科技论文在线为代表。预印本是指科研工作者的研究成果还未在正式出版物上发表，而出于和同行交流目的自愿先在学术会议上或通过互联网发布的科研论文、科技报告等文章。与刊物发表的文章以及网页发布的文章比，预印本具有交流速度快、利于学术争鸣、可靠性高的特点。中国预印本服务系统②是由中国科学技术信息研究所与国家科技图书文献中心联合建设，以提供预印本文献资源服务为主要目的的实时学术交流系统，该系统的收录范围分为自然科学、医药科学、人文与社会科学、工程与技术科学、农业科学5大学科门类，提供二级类目的分类浏览，系统可实现用户自由提交、检索、浏览预印本文章全文、发表评论等功能。

---

① arXiv[EB/OL]. [2020-01-12]. http://arxiv.org/.

② 中国预印本服务系统[EB/OL]. [2020-1-12]. https://preprint.nstl.gov.cn/preprint/main.html? action=index.

中国科技论文在线①由教育部科技发展中心主办，按自然科学国家标准学科分类与代码将专业领域分为 39 类。学科 OA 仓储利用现代信息技术手段，免去传统的评审、修改、编辑、印刷等程序，给科研人员提供了一个方便、快捷的交流平台，提供及时发表成果和新观点的有效渠道，有助于新成果的及时推广与科研创新思想的及时交流。截至 2020 年 1 月 12 日，首发论文 10 万余篇，期刊论文接近 130 万篇。

3. 机构 OA 仓储的发展

机构知识库(Institutional Repository，IR)，又称机构 OA 仓储、机构典藏库、机构库等，是学术机构为捕获并保存机构的智力成果而建立的数字资源库。机构知识库是利用网络及相关技术，依附于特定机构而建立的数字化学术数据库，它收集、整理并长期保存该机构及其社区成员所产生的学术成果，并将这些资源进行规范、分类、标引后，按照开放标准与相应的互操作协议，允许机构及其社区内外的成员通过互联网来免费地获取使用。②

通过对 The Directory of Open Access Repositories—OpenDOAR③ 网站的检索，可了解机构 OA 仓储的发展现状。OpenDOAR 是由英国的诺丁汉(Nottingham)大学和瑞典的伦德(Lund)大学图书馆于 2005 年 2 月共同创建的开放获取机构资源库、学科资源库目录检索系统，是一个权威性的开放存取资源库目录，提供全球高品质开放存取资源库清单。用户可以通过机构名称、国别、学科主题、资料类型等途径检索和使用这些知识库，还可实现字顺浏览功能。图 6-2 是笔者 2020 年 1 月 12 日检索到的机构 OA 仓储在各国的分布情况。

由图 6-5 可知，截至 2020 年 1 月 12 日，已创建机构 OA 仓储 5301 个，各国创建的 OA 仓储按数量多少排序，前 10 位依次是美国 900 个(占 17%)、日本 546 个(占 10.3%)、英国 314 个(占 5.9%)、德国 277 个(占 5.2%)、西班牙 167 个(占 3.2%)、法国 150 个(占 2.8%)、秘鲁 150 个(占 2.8%)、巴西 147 个(占 2.8%)、意大利 143 个(占 2.7%)，另外 OA 仓储库在 43 个以下的国家共 955 个(占 18%)。

---

① 中国科技论文在线[EB/OL]. [2020-1-12]. http://paper.edu.cn/.

② 柯平，王颖洁. 机构知识库的发展研究[J]. 图书馆论坛，2006(06)：243-248.

③ The Directory of Open Access Repositories [EB/OL]. [2020-1-12]. http://v2.sherpa.ac.uk/opendoar/.

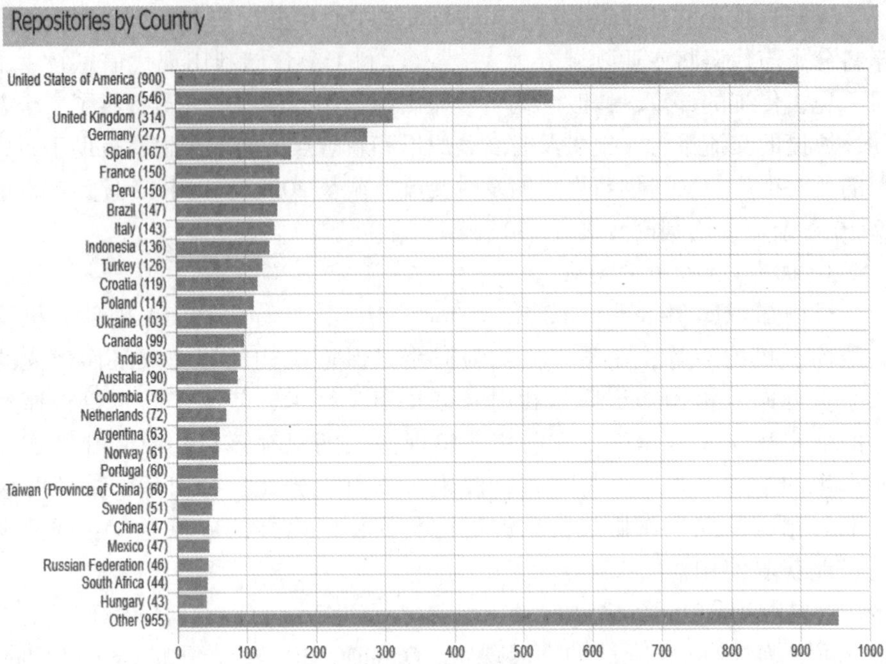

图 6-5　机构 OA 仓储在各国的分布

以下分别以武汉大学机构知识库(Wuhan University Institutional Repository, WHU IR)①、香港科技大学科研成果全文仓储(HKUST Institutional Repository, 简称 HKUST IR)②加以说明。WHU IR 是典藏武汉大学创造的各类知识成果的综合信息服务平台，系统目前收录我校 46 万余种各类知识作品，其中期刊论文 29 万余篇，学位论文 12 万余篇，并采集了 330 余位重点学者的学术信息。系统由成果库、学者中心、数据分析系统等组成。“成果库”全面展示武汉大学自 1928 年以来各个历史阶段(包含武汉水利电力大学、武汉测绘科技大学、湖北医科大学)的学术成果，对于期刊和会议论文，整合了各类收录引用与影响力信息，论文作者可随时查看论文被 WOS 等收录的情况，引用的频次等方面的信息。

香港科技大学科研成果全文仓储 HKUST IR 是由香港科技大学图书馆用 Dspace 软件开发的一个数字化学术成果存储与交流知识库，收录由该校教

① 武汉大学机构知识库[EB/OL]. [2020-01-12]. http://openir.whu.edu.cn/#/home.

② 香港科技大学科研成果全文仓储[EB/OL]. [2007-10-14]. http://repository.ust.hk/dspace/.

学科研人员、博士生及研究助手提交的论文(包括已发表和待发表)、会议论文、预印本、博士学位论文、研究与技术报告、图书、专利、工作论文和演示稿全文共95443条。可按院系机构、题名、作者、主题、类型、语种、提交时间等进行浏览，提供任意字段、作者、题名、关键词、文摘、标识符等检索途径。

图6-6　武汉大学机构知识库截图

各个学术机构通过机构OA仓储将研究者的智慧结晶进行集中保存，并开放给其他学者参考取用，机构间也可通过合作方式，交流彼此的学术成果，从而实现知识分享及学术成果的及时传播。

三、图书馆对于开放存取资源的利用对策

开放存取资源都是图书馆信息资源体系的必要补充，对于满足用户的信息需求特别是对于外文学术全文资料的需求，起到重要的资源保障作用。图书馆作为一支参与开放存取的重要力量，在开放存取资源的获取与利用中发挥着重要作用。我们认为应该采取以下对策：

1. 创建机构知识库

机构库的作用主要在于展示和保存机构的学术成果，提升机构学术地位，能够从一个机构整体角度反映机构的智力资源。对于收藏资源的类型，要根据机构的性质和机构库的建设目的，进行相应限定，如确定是否收录多媒体类型的文件，是否收录已经发表的论文，是否同时收录基础研究、应用研究和开发研究3个方面的成果，是否允许一些灰色文献(如机构的内部报

告、调查报告、研究报告、技术报告、学术会议资料等)进入到机构库，专业性较强的研究机构是否允许专业领域之外的研究成果进入到机构库等①。对于大学图书馆而言，其机构仓储应集成本校的优质学术资源，一般以学术性及研究性作品为主，即以学位论文、期刊论文、研究报告、技术报告及会议论文五种资料为主要收藏对象。据相关调查②机构知识库在我国高校普及率非常低，即使是“双一流”建设高校，仍然有一半以上高校尚未建设机构知识库。

总之，要将机构知识库建设成为集开放存取与网络出版、永久性保存、公益性信息服务为一体的多功能知识库。

2. 提高对开放存取资源的认知度

为了促进开放资源的有效利用，提高用户及馆员对开放资源的认知程度，图书馆要开展多种形式的宣传推广教育。有关调查表明只有14.5%的作者“了解有关期刊稿件的OA出版模式”，46.4%的作者“有点了解”，39.1%的作者“不太了解”③。对网上开放存取资源“没有听说过”和“听说过但不了解”的占71.21%④。可见。对于开放存取资源的宣传力度亟待加强。

可通过宣传窗、分发宣传资料、开设“开放存取资源的利用”专题讲座，利用图书馆网站、网上留言簿、电子论坛及电子邮件系统等途径对开放资源进行宣传和推广，以提高用户对于开放存取资源的认知度。

3. 加强对开放存取资源的组织与揭示

数据库列表链接、资源导航链接、OA期刊集成检索平台和OPAC整合是国内高校图书馆揭示开放存取资源最常使用的方式。其中，链接方式是采用最多的揭示方式。图书馆可以在自己的主页上，开辟网上“开放资源”专栏，直接把开放存取资源作为馆藏信息资源，提供开放存取的资源列表。相关调查显示⑤：111所“211”高校图书馆中，开发OA期刊集成检索的平台不到1/3，而且主要分布在经济较发达的地区。采用OPAC整合模式将开放

---

① 郭少友．机构库建设的若干问题研究[J]．中国图书馆学报，2006(01)：77-80.

② 徐春，张静．“双一流”建设背景下高校图书馆机构知识库建设现状及发展对策研究[J]．图书馆学研究，2019(03)：31-38，77.

③ 孔繁军，游苏宁．关于开放存取出版模式的问卷调查[J]．中国科技期刊研究，2005(05)：648-649.

④ 王云娣．网络开放存取的学术资源及其获取策略研究[J]．中国图书馆学报，2006(02)：76-78.

⑤ 陈玲洪．高校图书馆开放存取资源揭示现状调查与实施策略研究[J]．图书馆，2014(02)：63-65.

存取资源与馆藏资源结合的只有12所，其中2/3为国内一流的研究型大学。同时采用1、2、3种揭示方式的有17所，以研究型大学图书馆为主。只有7所高校图书馆同时采用4种方式，分别是清华大学、西安交通大学、武汉大学、电子科技大学、暨南大学、南京大学和上海大学。可见，总体上国内图书馆对于开放存取资源的组织与揭示的广度和深度有待加强。

4. 实现开放存取资源与馆藏资源的整合

在图书馆不同种类的数字资源中，假如每一种检索系统都有不同的检索界面、不同的使用方式、呈现的格式不一等，用户就无法实现一次获取各种数据库的信息。目前提供跨库检索技术的统一检索平台的研制与应用，为实现多种数据资源间的跨库检索提供了条件。如耶鲁大学研制开发的JAKE (Jointly Administered Knowledge Environment)软件、清华大学"清华同方电子资源统一检索平台"和南京大学的"一站式检索"系统等，利用资源整合技术可将开放存取资源与本馆的数字资源进行整合，实现一站式检索。对于资源的整合将在本章第五节中详细阐述，在此不再赘述。

第四节　数字资源的整合

一、数字资源整合的必要性

随着图书馆数字资源的不断增加，资源整合与重组问题亟待解决。分析目前数字资源及用户的使用情况，从数字资源本身来看，其内容交叉重复，存在着大量的冗余信息，而且知识关联程度较低，影响到用户的利用与获取。从技术角度来看，不同的数字资源系统之间数据结构不同、发布方式不同、检索方式也不同，用户需要在不同系统间来回切换，还需要掌握不同的检索方法。从用户角度来看，图书馆购置的大量数字资源如果都是以"孤岛"的形式存在，用户就必须分别进入各个系统中查找资源，这些形式各异的资源在给用户提供丰富信息的同时，也带来检索上的不便。用户希望通过统一的检索界面和统一的检索语言，方便快捷地检索到图书馆的所有分布式资源(书目、图像、音视频、档案资源、电子图书、电子期刊和会议录等)，同时检索本地和异地各种资源系统，希望图书馆提供一站式服务。因而，如果不对数字资源进行合理有效的整合，则会影响数字资源的有效利用。

数字资源整合是数字资源优化组合的一种存在状态，是依据一定的需要，对各个相对独立的数字资源系统中的数据对象、功能结构及其互动关系进行融合、类聚和重组，重新结合为一个新的有机整体，形成一个效能更好、效率更高的新的数字资源体系[1]。综合运用各种技术、方法和手段对图书馆所拥有的众多数字资源进行系统化和优化，目的是将所有的数字资源透明地、无缝地集成在一起，用户在统一的检索界面中检索、浏览和使用所有数字化资源。资源整合实现了不同文献资源之间的沟通，保持了知识体系的完整性，数字资源的整合程度直接关系到它能否被高效吸收与利用。

理想的数字资源整合目标是：提供所有数字资源统一的检索界面；在一个集成的服务系统中，采用各种链接技术；保证用户的下载操作；有效管理和维护图书馆所有数字资源；充分展示通过图书馆可以利用的所有数字资源；提供定制个性化服务；有机将现有的各个层次的服务整合在一个框架内；同数据商提供的各种服务平台与工具相结合。①②

二、数字资源整合的原理

数字资源整合不是简单的“库集合”和“库链接”，而是依据一定的需要和要求，通过中间技术(指数字资源无缝链接整合软件系统)，把不同来源和不同通信协议的信息完全融合，使不同类型、不同格式的数字资源实现无缝链接。通过整合的数字资源系统具有集成检索功能，是一种跨平台、跨数据库、跨内容的新型数字资源体系。③

数字资源整合要建立在知识组织的基础之上，以知识组织的原理为指导。知识组织是对知识的本质以及知识之间的关系进行有序地揭示，能够对异构数据对象内容进行整合，实现不同资源系统间的资源共享，其目的是组成结构优化的知识库，提高知识的利用，促进知识的创新。知识组织强调系统化地处理和利用信息和数据发掘知识内涵，其形式主要是建立不同学科、行业的知识资源库和知识网络系统，它所提供的是具有规律性的信息，具有内在关联的信息链和知识链。以基于数字图书馆的资源整合方式为例，就是利用知识组织原理和技术，对不同渠道、不同类型、不同学科、不同形式的知识加以整合，按数字资源的逻辑关系，对资源进行分解、重组，按知识体系的关联性和整体性组织成立体网状、相互联系的知识体系，以实现数字资

① 马文峰，杜小勇．数字资源整合方式研究[J]．图书情报工作，2005(05)：67-71.

② 许萍华，丁申桃．数字资源整合目标与模式探讨[J]．图书馆杂志，2005(05)：32-34，38.

③ 李希明等．从信息孤岛的形成谈数字资源整合的作用[J]．图书馆论坛，2003(06)：121-122，61.

源的有效组织和共享利用。

三、数字资源整合的方式

数字资源一般包括自建数据库、联机数据库、光盘数据库、数据资源导航等类型。图书馆对数字资源的整合，包括自建资源的整合和引进资源的整合两大部分，现阶段数字资源整合的方法主要有基于OPAC的整合、基于数字资源导航的整合、基于数字图书馆应用系统的整合、基于链接系统的整合、基于跨库检索系统的整合与基于发现系统的整合等方式。几种整合的方式并不是截然分开，有时会根据需要综合使用。

1. 基于OPAC的整合

OPAC是图书馆重要馆藏数字源系统，是目前读者获取数字馆藏资源的直接入口。对OPAC资源系统的整合是图书馆数字资源最基本的整合方式，是指基于OPAC系统对各种类型资源及其相互关系进行融合、类聚，以数据为核心，构建一个整体的、立体化的、全方位的资源体系①。OPAC整合的内容按照不同的整合方式可分为两类：一是整合不同来源信息资源。实质是将异构系统进行横向集成，汇集不同平台上的异构数据库，以便让用户通过OPAC就可以检索到自己需要的信息资源。二是整合不同类型信息资源。实质是通过书目数据的整合形成一个向多种型相关资源的延伸，达到通过OPAC检索到相关书目信息、全文文献、文摘、书评以及各种音视频等多媒体资源的目的。

目前主要有两种方法：一是通过执行Z39.50协议，聚合不同平台上的异构OPAC数据库，建立书目整合检索系统。二是利用数据商提供的MARC数据，将数字资源导入OPAC，形成实体和虚拟馆藏的书目整合检索系统。如使用856字段电子资源定位字段，用来揭示印刷型期刊的网络版URL地址，在印刷型期刊MARC中856字段定位电子资源，实现两种版本的链接，通过本馆OPAC检索出印刷型期刊目录，点击该字段就可进入其电子版界面。

2. 基于数字资源导航的整合

数字资源导航整合是指将数字资源的检索入口整合在一起，建立数字资源导航库，提供按资源的名称、关键词、资源标识等获取数字资源的途径。其功能主要是供用户浏览与检索，并提供检索入口。可根据不同的类型数字资源，分别建立相应的资源导航系统，如电子期刊导航系统、电子版报纸导航系统、电子图书导航系统及数据库导航系统等。数字资源导航系统一般具

① 萨蕾．基于OPAC的数字资源整合研究[J]．图书馆，2014：(01)：113-116.

有字顺浏览、分类浏览与关键词浏览三项功能，用户利用这些功能可方便、快捷地检索到数字资源，根据提供的检索入口，检索到所需资源。目前国内外图书馆导航整合用得较多的主要是提供按字母和主题的入口方式。

3. 基于数字图书馆应用系统的整合

资源整合是数字图书馆建设的关键环节。在系统设计时，数字图书馆系统采用跨库技术建立资源整合的基础平台，希望从内容到结构重组数字资源，为用户提供对本地资源、网络资源及多个分布式、超大规模、具有互操作性的异构数据库群进行无缝链接的跨库检索服务，这是数字图书馆建设的主要目标之一①。通过支持分布的数字信息系统间的互操作、无缝交换和共享信息资源与服务，构建一个逻辑的集成信息服务机制，并按数字资源的逻辑关系组织成立体网状、相互联系的知识资源系统。

4. 基于链接系统的整合

也可称为链接整合方式，利用网络超文本链接特性，将文献的有关知识点链接起来，达到将有关的数字资源链接在一起，形成一个具有内在联系的有机整体，以便用户更方便地利用数字资源。要注意合理设置链接点，建立合理的数字资源的分类体系，重视并加强引文链接。以国家知识基础设施(China National Knowledge Infrastructure，CNKI)的“知网节”为例，“知网节”是一篇文献与其相关文献的链接点，将文献按内容相关性链接成知识网络型数据库。链接的相关文献包括共引、同被引文献、读者推荐文献、相似文献、同导师、相关作者、相关机构文献等。“知网节”含有节点文献的题录摘要，形成知识网络型数据库，可集中显示文献的研究背景、继承发展以及文献的学术影响力。

5. 基于跨库检索系统的整合

即建立异构数据库的统一检索平台，在同一个检索平台上，实现多数据库同时检索，将极大方便用户，对异构数据库进行资源整合与统一检索，将会大大提高用户对信息资源的获取效率。如对检索界面进行整合，在统一的用户查询界面与信息反馈的形式下，共享多个网络资源的索引技术与检索技术，建立一个代理检索界面来接受用户的检索查询请求，并把这些查询请求转换成相应数字资源的检索方法与查询语言，并将各个资源系统返回的检索结果进行排序和整合，则会极大节省用户的时间，提高检索效率。

对用户而言，这些异构数据库是透明的，用户所看到的只是一个简单明了的界面，不需要知道各数据库不同的检索方法，避免了需要逐个登录数据

---

① 张岌秋．数字资源整合及检索初探[J]．情报理论与实践，2005(06)：588-590.

库、输入检索条件的麻烦，使用方便、快捷，使用户觉得就像在使用一个数据库一样。以 Renardus 为例，Renardus 项目是信息社会技术项目、欧盟第五框架计划项目的组成部分，来自丹麦、芬兰、德国、法国、瑞典、英国等六个国家的国家图书馆、研究中心及主题网关等机构参与，由荷兰国家图书馆负责协调工作。参与项目的 10 多个主题网关采用的分类体系不尽相同，主要有 DDC、LCC 以及专业分类法(如 Ei 分类法)与本地网关自编的分类法(如荷兰基础分类法 BC、Göttingen 联机分类法 GOK)等。项目的宗旨是开发集成式的网络信息资源门户，使用户通过一个单一界面，能够跨库浏览和检索遍布欧洲的分布式主题网关内的网络学术资源，其建立的门户网站选用 DDC 作为不同分类法的交换语言，将各个对象网关的分类法映射到 DDC 上，并将信息资源按 DDC 的等级显示出来①。通过点击 DDC 类目，相应显示与 DDC 类目映射其他资源体系中采用的其他分类法类目，选中类目便可链接到相应的资源。Renardus 项目实现了基于 DDC 检索界面的跨库浏览(详见图 6-7)。

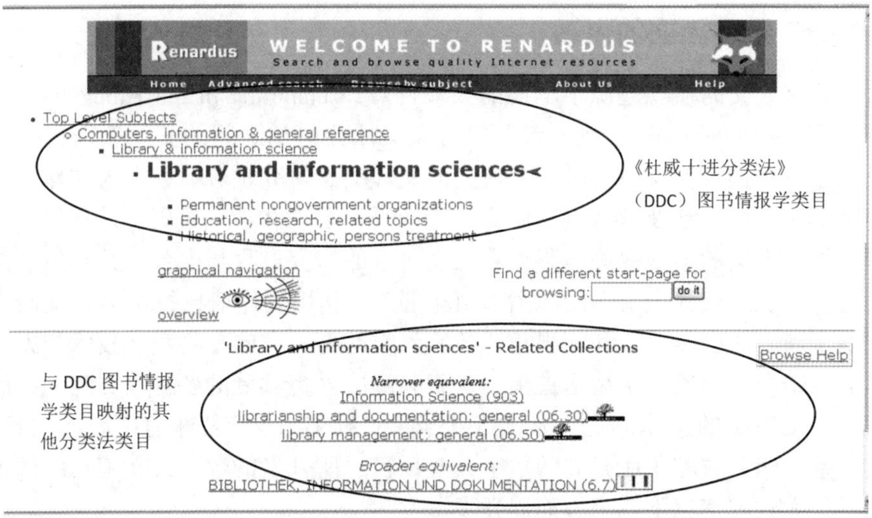

图 6-7　Renardus 图书情报学资源的跨库检索界面

6. 基于资源发现系统的整合

资源发现系统致力于从出版商、大学、公开的网站收集学术文献信息，

① 司莉．知识组织系统的互操作及其实现[J]．现代图书情报技术，2007(03)：29-34.

形成中心知识库，通过预索引的方式，为用户提供快速、简单、易用、有效的资源发现与传递①。为图书馆高度整合多来源数据、提供便捷的学术资源发现及获取服务提供了良好的基础。如清华大学图书馆选用 Exlibris 公司的 Primo 产品，建立“水木搜索”资源发现平台，整合原馆藏目录和水木搜索的功能，同时提供纸本资源和电子资源检索服务。CALIS 的“开元知海 · e 读”学术搜索②，与 CALIS 文献获取(e 得)、统一认证、资源调度等系统集成，打通从“发现”到“获取”的“一站式服务”链路，为读者提供全新的馆际资源共享服务体验。具有海量数据：包括期刊、学位论文、普通图书、工具书、年鉴、报纸等资源，目前已逾3亿，免费阅读36万册电子书，全国高校成员馆均可免费使用，还可在海量数字资源揭示基础上，建立全领域的知识脉络。通过知识图谱、关联图、领域细分等功能帮助读者挖掘知识节点背后的隐含信息。

第五节　数字人文建设

一、数字人文的内涵

数字人文的概念起源于早期的人文计算(Computing in the Humanities 或 Humanities Computing)，即对计算机与人文社会科学之间的交叉领域进行研究、学习和创新的学科，是一个典型的文理交叉研究领域。数字人文作为一个跨学科领域，涉及学科范围广泛，包括语言学、文学、历史、计算机科学等。数字人文的出现深刻地影响着人文学术的研究过程与内容，并自然而然地与以知识组织为主要功能的图书馆相遇③。利用现代信息技术为人文研究提供了新方法、新手段和新视角，数字人文的努力方向是将数字技术与人文领域相结合，运用数字技术提出、探索和解决人文领域的各种人文问题，而不是人文领域的技术问题。从183个含有“数字人文”名称的中心、项目、实验室、团队或圈子所开展的数字人文项目、所开发的数字人文工具的调查来看，大致围绕以下四个方面展开④：

---

① 窦天芳，姜爱蓉．资源发现系统功能分析及应用前景[J]．图书情报工作，2012(07)：38-43.

② 开元知海 · e 读学术搜索[EB/OL]．[2020-01-15]．http://www.yidu.edu.cn.

③ Sula，C. A. Digital humanities and libraries：a conceptual model[J]. *Journal of Library Administration*，2013(01)：10-26.

④ 朱本军，聂华．数字人文：图书馆实践的新方向[J]．大学图书馆学报，2017(04)：23-29.

一是节省传统人文学者在查找资料、文本处理、计算等方面低水平重复的时间精力，最典型的做法有数字化(Digitization)、数据集(Dataset)建设、文本标记和处理等；二是引入新的工具、方法解决传统的人文问题，如在引入庞大数据量的人物资料库和社会网络分析工具之后，采用大样本、可视化图形显示人物关系的方式，让传统的人文问题更加科学、直观；三是利用数字思维方式或数字工具提出人文领域的新问题，并尝试回答新问题，比如，要还原敦煌莫高窟壁画已经褪色的色彩，不是简单的文字描述和推测，而是在对壁画颜料成分及艺术家经验知识的基础上，通过3D影像记录、色彩、图像处理、人工智能等知识还原原貌并模拟褪色过程；四是利用数字思维对传统人文领域进行创造性"破坏"和建设，人文包括对人类长期创造形成产物的传承、创造和发展，像琴棋书画诗酒花这些有形的产物和情感、态度、价值观这些无形的产物都是人文的一部分。数字技术与人文结合后，会对传统人文领域的方方面面进行不拘泥于原作的创新和建设。

二、图书馆参与数字人文的形式

吴建中认为数字人文研究应在三个方面着力①。首先要重视对一手资料的保护开发和开放利用。数字人文研究的重点和前提是对原始资料的开发，因此要把保存放在重要位置上，同时要将原始资料开放出来，既要让其他学科的人看到这些资料，又要给予他们用自己的专业手段开发的机会。其次要拓宽历史文献的观察视野和研究方法。要善于与历史、哲学、语言、文学、艺术、考古、音乐等领域的专家合作，把历史文献放在一个更大的社会环境中加以考察和研究。再次要注重文献的关联性研究，既要重视文献之间的关联，又要重视文件的各种脉络并观察脉络的环境。

图书馆拥有丰富的馆藏资源、丰富的数字化加工技术经验、服务可以直面研究者等优势，同时肩负信息咨询和文化传播、保存和传承历史文化的社会功能，这些决定了图书馆在参与到数字人文研究实践中具有得天独厚的条件②。图书馆参与数字人文的主要形式有：

1. 开展数字人文专题信息服务

搜集全球数字人文项目、工具，并结合人文研究和教学的需求对其进行

① 吴建中．再议图书馆发展的十个热门话题[J]．中国图书馆学报，2017(04)：4-17.

② 于亚秀，李欣．美国高校图书馆的数字人文服务实践——以加州大学洛杉矶分校为例[J]．图书馆论坛，2018，38(09)：30-37.

分类汇总、翻译推介，本身就是一种数字人文专题服务。如北京大学图书馆的“专题推介”，以专题形式编译推介全球范围内正在开展或已开展得比较好的数字人文项目，耶鲁大学图书馆将数字人文的相关书籍和网络资源集成专题，其中书籍内容包括理论书籍，以及教授特定编码技能的书籍，网络资源包括数字人文博客、项目、工具及课程教学大纲等，哈佛大学图书馆主页建立 Digital Humanities Café 专题页面，页面汇集了数字人文的发展、研究项目、机构、联盟以及研讨会等信息资源。

2. 数字人文网络基础设施

在数字人文网络基础设施建设中，开发的大量与人文相关的数据库、数据集、软件工具等，都是数字人文网络基础设施的一部分。图书馆要关注与人文研究紧密结合且体系化的基础设施“面”，深入到内容信息的标引揭示。如上海图书馆数字人文项目的开放数据平台①(见图6-8)，将陆续以关联数据(Linked Data)的方式向互联网公开发布上图数字人文项目所用的基础知识库(人、地、时、事、物)、文献知识库(家谱、手稿档案、古籍等)、本体词表和数字人文项目建设过程中所用到的各种数据清洗和转换工具，以及项目组发表的相关论文、课件等研究资料。

图 6-8 上海图书馆开放数据平台

① 上海图书馆开放数据平台[EB/OL].[2020-03-02]. http://data.library.sh.cn/index.

3. 举办研讨会

为提升研究者与实践者的数字素养，推动数字学术的发展，举办数字人文研讨会(工作坊)及培训活动，介绍与数据收集、清理、挖掘、视化和分析相关的方法和工具等，2017年秋季学期设计推出了“数字学术基础(Fundamentals of Digital Scholarship)工作坊”。在对第1期进行模块与内容优化的基础上，2018年春季学期推出了第2期工作坊培训项目，其旨在培养学员掌握五个方面的能力①：(1)能够通过对在线资源或数字化纸材料挖掘创建数字数据集；(2)能有效存储和组织这些数据集；(3)能够预处理待分析的数据；(4)能使用可视化技术来探索数据；(5)能在不同平台上以不同的格式呈现结果。

北京大学图书馆开设“数字人文工作坊”②，就人文和技术的某些专题进行交流和讨论，旨在扩展人文和社会科学领域师生的数字技术知识和兴趣、扩展计算机等信息科学领域师生人文研究的兴趣，并促进二者的互动与跨界融合。(见图6-9)其第1期的主题为：“数字人文与大数据中的SNA分析”，第2期“数字人文与大数据中的文本处理与分析”，第3期“数字人文与GIS空间分析”，手把手教会操作使用1种SNA工具进行人物的社会关系可视化呈现、使用word文本比对和MARKUS等文本分析工具解决史学问题，以及使用ARCGIS等工具解决史学问题。

图6-9　北京大学图书馆“数字人文工作坊”

① Fundamentals of Digital Scholarship seminar [EB/OL][2020-03-02]. https://atg. fas. harvard. edu/event/fundamentals-digital-scholarship-seminar.

② 北京大学数字人文工作坊[EB/OL].[2020-3-2]. https://www. lib. pku. edu. cn/portal/cn/xsjl/shuzirenwen.

4. 充当数字人文项目的孵化器

如果没有图档博的庞大原始材料和数据资源做支撑，文化遗产学科及数字人文研究的深入则不可想象①。图书馆在人文学者与数字技术之间可发挥“桥接者”角色，可提供一些“需求交流平台”，进一步整合人文学者和数字技术工程师的需求，孵化新的数字人文项目工具。如北京大学图书馆提供跨学科跨部门信息交流的平台，解决人文领域与数字技术领域“互盲”问题，孵化新的人文研究项目，促进跨学科研究发展。人文学者、数字技术工程师可以把自己或工作组的需求、已有基础等信息在这个栏目公布出来，以寻找合作者的方式去对接其他学科领域的人员、课题或项目。

数字人文核心目标是将现代信息技术融入人文领域，从而改变知识的获取、标注、比较、取样、阐释与表现方式，通过设计、计算分析、可视化等手段重塑和改造人文知识，为学者提供更多差异化、规律性、宏观性、趋势性研究的可能和线索。人文学者的数字人文研究模式从以“读”文献的方式为主转变为“分析”文献为主，将文献中的描述内容转变为可分析的数据，以此作为人文学科研究的辅助手段，即基于数据的研究②。

第六节　科学数据资源管理

一、科学数据资源的含义

科学数据不仅是技术预见、科技创新、经济发展和国家安全的重要战略资源，也是政府部门制定政策、进行科学决策的重要依据。科学数据是信息时代科技创新的驱动力，新的科学机遇来自于越来越有效的数据组织、共享与利用。科学数据管理与共享已成为国家发展战略目标之一，受到国际组织、政府部门及研究机构的高度重视。对于科学数据的定义，主要代表性观点如下：

“科学数据是人类社会科技活动所产生的基本数据、资料，以及按照不同需求而系统加工的数据产品和相关信息。”③

---

① 曾蕾，王晓光，范炜．图档博领域的智慧数据及其在数字人文研究中的角色[J]．中国图书馆学报，2018(01)：17-32.

② 刘炜，叶鹰．数字人文的技术体系与理论结构探讨[J]．中国图书馆学报，2017(05)：32-41.

③ 科学数据共享调研组．科学数据共享工程的总体框架[J]．中国基础科学，2003(01)：63-68.

“科学数据是指各类科技活动产生的原始性、基础性数据及其分析研究信息。”①

“科学数据是指在科技活动(实验、观测、探测、调查等)中或通过其他方式所获取的反映客观世界的本质、特征、变化规律等的原始基本数据，以及根据不同科技活动需要，进行系统加工整理的各类数据集。”②

“科学数据是指人类在认识世界、改造世界的科技活动中所产生的原始性、基础性数据，以及按照不同需求系统加工的数据产品和相关信息，它既包括了社会公益事业部门所开展的大规模观测、探测、调查、实验和综合分析所获得的长期积累与整编的海量数据，也包括国家科技计划项目实施与科技工作者长年累月科学实践所产生的大量数据。”③。

国务院办公厅 2018 年 3 月 17 日印发《科学数据管理办法》(国办发〔2018〕17 号)，本办法所称科学数据主要包括在自然科学、工程技术科学等领域，通过基础研究、应用研究、试验开发等产生的数据，以及通过观测监测、考察调查、检验检测等方式取得并用于科学研究活动的原始数据及其衍生数据④。

我们比较赞同这一观点：科学数据是指在科技活动(实验、观测、探测、调查等)中或通过其他方式所获取的反映客观世界的本质、特征、变化规律等的原始基本数据，以及根据不同科技活动需要，进行系统加工整理的各类数据集。需要说明的是，科学数据不仅指自然科学、工程技术等领域数据，还包括人文社会科学领域的数据，如人口、统计等数据。

二、图书馆参与科学数据管理

图书馆在科学数据的保存和利用方面，同样具有不可替代的作用。相关调查显示，科研人员并没有做好科学数据管理与共享的准备，不少科研人员由于缺少时间、精力和经费支持而没有将其拥有的数据共享，一些科研机构也没有为数据监护和共享提供必要的支持⑤。相比于其他类型的图书馆，高

---

① 陈传夫. 中国科学数据公共获取机制：特点、障碍与优化的建议[J]. 中国软科学，2004(02)：8-13.

② 中国科学数据共享工程技术标准[S]. 转引自：李娟，刘德洪，江洪. 国际科学数据共享现状研究[J]. 图书馆建设，2009(02)：19-21，25.

③ 中华人民共和国科技部. 科学数据共享工程技术标准：SDS/T 1003. 2-2004 科学数据共享概念与术语：第 2 部分 术语(征求意见稿)[S]. 2005.

④ 国务院办公厅关于印发科学数据管理办法的通知[EB/OL]. [2020-03-04]. http://www.gov.cn/zhengce/content/2018-04/02/content_5279272.htm.

⑤ Tenopir C., et al. Data sharing by scientists: practices and perceptions[J]. *PLoS ONE*, 6(06).

校图书馆更容易接触到各个学科的科研数据，能与各个学科的研究人员和教师建立良好的联系，成为高校的数据监管中心，并通过搭建开放的、共享的数据平台来实现高校科研数据的有效管理和共享，更好地为科研人员提供个性化的专业服务。

国外已有不少高校图书馆开展了科学数据管理与共享服务。据我们的调查①，在开展科研数据服务的图书馆中，大多数图书馆都在专门的页面介绍科研数据服务，主要内容有：科研数据的介绍、科研数据管理指南、科研数据监护服务、科研数据管理培训、科研数据管理咨询、相关资源推荐等。

(1)科研数据管理介绍

对什么是科研数据、为什么要进行科研数据管理以及科研数据保存与共享的意义等问题作了介绍。如麻省理工学院图书馆的“数据管理与出版”专题指南，介绍了“什么是科研数据”(观察数据、实验数据、模拟数据、挖掘或抽取的数据等)、“为什么要进行数据管理”(科研资助机构的要求、增加研究的可见性与影响力、更好地管理和记录科研过程、提高科研效率、方便他人利用、支持开放获取等)、“主要科研资助管理机构对数据管理的要求”等。剑桥大学图书馆则从创建数据、组织数据、获取数据、数据长期保存与维护四个方面对科研数据管理中的各种问题进行详细介绍。澳大利亚昆士兰大学图书馆以 PPT 的形式对科研数据服务进行了介绍，并提供下载观看。

(2)科研数据管理指南

如何撰写符合要求的研究数据管理计划是各图书馆服务的主要内容。在调查的 50 所高校图书馆中，共有 21 所图书馆提供该服务。大多数图书馆对如何创建科研数据管理计划提供了详细的指导说明，包括科研资助管理机构的要求、数据管理计划应包含的基本内容(项目简介、数据格式与元数据、数据保存与管理计划、法律和伦理问题、是否公开和允许他人使用、长期存档与保存地方等)、需要注意的问题、数据管理计划的模板等。哈佛大学图书馆还对数据管理过程中数据文档命名、数据格式、如何存储与发布数据、如何引用他人的数据等问题都作了详细说明。美国哥伦比亚大学与普林斯顿大学、英国伦敦国王学院等学校的图书馆提供了科研数据管理常见问题回答(FAQ)，既方便了读者，也减轻了图书馆的工作负担。

(3)科研数据监护与存储服务

① 司莉．知识组织系统的互操作及其实现[J]．现代图书情报技术，2007(03)：29-34.

数据监护(data curation)是为确保数据当前使用目的，并能用于未来再发现及再利用，从数据产生伊始即对其进行管理和完善的活动①，包括数据标引与归档、数据存储、管理维护等工作。数据监护服务离不开具有较大存储容量、支持图像、视频等多种数据格式的数据存储库的支持，是一项成本较高的活动。本次调查中麻省理工学院、剑桥大学、普林斯顿大学、加州理工大学、宾夕法尼亚大学、斯坦福大学、密歇根大学、杜克大学、爱丁堡大学、伦敦国王学院、西北大学、布里斯托大学、加州大学洛杉矶分校、悉尼大学、纽约大学等15所图书馆提供该服务。剑桥大学图书馆开发了自存档机构库 DSpace@ Cambridge，以促进科研成果的保存与传播。该校师生可以方便地将他们的研究论文、科研数据、图像以及多媒体资料等各类型科研资料与成果存储在该数据平台并与其他人共享彼此的成果。总部位于约翰霍普金斯大学谢瑞丹图书馆的 Data Conservancy 项目，是一个由高校图书馆、数据中心、研究中心等共同参与的数据监护项目，该项目由美国国家科学基金会(NSF)的 DataNet 项目资助，目的是探寻跨学科研究中对科研数据保存、归档、监护的需求、相关工具和服务模型。宾夕法尼亚大学图书馆与该校的信息技术服务中心共同开发了 ScholarSphere 机构库，宾夕法尼亚州的所有科研人员都可利用该系统存储、管理和分享他们的科研资料、成果和数据。从相关介绍中可以看出，这些数据监护平台以服务本校师生为主，并积极将服务延伸至本地区其他研究机构或研究社区，既方便了科研人员的数据保存与管理，也促进了科学数据的广泛共享。

(4)科研数据管理培训

虽然科研数据管理与共享在国际上已经引起了广泛关注，但大多数科研人员对如何较好地管理科研中的数据并不熟悉。一些图书馆提供了相关讲座培训提供面对面的指导。本次调查中共有麻省理工学院、剑桥大学、哈佛大学、耶鲁大学、普林斯顿大学、加州理工大学、澳大利亚国立大学、伦敦国王学院、纽约大学、清华大学等10所学校图书馆开展了科研数据管理讲座或培训服务，主要以专题讨论(workshop)、讲座(lectures)和在线学习(online)等方式进行。如美国麻省理工大学图书馆和澳大利亚国立大学图书馆将数据管理课程作为信息素养教育课程的一部分。英国伦敦国王学院图书馆提供了可下载的课程手册，对每次讲座的内容和时间作了详细说明，读者可根据需要选择相应的课程，同时，图书馆还设置了在线调查问卷以收集用户的意见，调查内容包括：(1)你希望了解科研数据的哪些内容？(2)你学到

① 杨鹤林. 数据监护：美国高校图书馆的新探索[J]. 大学图书馆学报，2011(02)：18-21，41.

了什么？(3)课程成功的和不足的地方？(4)还有哪些内容你希望包含在课程中？(5)你愿意将课程推荐给学校或同学吗？此外，纽约大学图书馆和哈佛大学图书馆将相关培训课件放到网站上供用户下载。我国清华大学图书馆邀请美国康奈尔大学图书馆科技服务首席策划人 Dean B. Krafft 作“研究数据的管理服务”的讲座。

除了以上图书馆提供的培训服务外，杜克大学链接了英国 EDINA 国家科研数据中心开发的在线公开数据管理课程(http://datalib.edina.ac.uk/mantra/)，该课程以 Flash 的形式对科学数据管理、组织、保存、发布与共享过程中的各种问题进行了详细介绍。

(5)科研数据管理咨询服务

科研人员在科研数据管理过程中难免遇到各种问题，因而提供科研数据管理咨询服务是不少图书馆的重要服务内容。调查发现，目前共有 19 所图书馆开展此项服务。大部分图书馆在网站上公布了图书馆员的 E-mail 或其他联系方式，用户如果遇到问题可以进行咨询。耶鲁大学图书馆不仅公布了 AIM、Google Talk、MSN、Twitter、Yahoo IM、Linked in 等多个账号，方便不同用户，还提供了嵌入网页的实时咨询窗口，用户可以即时向馆员咨询。麻省理工大学图书馆的数据管理咨询服务主要针对社会科学数据、地理 GIS 数据以及生命科学等领域。

(6)相关工具与资源推荐

调查发现，一些图书馆不仅提供科研数据管理相关服务，还为用户推荐相关工具与资源，包括制定数据管理计划的软件，一些公开的科研数据资源等。如剑桥大学图书馆对于超过 500M 的数据资料推荐用户保存到英国数据档案中心(UK Data Archive)或其他数据存储中心，还向科研人员推荐由英国数据监护中心(DCC)开发的交互式数据管理计划编制工具 DMPonline。该工具是在深入分析英国主要科研资助机构对数据管理计划的要求以及科研生命周期过程中对数据管理需求的基础上开发的，可以帮助科研人员方便地编制符合要求的数据管理计划。耶鲁大学图书馆在数据管理计划指南中推荐了由加州数字图书馆开发的 DMP Tool，还链接了 DataONE、美国政治与社会科学校际联盟(ICPSR)、麻省理工学院图书馆、威斯康星大学麦迪逊分校、加州数字图书馆等机构的数据管理服务。此外，该图书馆还搜集了有关数据管理的教育培训资源，包括爱丁堡大学的 Data MANTRA 项目、英国数据监护中心的培训项目、明尼苏达大学图书馆的讲座与培训课程、DataONE 和 DataConservancy 的教育资料等。杜克大学图书馆、麻省理工学院图书馆、哥伦比亚大学图书馆等不仅提供本馆设计的数据管理计划模板，还链接了其他机构和图书馆的数据管理计划模板，供科研人员参考。

第七章 馆藏信息资源的管理

馆藏信息资源的管理是为了实现图书馆馆藏资源的有效保存和积极利用，而对馆藏信息资源进行整序、布局、排列及科学的管理等活动，使之成为有序化的科学的馆藏资源体系的过程。这里所讨论的馆藏资源，不仅包括图书馆所拥有的实体馆藏资源，也包括图书馆没有所有权而需要通过签约付费、远程获取、在线利用的虚拟馆藏。它们共同构成图书馆的馆藏信息资源体系。科学的馆藏信息资源体系的建立与发展，不仅有赖于图书馆对信息资源进行长期的补充与积累，而且还有赖于对已入藏或获取的信息资源进行科学合理的管理。因此，馆藏信息资源的管理是图书馆信息资源建设的重要环节。

第一节 馆藏文献的布局与排列

这里所称的馆藏文献，是指图书馆所拥有的实体馆藏资源。馆藏文献布局与排列是图书馆文献管理的核心内容，关系到整个图书馆文献资源体系的运动状态和运行机制。随着图书馆规模的不断扩大，读者需求的日益复杂和深化，如何建立一个科学、合理的馆藏文献布局体系，已成为理论和实践上都亟待解决的重要问题。

一、馆藏文献的布局

所谓馆藏文献布局，是指将图书馆入藏的全部文献，按照一定的标准，划分为相对独立又彼此联系的若干部分，建立各种功能的书库，为每一部分藏书确定合理的存放位置，以便保存和利用。馆藏文献布局的实质就是对馆藏文献进行空间位置上的划分，力求馆藏文献与读者需求的最佳结合点。

（一）馆藏文献布局的依据与要求

馆藏文献布局是人们以有效利用和妥善保存文献资源为目的而进行的一

项活动，它不是主观意志的产物，而是由以下几方面的客观因素决定的：

第一，图书馆的任务和读者需求。不同类型的图书馆，所担负的服务任务不同，读者的需求特点和规律不同，因而图书馆所设置的文献收藏点的性质、职能也不同。如为教学和科研服务的高校图书馆设置的教学参考书借书处、教师和研究生阅览室；为地方的经济建设和文化发展服务的公共图书馆设置的地方文献参考阅览室；为科学研究服务的科研图书馆设置的文献检索室等，都是依据图书馆的服务任务和读者的需求而建立的。按需设置，区别服务，是藏书布局的一个重要出发点。

第二，馆藏文献的规模、结构及原有馆藏文献的历史分布现状。馆藏文献的数量、质量和学科、文种、时间及文献类型的状况，决定了藏书布局的层次和规模。一般来说，藏书丰富、综合性强的图书馆应设立较多的藏书点和具备较完整的馆藏文献体系，藏书较少、专科性的图书馆则不应追求过大的规模。图书馆原有馆藏文献的分布状况是进行馆藏文献布局的现实基础，馆藏文献布局实际上是对原有的布局模式进行的改造和发展。因此，要充分研究原有馆藏文献布局的形成、发展和特点，在已有的基础上进行设计和规划，并尽量避免过多的变动。

第三，人力、物力条件及图书馆建筑格局。馆藏文献布局的规模、藏书点的多寡，必然受到图书馆人员、馆舍、设备、资金等物质条件的制约，此外，图书馆的建筑格局也客观地制约着馆藏文献布局。比如，书库空间狭小则限制了馆藏文献的借阅一体化布局，制约了图书馆构建大空间的文献收藏与利用模式的发展。

因此，馆藏文献的布局要综合考虑以上各种制约因素，要通过科学的组织与规划，使馆藏文献在客观条件许可的情况下发挥最大的作用。

一个理想的馆藏文献布局体系，应该满足以下几方面的要求：

第一，有利于提高藏书利用率，充分发挥馆藏文献的效益。馆藏文献布局的目的是要通过对馆藏文献的划分与组织，序化和优化馆藏文献资源体系，从而使馆藏文献资源得到有效的开发和利用。因此，有利于提高藏书利用率，是对馆藏文献布局的基本要求。

第二，有利于满足不同读者的需要，提高图书馆服务工作的效率。现代图书馆的最基本要求就是以读者为中心展开各项工作，满足读者及社会对图书馆文献资源利用的需求。重视读者文献利用的心理需求和行为习惯的研究，围绕读者的需要构建图书馆的文献资源利用环境和服务环境，是馆藏文献布局的工作重心。

第三，有利于图书馆工作人员熟悉和研究藏书，开展灵活、迅速、周到的服务。为了达到这一目的，现代图书馆特别强调将馆藏文献区分为常用书和呆滞书，以不同的方法进行组织和管理，从而使藏书既能得到充分有效的利用，也便于对藏书清点、保护。

第四，有利于文献在馆内的流动，并与图书馆各项业务相协调。馆藏文献从登记编目到送进书库，再从书库流向阅览室、借书处、参考咨询室等，这中间要灵活迅速地运转、互不交叉干扰，并尽量减少书刊运送的路程。

第五，有利于充分利用图书馆的有效面积，节约书库和阅览室的空间。

第六，有利于文献的保管，避免丢失和损坏，延长书刊的使用寿命。

以上要求，有些是相辅相成的，如方便读者利用，便于馆员熟悉研究藏书，有利于提高藏书的利用率，也有些是相互矛盾的，如藏书保管和方便利用。在实际工作中，不可能有完全理想化的藏书布局，要互相兼顾，也要有所取舍。

(二)馆藏文献布局的方式

馆藏文献布局的方式多种多样，它们从不同方面、在不同程度上体现着馆藏文献布局的要求。

1. 展开式水平布局

这种布局形式的书库、阅览室、借书处都在同一水平面上，主要适用于直接面向读者的开架流通书库，便于读者对图书馆藏书的查找和利用，提高藏书利用效率。但这种布局方式占据空间范围大，书刊传递路程长，限制了自动化传递装置的使用，书库的建筑造价高，同时也不利于藏书保管。

2. 塔式垂直布局

塔式垂直布局又称塔式书库。这种塔式书库主要适用于闭架流通书库和保存书库。它的主要优点是能使藏书在最小的空间范围内得到最大集中，且有利于藏书的安全保管。塔式书库可以与图书馆的其他建筑分开，而以专门的通道和运输线路相联系。书库与阅览室的衔接方式，或者是书库为各阅览室所环绕，或者是书库环绕着阅览室。许多大中型图书馆的书库都采用了这种结构。这种塔式的垂直布局的缺点是，为了迅速传递书刊资料，每层书库都要设置管理员，这样劳动效率就不高。如果每人负责几层书库，就会降低为读者服务的效率，同时也会使工作人员体力负担过重。此外，这种书库大多安装了全自动或半自动的运输设备和联系设施，所占空间大，也提高了馆舍的建筑费用和使用费用。

3. 立体交叉式混合布局

为了吸收水平布局与垂直布局的优点．并减少其缺点，在许多藏书结构复杂的大型图书馆中采用了水平与垂直混合布局的方法。混合布局对不同的藏书采用不同的布局形式，常用书尽可能放在和阅览室处于同一平面的书库，使其最接近于读者。而将不常用图书放在书库中不与阅览室相连的垂直位置上，形成立体的交叉布局。

一般来说，藏书规模在10万册以内的小型图书馆通常采用水平布局，使图书的验收、编目、典藏、流通形成一个直接的平面的工作流程；而10万册以上的中型图书馆则应有单独的书库建筑，藏书布局以一、两种方式并用；对于100万册以上的大型图书馆，一般建立塔式书库，藏书采用立体交叉式布局。

4. 三线典藏制布局

所谓三线典藏制，就是按照馆藏文献的利用率高低及新旧程度，结合服务方式，将馆藏文献依次划分为三个层次，组成一、二、三线的布局体制。一线书库馆藏文献布局的特征是：提供利用率最高、针对性最强、最新出版的馆藏文献，供读者开架借阅。一线书库藏书应能满足读者总借阅量的50%—60%。二线书库的文献布局的特征是：提供利用率较高、参考性较强、近期出版的馆藏文献，可根据情况供读者开架借阅或查目借阅。二线书库应能满足读者20%—30%的借阅需求。三线书库文献布局的特征是：集中收藏利用率低的书刊、过期失效书刊、资料性书刊，以及内部备查参考的馆藏文献。三线藏书的借阅量不能高于总借阅量的10%。

三线典藏制的理论依据是美国图书馆学家特鲁斯威尔总结的馆藏文献利用的“二八率”：即在图书馆全部的馆藏文献中，大约20%的常用文献满足了80%的借阅需求，其余80%的馆藏文献仅能满足20%的读者需求。三线典藏制布局就是将能满足读者大部分需求的相对少量的高利用率的文献集中在一、二线书库，而把只能满足读者少量需求的相对大量的低利用率文献集中在三线书库，从而使读者能用最少的时间、最小的精力，获取最大的信息量。同时也使馆藏文献资源得到充分的利用，因而是一种科学合理的馆藏文献布局方式。

5. 藏借阅一体化布局

进入21世纪以来，国内新建的图书馆馆舍也大多采用这种布局方式。所谓藏借阅一体化布局，是一种全开架布局，它利用计算机技术、通信技术、网络技术等信息技术，采用“统仓管理方式”，即大开间、少间隔的建筑格局，各处设有桌椅，方便读者就近阅览，除特藏文献和现刊以外，其他文献尽量不单设阅览室，文献资料尽量按学科、知识门类进行组织并集中起来，读者可以在图书馆内随意浏览和自由取书。

藏借阅一体化布局的优点主要体现在：

(1)提高馆藏文献的利用率。由于读者可以在一个很大的范围内直接接触到图书，自由选择适合自己的图书，因而能最大限度地方便读者利用藏书；

(2)减少复本，节约购书经费。大开间、少间隔的布局避免了同一种文献分散在多处收藏的情况，可以有效减少复本的配置，特别是部分利用率不高的文献，无需配置复本。

(3)节约人力资源，提高服务质量。大开间、少间隔的布局还可以减少因分散布局而需要的人员配备。

藏借阅一体化布局的要求：

(1)建筑设计要求。建筑设计要符合大书库、大开间、大阅览等藏借阅一体化的要求，采用同层高、同柱网、同载荷的三统一设计方案，以增加使用上的功能转换和灵活性。

(2)更新管理模式。藏借阅一体化的布局要求架位排列有序，架标简明易懂，易于读者查找并节约时间，对部分借阅量大的书刊实行优先突出的集中排列，藏书区设专人负责进行整架顺架，保证架位准确，并加强经常性巡视；另一方面积极引导读者利用计算机检索系统，减少取书的随意性和盲目性，提高查找的准确性和针对性。

(3)强化用户参与意识。藏借阅一体化布局，需要读者的参与意识与自我服务能力，因此要加强用户教育与培训，提高他们的信息检索意识和查找文献的能力。

(4)提高馆员的参考咨询能力。藏借阅一体化布局，馆员提供检索咨询服务的功能大大增强。因此，要让高层次馆员进入阅读辅导、参考咨询的第一线，为用户答疑解难。

(5)营造人性化环境。要统筹安排藏、借、阅各项功能，形成静区、较静区与闹区分布，将三统一的室内大空间灵活地分隔出藏书区、阅览区、办公区、读者信息区等不同功能区，形成藏、借、阅、管为一体的综合功能空间。

二、馆藏文献的排列

馆藏文献排列，也称馆藏文献排架，就是将馆藏文献有序列地陈放在书架上，并形成一定的检索体系，使每一种文献在书库及书架中都有固定的位置，图书馆员及读者能准确地按这个位置取书与归架。

(一)馆藏文献排列的目的与要求

馆藏文献排架的目的，是为了藏书的检索利用。为了达到检索利用的最佳效果，对藏书排架有以下几个方面的要求：

(1)便于提高检索效率，取书归架迅速简便，节省时间和劳动消耗。

(2)建立实用的排列系统，便于馆员直接在书架上熟悉和研究馆藏，也便于读者系统选择使用藏书。

(3)建立准确清晰的排架标示，减少误差。

(4)充分利用书库空间，节约书库面积，减少倒架的麻烦。

(5)有利于对藏书进行管理，便于清点和剔除藏书。

应当指出，要完全达到上述要求，实际上是比较困难的。实践中，要满足按内容系统选书和研究馆藏的需要，往往难以兼顾检索简便和节省空间的要求；而提高检索效率和排架经济简便，往往同藏书的内容体系相矛盾。因此，要选择适合不同藏书类型的排架方法，尽可能找到各种排架方法的结合点，以便灵活地加以运用。

(二) 馆藏文献排架的方法

馆藏文献排架方法，按出版物的特征标志，可分为两大类型：第一类是内容排架法，以出版物的内容特征为标志，包括分类排架、专题排架。其中，分类排架是主要的。第二类是形式排架法，以出版物的形式特征为标志，包括字顺排架、固定排架、登记号排架、出版序号排架，以及文别排架、年代排架、书型排架等。

1. 内容排架法

指以文献内容特征为排架标志而进行藏书排架的方法。它又分为分类排架法和专题排架法：

(1)分类排架法：按照文献本身内容所属的学科体系来排列藏书的方法。由于这个体系与图书分类法体系相一致，所以分类排架就是以图书分类系统为主体排列藏书。由分类号和辅助号两组号码组成分类排架号。分类号代表图书内容所属的学科类目，辅助号代表同类图书的区分号。先按分类号顺序排列，分类号相同，再按辅助号排列，一直区分到各类图书的不同品种。区分不同品种、不同书名以至不同版本的辅助号，通常有著者号(字顺号)、种次号、登记号等。

分类排架法的优点是：①以图书分类表为依据，按文献所属学科体系排列，成为有内在联系、有层次级别、有逻辑序列的体系，使内容相同的书集中在一起，内容相近的书联系在一起，内容不同的书区别开来。②便于馆员系统地熟悉和研究藏书，为调整藏书结构提供依据，也便于宣传推荐图书，有效地指导阅读，③便于读者直接在书架上按类索书，尤其是开架书库，便于读者直接从书架上找到同类书或相近类的藏书，扩大借阅范围。

分类排架也有一些明显的缺点：①为了集中同类同著者甚至同复本图书，必须在每一书架、格层预留空位，书架不能排满，造成空架的浪费，不能充分利用书库空间。②当新书大量增加、某些类别图书排架饱和、同类新书无法排进而又必须集中在一起时，则需要倒架。倒架耗费较多人力和时间，增加劳动强度。③分类排架号是内容与形式的双组号，排架号码较长，且容易出错，一旦排错位置，则难于检索查找。

(2)专题排架法：也是按出版的内容特征排列藏书的方法。它是将出版物在一定专题范围集中起来，向读者宣传推荐，带有专架陈列、专架展览性质。专题范围与分类范围不同。分类是纵向层累展开，专题则是横向范围的集中，它打破了学科隶属界线，将分散在各个小类、甚至大类下的同一专题的出版物集中在一起，提供给对某一专题内容感兴趣的读者。各专题之间没有必然联系，出版物不标出专题号，只作为临时性排架。专题排架法机动灵活，适应性强，通常在外借处、阅览室及开架书库用来宣传某一专题、某一体裁的新书。它是一种辅助性内容排架法，不能按它排列所有的藏书，只能排列部分藏书。

2. 形式排架法

形式排架法是按照藏书的外部特征来进行藏书排列的，其主要方法有6种；

① 登记号排架法：主要指按图书馆为每一本书刊编制的个别登记的顺序排列藏书。这些登记号只反映出版的先后顺序或入藏的先后顺序，而不管它们的内容归属。按个别登记号排列出版物，简单清楚．一书一号，方便取书、归架、清点，但不能系统反映出版物的内容范围，不便直接在书架上检索利用。

② 固定排架法：即按照出版物的固定编号排架。图书馆给每本书刊按入藏先后编制一个固定的排架号，这个固定排架号由四组号码组成：库室号、书架号、层格号、书位号。固定排架的优点是：号码单一，位置固定，易记易排，节省空间，不会产生倒架现象。其缺点是：同类同复本书不能集中在一起，不便直接在书架上熟悉、研究与检索藏书。我国国家版本图书馆，即采用固定排架法，密集排列各种长期保存的样本书。

③ 字顺排架法：是依据一定的检字方法，按照出版物的书名或著者名称的字顺排列藏书的方式。中文书刊通常采用四角号码法、笔划笔形法、汉语拼音字母法来确定排架顺序。外文期刊及连续出版物，按刊名字母顺序排列。英文图书有克特著者号码表，俄文图书有哈芙金娜著者号码表，中文图书有汉语拼音著者号码表，在图书馆目录组织和图书排架中使用较为广泛。

字顺排架法，可以单独用排列闭架的中外文期刊，并同年代顺序结合使用。作为一种辅助性方法，它同分类排架法结合，成为分类字顺排架法。尤其是分类著者排架法，普遍用来排列中外文普通图书，使同类同著者同复本的书集中在一起，便于读者检索使用。

④ 年代排架法：指按出版物本身的出版年代顺序排列藏书的方法。这是一种辅助性组配排架方法，特别适用于排列过期报纸杂志合订本及其他有年代标志的连续出版物。

⑤ 语文排架法：按出版物本身的语言文别，排列各种外文文献。这是又一种辅助性组配排架法。文别排架号通常由两组或两组以上的号码组成：文别号、分类号、著者号，或文别号、年代号、字顺号等。

⑥ 书型排架法：按出版物的外型特征，分别排列特体规格或特殊装帧的书刊资料，是一种辅助性组配排架法。这种排架法，将不同类型、不同规格的出版物区别开来，并用不同的字母标示特殊类型、特殊规格书型出版物。

3. 各类型文献的排架

在藏书排架实践中，图书馆对不同类型、不同用途的藏书，采用不同的排架方法，并用两种以上的排架法结合使用，以发挥各种排架法的固有长处，克服各自的局限性。

中外文普通图书的排列，一般采用分类与字顺(著者字顺、书名字顺)或分类与序号(种次号)组配，以分类著者号、分类书名号、分类种次号为排架号。其中，分类种次号排列法比较简单，容易掌握，工作效率高，但不能集中同一门类中同一著者的著作。分类著者号不仅能集中同一门类的图书，而且还可以在同一门类中集中同一著者的著作。这两种排列法，为较多图书馆所采用。

期刊排列的方法繁多，一般说来，现刊宜采用分类排架，方法有两种：一是分类刊名字顺排架法，一是分类种次号排架法。两种方法均先将现刊按知识门类分类，同类的现刊再按文种区分，然后，前者对同类、同文种的各种现刊按刊名字顺排列，后者则按种次号排列。过刊一般情况下按不同文种分开排架。同文种过刊可采用形式排架或分类排架。形式排架法有三种可供选择的方法：一是刊名字顺排架法，即按期刊名称字顺排列，同种期刊按年、卷数字顺排列。二是登记号排架法，即按过刊合订本的财产登记号顺序排列。三是种次号排架法，给每种期刊按其到馆先后顺序编一种次号，然后按此号顺序排列。分类排架则和现刊分类排架法相同，一是分类刊名字顺排架法，二是分类种次号排架法。

资料一般用形式排架法排列。内部资料和零散资料，出版形式多种多样，篇幅也较小，应装入资料盒或资料袋中，采用登记号顺序排架。科技报告、专利说明书、技术标准等特种文献资料，因原来就编有各自的报告号、专利号、标准代号，所以可按原行编号的顺序排列，原编号就是索取号。缩微胶卷、磁带、磁盘、唱片等资料需存放在盒内，按顺序编号，实行固定排架。

一些版型特殊的图书，如大开本书、图表、卷筒等，采用书型排架法并和其他排架法配合。一般是先分成几个类型，以不同字母标示，即书型号，然后在同一类型中再按登记号排，由书型号和登记号构成该书的索书号。

三、RFID 的应用

(一) RFID 概述

RFID 是 Radio Frequency Identification 的缩写，又称无线射频技术，是 20 世纪 90 年代开始兴起的一种自动识别技术，能通过射频信号自动识别目标对象并获得相关数据①。RFID 技术是一种非接触式的自动识别技术，它通过射频信号自动识别目标对象并获取相关数据，识别工作无须人工干预，可工作于各种恶劣环境。RFID 技术可识别高速运动物体并可同时识别多个标签，操作快捷方便。短距离射频产品不怕油渍、灰尘污染等恶劣的环境，可在这样的环境中替代条码，例如用在工厂的流水线上跟踪物体。长距射频产品多用于交通上，识别距离可达几十米，如自动收费或识别车辆身份等。一个最基本的 RFID 系统一般包括以下几个部分：一个载有目标物相关信息的 RFID 单元(应答机或卡、标签等)；读写器及 RFID 单元间传输 RF 信号的天线；一个产生 RF 信号的 RF 收发器(RF transceiver)；一个接收从 RFID 单元上返回的 RF 信号并将解码的数据传输到主机系统以供处理的读写器。天线、读写器、收发器及主机可局部或全部集成为一个整体，或集成为少数的部件，不同制造商有各自不同的集成方法。在以上基本配置之外，还应包括相应的应用软件。

RFID 的工作原理是阅读器通过天线发送出一定频率的射频信号，当标签进入磁场时产生感应电流从而获得能量，发送出自身编码等信息，被读取器读取并解码后，送至电脑主机进行有关处理。通常阅读器发送时所使用的频率被称为 RFID 系统的工作频率，基本上划分为 3 个范围：低频

① 朱小梅，叶莎莎. RFID 系统在图书馆的应用及存在的问题研究——以中国人民大学为例[J]. 图书馆学研究，2012(07)：34-37，43.

(300kHz—30kHz)、高频(3MHz—30MHz)和超高频(300MHz—3GH)。常见的工作频率有低频125kHz、134.2kHz及高频13.56MHz等。RFID被认为是21世纪发展物联网和实现“智慧地球”的主要驱动力，在全球范围及各领域都取得了广泛的应用和快速发展。RFID系统的典型应用包括：物流和供应管理、生产制造和装配、航空行李处理、邮件/快运包裹处理、动物身份识别、运动计时、门禁控制/电子门票、道路自动收费、车辆自动锁死(防盗)、文档追踪/图书馆管理等①。

(二)RFID在馆藏文献管理中的应用

1. RFID在图书馆的应用概况

1998年，新加坡国家图书馆率先使用RFID技术。之后，世界各国和地区的图书馆开始较多地采用RFID技术。2005年全球约有440家图书馆采用了RFID技术，2007年为2000家②，2009年底约有3000家③。在应用数量上，美国处于世界领先地位，其次是日本和英国，此外澳大利亚、新加坡、荷兰、墨西哥等也有相当大数量的应用案例。

在我国，图书馆RFID技术的应用稍晚于国外。2006年2月，厦门集美大学诚毅学院图书馆成为国内第一家使用RFID技术的图书馆④。2006年10月，深圳图书馆新馆开放，成为国内第一家全面使用RFID技术的公共图书馆⑤。随后武汉图书馆、国家图书馆、杭州图书馆、陕西省图书馆等相继实施，他们的成功实践为RFID的应用产生了良好的示范效应。2009年以后，基于RFID技术的图书馆进入了快速增长期。在北京，应用RFID系统的有国家图书馆、首都图书馆、朝阳区图书馆、中国人民大学图书馆、北京师范大学图书馆、北京理工大学图书馆、北京农学院图书馆和北京石油化工大学图书馆。相关数据显示，截至2017年底，我国已经实施或正在测试RFID

---

① 张厚生，王启云. 图书馆服务的无线技术——RFID的应用[J]. 大学图书馆学报，2004(01)：56-59.

② 朱强等. 以开放的心态迎接新的信息技术——2009年信息技术在图书馆的应用[J]. 中国图书馆学报，2010，36(03)：77-78.

③ 刘绍荣，杜也力，张丽娟. RFID在图书馆使用现状分析[J]. 大学图书馆学报，2011，29(01)：83-86.

④ 刘白秋，彭为楚，吴惠萍. 射频识别技术在图书馆中的应用及系统国产化趋势[J]. 中国电子商情(RFID技术与应用)，2007(05)：38-42.

⑤ 熊泽泉，段宇锋. RFID技术在深圳图书馆的应用[J]. 图书馆杂志，2018(03)：49-55.

技术的图书馆已达200余家。①

2. RFID在馆藏文献管理实践中的应用

RFID智能图书管理系统是利用RFID技术，将众多RFID设备与管理软件融合，为图书馆的管理和服务提供整套解决方案。RFID智能图书管理系统采用分模块方式，包括有标签转换系统、自助借还书系统、智能查找系统、外推车式盘点系统、安全门检测系统、图书自动分拣系统等。各个功能模块可以单独运行，也可以组网运行。图书馆可根据自身需求情况，自由选择不同功能模块。这里将结合深圳图书馆的实践，简要介绍RFID在馆藏文献管理方面发挥的作用。

(1)文献定位。目前，大部分图书馆仍采用基于文献分类号的“线性排架体系”管理文献，面对不同的读者类群和多样化的文献需求，特别是对于一些不懂文献分类法的读者，即便在OPAC系统中检索到了所需文献，也不易找到其存放位置。这对于图书馆资源的揭示和阅读推广极为不利。深圳图书馆借鉴内华达大学图书馆立体书库的经验，在国内图书馆界首创架位管理方式，即利用RFID标签对馆内每一层书架进行编码标识、定位，从而可对每层书架上的图书进行定位，具体编码规则如下表所示②。

表7-1　深圳图书馆排架编码规则

a	b	c	d	e	f	g	0(1)	h	i
楼层代号		区号	巷道号		书架列号		左(右)	书架层号	

读者通过书目检索系统查找到文献相关信息后，便能很快地知道所需文献具体在哪个书架的哪一层以及行走路线。如某书的条形码为0322101003，表示该书在3楼2区第21巷1架左侧的第3层。对于每一层书架上图书的排架方式，可以不再局限于传统的索书号排架，而是可以根据工作的方便或者读者的需要，采用更多的排架方式，如按年代排架、按主题排架、按著者排架等，使得排架工作变得更加灵活自由。同时，利用便携式扫描设备，可随时巡架整架，纠正错架文献，有效地解决了开架阅览给图书馆带来的文献定位不准以及整架困难等问题。

① 胡莲香. RFID技术在高校图书馆的应用[J]. 中国高科技，2018(15)：96-98.

② 刘红梅. 基于RFID应用的图书馆服务创新——以深圳图书馆为例[J]. 图书情报论坛，2012(02)：56-58.

(2)馆藏清点。对于传统的使用条码方式进行文献管理的图书馆来说，馆藏清点虽然在理论上是可行的，但实际工作量巨大，并且在具体操作中容易发出噪音，影响图书馆的日常服务。对于像深圳图书馆这样大开间式的空间设计，更是无法单独关闭某一区域进行清点。引入 RFID 技术后，馆员无需将图书从书架上取出，利用手持式 RFID 设备扫描书架上图书的 RFID 标签就能够快速完成清点，极大地提高了馆藏文献清点工作的速度和质量。这种方式既减轻了馆员的工作负担，也不会对周围环境造成过多影响，同时还可为读者服务和文献采购部门提供更加精确的馆藏分析数据。

(3)归架管理。新馆开放后，深圳图书馆文献借阅量激增，达到日均 1.2 万册①。虽然自助借还设备承担了部分借还书工作，但是图书归架的工作量也成倍增长。此外，读者阅览后随意摆放的文献引起的错架、乱架现象时有发生。这些问题都需要有一种高效智能的文献归架设备来进行管理。深圳图书馆继续基于 RFID 技术寻求解决方案。通过一段时间的摸索，深圳图书馆自主研发了一种 RFID 小型移动式文献归架、巡架的管理设备——智能书车。智能书车主要由车载电脑、可触摸显示屏、RFID 阅读器、文献分拣单元、控制显示电路等部分组成②。车载电脑与图书馆数据终端连接，可实现数据实时更新，显示最新的架位等信息。当文献分拣到书车上时，RFID 阅读器可自动识别文献 RFID 标签中的信息，据此获取该文献的架位信息，并在显示屏上将具体上架位置信息指引出来。在书车行走过程中，可通过书车侧面的 RFID 天线对书架上的 RFID 标签进行识读，当书车路过书架时，如果有应该归架到该书架上的图书，书车会自动提示，引导馆员完成文献归架工作。同时，如果在行走过程中，发现有不属于该架位的图书，书车会自动报警并显示正确架位信息。这一创新使传统的书库运输车同时具备了排架和自动寻址功能，突显了深圳图书馆文献智能管理的理念③。

第二节　馆藏信息资源的评价

馆藏信息资源的评价，是馆藏信息资源管理过程的一个重要环节，它既

① 吴晞，王林. 人文关怀·现代科技·自助图书馆——深圳图书馆“城市街区自助图书馆系统”介绍[J]. 中国图书馆学报，2008(04)：92-94.

② 李星光. RFID 文献智能管理系统在深圳图书馆的应用[J]. 深图通讯，2006(03)：15-20.

③ 熊泽泉，段宇锋. RFID 技术在深圳图书馆的应用[J]. 图书馆杂志，2018(03)：49-55.

可以反映图书馆在某一历史阶段信息资源建设的情况，同时它也具有信息反馈功能，可以为下一阶段制定或修订信息资源建设政策及信息资源选择与收集方针提供依据，因而在图书馆信息资源建设中起到承上启下的作用。由于图书馆信息资源结构已发生重要变化，实体馆藏资源与虚拟馆藏资源共同构成了图书馆信息资源体系，因此馆藏信息资源评价不仅包括馆藏实体文献资源的评价，而且包括虚拟馆藏资源的评价。

一、馆藏信息资源评价的意义

馆藏信息资源评价是对图书馆信息资源数量、质量、信息资源体系的结构、运行状态及效用等进行全面的衡量和测定。其基本功用是通过对馆藏信息资源的检测，反馈各种信息，从而为控制信息资源建设过程和进行科学决策提供客观依据。

图书馆信息资源建设总是要遵循既定的信息资源建设政策，按照一定的规划进行的。一般说来，这些政策及规划，都是在一定理论指导下，总结实践经验的产物。但是在信息资源建设的操作过程中，由于受到各种主客观因素的影响，因而不可避免地会出现对既定政策的偏离。同时，任何政策的确定和规划的制订，必然要受到当时历史条件及人的认识水平、认识能力的制约，其正确性也只有通过实践才能进行检验。而馆藏信息资源评价就具有这种检验功能。它通过运用各种定性的和定量的方法，对图书馆信息资源体系的各个方面的属性、功能进行检测，找出既定目标与实际效果之间的差异。图书馆根据这些反馈信息对信息资源建设的各个环节进行控制，就能有效地防止与纠正对既定方向的偏离。同时也可根据这些反馈信息对原来确定的政策和规划进行判断，明确哪些部分是正确的，应该继续贯彻；哪些部分有缺陷，需要完善、修正；哪些部分是错误的，必须废弃，从而为下一步的信息资源建设的科学决策提供客观依据。

二、馆藏文献资源评价的标准与方法

(一)馆藏文献资源评价的标准

馆藏文献资源(主要指印刷型文献资源)评价标准，是随着时代的发展而变化的。早期的图书馆(藏书楼)，保存文献是其主要职能，评价藏书以至评价图书馆，常常以馆藏数量的多少、珍本善本的多少作为依据的。换言之，即以藏书本身的状况作为藏书评价的标准，而对藏书是否得到充分利用，在多大程度上满足了社会的需求，则置于无足轻重的地位。现代图书馆注重藏书的使用，因而人们改变了原来的评价标准，将藏书社会效益的发挥，即馆藏文献资源被开发利用的情况、满足社会文献需求的能力，作为馆藏文献评价的重要标准。这些评价标准主要包括：

1. 藏书量

藏书量是评价一个图书馆规模和服务能力的基本标志之一。对藏书量主要从以下几个方面进行评价：

① 藏书保障率。即图书馆每一个读者平均占有的藏书量。这是衡量一个国家图书馆事业发展状况或一个单位图书馆满足读者需求能力的重要标志之一。如英国规定，在4万人以下的地区，居民人均应拥有图书馆藏书15册。我国教育部对普通高等学校本科教学工作评价指标规定，学生人均藏书100册以上为合格。藏书保障率是评价藏书量的一个重要方面。

② 读者满足率。对读者需要的满足程度和藏书质量、藏书与读者需要相符合的程度有关，也和藏书量有关。从宏观的角度来看，藏书资源对读者的满足程度应该是越高越好，但是对一个具体的图书馆来说，却不能追求过高的满足率。研究表明，满足读者的全部需求，比满足读者75%的需求，藏书数量要增加5—15倍。显然，这对一个具体的图书馆来说，是不经济不合理的，也是不可能和不必要的。根据我国图书馆的现状，一般认为满足率在75%—85%之间是比较理想的藏书规模，其余部分，应当通过馆际互借、资源共享来解决。因此，无论是从宏观还是微观角度来看，读者满足率都可成为评价藏书量是否合理的一个指标。

③ 藏书对各科文献的覆盖率。这是图书馆文献收藏完备程度的重要标志。就全国文献资源整体系统来说，这种覆盖率应该越高越好。就一个具体的图书馆而言，也应该根据需要和可能的条件，使有关学科的文献收藏达到一定的完备程度，否则，馆藏特色就难以形成，满足读者需求的能力就低。因此，对各学科领域文献的合理的覆盖率，也是评价藏书量的指标之一。

2. 藏书的信息知识含量

一定的藏书量反映了馆藏满足读者需求的潜在能力。但是，对读者需求的满足，主要不是由藏书数量决定的，而是取决于一定数量藏书中信息知识的含量。因此，应当把藏书中的信息知识含量作为评价藏书的一项重要内容。

衡量藏书中信息知识含量的一种比较可行的评价标准是考察核心书刊的拥有率。对馆藏文献利用与流通分布状况的研究表明，25% 的藏书提供了流通的75%；50% 的藏书提供了流通的90%。这就是说，大多数的读者需求集中在少数核心书刊上。而核心书刊实际上就是科学信息、知识含量大的书刊。因此，通过测定藏书中核心书刊的占有率，就可以比较客观、准确地评价藏书的信息知识含量。

3. 藏书结构

图书馆馆藏文献数量再多，质量再高，但如果缺乏合理的结构，文献资源系统的功能也难以发挥，因此，藏书结构状况是进行藏书评价的重要内容。对藏书结构的评价主要从以下几个方面进行：

(1) 学科结构：即各学科藏书的比例，分析这些比例是否和本馆读者需求相适应及相适应的程度。

(2) 等级结构：根据五级藏书结构理论，考察本馆收藏的各学科、各类型文献是否体现了一定的层次级别，这种层次级别与读者的需求类型、需求层次是否相适应。

(3) 文种结构：统计馆藏书刊的文种比例，分析这些比例是否与本馆读者掌握的语种状况相符合，是否和各语种文献的出版量大体相适应。

(4) 时间结构：主要考察新入藏文献的比例状况。因为只有新书占总馆藏的比例达到一定的数值，才能保证藏书的信息知识含量和被利用的活力。

(5) 文献类型结构：主要考察图书与期刊的比例、印刷型文献与非印刷型文献的比例，以及它们与读者需求相符合的程度。

4. 藏书利用情况

馆藏文献的目的，归根结底在于提供利用。藏书只有在不断的流通使用中，才能体现其社会价值。因此，对馆藏文献的评价，必须包含其利用情况。这项评价主要通过读者调查和各种文献流通统计数据来进行。其中，文献流通统计可反映馆藏的实际利用情况，利用率的高低是对馆藏质量、馆藏结构等方面的综合反映。在我国，大多数高校图书馆和省级公共图书馆，藏书利用率仅达到30%—40%。有关专家指出，除负有长期保存任务的图书馆外，应争取藏书的利用率达到75%左右。除藏书利用率外，对藏书利用情况的评价还包括文献拒借率、藏书周转率、馆际互借满足率等。这些指标从不同侧面反映了馆藏被利用的程度以及满足读者需求的状况。

(二)馆藏文献资源评价的方法

馆藏文献资源评价的方法是多样的。然而，每一种方法都是从一个侧面对复杂的藏书体系构成的一个方面、一个部分作出评价。所以，要对馆藏文献资源做出全面的评价，就必须适当结合使用各种评价方法。常用的馆藏文献资源方法主要有：

1. 直观评价法

直接观察流通库中的书刊或电子出版物，对馆藏文献资源进行评价的一种方法。运用直观评价法可以了解馆藏的范围、规模、深度、文献的重要性、现实价值、外部状况、新旧程度、修复情况等大致情况。运用此法进行评价的人员，必须是学科馆员或某一学科的专家，否则很难做出比较正确的判断。该方法简便易行，适用范围广。但由于此种方法是一种非科学的评价方法，仅凭个人的判断，评价结论难免有失公允，因此仅适合作粗线条的大致评价。

2. 用户评议法

用户评议法是以口头访谈、书面问卷和网络调查等形式向图书馆用户或读者征求对馆藏的意见，以便了解读者需求情况和馆藏利用效能情况的一种评价方法。用户评议法比较能真实客观地反映读者的实际需要及需求的趋势，对图书馆馆藏建设有着积极的意义。在数字环境下，图书馆一般都采用网络调查的手段，收集用户利用文献的情况，了解读者对馆藏质量的意见和馆藏利用效果，从而使馆藏建设更具有针对性。网络调查具有范围广、方式灵活、效率较高、成本低、客观性较强、自动化程度较高等特点。国内学者黄晓斌认为：网络调查的主要方式有电子邮件法、Web 站点问卷调查法、网上讨论法、服务器日志统计法、用户注册信息调查法等。

3. 统计分析法

统计分析法是运用各种有关馆藏的统计数据进行分析和评价的方法，是馆藏评价中运用广泛且有效的方法。一般来说，馆藏的规模、各主题的馆藏数量、各类型文献的馆藏数量、藏书增长率、藏书保障率、藏书流通率、藏书拒借率等，都可以通过统计分析法来作出评价，也可以通过对图书馆用户的点击数进行统计与分析，评价数据库资源的利用率。

4. 书目核对法

将被评价的馆藏文献资源与标准书目、核心书目或权威性的馆藏目录逐一进行核对，以评价馆藏文献收藏的完备程度。这是评价本馆藏书对有关学科文献的覆盖率及核心图书占有率的一种重要方法。书目核对法的关键在于选定书目。一般来说，不同类型的图书馆都可以有自己的标准书目和核心书目作为评价藏书的指南。通常，用标准书目和核心书目对藏书进行比较，往往可以揭示藏书的空白处或薄弱处，而且，由于许多可资利用的目录经过有关专家的权威性的鉴别和遴选，因而其评价的结果具有说服力。此外，这种方法简便易行，具有普适性。这种方法的不足是：由于核心书目的内容不全或滞后，则有一部分新到的馆藏文献常常无法用核心书目及时进行评价。同时，采用同样的标准书目和核心书目进行馆藏评价，容易形成追求同一馆藏模式，相互重复的“大而全”“小而全”的馆藏发展倾向。这些都是在运用书目核对法评价藏书时应该注意的。

5. 引文分析法

引文分析法主要是通过查对学术性论著的注释和参考文献，来检查作者所引用的参考文献被本馆收藏的情况，以及馆藏被利用和可能被利用的情况。如果该论著的参考文献大多可以在馆藏中获得，说明该馆藏的质量较高。引文分析法较适用于科研馆藏的评价，它能从用户利用文献的角度来评价馆藏的实用性和满足程度，可以较准确地评价馆藏和学科核心书刊的占有率。当然，选择引文来源文献时要注意其全面性、代表性、发表的时间性、引文数量的相对充分性、作者的权威性以及论著本身的学术性等因素。当前，运用引文分析法对虚拟馆藏的评价还出现了专用软件系统进行统计和评价，速度快且准确率高，可避免人工统计的不足。

6. 馆藏结构分析法

馆藏结构分析法是一种综合评价方法，通过对馆藏结构类型的全面分析，评价馆藏结构的合理程度。进行馆藏结构分析必须借助大量的调查统计来获取各种有关数据，并结合读者需求的统计数据来进行比较分析，以此判断馆藏结构是否合理。通过馆藏结构分析法，能发现馆藏的优势和薄弱环节，有利于馆藏中各种比例的调整，不足之处是比较复杂，调查统计的工作量大。

7. 成本收益分析法

在数字环境下，虚拟馆藏中的全文数据库的购置和维护费用是相当高昂的，需要大量的资金、设备和人力投入，而当前图书馆普遍存在经费紧张、技术和人才不足的现象，所以利用经济学上的成本收益分析法来评价图书馆馆藏的投入成本和效益产出不失为一种较好的方法。

三、网络环境下的馆藏信息资源评价标准

以上馆藏文献评价标准与方法已经超越了对藏书自身状况进行评价的局限，而将馆藏文献资源对读者需求的满足程度及藏书效能发挥作为重要的评价标准与方法，这无疑是馆藏文献资源评价观念的进步。但是这些标准和方法没有能够反映出近年来图书馆信息资源结构的变化，特别是“虚拟馆藏”的形成给信息资源建设带来的巨大而深刻的影响，因而，我们说这些评价标准仍然是传统的馆藏评价标准。当然，在目前我国大多数图书馆，馆藏实体文献仍然是馆藏的主体，这些馆藏文献的数量、质量、结构及被利用的情况，对评价一所图书馆仍然是十分重要的。因此，在目前情况下，传统的馆藏评价标准仍然有其适用之处，但应该根据信息环境的变化对其做出适当的修改和补充。

网络环境使图书馆“馆藏”的内涵与外延都发生了重要变化，馆藏评价的标准也比传统的评价标准内容要丰富得多，复杂得多。

(一)对图书馆信息资源保障能力的评价

馆藏印刷型文献的数量，即前文所称藏书量，无疑仍是图书馆信息资源保障能力的一个重要指标。然而在网络环境下，评价图书馆的信息资源保障能力，就不能仅仅考察其藏书量或藏书保障率，还应包括以下两个重要方面：

1. 图书馆的虚拟馆藏

图书馆没有所有权，但通过网络可以有偿或无偿获得使用权的信息资源，即“虚拟馆藏”。纳入评价范围的“虚拟馆藏”，是专指从网络上通过一定的协议能连续、稳定地获取的专业数据库上的信息资源(包括有偿的和无偿的)，而不是泛指在公共网络上漫游的一般性信息。对虚拟馆藏的评价比实体馆藏的评价更为复杂。科学地制定评价标准，不仅需要科学地确定评估要素，还要进行大量的调查、分析和测算。以高校图书馆为例，对虚拟馆藏的评价标准，应该包校园网远程连接数据库的数量和种类，这是衡量获取网络信息的专业范围、数量、质量的最重要的要素，它反映获取虚拟馆藏的途径与能力。应根据数据库是全文型的、检索型的还是事实型的，数据库覆盖的学科面、覆盖的文献种类和数量、更新周期、回溯的时限等，评价其在信息保障体系中的地位。除此之外还要考虑：利用网络信息资源的设备及布局，这是衡量图书馆向读者提供虚拟馆藏服务能力的要素；允许上网远程查询专业数据库人员的范围，这是衡量图书馆提供虚拟馆藏服务面的要素；网络开通时间，这是衡量虚拟馆藏服务便利性的要素；网络的带宽和速率，这是衡量虚拟馆藏利用效率的要素。

2. 图书馆通过馆际互借或电子文献传递获得的信息资源

在读者需求日益多样化和读者的文献选择日益个性化的今天，任何一家图书馆都没有能力承担满足哪怕是仅限于区域服务对象所需的全部文献的任务，而在目前靠网上资源来解决满足读者需要的所有问题，也是不现实的。因此，馆际协作、资源共享仍然是解决读者需求的重要途径。根据地缘优势和专业特点建立馆际协作机制，对文献资源协调采购并开展馆际互借，是图书馆解决馆藏资源不足的有效手段。这种馆际间资源共享的程度和取得的结果，应当成为馆藏评价的重要标准。对馆际互借的具体评价标准，应考察图书馆是否与他馆签订馆际互借或电子文献传递协议、每年通过协议获取的文献数量、馆际互借中文献传递的方式、从提出馆际互借申请到获得文献所需的时间、所付的费用等。

(二)对图书馆信息资源质量的评价

在网络环境中，对图书馆虚拟馆藏的质量评价，情况要比对传统馆藏的评价复杂得多。一般说来，可从以下几个方面进行评价：

1. 信息选择质量

因特网与其他传媒最大的不同点之一，就是在网络上发布信息不必经过某个“过滤器”，更不必经过审查批准。因而任何人不管其动机、背景如何，都可以在网络上发布信息。这不仅造成互联网上信息越来越多，用户很难找到自己需要的信息，而且，造成网上信息质量良莠不齐，大量的虚假信息、误导信息、陈旧信息、污秽信息充斥其中，信息污染严重。因此，如何从网上选择用户需要的有价值的信息，成为网络环境下图书馆信息服务工作的重点和难点，同时也是评价虚拟馆藏质量的重要标准。

2. 信息组织水平

由于网络信息资源具有广泛性、丰富性、无序性、分散性和随机性，图书馆必须将这些分散的信息收集起来，加以分类和鉴别，使大量随机无序的信息转变为有序的可传递的信息，才能使其成为方便读者利用的虚拟馆藏，成为本馆信息资源体系的有机组成部分。图书馆对网络信息的组织水平越高，这些信息就越便于被读者利用。

3. 信息加工能力

数量众多且分散无序的网络信息大多是未经严格编辑加工整理的一次信息。虽然有许多检索工具，但对于一般读者来说，由于不熟悉网络检索工具，在终端上只能获得表层信息。因此，网络信息资源要成为图书馆的虚拟馆藏，必须经过图书馆的技术加工，而且，加工、处理的程度越深，其利用价值就越高。所以，在评价图书馆虚拟馆藏的质量时，应当考察图书馆能否根据用户的特定需要，对各种网络信息进行深层次的加工，形成类似“综述”“述评”“研究报告”之类的信息产品，并通过网络提供给用户利用。

(三)对图书馆信息资源共享性的评价

在网络环境下，信息资源共享的广度和深度是传统图书馆所无法相比的。这是因为，伴随信息资源数字化和信息传递网络化出现的图书馆虚拟馆藏具有广泛的共享性。一个图书馆的现实馆藏可以成为多个图书馆的虚拟馆藏而得到广泛的利用，但前提是必须将现实馆藏数字化并通过网络传递。因此，对图书馆信息资源共享性可以从以下几方面进行评价：

1. 馆藏文献数字化

图书馆馆藏文献数量庞大，没有必要也不可能(由于版权和成本方面的原因)全部数字化，因此，应该选择馆藏中能体现本馆资源特色的，或有独特价值的印刷型文献，进行数字化处理。馆藏文献数字化的数量、质量、可传播的范围等，都是信息资源共享程度的标志。

2. 特色数据库建设

数据库建设是网络环境中图书馆信息资源共享的基础。图书馆不仅要购买、租用、链接国内外的商业性数据库，而且要自行开发有特色的数据库。图书馆可根据本单位的馆藏基础、人力、经费等现实条件和社会信息需求，选择适合的主题，系统地从书刊、音像资料、数据库文献中摘录有关信息，运用信息重组技术，深度标引和序化，揭示其价值，做成新颖独特的数据库。图书馆开发特色数据库的数量、规模、质量、实用性、效益等，无疑是衡量图书馆信息资源共享性的重要标志。

(四) 对图书馆信息资源利用率的评价

和传统的馆藏评价一样，馆藏信息资源利用率是一个重要的评价指标。目前许多图书馆仍在进行入馆人数统计、图书出借率统计等，这仍然是必要的。但是随着信息环境的变化和图书馆功能的拓展，这些统计已难以真实反映读者利用图书馆信息资源的新特点。如藏书流通率的统计、阅览人数的统计，图书馆习惯上是根据入馆读者进入阅览室的人数和外借图书的数量来统计，但是在网络环境中，读者可以不进入图书馆和不外借图书而在网上查阅图书馆的数字化文献，如在网上查阅《四库全书》，在网上检索各种数据库等。这些网上的查阅与读者自己到馆利用馆藏文献应该是一样的。因此，在进行馆藏利用率统计时，应该把上网的读者人数统计在内，如图书馆的网页被点击的次数、网上数据库登录的人次，等等。只有这样，才能比较全面真实地反映网络化时代图书馆信息资源被利用的情况。

第三节　馆藏文献的保存与保护

馆藏文献的保存和保护就是采取必要的方法和措施防止和消除一切不利于馆藏文献完整和长期保存的各种因素，最大限度地减少文献资源的损耗，使所收藏的文献资源处于最佳状态①。这里的馆藏文献主要包括印刷型文献、声像资料以及缩微资料等图书馆的实体馆藏。但在大多数图书馆，图书、报刊、杂志等印刷型文献占据了绝大部分实体馆藏。因此，本节主要探讨印刷型文献的保存与保护。

① 徐恩元. 论信息资源保存与保护的意义与作用[J]. 四川图书馆学报，2005(01)：26-30.

一、印刷型文献保存与保护的意义

随着时代的发展，图书馆的馆藏资源结构已从单一的印刷型文献逐步发展为印刷型文献和数字资源并重的局面，并且数字资源的比例和利用率都呈快速增长的趋势。因此，近年来业界对文献资源保存与保护的关注也从印刷型文献转向数字资源。但这并不意味着图书馆可以不注重印刷型文献的保存与保护。相反，对大多数图书馆来说，印刷型文献依然是馆藏资源体系不可或缺的一部分，而且，很多印刷型文献往往是图书馆长期积累起来的具有科学价值、文化价值、历史价值的资源，长期保存与保护这些资源意义重大。

首先，文献的长期保存与保护是人类发展进步的必要条件。人类社会是一个持续发展进化的过程，人类社会在发展进化的过程中积累了丰富的知识，产生了诸多的文献，这些文献记录着当时社会发展的状况，并为后世获得相关的科学技术和文化发展状况提供条件，成为后世认识世界、改造世界的工具。文献的作用和影响是通过文献的交流、传承来实现的，而文献的流传又是以文献的收藏和长期保存为前提的。文献的收藏与保护是文献流传乃至人类文明延续与发展的重要手段和途径。而图书馆与生俱来的使命，就是保存人类知识记录，保证人类文明的传承。长期保存和保护文献是图书馆的天职。尽管在当今数字时代，知识信息载体多种多样，但只要印刷型文献还存在，社会就需要图书馆这样一个机构或这样一种机制来收藏并长期保护这些文献。

其次，文献的长期保存与保护为图书馆履行教育职能提供了基本资源。图书馆非常重要的职能之一就是进行国民教育，而履行这一职能的重要前提，就是图书馆必须能够提供丰富的文献资源。实际上，社会公众需要图书馆的重要原因之一，就是因为图书馆完整、系统地保存着人类从古至今积累的知识资源。诚然，在数字时代，人们可以“阅读”的知识载体形式多样，但印刷型文献在阅读方面仍然具有其他形式的知识载体难以比拟的优势。因此，长期保存和保护印刷型文献，为图书馆履行其社会职能提供了重要的基础性资源。

二、印刷型文献受损的主要因素

现代文献保护理论认为，文献损坏的原因是多方面的，除了自然因素外，还包括人为因素和和不可抗拒因素①。

① 汪东波. 公共图书馆概论[M]. 北京：国家图书馆出版社，2012：98.

(1)一般自然因素。包括物理因素、化学因素、生物因素等。物理因素主要是指光、温度和湿度等物理因素引起纸张的光化学变化，水解或氧化，纸张发黄变脆，导致最终无法使用。化学因素主要是指大气污染、灰尘、有害的化学药品、酸的存在。生物因素主要是真菌、虫类、啮齿类动物的危害。

(2)一般人为因素。这里的“人为”包括读者和图书馆员。主要是指文献在流通、借阅、保管过程中的磨损和人为造成的损坏，如折角、撕页、勾画等。在装运图书的过程中随意扔放或雨淋造成的图书损坏。修复图书时的措施和方法不当，使用的胶水不加防腐剂，用胶带粘补图书等。

(3)不可抗拒因素。如地震、火灾和水灾。地震会给图书馆带来灭顶之灾。火灾对图书馆的危害是多方面的，除大火本身给图书馆带来的灾难外，还有滚滚浓烟、强烈高温的熏烤等次生灾害，另外救火用水也会给图书保护带来灾难性的后果。

三、印刷型文献保存与保护的举措

(一)技术层面：原生性保护和再生性保护

在技术层面，印刷型文献保护的基本方法包括原生性保护和再生性保护两个方面：

1. 原生性保护

原生性保护是指在不改变文献的物理特征和载体形式基础上的保护。加强印刷型文献原生性保护的具体措施，主要包括以下几个方面：改善保管图书的条件、控制温湿度、防火防水、防盗、防光、防尘防菌、防虫防鼠、脱酸和纳米镀膜。在我国，国家图书馆的文献保存与保护工作走在前列。国家图书馆藏书库采用高密度密集式的存储设备，利用中央空调控制系统调节书库内的温度和湿度，保证书库内的温湿度在文献保存的最佳保存范围内；国家图书馆于20世纪80年代成立了图书保护组；2006年颁布了《国家图书馆文献保护条例》(国图业发[2006]33号)，规范和指导馆内的文献保护工作；2007年成立“国家古籍保护中心”，规划和指导全国的古籍保护工作。根据《国家图书馆文献保护条例》，国家图书馆对馆藏文献按照级别、类型、载体形式、学科、文种、使用方式等进行了划分，规定善本特藏文献、普通古籍文献、保存本文献、基藏本文献及新型载体文献中的原盘、母片、数据备份为永久保存文献①。

---

① 马赵扬，莫冀鸣. 关于国家图书馆内文献的保存与利用[J]. 学理论，2013(24)：206-208.

2. 再生性保护

再生性保护又称内容保护，是指改变文献原件的物理特征和载体形式，其最大优点是能将原件的内容广泛地复制和传播，而原件则可大大减少流通使用或“休养”起来，进而达到既充分利用文献内容，又能够保护文献原件的目的。较为常见的方法有缩微、扫描、影印、数字化等①。英国曾为保护大批珍贵文献，专门成立了文献保护办公室(NPO)，它的工作目标之一就是制定英国的文献保护政策并使之得到妥善实施。该机构资助图书馆进行文献的缩微化加工。NPO 规定所有获得资助的图书馆必须采用最高标准进行缩微拍片，拍成的缩微母片即第一负片要求制作第二负片并用于以后制作供读者使用的正片，文献原件与第一负片均在标准环境中永久保存②。

(二)制度层面：建立健全文献保存保护的相关政策法规

1. 建立健全完善的保护和监管制度

为了有效保护印刷型文献，规范图书馆员和读者的行为，必须建立印刷型文献保存和保护制度，使印刷型文献的保存与保护制度化、规范化。馆藏文献保护制度主要包括印刷型文献保护的事先防范制度和事后处理制度。印刷型文献保护的事先防范制度是指为了预防印刷型文献受到损坏而制定的、最大限度限制损坏印刷型文献各种因素发生作用的条件的一系列政策规章。这些制度明确规定图书馆馆藏的物理条件(光照、温度和湿度条件等)、图书馆员在处理印刷型文献各个环节的行为以及读者的行为。印刷型文献保护的事后处理制度指印刷型文献已经遭受损坏而对文献及相关责任人进行处理的政策规章。在印刷型文献受到损坏后，首先，应该采取措施最大限度地补救受到损害的文献，使损失降到最低。其次，应对受到损坏的印本文献进行登记，并根据具体情况讨论是否有必要采取相关措施恢复原貌(比如重新购买被损坏的印本文献)。最后，要追究相关人员的责任。

2. 要让读者熟知相关规章政策

尽管图书馆制定了一系列保护印本文献的规章制度，但如果不加强对读者的宣传教育，收到的效果也很有限。而且，在执行相关制度的时候(比如按照规定对损坏图书的读者收取补偿费用)还可能招致读者的不满，从而导致馆读关系的不和谐。图书馆建立各项规章制度的根本目的是保护读者的利

---

① 钱承军. 论高校图书馆纸质文献保护工作[J]. 河南图书馆学刊，2007(02)：65-67.

② 马赵扬，莫冀鸣. 关于国家图书馆内文献的保存与利用[J]. 学理论，2013(24)：206-208.

益，而不是惩罚读者。因此，图书馆应该大力宣传保护文献的目的，提高读者爱惜图书文献的自觉性，同时将图书馆保护文献的规章制度广而告之，以尽可能减少并杜绝损坏文献的行为。

(三)人才层面：加强文献保存和保护工作的人员配备

传统文献的保存和保护是图书馆的一项长期而艰巨的工作，只要有文献收藏就离不开文献的保存和保护。在美国有13个图书情报硕士点提供与印刷历史、古籍、特藏文献的保存和保护相关的专业学习内容①，为图书馆、博物馆和档案馆培养专门人才。文献保护是美国各类图书馆业务工作不可缺少的内容之一，不仅设有专门的部门和配备专业人员，还建立了文献保护工作室(preservation lab)，如康奈尔大学图书馆、杜克大学图书馆、加州伯克利大学图书馆、雪城大学图书馆等。他们中有些图书馆不仅负责本馆的文献修复，同时还承接兄弟图书馆或中小图书馆的文献修复工作，甚至面向用户提供服务。我国除有古籍特藏文献的大型图书馆外，一般不设文献保存和保护部。有调查显示，我国图书馆配备文献保护部门或小组的比例还很低②。随着图书馆馆藏文献的增加以及文献流通利用率的增加，文献的破损量也在不断增加。日积月累的破损文献如果得不到及时的修复，必将加大文献保存和保护的难度，影响文献的可持续利用和读者的满意度。要使图书馆的馆藏文献长期处于一个理想的状态，延长文献的使用寿命，图书馆就应该建立文献保存保护的部门或者小组，从而建立起一个适应文献可持续利用的保存与保护管理体系。

第四节 馆藏文献的处置与储存图书馆

馆藏文献的处置是指图书馆在妥善保存馆藏文献信息、充分发挥馆藏文献信息价值的前提下，根据社会发展需要，遵循一定的原则与标准，对需要处置的馆藏文献信息进行产权转移或注销的行为③。这个概念包括了文献处置两个层面的内容：第一是从图书馆业务层面对馆藏文献进行“剔除”；第

---

① New specialization in rare books and print and visual culture to be offered by department of IS. [EB/OL]. [2020-02-05]. http://ampersand.gseis.ucla.edu/new-specialization-in-rare-books-and-print-and-visual-culture-to-be-offered-by-department-of-is/.

② 潘薇，王雪荻. 图书馆传统文献的保存和保护问题分析及解决策略[J]. 知识管理论坛，2013(11)：3-9.

③ 黄如花等. 我国公共图书馆文献信息处置制度的需求分析与框架构建[J]. 中国图书馆学报，2019，45(02)：45-58.

二是从资产管理层面对剔除后的文献进行妥善处理。《中华人民共和国公共图书馆法》第二十八条规定“公共图书馆应当妥善保存馆藏文献信息，不得随意处置；确需处置的，应当遵守国务院文化主管部门有关处置文献信息的规定”。为了落实《公共图书馆法》馆藏文献处置的相关规定，文化和旅游部正在组织制定公共图书馆文献信息处置制度。目前需要解决的问题是，一方面要进一步提高对馆藏文献处置的认识。另一方面要认真探索馆藏文献处置的标准、方法、工作程序等，使馆藏文献处置走上科学化、规范化的轨道。

一、馆藏文献处置的原因与意义

（一）馆藏文献处置的原因

馆藏文献处置的原因有以下几方面：

1. 知识更新速度加快，文献的使用寿命愈来愈短，致使很大一部分文献的利用率很低乃至完全失去使用价值。这是馆藏文献处置的本质原因。

随着社会的进步，科学技术的发展，新的知识在不断产生。许多原来不成熟的观点为比较成熟的观点所替换。旧的材料、工艺为新的材料、工艺所取代，不完善的方法为比较完善的方法所更新。这就必然使许多知识变得陈旧甚而成为失效的知识。文献作为记录知识的载体，也就必然会出现内容陈旧过时、观点有错误，甚至一部分会完全失去现实意义和参考使用价值。因此，文献内容的老化是一个自然过程。只要人类社会在不断发展前进，知识的陈旧会不断出现，文献的老化就不可避免。文献老化的加快导致了图书馆呆滞书刊的大量产生，不仅占用了大量的空间，还使得有用文献与无用文献鱼龙混杂，降低了藏书质量，影响读者对藏书的有效利用。同时，大量过时失效的书刊滞留图书馆，湮没了那些具有长远保存价值的优秀书刊，因而也不利于发挥图书馆保存人类优秀文化成果的职能。所以，无论是从文献的传递来看还是从文献的保存来看，剔除那些积沉失效的呆滞文献，以保持馆藏文献活力是十分必要的。

2. 文献数量急剧增长，使图书馆出现“书满为患”的书库空间紧张状况，这是馆藏文献处置的直接原因。

随着现代科学技术的飞速发展和文献数量的激增，各类型图书馆的文献入藏量也在加速递增，使很多图书馆出现了“书满为患”的书库空间紧张状况。这种状况需要采取多种措施“综合治理”。根据实际需要控制新书入藏数量当然是必要的，但是，在知识、文献急剧增长，社会对文献信息的需求日益迫切的情况下，图书馆不断补充新书是必然的，否则就要影响图书馆的服务能力。另外，开展书刊采集、利用方面的馆际协作，推进文献信息资源共享等，都能在一定程度上控制藏书数量增长，缓和“书库危机”。但是，一条十分重要而又有效的途径则是进行馆藏文献处置。只有在入藏新书的同时，处置一些利用率低的呆滞书刊，并使之经常化、制度化，才能缓和并且从根本上消除书库危机。应该指出，书库危机往往是开展馆藏文献处置的直接原因，但并不是根本原因。不能认为只有出现书库危机的图书馆才需要处置文献，相反，一个呆滞书刊充斥的图书馆，即使书库空间并不紧张，也应该开展馆藏文献处置工作。不能把处置的意义仅仅局限在腾出库位上。

3. 图书馆服务任务或读者对象的变化，导致馆藏文献中会有一些不再符合本馆任务和读者需要的多余书刊，这是馆藏文献处置的又一重要原因。

由于形势的发展变化，图书馆的具体服务任务或读者对象也会经常发生变化。这就要求为之服务的图书馆的藏书成份也要相应地随之改变。其中必然有一部分藏书因读者需求转移，无人利用而成为滞架书刊。尽管这些藏书仍然具有科学价值，但无论从收藏还是从利用的角度来看，让这些藏书继续滞留在图书馆都是不经济的，徒然造成图书馆在人力、物力方面的浪费。因此，处置这部分藏书是十分必要的。

4. 由于各方面的原因，图书馆收藏了一些与馆藏需要不符的多余书刊，对此，有必要加以处置。

图书馆采选文献必须遵循一定的原则和标准，但在具体的工作过程中，却要受到许多因素的制约。在大多数情况下，采访人员只能根据征订目录选书，而这些征订目录本身就有不准确的地方，因而导致采购失误。还有一些书店为了追求销售利润，对图书馆搭配售书，由此也使得藏书中不符合需要的书刊大量增加。此外，社会变化的影响，购书经费分配和使用规定的不合理，等等，也容易导致图书馆入藏本馆藏书范围以外的书或多余的复本。因此，对由于各种人为原因而形成的呆滞书刊，图书馆有必要进行剔除。

(二)馆藏文献处置的意义

馆藏文献处置的意义体现在：

1. 优化馆藏结构，提高馆藏文献质量。

在馆藏文献处置过程中，通过对各类文献进行鉴别、审查，将一部分利用率很低甚至失去使用价值的文献撤离流通书库，从而使得留下来的藏书更加符合图书馆的任务和读者需要，更具有科学价值和实用价值，馆藏文献的结构得到了优化，文献的收藏质量有了明显的改善。这样，不仅有利于图书馆传递具有现实价值的文献情报，而且有利于图书馆保存人类优秀的文化成果。

2. 活化馆藏文献资源体系，提高文献利用效率和图书馆服务工作效率。

文献交流理论表明，在满足读者需求的前提下，书库和书架上的文献越少，交流的速度越快。据统计，一个馆藏文献不足 10 万册的小型图书馆，在书库里取一本书的平均时间是 3—5 分钟，而藏书逾百万册的大型图书馆则要用 15—30 分钟。由此可见，把许多不必要的文献清除出去，使图书馆藏书规模缩小，有利于加快馆藏文献的流通速度，提高文献的利用率，从而提高图书馆服务的效率。

3. 缓和书库紧张状况，有利于书库管理科学化，使有限的书库得到有效的利用。

4. 互通有无、变废为宝

剔除的藏书通过交换、调拨，既可以支援和充实其他图书馆的馆藏，使它们的一些书刊“成龙配套”，又可以变原来的“滞书”为“活书”，重新发挥藏书的作用，从而促进文献资源的合理分布。

5. 馆藏文献处置对整个图书馆业务工作系统起着重要的调节作用。

文献处置工作必须建立在对馆藏文献进行鉴别、审查的基础上进行，通过这种鉴别、审查，可以分析呆滞书刊形成的原因：或者是采购的失误，买回了不需要的文献；或者是分编的原因，分类不恰当，著录不准确，使读者无法确认图书；或者是典藏的原因，将藏书放到不适合的位置等。对由于图书馆工作失误造成的呆滞图书，可以及时纠正，让它们重新恢复活力。同时，藏书剔除还将读者利用藏书的情况反馈给藏书采访部门，从而有利于及时修正和调整采访原则、范围以及有关品种的复本基数等。总之，藏书处置是优化图书馆工作系统不可缺少的重要环节。

二、馆藏文献处置的标准

馆藏文献处置的标准，是决定图书馆藏书去留的准绳。由于馆藏文献具有精神产品的性能，不像一般的物质产品那样能精确地度量其各项指标。因此，衡量藏书的使用价值是一个复杂的问题，要制定一个统一的合理的处置标准也比较困难。现在图书馆采用的馆藏文献处置标准，归纳起来，主要有以下标准：

1. 内容标准

以内容为处置标准主要是指：①内容陈旧过时。原有文献的内容被新的出版物所修正或压缩。②内容不正确。即随着科学的发展和社会的前进，原有藏书的内容已被证明是错误的。③内容重复。如原有藏书内容已为新的文献所囊括和取代。

2. 外形标准

以外形为处置标准主要包括：①外观陈旧、妨碍使用的图书。②纸张质地十分低劣或印刷、装订很差的图书。③内容污损、缺页，以致影响阅读的书。④多次修补无法继续使用的书。以藏书外形为剔除标准应注意两点：一是要避免剔除善本书，二是要考虑该书是否需要替补。

3. 书龄标准

文献从出版日期以来在读者使用中所经历的年限，称为书龄。以书龄为处置标准的依据是，对一般的书刊文献而言，其使用价值总是随时间的推移而逐渐减少，出版物越新，利用率越高，出版年代越久远，利用率越低。文献半衰期理论已经揭示了这一点。馆藏文献剔除应与文献老化的速度相一致，才能保证藏书具有活力，才能反映知识的老化与转化规律。因此，一些国家的图书馆规定了在藏书中应保留的文献的年龄，凡出版时间超过一定年限的文献，即应从藏书中剔除。

4. 使用标准

以藏书的使用情况为处置标准的依据是，在通常情况下，从藏书过去的使用情况中可以推测藏书未来的使用情况，这是"趋势外推法"揭示的原理。藏书的使用情况可以通过检查藏书滞留书架的时限得知。如果一本书在过去若干年内一直滞留书架未被利用，那么可以推测这本书今后也不会被利用。国外一些图书馆学专家认为，"滞架时限"可靠、明确，是藏书处置的最佳标准。

5. 主观标准

即图书馆员根据对所在地区或单位、读者群及社会需要、文献内容及馆藏情况等的了解，从而做出处置判断。这是在图书馆藏书剔除中最通常使用的标准，但这种纯主观的判断标准往往缺乏应有的可靠性。

以上各种标准，从不同的角度为馆藏文献的复选剔除提供了依据，各有所长，也各有缺陷。图书馆应该将这些标准结合起来使用，取长补短，从而确定科学的、对本馆切实可行的馆藏文献处置标准。

三、馆藏文献处置的流程

针对普通高等学校图书馆文献信息处置工作，我国教育部高等学校图书情报工作指导委员会制定了《普通高等学校图书馆馆藏复选指南》，但尚无针对图书馆文献信息处置工作的全国性统一规定。文化和旅游部项目"我国公共图书馆文献信息处置制度研究"课题组提出了公共图书馆文献信息处置工作流程，主要有以下六大步骤①。

1. 准备工作

准备工作是指图书馆为推进文献信息处置所进行的基础性工作，主要包括方案提出、报告申请及计划制定三个方面。在馆藏调研的基础上，各部门根据需求提出文献信息处置方案，并向分管领导提出文献信息处置申请，申请内容包括拟处置范围、处置理由以及处置依据。经分管领导审批后，各部门按照相关法律法规要求，以本馆文献信息处置政策为指导制定详尽的文献信息处置项目方案，方案应包括文献信息处置细则、时间进度安排以及使二者得以落实的文件化程序——报表流程的确认②。文献信息处置人员涉及面较广，且项目时间较长，文件化程序规定各环节应提供的文件及相关文件交接流程，是明确分工、把控进度的必要步骤，如发布《文献信息处置进度表》《文献信息处置小组成员名单》等。

2. 形成文献信息处置清单

文献的流通时间、流通情况、文献使用率与借阅率等是进行文献信息处置的重要参考。因此，图书馆在进行文献信息处置时，应收集相关数据，对符合文献信息处置原则、达到相应标准的文献进行处置。需要注意的是，仅凭借数据进行处置会出现问题，需要馆员对其进行判别。在所收集数据的基础上，图书馆初步确定待处置文献信息清单。之后，公共图书馆理事会的政府主管部门代表、图书馆界代表、社会人士代表等理事组成的审议小组对文献信息处置清单进行审议。最后，公共图书馆需参照国家和地方事业单位国有资产处置办法有关规定，向主管部门及相关部门报批文献信息处置清单，办理国有资产处置审批手续。

3. 下架确需处置的文献

在确定文献信息处置清单后，图书馆需对相关文献进行下架处理。馆员应仔细对照文献信息处置清单对在架文献进行处置，对于不在架的文献应予以登记。若发现损坏严重但尚未出现在文献信息处置清单中的文献，也应予以记录，以便后续处置。

4. 确定处置文献的去向

图书馆应根据馆藏文献的实际情况，并结合本馆的未来发展，确定处置

---

① 谢清文，弓婧雯，范冰玥. 公共图书馆文献信息处置流程[J]. 国家图书馆学刊，2018(04)：37-41，47.

② 吴凤仙. 图书馆藏书剔旧工作在过程文件中的受控研究[J]. 图书馆工作与研究，2008(08)：56-61.

文献的去向。财政部《事业单位国有资产管理暂行办法》第二十八条规定事业单位国有资产处置应当遵循公开、公正、公平的原则"①。对于确定处置的文献，公共图书馆应去除其载体上的标签，如索书号标签和 RFID 标签，加盖剔除标记，避免处置文献流出后引起公众误解，也避免这些文献再次流回图书馆。根据处置文献的物理状况和内容价值，可以选择以下几种去向：出售、赠送、下架储存、废弃。

5. 数据更改

图书馆应妥善记录处置文献的信息，包括处置的时间和其他必要的信息，以便回顾性审查工作的开展。对于去向不同的文献，图书馆应根据实际情况进行区别记录，下架至书库的文献应将馆藏地点更改为"书库"；确定捐赠、调拨、出售、回收的文献应在图书馆自动化系统中注销，并填报相应审批表，注意注销后的条码号不可用于重新增补的文献。

6. 资料归档

在文献信息处置过程中产生的资料必须进行归档。根据环节的不同，资料可分为处置前期资料，即在准备工作环节产生的资料；处置中期资料，即形成文献信息处置清单及确认处置文献下架的环节产生的资料；处置后期资料，即在确认处置文献去向及数据更改环节产生的资料，各环节生成的资料是衡量文献信息处置工作是否合法合理开展的依据，对资料进行妥善的归档可提升文献信息处置工作的可回溯性。

四、储存图书馆系统

储存图书馆是为解决对图书馆处置的文献进行集中管理与利用问题而建立的图书馆。其主要任务就是集中收藏各图书馆处置的文献中利用率很低、但仍具有一定参考价值的文献品种，以供需要这些文献的读者能够继续利用。

储存图书馆有以下几方面的作用：

第一，可以解除图书馆处置藏书的后顾之忧。一般的、没有保存文献任务的图书馆，在处置藏书时，不用再担心处置了藏书品种，一旦读者提出需求，图书馆无法满足。因为藏书虽然从本馆处置了，但读者需要时仍能够从储存图书馆获得。所以，图书馆可以毫无顾虑地处置本馆藏书中陈旧过时及

① 中华人民共和国财务部. 中华人民共和国财政部令第 100 号——财政部关于修改《事业单位国有资产管理暂行办法》的决定[EB/OL]. [2020-02-05]. http://tfs.mof.gov.cn/zhengwuxinxi/caizhengbuling/201904/t20190404_3215480.

利用率很低的呆滞书刊，精化藏书，提高工作效率。

第二，将各图书馆处置的文献品种进行密集式集中存储，可以大大节约各图书馆的藏书空间和管理人员的劳动，避免因重复收藏和分散管理而造成的浪费。

第三，可以将各图书馆送交的处置书刊在其成员馆内进行调拨分配，使各馆的呆滞书发挥出应有的作用，从而促进国家文献资源的合理布局与利用，促进图书馆网络的发展。

第四，完整无缺地保存具有潜在的科学和文化价值的文献，并为读者的特殊需求提供文献保障，从而成为全国文献资源保障体系中重要的组成部分。

世界上一些图书馆事业发达的国家，都很重视储存图书馆的建设，芬兰、挪威、法国、澳大利亚、德国和美国等国家都建有地区或者国家存储图书馆①。美国的储存图书馆是以若干图书馆资源联合为基础建立的。比较著名的是美国研究图书馆中心(Center for Research Libraries)。作为全国性的储存图书馆，其职能是储存使用率低的图书资料，以节省各馆空间；合作收集、集中保管罕用资料并提供研究用；作为馆际互借所需资料的供应中心，除了研究图书馆中心这种全国性的储存图书馆外，美国还有不少地区性的储存图书馆，如罕布什尔馆际中心、纽约市医学图书馆中心等。当然，美国也有部分高校图书馆建立了本校的存储图书馆，如哈佛大学图书馆、伊利诺伊大学香槟分校图书馆。英国储存图书馆的职能实际上由英国图书馆外借部担负着。英国图书馆外借部将国家外借中心与全国性的新资料及各馆处置资料的储存中心的职能合为一体，实际上是一个以外借为首要职能的全国性储存图书馆。

在我国建立储存图书馆系统的必要性，已逐渐为图书馆界所认识。构建我国储存图书馆系统的模式，应该注重国情的研究和分析，与我国信息资源整体布局的模式相一致。我国信息资源整体布局比较理想的模式是建立三级信息资源保障体制，即国家信息资源中心、地区(行政大区)信息资源中心和省(市、自治区)信息资源中心。与此相对应，我国的储存图书馆系统也可划分为三个级别：国家级的、地区(行政大区)级的和省(区)级的。每一级别的储存图书馆的组成成员馆，也分别与三个级别的文献资源中心的成员馆相同。因而实际上，就是要求三级文献资源中心兼具储存图书馆的职能。

① Paul Genoni. Libraries：The Long Tail and the Future of Legacy Print Collections[J]. *Library and Information Science Research Electronic Journal*, 2007(01)：1-10.

作为储存图书馆，其职能在于：接受并主动收集各馆处置的滞书，有目的有计划地予以选留，以完整、系统地保存图书版本；统一调拨、协调分配各图书馆处置的藏书，使滞书发挥应有的作用；作为文献资源中心，开展复制保存本和资料查询服务，编制各种联合目录、资料索引等。各图书馆有责任向储存图书馆无偿提供本馆处置的藏书，而储存图书馆也应保证能随时随地将这些藏书提供给本省、本地区和全国的任何一个图书馆利用。循此思路，将形成我国比较完善的储存图书馆系统。

第五节　数字馆藏的管理

当今图书馆信息资源体系的显著变化，是除了传统的印刷型馆藏文献以外，还有越来越多的数字资源进入图书馆，成为图书馆的数字化馆藏。与传统的馆藏文献资源需要进行管理一样，数字馆藏也存在如何科学有效地组织、存储、管理、开发和利用的问题。而且，由于数字馆藏管理涉及的问题，既有技术的，又有法律的，还有经济与管理方面的，因而比传统的馆藏文献资源管理更加复杂。

一、数字馆藏的概念与特点

(一)数字馆藏的概念及类型

数字馆藏又叫数字化馆藏、电子馆藏，是图书馆馆藏中以数字形式保存的和借助于计算机网络可以利用的(如仅有网络使用权的外文数据库，以及其他形式的虚拟馆藏)那部分信息资源的集合。具体地说，它是图书馆馆藏中必须借助计算机等信息技术设备进行管理和利用的数字的总和①。数字馆藏已经成为现代图书馆馆藏中不可或缺的重要组成部分。

数字馆藏从其形成方式来看，主要有三种类型：一是购入，主要包括图书馆通过签约付费后获得使用权的电子图书、电子期刊、镜像版数据库，也包括通过购买后拥有所有权的光盘资料和视听资料等；二是开发利用网络资源形成的虚拟馆藏，这类馆藏是按照特定要求而搜集的相关度很高的文件、网页等数字形态的资源，既可以下载到本地存放，也可以分散在网络的各个节点上，它仅仅是由链接集成在本地形成的资源导航体系；三是根据图书馆的服务任务和服务对象的需要，建立起来的与本校教学科研需要或者与本地区经济文化发展需求相适应的特色数据库和数字内容管理系统。从目前来

---

① 索传军．论数字馆藏的管理[J]．大学图书馆学报，2003(02)：30-35.

看，由于人力、设备、资金等方面的限制，数字馆藏的形成主要是通过购买现成的数字资源来建设的。但近年来，我国许多大中型图书馆也自建了不少特色数据库，如CALIS一期项目资助的全国60多所高校图书馆建立的70多个专题特色数据库，以及各省市公共图书馆建设的一批具有地方文献特色的数据库和专题文献数据库。还有通过对因特网上信息资源的开发利用建立起来的虚拟馆藏，这些都是图书馆重要的数字馆藏。

(二)数字馆藏的特点

数字馆藏不仅在存放形式上有别于传统馆藏，而且其高度的可共享性和不受时间、地点的限制的服务能力，使得人们日益重视数字馆藏的建设和发展。概括地说，数字馆藏具有许多优点，但它也有许多不足，其特点具体有如下几个方面：

(1)高度的可共享性。一份数字馆藏，如一种期刊或一个数据库，借助于计算机网络可以供多个读者利用。

(2)自动管理。数字馆藏可以依赖计算机进行自动管理。特别是对于构建在存储局域网上的数字馆藏，数据资源的存放完全可以根据读者利用率的高低自动进行调度。

(3)开放时间长，不受图书馆作息时间的限制。

(4)服务范围大，不受地域限制。读者不必到图书馆，可以在校园网，甚至在因特网上查询、下载、打印自己需要的文献信息。

(5)占用馆舍空间小。

(6)对设备的依赖性强。数字馆藏必须借助一定的信息技术设备才能被有效地利用。

(7)对环境要求高。这主要是指存储数字信息的存储设备、服务器和网络设备对环境的要求，如温度、湿度、防尘、防静电等。

(8)易受损害。这有两方面的含义，一是数字馆藏易受病毒等的感染而导致不能正常使用；二是由于存储设备(如磁盘、光盘等)的损坏，而导致数据的丢失。

(9)管理难度大。数字馆藏虽然可以依赖计算机进行自动管理，但由于构成数字馆藏的数字资源的知识产权问题、存储设备的更新换代问题、阅读有关资源的软件的升级问题。以及数字馆藏的不定期迁移问题等，其过程中涉及的因素多，难度大①。

① 代根兴. 数字时代的图书馆信息资源建设[M]. 北京：北京图书馆出版社，2006.

二、数字馆藏管理的含义

数字馆藏不同于传统的纸质藏书，由于存放载体形式和服务要求的不同，在采集、组织、存储、反映、保护、协调等方面都具有显著的特征：①需要专用的、可扩展空间的、相对稳定的信息存储设备存放数字馆藏，例如镜像服务器、磁盘阵列、NAS系统、存储池(SAN)等，同时要求存储设备具有可置换功能和保证资源安全的性能。②各类型数字馆藏运用的系统平台多种多样，导致格式千差万别，仅就单个数据库进行检索，已经远远不能满足用户的要求，需要按照一定的标准进行数据、功能的整合，实现对资源的内容管理。③需要制作思路清晰、结构合理、界面友好的智能检索型网站或数字图书馆平台，将馆藏有效地组织起来提供给读者和用户共享使用。④数字资源的管理有很高的技术要求，网络系统的架构、特定存储设备与管理软件的使用方法、数字资源安全的防护等都对管理员提出了较高的要求。

从数字馆藏的特点不难得出以下结论，数字馆藏的管理主要有四层含义：

(1)选择什么样的模式存放数据；

(2)选择什么样的方式组织信息；

(3)选择什么样的策略供读者访问；

(4)选择什么样的思路保证馆藏的可持续发展。①

数字馆藏的管理对图书馆来说是一项富有挑战性的工作，当前不仅没有足够的可供参考的理论依据，而且随着信息技术的发展，许多不确定因素的影响也将逐渐显露出来，像数字馆藏的利用、支配、更新、修改的手段常常跟不上快速的技术发展，不断“膨胀”的数字馆藏量导致存储设备无法固定而引发数字资源的“迁移”问题，使用何种标准进行资源组织以及将内容反映到何种深度等，都亟待图书馆管理者进一步提高认识、摸清规律。

三、数字馆藏的安全管理

1. 数字馆藏安全管理面临的问题

随着数字馆藏资源的日益丰富，开放程度的不断提高和资源共享的进一步加强，随之而来的信息安全管理问题也日益突出。数字馆藏安全管理的核心是数字馆藏的长期可靠存取问题。数字馆藏作为人类文明、文化遗产的重要部分，其长期可靠存取是保护人类文明与实现知识传递的重要基础与保

---

① 殷银芳．传统藏书理论与数字馆藏管理[J]．图书情报知识，2004(03)：19-21.

障。然而，数字馆藏具有区别于传统图书馆馆藏的特性，要求长期可靠存取的基本条件包括：数字馆藏存取系统应具有完备的处理各种文本、数据、图表、音像和多媒体的能力；数字馆藏载体应具有稳定可靠的存储寿命；拥有可靠的能覆盖所有数字馆藏格式的格式转换及迁移技术；具备较强的抗灾害能力；数字馆藏的存储载体、格式、软硬件中的任何一项出现问题，都将对数字馆藏的存取产生重大影响。目前，数字馆藏的长期可靠存取还面临着诸多问题：①

(1)载体寿命问题

数字馆藏的长期可靠存取必须以各种类型的物理载体为对象。目前常用的载体包括磁盘、硬盘、磁带、CD-ROM 和 WORM 光盘等，其使用寿命各不相同。传统的资源载体可以通过观察其物理表象特征判断其保存与使用状态。而磁盘、磁带、光盘等载体，则需借助相应的设备才能检查其储存与使用情况。与传统载体相比，数字资源载体体积小、容量大，但载体容易变质、损坏，易遭受毁灭性损失，且对存储环境的要求越来越高。在大容量高密度存储媒体不断推出的情况下，存储媒体的不稳定性在增大，其有效寿命在下降。因此，载体问题是数字馆藏长期保存需要直接面对的问题之一。

(2)技术更新问题

相比载体寿命问题，更为迫切的问题是数字馆藏的读出、检索技术的过时问题。数字资源对系统软硬件平台的依赖性，使得数字资源的读出、还原技术过时问题，成为困扰数字图书馆发展又一极大障碍。计算机存储技术与软件技术的迅速不断出现与周期性的更新，使得数字资源存取的软硬件随之更新，必然导致原有数字资源存储与利用技术的淘汰。在技术与市场的推动下，记录与存储数字馆藏的设备与软件大约每 3—4 年就完成一个更新周期。如何使面临技术更新的数字资源安全过渡到新的软硬件平台是数字图书馆在发展中面临的又一难题。

(3)数据格式问题

数字图书馆的数字馆藏因制作商保护版权的需要或制作时技术与条件的限制，使得目前的数字馆藏以大量的不同格式形式存在，如 PDF 格式、SGML 格式、XML 格式、WDL 格式等，多达数十种以上，其直接结果是造成格式之间转换的极大不便。为此，人们试图呼吁采用统一的标准格式，如

① 陈伟，汪琼. 数字图书馆数字馆藏长期可靠存取问题研究[J]. 情报资料工作，2004(03)：58-61.

SGML(文本描述方法)、HIML(超文本组织语言)、TIFF(扫描图像格式)、MPEG(动画扫描格式)等,但这些格式本身就面临被更新的格式淘汰的境地,以至于无法实施。

(4)安全防护问题

数字馆藏的服务主要集中在网络上。网络安全问题与网络本身固有的特性有关,所以网络环境的复杂性决定了网络安全的复杂性。因而与传统馆藏相比,数字馆藏显得较为脆弱,极易受到外力的干扰和破坏。数字馆藏在受到计算机病毒、黑客入侵、磁场、电磁脉冲等的打击时,其对数字馆藏的破坏程度,类似于传统图书馆遭遇一场火灾或地震。数字馆藏一旦受到病毒侵蚀和黑客破坏将可能在瞬间化为乌有。磁场可使电子图书不复存在。电磁脉冲对计算机系统更是具有强大的杀伤力。再加上人为操作失误、保存环境变化、停电,以及火灾、水灾、地震等自然灾害等都可能对数字馆藏造成无法挽回的损失。

2. 数字馆藏安全管理的策略

数字馆藏的安全管理策略就是图书馆在一定时期内为保障馆藏数字资源的安全所制定的安全管理措施。由于数字馆藏安全涉及馆藏数字资源的内容、数字资源存储管理与服务系统和存储设备等方面的因素,因此,在制定安全策略时,要在综合考虑管理、技术、设备和免疫等因素的基础上,确定数字馆藏的安全管理策略。

(1)从思想上认识安全管理的重要性。图书馆必须充分认识到数字馆藏安全管理的重要性,从开始进行数字资源建设就要制定数字馆藏安全管理制度,并对有关馆员进行培训。明确专职专人负责,定期检查维护是确保数字馆藏安全的重要保证。

(2)加强馆藏文献管理信息系统的运行管理。建立健全监控管理、事件管理、配置管理和变更管理等管理制度,解决信息技术管理中的信息不对称现象,逐步推行信息安全风险管理制度,完善信息系统风险识别、评估、分析和规避办法,制定信息安全风险应急管理计划。

(3)健全技术防范、预警和保障体系。要认真研究有关信息安全的理论、标准和规范,充分研究并掌握包括入侵检测技术、防火墙技术、防病毒技术、加密技术、认证技术、电源保护技术、电磁信息防漏技术、存储备份技术、鉴别技术、安全软件工程、灾难备份及灾后恢复等各项技术防范、预警和保障措施,确保各系统安全运行。同时,要根据基础设施、硬件系统、网络系统、操作系统、数据库系统和应用系统的分布和层次结构,安排不同特性的安全策略和措施,使这些策略和措施相互配合和补充,形成数字馆藏管理的整体安全防护体系。

(4)免疫与灾难处理。免疫是预防措施，一般图书馆会考虑对病毒的防护和黑客的入侵，但对灾难处理常常缺乏考虑。一旦灾难出现，就显得束手无策。尽管灾难处理是应急措施，但对保护数字资源是至关重要的，在制定安全措施时应高度重视。

3. 数字馆藏安全管理的宏观解决思路

(1)制订数字馆藏长期存取统一标准

数字馆藏长期可靠存取的主要障碍之一是数字资源的生产者、提供者、维护者各自为政，各自根据自己的需要，随意采用各种系统与技术，结果导致数字资源的长期存取面临多种困难。许多国家已意识到标准的缺乏是数字资源长期存取诸多问题产生的根源之一，针对数字馆藏长期存取标准问题的研究已在近年成为国际热点。美国国会图书馆早在 1998 年就联合众多图书馆制订了国家数字馆藏基础设施及存取计划，为全球数字化资源的长期存取提供了政策、标准与技术上的指导。荷兰国家图书馆在 2002—2005 年的发展规划中明确提到数字资源长期存取问题。澳大利亚更是制订了包括“澳大利亚国家图书馆数字化资源保存战略”“数字资源保存的元数据”“保存澳大利亚电子出版物的物理形式——选择指南”等系列规范与标准①。我国也在 2002 年 6 月由国家质量技术监督局颁布了《开放式电子图书出版物结构 1.0》，为电子图书的内容表述提供了规范②。尽快制订数字馆藏长期可靠存取的通用技术标准与组织管理协议，以尽量减少数字馆藏在新旧平台间转换的难度，降低数字馆藏长期存取的组织管理难度，已成为数字馆藏管理刻不容缓的任务。

(2)建立集中式和分布式相结合的数字馆藏长期保存的机制

建立数字资源制作者样本呈缴国家集中保存制度，是实现数字资源长期存取的关键。为此，国家应以法律形式确定数字资源制作出版机构免费呈缴数字资源产品样本的义务和责任，以确保数字资源在国家控制下的长期保存，这是保证国家文化遗产长期存取的必要措施，也是监督、检查出版者数字作品制作技术的标准性和长期存取技术的规范性的需要。当然，国家数字资源保存基地应对呈缴样本的复制与流通采取严格的控制措施，以确保版权人的合法权益。

---

① 张晓林等. 国际图书馆发展态势[J]. 图书情报工作动态，2003(01)：1-5.

② 刘锦山. 迎接数字图书馆产业发展新高潮[J]. 现代图书情报技术，2003(06)：1-3，18.

但是，完全由国家集中于某个基地，如国家图书馆或版本图书馆承担数字馆藏的长期存取任务，可能使其承受太大工作压力与经济负担，也使其他图书馆丧失保证数字馆藏长期存取的责任意识，因此，有人认为，应该建立以国家基地为中心，各数字图书馆或数字图书馆联盟为分支的二级数字馆藏的长期保存机制，以在全社会范围内分担数字馆藏长期存取工作的责任与义务。一方面可大大减轻国家的负担，分担数字馆藏长期存取的风险；另一方面通过分工与合作，便于进一步研究数字馆藏长期存取的技术方法，促进数字馆藏长期存取技术的发展。

(3)确立制作者最终责任机制

数字资源的制作者与发行人，受其自身利益的驱使以及技术程度的局限，以及对维护自身数字产品资源存取与资源共享的利益关系的认识与看待角度的不同，很难将自身在维护数字资源长期存取中所应承担的责任与义务放在首要位置。他们在数字产品形成的开始就决定着文件用什么格式产生、以什么媒体存储，是否执行标准等，从而限定了其数字作品的性质与长期存取方式，其他人的任何改变都将或多或少影响其作品的原始形态，因此数字作品的创建者应对数字作品的长期存取负最终责任①。

第六节　数字资源的长期保存

任何信息资源都需要存在于特定的载体上，载体的老化、退变会导致信息资源的永久消逝，尤其对于数字资源来说更为严重。数字资源载体本身的脆弱性及其对环境的依赖性，对其利用需要借助于一定的软硬件支持，技术过时、自然灾害、组织倒闭、经济因素等都会给数字资源的可持续利用面临着严峻挑战。数字资源的寿命周期比较短暂，变化速度非常快。因特网上每个网页的平均生命周期只有44—75天；约有68%的页面在1年内会被从网络上彻底删除，而有的新闻网页甚至只有36小时的寿命。② 由于缺少存档管理措施，变化的技术使数据过时，大量的数字信息永远消逝了，我们将生活在一个“数字黑暗年代”③。为了使数字资源能够长期得到利用，需要对数字资源的载体和内容进行有效的保存。数字资源长期

① 陈伟，汪琼. 数字图书馆数字馆藏长期可靠存取问题研究[J]. 情报资料工作，2004(03)：58-61.

② 聂云霞. 国家层面数字资源长期保存策略研究[D]. 武汉：武汉大学，2014.

③ 吴钢. 国家信息资源保存制度研究[D]. 武汉：武汉大学，2010.

保存是对数字资源进行摄入、保存、管理，在一定条件下提供服务或转移保存的活动。① 在全球范围内，自从20世纪90年代开始数字资源长期保存问题就受到关注。联合国教科文组织也非常重视数字资源的保存问题，专门制定了《数字文化遗产保护指导方针》和《数字文化遗产保护宪章》，指导国际范围内的数字资源保存活动。欧洲保存与获取委员会（European Commission on Preservation and Access，ECPA），实施了一系列的数字资源长期保存的项目，并制定了数字资源长期保存的标准和规范（比如OAIS标准）。英国数字保存联盟编写了《数字资源保存管理手册》。这些都促进了数字资源长期保存在理论和实践方面的发展，但在实践中仍然存在大量的问题和挑战。

一、存在的问题

1. 责任主体问题

所谓数字资源长期保存责任主体是指对数字资源长期保存承担相关义务、享有相关权利的自然人和法人。可将其分为两类：资源供给方和资源需求方，但二者并没有绝对的界线，资源供给方也会是资源需求方，反之亦然。这些责任主体包括：数字信息的生产者、出版发行者、图书馆档案机构（提供服务者）、政府机构、个人以及各种商业性组织和非赢利性团体。② 从目前的状况来看，除了自建资源的保存主体比较明确外，采购资源以及网络资源的保存主体还不明确，没有法律和法规对其进行责任界定，也没有统一的政府组织来制定采集标准或网络保存政策，各自为政的现象极为普遍③。这势必导致两种后果：一是大量的重复保存，造成人力、物力和财力的极大浪费；二是会有许多数字资源因责任主体不明，相互推诿或缺乏必要的交流而得不到及时保存，造成数字文化遗产的流失。

2. 经济问题

数字资源的长期保存耗资巨大，任何单一的机构都不可能保存人类所有的数字资源。对于数字资源长期保存的成本构成，不同的学者进行了探讨，目的是通过对数字资源长期保存的成本分析，为合理调配各种资源和寻求降

---

① Ross S. Exploring and Charting the Digital Preservation Research Landscape[C]. In: International Conference on Preservation of Digital Objects, Beijing: National Science Library, Chinese Academy of Sciences, 2007.

② 刘爱玲．试析网络环境下数字信息长期保存的主体分工[J]．图书情报工作，2010(03)：97-100，47.

③ 刘兰．网络信息资源长期保存的问题与挑战[J]．图书馆杂志，2009(03)：10-13.

低成本的方法提供思路。从目前国外的实践来看，主要通过专项基金、政策法规、开发并发展基于数字资源生命周期的成本管理模型，以及开展各种层次的合作等方式来解决经济问题,① 但这也只能在一定程度上在一段时间内解决问题，并不是可靠且持续的资金来源及运作模式。人们虽然能从中借鉴一些相关措施，但不管是从短期看还是长远发展来看，寻求更为可靠且持续的资金来源及运作模式，公共图书馆数字资源长期保存的经济问题需要才能得以解决。

3. 法律问题

数字资源长期保存遇到的法律问题主要就是知识产权问题。存储不同类型的数字资源遇到的法律问题不尽相同。由于存在现实或者潜在的利益冲突，使此类问题颇具复杂性。在对网络信息资源长期保存的实践中会遇到复制权问题、编辑修改权问题以及信息网络传播权等问题。在对商业性数据库进行长期保存的实践中，也会遇到诸如信息网络传播权等知识产权的问题。法律问题必须通过法律途径来解决，我国应该尽快出台相关的法律法规，建立数字资源呈缴制度，明确授权公共图书馆、档案馆等公共文化机构对数字资源进行长期保存，并在非盈利的前提下在一定范围内进行传播。

4. 技术问题

这里的技术问题是广义上的技术问题，它涉及数字资源长期保存中的硬件问题、软件问题以及网络安全问题等。从目前的技术水平来看，最耐用的CD-ROM 使用寿命也仅 100 年，而纸质文献可以保存上千年。此外，由于战争、水灾、火灾、地震、停电、电压不稳定会给系统造成破坏，计算机病毒、黑客的攻击、网络隐患、系统泄密会产生信息数据丢失，技术更新、系统升级、格式转换、信息迁移等会给信息读取、信息失真带来许多不安全的因素。② 这些存在的现实或者潜在的技术问题给数字资源的长期保存增加了许多变数。

二、保存模式

国外对数字资源长期保存的关注开始于 20 世纪 90 年代，经历了理论研

① 戴艳清. 原生数字资源长期保存的经济策略研究[J]. 图书馆杂志，2010(11)：9-13，17.

② 王培凤. 数字图书馆信息资源长期保存中存在的问题及应对策略[J]. 情报探索，2008(06)：42-43.

究到个体实验再到最佳实践、机构联合的发展历程，研究内容不断拓展和深入。① 到目前为止，在数字资源长期保存的实践中主要存在三种保存模式：机构独立保存模式、合作保存模式、第三方委托保存模式。

1. 机构独立保存模式

机构独立保存是指保存机构在拥有被保存资源的使用权的条件下，获得相关权利人(如出版商)许可后进行长期保存，被保存资源的服务范围大多限定在保存机构内的原有用户。② 在国外，该保存模式的项目主要有：大英图书馆(British Library，BL)的数字化项目，该项目旨在保存一切数字资源，保存范围由数字化馆藏扩展到了电子出版物，其服务范围主要限于大英图书馆内③；加利福尼亚大学 DPR 项目，DPR（Digital Preservation Repository）是加利福尼亚大学数字保存仓储项目，它是加利福尼亚大学图书馆数字保存计划的重要组成部分；荷兰国家图书馆(Koninklijke Bibliotheek，KB)的 e-Depot 项目，该系统旨在长期稳定地存储国际上主要出版商的电子期刊，1995 年与 Elsevier、荷兰出版商协会开始项目合作，2002 年与 Elsevier 出版社签署存档协议，目前该系统主要保存世界范围内 8 个著名出版商的资源④。

2. 合作保存模式

合作保存模式的特点是多家机构共同承担长期保存任务，各成员通过合作实现保存风险及保存成本的分担。同其他模式相比，该模式具有无可比拟的优点，这也是国际上采用较多的一种保存模式。采用该模式的项目有：EMANI(Electronic Mathematics Archiving Network Initiative)，该项目是为数学出版物的长期电子存储提供支持的合作项目，于 2002 年由德国发起，包括中国清华大学图书馆在内的多家机构共同参与，旨在推动世界范围内数学领域的出版物数字化，建立一个统一的数学资料存储和发布平台；美国 NDIIPP(National Digital Information Infrastructure and Preservation Program）项目，该项目开始于 2000 年 12 月美国国会通过的法案(Public Law)，由国会

---

① 贺姝祎. 国外数字资源长期保存发展历程[J]. 图书馆理论与实践，2010（06）：72-76.

② 王松林. 一个基于 OAIS 和 DC 的保存元数据方案[J]. 图书馆学刊，2005(01)：1-3.

③ British Library. British Library：Digital Preservation Strategy[EB/OL]. [2020-02-06]. http://www.bl.uk/aboutus/stratpolprog/ccare/introduction/digital/digpresstrat.

④ 贺姝祎. 国外数字资源长期保存发展历程[J]. 图书馆理论与实践，2010（06）：72-76.

图书馆承担主要管理职责，并与美国重要政府部门及相关数字内容收藏机构合作，同时鼓励广大民营机构参与，其战略目标是建立一个由权责明确的合作伙伴联合组成的国家网络，以保障对丰富数字内容的长期获取；LOCKSS (Lots of Copies Keep Stuff Safe) 项目，该项目由美国斯坦福大学图书馆于1999年发起并组织实施，得到美国国家自然基金、Sun Microsystems Inc 以及 Andrew W. Mellon 基金支持，主要致力于解决数字资源的永久保存与利用问题，该项目旨在通过建立出版商与图书馆之间的协作关系，允许图书馆在本地收藏、管理图书馆订购的电子资源并提供用户服务的系统。① 这种合作保存模式是建立在分布式数字资源保存系统之上的，在搭建这种保存系统时主要考虑唯一标识符、系统技术架构问题、多个节点之间分工协作、复本的维护、系统监测等问题②。

3. *第三方委托保存模式*

该模式由资源供给方（如出版社）与资源需求方(如公共图书馆）以外的第三方机构承担委托保存职责，即多个机构联合委托一个或若干个第三方机构，对共同拥有的资源长期保存。采用该模式的最具代表性的项目是 Portico 电子存储项目。Portico 始于2002年，其宗旨是保存电子形式的学术资源，以备将来的研究人员查找与使用。该项目得到 MELLON 基金、ITHAKA、美国国会图书馆和 JSTOR 的资助，同时也通过向参与项目的数据库出版商和图书馆收取年费的形式获得经费。Portico 存档采用的模式是迁移(Migration)，即当原有的文件格式不再被使用时，存档内容可以转换成其他经常被使用的格式。同时，Portico 还采用基于字节保存源文件的模式。为证明其可靠性，Portico 承诺如果自身停止运行，该组织会将已保存的内容转交美国国会图书馆或其他的非营利性机构加以保存并继续提供服务。同时由荷兰国家图书馆线下保存 Portico 的全部资源，以增强资源对外部影响的抵抗力③。

三、我国图书馆数字资源长期保存策略

我国数字资源长期保存的研究开始于20世纪末，各种研究着眼于数字

① 贺姝祎. 国外数字资源长期保存发展历程[J]. 图书馆理论与实践，2010 (06)：72-76.

② 付鸿鹄，吴振新. 分布式数字资源保存系统与技术架构研究[J]. 国家图书馆学刊，2015(02)：82-88.

③ 孙艳，马炳厚，王栋. LOCKSS 还是 Portico——谈图书馆电子资源的长期保存[J]. 图书馆建设，2010(01)：47-49.

资源长期保存过程中所涉及的政策、法律、技术、管理等多种因素，部分文献机构也开展了数字资源长期保存的尝试。2008 年 11 月，由国家科技图书文献中心倡议并联合有关图书文献机构共同发起“数字图书馆高层论坛”并签署了“数字文献资源长期保存行动宣言”，在“宣言”里呼吁国家启动数字文献资源长期保存行动计划①。但有调查显示，数字文献资源长期保存在我国才刚刚起步，开展机构不多，保存规模也相对有限，相关的技术、管理机制、法律权限等方面的研究与操作还不成熟，图书馆对此还存在一些顾虑，部分机构对是否在近期开展长期保存还持观望态度②。借鉴国外比较成熟的经验，结合我国的具体情况，我们认为，可以从以下几个方面来促进我国数字资源长期保存的发展。

1. 制定国家数字资源长期保存战略规划

在国外，数字资源长期保存项目自兴起以来，便受到国家层面的高度重视，并把数字资源长期保存写进国家战略规划中，如美国的 NDIIPP 计划及制定的《国家战略：制定与贯彻联邦政府电子文件的产生、传递、存储与长期保存的标准》，加拿大 2002 年国家创新体系中，将建立国家数字科技信息网作为其重要组成部分③。为推动我国数字资源长期保存实践的发展，为数字资源长期保存实践提供宏观指导与顶层设计，必须尽快将数字资源长期保存提升至国家战略层面，制定中长期《国家数字资源长期保存战略规划》。这可以由文化和旅游部及国家发改委牵头，联合相关部委及各级文化管理机关共同实施。

2. 建立以国家图书馆为主导的数字资源保存体系

从国外数字资源长期保存的发展历程来看，很多数字资源保存项目(比如美国 NDIIPP 项目)都是建立了国家层面的数字资源合作保存网络。从我国目前的状况来看，建立由以国家图书馆为主导的数字资源保存体系是一个可行且有效的举措。它既可以使项目实施过程中的人力、物力和财力得到保障，又可以最大限度地防止重复建设，避免社会公共资源的浪费。国家图书馆已经在数字资源长期保存实践中取得了一定的成绩。国家图书馆已逐步构建了“两地三中心的存储系统”的数字资源保存体系（包括国家图书馆主存

① 全国图书馆界呼吁建设国家数字文献资源长期保存服务体系[J]. 现代图书情报技术，2008(11)：71.

② 张玫等. 中国图书馆数字文献资源长期保存现状调查[J]. 图书情报知识，2009(03)：47-51，59.

③ 聂云霞. 国家层面数字资源长期保存策略研究[D]. 武汉大学，2014.

储中心、同城灾难备份中心和国家文献战略储备库存储中心)。在该体系中，国家图书馆主存储中心利用智能化存储管理技术，采用SAN架构的光纤通道存储网络、主存储中心的多级存储架构与灾难备份系统，共同构建了“生产+灾备”双向保障保存体系，实现了国家图书馆在用海量数据的实时调用、统一管理、多层服务和长期保存①。但该体系还需要不断完善，需要开拓多机构协同合作模式，建设分级分布的国家数字资源保存体系，最终实现全国优秀数字资源的长期保存。

3. 建立健全责任体制，鼓励各个层次的合作

在数字资源保存实践中，国家图书馆要负责在公共图书馆界建立一个类似CALIS的层级式合作体系，其具体操作方法可以是：以国家图书馆为数字资源保存的全国中心，下设若干地区中心，每个地区中心下的各省(直辖市)公共图书馆为省市中心，各省(直辖市)中心下的各县市中心，等等。这就建立了一个比较完善的合作体系，不仅有利于国家图书馆进行全局协调，而且也有利于国内各层次公共图书馆之间的合作，从而保证了数字资源长期保存的可操作性、完整性和高效性。此外，国家图书馆还应该代表中国图书馆界同国外图书馆界在数字资源保存方面开展相关合作和交流。

4. 建立健全相关政策法规体系

国际上已经有许多国家的机构制定并实施了有关的政策。例如，英国共有6个图书馆负有存储库的责任，2003年新制定的《存档图书馆法案2003》中包括了电子资源，这是图书馆、档案馆、博物馆和出版商共同讨论的结果②。2008年11月，国家科技图书文献中心、中国科学院国家科学图书馆、中国高等教育文献保障系统、国家图书馆等约40家单位共同签署了《数字文献资源长期保存行动宣言》，呼吁全国科学、教育、文化及社会各界人士承担起社会责任，推动相关法律、政策和管理机制的不断完善，希望社会各界支持并参与我国数字文献资源长期保存体系建设③，这说明我国图书馆界已经意识到了完善相关法律、政策的重要性。数字资源长期保存政策体系应该涉及数字资源的形成、保存和利用等各个方面，主要包括数字资源形成政

① 邢军．国家图书馆数字资源保存的现状和发展策略[J]．数字与缩微影像，2016(04)：8-10.

② 宛玲，吴振新，郭家义．数字资源长期战略保存的管理与技术策略[J]．现代图书情报技术，2005(01)：56-60，55.

③ 全国图书馆界呼吁建设国家数字文献资源长期保存服务体系[J]．现代图书情报技术，2008(11)：71.

策、数字资源保管政策、数字资源利用政策、数字资源安全政策、数字资源长期保存体系评估政策。为了推动数字资源长期保存的顺利实施，仅仅依赖这些政策是不够的，还需要相关的法律法规作保障。政策先于法律，政策是先导，法律是保障。在数字资源长期保存领域，数字资源长期保存政策是数字资源长期保存法规确立的依据和指南，数字资源长期保存法规是数字资源长期保存政策的固化和总结。根据目前的发展实践来看，需要制定《公共数字资源管理条例》《私有数字遗产继承办法》等，完善《著作权法》，补充和修改《信息网络传播权保护条例》等①，通过法律为我国数字资源的长期保存作保障。

5. 建立可持续、多元化的资金资助体系

数字资源的长期保存需要稳定可靠的资金来源作后盾。国外一些相关项目具有较为广泛的资金来源，这些资金来源于国家基金，政府资助以及各个相关机构。我国的数字资源长期保存经费筹备可以采取以下措施：①运作成本由中央政府和研发使用资源的增值服务的收益来共同负担；②建立一个永久的制度化的学术基金，它可以被当作一个知识公共财产，而且可以被发展和继承下去；③鼓励各界捐赠。但从目前的实践状况来看，较有影响力的两个保存项目“中国 Web 信息博物馆”和“网络信息资源保存试验项目”，均主要由政府资助，不具备良性的资金活力②。数字资源长期保存需要持续不断资金投入，建立可持续、多元化的资金资助体系是十分必要的。

---

① 聂云霞. 国家层面数字资源长期保存策略研究[D]. 武汉大学，2014.

② 戴艳清. 原生数字资源长期保存的经济策略研究[J]. 图书馆杂志 2010(11)：9-13，17.

第八章 政府信息资源建设

近年来，伴随着政府信息化建设的不断推进，各级政府部门积累了大量与公众生产、生活息息相关的数据，成为全社会最大的数据持有者。据统计，在我国，政府部门掌握着全社会大约80%的数据资源①，其内容涵盖经济、文化、教育、科技、医疗卫生等多个行业领域，因而蕴含着巨大的利用价值。

第一节 政府信息资源的内涵、特征、来源与构成

一、政府信息资源的内涵

政府信息资源是一定数量政府信息的集合体。何谓政府信息？我国国务院颁布的《中华人民共和国政府信息公开条例》中总则第二条将政府信息定义为“行政机关在履行职责过程中制作或者获取的，以一定形式记录、保存的信息”。美国联邦政府在《联邦信息资源管理》中给出的定义是“政府信息是指由联邦政府或为联邦政府而生产、采集、加工、发布或处置的信息”。②以上定义表明，政府信息一方面包括政府部门或行政机关为行使自身职能而生产的信息，另一方面又包括在政府部门或行政机关之外产生的，却与其息息相关的信息。而目前国内外对于政府信息资源几种较为常见的定义如表8-1：

---

① 中华人民共和国中央人民政府．[EB/OL]．[2019-09-24]http://www.gov.cn/xinwen/2017-06/17/content_5203385.

② OMB. Circular A-130: Management of Federal Information Resources. [EB/OL]. [2019-06-24]. http://www. white-house. gov/omb/circular/a130/a130.

表 8-1　常见政府信息资源定义

提出者(时间)	定义	政府信息资源形成主体
美国联邦管理与预算局(1996)	美国政府在管理实践中形成的各种信息①	政府
欧盟(2003)	政府所持有的文件及政府机关所持有的信息，而这些文件是政府为执行公务而产生，且不论其所存储的媒介为何②	政府
马费成(2004)	一切产生于政府内部或虽然产生于政府外部但却对政府各项业务活动有影响的信息的通称③	政府内部/外部
朱晓峰、王忠军(2004)	政府活动中收集、加工、处理有序化并大量积累后的有用信息的集合④	政府内部/外部
程万高(2009)	由政府产生、采集、购买的以便于政府行政与决策活动有效开展的各种信息资源⑤	政府内部/外部
国务院(2016)	政务部门在履行职责过程中制作或获取的，以一定形式记录、保存的文件、资料、图表和数据等各类信息资源⑥	政府内部/外部

① OMB. Circular A-130: Management of Federal Information Resources. [EB/OL]. [2019-06-28]. http://www.white-house.gov/omb/circular/a130/a130.

② Directive 2003/98/EC of the European Parliament and of the council of 17November 2003: on the re-use of public sector information[EB/OL]. [2019-06-28]. http://europa.eu.int/eur-lex/pri/en/oj/dat/2003/1-345/1-34520031231en00900096.

③ 马费成. 信息资源开发与管理(第 3 版)[M]. 武汉：武汉大学出版社，2018.

④ 朱晓峰，王忠军. 政府信息资源基本理论研究[J]. 情报理论与实践，2005(01)：10-12，5.

⑤ 程万高. 政府信息资源开发利用[M]. 北京：科学出版社，2009.

⑥ 国务院. 国务院关于印发政务信息资源共享管理暂行办法的通知[EB/OL]. [2019-07-01]. http://www.gov.cn/zhengce/content/2016-09/19/content_5109486.

综上，尽管政府信息资源的定义各不相同，但基本包括以下几点：第一，在政府部门内部产生或者由政府部门出面获取；第二，能在政府部门履行其职能的过程中发挥作用；第三，与一般信息资源一样，其形成过程包括经过产生、收集、加工、传输、存储等环节。因此，我们认为政府信息资源是指政府在履行其职能的过程中所产生、收集、加工、传输、存储以及利用的信息集合。

政府信息资源的内涵可以从狭义和广义两个层面来理解。狭义的政府信息资源通常是指政府在进行公共管理活动中所产生、收集、加工、传输、存储以及利用的信息内容，包括政治、经济、文化、军事等各个方面的信息，也包括文字、图表、音频、视频等各种形式的信息，它侧重于指政府信息资源的内容。广义的政府信息资源则不仅包含信息内容本身，还包括产生、收集、加工、传输、存储以及利用信息过程中所涉及的技术、设备、人员等各种活动要素。其中技术又包括各种信息技术、存储技术等，设备包括硬件设施和软件设施，人员则是指参与政府信息资源形成的相关人员。

此外，从所有权的角度来看，政府信息资源为社会公众所有，政府具有管理权；从信息的生产过程和加工程度来看，政府信息资源包含有一次信息、二次信息，甚至是三次信息；从经济学的角度来看，政府信息资源具有极大的社会使用价值，能产生巨大的经济效益。

政府信息资源是信息资源的重要组成部分，对于政府来说，它是政府宏观调控的重要方式，科学化决策的根据，行政管理的重要参考，更是与公众密切联系的关键点;① 对于社会公众来说，知晓政府信息是法律赋予公民的权利，同时，政府信息资源作为一种公共财产，公民有权获取和利用已公开的政府信息资源。

二、政府信息资源的特征

政府信息资源主要来自政府各级机关，其形成的目的主要是为了维护和保障社会公共利益，较之于其他信息资源来说，政府信息资源具有公共性、海量性、保密性以及超前性等特点。

(一)公共性

政府信息资源的公共性主要取决于以下几个因素：首先，政府信息资源因公共管理活动而产生，这就决定了其信息内容涉及公共生活的方方面面，包括政治、经济、文化、军事等。其次，政府信息资源为社会公众所有，属

① 安萌．大数据环境下的政府信息资源整合研究[D]．黑龙江大学，2017.

于公共财产。这主要是因为政府信息资源来源于社会个人、企业以及其他组织机构等，除政府外，其他社会成员有权知晓、获取和使用可公开的政府信息资源。最后，政府信息资源建设和利用的目的是保障和维护社会公共利益。政府信息资源可为政府科学决策提供参考，合理的开发和利用政府信息资源有利于提高政府行政管理效率，同时惠及政府部门及社会公众，因此公共性是其主要的特性之一。

(二)权威性

政府作为处理国家事务与代表国家意志的机关，其主要包括立法机关、行政机关和司法机关，国家的法律、政策等由其颁布，法律、政策的实施由其保障，具有权威性。政府信息资源作为政府直接或间接产生的信息集合，同样具有权威性。此外，在政府信息资源权威性的影响下，其信息的准确性亦较高。

(三)保密性

一些政府信息资源具有保密性，并不是随时随地可以公开。根据 2019 年新修《中华人民共和国政府信息公开条例》第二章第十五条规定，涉及商业秘密、个人隐私等公开会对第三方合法权益造成损害的政府信息，行政机关不得公开。随意公开政府信息资源，可能会带来两种不利后果，一是可能损害公民除知情权之外的其他权利，二是可能会对国家和个人的安全带来损害。在政府信息资源具有一定保密性的情况下，不能公开的政府信息资源不应公开，允许公开的政府信息资源必定经过严格的审查。

(四)超前性

从某种角度来说，政府无论采集、加工、处理、开发以及利用何种政府信息资源都具有相同的目的，要么为政府决策服务，要么为各部门各行业的发展服务，又或者是为社会公众服务，① 这种目的性决定了其必然要具有一定的超前性。在政府信息资源中，有相当一部分信息资源用于科学决策，在做出决策之前，政府需对信息资源进行筛选、分析以及综合归纳，预测事物的发展势态，并提出解决的方案。

三、政府信息资源的来源

政府信息资源的来源总体上可分为政府内源信息资源和政府外源信息资源两种。政府内源信息资源主要是指政府在履行其自身职能时形成的各类信

① 陈红捷．刘西林．政府信息资源采集研究［J］．情报杂志，2006(01)：134-135，138.

息，主要又包括两方面，一方面是政府依据法律法规采集的信息，比如说企业工商登记、公民户口登记等都属于政府依据相应的法律法规采集的信息，另一方面是政府在履行其自身行政职能时产生的信息，包括政府公文、档案、信函、政务处理记录等，这些信息都是政府在履行其行政职能的过程中产生的，是政府信息资源中的重要组成部分；政府外源信息资源主要是指政府从外部采集、获取的信息，这类信息资源一般是政府利用公共财政资金获得的，也包括两个方面，其一是政府通过财政资金购买但未买断的信息资源，政府对这类信息资源的拥有权是有限的，其二是政府利用财政资金开发获得的信息资源，政府对这类信息资源具有绝对的拥有权。

政府信息资源的来源广泛，涉及社会各领域。一般来说，政府信息资源从内容上包括四个方面，其一是政府为履行管理国家事务的职能而采集、加工的信息资源；其二是政府在日常业务处理过程中形成的信息资源；其三是政府部门直接管理的信息资源；其四是政府部门直接投资建成的信息资源。

从政府信息资源的形成主体上看，我们也可以认为政府信息资源来源于政府部门、企业、非盈利性组织以及公民个体等。第一，来源于政府部门。政府在处理日常事务的过程中就在不断地产生信息资源，如一些政策、公告、文件等，同时，政府在日常运营的过程中还涉及向社会公众发布信息和采集信息等工作流程。在政府内部之间、政府与社会其他机构之间也无时无刻不在进行信息的交流、传递和共享，可以说各级政府是开发和利用政府信息资源的责任主体，也是政府信息资源最主要的内部信息源。① 第二，来源于企业。企业是一个国家经济运行的重要实体，也是政府信息资源形成的重要主体。企业在经营管理活动中所形成的各种经济信息，都会成为国家公共经济信息的重要组成部分。② 企业在其生产运营过程中能够产生帮助政府解决实际问题、把握国家经济发展态势的信息，包括金融与商务、能源与环保、化工与技术等各行各业的信息资源，甚至企业的生产和产品信息也会成为政府信息资源的组成部分。除此之外，还有一些直接从事信息采集、加工、传递、出版等活动的企业，也直接为政府部门提供信息服务。第三，来源于非营利性组织。非营利性组织主要是指那些不以营利为目的的、致力于社会公益事业的社会组织，它们广泛分布于经济、教育、宗教、慈善、艺术、科研等各个领域。非营利性组织在政府信息资源的形成和服务过程中都

---

① 杨峰．政府信息资源管理[M]．成都：四川大学出版社，2017.

② 谭必勇．电子政务环境下政府信息资源的形成及采集研究[J]．档案学通讯，2011(04)：16-19.

发挥着重大的作用，它是政府信息资源的形成主体之一，也是政府所发布行业信息的重要推广者，更是政府信息服务的用户之一。第四，来源于公民个体。公民个体是国家活动的基本单元，也是政府、企业、社会非营利性组织开展服务的主要对象，因而其在整个政府信息资源管理活动中占据着重要地位。同时，公民个体也是政府信息资源的重要来源，表现在其获取政府信息资源的同时，也向政府反馈相关信息，如公民参政议政时提出的建议和要求、居民向政务缴纳的税款和费用信息等，这些都是政府外源信息资源的重要来源，具有主观随意性、及时性、新颖性等特点。

四、政府信息资源的构成

政府信息资源是政府为了实际工作需要，从政府机构内部和外部采集，并经过加工处理而形成的有价值的政府信息。从纵向来看，我们可以从政府信息资源的公开和保密级别角度予以探讨；从横向来看，则可以根据政府信息资源的不同特征或共同特征对其进行归类划分。

（一）政府信息资源分级

政府信息资源分级是指具体界定政府信息公开与保密的范畴，对政府信息资源进行整体规划，根据信息的不同性质制定不同的公开与保密级别。① 通过保密级别的划分，以确定适宜向大众公开的政府信息资源，这样既保证了政府信息资源得到及时、有效的公开，实现其更广泛的价值，又保证了不该公布的政府信息资源不被公开，保障了国家和社会个人的利益和安全。政府信息资源根据其公开和保密情况，可以分为三个级别，即社会公开级、部门共享级以及依法专用级。

社会公开级政府信息资源是指依法应当向社会公众公开的政府信息资源，根据公开程度的不同，可分为完全向社会公开的政府信息资源和依据申请向特定对象公开的政府信息资源。② 完全向社会公开的政府信息资源主要是指那些没有任何密级，任何公民无需申请都可以获取并利用的信息；依据申请向特定对象公开的政府信息资源是指因各种原因，可以向特定的对象公开的信息；社会公开类政府信息资源涉及面较广，使用范围也最广。

部门共享级政府信息资源是指依据部门规章条例和实际工作需要只能在政府部门之间传播和利用的政府信息资源。政府各部门出于职能行使和实际工作的需要，都享有从其他部门获取所需信息资源的权利，也必须履行向政

① 陈能华．政府信息资源管理研究[M]．长沙：湖南人民出版社，2008：258.

② 蔡立辉，于刚强．电子政务(第2版)[M]．北京：清华大学出版社，2014.

府其他部门提供信息资源的义务，这类信息未经许可，不能向外传播，更不能作商业用途。部门共享类政府信息资源使用范围大多在政府各部门之间。

依法专用级政府信息资源是指按照专门的法律法规规定只能由某一机构或部门使用的信息资源，通常这类政府信息资源具有一定的密级性，使用范围较窄。

(二)政府信息资源分类

政府信息资源分类是指把具有某种共同属性或特征的信息归并在一起，通过其类别的属性或特征对信息进行区别，建立政府信息资源目录分类体系，具体实现政府信息资源管理、共享和服务等，加强政府信息资源的开发利用。①

政府信息资源的分类标准并不唯一，根据不同的划分标准，政府信息资源可以划分为不同的类别。

按信息的内容划分，可以分为经济信息、政治信息、社会信息、科技信息、军事信息等，如2018年中国国民生产总值属于经济信息。

按信息的来源划分，可分为政府内源信息和政府外源信息，政府内源信息指政府机构内部生成的信息，如各种操作系统生成的信息；政府外源信息则指政府在外部环境中获得的信息，如通过特殊手段获取的军事情报。

按信息的功能划分，可以分为决策信息、控制信息以及作业信息等。政策信息，如国家的政策、法令等，控制信息主要是指为确保各政府机关正常有序的运行而产生的信息，作业信息具体指政府机构在日常管理中，各部门之间业务往来产生的信息。

按信息流划分，可分为政府与政府之间的信息(G to G)，政府与民众之间的信息(G to P)，政府与企业之间的信息(G to E)。

按信息资源的加工程度划分，可分为原始信息、二次信息以及三次信息等。

按信息的载体形态划分，可分为文本信息、数字信息、多媒体信息等。

按信息的传播范围划分，可分为公开信息，内部信息以及涉密信息等；公开信息指依法可公开，公民可获取和利用的政府信息，内部信息指不方便向公众公开，但因实际工作需要可在机构内部传递的信息，涉密信息指那些公开后可能对国家安全和个人利益造成损害的信息。

按信息传递的方向划分，可分为上传下达信息，横向沟通信息以及下情上传信息等。

---

① 陈能华．政府信息资源管理研究[M]．长沙：湖南人民出版社，2008：258.

需要特别指出的是，由于政府信息内容复杂的缘故，一份信息往往具有好几个方面的特性，这也就导致了不论按什么标准划分类别，都不存在泾渭分明的界限，比如有关一带一路的信息，可能涉及经济方面，也可能涉及政治方面，一份政治情报，可能不止含有军事信息，还包含了科技信息，经评估鉴定，现阶段属于非公开信息，但经过一段时间，可能会变为公开信息。

第二节　政府信息资源规划

“信息资源规划”一词最先由高复先教授于1986年在综合国外相关研究基础上提出，他认为信息资源规划是指在进行总体数据规划的过程中进行数据管理标准化的工作，并通过该项工作进一步完善总体数据规划，使其成果更能在集成化的信息系统建设中发挥作用①。目前，政府信息资源规划仍然没有统一的定义。2004年出台的《关于加强信息资源开发利用工作的若干意见》中明确提出要制定信息资源开发利用专项规划，并将其纳入国民经济和社会发展规划。在此背景下，周毅认为政府信息资源规划是对政府信息收集、整理、存储、开放和开发等的全面规划，它是关于某一国家或地区中长期政府信息资源建设、管理和服务的指导思想、基本目标、政策措施、标准规范和技术保障等的预测、设计和安排。②

裴雷认为，政府信息资源规划是指在信息资源开发与利用中政府信息资源“生成”前的构思、评估与考虑。③ 但由于对政府信息资源的范畴和信息资源的“生成”过程的理解差异，学界对政府信息资源规划概念的理解不完全一致。

胡振东指出政府信息资源规划是利用主题数据库、信息系统、信息网络等技术手段对政府信息资源本体的开发与统筹规划，审视信息资源的技术、经济和人文特性，通过制定标准和政策法规进行统一开发，对信息资源进行开发和管理。④

---

① 高复先．信息资源规划——信息化建设基础工程[M]．北京：清华大学出版社，2002.

② 周毅．基于信息权利保护的政府信息资源规划研究[J]．情报资料工作，2010(03)：45-50.

③ 裴雷．政府信息资源整体规划理论与方法[M]．武汉：武汉大学出版社，2013.

④ 胡振东．政府信息资源规划过程分析[D]．华中师范大学，2007：11.

结合不同学者对于政府信息资源规划定义的描述，我们认为广义的政府信息资源规划不仅包括对信息资源本身的规划，而且涉及信息资源相关的政策规划、制度规划和业务规划。狭义的政府信息资源规划则主要指系统和数据规划，满足普通数据规划的生命周期流程，即业务流程分析、数据实体分析、主题数据库、数据分布分析等。

一、政府信息资源规划的价值取向

我国的政府信息资源规划大致存在着两种不同的价值取向，一种是以国家为中心，即“为国家”(或者“为机关”)；一种是以社会为中心，即“为社会”(或者“为公众”)。前者的利益主体是国家(或机关)，这种政府信息资源规划价值导向强调国家利益和机关利益，其主要目标是服务于机关内部的管理和决策，政府信息资源规划的实质是为“权力”服务。为权力服务和以权力为制度基础的政府信息资源规划，其基本结构必然是权力向心和权力导向的结构，这也就使得政府信息资源管理一般是围绕“政府机关及其内部事务”为中心进行组织的。“为社会”(或公众)的政府信息资源规划价值导向强调利益主体与服务对象的多元化，政府信息资源规划的实质是为“权利”服务，强调通过政府信息开放和开发服务，维护社会公众的知情权，让所有社会成员能够从政府信息服务中获益。这种公众向心和权利导向的结构，使得政府信息资源管理更多地偏向于为社会公众提供信息服务，使社会成员的信息需求和利益诉求能够得到最大化的满足和实现。①

近年来，随着我国政府从管治型行政向服务型行政、从权力型政府向服务型政府的转变，加上电子政务的快速发展，政府信息资源规划也相应做出调整和转变，即改变过去服务于“权力运作和改善政府系统内部管理”为出发点的规划价值取向，朝着基于保护公众权利与服务于社会为导向的开放型规划价值取向发展。②“为社会”的政府信息资源规划的重要基础是政府信息的公开和透明。近年来，伴随着服务型政府的建立，政府信息公开亦受到了应有的重视；尤其是2019年公布的修订后的《中华人民共和国政府信息公开条例》，进一步放宽了政府信息的开放范围，极大地保障了公民对政府信息资源的获取与利用，落实社会公众的相关权利。除此之外，2016年国务院

① 周毅．转型中的政府信息资源规划：现状与构想[J]．情报资料工作，2011(04)：64-68.

② 苏君华．面向社会的档案信息资源规划价值取向研究[J]．档案学通讯，2013(05)：15.

办公厅印发的《国家信息化发展战略纲要》中明确提出，要加强信息资源规划、建设和管理，推动重点信息资源国家统筹规划和分类管理，增强关键信息资源掌控能力；要加强顶层设计和系统规划，完善制度体系，统筹规划建设国家互联网大数据平台，持续深化电子政务应用。同时，《“十三五”国家信息化规划》《“十三五”国家政务信息化工程建设规划》等政策也提出要加快推进政务数据资源规划建设，构建国家电子政务中心、国家政务数据中心、国家数据共享交换工程、大数据开放平台等设施。重视顶层设计，同时对数据采集、管理、交换、共享等标准进行统一的规划。

二、政府信息资源规划的流程

政府信息资源规划流程体现了政府信息资源规划的起点和工作次序，是对信息资源规划过程的全局安排和设计。一般来说，政府信息资源规划流程是自上而下的规划过程，从全局战略制定到架构标准，再到各级部门、项目的具体规划，在每一层中有都有自己的生命周期和规划流程。其流程大致包含四个步骤(见图 8-1)：

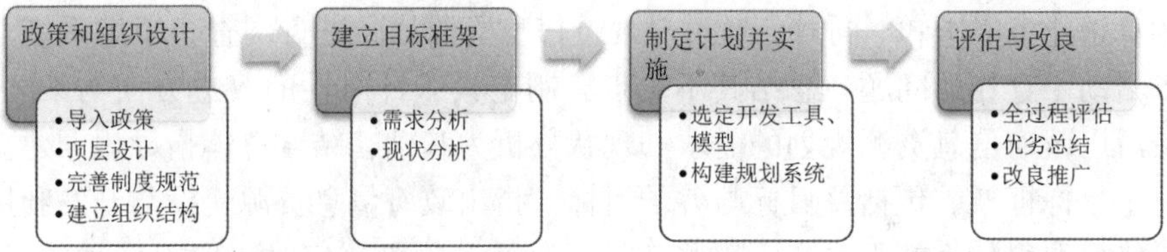

图 8-1　政府信息资源规划的流程

(一)政策和组织设计

政府信息资源规划启动的重要驱动因素之一是相关政策法规的制定及实施。从内容上来看，这些政策、法规除了支持、推广型政策外，还包含国家在宏观层面对政府信息资源规划的顶层设计，以及对政府信息资源建设的开发目标、总体管理体制以及相关法律法规体系建设的规定等；在中观层面上，包括明确各种管理制度、程序以及各项技术标准包括政府信息资源数据库标准指南、信息分类编码目录和标准、信息交换与共享目录、共享主题数据库目录及标准等在内的相关标准或规范等；① 在微观层面，则提供相关保

① 朱锐勋．论政府信息资源管理研究体系的完善[J]．图书馆学研究，2013(24)：52-58.

障措施，如研制功能完备、安全可靠、互联互通的电子文件管理系统，以及资源丰富、具有可交换性、共享性强的数据库群等。以此为基础，完善政府信息资源规划的制度框架。①

构建较为完善的政府信息资源规划的组织关系亦是政府信息资源规划的重要内容。政府信息资源规划的组织设计是识别各利益相关和明确各级责任主体，以合理方式进行组织化的过程，主要表现为设立相关组织机构，制定与实施归责制度，建立政府、咨询机构、技术开发商之间的共同研究体系，破除传统单一专业工作者掌控全局的模式，积极引入专家参与决策等。通常，最高一级组织单位是由组织的高层领导组成，可能由单一部门或多部门领导集合而成，具有最高的指挥和决策权；其次，下设项目管理办公室，进行细化的管理和监督，同时组织核心专业工作小组，负责核心工作的实施并提供技术支持。

(二)建立目标框架

即对政府部门资源规划的需求和现状进行分析，为建立其目标框架提供依据。其中，需求分析主要围绕两个核心的目标展开，一是政府依法公开的信息，二是政务活动和业务办理过程中形成的信息，明确组织信息资源开发的真正业务需求；② 同时，通过对现行信息资源状况进行调查，了解系统业务活动中存在的问题，总结其不足点，制定具有针对性的改进方向与策略。最后以政府信息资源规划的需求和现状分析为基础，结合总体指导规划建立一个目标框架，包括总目标与各子目标，指出政府信息资源建设与开发利用最终要取得什么效果，产生哪些效益，以及各阶段在何时要取得何种成果。通过各层目标来建立政府信息资源各维度间的关联关系。

(三)制定计划并实施

即在前两个阶段工作的基础上，结合各部门的具体情况，选定使用的开发工具与模型，形成一系列可行的执行计划，并最终通过类似目录体系表的详细目录，将各种视图和模型关联起来，形成信息资源目录体系。主要包括对项目模式的选择、管理系统的设计、软件的开发以及进行系统测试等，通过一系列的计划、组织和控制促使目标框架的实现。除了对数据、技术、组织的计划外，政府信息资源规划还囊括人员、制度等在内，包括工作人员培

---

① 裴雷．政府信息资源整体规划理论与方法[M]．武汉：武汉大学出版社，2013：201-205.

② 朱锐勋．论政府信息资源管理研究体系的完善[J]．图书馆学研究，2013(24)：52-58.

训、规范计划执行步骤，使其制度化，在实施期间，不断改进规划软件功能、规范标准、加强共享能力。

(四)评估与改良维护

政府通过建立评估机制，对政府信息资源规划的实践结果依据一定的标准进行评估，对在实践过程中发现的问题进行全面、详细的分析，同时对系统中取得优异表现的部分加以总结，在此基础上对流程中的相关结构、制度进行改进，以提高信息服务质量。除了对制定的流程工作进行评估外，对工作人员、项目负责人的评估也是其重要组成部分，制定相应的奖惩措施是评估发挥效用的重要手段。政府信息资源规划是一个不断反复的过程，对规划系统的评估、改良和维护贯穿这一过程始终，不断推动政府信息资源规划进步，最终取得最佳的政府信息资源规划流程，并进行推广应用。

三、政府信息资源规划的主要内容

(一)政府信息资源分析

政府信息资源是一切产生于政府内部或虽然产生于政府外部但对政府活动有影响的信息资源的统称，是政府活动所涉及的信息资源的集合；它包括政府信息的生产和管理者(政府公务员)、政府信息(内容)及其信息技术资源(通信设施、软硬件平台等)。① 因而，政府信息资源不仅数量庞大，而且构成复杂、分布广泛，在进行政府信息资源规划、开发信息资源价值前需对政府信息资源进行分级分类，掌握政府信息资源的属性与构成，将不同类别的信息资源以不同模式加以开发，提升信息资源开发的效率。从级别上讲，一般我们将政府信息资源分为可公开类信息资源、部门共享类政务信息资源、依法专用类信息资源；② 从类别上来看，我们依据国家电子政务标准草案——《政务信息资源目录体系》分为主题类、行业类、服务类和资源形态类四种标准。

(二)资源建设现状与信息需求分析

政府部门信息资源建设现状是进行信息资源规划的参考基础，通过对地区、部门信息资源建设现状的调查分析，能够较好地把握现实存在的问题，进而对症下药，开展政府信息资源规划；除此之外，还要对现国内外的政府信息资源建设规划现状有一定的了解，结合具体情况取长补短。现状调查的

① 赵捧未．信息管理概论[M]．北京：科学出版社，2013：215.

② 蔡立辉，于刚强．电子政务(第2版)[M]．北京：清华大学出版社，2014：235-236.

主要内容包括：当前国内外政府信息资源规划的发展形势(模型、方法、研究热点等)；规划相关的政策、法律、法规以及战略规划等文件；数据库、网络信息资源的数量和质量；政府信息化和无纸化办公的建设进程；政府内部部门之间信息资源的共享程度；各部门的信息资源开发能力，包括技术人才、财力和基础设施等；各个领域的信息资源分布和流动状况等。①

信息需求是政府信息资源规划的重要驱动力量和依据，信息需求多种多样，涉及社会各行各业、方方面面，对政府社会管理、企业运行以及公众个人生活、工作等都有重要影响。实践证明，以信息需求为导向的政府信息资源规划更能适应政府信息化建设的长期发展。信息需求的获取需要广泛而细致的调查，对政府部门内部、上层与下层、不同部门之间的横向与纵向需求以及社会公众的信息需求等都要进行充分的调查并持续关注，形成政府信息需求目录体系；在获取信息需求的过程中要认识信息需求主体具有多样性，包括政府、企业/非盈利组织、个人等，信息需求有轻重缓急之分以及潜在性和时效性等特点。信息需求调查方法主要有文献调查法、实地调查法、问卷调查法、控制实验法、访谈法等。需求分析一定要分析到具体业务，要防止从技术层面上看需求、脱离实际讲需求、识别虚假需求。

(三)建立统一的信息数据基础标准体系和制度

多数政府信息资源是以单个组织内部的数据标准为依据，而网络环境下设计多部门的信息交互，部门之间没有一些统一的公共通信协议和描述标准，则很难实现跨部门、机构之间的信息共享，不利于政府信息化建设的发展，因而政府信息资源规划要从国家层面制定信息资源标准体系和制度。在数据层面，政府信息资源规划的主要应用是数据类(主题数据库)和元数据的规划，主题数据库的规划往往依赖信息资源目录体系，元数据是所有政府信息资源描述和应用的标准和依据，政府信息资源目录体系则是所有政府信息和数据主题数据的汇总。在某种程度上，元数据和信息资源目录体系是信息资源开发利用的底层基础工具，良好的元数据标准和信息资源目录体系能够有效促进信息资源整合和共享。②

(四)任务分解和阶段目标

在政府信息资源规划中，首先要确定政府信息资源建设的重点和次序，

① 郭启刚．试论政府信息资源建设规划的内容[J]．焦作大学学报，2007(04)：116-117，126.

② 裴雷．政府信息资源整体规划理论与方法[M]．武汉：武汉大学出版社，2013：231-234.

依照国家地区经济发展水平以及信息需求分析报告认定建设的重点和次序，对效益高、风险低、需求高的信息资源进行优先建设；例如面向社会服务的政府信息资源社会效益高、建设风险低并且拥有较大的需求潜力，如我国十分重视的四大基础信息数据库的建设，即人口信息数据库、法人单位信息数据库、自然资源和空间地理信息数据库、宏观经济基础信息数据库，这类信息资源建设可以给政府带来极大的行政效益，大大提高政府的执政能力，对我国信息化建设、推动公共数据资源开放以及电子政府的发展有很大的推动力。

其次，要按照政府信息流程划分具体任务。某些信息记录的完成往往会经过多个部门的共同参与，共同承担采集任务，各部门要明确信息采集的分工任务，以统一标准为基础，避免重复、不兼容情况的出现，减少信息建设成本。

最后，要划定阶段目标并建立中期考核制度。为了保证政府信息资源建设的进度，必须划定各个部门的阶段目标，并依据建设内容制定一套量化的考核指标，定期对各部门的建设成果进行考核，同时予以奖惩措施，强化工作人员的开发意识。

四、政府信息资源规划的方法

当前，较具有代表性的政府信息资源规划方法有：战略数据规划（代表是詹姆斯·马丁及其《信息系统宣言》）、战略信息系统规划（代表是哈默、钱皮及其《业务流程再造》）和政府信息资源整体规划等。

（一）战略数据规划方法

战略数据规划产生于20世纪80年代早期，其面向的主要问题是系统数据维护成本过高，且难以估计，希望能够统一管理系统的数据环境，通过划分数据类型并建立相应的管理策略，强调在系统实施之初规划系统的数据环境。战略数据规划实施的前提是自建系统，实施环境是需求清晰、边界明确的组织，主要应用于系统建模阶段；这种方法主要通过数据标准和信息元库，提供系统在不同阶段所需的所有信息单元的统一形式，提高系统的数据一致性，利于系统移植和再开发，属于信息工程范畴。

政府信息资源规划中的战略数据规划方法通过一系列建立总体数据模型的过程，治理混乱的组织信息环境，解决信息孤岛问题。在自用的业务系统中，政府部门数据往往是依据自身部门需要，通过软件公司进行开发，虽然开发时间较短，但也存在诸多问题。就数据库而言，业务系统中存在多个数据库并存情况，这不仅意味着需要更多的维护费用，同时也因为软件不兼容、端口重叠的问题，对信息管理和开发利用造成阻碍，也不利于技术人员管理和用户管理的实现。

战略数据规划主要包括三个步骤：一是开展业务分析，建立组织模型。通过专业分析人员对组织中各层次业务人员进行调查分析，分析现有业务活动和逻辑关系，构建组织模型。二是进行数据分析，建立主题数据库。主题数据库是与组织业务主题相关的数据库。三是构建主题数据库与业务过程的对应关系。明确各业务之间的数据是如何与主题数据库交互，从而规划新的系统，系统中包含若干子系统，这些系统通过主题数据库进行数据交换。战略数据规划中要注意要有高层管理介入，要进行顶层总体规划；同时需要业务人员的全程参与。战略数据规划应用于信息系统建模的前期阶段，是一项基础性工作，业务人员是业务系统的主要使用人员，他们的全程参与能够更清晰地表达业务需求，发挥更强的服务能力。

(二)战略信息系统规划方法

战略信息系统规划产生于20世纪80年代中期，面向的主要问题是系统的业务和技术难以匹配，需要解决系统规划需求在时间段上的协调，提出从过程和战略角度扩展系统需求，最终实现具有决策支持功能的信息系统。战略信息系统规划方法应用于政府信息资源规划同样是自上而下的规划过程，追求政府信息系统与业务集成，主要是对政府业务流程的规划。

这一规划的主要内容包括：①信息系统目标、约束和总体结构。政府信息资源规划首先要确定信息系统的目标，即信息系统要实现哪些功能，同时了解政府信息资源规划的业务环境和所具备的条件；最后，由政府信息资源的主要类型决定信息系统的总体结构。②组织现状分析。包括对政府部门现有计算机软件、硬件情况、部门人员配置情况、所投入的开发费用等。③业务流程的优化和再造。利用业务流程分析和仿真工具分析政务流程的现状，发现其中的问题，并在新技术条件下对政务流程进行优化和再造。[①] ④信息系统的可行性分析研究。⑤信息技术/信息系统能力评估和管理体系设计。⑥信息系统的建设方案和实施进度设计。

政府战略信息系统规划主要通过功能映射和业务流程反映政府当前或将来需求对政府信息系统的要求，在战略匹配和技术实践层面提供一致性，属于战略管理范畴。这一方法的实施突出业务重心，强调业务描述与系统表现的一致性，但在系统实现的细节规划方面有所欠缺，主要应用于系统建模阶

① 裴雷．政府信息资源整体规划理论与方法[M]．武汉：武汉大学出版社，2013：64.

段，在系统升级和整合中也较适用，但一些国家的电子政务没有形成标准化流程，在业务描述与系统一致性方面仍存在问题，这一方法的应用会加重业务规划的负担，因此它更适用于政府流程清晰条件下的业务规划。

(三)政府信息资源整体规划方法

政府信息资源整体规划来源于基于EA的信息资源规划，这一方法产生于20世纪80年代末期，EA直译为“企业架构”，也有专家译为“整体架构”。它从政府的角度提出了“架构框架”的概念，其面向的主要有两个问题，一是如何提升各种来源的信息系统的集成，提高信息资源的质量；二是技术资源、信息环境、人力资源、资本和相关制度规范如何协调一致。

政府信息资源整体规划方法通过在政府中央建立一系列参考模型对政府的业务流程和IT结构进行统一的定义和部署；各下级部门可以在不违背总体参考模型的范围内开发自己的架构体系。其模型主要包括业务、信息和数据、技术、应用等4个方面。政府信息资源整体规划对电子政务进行评估，减少项目费用和风险，促进政府资源整合。它重视政府业务规划，要求跨越政府部门的主动合作，注重政务流程整合，对政府信息资源使用的效率和效能进行改善。政府信息资源整体规划在执行的过程中重视政策和规则，因为EA规划涉及业务、人、信息系统等多个方面的互动，需要有标准化的制度管理，而这一制度本身也是架构体系的一部分，各国架构模型基本遵从“方法论—实施工具—政策和原则—信息标准”的执行模式。① 它不仅适用建模前期的战略规划、系统布局和建模，也适用今后的业务改进，适用于政府信息资源管理的整个生命周期。EA规划通过开放性标准，建立不同机构所遵照的共同框架，既提供个性化发展空间，又提供将来的集成基础，具有开放性、标准性以及重用性，具有战略规划和工程规划的双重意义。②

基于EA的政府信息资源规划最早的应用就是美国的联邦政府总体架构框架FEAF，之后美国联邦CIO委员会将其改进为联邦企业架构FEA，它意图为联邦机构建立一个架构的公共结构，以利于这些机构间的公共业务流程、信息流、技术引入和系统投资的协调等。它包含5个基本参考模型：绩效目标和输出尺度、业务流程和功能、服务提供手段、信息和数据定义、技术标准，通过这五层参考模型来进行顶层设计；当然，其架构体系也在随着

① 裴雷．政府信息资源整体规划理论与方法[M]．武汉：武汉大学出版社，2013：145-175.

② 裴雷．政府信息资源整体规划理论与方法[M]．武汉：武汉大学出版社，2013：77-79.

政务发展不断完善参考模型。如今，EA理论已经应用于多个国家的政务建设，其实践表明它对于整合数据和构建跨部门业务流程具有巨大的潜力价值。

第三节 政府信息资源的采集

信息采集是形成政府信息资源一种必不可少的手段，通常认为，信息采集就是按照一定原则，根据事先设计的程序，采用科学的方法，通过有关信息渠道，有计划、有步骤地汇集、提炼信息的工作过程。① 政府信息资源采集则是由政府各部门、机关制定信息采集计划，交由信息资源管理部门按照科学的方法负责收集、汇总、提炼信息。政府信息资源可以来源于个人、集体、文献、数据库以及实物等各个方面。

一、政府信息资源采集的基本原则

为确保政府信息资源采集高效率、高质量地进行，必须按照一定的原则进行信息采集。政府信息采集有准确性、针对性、系统性、经济性、超前性、及时性等原则。

1. 准确性

准确性是政府信息资源采集的重要原则，只有真实可靠的信息才能确保政府机构做出正确的决策。在信息传播的过程，任何一个环节都有可能导致信息发生错误，作为信源，有可能由于各种人为因素产生错误的信息；作为信道，在信息转移的过程中，由于人为因素或技术缺陷导致所传播的信息发生改变；作为信宿，在处理、存储信息的过程中，也会导致信息失真，因此在信息收集的过程中必须仔细分析、鉴别并剔除虚假信息，保证原始信息内容的准确性，信息传播的过程中信息真实性未发生改变，信息处理、存储妥当。

2. 针对性

信息资源的采集过程是一个信息选择的过程，我们必须明确所采集的信息资源是为谁服务，采集何种信息资源，所需信息资源的数量等。一般来说，一个国家或者地区的政府信息服务系统，是由不同类型、不同级别的信息机构组成的有机体系，此外，在全球范围内，还有一些全球性信息机构、区域性信息机构，他们在这个系统中处于不同的地位、承担不同的任务，②

① 陈红捷．刘西林．政府信息资源采集研究[J]．情报杂志，2006(01)：134-135，138.

② 王新才．政府信息资源管理[M]．北京：科学出版社，2011：38.

因此在政府信息资源采集的过程中，必须时刻紧扣自身的功能定位和实际需要，去特定的领域，有针对性、有选择性地采集信息资源，确保信息资源采集高效地进行。

3. 系统性

系统性具体是指信息资源在空间上具有完整性以及在时间上具有连续性。所采集的信息资源必须确保在时间上和空间上完整地反应事物的全貌。空间上的完整性要求把分布在各领域的目标信息收集完全，整合并形成对目标事物完整的、全面的认识；时间上的连续性要求把目标事物不同阶段以及反应不同阶段发展变化的信息资源收集完全，确保事物从产生到发展有完整的时间线；这样采集来的信息资源才具有全局性、系统性。

4. 经济性

政府信息资源的采集是一项庞大且复杂的工作，不仅体现在单次政府信息资源采集工作所采集的信息量多，也体现在政府信息资源采集是一项长期性的工作，政府在运作，政府信息资源采集就必须进行，因此政府信息资源采集是一件耗费大量人力与物力的事情，为了节约成本，经济性必须贯穿其中，这就要求选择经济适用的采集渠道与采集方法，降低采集成本，确保用最少的经济成本采集到合乎要求的信息资源。

5. 超前性

超前性是指所采集的信息资源不仅要满足当前的需求，还尽可能地满足未来的要求。信息资源的采集工作需要时间完成，如果采集的信息资源仅仅只是用于满足当前的需求，那么信息资源的采集会一直滞后于现实的信息需要，因此信息资源采集的超前性要求政府信息工作者必须密切注意各领域的发展动向，有目的地、有重点地、有针对性地制定既满足现在又面向未来的信息资源采集计划。

6. 及时性

及时性是政府信息资源采集又一重要原则，在政府信息资源采集的过程中强调及时性的原因有以下两点。其一，信息本身具有较强的时效性，超过了限定时间的信息，会使其使用价值大打折扣，甚至失去使用价值，从而失去采集该信息的意义；其二，在瞬息万变的国内外形势中，必须掌握最新的信息，快速把握最新的动态，才能在事物处理、各项竞争中占得先机，确保政府工作的效果和效率。

二、政府信息资源采集的流程

政府信息资源采集工作是一项具有计划性的工作，需要按照一定的原则和设计好的程序，科学有效地进行信息采集工作。政府信息资源采集流程大可以分为准备阶段、实施阶段、评估阶段等三个阶段(见图8-2)。

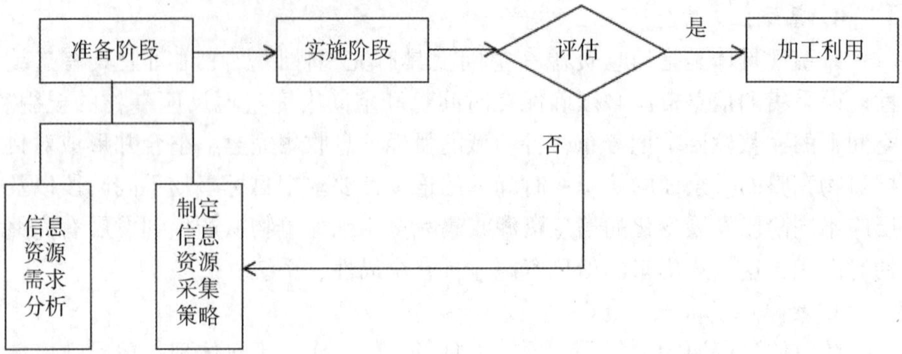

图8-2　政府信息资源采集的流程

1. 准备阶段

在准备阶段，需进行信息资源需求分析以及确定信息资源采集的策略，且每一项工作都必须由相关的政府部门来承担，确保工作的顺利完成。

其中，需求分析是政府信息资源采集一项十分重要的工作，也是整个信息资源采集工作的起点，是决定政府信息资源采集工作成败的关键，其主要包括三个方面的内容，第一是确定信息资源采集工作所服务的对象，明确信息资源采集的目标；第二是确定信息资源采集的工作内容，根据服务对象的要求，秉持系统、全面的原则，确定采集的内容；第三是确定信息资源采集的范围和数量。同时，也需要特别注意分析说明政府信息资源采集的语种和格式要求。

而在明确信息资源需求后，制定合适的政府信息资源采集策略也尤为重要。制定政府信息资源采集策略需明确三个基本点：信息源、信息采集渠道以及信息采集工具。

第一，政府信息资源主要的信息源包括有个人信息源、机构信息源、媒体信息源、实物信息源等。其中个人信息源指个人所拥有的信息，主要有主观随意性、新颖性等特点；机构信息源指组织或机构所拥有的信息，其主要反映了组织的结构、功能、政策等方面的信息；媒体信息源指新闻媒体所拥有的信息，这类信息更新速度快，涉及面广。

第二，在政府信息资源采集的渠道方面，主要包括：行文渠道，即通过各级政府机关之间的行文关系采集信息资源，政府各机关之间的行文关系有上行文、下行文、平行文等，政府各级机关通过行文沟通处理日常工作，产生的文件蕴含了大量的政府信息，且集中易获取，因此行文渠道是一种重要的政府信息资源采集渠道；政策渠道，即通过政府颁布的各种政策来采集信息资源，政府颁布的各类政策是政府所做决策中的精华部分，其具有权威性和广泛的影响力；社会公共部门渠道，公共部门是指被国家授予公共权力，并以社会的公共利益为组织目标，管理各项社会公共事务，向全体社会成员提供法定服务的政府组织。作为社会网络的重要节点，社会公共部门掌握了大量的信息，是政府信息资源的重要来源；媒体渠道，包括传统新闻媒体和网络自媒体，传统新闻媒体主要指报刊、杂志等，网络自媒体主要指个人或组织在微博、知乎、百度贴吧等社交平台上发布的信息，值得注意的是，这类渠道获取的信息主观性、信息准确性不够，需要进行仔细的分析辨别；个人渠道，个人也是政府信息资源的重要来源，特别是作为在某一领域具有重大影响力的专家，其提供的信息是影响政府决策的重要因素。需要明确的是，在实际的政府信息资源采集工作中，往往是多种信息采集渠道结合使用，各种信息采集渠道之间并不存在冲突。

第三，在制定政府信息资源采集策略的过程中，选择合适的采集工具也很重要。信息资源采集的工具有很多，如可用扫描仪扫描文献，上传至数据库变成数字资源；如可用照相机或摄像机获取影像资源，用录音笔、MP3等录音设备获取音频资源。可根据实际情况选取合适的信息资源采集工具，一般来说，为了采集到系统、全面的政府信息资源，会同时使用多种信息资源采集工具。

2. 实施阶段

在确定了政府信息资源采集目标、制定了采集策略以及选择了采集渠道和工具后，便可进行政府信息资源采集工作。政府信息资源采集实施阶段主要的工作是识别、筛选和提取信息。通过分析、思考、识别、筛选信息，找到目标信息后，再通过各种方法将所需信息从信息源中提取出来。需要注意的是，信息的采集过程是一个动态的过程，在采集的过程中会受各种因素的影响，比如因为某些原因，约好采访的人无法赴约提供信息，原本涉密的信息降低密级向大众公开，这些都会造成政府信息资源采集工作偏离预定轨道，因此政府相关负责人员必须做好监督控制工作，根据不同的状态及时调整整个信息资源采集工作的计划，使信息资源采集工作顺利进行。

3. 评估阶段

政府信息资源采集的评估工作主要是指参照计划目标，对整个政府信息资源采集过程进行评估，包括操作的过程、采集的结果等，评估的目的一是判断政府信息资源采集的结果是否符合要求，二是总结工作经验，为下一次政府信息资源采集工作服务。

建立科学的评估体系是评估政府信息资源采集工作必不可少的环节，它应包含采全率、采准率、及时率以及劳动耗费率等各项评估指标。其中采全率是指所要采集的政府信息资源是否完全采集；采准率是指所采集的政府信息资源是否都是需要的信息；及时率是衡量政府信息资源采集速度的指标，它是指政府信息资源采集过程在最短时间内具有的能力；劳动耗费率是指政府信息系统采集到的单位信息所耗费的最低劳动量。① 只有对采集工作进行科学的评估，才能确保每一次信息资源采集都得到满意的结果。

三、政府信息资源采集的主要方法

政府信息资源采集是一件并不简单的工作，根据所要采集信息的实际情况选择合适的采集方法，可以达到事半功倍的效果。政府信息资源采集的方法有很多，本书仅按政府信息资源的来源，即政府外源信息资源和政府内源信息资源阐述采集方法问题。

1. 政府外源信息资源的采集方法

政府外源信息资源的采集方法是指借助工具采集来自政府外部的信息资源的方法，它的主要作用对象有各类传统媒体、网络资源、数据库、问卷调查信息、公众访问信息等，主要包括：联机检索、直接浏览网络信息、利用搜索引擎获取信息、Web 数据挖掘、现场调查、问卷调查以及专项信息采集等方法。

第一，联机检索。这种方法主要指通过检索系统和检索词检索数据库中的信息资源。这种信息检索及采集的方法在教育领域等早就有了广泛的应用，但在政府部门却很少使用这一方法采集信息资源。联机检索是一种十分有效的信息检索及资源采集方法。目前，联机检索数据库资源比较丰富，从科学技术领域到政治、经济、文化、军事、教育等社会生活各个领域都有，通过检索词在这些数据库内进行检索，可以获得较多的、较全面的信息。值得注意的是，随着社会分工越来越细，政府信息资源采集工作的分工也会越来越细，走向合作化是其发展趋势，政府机构完全可以将部分信息资源采集工作交给图书馆、档案馆等机构进行专业的联机检索。

第二，直接浏览。该种方法指政府工作人员通过互联网点击已知网站链

---

① 杨美沂．电子政务与政府信息资源管理研究与探索[M]．长春：吉林大学出版社，2018.

接获取信息资源的方法。这种方法优点很多，一是简单易操作，政府工作人员操作起来比较容易上手；二是通过这种方法，往往能获取到各行各业内最新的动态；三是这种方法较之其他方法目的性较弱，往往能获取到“意外”的信息，作为信息资源采集工作的补充；但这种方法的缺陷也较明显，由于目的性较低，使用这种方法往往无法立即就找到所需的全部信息，而必须要经过浏览多个网站，才能获取较为准确的目标信息，这就无法满足政府信息资源采全率、采准率以及及时性的要求。

第三，搜索引擎检索。搜索引擎指自动从因特网搜集信息，经过一定整理以后，提供给用户进行查询的系统。因特网上的信息浩瀚万千，而且毫无秩序，所有的信息像汪洋上的一个个小岛，网页链接是这些小岛之间纵横交错的桥梁，而搜索引擎，则为用户绘制一幅一目了然的信息地图，供用户随时查阅。利用搜索引擎获取政府信息资源主要有两种方式，一是通过确定主题面向整个 Web 环境搜索、获取信息，这种方式获取的信息往往杂乱无章，真假难辨，采全率、采准率都达不到政府信息资源采集的要求；二是通过确定特定的主题在有限的网络空间内查找、下载信息，提供个性化的服务。这种政府信息资源采集方法适合查询主题范围较小、细节性不强的信息采集工作。

第四，Web 数据挖掘。其主要指从各网站、各网页上挖掘有价值的信息的过程。在网络时代的当下，各媒体往往会在传统媒介和互联网上同时发布信息，政府各部门也会在各自的门户网站上发布信息，这就为 Web 数据挖掘技术提供了用武之地，政府部门可以利用 Web 数据挖掘技术自动搜集各大媒体的网络信息，并通过汇集、分类、分析，筛选出有用信息。Web 数据挖掘是一种十分有效的政府信息资源采集方法，有助于政府获取大量有用的信息资源。

第五，现场调查法。这种方法是通过深入事件现场获取信息的方法，主要有观察、访谈等方式来获取信息资源，如座谈会、经验交流会、部门会议、博览会、参观学习等都属于调查法。这种信息资源采集方法采集到的信息资源大多是原生信息，这些信息直观、生动、形象，同时，这种信息采集方法往往还可以采集到一些难以通过其他载体表达的信息，比如组织氛围、思想变化等。

第六，问卷调查法。这是与现场调查法相对应的一种政府信息资源采集方法，它是通过将问卷发放给样本人群来获取信息的调查方法。一般情况下，由政府工作人员通过设计问卷、分发问卷、回收问卷以及数据分析等步骤来获取信息。这种信息资源采集方法采集到的信息大多是原生信息，由于问卷大多经过精心设计，得到的信息针对性也较强，信息量也有限。值得注意的是，在样本人群数量不够多的情况下，这种方法采集到的信息有效性不强，一是由于在缺乏监督的情况下，人们通常会回避一些敏感性问题，不可靠的回答较常见；二是若问卷回收率不高，则难以代表整个调查对象整体；同时这种问卷调查的信息采集方法受问卷设计好坏的影响非常大，问卷的设计直接影响调查的结果。

第七，专项信息采集。这是指政府各部门根据自身不同的实际需求，设计专门的数据采集的方法进行信息采集，它主要可分为脱机采集和网络数据库在线采集两种类型。脱机采集是指将一些已经存在的信息，按照一定规则和要求输入数据库中去，比如说将国家已经颁布的法律输入到相关专项数据库；网络数据库在线采集是指政府部门在进行业务处理的同时将信息采集至专项数据库内，如企业向政府申请相关项目审批时，在网页上将信息提交至数据库。这种专项信息资源采集的方法专指性较强，对处理一些小范围的问题很有用处。

在上述政府外源信息资源采集方法中，想要采集较多、较全面的政府信息资源，一般采用联机检索和 Web 数据挖掘的方法；想要获取最新的行业动态信息，一般可采用直接浏览相关网站的方法；针对某一具体的问题采集政府信息资源，可以通过现场调查法和问卷调查法采集所需信息资源；而采集一些规律性、专业性较强的政府信息资源时，如企业项目审批、公民纳税情况等，则可通过专项信息采集的方法获取所需政府信息资源。除上述方法之外，通常还有其他一些特殊的方法采集政府内部信息资源，这些行动保密性极强，所采集到的信息也是普通采集方法难以获取的信息。

2. 政府内源信息资源的采集方法

政府内源信息资源的采集方法是指针对政府部门所有、部门工作人员所有的信息资源采集方法，包括归档法、利用数据交换技术以及建立政府内部信息采集制度等方法。

第一，归档法。归档是指将处理完毕且具有保存价值的文件保存至档案室或档案馆的过程。一般来说，在政府部门内部设置有档案室或档案馆，一些失去现行价值的政府会文件在特定的期限之前移交至档案室或档案馆，由政府专门的档案工作人员负责收集整理。这些已经归档成为档案的文件虽然已经失去了现行价值，但却产生了档案价值，其中包含了大量的信息，政府部门对这些信息进行提取、整理、加工，建成数据库，对政府日后的业务工作具有重要价值。

第二，利用数据交换技术。在多个数据终端设备之间，为任意两个终端设备建立数据通信临时互助通路的过程称为数据交换。① 也就是说在实际工作的过程中，可以将一个计算机系统的输出直接作为另一个计算机系统的输入，从而实现数据的快速跨平台交换。在日常业务处理过程中，政府部门可以通过在政府与企业之间、政府与政府之间、政府与其他社会组织之间建立直接联系，采集政府与政府之间、政府与企业之间的数据，实现政府信息资源的高效采集。

第三，政府内部信息采集制度。建立政府内部信息采集制度是指通过建立内部施行制度的方式将基层数据定期汇总，并上报给上级的信息采集方法。这种信息采集的方式可以及时并持续地获取政府内部的常规信息，也可以发现值得特别注意的非常规信息，对于异常的情况可以及时发现并处理，避免出现差错，从而规避政府机构运行的风险。

在上述政府内源信息资源采集方法中，通过文件归档和建立政府内部信息采集制度，可获取政府内部大量业务信息；在联系紧密、业务往来密切的机构之间，则可利用数据交换技术，实现政府信息资源快速跨平台交换，进而实现政府信息资源高效采集。除上述政府内部信息资源采集方法外，还有其他一些经常使用的政府内源信息资源采集方法，比如通过政府内部电子公告、微信、QQ 等现代沟通方式采集信息资源，也可以通过召开内部会议汇报工作采集信息。

四、政府信息资源采集的发展趋势

随着信息资源在社会发展中占据越来越重要的地位，政府信息资源采集也逐渐发展成为一项常规性的工作，同时也愈发地趋于成熟，并呈现出了新的发展趋势。谭必勇认为政府信息资源的采集大致呈现出以下三种发展趋势，一是政府信息资源采集对象的扩大化，二是政府信息资源采集流程的网络化，三是政府信息资源采集方式的合作化。② 除此之外，笔者认为政府信息资源采集高频化也是发展趋势之一。

1. 政府信息资源采集对象的扩大化

作为政府信息资源采集工作的对象，政府信息资源随着信息技术的发展，其来源、数量、特征都发生了很大的变化，具体表现为三个方面：首

① 360百科．数据交换[EB/OL]．[2019-07-21]．https://baike.so.com/doc/42446044446810.

② 谭必勇．电子政务环境下政府信息资源的形成及采集研究[J]．档案学通讯，2011(04)：16-19.

先，政府信息资源的来源更加分散化，由于信息技术的快速发展，政府门户网站已经变得不再稀奇，但政府门户网站中关于是否政府信息资源的判断标准却十分模糊，政府门户网站所包含的信息不一定全是政府信息，政府信息资源也并非都在政府门户网站中；其次，政府信息资源的种类更加多样化，政府信息资源不再是只存储在传统的载体中，如印刷出版物、缩微出版物等，其开始渐渐地包含在网页、电子期刊、电子邮件中，数字环境下，其格式也变得更加多样化，如加州数字图书馆(CDL)项目组在进行政府数字资源收割时发现，它们收集的数字信息中有335种不同的文档格式;① 最后，政府信息资源的数量增长更加快速，随着政府职能变得更加深入与扩大，国内外的交往更加频繁，信息的流动与交换变得更加快速，同时，各国也在积极推动电子政务的建设，这些都导致政府信息资源的数量激增。

政府信息资源在数量、来源、特征上的巨大变化导致政府信息资源的环境变得更加动态，政府信息资源采集的对象扩大、数量增多，从而导致采集的难度加大。

2. 政府信息资源采集流程的网络化

信息技术的快速发展，网络的普及，信息资源的数量增多，信息的特征改变，这些都使得政府信息资源的采集工作进入一个新的阶段。政府信息资源采集的平台从传统信息载体逐渐转向网络平台，同时，海量的政府信息资源也决定了政府部门必须识别、筛选有价值的信息，而不是将所有有价值、无价值的信息无差别地采集。

然而，就现阶段而言，多数政府无法做到这一点，原因不外乎两点，一是缺乏这种有目的识别、筛选信息的意识，二是由于政府信息资源分布越发分散，政府信息也会出现在非政府网站上，在信息收集的法律基础薄弱的情况下，很难将有价值的政府信息资源采集齐全。

在这种情况下，打破困境的主要措施是政府信息资源采集工具和流程的网络化。政府信息服务机构可以在网络上建立自己的站点，设计出特色主页，明确自己的信息采集范围，一方面可以利用主动采集所需的信息资源，另一方面也可以查阅相关信息媒体发送的政府信息资源目录清单，从中订购所需的信息资源。②

① 谭必勇．电子政务环境下政府信息资源的形成及采集研究[J]．档案学通讯，2011(04)：16-19.

② 谭必勇．电子政务环境下政府信息资源的形成及采集研究[J]．档案学通讯，2011(04)：16-19.

3. 政府信息资源采集方式的合作化

政府信息资源采集方式合作化是政府信息资源采集的一种必然趋势，原因有：其一，政府信息资源采集是一项复杂的工程，随着信息环境发生变化，政府部门难以完全依靠自身的力量确保信息资源采集的高采全率和高采准率；其二，随着整个社会的分工越来越细化，信息资源采集工作的分工也越来越细化，政府将信息采集的一些工作分给其他机构操作，具有很大的可行性。

在网络环境下，政府机构与其他社会组织，如图书馆、档案馆等，进行合作，一方面减少了政府信息资源采集工作量，另一方面，对与政府合作的机构来说，也扩大了自身的业务面，提升了核心竞争力。

4. 政府信息资源采集高频化

随着信息技术的发展与普及，信息成为一种重要的资源。与物质和能量不同，信息是一种战略性的资源，它不仅对社会经济的发展有重要影响，对整个社会的发展也有着重要的作用。作为信息资源的重要组成部分，政府信息资源的重要性也不言而喻，政府的各项业务活动都离不开信息的身影，法规、政策的制定与颁布需要大量的信息，经济的宏观调控需要大量的信息，国际间的竞争与交流也需要大量的信息。

当前，整个社会的信息环境呈现出信息数量多、信息更新速度快等特征，信息资源的重要性、信息环境的特征以及信息及时性的特征，促使政府信息资源库需要不断地扩大与更新，这就导致政府信息资源采集的频率必须加快，只有保证到手的信息是新鲜热乎的，才能把握整个行业、整个社会甚至是整个国际形势的最新动态。因此，可以预见，在未来的社会，政府信息资源的采集工作将愈发频繁，政府信息资源的采集呈现高频化的发展趋势。

第四节　政府信息资源的组织

政府信息资源形成之后，必须对其进行加工整理，使之有序化，并存储在相应的系统或介质上，才能提供利用，这一环节便是政府信息资源的组织。政府信息资源组织活动是伴随着政府信息量的不断增长和人类有意识的采集、积累和利用的活动产生和发展起来的，在信息网络时代的今天，它已经成为一种集针对性、灵活性、科学性、综合性、系统性、创新性和服务型于一体的高智力活动。①

① 安忻. 政务信息加工的原理与方法[M]. 北京：中国人民出版社，2008：1.

一、政府信息资源组织的内涵

1. 政府信息资源组织的含义

随着社会的发展，政府信息资源呈现出加速增长的态势，特别是网络的出现，政府信息出现爆炸式增长，并且信息的载体与内涵的复杂程度也在不断增加，人们已经意识到信息泛滥带来的问题，认识到只有经过组织、加工、整理的信息才能更好地为社会所利用、发挥价值，特别是网络技术的发展，带来了大量的网络信息资源，但这些电子资源大多混乱无序，使其检索、利用困难，因此对信息资源的有效组织和控制的要求日益强烈。政府信息资源组织成为信息管理的重要环节。

政府信息资源组织亦有狭义和广义之分，从狭义来看，政府信息资源组织是指信息资源序化和信息整理的加工过程；而广义的政府信息资源组织则还要包括政府信息资源存储的过程。① 本书选取广义的概念，认为政府信息资源组织是指采用一定的方式对采集的政府信息资源进行有序化整理的加工过程，即按照一定的原则与方法，通过一定的工具与方式，以处于无序状态的政府信息资源为对象，对政府信息资源的外部特征和内容特征进行揭示和描述，并按照既定的参数标准保存到一定的存储介质上，将政府信息从无序转化为有序，形成一个便于有效利用系统的过程，便于政府、社会与个人的信息资源利用，提供高效的政府信息服务。

2. 政府信息资源组织的特点

政府信息资源组织作为一种信息控制活动，是政府信息资源生命周期管理的重要环节，它与政府信息资源规划、政府信息资源采集和政府信息资源转换密切相关。它们一方面既有共性，即都具有共同的目标：为了推动政府信息资源利用而进行的有意识有目的的控制活动；另一方面它们之间又存在差异，彼此不同，又互为补充。

(1)多样性

这里的多样性是指处理对象的多样性，依据不同的划分标准，处理对象可分为不同的类型；按照信息加工的程度，主要分为一次政府信息资源、二次政府信息资源和三次政府信息资源；从表现形式来划分，可分为文字信息资源、存储在一定媒介上的可视化信息资源(如视频、录音、照片等资料)以及表达一定信息量的物质资源。此外，我们也可以把政府信息资源组织工作人员以及专家脑中的知识储备看作一种信息资源，它是一种重要的隐形知

---

① 王新才．政府信息资源管理[M]．北京：科学出版社，2011：58.

识资源，对政府信息资源管理具有重要的作用。

(2)增效性

政府信息资源组织的增效性是指通过政府信息资源组织能够提高政府信息资源检索、利用以及共享的效率，提升政府信息资源管理的水平，保证政府、企业、社会以及个人对政府信息资源的有效获取和利用，通过有效的流通与组合，提高政府信息资源生命周期管理的效率，改善其管理效果。虽然，政府信息资源组织并没有对特定的信息资源数量做出改变，但通过对政府信息有序化的组织，能挖掘政府信息资源更多的信息含量和潜在信息，提升政府信息资源的效用，为以后的信息分析、知识管理等活动打下良好的基础。

(3)依附性

政府信息资源组织无法独立存在，它以政府信息的采集、识别、揭示等为基础，贯穿于政府信息资源检索、揭示、利用等过程。政府信息资源组织作为一种方法与形式，无法与政府信息与信息实体相分离，它需要有内容、对象，才能充分发挥政府信息资源的价值。①

二、政府信息资源组织的理论基础

政府信息资源组织的发展需要不断从相关学科吸收理论知识与方法，以充实和完善自身，政府信息资源组织的理论基础包括系统论、耗散结构理论、协同论、自组织理论和控制论等。

1. 系统论

系统论主张任何事物都是一个系统。所谓系统，就是相互联系、相互制约、相互作用的元素组成的具有一定结构和功能的整体。系统论是研究系统的一般模式、结构和规律的学问，它研究各种系统的共同特征，用数学方法定量地描述其功能，寻求并确立适用于一切系统的原理、原则和数学模型，是具有逻辑和数学性质的一门新兴的科学。人们公认系统论是美籍奥地利人、理论生物学家贝塔朗菲(L. Von. Bertalanffy)创立的。他在 1932 年提出“开放系统理论”，叙述了系统论的思想。1937 年提出了一般系统论原理，奠定了这门科学的理论基础。系统论认为，整体性、关联性、等级结构性、动态平衡性、时序性等是所有系统的共同的基本特征；其中，整体观念是其核心思想，他用亚里斯多德的“整体大于部分之和”的名言来说明系统的整体性，反对那种认为要素性能好，整体性能一定好，以局部说明整体的机械

① 王新才．政府信息资源管理[M]．北京：科学出版社，2011：60.

论的观点。①

政府信息资源组织的最终成果是建立各种不同类型的、有效的信息资源系统，以满足信息资源开发利用的需要。政府信息资源组织就是将政府拥有的大量的、分散的、无序的政务信息资源进行加工，使之有序化，形成一个具有内在联系的集合，即信息资源系统，从而使政府信息资源的整体效能大于各个信息单元效能之和，通过系统的作用让政府信息资源发挥更大的价值和效益。因而，系统论有利于为政府信息资源组织提供总体性指导。

2. 耗散结构理论

20世纪70年代，比利时物理学家普利高津提出了耗散结构学说，这也是一种系统理论。耗散结构的概念是相对于平衡结构的概念提出来的。普利高津等人提出：一个远离平衡的开放系统，在外界条件变化达到某一特定阈值时，量变可能引起质变，系统通过不断与外界交换能量与物质，就可能从原来的无序状态转变为一种时间、空间或功能的有序状态，这种远离平衡态的、稳定的、有序的结构称之为“耗散结构”。这一理论回答了开放系统是如何从无序走向有序的问题。

政府信息资源组织是使政府信息从无序到有序的过程。政府信息资源系统是一个开放的系统，包括信息资源组织和信息资源检索两部分，它与外界进行着信息交换，既采集信息也输出信息，政府信息资源系统将采集到的大量的、杂乱的、无序的信息进行整理、加工后，向外界输出信息资源，在不断的采集与输出过程中，系统所获得的信息资源越多，对其的开发也越深入，从而对信息有序化的要求就越高，逐渐形成具有高度有序化、稳定的政府信息资源系统。这就是政府信息资源组织的耗散结构论基础。

3. 协同论

协同论是20世纪70年代以来在多学科研究基础上逐渐形成和发展起来的一门新兴学科，是系统科学的重要分支理论。其创立者是联邦德国斯图加特大学教授、著名物理学家哈肯(Hermann Haken)。协同论主要研究远离平衡态的开放系统在与外界有物质或能量交换的情况下，如何通过自己内部协同作用，自发地出现时间、空间和功能上的有序结构，它着重探讨各种系统从无序变为有序时的相似性。协同论认为，千差万别的系统，尽管其属性不同，但在整个环境中，各个系统间存在着相互影响而又相互合作的关系。

政府信息资源系统是由多个子系统构成的，各个子系统既有自身独特的功能，其相互之间也会相互影响、合作，达到一个整体的效能。这正与协同

① 系统理论[EB/OL]. https://wiki.mbalib.com/wiki/.

论中的基本思想一致，任何大量子系统组成的系统，在一定条件下，由于子系统相互作用和协作，最终会使系统从无序走向有序。政府信息资源组织在构建政府信息资源系统的过程中就必须充分考虑各个信息资源子系统之间的协同作用，通过内部的协同作用，促使子系统们从无序转换为有序，提升政府信息资源系统的整体效能。①

4. 自组织理论

自组织理论是20世纪60年代末期开始建立并发展起来的一种系统理论，主要是贝塔朗菲的一般系统论的新发展。它的研究对象主要是复杂自组织系统(生命系统、社会系统)的形成和发展机制问题，即在一定条件下，系统是如何自动地由无序走向有序，由低级有序走向高级有序的。自组织理论由耗散结构理论(Dissipative Structure)、协同学(Synergetics)、突变论(Catastrophe Theory)和超循环理论(Super circle)组成，所谓自组织是不需要外部指令，系统能按照相互默契的某种规则，各尽其责而又协调地自动形成有序结构。

自组织理论是政府信息资源组织的研究理论的重要内容之一，它强调政府信息资源系统中的信息能够无需外界的指令，通过人与系统、人与人以及系统内部的协同性、相关性等自行对信息进行组织，达到有序化和优化的目的。这一理论的应用可以改进政府信息系统的生产率，增值政府知识资本，扩展政府信息资源内容，特别是针对在网络环境下，政府数字资源的数量越发庞大，信息的有效获取率却不断降低的情况，信息资源的自组织理论能够极大地提高信息组织效率，具有重要的理论意义。

5. 控制论

控制论产生于20世纪40年代末，由诺伯特·维纳提出，维纳把控制论看作是一门研究机器、生命社会中控制和通讯的一般规律的科学，更具体地说，是研究动态系统在变化的环境条件下如何保持平衡状态或稳定状态的科学。在控制论中，“控制”的定义是：为了“改善”某个或某些受控对象的功能或发展，需要获得并使用信息，以这种信息为基础而选出的、加于该对象上的作用，就叫做控制。由此可见，控制的基础是信息，一切信息传递都是为了控制，而任何控制又都有赖于信息反馈来实现。信息反馈是控制论的一个极其重要的概念。

政府信息资源组织中的信息流通也是一个控制过程，通过信息的传输、变换、加工和处理来实现。为了改善政府信息资源系统的效能，通过对政府

① 王新才．政府信息资源管理[M]．北京：科学出版社，2011：65-66.

信息资源组织中的信息流通进行控制，当信息系统将信息传递出去，又通过控制系统作用获得信息反馈，并根据反馈对信息流通程序进行改进，进而对信息的再次输出产生影响，以求达到预定的效果。这一种理论思想可以有效地集成政府信息资源组织的业务流程和信息流程，形成面向信息需求的反馈机制和控制系统，促进信息系统达到最佳状态。

以计算机科学为主的信息技术学科群是政府信息资源组织的技术基础，它不仅为政府信息资源组织提供技术工具和技术手段，其技术环境的变化也深刻影响着信息资源组织的形式与内容；尤其是当前政府信息化建设与电子政府的发展，网络信息资源的组织受到越来越多的重视，也对信息组织提出更多的要求。

三、政府信息资源组织的内容

政府信息资源组织需要分析政府信息的内在和外在特征，用特定的语言进行描述和揭示，并对这些信息进行整合，使其形成一个有序化的政府信息体系，方便政府信息的开发利用。结合广义的政府信息组织概念，我们将政府信息资源组织的内容概括为：政府信息资源选择、政府信息资源分析、政府信息资源描述与揭示、政府信息资源存储。

1. 政府信息资源选择

信息活动所产生的信息本身是处于自然无序状态的，且数量庞大，但并不是每个信息都能够进行信息组织，为信息的开发利用提供作用。政府信息资源选择是对采集到的、处于无序状的政府信息资源流进行筛选，挑出具有价值的信息，去掉没有价值的信息。政府信息资源选择是政府信息资源组织的第一步。政府信息资源选择要以需求为导向，考虑地区、部门的信息资源建设情况，从而充分发挥政府信息资源的价值。

2. 政府信息资源分析

政府信息资源分析是以被选择的政府信息资源为对象，按照一定的逻辑关系从语法、语义、语用等多方面对其内在特征和外在特征进行挖掘、整理并归纳的过程。其主要的目的是让分散的、孤立的原始政府信息能够分类化、有序化，它是进行政府信息资源描述和揭示的基础，对政府信息组织的质量有很大影响。政府信息资源分析应制定一套能够广泛传播、指导的标准，让政府信息资源能够实现部门之间、机构之间、地区之间的无障碍流通，避免信息孤岛和信息获取的不对称局面。

3. 政府信息资源描述与揭示

政府信息资源组织的核心内容是对政府信息资源的描述和揭示以及序

化，其描述与揭示的深度和水平决定了政府信息资源组织的深度和水平，政府信息描述主要分为两种类型：著录和标引。

(1)政府信息资源著录和标引

政府信息资源著录是指按照一定的方法规则，对政府信息资源的内容特征和形式特征进行分析、选择和记录的过程。其内容特征是指政府信息资源的主题内容；而形式特征是指政府信息资源生成的数量、时间、语种、创建者和载体等记录。政府信息资源标引指对政府信息资源的内容属性以及外部属性进行分析，并用特定语言描述出来，从而赋予政府信息资源检索标识的过程。

政府信息资源著录首先要确定资源的著录项目(用以揭示政府信息资源内容和形式特征的记录事项)，国际图联(IFLA)在2011出版的ISBD(国际标准书目著录)统一版中划定了文献著录的八个项目：①题名和责任说明项；②版本项；③资料或资源类型特殊项；④出版、制作、发行等项；⑤载体形态项；⑥丛编和多部分单行资源项；⑦附注项；⑧资源标识号和获得方式项。

政府信息资源标引一般分为两种：分类标引与主题标引。两者的区别在于，对政府信息资源进行主题分析后，是采用分类语言还是主题语言表达析出的主题。分类标引的检索标识是分类号；主题标引的检索标识是标题词、叙词等。不管是分类标引还是主题标引，我们在进行著录的过程中都需要建立一个科学、合理的分类表/主题词表，来指导标引工作。

(2)政府信息资源元数据标准

元数据是关于数据的组织、数据域及其关系的信息，是专门用以描述数据的属性和特征的语言和工具；是网络信息资源描述的重要工具，具有描述、定位、搜寻、评估以及选择等作用。元数据可以实现政府信息资源的有效利用与共享，在电子政务中，统一的元数据描述框架能够帮助政府信息资源的整合，提高信息资源检索的精确度。国际上引用最为广泛的是GILS和DC标准。

GILS产生于20世纪90年代，是美国联邦政府运用元数据理念设计的，可支持公众搜寻、获取和使用政府公开信息资源的分布式信息资源及利用体系，实际是一种信息定位服务。GILS是一组分布式信息资源目录集合，政府机构可以使用这一标准描述所获得的信息资源，建立相应的目录以及检索系统，同时还可以和数字资源全文建立链接，使公众能够通过网络直接获取数字资源全文。GILS的核心元素共有28个，按照功能可划分为：资源的拥有者及建设者、资源的内容、资源的发布信息以及资源的管理信息四类。①

① Version 2 of Application Profile For The Government Information Locator Service (GILS). [EB/OL]. [2019-07-15]. http://www.gils.net/prof_ v2.

DC-Government，即都柏林核心元数据，因其简单易用，且适用范围广，而被各国政府广泛应用，并且对其核心元素做了不同程度的扩展。2001年9月，DCMI政府工作组和MIREG工作组联合发布了DC-Government应用纲要（DC Government Application Profile）。该应用纲要提出直接将DC的15个核心元素及其修饰词应用到DC-Government命名域上，并补充一个新元素——Audience（受众），它的核心元素按照功能可划分为三类：资源内容信息、资源的责任者、资源描述信息。

(3)政府信息资源存储

政府信息资源存储是指将加工后的政府信息资源按照一定的顺序和格式存储于特定介质上的信息活动。其目的在于让信息管理者和信息用户能够快速、准确地识别、定位和搜索政府信息资源，所以在进行政府信息资源存储时要确保其存储形式的规范、统一，方便用户利用，并不断更新信息存储技术和设备，确保其存储信息的可阅性。我们所熟知的图书馆的图书排列就是一种传统的信息资源存储；在数字信息时代，则形成了例如Web数据库和搜索引擎等新的整序、存储方法，典型的有百度搜索引擎和中国知网等。数据库和信息网站为信息存储提供了广泛的信息空间，并且极大地提高了用户的检索效率，已成为最主要的方式，但同时我们也要重视其所带来的信息安全问题，做好安全保障措施。

四、政府信息资源组织的方式方法

政府信息资源组织的方式方法有很多，除了传统的分类法、主题法和书目控制外，元数据、主题树、数据库、超媒体、知识地图以及本体等新型组织方式也随着电子政府的发展逐渐应用成熟。

(一)传统政府信息资源组织方式方法

1. 分类法

政府信息资源分类组织法是以政府信息反映的形式、内容性质、体裁和用户用途为依据，分门别类地组织政府信息资源的一种方法。按照编制方式的不同，分类法可分为等级列举式、分面组配式和列举-组配式三种，其中等级列举式是使用较为普遍的分类方法，它是将所有类目组织成一个等级系统，并且采用尽量列举的方式来编制，例如美国的《杜威十进制分类法》《中国图书馆分类法》都是采用这一方式；分面组配式是依据分析兼综合的原则编制，将简单概念组合成复合类目，代表性的有印度的《冒号分类法》、英国的《布立斯书目分类法》；列举-组配式是在详尽类表的基础上，广泛采用各种组配方式，《国际十进分类法》、俄国《图书馆书目分类法》就是依据这一方式制定。政府信息分类法组织的结果往往以分类目录的形式表现出来。

2. 主题法

主题法是指直接以表达信息资源主题内容的词语作为标识，以字顺排列标识和参照系统统筹方法来间接表达各种概念之间的相互关系。主题法按照不同分类标准有不同的类型，按照主题法的选词方式，可分为标题法、元词法、叙词法、关键词法。标题法是以标题词为主题标识，以词表预定组配方式标引和检索；元词法是以元词(最基本的、字面上不能再分的词语)为主题标识，以字面组配方式表达信息资源；叙词法将叙词作为主题标识，通过概念组配方式表达主题；关键词法是以关键词为主题标识，采用轮排等方式揭示主题。按照其规范程度，可以分为受控主题法与非受控主题法。受控主题法是指依据特定的主题词表或类表揭示信息资源的整序方法，其中标题法、叙词法都是这一类型。非受控主题法，也称自然语言主题法，是直接利用文献或用户检索的自然语言词进行的整序方法，例如关键词法，这类方法不需要构建特定的主题词表，但需要建立一个统一、规范的文献标引规则。

主题法对政府信息资源组织具有很强的适应性，其首要工作是建立政府主题词表，规范的主题词表是政府信息资源库建设和实现信息资源交换的基础，它可以减少政府信息主体元数据生成时的混乱，提高政府信息资源管理的效率，以及政府信息的检索和发现。随着政府信息资源的数量增加、形式多样，单个方法已不能满足政府信息资源组织的需要，分类主题一体化逐渐成为新的发展趋势，通过两种方法有机融合为一个系统，从而发挥 1+1>2 的整体效益。

3. 索引法

政府信息资源索引组织法包含两种类型：一是按照信息的外部特征组织的索引，其结果表现为书名索引、著者索引、引文索引等；二是按照信息的内容特征组织索引，其结果表现为分类索引、主题词索引、关键词索引等。①

(二)现代政府信息资源组织的方式方法

1. 文件法

文件法是以计算机固有的文件处理模式对政府信息进行组织的一种方法，文件包括文本、图标、音频、视频、图形等非结构化信息，是计算机保存处理结果的基本单位。以文件方式进行政府信息资源组织具有简单易实现等优点，但对于结构复杂的政府信息的组织和管理则力不从心，并且随着政

① 金胜勇等. 信息资源建设[M]. 北京：科学出版社，2017：118.

府信息量的不断增加，以文件为单位共享和传输信息会使网络负载越来越大，因而这种方式只能作为政府信息资源组织的基础方式和辅助方式。

2. 主题树方式

政府信息资源组织中的主题树方式是指将采集的政府信息，按照事先确定好的概念体系，分门别类地逐层加以组织，用户通过浏览的方式逐层加以选择，直到找到所需信息的线索，再通过信息线索链接到所需的政府信息。

其优点在于：第一，简单方便。通过提供一种基于树形浏览方式的浏览界面，帮助用户梳理政府信息，屏蔽网络信息资源对用户的复杂性。第二，这种方式使政府信息资源按照一定的体系结构整合成分类目录，用户在查找的过程中，具有较强的目的性，大大提高了检准率。而该方式的缺点在于：不能适用于太过复杂的体系结构，每类下的信息条目也不能过多，但目前政府信息资源数量激增、动态多变，这与该方式的要求相矛盾，因此，这种方式可用于小型的政府网站，但若要建立综合性大型政府网络信息资源系统，则需要依靠数据库、数据仓库等信息组织方式。

3. 数据库方式

数据库方式是基于计算机文件系统的基础，对大量规范化数据进行管理的一种技术。将其应用于政府信息资源组织是指将所有采集到的政府信息资源，以固定的记录格式存储于计算机中，用户通过关键词及其组配查询就能找到所需的信息线索(即相关站点链接)，然后通过信息线索找到相应的政府信息。① 常见的数据库主要有关系数据库、事务数据库、多媒体数据库、网络数据库、面向对象数据库等，数据库方式目前已成为广泛的信息资源组织方式。

这种方式的优点有：第一，大大提高了对结构化信息的处理效率，其利用数据模型对政府信息进行规范化处理，利用关系代数理论进行政府信息查询的优化，从而提高了信息处理的灵活性。第二，数据库中数据的最小存取单位是信息项(即字段)，能够根据用户的需求灵活地改变查询结果集的规模，降低网络数据传输的负载。第三，当前政府已建立了基于数据库技术的多个信息系统，并形成了一套系统分析、设计和实施的方法，为构建网络政府信息系统提供了经验和模式。其缺陷在于：第一，对网络上大量的非结构化信息的处理难度较大，面对日益复杂的信息单元，无法发挥效用。第二，缺乏直观性和人机交互性。第三，无法提供数据之间的关联。因数据库技术

① 王新才．政府信息资源管理[M]．北京：科学出版社，2011：99.

讲究严苛的数据模型规范，很难提供这种数据关联。①

4. 数据仓库方式

数据仓库是一种结构化整合、存储和管理海量数据，并且提供高效查询及分析功能的技术，是支持管理决策、面向集合、相对稳定的数据集合。电子政务的发展意味着其所产生的数据的历史积累量非常大，且同时涉及多个部门，而同时它又要求为用户提供能够在数据集合中高效检索、提取数据用于决策的服务。但是一般的数据库只能进行简单的管理，无法进行更高层次的分析，我们需要利用数据仓库技术来解决这个问题；建设政府数据仓库并不是要全部取代政府信息资源数据库系统，较之于政府信息数据库，数据仓库面向政府决策，侧重数据分析，是政府信息资源的集成，二者相辅相成能够更好地辅助政府决策。

5. 超媒体方式

超媒体方式是指将文本、图像、表格、声音、视频等政府信息以超文本方式组织起来，并对相关信息提供关联链接的技术集合。该方式的优势表现为信息的非线性组织，具有较好的跳跃性；节点伸缩性强，相链接的文件可多可少，可随时增加或删减；媒体类型包容性强，可描述、建立各种媒体信息间的语义联系。其缺点在于，单纯的超媒体方式只能靠浏览发现相关主题，无法进行精准查找所需信息，并且容易出现信息迷航、偏离主题等问题。

6. 元数据方式

元数据是用于描述数字化信息，特别是网络信息资源的基本特征和相互关系的编码体系，它是政府信息资源，特别是网络信息资源组织的重要方式。基于元数据的政府信息资源组织能够较为准确地描述政府信息资源的原始数据或主题内容，并且能够实现计算机网络定位以及自动辨析、分解、提取等功能，使政府信息资源从无序状态转变为有序状态。元数据具有良好的可扩展性和语义互操作性，在实施中能够根据实际情况做出调整，与其他系统良好地兼容，它是一种标准化、精确的实现政府信息查询和管理的工具。

7. 本体方式

本体理论最早来源于哲学领域，随后逐渐与其他领域融合发展，目前在信息系统、知识系统，采用最广泛的本体定义是共享概念模型的形式化规范说明。按领域依赖程度可分为顶级本体、领域本体、任务本体和应用本体。本体是知识组织的有效手段，从结构上来说，本体也采用了分类类目的表示

① 金胜勇等. 信息资源建设[M]. 北京：科学出版社，2017：119.

形式，在政府信息资源组织中，政府信息资源分类是本体能有效应用的关键部分。基于本体思想构建的政府信息本体，相比元数据库而言，它表达的知识要丰富得多，不单能体现信息在知识层面的联系，还能将政府信息的业务联系显性化。① 引入本体理论至政府信息组织中，能够增强政府机构间的信息流通与共享，增强系统间的语义交互性，有助于开发用户友好的、高效而准确的政府信息服务。②

随着数字信息环境的变化和信息组织方法的发展，政府信息资源组织模式也表现出多元化发展趋势，向着政府信息资源的知识组织不断前行。

第五节　政府信息资源的开发

一、政府信息资源开发内涵

政府信息资源开发是指对有关政府信息的采集、加工、处理以及数据库建设、目录建设、信息交换或信息应用系统建设等，包括传统信息资源在内的信息数字化、网络化过程以及信息挖掘和知识发现过程。③ 政府信息资源的开发是政府进行管理、决策的基础，是政府向公众提供高效服务的重要条件，也是政府信息能力的集中体现。

政府信息资源的开发主要包括两个层次：一是将存储在传统介质上的信息进行数字化和网络化，即以印刷、纸质为主要载体的信息资源；二是原生性的数字、网络信息资源的采集、加工、存储、组织、公开、共享以及服务等，这类信息资源是政府信息资源开发利用的主体。

从政府信息资源开发阶段来看，又包括本体开发和应用开发两个阶段。政府信息资源本体开发主要是对信息资源的内容进行开发，目的在于对信息进行揭示、整合与评价，使基础信息能够显性化、条理化、标准化。按其存在形式与表现形态不同，可分为一次开发、二次开发和三次开发，这三次开发产生和挖掘了大量的信息产品，为后一阶段的应用开发提供了前提条件。政府信息资源的应用开发是指将信息资源本体的利用作为中心，进行辅助性的开发活动，实质上是为提高信息资源利用的准确性、高效性、全面性、层

① 耿瑞利．政府信息领域本体的构建研究[J]．图书馆学研究，2010(21)：65-69.

② 曲云鹏，王文玲．国内外政府信息组织技术应用研究[J]．图书馆学刊，2014，36(11)：33-38.

③ 程万高．政府信息资源开发利用[M]．北京：科学出版社，2009：20-21.

次性等。① 其典型行为包括：信息检索系统、作业支持系统、决策支持系统、管理信息系统等，另外，信息服务也是这一阶段信息应用开发的一种表现形式，信息服务是将已开发的信息及信息加工品作为工具，向客户提供个性化的信息服务。政府信息资源的主体开发与应用开发之间某些时候存在一定的重叠，很大程度上它们没有清晰的界限。

政府信息资源是国家信息资源的重要组成部分，对政府信息资源的开发能够极大推动电子政务以及国家信息化建设、改善国民经济发展的资源结构、提高国家综合信息能力，政府信息资源开发是现代社会重要的社会经济活动，我们要充分重视和加强政府信息资源的开发。

二、政府信息资源开发的目标和原则

(一)政府信息资源开发的目标

"政府和公众之间的信息自由流动对一个民主社会是至关重要的，对实现公众的文书负担最小化、政府机构的信息活动成本最小化、政府信息有用的最大化也是必不可少的"。② 在以上对于政府信息资源开发目标的界定中，"最小化"与"最大化"是尤其值得注意的。学者蒋永福认为这种界定目标是对技术层面的界定，而政府信息资源开发本质意义上的核心目标应该是：保障公民的信息权利。③ 学者李晓辉将信息权利定义为：以满足一定条件的信息作为权利客体的权利类型，它是由多个子权利构成的法律权利束，这些子权利包括：信息财产权、知情权、信息隐私权、信息传播自由权、信息环境权和信息安全权等，④ 政府作为为民谋利的公共组织，必须保障公民的信息权利，保障公民信息权利的前提是政府信息资源得到有效开发。学者程万高认为，现阶段，我国政府信息资源开发具体应该包括两个方面，一是传统介质的信息资源数字化和网络化，二是原生性的数字化、网络化信息资源的采集、加工、存储、整合、公开、共享、服务等。⑤ 前者是对依托在纸质、缩微胶片等传统信息载体上的政府信息资源进行复制，以数字化的

① 杨美沂．电子政务与政府信息资源管理研究与探索[M]．长春：吉林大学出版社，2018.

② 田思源．论政府责任法制化[J]．清华大学学报(哲学社会科学版)，2006(02)：129-136.

③ 蒋永福．政府信息资源开发利用若干重大问题研究[J]．图书与情报，2008(02)：6-9.

④ 李晓辉．信息权利研究[M]．北京：知识产权出版社，2006：32-33.

⑤ 程万高．政府信息资源开发利用[M]．北京：科学出版社，2009：21.

形式备份，这样做即降低了政府信息资源损坏的概率，也方便了政府信息资源的利用，后者是目前政府信息资源开发利用的主要方式，也是大量学术研究的重点。

我们认为，政府信息资源开发的总体目标是通过对政府信息资源的开发，提高政府决策的质量，提高政府的透明度，打造阳光政府、法治政府、责任政府以及服务型政府。这就要求政府在信息资源开发上实现以下几点要求：第一，政府信息公开制度化，信息交换规范化，确保政府信息环境科学规范；第二，政府的主要业务工作和重大决策必须有大量相应的信息资源支持，确保业务工作的规范性和重大决策的科学性；第三，政府工作人员所掌握的信息技术应用能力应普遍提高，要求熟练运用各种信息技术和操作各种信息设备；第四，政府信息资源应在政府与政府之间、政府与非政府之间实现畅通流转、充分共享。

(二)政府信息资源开发的原则

政府信息资源的开发以信息产品的利用为最终目的，一切的开发工作都是为最后的利用服务，开发出来的信息产品是否被需要、开发的过程是否合乎规矩、开发工作能产生多大的效益、开发的成果能否被最大程度地使用，这些都是影响政府信息资源开发的重要因素。为保证政府信息资源顺利进行，必须要做到以下几条原则：

1. 用户需求导向

用户指政府信息服务的需求者，具体包括政府和非政府的社会公共组织、社会团体、企业以及社会个人等。以用户需求为导向就是要将用户的需求作为政府信息资源开发的起点，以用户对政府信息资源开发的满意度为终点，用户对信息产品是否满意是衡量政府信息资源开发是否合格的重要因素；它不仅要求信息资源开发出来的产品符合用户的需求，同时要求开发过程中衍生的技术指标也要满足用户的需求，因此，满足用户需求的原则应该贯穿整个政府信息资源开发的过程，包括政府信息资源的采集、加工、处理、传输以及存储等。

2. 统筹协调

在政府信息资源开发的过程中必须明确重点与全面、信息公开与密级保护等关系；政府信息资源开发做到统筹协调，张弛有度，既保证了政府信息资源开发内容的广度，又保证了政府信息资源开发成果的深度，对于社会热门领域，可以着重进行信息资源开发，按类别、按层次满足不同用户的需求，而一些非热门领域，也必须有涉猎，避免出现无法提供给用户信息产品的情况。除此之外，政府信息资源开发还必须考虑到信息公开与密级保护的关系，明确两者之间的界限，暂时不能公开的政府信息资源不能开发，已经公开的政府信息资源尽量开发。

3. 效率最大化

效率是评价政府信息资源开发的一个重要指标，这里的效率不仅指时间效率，还包括成本效率。时间效率主要是指政府信息资源开发是否讲究及时性，尤其指政府能否满足政府信息用户及时获取信息产品的需求。在网络时代，信息的保质期愈发短暂，信息资源若不能得到及时的开发，其所包含的信息价值将会大打折扣，用户也会错过信息产品的最佳使用期。成本效率主要是指投入最小的开发成本获取最大的开发成果，这里的成本既包括资金成本，也包括人力成本、技术成本等，追求高成本效率要求政府在信息资源开发的过程中认真协调规划，还要求政府内部的资源实现有效共享，各部门相互协作，提高成本效率不仅能节约成本，还是珍惜公民“血汗钱”的体现，有利于树立和维护政府的社会形象。

4. 高度共享

政府信息资源作为社会公共财产，其开发和利用活动都应该遵循共享的原则。就政府信息资源的开发而言，这里的“共享”包含两个方面的含义，其一，依据法律法规应该向社会公开的信息资源必须公开，不仅政府有权利开发公开的政府信息资源，其他社会组织、企业也有权利开发公开的政府信息资源；其二，在政府内部机构之间，也必须遵循共享的原则，共享信息资源，共享信息资源开发技术，共享信息资源开发的成果，使资源得到最大限度的利用。要实现政府信息资源开发的高度共享，一方面要依靠制度和法规建设，建立和完善信息资源共享制度；另一方面提升政府、社会各组织、企业、个人的信息共享能力，避免出现信息孤岛、数字鸿沟的现象。

三、政府信息资源开发的主体和客体

(一)政府信息资源开发的主体

政府信息资源开发的主体通常指对政府信息资源进行开发的组织、机构或者个人，包括政府部门、社会公共组织、社会团体以及社会个人等。由于信息资源开发是一项系统性的工作，需要一定的人力和物力资源，因此有能力承担政府信息资源开发工作的主体大多是团体或组织，社会个人开发政府信息资源的情况较为罕见，其具体包括政府、图书馆、档案馆以及信息服务企业等机构。

1. 政府

政府是政府信息资源的最大管理者，也是政府信息资源最大的开发利用主体，掌握着海量的信息资源。政府对政府信息资源的开发目的主要包括，一是供政府内部使用，二是为社会大众提供信息服务。当前，我国政府机构的功能定位仍然是进行社会治理和管控的机关，而不是特定的信息服务机构，因此政府对政府信息资源所进行的开发工作，产生的信息产品大多用于政府内部日常管理。

2. 图书馆

图书馆对政府信息资源的开发经历了不同的阶段，在以政府信息资源以印刷文本为主要载体的时代，图书馆对政府信息资源的开发主要是收集、加工、传播政府出版物；随着信息技术的发展和电子政务的兴起，绝大部分的政府信息资源以数字形式存在，图书馆对政府信息资源的开发方式逐渐开始转变。夏义堃提出图书馆在政府信息资源开发中有如下功能定位：政府信息资源的存储加工和政府信息资源的增值加工等两方面内容。①

(1)政府信息资源的存储加工

1857年，美国开始施行联邦政府托管图书馆计划(Federal Depository Library Program)，即由政府指定的，或者通过法律认定的，或者由合同规定的政府文献托管机构(主要是图书馆和档案机构)，这些机构可以自动地从相应政府部门获得政府出版物，提供给所有公民或者是特定的群体。② 2007年国务院颁布、2019年修订的《中华人民共和国政府信息公开条例》第二十五条规定："行政机关应当及时向国家档案馆、公共图书馆提供主动公开的政府信息。"③不管是国内还是国外，图书馆都是政府信息资源的重要存储基地。除存储的基本功能外，图书馆还发挥自身的专业优势，对政府信息资源进行加工处理，提供有序化的政府信息资源。自2008年我国《政府信息公开条例》实施后，2009年4月，国家图书馆于2009年4月30日推出了我国首个政府信息整合平台——"中国政府公开信息整合服务平台"，将各政府网站上的相关信息采集到国家图书馆，形成政府公开信息库、政府公报库、政府机构库等，供用户检索、查询。④

---

① 夏义堃. 图书馆政府信息资源开发利用功能的定位与实施[J]. 情报资料工作，2011(01)：72-75.

② 张怡. 政府信息资源管理中的美国托管图书馆[J]，图书馆杂志，2000(07)：63-64，57.

③ 中华人民共和国中央人民政府. 中华人民共和国国务院令第711号[EB/OL]. [2019-07-23]. http://www.gov.cn/zhengce/content/2019-04/15/content_5382991.

④ 彭国莉. 政府信息资源的图书馆开发利用模式研究[M]. 北京：中国社会科学出版社，2013：42.

(2)政府信息资源的增值性开发

政府信息资源增值性开发主要指对基础政府信息资源进行深度开发，提供政府信息资源增值产品，满足特定信息用户需求的过程。电子政府信息与通过纸张印刷形式所表现的同样的信息内容有很大的不同，整合电子政府信息会比传统的和静止的政府文件收集可以获得更为广泛的用户，这为数字政府信息提供者们创造了前所未有的更多信息再包装以及信息营销机会;① 在这种环境下，图书馆通过对政府信息资源进行组织、加工、整合和揭示，提升政府信息资源的价值，产生政府信息资源增值产品，包括有形的产品和无形的增值服务，资料汇编、文摘、目录以及专家库等都属于有形的信息增值产品，政府信息资源门户、政府信息共享系统等属于无形的增值服务，无形与有形的结合包括讲座、展览等。

3. 档案馆

档案馆也是政府信息资源的重要掌握者，一方面政府有向公共档案馆公开政府信息资源的义务，另一方面，档案馆保存的很多档案都是从政府移交过来的。从某一层面来说，图书馆与档案馆保存的政府信息资源具有重叠性，一些信息增值性开发，档案馆也可以进行。但较之于图书馆，档案的独特之处有：其一，档案馆许多馆藏政府信息资源直接来自政府移交的档案，具有系统性和整体性，是政府在某一时期工作状态和工作成果的动态反应；其二档案馆馆藏的政府信息资源具有原始记录性，具有凭证价值，这是图书馆无法提供的。

档案馆开发政府信息资源的方式多种多样，最常见的有编纂、展览等。例如，档案馆可以以社会需求为导向，按照年份、地区或专题对政府信息资源进行编纂，便于公众利用，甚至对于一些不便公开的政府信息，可以在人工去敏感内容后，加入到编纂成果中去；档案馆还可以对一些有宣传价值的政府信息，按照专题分类进行展览。

4. 信息服务企业

信息服务企业通常是指以盈利为目的，通过采集、整理、加工信息资源，形成信息产品，解决用户信息需求的组织。在信息技术的发展和政府信息公开的推动下，政府信息资源也纳入了信息服务企业的信息开发范畴。信息服务企业所开发的政府信息资源多是政府已经公开的信息，信息服务企业通过对各平台、各领域的政府信息资源进行集成，建立专门的信息资源库，

① Jaeger P T, Fleischmann KR. Public Libraries, Values, Trust, and E-government [J]. *Information Technology and Libraries*, 2007, 26(04): 35-43.

根据用户需求进行采集、检索，并形成特定的信息产品。

信息服务企业对政府信息资源的开发属于政府信息资源商业化开发，这种开发模式的引入，一方面避免了政府信息资源“蒙尘”，发挥了其应有的价值，另一方面，适度地引入市场机制，有利于政府重新对自身业务进行资源配置，将一些可以外包的业务交于其他机构处理，从而提升自身工作效率。

值得注意的是，信息用户所需要的信息服务是便捷化、个性化的“一站式”综合服务，因此，在政府信息资源开发过程中，通常是多主体联合开发，并不局限于单主体的信息资源开发模式。政府信息资源多主体开发又可以分为：多主体——用户单向信息流动模式、多主体——用户双向信息流动模式和多主体协同模式，其中多主体——用户单向信息流动模式指政府、图书馆、档案馆以及信息服务企业各自独立开发政府信息资源，而用户被动地接受所开发的信息服务项目；与多主体——用户单向信息流动模式不同，多主体——用户双向信息流动模式指政府、图书馆、档案馆以及信息服务企业独立开发政府信息资源，用户在接受信息服务的同时，可以提出反馈意见；多主体协同模式指政府、图书馆、档案馆以及信息服务企业共同开发政府信息资源，为特定的信息用户提供服务，用户在接受信息服务的过程中，可以提出反馈意见，直至所提供的信息服务令其满意为止。

(二)政府信息资源开发的客体

政府信息资源开发的客体具体指被允许开发的政府信息资源。这些政府信息资源产生于政府内部或政府外部，由政府出面采集，并经过加工、处理、传输、存储，用于处理政府日常各种事物。对于政府、企业、个人等政府信息资源用户来说，开发并利用政府信息资源是业务处理、维持自身正常运行的必要，对于政府信息资源本身来说，得以被开发利用，是其价值得到实现，甚至提升自身价值的表现。

政府信息资源的开发客体按公开程度可以分为公开的信息资源、半公开的信息资源以及非公开的信息资源。其中大多数被开发的信息资源是向公众公开的，政府、图书馆、档案馆或信息服务商将这些信息资源开发，形成信息产品，满足信息用户的需求；而半公开的信息资源一般用于政府内部开发，形成的信息产品在政府内部传播和共享，用于日常业务处理；非公开的信息资源，如政治、军事情报，这些政府信息资源一般只有掌握少数人手里，数量较少，但作用巨大。

通常来说，不同的政府信息服务对象对应不同的政府信息资源开发客体，即被开发的政府信息资源。现阶段，政府信息服务对象大致可分为三类，包括政府部门、企业单位以及社会公民等。

第一类是针对于政府部门自身开发的政府信息资源。由于政府行政机构决策层所需要的通常是具有全局性和综合性的政府信息产品，因此，被开发的政府信息资源，即开发客体通常是数量较多、涉及范围较广的政府信息资源；其行政机构执行层所需要的通常是专指性和指导性较强的政府信息产品，因此，政府信息资源开发的客体通常是通过规范的渠道采集的、与自身业务领域息息相关的、时效性较强的各类政府信息资源。

第二类是针对企业开发的政府信息资源。对于企业来说，其信息需求主要围绕盈利，所需要的政府信息服务产品围绕企业的经营、管理以及技术开发等，为满足这类信息需求，政府信息资源开发的客体可以分为以下几个类别：其一是与行业领域相关的政府信息资源，包括政策、经济以及社会动态等，如政府经济政策、国民经济发展趋势、能源消耗信息地理环境信息；其二是与企业产品相关的政府信息资源，如产品市场供求信息、劳动就业信息、群众消费能力信息等；其三是与企业技术领域相关的政府信息资源，主要指新研发的科学技术，包括成果及衍生的产品技术标准；其四是与企业相关的法律法规，包括与企业卫生、安全、企业产品进出口贸易等相关的政府信息资源；其五是与企业资信相关的政府信息资源，包括与企业注册、年检、信息评级等相关的政府信息资源。

第三类是针对社会公众开发的政府信息资源。社会公众也是政府信息产品的重度需求者，其所需要的政府信息产品主要围绕民生，为满足这类信息需求，政府信息资源的开发客体通常包括教育、就业、纳税、物价、房地产、汇率、社会安全等，数量大、范围广、涉及领域多，包括社会的方方面面。

四、政府信息资源开发模式

政府信息资源是国家信息资源的重要组成部分，同时，政府信息资源蕴含巨大的经济与社会价值，各国政府都十分重视对政府信息资源的开发利用。依据不同的视角，政府信息资源开发模式有不同的区分。具体来说，根据开发层次的不同，可分为政府信息资源直接公开和政府信息资源增值性开发；根据开发主体的不同，可分为政府信息资源垄断开发、政府信息资源市场化开发、政府信息资源信息机构开发；根据政府信息资源开发目的性质不同，可分为政府信息资源公益性与商业化开发模式。

（一）依据政府信息资源开发层次视角划分

这里的政府信息资源的开发层次主要是指对政府信息资源内容的挖掘深度，包括显性政府信息资源的采集、组织以及直接公开；在显性政府信息资源基础上，对隐性的政府信息资源内容的挖掘、开发，使政府信息资源增值，并产生增值产品的两种开发层次。依据开发层次的不同，政府信息资源开发可分为基础型和增值型两种模式。

1. 政府信息资源开发的基础型模式

政府信息资源开发的基础型模式主要是指对政府信息资源的采集、整理，并向社会直接公开，政府信息资源的内容并未产生增值的开发活动。这一类型的开发活动主要是将显性的政府信息资源向公众免费公开，保障公民知情权的实现。我国2019年出台了修订后的《政府信息公开条例》，其中明确了政府部门进行政务信息公开的义务，并对公开信息的类型做出了详细的规定。政府信息公开能够极大地满足用户的信息需求，增加公众对政府的信任度，同时促进政府权力能得到公正的使用。

2. 政府信息资源开发的增值型模式

政府信息资源开发的增值型模式是指政府或政府以外的个人、部门对政府信息资源进行深度开发，产生政府信息资源增值产品，并向用户提供，满足其信息需求的过程。政府信息资源增值开发中，政府和相关组织为信息资源的供给方，企业、公众和非营利组织为受众，这种模式主要由信息资源集成整合平台、信息技术支持体系、信息资源增值平台、增值信息服务平台和运行安全体系五部分组成。① 从英美等国家较为成熟的增值开发模式来看，政府信息资源增值开发应积极引导企业和公益性机构参与，通过市场化、商业化的方式，以较为成熟的许可机制和奖励措施推动政府信息资源增值开发；同时，完善政府信息资源增值开发的法律保障体系和监督体系。当前，政府信息呈现爆炸式增长态势，并且，公众对政府信息的需求在数量和质量方面也不断提高。政府信息资源增值开发能够极大地挖掘政府信息中的价值，使其最大程度地满足公众的信息需求；而且，信息能力也是国家综合国力的重要体现，对政府信息资源进行增值性开发也是信息时代提升国家综合国力的要求。

(二)依据政府信息资源开发主体视角划分

政府信息资源拥有多个开发主体，这里我们主要讲述政府、市场即企业以及公共信息机构(以图书馆为主)三类主体模式。

1. 政府信息资源开发的政府主导模式

政府是社会信息资源的最大拥有者，同时也是信息开发的第一责任主体。政府主导开发模式中，政府将信息资源牢牢掌握在自己手中，并占据开发活动的所有决定权。政府主导开发模式的动力主要来自两方面：一是政府

① 刘春燕，刘紫薇．我国政府信息资源增值开发利用模式研究[J]．兰台世界，2015(05)：117-118.

部门自身办公的需要，可以更好地对政府信息进行管理；二是公众的社会需求，可以提高公共管理与服务。在当前建设服务型政府的背景下，政府信息资源开发政府主导模式要遵循面向公众、面向公共权益、面向服务的原则，其具有层次性、集成性、开放性、普遍性等特征。

政府信息资源开发政府主导模式主要是进行基础性开发工作，其内容主要包括：①信息基础设施建设。鼓励和引导企业对信息设备研发和生产，提高互联网络带宽的普及程度，加速推进“三网融合”，支持自主可控的信息技术和信息产品的研发。① ②政府信息资源整合服务平台。建设“一站式”信息整合服务平台，提供跨部门、跨层级的信息交换、信息资源共享、信息内容安全保障等基础性支撑服务。② ③政务流程优化。以建设服务型政府为发展目标，从服务的深度、广度、精度等方面优化政务流程，深化信息服务供给体系建设。④政府信息技术管理。主要是对政府信息基础设施的维护以及对政府应用系统的管理和信息安全管理。

2. 政府信息资源开发的市场化模式

政府信息资源市场化开发是将市场机制引入信息资源开发，它并不意味着政府在开发中没有作用，而是在明确政府信息公开和服务的公共责任前提下，充分发挥市场的配置作用，实现政府信息资源的增值。虽然，政府拥有全社会80%以上的信息资源，但就政府本身而言，将潜在的信息资源转化为具有增值效益的信息产品或服务是十分困难的；“企业家能够更好地沟通信息资源与用户潜在需求间的联系，并知道如何对信息资源进行筛选、组织、加工并创造最终能使用户受益的业务。”③相关企业的经验、技术能够很好地促进政府信息资源的开发和增值服务，政府信息资源市场化开发除了向信息企业供给外，还可向非营利组织提供。

政府信息资源市场化开发具有多元化主体，其主要方式包括三种类型：商业化开发、公益性开发和多元化联合开发。商业化开发方式解决了政府自身开发精力不足的问题，提高政府信息资源的开发效率。它既允许信息企业通过公共信息市场交易获取利润；也可以补充和完善政府的信息服务。④ 公

---

① 白文琳．政府信息资源开发服务的政策思路及其初步设计[J]．电子政务，2012(04)：23-29.

② 周毅．转型中的政府信息资源规划：现状与构想[J]．情报资料工作，2011(04)：64-68.

③ [美]彼得·德鲁克．创新与企业家精神[M]．北京：机械工业出版社，2010.

④ 夏义堃．公共信息资源市场化开发利用的内涵、渠道及制约因素分析[J]．情报理论与实践，2008(03)：8-11.

益性开发模式主要是由政府部门鼓励非营利组织依据市场需求，以为公众提供信息服务为原则，对政府信息资源进行整合开发。多元主体合作开发是政府信息资源特性和社会公众信息需求要求的结果，单一主体的开发形式难以全面满足各方的需求。因而，政府信息资源开发需要尽可能多的参与主体、更多的开发形式和方式的综合运用，从而最大化地满足个人和社会的需要。①

3. *政府信息资源开发的信息机构模式*

这一模式中的信息机构主要是指公共图书馆、档案馆等公共信息机构。这类主体本身具有一定的政府信息资源开发责任和经验，同时也具有相当的社会影响力，在政府信息资源开发中具有一定的优势。这里以图书馆为例进行说明。

政府信息资源图书馆开发是以图书馆为开发主体及传播渠道，根据政府信息用户的需求，以公益服务为目的，对各种政府信息资源进行开发。② 图书馆对于信息资源开发具有丰富的经验，并且我国《政府信息公开条例》中明确指出公共图书馆是政府信息公开的重要场所之一，图书馆开发模式具有丰富的开发资源。

政府信息资源图书馆开发模式的内容包括信息资源的采集、信息资源组织、信息资源服务与共享等。图书馆政府信息资源服务是以用户的需求为导向，可分为基础政府信息服务和增值政府信息服务，前者主要是提供原生态的信息，后者是在信息加工、再开发的基础上，生产增值信息产品，例如政府信息个性化服务、政府信息定题服务等。图书馆政府信息资源共享是图书馆与其他机构之间实现信息流通共享，运用多机构力量，开发信息资源，满足用户信息需求。

政府信息资源图书馆开发模式依据不同的标准可分为不同的类型，例如针对用户的需求不同可分为面向公众型、面向政府型、面向企业型等；依据开发的信息资源类型不同可分为网络政府信息资源开发和非网络政府信息资源开发等。

(三)依据政府信息资源开发的目的和性质视角划分

依据政府信息资源开发目的性质不同，政府信息资源开发可分为公益性

---

① 金蔚红. 略论当前资源配置方式的有效选择[J]. 综合竞争力，2010(06)：35-36.

② 彭国莉. 政府信息资源的图书馆开发利用模式研究[M]. 北京：中国社会科学出版社，2018.

和商业性两种模式，前者主要是为实现社会公共利益，后者主要是为实现信息资源的商业利益。

1. 政府信息资源开发的公益性模式

所谓公益性是指某种事物的存在及其行为所表现出来的有益于公众利益的属性。① 政府信息资源公益性开发是以公众受益和社会效益为目的，以政府信息为基础资源，采用非营利方式向公众提供普遍的信息产品和服务以及为提供这种服务所进行的相关开发活动。② 其基本内涵包括以下几个方面：①开发目的的非营利性，政府信息资源公益性开发是为保障公众的信息权益，满足公众社会生活中的信息需求。②开发主体的广泛性，政府信息资源公益性开发的主体除了政府本身外，还包括档案馆、图书馆等公共事业部门、非营利组织、信息企业以及公众等公益性机构和个人，同时，还有以公益为目的的营利组织。③开发方式的公益性，开发主体通过对政府信息资源进行加工处理，生成信息产品，再以免费或者极低的价格提供给社会公众。

政府信息资源公益性开发具有多元化的主体，包括政府、非营利组织以及一些营利组织。非营利组织进行政府信息资源公益性开发需要获得政府的授权或委托，由于公益的性质，在经费上，一般需要政府给予一定的支持。在非营利组织中，公共图书馆、档案馆的开发优势更为明显，二者都是政府规定的信息公开查阅场所，并且对于信息资源二次开发利用都有丰富的经验，是政府信息资源公益性开发的重要部门。此外，我国各级信息中心也是这种开发模式的重要组成队伍之一；我国已经形成了国家、省、市、县四级政府信息中心格局，在各级政府推进社会信息化建设中发挥了信息源、智囊团和思想库的主力军作用，是信息资源开发的重要力量。同时，一些营利组织基于公益原则也可以参与政府信息资源公益性开发。尤其是对于承担和参与政府信息化和电子政务建设的IT企业而言，他们具备信息系统和信息网络应用开发的成熟经验和研发团队，熟悉政府行政体制和政务流程，使之能够胜任政府信息资源和数据资料的公益性开发。③

政府信息资源公益性开发的开发方式也呈现多样化的特点。①网站。网

① 蒋永福．政府信息资源开发利用若干重大问题研究［J］．图书与情报，2008（02）：6-9.

② 王璟璇．我国政府信息资源公益性开发保障机制探讨［J］．图书情报工作，2010，54(21)：117-121.

③ 朱锐勋．政府信息资源开发模式比较研究［M］．北京：国家行政学院出版社，2016：154.

站开发方式现已成为政府进行信息开发服务的普遍方式，网站开发方式在信息资源的交流、共享方面具有丰富的优点，如：用户广泛、展现形式多样、不受时空限制、可用空间大、成本较低、信息集中等。一般，网站开发方式还集合了搜索工具、订阅服务、咨询服务、信息反馈、信息社区等功能。① ②数据库。数据库是存储、组织和管理数据的仓库，具有空间容量大、功能齐全、更新速度快等优点，采用数据库开发方式便于对庞大的政府信息资源进行管理、开发，也能够在不同机构间进行流通，对于用户的搜索查询也能很快给予结果。③咨询服务。这种方式通过与用户进行直接的沟通交流，更快地了解用户的信息需求，更好地发挥开发主体的团队优势，保障服务质量。④出版物。虽然，现代技术的发展使传统出版物的地位有所下降，但它相较于网站、数据库等方式，没有对计算机、网络的依赖，一定程度上能避免某些风险，在政府信息资源公益性开发中也有着重要的作用。随着信息技术的发展，政府信息资源公益性开发方式也在不断丰富，除上述方式外，还有移动互联网、博客、建立统一信息发布平台等方式。在实际开发过程中，这些开发方式往往是多种同时使用，以便满足用户多样的信息需求，提高开发效率。

2. 政府信息资源开发的商业化模式

政府信息资源开发的商业化模式是实现政府信息资源资产价值的重要途径，它能激活现有的政府信息资源管理体制，促进政府、企业以及社会在信息资源开发利用的合作。国外有学者认为，政府信息资源开发的商业化模式主要有两方面含义：一是私营部门通过公共信息市场交易牟取利润；二是政府为获取额外的财务资源而面向公众提供其拥有的信息，企业则借此通过信息形式和内容两种方式进行信息增值活动，然后再由政府以市场价格出售这些信息产品②。政府信息资源开发的商业化模式的含义强调以下几个方面：①市场主体的加入，允许私人企业、社会组织参与政府信息资源的开发；②引入私人资本，不再是单一的公共财政投入；③引入价格机制，在政府信息商业化开发中实施一定的收费政策；④追求利润，获得盈利是其主要目的。

一般来说，政府信息资源商业化开发主要有两种方式：一种是政府自身

① 刘莉．欧美政府信息资源公益性开发利用研究[J]．档案管理，2011(03)：66-69.

② Pas J, Rechten L. The Commercialization of Government Information and the Proposal for A Directive COM (2002) 207 by the European Commission[EB/OL]. [2019-07-18]. http://www.austli. i edu.au/au/journals/MurUEJL/2002 /48.

的商业化信息增值开发，另一种是通过合同外包、特许经营、用者付费、民营化等市场化模式开发。前一种方式在我国应用较少，政府精力与资金难以支持部门本身完成这项工作，即使是在欧美发达国家，社会公众、企业以及政府自身也不提倡政府部门直接参与公共信息资源的商业化开发。为了破除信息资源开发中的政府垄断，提高开发效率，只有以政府与企业合作开发的模式促进政府信息资源的增值开发。

(1)合同外包。作为组织战略管理的一种特定形式，合同外包的实质是运用市场或私人企业提供公共物品和公共服务，其主导思想是公共服务的去行政化，即为提升公共服务质量将原先由政府所垄断的公共产品和公共服务的生产权和提供权向企业、社会组织部分地转让。① 政府作为委托人，事先确定政府信息资源开发项目的数量和质量标准，通过公开招标的形式对外寻找承包商，中标的承包商和政府签订合同，向公众提供信息服务。

采取合同外包模式提供服务要满足三个基本条件：服务是硬性的，即服务的要求和标准能够被清晰地表述；监督成本不是很高；存在一个提供服务的竞争性市场。② 合同外包模式的成功受多种因素的影响，特别是双方对合同的有效履行，政府必须对合同外包实施全过程的监督，尤其是合同的拟定、招标和遴选、绩效监督、风险防范等环节，每一步都不可大意。

(2)特许经营。对于政府信息资源开发来说，特许经营是指不需要动用公共财政购买商业化的信息资源和信息服务，而是以向企业特许一定期限的经营权的形式，吸引其参与信息资源开发并按照约定提供信息服务。简单来说，特权经营是政府向企业授予特定经营权，允许其进行信息资源开发。特许经营包含两种授权模式：直接特许和区域特许。直接特许是对某一专项任务和服务，直接授予申请者长期或短期的经营权，其资源开发与服务都由承担方直接负责。区域特许是对某一区域内的信息服务由特许者将在指定区域内的独家特许经营权授予被特许者，具体的开发和服务都由该被特许者自主管理。③ 政府部门中例如气象、供水、供气、公共交通信息等数量大、增长快、可开发程度高的政府信息资源，都可以采用特许经营的

① 朱锐勋．政府信息资源开发模式比较研究[M]．北京：国家行政学院出版社，2016：158.

② Lavery K. *Smart Contracting for Local Government Services*[M]. Praeger Publishers, 1999：11-13.

③ 朱锐勋．政府信息资源开发模式比较研究[M]．北京：国家行政学院出版社，2016：136.

服务形式。

(3)用者付费。用者付费是指政府借助市场机制对一些公共设施、公共服务以及公共物品等确定其价格范围和供应主体，由使用者或行为者支付费用，其主要目的是通过用者付费把价格机制引入到公共服务中来。用者付费可以作为税收的另一种形式，增加政府的财政收入，许多欧洲国家都允许政府部门通过提供有偿信息服务来获取盈利；同时，也能够避免提供免费公共服务造成的资源配置泛滥和浪费；此外，用者付费中定价与付费的模式也使市场机制更好地在公共服务领域运用。目前国际范围内针对政府信息再利用和商业化开发有三类收费政策：一是收取边际成本(即提供服务如数据处理、拷贝及相应的材料费)；二是收取(或试图收取)全部成本(包括信息的生产成本)；三是介于两者之间的回收部分生产成本。①

当然，并不是所有的政府信息服务都能够采取用者付费的模式，例如政府信息公开目录范围内的信息或应义务、免费向公众公开的信息，不应纳入收费范围内，政府在采用用者付费模式时要充分考虑信息服务的边际成本、费用与利用率的关系、信息的公益性、公众的付费意识等相关因素，制定合理的收费标准。

(4)民营化。民营化即私营化或私有化。某些公众认为政府部门运转的呆滞性使政府部门信息资源服务失效，为了提高政府公共服务效率和政府部门生产力，要对政府部门进行企业制改革。当然，在实践中，纯粹的政府部门民营化是不存在的，在某些特定的公共服务中引入企业化经营方式确实能够提升公共服务的效能。澳大利亚学者休斯认为一个典型的民营化行为包含：出售公共资产；放松管制，开放国家垄断企业引入更多的竞争；合同转包方式、由私营部门提供公共服务；联合使用公共部门和私营部门财政经费的资本计划；减少补贴或引入使用者付费机制等方式和内容。②

政府在推进政府部门民营化过程中，要注意防止政府公共责任的空白。公共部门民营化改革不能以牺牲政府公共责任为代价。在政府信息资源开发和民营化信息服务中，政府部门的职权作用虽然有所淡出，但政府本身职责范围内的公共财政保障和责任义务是不可忽视的，政府部门具有对民营化信息服务的责任监管，保障向公众提供及时有效的信息服务，保护社会的公共利益。

---

① 陈雅芝．政府信息资源商业化开发模式探讨[J]．图书与情报，2010(02)：41-46.

② [澳] 欧文·E·休斯．公共管理导论[M]．北京：中国人民大学出版社，2001：136.

第九章 企业信息资源建设

企业信息资源是企业在生产和经营活动中所产生、获取、处理、存储、传输和使用的各种文件、资料、图表和数据等信息的总称。企业信息资源与企业的人力、财力、物力和自然资源一样，是企业的重要资源。然而信息资源因其具有可再生性、无限性、可共享性并且可以决定其他资源的调拨、配置和价值发挥，因而正逐步取代工业经济时期的物质资源而对企业生存和发展起着决定性的作用。对信息资源的占有、开发、利用程度直接决定了企业生产经营水平、开发创新能力等综合竞争能力的强弱。因此，企业信息资源建设是企业信息管理的重要内容，用信息资源建设的理论指导企业信息资源开发和利用的实践，对于企业充分、高效、快速地创造、收集、组织、加工和转化信息资源，具有重要意义。

第一节 企业信息资源的特点、来源与构成

一、企业信息资源的特点

企业信息资源与图书馆、信息(情报)中心等信息服务机构的信息资源不同，企业信息资源产生于企业的生产与经营活动之中，既有来自企业内部的信息，也有来自外部环境的信息。这些信息经过企业选择、收集、组织、加工以后形成资源体系，具有以下特点：

(一)时效性

企业信息资源也遵循信息的生命周期。由于企业所面临的信息环境、信息需求、决策支持都处于快速的变化之中，因而企业信息资源特别强调时效性。信息资源效用的发挥及其程度取决于能否用快速而正确的方法和技术进

行信息的组织分析和加工，并及时传递给正确的组织和人。因此，保证信息资源的时效性除了要注意信息资源本身的时效性外，还要确保能对信息资源及时进行组织、加工，并及时地进行配置和传递利用，这些必须依托于组织完善的信息资源建设流程和相应的信息系统等软硬件设施。

(二)决策性

企业的生产和经营活动离不开信息资源决策功能的发挥。在决策中，企业决策者能否具有较强的应变能力，对不断变化的环境做出迅速的反应，不失时机地采取对策，关键在于能否及时掌握关键的信息资源。要选择对决策具有直接意义、参考价值、实际作用，能体现最新情况的高质量的信息资源。既包括正面的信息资源，也包括负面的信息资源，既来自企业内部，也可能来源企业的外部。这就决定了企业信息资源建设在收集和获取信息资源时，要有明确的目标和任务导向，按照收集目标确定收集的范围，筛选有用的、专指性的信息资源，有针对性地为决策服务。同时要强调信息收集的全面性、系统性、连续性和持久性。信息资源的收集工作要根据收集目标进行大面积扫描。只有在大面积扫描的基础上再进行深入搜寻，才能防止重要信息资源被遗漏。同时要采用各种方式收集信息资源，不断开拓信息资源收集的领域，从多方面收集信息资源，从而保证信息资源来源的全面性。在收集信息资源时，对决策对象和环境发展变化的一系列动态状况和变化特征，要求进行系统的收集，并非漫无目的、无所不包、贪多求全，而是要求所收集的信息资源能够系统地反映决策对象和环境在一定时期变化的概貌。对于特定的信息资源利用场景，需要有相当的时间阶段才能显示出其规律性，需要按照时间序列定期或不定期收集信息资源，保证信息资源的连续性和持久性，才能有效支持决策。

(三)共享性

企业信息资源的共享性表现为组织中多人可以出于不同的目的共同使用相同的信息资源，使得信息资源本身不仅没有损耗，反而实现增值、发挥效用，这是由信息资源本身的非排他性决定的。在企业中，信息资源的共享性体现在两个方面。一方面，在企业内部，许多信息资源可以被各个部门使用，从而保证决策的一致性和行为的协同性；另一方面，企业与外部环境之间的信息资源能够互相交换，共同开发和利用。当然，共享性并不意味着企业所有信息资源在企业内部都是开放共享的。有些信息资源则具有保密性，由专人保管，由有权限的人专用。因此，企业信息资源的共享性是具有一定的条件的。在信息资源建设中，需要考虑特定信息资源存取的权限设置，并辅以信息安全管理的技术、手段和流程。企业重要信息资源的非法交易、非法窃取和不当共享，可能会给企业带来难以估量的损失，所以企业信息资源的保密管理和安全网络建设至关重要。

(四)可存储性

企业信息资源的可存储性是可传递和可获取的基础和依托，或者说，信息资源的有效保存为信息资源的获取利用提供了保障。可存储性表现在两个方面，一方面，企业的信息资源是显性的，是以文字、数字、图形、声音和符号等形式存在的，因此信息资源必须借助于各种媒体才能存在和传输，并由此产生各种存储方式，特别是当今云存储技术的普及和应用，许多企业通过购买和租赁存储空间的方式将信息资源存储于云端，即把信息资源存放在通常由第三方托管的多台虚拟服务器，而非专属服务器上，满足信息资源特别是大数据资源对存储的需求；另一方面，信息资源的存储是保障信息资源永久利用的前提和基础，要求确保信息资源内容的真实性和安全性。企业云存储方案带来了信息安全方面的新问题，例如身份认证和访问控制问题、信息资源存储和传输的保密性问题、商业信息和隐私泄露风险、数据隔离问题以及非法访问或破坏等应用安全问题。

二、企业信息资源的类型

按照不同的标准，企业信息资源可以划分为不同的类型。

(1)按信息的可保存性

企业信息资源可分为正式记录的信息资源，非正式记录的信息资源。前者是以可以保存的形式记录的信息资源，如各种印刷品、缩微品、声像品、机读载体的文档、资料或出版物；后者指的是没有或没有正式记录，无法保存的信息资源，如实物、会议、电话、口头交流。

(2)按信息资源产生的时间顺序

企业信息资源可分为先导信息资源、实时信息资源、滞后信息资源。先导信息资源是产生时间先于社会活动的信息资源，如天气预报、科学展望、市场预测等；实时信息资源是指在企业活动过程中产生的信息资源，如实验记录、产品、讲座或报告等；滞后信息资源是指某一社会活动完成之后产生的反映这一活动的信息资源，如报刊、会议论文等。

(3)按信息的存在形式

企业信息资源可以分为记录型信息资源、实物型信息资源和思维型信息资源。记录型信息资源包括以下几方面：

按记录信息的方法，有手写品、雕刻品、印刷品、光学缩微品、磁录品等；按记录信息的形式分，有文字型、声频型、视频型、代码型等；按载体材料分，有纸质型、感光材料型、磁性材料型等；按记录信息的出版形式分，有图书、期刊、报告、学位论文、会议记录、专刊说明书、技术标准等；按记录和存储信息的内容分，有科技、商业、管理等信息资源；按记录的整体功能分有公开、内部、保密各种级别等。

实物型信息资源一般指的是以物质实体形式存在的信息资源，如企业各种样品、产品等。

思维型信息资源是存在于人脑之中的信息资源，是人们对自然界和社会活动的分析、综合、推理等思维活动的结果，一般以口头形式表现。人脑信息资源是客观存在的，但在企业信息资源开发中受到多重因素的限制。

(4)按照资源加工程度

企业信息资源可分为原始信息资源、一次信息资源、二次信息资源和创造性信息资源。企业根据自身不同的需求对各类型信息资源进行不同程度的加工、分析、重组。

原始信息资源是未经加工和组织的信息资源，例如从传感器直接采集的数据就属于原始信息资源、服务器上的用户日志数据等，这类信息资源是分散的、无序的，具有客观性、零散性和表象性等特点。

一次信息资源是以原始信息资源为基础，对信息资源进行粗加工，经过各种方式表达的信息资源。这类信息资源未经系统化的组织和处理，具有原创性、表达性等特点。企业信息资源中，谈话演讲、录音录像、手稿笔记等都属于此类信息资源。

二次信息资源是指在一次信息资源基础上，进行系统化的加工整理和提炼压缩所得到的产物，具有系统性、完整性和知识性的特点。如将手稿整理成文件或报告、将录音整理成会议记录。企业决策常用的各类型报告，如年度报告、财务报告、行业报告、科技报告等，还有研发所需的论文、专利、标准等都属于二次信息资源。

创造性信息资源是指在原始信息资源、一次信息资源和二次信息资源的基础上，根据企业需求进行综合加工、整理、标引、汇编等深层次加工，产生系统化、创造性的成果，具有综合性、专题性的特点。一般有明确的问题导向性，用以支持企业在快速变化的商业环境中进行科学而精准的决策，企业中决策所依据的仪表板就属于此类信息资源。

三、企业信息资源的构成

信息资源是决策的依据，企业信息资源建设的目的就是为管理决策提供信息支持。决策本身也包含信息资源，决策的结果导致对象状态的变化，产生新的信息资源，因此，信息资源与决策存在互为依存的关系，如图 9-2 所示。

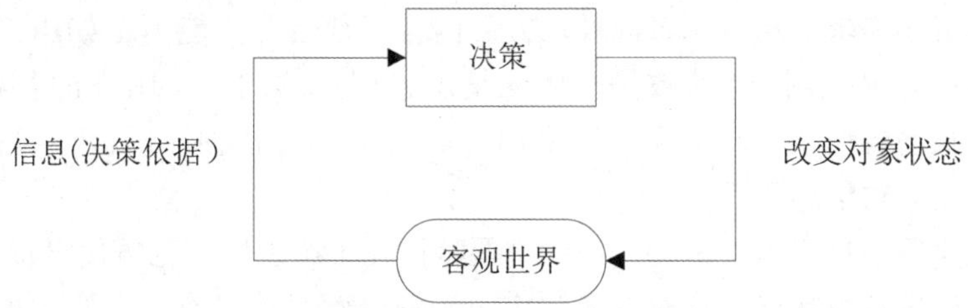

图 9-2　信息资源与决策

企业管理的决策分为不同的层次，有战略性决策，也有战术性决策，还有许多业务性决策。而无论哪一个层次的决策，都既需要有来自企业内部的信息，也需要有来自企业外部环境的信息。因此，企业信息资源按照其来源主要有企业内部信息资源和企业外部信息资源两大类①。

企业内部信息资源是指由企业内部产生的各种信息资源，它是企业目前基本状况和企业经济活动相关的信息，企业状况信息包括企业基本情况，如人、财、物的构成，企业规模等。企业经济活动信息包括供、产、销等生产经营信息，财务核算信息及生产工艺、设备、安全、质量、技术改造、新产品开发等信息。具体而言，企业内部信息包括：生产信息、会计信息、营销信息、技术信息、人才信息。随着企业信息化的深入和物联网、云计算等技术的应用和普及，企业内部信息的主要形式多为大批量的过程性原始数据，这类资源数量大、实时更新。

企业外部信息资源是指企业以外产生但与企业运行环境相关的各种信息资源。其主要职能是在企业经营决策时作为分析企业外部条件的依据，尤其是在确定企业中长期战略目标和计划时起着重要作用。企业外部信息资源主要包括：

(1)宏观社会环境信息资源。包括国内政治经济形势、社会文化状况、法律环境等信息资源。

(2)科学技术发展信息资源。包括与企业经营相关的科学技术发展的信息，这些信息往往展示了产品发展的方向，在新产品研发中发挥重要作用。

(3)生产资源分布与生产信息。主要包括企业正常生产所需要的设备、原料、外购元器件和零部件、能源等物资的供应和来源分布。

① 柯平，高洁．信息管理概论(第 2 版)[M]．北京：科学出版社，2007：253-254.

(4)市场信息资源。这是营销信息资源的主体，它集中反映商品供需关系和发展趋势。主要包括：

①市场需求信息资源。涉及三方面内容：社会购买能力，如用户(包括个人用户与单位用户)的数量与收入情况、用户的构成、用户的各种分布等；购买动机信息资源，反映产生用户购买动机的各种原因，如各种偏好等；潜在需求信息资源。

②竞争信息资源。市场经济的主要特征在于竞争性，竞争信息资源主要反映了市场竞争状况，这对企业制定正确的经营对策具有十分重要的意义。竞争信息资源包括：市场分布信息资源，它反映了市场的基本结构，反映了各种产品的市场占有率；竞争对手的基本情况，如竞争对手的数量、地域分布、生产规模与能力、资金情况、技术水平与装备、产品性能与价格、市场占有率、经营策略与手段、服务情况等信息。

③用户信息资源。包括企业用户的基本情况和潜在用户的分布状况，用户的主要特点和支付能力、信用程度等方面的测评。

四、企业信息资源的三维属性

信息资源是企业管理信息系统的研究对象，管理信息系统通过提供管理信息资源实现其价值。信息资源的价值通常与时间、内容和形式密切相关，这就是信息资源的三维属性，如图9-3所示①。

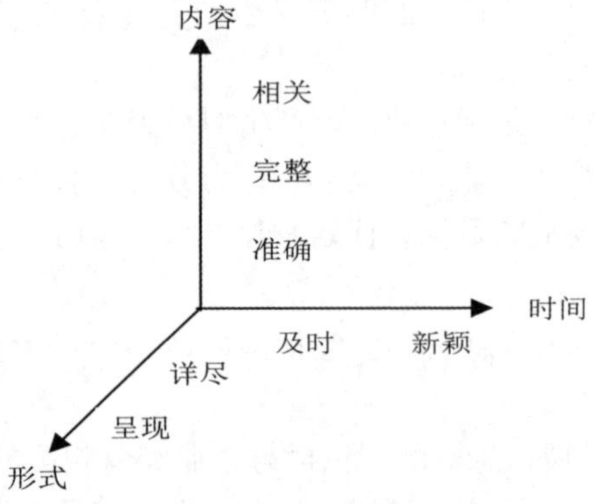

图9-3 企业信息资源的三个维度

① 葛世伦．企业管理信息系统——理论、方法与模型[M]．北京：科学出版社，2010：7.

(1)时间属性

信息资源的时间属性包括及时性和新颖性两个方面。及时性的含义在于人们需要的时候拥有信息资源，及时的信息资源对于人们正确的决策非常重要。比如，在企业做订货决策时，需要现有库存量及订货周期、订货批量及日需要量等信息资源。新颖性的含义在于获得以往所未知的信息资源，新颖性越强，信息资源量越大，价值越高，如，企业在做订货决策时，需要了解市场供求变化的趋势及价格走势。

(2)内容属性

信息资源的内容属性包含信息资源的真实性、完整性和相关性三个方面。信息资源要真实反映客观实际，虚假信息资源不仅没用，反而有害，错误的信息资源导致错误的决策。虚伪、浮夸的信息资源曾给我国经济建设带来巨大的损害。企业管理信息资源系统若不能提供真实的企业信息资源，就不能为企业的管理决策提供支持，这样的系统，不但没有用反而有害。因此，管理信息资源系统要真实地反映企业的状态。完整性是指为了最大程度地减少不确定性，需要掌握更多的与信息资源使用者管理决策相关的信息资源，或者说相关信息资源的完备程度。如，财务主管在进行资金的筹措决策时，需要掌握企业的现金、银行存款状况，企业的采购资金、日常运行、基本建设等资金需求及资金筹措的方式与成本等方面的相关信息资源。相关性是指与管理者管理决策的相关程度，在上述的企业筹资决策中，与企业资金状况及资金需求的相关性强，与筹措方式的相关性低。

(3)形式属性

信息资源的形式属性包括信息资源的详尽性和呈现性两个方面。详尽性是指信息资源的详细程度，也称信息资源的粒度大小。对于不同层次的管理者，对信息资源需求的详细程度是不同的。如，对于库存保管员而言，需要逐一了解各物料的入库、出库及库存状况，而对于物供处长而言，仅需要了解某一时段，如一个月汇总的入库、出库及库存状况，而无需逐一了解每一笔入库、出库信息资源。信息资源的呈现性：是指以最适当的形式提供给管理者，信息资源的呈现形式有数字、表格、图像与声音。管理信息资源系统对输出的信息资源尽可能以简单、清晰、直观、明了的方式予以表达，通常采用账、表、图形的形式予以反映。

第二节　企业信息资源建设的基本理论

企业信息资源建设，就是对企业内外处于无序状态的各种媒介、不同来源和类型多样的信息进行选择、采集、组织和开发等活动，使之成为可创造直接或潜在价值信息资源体系的全过程。

一、企业信息资源建设为企业赢得竞争优势

企业信息资源是企业生存与发展不可或缺的战略资源。汽车行业的丰田、零售行业的沃尔玛、电商领域的阿里巴巴、饮料领域的可口可乐、移动通信的腾讯以及移动支付的支付宝等被认为具有超越其他公司的竞争优势，其核心“秘密”就是他们拥有出众的知识和信息资产。企业进行信息资源建设的根本原因是可以帮助企业培育核心竞争力，更加高效地汇集和利用信息资源并发挥其最大的效用，转化为价值。低成本领先、产品差异化、聚焦细分市场，以及加强与客户与供应商的亲密关系是企业常用的竞争战略，而这四种竞争战略无一不体现出信息资源建设发挥的重要作用①。

(1)低成本领先

利用对信息资源的采集和分析，可以让企业获得最低的运行成本和让用户获得最低的价格。例如沃尔玛，运用库存补充系统，时刻掌握商品价格、货架信息，沃尔玛成为美国零售业的领导者。当客户在收银台购买商品后，沃尔玛的不间断补货系统就会立即将新货订单发送给供应商。销售终端系统记录了每一件结账商品的条码，并直接发送一个交易记录给公司总部的中央计算机。随后，中央计算机系统搜集所有沃尔玛门店的订单，并传送给供应商。供应商也可以随时获得沃尔玛的销售和库存信息。基于此，沃尔玛可以通过促进信息资源的采集、互通和共享，迅速补充库存，并无须花费很多资金在仓库中存放大量的商品，还可以让沃尔玛根据客户的需求调整库存，使得沃尔玛获得低成本领先的竞争优势，其管理成本只占销售收入的16.6%，低于零售行业平均运营成本的20.7%。由此，沃尔玛的不间断补货系统就逐渐构建起一个高效客户响应系统，通过信息资源的采集和共享，将客户行为与分销、生产和供应链紧密连接在一起，从而建立高效的客户响应机制。

(2)产品差异化

企业可以开发出基于信息资源开发和分析的新产品和新服务，可以大大改善客户使用现有产品和服务的方便性。例如支付宝大大简化了买家向卖家的支付方式，扫码支付、指纹识别等更是简化了支付的流程，也提升了购物体验，在国内外的大型商场里迅速普及。苹果手机开启了智能手机的先河，

① [美]肯尼斯·劳顿，[美]简·劳顿. 管理信息系统(第13版)[M]. 黄丽华等，译. 北京：机械工业出版社，2015：72-73.

整合了上网、照相机、音乐播放器，可以安装各种功能的 APP。制造企业零售企业正在利用用户的信息创造出定制化和个性化的产品和服务，以满足单个客户独特的明确需求。例如，耐克在它的网站上通过 NIKEiD 项目出售的个性化运动鞋，都是通过获得客户关于运动鞋的种类、颜色、材质、鞋底等信息，析出定制化的运动鞋需求，将需求发给中国和韩国的工厂。利用和大批量生产时一样的资源，但通过信息资源的获取和利用，提供个性化的商品和服务的能力就可以为规模化定制服务。

(3)聚焦细分市场

企业能利用信息资源进行深度分析和挖掘，聚焦于某一特定市场，比竞争对手更好地服务这个细分的目标市场，从而获得竞争优势。通过分析精准的销售和市场数据，例如精确分析客户购买模式、口味和偏好等，从而能针对越来越细分的目标市场，投放有效的广告并开展营销活动。

这些信息资源来源多种，包括各类型数据资源，如信用卡交易数据、人口统计数据、超市和零售商店的结账信息，以及人们访问网站和与网站交互时收集到的信息。复杂的数据挖掘分析软件工具能从这些大量数据中发现消费模式和内在规则，帮助企业科学精准决策。数据分析应用于信息资源的分析和利用促生了一对一营销，创造了基于个人偏好的个人信息分析。例如希尔顿酒店通过 OnQ 系统收集并分析活跃客户的所有数据，来确定每一个客户的喜好和价值。利用这些信息，希尔顿给最有价值的客户提供一些附加的优惠，例如延迟退房等。

(4)加强与客户和供应商的亲密关系

企业可以利用信息资源来强化与供应商的联系，并发展与客户之间的亲密关系。克莱斯勒公司就让其供应商可以获得他们的生产调度计划，甚至容许供应商自行决定如何以及何时将产品运至克莱斯勒的工厂，这让供应商在生产产品时有了更多的提前期。Netflix 公司保存了客户观看电影等视频的大量偏好记录，并能把其他人观看的产品推荐给客户。建立与客户和供应商的紧密联系，将会增加消费者的转换成本和信息粘性，提高消费者对公司的忠诚度。也有企业会综合上述多种战略，比如星巴克。互联网的出现，企业间的竞争对抗日益激烈，特别是信息的互通快捷和便利，每个企业都希望通过最大限度的发挥信息资源的潜在价值，赢得竞争的先机。企业建设和开发信息资源成为必然。

二、影响企业信息资源建设的主要因素

企业的生存脱离不了企业的环境，企业信息资源建设需要考虑以下

因素。

1. 政策法规因素

企业开发利用信息资源，必须遵守国家相关的法律法规，合理规避可能的风险因素。企业可能会出于经营的需要而获取用户的行为数据、挖掘用户的个人偏好，这就可能涉及用户的个人隐私问题。企业应遵守相关的法律法规以及商业伦理，合理地进行信息资源开发和利用。

在大数据时代，手机、电脑、电视机、可穿戴设备等信息化设备都接入网络，随着物联网的发展，万物互联将是趋势。随着个人信息不断被各种经营者采集，这些看起来是零散的数据被汇总、挖掘、分析，也就是大数据的商业化，每个人就变成了“透明人”。这些数据虽然可以被企业开发利用创造价值，但也存在被不正当使用、披露或者泄露的风险。企业可能会出于商业利益，存在过度采集客户的个人信息、擅自提供和交易个人信息、泄露用户个人信息等问题。

除了个人信息保护的问题之外，还有知识产权问题，涉及商业秘密、版权法、专利法等问题。因此，企业在进行信息资源建设时，既要最大限度地发挥信息资源的效用，又要在既有的法律法规的框架内活动，并遵守相应的商业伦理，构建良好的社会生态体系。

2. 信息技术因素

企业信息资源建设要以信息技术作为保证，信息技术的发展直接影响到企业信息资源的结构和分布，以及资源建设的全部流程，信息资源开发和利用的过程和结果都对信息技术有极强的依赖。信息资源建设和开发的程度也受到信息技术的制约，信息技术的发展程度，不仅是应用技术的发展，还有信息基础设施和设备的发展都会直接影响到企业信息资源建设和利用的成效。

与此同时，信息技术快速发展也给企业信息资源建设带来了风险。一方面，各个企业可能将信息技术应用于其核心生产过程，其结果是加大了对信息技术的依赖性，因信息系统错误和低质量数据而造成的脆弱性。而社会规则和法律还没有对这种技术依赖性进行调整，保障信息技术的更新和使用、确保信息系统的可靠性和准确性的标准还未被普遍接受或推行。另一方面，数据存储技术的进步和存储成本的快速下降使得企业能够维护更大量的数据库，企业可以比以往任何时候都容易汇总和组合存储在云端的如金字塔形的海量数据。这些数据，包括关于员工、客户和潜在客户的数据库。数据存储的进步使侵犯个人隐私的违法行为更便利、更便宜，而云端又易于分享和关联，不仅可以精准地识别客户，而且还可以准确地进行客户行为的预测，对用户进行精准画像，这也会给个人信息安全带来更大的隐患。

3. 经济文化因素

社会经济文化也会影响企业的信息资源建设和开发利用。在经济方面，企业引入先进的信息技术进行系统的信息资源建设需要大量的投入，而且是不间断的持续投入，但与此同时，信息资源的有效开发和利用会给企业带来丰厚的利润回报，企业需要考虑成本收益的问题。大数据和移动互联网产生了方便和丰富的应用，企业需要投入大量的资金以采集、获取组织和整合基础数据，使得数据能足够“大”以发挥大数据的作用进行数据挖掘和知识发现，因此企业往往前期不计成本，充分挖掘市场价值和潜力。同时，由于企业重要的信息和知识资源是企业的核心竞争力，能为企业创造重要的经济价值，对这部分资源企业既需要专门的投入进行开发和利用，同时又要专门进行保管和维护，确保这部分资源的安全可靠和合理使用。

在文化方面，企业中的信息权利可能集中于少数的私有寡头手中，包括企业组织内部，这导致了信息资源的分布和配置的不均衡；信息资源共享和开发会不同程度地受到企业组织文化的影响，开放、分享和学习型的企业文化会有利于企业的信息资源建设各个环节，同时有效的企业信息资源规划和建设会推动企业组织架构和沟通模式的变革。信息资源开发和利用程度的另一个重要影响因素是人才，企业中各个职能部门、各个层级的人才的科学文化素质差异会影响到企业信息资源建设的认识态度和实施能力，进而影响企业信息资源建设的进度和效果。

三、企业信息资源建设的原则

企业信息资源建设是企业在市场化、信息化的环境中，为提升综合竞争能力，提高经济效益而进行的一项有目标、有规划、有组织的战略管理活动。企业信息资源建设应遵循以下原则：

(一)针对性和选择性

企业信息资源建设就是要为企业的生产经营服务，提升企业的适应能力、竞争能力和反应能力。但是企业内外的信息数量众多繁杂，所以企业信息资源建设必须要有的放矢，增强信息资源建设和开发的针对性，最大限度地从整体上满足企业发展的需要。首先要从企业的实际出发，根据企业的不同需求，有针对性、有重点和系统地规划信息资源建设。在需求上，要考虑不同部门、不同层面、不同角度的信息需求，在信息资源建设规划的基础上，进行整体信息架构，应用相应的信息技术，落实到具体的信息系统中予以实现。

在对信息进行选择时，既要根据企业的信息需求，考虑信息资源的内容、形式、范围、语种和深度，还要考虑进行信息资源建设的管理和维护成本，对其成效进行评估。要高度重视信息资源的质量，在进行信息资源建设规划时，应该建立有效的质量评估体系，对信息内容质量、易用性、来源的稳定性和连续性，以及信息资源的广度和深度等进行评估，不断优化企业信息资源体系。同时要有效过滤垃圾信息、无用信息和冗余信息，并重点考虑如何通过信息技术和信息系统，实现信息资源的有效配置。

(二)连续性和系统性

企业信息资源建设要尽可能的全面和系统。内外信息环境的不断变化，信息资源数量的快速增加，要求我们对各类信息源进行长期的跟踪、及时收割，发现新的适用信息就应该及时纳入信息资源体系中来，满足企业的需求。特别是大数据环境下，大数据如果不能及时获取和开发利用，其价值就难以发挥。只有保证企业信息资源建设的连续性和系统性，才能提供企业所需的及时、有效和实用的信息资源。

同时，企业信息资源建设牵扯到企业各个部门、各个环节，是一个复杂的、多因素的动态系统，因而要注意企业内外各个方面、各个环节的协调合作，沟通联系，提高信息资源建设的整体效益。要注意信息资源采集的系统性，以保证信息资源建设能够适应企业均衡发展的全方位需求。

(三)合作性和效益性

企业信息资源建设往往涉及企业多个部门，各部门之间要打破职能部门之间、上下级之间的信息不对称，在设计信息系统的同时建立完整而统一的信息资源体系，避免企业内部信息资源的重复建设和自我封闭。在进行数据挖掘时，要建立问题导向的信息资源统筹观，进行跨部门、跨系统的信息资源的重组和整合，最大限度地开发信息资源的价值。在信息资源建设中，坚持效益优先原则，信息资源建设前期的硬件软件投入相对较多，应处理好当前效益和长远效益的关系；涉及企业不同部门和不同层次的利益，要处理好局部利益和整体利益的关系。

第三节　企业信息资源的规划与采集

企业信息资源建设的过程是一个信息采集、整理、传播、存储、共享、创新和利用的过程。通过不断产生和挖掘管理信息或产品信息资源来反映企业活动的变化，不断满足企业不同用户依靠信息资源进行学习、创新和决策的迫切需要。企业信息资源建设的目的是建立可资利用的信息资源体系，为企业各项活动提供信息资源的有效支持，从而有助于企业创造新效益、新知识、新价值。企业信息资源建设就是围绕这个体系的形成、发展而进行的全部活动。企业信息资源的规划和采集是信息资源建设的最初环节，决定了企业实施信息资源建设的目标、范围和来源。

一、企业信息资源体系规划

企业信息资源建设首先需要规划企业信息资源体系，明确企业信息资源的需求即企业需要什么样的信息资源、企业信息资源采集的范围、目的和标准，提出本企业信息资源体系的构成，明确企业信息资源体系的类型和来源。在此基础上，制定信息资源建设计划，安排各类型信息资源的数量、比例、层次级别、轻重缓急，使得信息资源体系能紧密围绕着企业的战略目标，服务于企业的短期和长期的发展需要，形成有内在联系和特定功能的信息资源结构和信息资源体系，可持续为企业提供战略规划、决策支持和行动方案等智力、知识、信息和数据支持，并通过逐渐累积形成企业特定的竞争优势，不仅是企业获取、传播和生产各类型信息和知识的终极归宿，也是为不同需求、不同层级、不同部门的运行和发展提供信息服务的依托，连接了企业不同时空的相互依存、相互联系的整体化、综合化的信息资源体系。

企业信息资源体系规划，首先要调查和掌握企业各个部门对信息资源的需求以及使用信息资源的目的、是否产生信息资源及其类型和数量，并进行汇总，从而形成企业总体的信息资源需求。

由于信息资源的用途可能十分广泛，如战略规划、研究开发、市场营销、客户管理、技术评估等，所以在这一阶段，最重要的也是企业信息资源建设中最易忽略的一项工作是对企业内部信息资源需求的评估。这项工作通常有四个内容：确定最经常需要的信息资源、确定广泛使用的内部信息资源；确定内部的交流渠道和交流媒介；确定内部信息流。据此掌握企业整体信息资源需求的具体范围，确定核心信息资源需求和来源。从企业需求出发，规划企业信息资源体系是保证信息资源建设紧密围绕着企业发展需要提供所需要的信息资源，而不是提供所获得的所有信息资源。整合企业的信息资源需求，并拟定一个系统完备的信息资源采集、选择、组织、传递、保存和提供利用的计划方案，包括企业需要的信息资源的类型、数量、来源、主次等，并包括某些信息资源不能获取时的应急方案。比如，在得不到最佳信息源的情况下，应有提供第二选择的信息源。最后，明确信息资源的时间和空间规划，出于不同需求的、不同类型的信息资源的时效性不同、来源不同，针对需求，明确信息资源的收集范围、采集标准、更新频次、访问权限、保存级别，进而建立本企业信息资源构成的基本模式，制定信息资源建设计划，各类型信息资源的时空分布、数量比例和层次级别。

二、信息资源的选择与采集

根据拟定的企业信息资源规划，主要收集原始信息。这些原始信息大部分来源是公开渠道，即只要知道信息源，掌握一定的信息采集方法，任何人都能从中得到所需的信息资源。这些信息源主要包括政府网站、行业协会、报刊、年报、书籍、广播电视、数据库、开放数据平台等。通过合理合法的方式可以获得大部分所需信息，公开开放的信息源是企业信息资源收集的主要渠道。企业在采集信息资源的时候，信息资源就如同一个个碎片，企业需要从零散分布在不同地理空间的、不同信息源的信息分别进行拾取、选择、组织，就像完成拼图一样，才能在微观上满足企业特定的需求，在宏观上构成完整系统的信息资源体系。

企业信息资源的选择与采集包括以下几个方面：

(1)印刷型文献的选择与采集

对于企业而言，印刷型文献的选择与采集主要涉及和企业生产经营相关的业务和专业书籍和期刊等，以及满足企业员工文化生活和休闲娱乐的书籍和报刊等。企业对印刷型文献的采集除了特定的专业书籍外，对文献资源采集的系统性和全面性要求并不高，一般不考虑购买复本，而是用有限的经费购买尽量多的种类。同时，特别注重对本企业所产生的印刷型文献较为重视，如企业档案、内部参考等是信息资源收集的重点。

(2)电子出版物的选择与采集

专题数据库等电子资源是企业获得科技研发、产品开发、市场动向的重要来源，企业除了使用一些免费的电子资源外，也会考虑购买电子出版物的使用权，但与图书馆购买电子资源相比，企业电子出版物资源的获取会更多考虑成本收益，在购买方式和付费方式上会和图书馆会有很大不同，对特定电子资源的使用权限上也不会面向所有企业员工，而是限制在一定人数、部门和管理岗位上。同时，一些企业考虑信息资源的获取成本会依托公共图书馆的文献传递服务、定题跟踪服务等，满足其对专题数据库资源的存取需要。

(3)网络信息资源的选择与采集

网络中有很多公开的、有价值的信息资源可为企业快速、有效地捕获需求动态、市场竞争情况，但是网络中的信息数量庞大、更新迅速、类型多样，同时网络信息质量不一，充斥着大量虚假信息、失效信息，要从中甄别、选择出有价值的信息资源需要花费大量的时间和精力。企业开发和利用网络信息资源常常需要跟踪相对稳定的信息源，政府网站、竞争对手主页、行业和组织的网站等提供的信息资源稳定可靠，是企业重要的信息来源。同时，随着正式交流与非正式交流的界限日益模糊，社交网络也日益成为企业重视的网络信息资源，由于其信息传播力强、更新变化快，在企业实时追踪动态变化和挖掘人际网络信息资源等方面具有特别的优势。与此同时，由于社交网络具备较好的实时交互性，以用户对企业的产品和服务的反馈和评论为主所构成的用户生成内容(UGC)资源，成为企业获得客户直接反馈、产品效果评估、客户关系的重要信息源。

(4)数据资源的选择与采集

大数据时代，“大数据”既是一项技术也是一种资源。作为资源，“大数据”是需要新处理模式才能具有更强的决策力、洞察发现力和流程优化能力来适应海量、高增长率和多样化的信息资产。而作为技术，大数据是采集、处理、存储庞大数据并进行分析、应用的信息技术手段。随着新一代信息技术的迅速发展与普及，全球数据以“井喷式”的速度生产，据 IDC 发布的《数据时代 2025》显示，全球每年产生的数据将从 2018 年的 33ZB($1ZB = 10^{21}$字节)增长到 175ZB，相当于每天产生 491EB 的数据①。大数据资源日益成为企业重要的信息资源，但是从数据、信息、知识的比较可知，数据是信息和知识的原材料。信息资源建设也是数据的加工过程和产品。对于企业而言，数据作为一种资产是存在生命周期的，企业需要对数据的规划、数据生产、数据优化、数据退役进行全流程的管理，而在这个生命周期内，如何积极响应市场变化和业务需求、如何优化数据生成的质量和效率、怎样及时清退落后的产能是企业级数据生产必须要考虑的内容。

企业对数据资源的需求主要是应用于个性化营销、对客户价值的识别和挖掘、客户流失预警、数据驱动的精准广告、企业商业决策、库存管理和物流配送六个方面②，从大数据中提取析出价值，与以往的文献资源和信息资源不同，数据资源的需求与应用密切相关，换言之，企业数据资源建设是应用驱动的。企业进行大数据的分析和挖掘，就是以应用为依托的，企业要做好数据资源的采集、数据资源的管理和数据资源应用三个方面的工作。数据

① 大数据融合发展看贵州，数据工厂：“建管”一体化 为数据灵活赋能[EB/OL].[2019-12-26]. http://www.cbdio.com/BigData/2019-05/01/content_6099213.

② 企业大数据战略的 6 大应用[EB/OL].[2019-12-26]. http://www.cbdio.com/BigData/2015-08/07/content_3647711.

资源的采集的主要解决两个问题：

第一，从内外不同来源动态获取数据，这一过程是帮助企业打破数据孤岛，建立第一方数据(企业自身)、第三方数据、CRM数据(客户关系管理数据)、交易数据等在内的多重数据匹配系统，同时构建起针对客户的统一视图，即将企业网站、移动设备、展示广告、线下数据、企业营销数据库、社会化媒体、电子邮件、呼叫中心、MINI-SITE上所有企业相关的数据进行收集和整合。这都建立在企业对其数据源和其应用需求的精准把握上。数据资源采集来源准确、类型丰富、数据量大是发挥数据资源效用的前提，很多企业都通过打造数据资源管理平台实现电商、媒体、金融等不同渠道和来源的数据资源，建立系统的企业的数据资源目录和清单，通过数据资源来源的优化提高数据资源的利用效率和应用价值。

例如，苏宁会整合其门店、PC、移动以及TV的四端数据，覆盖全国所有城市的1600家门店，以及线上在B2C领域排名前三的苏宁易购，以及数千上万家移动微店，客厅端PPTV的数据。此外，苏宁还会注意到这些数据不同服务方面上的收集和整合，比如零售数据、娱乐、金融、理财方面的商品和服务数据，最终通过这些数据的整合为用户创造最佳体验。

第二，企业需求助推内外数据生产和融合。企业内部数据有两个主要维度：一是与业务功能及流程紧密相关的数据，如库存信息、物料需求信息、生产计划信息、采购信息等，可统称为业务流程信息；二是企业内员工及各种管理系统在其日常工作及活动中所创造、记录、交换和积累的信息，例如员工间的交流记录、工作心得、经验分享、活动新闻等，可统称为知识及沟通信息。这两个数据维度的发展和融合，催生出了企业内部大数据。在集成化企业系统、内部社交媒体以及深度数据分析技术的共同支撑下，杰克·韦尔奇所畅想的“无边界组织”在新兴环境下成为可能，并被赋予了新的内涵。部门边界、层级边界被紧密的业务联系和广泛的社交联系所弱化，结构化的业务流程信息与非结构化的知识及管理活动信息被多维度融合的深度数据分析能力连接在一起，从而使企业真正具有驾驭内部大数据的能力。

在企业外部的视角上，数据资源也包括两个维度：一是与上下游交易直接相关的供应链信息，如交易报价信息、订单信息、上下游企业库存及生产能力信息等；二是市场及社会环境信息，如原材料价格走势、市场需求及消费者偏好信息、顾客服务及满意度信息等。企业外部大数据的基本特征，也正是在这两个维度的发展之中呈现出来的。供应链信息集成与社会化商务信息的融合，构成企业外部大数据的核心特征。来自于社交媒体信息源的市场环境信息与来自于组织间信息系统的供应链信息相结合，借助于深度数据分析技术实现面向企业商务网络的预测与优化，并支撑起实时化、精确化、个性化的消费者洞察与敏捷响应，在此基础上为基于网络协同及社会化商务的模式创新提供了丰富的可能性。从而，对外部大数据的管理和驾驭，也将成为现代企业在网络化的商务生态系统中占据主导地位并获取经营优势的关键途径。

第四节　企业信息资源的组织与存储

企业对已有的信息资源进行合理的组织使之有序化，通过各种技术和方法使这些来源不同、类型多样和广泛用途的信息资源构成一个企业信息资源体系，成为企业核心竞争力的组成部分，为企业提供持久的有效的运行支撑和效益来源，这是企业信息资源建设的一个重要环节。企业掌握的信息资源越多，其信息资源组织的需求就越大。高效的信息资源组织能让企业信息资源开发和利用达到事半功倍的效果。反之，即使企业拥有数量丰富的信息资源，也会使有用的信息资源难以获取和发挥作用，付出的代价和损失的成本将相当惊人。因此，在企业信息资源建设中，企业信息资源组织贯穿于到企业信息资源的选择和过滤、加工和提炼、整合和存储等环节中，以确保长期可利用并持续发挥更大的价值。

一、企业信息资源组织的发展

企业信息资源组织是为用户提供准确、及时和相关的信息资源的重要保证，也是确保企业通过各种信息系统将各类型业务和职能有序相连，各类型信息资源能得到科学管理和维护的基础。企业信息资源组织的发展涉及信息技术的更迭，但不仅仅是一个信息技术问题，它还涉及信息资源整合和管理的规划思路、各类型信息资源的标准化以及各类型数据库的交互和兼容等系列问题。发展至今，企业信息资源组织经历了文件级的企业信息资源组织、数据库的企业信息资源组织、大数据环境下的智能企业信息资源组织三个阶段的变革。

（一）文件级的企业信息资源组织

传统的企业信息资源组织以文件级的企业信息资源组织为主。这是适应传统企业信息系统的特征而进行的信息资源组织方式。

计算机系统组织数据层次结构从位和字节开始，进而到字段、记录、文件和数据库。一组字符组成一个字、一组文字或一个完整的数字，称之为一个字段。一组相关字段，组成一条记录；一组相同类型的记录则构成了一个文件(file)。传统信息系统中，信息资源多文件为基本单位。一组相关文件则组成一个数据库。企业不同的业务和功能的文件，可能由若干个相对独立的数据库来进行组织。

企业组织信息资源的初始，各个部门之间为了解决各自的信息资源管理的问题，缺乏整体的规划，各个部门独自开发各自的信息系统和数据文件。财务部门有财务信息系统，销售部门开发销售信息系统，人力资源部门等其他部门也出于各自的需求而开发和使用相应的信息系统。每个新系统都有其相应的文件和计算机程序，例如销售部门可能存储着销售文件、库存文件、客户文件等几个甚至几十个文件，人力资源管理部门可能有员工文件、薪资文件、养老保险文件、医疗保险文件等几十个甚至上百个文件和程序。这就造成了传统的文件组织方式是让公司的每个业务部门开发各自的应用程序，而每个应用程序都有独自的数据文件，而这些数据文件可能就是一个主文件的子集，这导致了数据的冗余和不一致、组织处理不灵活、资源重复存储等浪费和低效的问题。各个部门都要创建、维护和操作多个信息系统和文件，不仅导致大量数据冗余，而且文件信息资源高度依赖其管理的程序和系统，利用缺乏灵活性，数据安全性低，缺乏有效的互通和共享，导致了信息资源难以得到有效利用和开发。

(二)数据库的企业信息资源组织

数据库技术可以避免传统文件处理方式产生的诸多问题。数据库技术可以通过集中和控制信息资源，管理为多个应用程序服务的数据集合，实现了数据与相应的应用程序相分离，集中管理数据资源，而不是将每个应用程序的信息资源存储在单独的文件中。一个数据库可以服务于多个应用程序和信息系统。例如，企业会建立一个统一共享的人力资源数据库，而不是将员工数据分散存储在人员、薪资和福利等不同的信息系统和文件中。

1. 数据库管理系统

数据库管理系统(Database Management System，DBMS)是用来集中并有效关联数据，且可以由应用程序存取数据的软件。DBMS是应用程序和物理数据文件之间的接口。当应用程序需要某个数据项，DBMS就会从数据库中调出此项数据，并将其传递给应用系统。若使用传统数据文件，就必须详细说明程序所需要的数据大小和格式，并指明计算机存取数据的位置。

DBMS将数据的逻辑视图与物理视图进行了区分，由此可使用户无须了解数据实际存放的方式与位置。逻辑视图是指用户需要了解的数据形式，而物理视图则显示数据在实际存储介质中的组织与构建方式。

利用DBMS，用户可以根据所需的不同逻辑视图来访问物理数据库。例如，人力资源数据库，福利管理人员可能需要由雇员姓名、社会安全号和医疗保险覆盖范围所组成的视图。薪资部门人员可能需要员工姓名、社会安全号、总薪金和净薪金等数据。而所有这些数据都存放在一个数据库中，公司可以非常容易地进行管理。根据用户的信息请求，单个人力资源数据库可以从许多视图查看数据。

和传统的文件级信息资源组织方式相比，DBMS 可以最大限度地减少存放重复数据的独立文件，从而降低数据的冗余和不一致。DBMS 不能彻底消除数据冗余，但能使数据冗余得到控制。即使数据冗余仍然存在，DBMS 可以确保重复出现的数据具有相同的值，因此消除了数据的不一致。DBMS 使数据与程序分开，使得逐条信息资源依托计算机程序而易于分享和利用，并确保可以独立存在。用户和程序员可以从数据库中任意查询信息资源，使得信息资源的获取和可用性大幅度提升，同时开发和维护的成本也降低了，不用同时管理和维护多个文件系统。同时，DBMS 使组织集中管理数据、使用数据和数据安全成为可能。

2. 不同数据库管理系统

关系型数据库管理系统(Relational DBMS)是当今在个人计算机、大型计算机与大型主机上使用最为广泛的一种 DBMS，它突出了数据库管理系统易于描述实体、属性和关系的特征。关系型数据库用二维表来表现数据，表也可以当作文件，每个表都包含一个实体及其属性的数据。常用的关系数据库软件中 DB2，Oracle Database 和 Microsoft SQL 适合于大型主机，Oracle Database Lite 适用于移动计算设备，MySQL 是受欢迎的开源 DBMS。

3. 非关系型数据库和云端数据库

在过去的 30 年里，关系型数据库技术一直是主流技术。云计算、海量数据、高速计算、云存储以及大规模的物联网等产生新需求，使得数据和数据之间不再是线性关系，这就要求数据库能够代替用表、行和列的形式组织数据的传统关系型模型。非关系型数据库管理系统(No-relational Database Management System)使用更灵活的数据模型，设计成可以利用许多分布式的计算机来管理大数据集，而且可以方便地对数据进行扩展和收缩。非关系型数据库可以加速在大量结构化信息中的简单查询，这些信息包括 Web、社会化媒体、图形和其他形式的数据，这些信息资源都很难用传统的基于 SQL 工具的关系型模型进行分析。

当下，数据库管理很多运行在云端，只要通过一个简单的 Web 服务界面，就可以使用户方便地创建和存储多个数据集、查询数据和返回结果，不需要提前定义一个正式的数据库结构，即使有新的数据加入，也不需要改变定义。甲骨文公司拥有自己的数据库云服务——关系型 Oracle 11g 数据库；微软的 SQL Azure 数据库则是一个基于 SQL Server DBMS 的云关系型数据库。云数据管理服务对一些初创公司和中小型企业很有吸引力，这就可以以较低的价格获得与企业购买的数据库产品相同的数据库功能。

例如，Ticket Direct 在澳大利亚和新西兰出售音乐会、体育赛事、剧院表演的门票和电影票，就采用 SQL Azure 数据库云平台来提高门票销售高峰时段系统的负载能力。TicketDirect 将其数据移植到 SQL Azure 数据库中，通过实施云解决方案，TicketDirect 能够在保持低成本的情况下扩展其计算资源，来提高对实时需求的响应①。

除了公共云的数据管理服务以外，一些大公司也选择私有云的数据库服务。例如，Sabre 控股公司是服务航空业的世界最大的软件即服务(SaaS)提供商，它提供的私有数据库云服务支持了 100 多个项目和 700 多个用户。它有一个统一数据库，架构在运行 Oracle 11g 数据库的标准化服务器群上，为多个应用程序提供数据库服务；工作负载管理工具可以获得充足的资源来满足应用程序的需求，甚至当工作负载改变时也可以满足需求。而共享的硬件和软件平台减少了项目所需要的服务器、DBMS 和存储设备，这些项目包括定制化的航空旅行应用程序和铁路、酒店以及其他旅游行业的应用程序。

私有云将服务器、存储空间、操作系统、数据库和混合工作负载整合在一个共享的硬件和软件基础设施上。在经过整合的私有云上部署数据库，能使 IT 部门提高服务质量，减少投资和运营成本。基于云的服务集中度越高，投资的回报就越大。

(三)大数据的企业信息资源组织

维克托·迈尔·舍恩伯格在《大数据时代：生活、工作与思维的大变革》中提到“大数据开启了一次重大的时代转型，就像望远镜让我们能够感受宇宙，显微镜让我们能够观测微生物一样，正在改变我们的生活以及理解世界的方式，成为新发明和新服务的源泉”②。在激烈的竞争环境中，企业最大的挑战是要时刻洞悉市场动态，对竞争策略做出灵活精准的调整。大数据的“望远镜”和“显微镜”的功能，对企业赢得竞争优势至关重要。

企业对大数据有着极大的兴趣，通过对大数据的组织和利用可以使知识

---

① [美]肯尼斯·劳顿，[美]简·劳顿. 管理信息系统(第 13 版)[M]. 黄丽华等，译. 北京：机械工业出版社，2015：168.

② [英]维克托·迈尔-舍恩伯格，[英]肯尼斯·库克耶. 大数据时代：生活、工作与思维的大变革[M]. 周涛，译. 杭州：浙江人民出版社，2013.

“自动涌现”，发现很多小数据集无法获得的关系、模式和知识，帮助企业能更好地掌握市场变化、洞察消费者行为、精准制定营销策略等，为企业发现更多机会并使企业提供的产品和服务增值。例如，中国移动通过大数据分析，对企业运营的全业务进行针对性的监控、预警、跟踪，能在第一时间自动捕捉市场变化，再以最快捷的方式推送给指定负责人，使他在最短时间内获知市场行情；国外某化妆品公司通过从 Twitter 和 Facebook 上收集社交信息，更深入地理解化妆品的营销模式，选择保留两类有价值的客户：高消费者和高影响者。并希望通过客户接受免费化妆服务，让用户进行口碑宣传，将交易数据与交互数据完美结合，实现了向客户提供差异化服务，并为差异化战略提供了解决方案。

大数据具有数据体量巨大、数据类型多样、数据处理速度快和价值密度低的特点。与传统数据相比，大数据以更大的量级和更快的速度产生，企业可利用的数据量不断飙升，但是其价值密度低、增长迅速的这些问题又迫使企业需要探寻新的信息资源采集、组织、开发和利用的技术和手段，以挖掘这些数据资源的价值，这无疑给企业信息资源建设和管理带来极大挑战。在这种情形下，企业信息资源组织既要考虑利用新技术与工具从大数据中掘取业务价值，又要对企业已有的传统信息资源与大数据进行关联和组织。大数据是结构化、半结构化和非结构化交织夹杂，相互关联，需要用商务智能工具和技术进行汇总和整合。

最初的公司数据资源组织和整合的工具是数据仓库。数据仓库(Data Warehouse)存储着企业有潜在价值的、当前和历史的公司的数据资源，它是一个面向主题的(Subject Oriented)、集成的(Integrate)、相对稳定的(Non-Volatile)、反映历史变化(Time Variant)的数据集合，用于支持管理决策。数据仓库将来自企业内外多个不同业务系统中的数据资源提取、组织和整合起来，这些数据资源经过筛选、清洗并进行了合并和重组，消除冗余，便于进行数据挖掘和知识发现。数据仓库提供了便利和快捷的查询和访问，并可提供一些标准化的分析和报告工具。数据仓库可以解决企业各个业务系统的数据资源各自分离的问题，按照一定的主题域进行组织，消除了由于来自不同数据库的数据不一致的问题，是关于整个企业的一致的全局信息资源，包括了企业运维的历史信息资源，系统记录了企业从过去某一时点到目前的各个阶段的信息资源，通过这些信息资源，可以对企业的发展历程和未来趋势做出定量分析和预测。数据仓库内的数据资源相对稳定，这些数据资源能被长期维护和保留，而数据仓库只需定期加载和更新。

除了创建服务于大型公司的中央数据仓库外，企业还可以创建主题灵活多样的、分散的数据仓库，即数据集市(data mart)。数据集市是指为了特定的应用目的或应用范围，而从数据仓库中独立出来的一部分数据，也可称为部门数据或主题数据(subject area)。在数据仓库的实施过程中往往可以从一个部门的数据集市着手，以后再用几个数据集市组成一个完整的数据仓库。但要考虑不同数据集市、数据仓库的元数据设置和描述的兼容问题，避免因为元数据不相容给数据资源整合带来不便。①。

二、企业信息资源描述与揭示

对企业获取的信息资源按照相应标准和要求统一格式、元数据以进行有效内容揭示和描述，将不同来源、内容和格式的资源有效组织并有机地集成在一起，并依据信息资源描述中的权限设置和存取流程，为企业不同部门、不同层级和不同需求提供资源获取和利用服务，方便进行“一站式”检索和获取服务。企业信息资源组织的深度和质量取决于对企业信息资源揭示的深度和水平，企业信息资源描述和揭示具有不同于文献资源的特征和方法。

(一)信息编码和代码体系

信息编码是指用一个或一组按特定规则排列起来的符号来表达信息的过程，简言之就是用符号表达信息，每个符号用来表征特定类别的特征。信息编码包含两个环节：一是信息的代码化；二是代码的组织。信息的编码与信息的传播、存储、检索密切相关，是信息组织的重要内容和形式。在企业信息资源组织和利用中，信息编码的应用相当广泛，由此产生了各种代码体系，如分类代码、生产代码、产品代码、交易代码等，大大提高了信息资源组织的效率；由于其能简化信息表达，因此便于信息资源的识别、记忆、组织、传播、存储和检索。信息资源的编码需要遵循特定的国际、国家、行业和企业标准，才能便于交流和共享信息资源，例如外文编码必须遵循 ISO/IEC 10646、UNICODE(GB13000—1993)，中文编码应优先遵循 ISO/IEC 10646/UNICODE(GB13000—1993)，同时遵循 GB2312—1980 和 GB18030—2000。

代码是符号的一种，它与语言文字、图形、数字符号一样，可以用来代表或描述特定的信息，它不是通常的符号，而是指那些为便于信息组织、传播、存储、检索和加工处理而设计的非常规的符号。代码能够简明精确地描述信息，与所代表的对象具有一一对应关系，避免了语言文字符号中的同形

① [美]肯尼斯·劳顿，[美]简·劳顿. 管理信息系统(第13版)[M]. 黄丽华等，译. 北京：机械工业出版社，2015：174.

异义、同义多形的现象。将大量随机信息用代码标识后，可以按照代码的某种序列排列信息记录、信息实体和信息概念的次序，使之成为有序集合。由于代码简明、清晰，用代码序列组织企业信息资源简便易行，如《国民经济行业分类和代码》(GB4754—84)。

(二)元数据

元数据是关于数据的数据，在企业中，是关于企业信息资源的结构化数据。在文献信息资源中，通常有标题、作者、出版社、出版日期等描述资源的数据。在企业信息资源组织中，元数据在企业信息资源组织中的作用主要有以下三个方面：

(1)确定企业信息资源的内容。用以描述企业信息资源，产生描述性元数据，以捕捉和描述单位信息资源唯一的标识符，以区分其他的信息资源；

(2)帮助系统管理信息资源内容。例如，行政性、结构性的元数据可以捕捉类似版本号、归档日期、安全和访问权限、文件类型等元数据，并反馈何时、什么情况下可以读取它们。

(3)协助内容的检索。例如，描述性元数据可以捕捉分类主题、用户定义的标签、内容类型和文档描述等信息。

企业元数据框架规定将汇集哪些元数据，如何定义，如何收集，使用哪些受控词汇，它们应该达到什么目的。

(三)数据定义和数据字典

企业数据库管理系统具有数据定义(data definition)功能，能够说明数据库中的内容结构。它可以用来创建数据库中的表，并定义表中字段的特性。数据库中的信息可以以文件形式存储在数据字典中。数据字典(data dictionary)是指对数据的数据项、数据结构、数据流、数据存储、处理逻辑、外部实体等进行定义和描述，其目的是对数据流程图中的各个元素做出详细的说明。数据字典可以是自动化或人工化文件，可以用以存储数据元素的定义与数据特征，即元数据及对应的数据描述。例如微软的 Access 具有基本的数据字典功能，可以显示表中每个定义的字段即元数据，如名称、性质、大小、种类、格式和其他属性。大型企业数据库的数据字典可能会保存更多的元数据。

三、企业信息资源组织的方法

由于信息资源是企业重要的信息资产，及时对拥有和可获取的信息资源进行组织便于企业掌握和盘点企业可资利用的信息资源。随着企业内外环境中信息资源形式和内容的不断丰富，企业信息资源的类型日趋多样，数量不断增多，对企业信息资源组织管理的方法和手段也日趋多元和先进。企业信息资源往往采用内容和形式相结合的方式进行组织。从企业信息资源内容方面的组织符合企业对信息资源不同用途的需要，有效揭示和序化企业信息资源的内容，具有企业信息资源检索和导航的功能，是企业信息资源组织的核心方法。

图书情报中传统的信息组织方法为分类法和主题法，在许多社会领域得以广泛应用并积累了颇为丰富的经验。它们同样可以在企业信息资源建设中发挥作用，与先进的组织技术相结合，有助于提高企业信息资源组织的效率。

(一)企业信息资源组织中的分类方法

图书情报中的分类法一般是按照学科体系，依据类别特征组织和排列信息资源。分类法遵循人类活动中的基本思维方式，可以从本质上揭示和把握信息资源之间的区别和联系，应用分类的方法，能使得企业信息资源具有很好的层次性和系统性。

企业信息资源分类的关键在于建立和发展一套分类体系，一般具有分层结构，可使得企业信息资源归入有效的层级和类目，类目能便于企业用户有效地浏览和查找所需的信息资源。类目标题使用企业用户广泛接受的通用术语，并能包含类目下的全部内容。分类可以使企业把信息资源内容间、内容与用户、内容与组织连接起来。

同时分类体系中各级类目标题要使用受控词汇，由专人负责对类目进行设置、调整、规则设定，以保证分类体系能一直适应企业信息资源组织的预期目标。如果不使用规范和受控词汇，随意在分类体系中进行类目添加、修改和删除，分类体系将失去对企业信息资源进行序化的作用，使之混乱，难以达到信息资源组织的预期功能。

在许多情况下，企业信息资源分类具有分层结构，使得统一类目的信息资源能够有效聚集在高度概括的类目标题下，使得用户在查找信息资源时能够逐级展开类目，逐层递进查找到所需信息资源，也可以实现企业信息资源的簇性检索。另外，也可以采用层级较少的平行类目列表呈现信息资源。例如，关于汽车类型的简单分类可以用平面列表呈现它们，可能只包含7个术语：经济、家庭、大型、豪华、运动、越野和商务。

企业分类服务整个企业的多个用户组和多个内容层次，能够把来自各个职能孤岛的内容、人和社区集合在一起，并能够再利用信息和知识发现。因为分类的用途多样，可能需要支持多个受控词表，而不是单一层次的结构化词表。特别是大型企业，必须确保数十万甚至上百万的信息资源的可查找、可检索，一个分类层次如果要覆盖所有这些内容，那就会使得类目过多或一个类目下的信息资源过多，用户导航就会过于复杂和困难。同时，不同企业部门会出于不同部门的需要和信息查找习惯而偏向支持特定视角的分类。例如，从上层管理层的角度来说，一般先按部门类型和项目类型，再按项目活动，最后按客户进行分类。但从客户经理的角度来说，会明显偏向先按客户类型进行分类。因此，企业信息资源体系的分类，使类目和层级的设置数量和分布合理，兼顾企业不同组织和部门的利用需求，综合而系统地建立和完善。

通常来说可以建立一个受控词汇表的系统，采用分面组织的方式设置企业信息资源类目。每个面都是一个较小的词汇表，只覆盖信息资源内容的一个方面。根据每个面对信息资源进行分类，不同需要的用户就可以从他们最有意义的角度，轻松查找资源。分面分类法比一个大的单层结构更为简单，也更容易导航。在这之前，确定哪些分面，以及对不同用户群体的重要性的过程叫作面分析，面分析应全面了解需要访问相同信息资源的不同用户群体①。

企业应用分类管理系统解决了庞大复杂的组织使用多个知识分析和存储平台的问题，包括社交网络、知识库、数据库、门户网站等。没有共同的企业分类，这些系统就变成各个相互隔绝的信息孤岛，每个人都用自己的一套检索系统和分类主题。如果要把其中相关的信息资源连接和整合在一起，即用企业搜索引擎实现跨系统的检索，最关键的就是用相同的受控词汇表一直地标引不同系统中的信息资源。企业分类管理系统提供了一个中心平台，可以管理、维护和更新组成分类和元数据的所有受控词汇。然后系统把这些不同系统接受的检索词提供给需要检索的异质异构的信息系统，并将结果提交给搜索引擎。没有这个分类管理系统，用户需要分别用不同的检索词在不同的信息系统中进行检索，耗时费力②。

(二) 企业信息资源组织中的主题法

主题法是企业信息资源组织的另一种主要方式，主要涉及以下应用。

1. 主题图和关联数据

主题图在ISO/IEC13250中被定义为：“主题图是一套用来组织信息资

---

① ［英］尼克·米尔顿，［英］帕特里克·拉姆．知识管理：为业务绩效赋能［M］．北京：人民邮电出版社，2018：174-175.

② Hedden, H. *The Accidental Taxonomist*, *Information Today* [M]. Medford, NJ: 2010: 154-162.

源的方法，使用这些方法可以提供最佳的信息导航。”主题图将所有可能的对象，例如人物、事物、时间、地点、物体等，不论其是一具体存在的物质还是抽象的概念，皆统称为主题。从描述主题本身的属性开始，进而组织与此主题相关的所有资源，对这些资源进行定位，最终将所有相关的主题，依据彼此间的关系及相对于该关系的角色，构建出一个信息主题图。

主题图综合了传统索引、图书文献组织与人工智能等领域知识的优点，可以更加有效地组织信息知识，有利于解决大量无序信息所带来的问题。主题图提供了一个企业信息交换的模型，提供了一个沟通和知识的桥梁，帮助用户浏览信息资源。利用主题图可以组织大量信息资源，建立起结构化的语义链接网络。主题图是信息领域的“资源定位系统”，它允许简单地、有选择性地导航到所需的信息，可以定位某一知识概念所在的资源位置，也可以表示知识概念间的相互联系。因此，主题图实际上也就是知识表示和组织的一种基本技术①。

现实世界中的客观事物往往具有某些特征，如名称、位置、存在的特定范围以及某一事物和其他事物之间的联系等，这些事物在主题图中的反映就是一组主题。这些主题同样也包含自身的特征集合，基本的特征是主题的名称，主题所在的资源实体以及它与其他主题间的关联。一个主题图就是一个由主题、关联性以及资源实体组成的集合体，是一组关联含义的数据。因此，主题图的架构总的来说可以分为三个部分，主题(T)+关联(A)+对象(O)。

要建立主题图，首先要将各种不同的资源进行主题内容分析，以找出可代表各资源的主题，定义出主题图中的T；其次，针对各主题的属性及特色找出其中的关联处建立起相关性，进一步定义出各主题之间的关系，加以串联形成关联，即为主题图中的A；最后，为便利使用者利用资料，将之连接到该资源的所在处，以提供使用者再链接使用的资料，可以直接连接到有关网页，即主题图中的O。上述三个步骤的整合，表现出主题图中的TAO的观念。建置这样的主题图，应该将所有可能获得的信息进行元数据分析，再遵循ISO 13250的架构，并以XML方式呈现，建构成完整的主题图。

2. *企业搜索*

企业搜索是将用户检索词与企业信息资源进行匹配的技术。最简单的形式是，搜索引擎把某一搜索查询与已经生成的术语索引对照，并把术语依次链接到对应的信息资源。根据用户搜索的关键词的相关性对检索结果进行排

① 黄晓斌．网络信息资源开发与管理[M]．北京：清华大学出版社，2009：302.

序。搜索引擎结合分类查找可以快速查找特定范围的、与用户关键词相关的信息资源。企业搜索引擎可以帮助企业的员工、合作伙伴和客户在庞杂的信息系统中找到所需的信息资源，从而提高信息资源获取的效率，减少信息过载。

近年来，人工智能和大数据的发展应用于企业搜索中，出现了企业智能搜索引擎，除提供传统的全网快速检索、相关度排序等基本功能外，还提供用户角色登记、用户兴趣自动识别、内容的语义理解、智能化信息过滤和推送等功能，为用户提供一个真正智能化、个性化的网络信息搜集工具。智能搜索引擎利用神经网络、关联规则、模糊聚类、决策树等技术实现分布式并行检索，以数据挖掘与知识发现为主要手段，加上自然语言理解、智能搜索代理、多媒体信息检索等技术的应用，进一步提高系统性能和检索的精度与效果。

3. 标签

企业标签系统允许用户定义关键词或标签，来标记信息资源，标签云是基于用户生成的标签生成的，是标签的扩展。在标签云中，最常用的标签用页面上的集群表示，字体按照标签使用的频率调整，在快速更新的信息资源体系和共享环境中，标签云是确定主题趋势较好的方法。标签在企业各类型网站中有广泛的应用，如企业电子商务网站、企业知识库等。

企业信息资源标签系统的关键是需要对使用的标签进行词汇控制，不同用户对同一信息资源的标签不仅会有差异，而且可能会使用不同的词汇描述同一主题，使得同一主题生成多个同义词标签。如果没有某种形式的管理或控制，例如常用标签推荐或把标签集中在企业分类标题内，这些相关的信息资源就难以实现主题集中，这时就需要建立信息资源主题参照体系或术语表等信息资源组织工具。

四、企业信息资源组织的技术

近年来，新兴的信息技术不断应用于企业信息资源组织中，分类法和主题法交融结合，在改进信息系统功能的同时，使得企业信息组织得以进一步发展完善，呈现出自动化、智能化、个性化和语义化的发展趋势。

1. 自动分类工具

这个工具是给文档分类标签或对主题分类的一个手段，无需用户手动添加标签，可以大大减轻手动添加标签的负担，节约时间和人力成本。同时，自动分类工具已经清楚定义了标签词汇的内涵和范围，在定义清晰的主题时易用性和有效性较好，但主题复杂多义时需要人工干预。

这些工具与搜索和分类结合使用时，功能会很强大。例如，BBC(英国广播公司)使用自动分类工具，并把它集成到记者的报道归档界面。当记者键入他的报道时，系统利用参考分类法识别人、地方和组织的名称，然后通过搜索引擎把以前关于这些人、地方或组织的报道的链接自动填充至右侧栏。记者会更正建议的术语并添加自己的分类主题，省力且高效①。

2. 自动分词与自动标引

标引是对企业信息资源组织的有效手段和重要环节，在信息资源加工和利用中，起着承上启下的作用。标引的质量和效率直接影响信息组织的质量和速度，关系到检索的效率。自动分词是用计算机将一个句子切分成词或词组，是组成句子的词之间无间隔标志(空格)的语言(如汉语)的自动处理所必需的一个过程。组成句子的词间有间隔标志(空格)的语言(如英语)的自动处理是不需要这一过程的。目前，汉语自动分词已达到相对高的准确率。

3. 本体技术及语义网

本体(ontology)的最终目标是精确地表示那些隐含的或不明确的信息。通过运用本体可以消除一词多义、多词一义和词义含糊等现象，从而完成对领域知识清晰、确切、完整的定义与描述，从而提高企业搜索引擎的检准率。

语义网(semantic web)是指能够表达语义的信息而能被计算机自动信息处理的万维网。从信息组织角度看，语义网的核心由两大模块组成：一是以XML与RDF为手段的信息组织模块，用于管理企业信息资源，具备部分语义；二是以本体为手段的知识组织模块，用于管理知识，提供机器间的语义互操作。语义网为实现企业信息资源的智能化、自动化组织与处理提供了可行方案。

五、企业信息资源的存储

企业信息资源的存储是企业信息资源有效开发和利用的前提，是指将经过加工处理后的信息资源(包括文件、图像、数据、档案等)，按照一定的规定长期保存，并将这些资源按照一定的特征和内容性质组成系统化的检索体系，确保其能够长期、可靠、稳定地获取。企业信息资源必须经过载体的存储才能实现共享，并得以传递，不断发掘其利用价值，实现信息资源的增值。

---

① TARLING J, SHEARER M. Unlocking the Data in BBC News. ISKO UK Biennial Conference[R/OL]. [2013-07-08]. http://www.iskouk.org/conf2013/slides/TarlingSlides.

对于企业而言，越来越多的重要信息资源已经转变为数字形式，或是原生数字资源，即信息资源多以数据的形式存在，且数据不断增加，且全天候服务是大势所趋，这一方面使得企业数据已经成为最宝贵的财富，另一方面对信息资源存储的可靠性、可用性、数据备份和防灾备患能力提出了更高的要求，存储管理和维护的复杂性也提高了，防止数据丢失，智能化维护和管理数据成为迫切需求。

1. 企业档案的保管

对于很多企业而言，已经实现了无纸化办公，企业的所有信息资源都是以数字形式存在的，而还有一些企业的纸质资源主要是档案资源。目前，企业档案保存和管理模式有三种模式。

一是档案分散管理模式。这种模式是将企业各种门类的档案分别保存在各有关部门。如文书档案保存在办公部门，会计档案保存在财务部门，科技档案保存在生产技术部门等。

二是档案集中管理模式。这种管理模式是将企业文书、科技、会计等各种门类的档案集中统一管理。它实际上是一个企业单位档案信息的综合体，在企业负责人的直接领导下，作为企业单位整个管理系统的一个子系统，承担着企业全部档案信息的储存、管理和开发利用工作，发挥统一管理档案和对内、对外组织档案信息流通的作用。

三是信息一体化管理模式。这种管理模式是集档案、科技情报、科技图书资料等各种信息于一体实行一体化管理，是企业内部统一的信息管理中心。在这个信息一体化的统一机构内部，一方面实行档案同其他信息载体分别管理，另一方面实行各种信息的联合开发，使各种信息内外沟通，相互补充，形成一个统一的开放型信息综合体。

以上三种模式，前两种模式属于单一的档案信息管理模式，这种单一的档案管理模式由于所储存信息的单一性、所反映内容的滞后性、所提供信息的局限性，已难以适应企业深化改革的需要和满足企业对各种信息的需求。信息一体化管理模式集各种信息于一体进行综合管理、开发，具有信息来源的广泛性、信息储存的集中性、信息内容的全面性、信息输出的综合性等特点，符合企业信息资源开发利用的实际需要。

2. 数据存储

企业越来越多的数据需要及时备份和存储。这些依赖于其数据库和信息系统而存在的数据资源，比其他载体的资源类型更加脆弱，更容易遭受破坏，可能一个命令就能全部删除，对企业造成巨大的损失，其安全性是企业数据存储应解决的关键问题。

数据存储是数据流在加工过程中产生的临时文件或加工过程中需要查找的信息。数据以某种格式记录在计算机内部或外部存储介质上。常用的存储介质为磁盘和磁带。数据存储组织方式因存储介质而异。在磁带上数据仅按顺序文件方式存取；在磁盘上则可按使用要求采用顺序存取或直接存取方式。数据存储方式与数据文件组织密切相关，其关键在于建立记录的逻辑与物理顺序间的对应关系，确定存储地址，以提高数据存取速度。

企业数据存储系统根据服务器类型可分为封闭系统的存储和开放系统的存储。封闭式存储系统主要指大型服务器存储；开放式存储系统主要是指基于操作系统的服务器。开放系统的存储分为内嵌式和外挂存储，开放系统的外挂存储根据连接的方式分为直连式存储(Direct Attached Storage，DAS)和网络化存储(Fabric Attached Storage，FAS)，开放式系统的网络化存储根据传输协议又分为网络接入存储(Network Attached Storage，NAS)和存储区域网络(Storage Area Network，SAN)①。

3. *云存储*

云计算是一种基于互联网的计算方式。云存储是指通过集群应用、网格技术或分布式文件系统等功能，将网络中大量各种不同类型的存储设备通过应用软件集合起来协同工作，共同对外提供数据存储和业务访问功能的一个系统。随着分布式计算和在线存储技术的发展，信息资源不断增加，企业计算的数据急剧增加，需要配置海量的存储设备。云存储技术的出现解决了大量数据如何高效存储的问题。由于廉价、快捷、方便等特点，云存储得到了快速发展②。2006年3月，亚马逊推出的简易存储服务产品正式开启了云存储服务之路。2011年，谷歌推出了云存储服务 Cloud Storage。在过去的十年里，我国也出现了较多热门云存储服务平台，如360云盘、百度云盘等。

第五节　企业信息资源的开发

企业信息资源开发是指通过一定的技术手段，将储藏于信息源中的信息由不可得状态变为可得状态，由可得状态转变为可用状态，由低可用状态转变为高可用状态。本节中论述的主要是将企业已经采集和获得的数据和信息变为有利用价值并为企业创造收益的信息资源。同时，企业信息资源开发还

---

① 黄晓斌．网络信息资源开发与管理[M]．北京：清华大学出版社，2009：323.

② 彭琦，程慧平．我国云存储研究现状及趋势——基于CNKI的期刊论文计量分析[J]．湖北工业大学学报，2019，34(01)：114-120.

包括外延开发和内涵开发。外延开发是指对信息源渠道的开拓、发掘，是以获取更多的信息资源为目的；而内涵式的开发则着重于对已有的新资源作深度的加工、重组和挖掘，发掘更多的知识和价值，并根据需求把信息资源的潜在价值转化为企业的现实价值，为企业带来更多的收益、节约更多的成本，开拓更大的市场。

企业信息资源的开发利用无疑是企业采集和组织信息资源的目的，是企业信息资源建设的重要环节，在一定程度上反映了企业信息资源建设的成效。对企业而言，企业信息资源开发具有两种含义：一是企业信息资源有效利用的问题，即要尽量提高企业信息资源的利用率，发掘企业信息资源为企业服务和创造效益的各个方面的潜在价值，实现信息资源的增值利用；二是企业信息资源再加工和再生产的问题，使得企业能不断累积更多有价值的信息资源，从而发挥信息资源更大的价值。

一、企业信息资源开发的方式和策略

企业信息资源开发可以分为两个层次：第一个基础层次的信息资源开发，主要是硬件设施和软件系统的开发，如计算机终端设备、通信技术等；另一个是应用层次的开发，包括对企业信息资源的一次开发和二次开发。所谓的一次开发是指将数量广博、来源多样、无序杂乱的信息资源进行整合，形成一个有机的信息资源体系，主要是对企业信息资源进行重组、浓缩、整序，对企业信息资源的内容进行深度的加工和结构化，由不可用到可用，由低可用到高可用的状态。企业信息资源的二次开发，是对信息资源的深度挖掘和再加工。

（一）企业信息资源开发的方式

1. 信息系统开发

企业对信息资源开发最主要的方式是建立信息系统，从 1980 年至 2011 年，美国企业在硬件、软件和通信设备等信息技术上的投资占总投资的比例从 32%增加至 52%，美国有超过 2100 万名管理者和 15400 万名工人依赖于信息系统来开展业务①。特别在如今，移动互联网使得人们的生活离不开各种类型的在线服务，人们在网上搜索产品和服务、线上购物、线上办公等，电子商务和互联网广告是上升势头最猛烈的行业。这促使了信息系统成为企业推动持续技术革新、优化管理和市场应用成功的关键因素。没有信息系统的支

① ［美］肯尼斯·劳顿，［美］简·劳顿. 管理信息系统（第 13 版）［M］. 黄丽华等，译. 北京：机械工业出版社，2015：4.

撑，以服务业为主的信息相关行业——金融、保险、房地产、旅游、医药、教育等，就无法运作。零售企业如沃尔玛、梅西百货、西尔斯等，制造业企业如通用汽车、丰田汽车等都需要信息系统以保证其生存和繁荣。各类型组织和信息系统的关系愈加不可分离，紧密依存。信息系统的性能往往决定了企业可以做的事情，如增加市场份额、提高产品质量、降低成本和提高员工生产效率，换言之，信息系统能做什么在一定程度上决定了企业的发展和竞争力。

就企业的信息资源建设而言，信息系统是由若干相互连接的部件组成的，收集、处理、存储和发布组织中的信息系统，可以支持组织的技术操作、管理控制和决策制定。现今的信息系统还可以协助管理者和员工发现和分析问题，进行复杂对象的可视化和创造新的产品。

信息系统包含组织内或组织所处环境中的重要人员、地点和事情的信息资源。信息资源是指已被转化为对组织有意义的和有用的数据，能为企业创造价值；数据则是指尚未被整理成被人理解和使用的形式之前的表示，是指发生于组织或组织所处环境中的原始事实的符号串。信息系统使用计算机技术把原始数据处理成有意义的信息。计算机及其相关软件程序是信息系统的技术基础、工具和原料。新兴信息技术对信息系统的新陈代谢带来了巨大影响。

表 9-2 信息系统管理的新变化

变化	企业影响
技　术	
云计算平台成为一个主要的创新商业领域	互联网上灵活的计算机群开始替代传统的公司计算机执行任务。软件即服务(Saas)作为一种互联网服务模式，使大部分商业应用转移到互联网上
大数据	企业需要新的数据管理工具获取、存储和分析海量数据，并从中洞悉业务规律。这些海量数据来源于网络流量、电子邮件、社会化媒体内容以及机器(传感器)
作为企业系统，移动数字平台开始与PC平台竞争	苹果手机和安卓移动设备能下载海量的应用程序来支持协作、基于本地的服务以及与同事间的沟通。小型的平板电脑如iPad、Google Nexus和Kindle Fire，威胁着传统的笔记本电脑在个人和企业计算机中的地位

续表

变化	企业影响
管　理	
管理者采用在线写作技术和社会化网络软件改进协调，协作和知识共享	Google Map、Google Sites、Microsoft Windows SharePoint Services 和 IBM Lotus Connection 被全球 1 亿多商务人士用于支持博客、项目管理、在线会议、个人资料、社会化书签和网络社区
商务智能应用加速	更强大的数据分析和交互界面提供实时的绩效信息给管理者，用于提高管理决策水平
虚拟会议猛增	管理者采用电话视频会议和网络会议技术，减少出差时间和成本，并改善合作与决策
组　织	
社会化商务	企业利用社会化网络平台(包括 Facebook，Twitter 和企业内部社交工具)加强与员工、客户和供应商的联系。员工在网络社区上，通过博客、维基、电子邮件和即时消息工具沟通
远程办公普及化	互联网、无线便携机、智能手机和平板电脑使更多的人远离传统的办公室工作。55%的美国企业拥有远程办公软件
共同创造企业价值	企业价值的来源从产品转向解决方案和经验，从内部资源转向供应商网络以及和客户的协作。供应链和产品开发呈现出更多的全球化和协作性特点，客户互动帮助公司定义新产品和服务

2. 企业信息导航库建设

企业信息资源类型多样，企业用户获取相关信息资源时往往不知道到哪里查找，通过建立企业信息导航库的方式，可以打破企业信息资源来源和管理的障碍，方便用户搜索到自己所需的信息资源。同时企业可以通过信息导航库的方式，盘点、整序那些信息质量高、有利用价值的内外信息源，将它们汇集在一起，依据科学的分类体系进行有序化，并建立链接，同时对信息源的内容、性质、获取权限等进行简要介绍和评价，帮助企业各部门人员因不同的需求快速有效地查找和检索适用的信息资源，因而也是企业中利用最多、最简单、最直接的企业信息资源开放模式，是企业最为常见的信息资源二次开发项目。其关键就是要梳理不同信息源、信息资源内容和结构的逻辑关系，建立科学的分类导航体系。

3. 企业信息资源重组

所谓企业信息资源重组就是根据企业特殊需求进行定向搜寻与重新组织，以便对特定的用户群提供专题信息的导航服务。重组类的二次信息资源产品主要是为了解决由于信息量大、分布零散、动态变化等特点而导致的搜索困难的问题。企业信息重构，是在信息资源采集的基础上进行的信息系统的信息整理和有序化工作，打破了各个信息资源原有的信息描述和组织体系，重新设定统一的信息描述、信息揭示、信息分析和信息存储一体系统，因此它是采用一定的方式根据特定的需要将大量的、异质异构的信息资源重新整序和优化，数据仓库就是信息重构的一种。在这一过程中，各类原始信息资源中去除了冗余，抽取了所需要的信息资源特征或属性、过滤了次要和无用的部分，把原先不易检索和分析的原始形式转变为易于检索查询、分析挖掘、传输和共享的体系，通过这种整理，信息资源的质量得以提高，并可以实现高效的获取和利用。

4. 企业知识库建设

企业知识库是运用科学的方法对不同来源、不同层次、不同结构、不同内容的知识进行综合和集成，实施再建构①。经合组织(OECD)提出的知识架构分类是指显性知识和隐性知识。显性知识包括事实知识(Know what)和原理知识(Know why)，隐性知识包括技能知识(Know how)、人际知识(Know who)，将这两类知识整合提升形成新的知识体系②。建立企业知识库，将知识的作用最大地发挥出来，是创新知识、提升自身竞争力，从而在激烈的市场竞争中谋求长远发展的必然要求。企业知识库主要用于对企业显性知识管理，它由以下一些知识组成：企业基本信息，包括公共关系信息、年度报告、出版物和企业总体介绍等；企业组织结构信息，包括地址、代理商、分公司、服务中心等信息产品和服务信息，包括技术专长、服务特点等；基本流程信息；关于专利、商标、版权，使用其他企业技术、方法许可证的信息；顾客信息等。

企业以知识库的形式开发信息资源，多为了支持企业知识管理，以保证企业知识管理中信息资源提供与应用的效率最大化和直接性。在知识库建设中，基于企业实施知识管理解决实际问题的迫切性，企业各层次决策需要的

① 沈丹，梁战平．制造企业知识库现状及发展探讨[J]．情报科学，2008，26(12)：1778-1782.

② 左美云．国内外企业知识管理研究综述[J]．科学决策，2000(03)：31-37.

知识信息资源在本方案中实现了拥有广泛、稳定、可靠的信息来源，专业化的信息资源通道，有强大的专家群对信息的内容进行甄别遴选，集正式出版的报纸期刊文献、博硕士论文、会议论文、各类相关企业法律法规、行业年鉴、经济统计数据、行业深度研究报告、企业典型案例、企业管理工具书等信息资源之大成。与此同时，还要充分考虑知识对企业决策和竞争的作用，信息资源库需具备连续、远程、实时更新的性能，随时为企业提供最新的行业动态信息和消息，以便企业迅速获得实施决策的信息资源以及信息资源库的价值增殖，保证所提供的信息资源为企业决策服务的最佳时效。通过信息资源向知识的转化，以此支持企业的发展战略，提升企业核心竞争力，从而实现企业知识信息资源深度交流与共享的信息资源知识管理。

企业内部至少存在三种类型的知识资源，有些知识资源作为信息资源存在于公司的结构化文本文件中，例如文件、报告等；决策者决策时还需要另一种半结构化的知识，如各种聊天记录、电子邮件、图片和公告板信息等；另外还有隐性知识，即没有任何正式存储的形式和数字载体，只保存在专家或员工的头脑中，隐性知识很难被记录。

为了对这些信息资源和知识资源进行开发利用，企业知识管理系统主要包括企业内容管理系统，辅助企业管理和利用半结构化和非结构化的信息资源，企业内容管理系统获取、存储、检索、传播和保存这信息资源，帮助企业改进业务流程和决策过程。有时，企业会根据需要分类和标记这些信息资源，创建统一的知识门户，以便员工能够一站式访问企业的信息资源。第二种是知识网络系统，用来管理企业中保存在个人专家头脑中，而没有被记录下来的知识。知识网络系统会通过提供企业内专家及其简介的在线清单，详细著录这些专家的工作经历、受教育情况，参与过的项目等，帮助员工非常便捷地找到企业内的领域专家以及这些专家产生的知识内容。第三种是知识工作系统，也有企业专门为知识工作者提供专门的支持系统，帮助他们为公司创造新知识，并辅助员工正确地把这些知识与公司的业务有机结合。

5. 专家系统(expert system)的应用

专家系统是一种智能技术，是一种在特定领域内具有专家水平解决问题能力的程序系统。它能够有效地运用专家多年积累的有效经验和专门知识，通过模拟专家的思维过程，解决需要专家才能解决的问题。专家系统属于人工智能的一个发展分支，自 1968 年费根鲍姆等人研制成功第一个专家系统 DENDEL 以来，专家系统获得了飞速的发展，并且运用于医疗、军事、地质勘探、教学、化工等领域，产生了巨大的经济效益和社会效益。现在，专家系统已成为人工智能领域中最活跃、最受重视的领域。专家系统以软件系统中规则集合的形式来获取技能熟练雇员的知识，并把这些知识与组织中其他人分享。在专家系统中，这些规则集合存在于企业存储学习知识的存储器中，其作用在于获取了人类专家特定领域的知识后，可以帮助组织用较少的人做出高质量的决策，因此，专家系统被广泛应用于企业中一些离散的、高结构化的决策中。专家系统通常由人机交互界面、知识库、推理机、解释器、综合数据库、知识获取等六个部分构成。

二、企业信息资源的分析

对企业信息资源的分析主要是为了支持企业决策。20世纪70年代初出现的决策支持系统(Decision Support System，DSS)是管理信息系统和运筹学相结合的产物，是处理非结构化与半结构化问题的系统，支持管理者非程序性决策，主要服务于企业决策部门，主要是高层管理者。高层管理者根据自己的知识、经验和决策支持系统的支持，在可选方案中选择最优方案。近年来，智能决策支持系统(Intelligence Decision Support System，IDSS)、群体决策支持系统(Group Decision Support System，GDSS)等越来越将人工智能引入到企业决策过程中。智能决策的趋势使得现如今企业做出的许多决策既不是

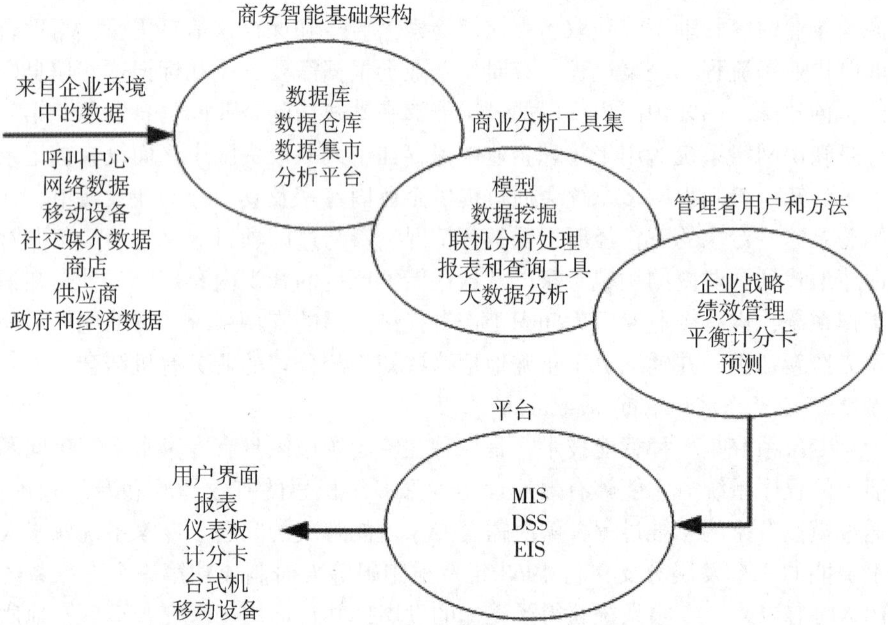

图9-4 企业商务智能环境

由管理人员做出的，也不是由任何其他人做出的。例如，当人们在淘宝购物中的检索框中输入一个查询关键词，淘宝平均会在半秒内决定显示哪些产品、关联哪些推荐；纽约证券交易所在2010—2011年花费了4.5亿美元建立交易平台，该平台处理订单时间少于50毫秒；高频交易员通过电子证券交易系统执行交易时间低于30毫秒。高度结构化和自动化的决策迅速增长，能精准决策的计算机算法、数据库和高速处理器以及智能软件使得这类自动、高速的决策成为可能，智能决策应用于企业中能比管理者监督或控制而做出的人工决策要更快更准确。构建商务智能环境成为信息资源分析和利用的趋势。

(一)企业信息资源分析利用的商务智能环境

企业商务智能环境存在以下六大要素：

(1)来自企业环境中的数据

企业必须处理许多来源不同的结构化或非结构化的数据，包括大数据。这些数据需要被整合和组织，以便能被决策人员分析和利用。

(2)商务智能基础架构

商务智能的支撑基础是一个功能强大的数据库系统，它获取所有与业务运营相关的数据。这些数据可以被存储在事物数据库，或合并、集成到企业级数据仓库或一系列相互关联的数据集市。

(3)商务分析工具集

这是一组软件工具，用于分析数据并产生报告，对管理人员提出的问题做出回应，并使用关键绩效指标跟踪业务进展。

(4)管理者用户和方法

商务智能的硬件和软件不会比使用者更有智慧。管理人员利用各种管理方法确定数据分析执行顺序，这些管理方法定义了业务战略目标，并规定如何测量其进展。这些方法包括侧重于关键绩效指标的业务绩效管理和平衡计分卡方法，以及着眼于整体商业环境变化，尤其关注竞争对手动向的行业战略分析。

(5)交付平台——管理信息系统(MIS)、决策支持系统(DSS)、经理支持系统(ESS)

商务智能和分析工具输出的结果可通过各种方式传递给管理者和员工，这取决于其完成工作所需的信息。MIS，DSS和ESS能够提供信息资源和知识给工程不同层次的员工——操作层的、管理层的和决策层的。在过去，这些系统相互独立、各自运行，之间不发生关联和数据共享。以商务智能和分析包形式出现的硬件和软件工具套装，能够整合来自上述不同信息系统中的信息资源，并把他们传递到管理者的台式机或移动平台上。

(6)用户界面

企业管理者和商务人士在办公桌或台式机上工作已经过时了，相对于以往阅读各种以行和列形式提供信息的枯燥报表，他们往往更希望也更多从可视化的数据呈现中更快地获取、理解和把握信息。各种可视化的工具不仅能使得数据的呈现丰富和易于分析，还可以传递到不同的智能终端上，比如手机或平板电脑以及其他的移动手持设备和公司的门户网站上，更加便捷地展示和分享。

(二)企业信息资源分析的主要功能

在智能商务环境中，高级决策人员往往使用BI系统的可视化界面，如仪表板和计分卡，来监测公司的经营活动。中层管理人员和分析人员更多的是沉浸在数据和软件中，输入查询并根据不同维度对数据进行切片和切块。一线员工以及客户和供应商主要查看预先定义好的报表。因此，企业信息资源分析主要具有以下功能：

(1)生产报表

BI套装工具最常使用的输出是预先打包好的生产报表。

表9-3 商务智能预定义的生产报表示例

业务职能领域	生产报表
销售	预测销售量，销售团队绩效，交叉销售，销售周期
服务/呼叫中心	客户满意度，服务成本，问题解决率，客户流失率
市场营销	营销互动成效，忠诚度和流失，市场购物篮分析
采购和支持	直接和间接开支，订单采购，供应商表现
供应链	积压，完成情况，订货周期，物料清单分析
财务	总账，应收及应付账款，现金流，盈利能力
人力资源	员工生产率，报酬，劳动力的人口分布，员工挽留

(2)预测分析

预测是企业商务智能分析的重要功能，要求对未来事件和行为进行预测建模，如客户购买商品的概率。预测分析使用统计分析、数据挖掘技术、历史数据以及有关未来情况的假设来预测未来的发展趋势和行为模式。在此过程中，一些便利需要被识别，通过测量这些变量来预测未来的行为。例如，当汽车保险公司发布汽车保险政策时，会根据年龄、驾龄、性别和驾驶记录等变量来预测驾驶安全性，以此制定保险方案。联邦快递(FedEx)一直使用预测分析，通过建模来预测客户将如何回应价格变动和新的服务，哪些客户最容易转换到竞争对手那里，以及新的快递网点或在网上下单将产生多少收入，联邦快递预测分析系统的准确率在65%—90%①。

预测分析被纳入众多的商务智能应用中，如在销售、营销、财务、欺诈识别和医疗上的应用，其中最知名的应用是信用评分。当我们在申请信用卡时，评分系统就会根据信用记录、贷款申请和购买数据，以确定未来按时还款的可能性。商用医疗保险公司通过医疗数据和金融数据确定可能发生的医疗费用。

(3)大数据分析

许多网上零售商都针对网络访问者的历史数据和访问记录等为用户实现个性化的产品推荐和优化排序的界面，以刺激用户更多的需求并购买更多的商品，例如淘宝、京东、亚马逊等，这些推荐除了基于用户曾经的购买行为和浏览记录，还会基于相似客户群体的购买数据为用户发掘可能感兴趣的商品。还有一些公司不仅采集和分析电子商务网站上的购物行为数据，还会关联用户的社交媒体数据、支付记录等，提供更具个性化的推荐，例如拼多多等，可以关联微信的好友，基于这些好友的购买情况进行推荐。

目前，诸多的企业正在利用对其客户的大数据进行用户画像，实现更加精准和个性化的推荐。例如 Hunch. com 根据每个用户的特定品位，提供定制推荐。Hunch 建立一个庞大的用户数据库，其中包括客户购买数据、社交网络和其他网络应用的信息，并综合分析这些数据创建每个用户的“偏好图”，把用户与其所预测的喜爱的产品、服务、网站和其他人映射关联起来，并把这些信息用于个性化、定制化、精准化推荐。这个偏好图包括了对每月 5 亿人次、2 亿物品和 300 亿人和物品之间关联的预测，为了能实施生成准确的预测，Hunch 从较大的偏好图中抽取部分数据，把每个人的偏好转变成更易于关联的“偏好指纹”②。

---

① [美]肯尼斯·劳顿，[美]简·劳顿. 管理信息系统(第 13 版)[M]. 黄丽华等，译. 北京：机械工业出版社，2015：367.

② [美]肯尼斯·劳顿，[美]简·劳顿. 管理信息系统(第 13 版)[M]. 黄丽华等，译. 北京：机械工业出版社，2015：367.

(4)数据可视化和地理信息系统

数据可视化(data visualization)是利用可视化分析工具对大量的数据存在的模式和关系用图表的方式呈现出来，相比于传统的文本和数字呈现方式，数据可视化以丰富多样的图表、图形、仪表板和地图等识别和呈现多维、立体和复杂的数据关系。

地理信息系统(Geographic Information Systems, GIS)是一类专用工具，可帮助决策者揭示数据在空间和位置上的联系，并揭示特定信息资源地理空间分布的规律。GIS软件在地图上以点、线和所在区域显示位置数据。一些地理信息系统已具有动态建模了，可以自动修改业务情境，并可以帮助确定最佳的选址方案。

三、企业信息资源的共享

任何企业都是一个系统，系统内外时刻进行着信息的交换和互通。企业运营需要处理各种与供应商、客户、政府主管部门，以及企业产品和服务相关的新资源，并通过利用这些信息资源来组织开展各项工作，从而达到企业实现高效运营和提高企业整体绩效的目的。企业借助各种信息技术和交流工具，能够管理所有各类信息资源，促进企业信息资源共享和利用的高效低耗，迅速捕捉环境的变化，从而更好决策，改进企业业务流程的执行效率，提升员工学习能力，营造知识分享和知识创造的学习型企业文化。企业信息资源的共享主要涉及企业流程的信息资源共享；企业内外合作的社会化信息资源共享，以及企业知识共享三个方面。

(一)基于业务流程的信息资源共享

企业业务流程是指以提供有价值的产品或服务为中心而进行的一系列工作的组织与协调方式。业务流程是生产产品或提供服务所需要的一系列业务活动的集合，这些业务活动由物流、信息流和业务流程参与者之间的知识支持。业务流程也指企业组织协调工作、信息资源和知识的特定方式，以及管理层确定的工作协调方式。每项业务都可以看作业务流程的集合，其中一些业务流程又是更广义范围业务流程的组成部分。比如，职业指导以及维基、博客和视频等的使用都是整个知识管理流程的一部分。许多业务流程专属于特定的职能部门，例如，销售和市场职能部门负责员工招聘流程。还有一些业务流程需要跨越不同的职能部门，要求跨部门的协调，比如客户订单的流程，要涉及销售部门、财务部门。

1. 企业信息资源的业务流程和系统分层

由于企业组织中存在不同职能和不同层级的不同利益，也存在功能的信息系统，没有一个单独的信息系统能够提供企业所需要的所有信息资源。各职能信息系统之间难以实现信息资源共享来支持跨职能业务流程，各职能系统容易形成信息孤岛，因此就有更大规模的跨职能的集成信息系统替代这些相互割裂的信息系统，以有效地连接业务流程涉及的不同部门。通常企业组织需要信息系统支持不同群体和层次的管理需求，不同信息系统内的信息资源也各不相同。

(1)事务处理系统及其信息资源

业务经理需要系统记录组织中各种基本业务活动的信息资源，如销售、现金、工资、产品、物流等，事务处理系统(Transaction Processing System，TPS)就是用来提供这类信息资源的。事务处理系统用以执行和记录企业日常性的业务信息，信息系统的目的是解决常规问题和跟踪组织的业务流，信息资源必须容易获得、即时准确①。

(2)商务智能系统及其信息资源

企业中还有提供信息资源来支持管理决策的智能商务系统(business intelligence)，包括一系列用来组织、分析和提供数据访问的数据和软件工具，以帮助管理者和其他企业用户做出更明智的决策。智能商务可以满足所有层级管理和决策需要的信息资源。

对中层管理者而言，可以用于监督监测、控制管理、决策制定和行政事务工作。通常的管理信息系统(Management Information System，MIS)主要指中层管理服务专用的信息系统。MIS 根据事务处理系统(TPS)的数据汇总和生成关于企业基本运行情况的报告，来自 TPS 的基础业务数据被汇总浓缩，并常常以定期报告的形式呈现，如库存、生成、营销、财务等方面的事务数据转化为各种 MIS 的报告，提交给相应的管理人员。MIS 通常能揭示企业的常规性问题，这些问题都是预先设定的，并由一整套预先设定的程序来解答，因此 MIS 一般不具有柔性，分析能力也很有限。大多数 MIS 系统使用的是汇总和对比这类简单的分析。

其他类型的商务智能系统支持比价非常规性的决策，例如决策支持系统(Decision Support System，DSS)关注于那些独特且快速变化的问题，这些问

① [美]肯尼斯·劳顿，[美]简·劳顿. 管理信息系统(第 13 版)[M]. 黄丽华等，译. 北京：机械工业出版社，2015：33.

题的解答步骤不可能完全被事先明确。DSS使用的信息资源一部分来自于TPS和MIS的内部，而也会使用来自外部的信息资源，如整体经济环境、竞争对手的价格等。DSS高度依赖于分析模型的应用，无法在变化的环境中进行有效的预测。对于高层管理，需要更多着眼于战略问题和长期发展趋势，经理支持系统(Executive Support System，ESS)帮助高层管理者进行上述决策。ESS专注于需要判断、评估和洞察力的非程序化决策，这类决策没有一致的解答程序。ESS给高层管理者提供容易使用的界面来呈现来自多个源头的数据和图形。通常通过门户(portal)，即Web界面来呈现集成、个性化的业务内容，给高层管理者提供各种信息资源。

ESS综合了来自企业外部信息资源，如相关法律或竞争对手的相关信息，来自企业内部的MIS和DSS中的汇总信息，通过过滤、精炼、跟踪关键数据，将其中最重要的部分展示给高层管理者。这些系统将越来越多地包含趋势分析、预测等商务智能分析功能，“钻取”底层细节数据。大数据环境下的ESS已经实现了多源数据驱动，决策者随时都可以通过大量随手可及的分析工具和数据来指导公司，来自工厂货销售层面的数据即刻以汇总或详述的形式被呈现在高层管理者的数字表盘和报告中。

2. 连接企业的各类系统和信息资源共享

企业如何能够管理和利用来自不同系统的所有信息资源呢？不同的信息系统之间如何进行信息资源的共享？管理者和员工之间如何进行协调？

(1)企业应用

企业并不是一天把所有的信息系统建设完成并投入使用，企业让不同类型的系统进行有机连接，从而实现系统间信息资源的互联互通。企业应用(enterprise application)是指那些跨域组织职能领域的系统，主要用于执行贯穿企业的各类业务流程，其中涉及各层级的管理工作①。企业应用系统的实施使企业业务流程之间更紧密地协调合作，使各业务流程得以集成，原属于不同职能部门和业务流程的信息资源得以共享，从而提升企业资源管理和客户服务效率，帮助企业提高柔性和效率。主要的企业应用有四种，分别是企业资源规划、供应链管理系统、客户关系管理系统和知识管理系统，每一类企业应用都集成了一系列相关的职能和业务流程，帮助企业增强组织的整体性绩效，是企业正式交流的依托，促进了跨业务流程的信息资源共享。这些

① [美]肯尼斯·劳顿，[美]简·劳顿. 管理信息系统(第13版)[M]. 黄丽华等，译. 北京：机械工业出版社，2015：40.

系统涵盖的业务流程跨越整个企业组织，在某些情况下还将超过企业边界延伸至客户、供应商，以及其他重要的业务合作伙伴。

企业资源规划(Enterprise Resource Planning，ERP)，通过实施ERP，将制造和生产、财务和会计、销售和市场、人力资源等职能领域的业务流程整合到统一的软件系统中。之前分散在不同系统中的信息资源也被统一存储到综合数据库中，企业的不同部门均可使用。

公司使用供应链管理(Supply Chain Management，SCM)系统管理供应商的关系。这类系统的实施，有助于公司与供应商、采购公司、分销商以及物流公司之间共享关于客户订单、生产、库存状态，以及产品和服务递送的信息，从而有效地管理资源、协调生产以及配送产品和服务，最终达到以最短的时间和最小的成本将正确数量的产品从源头送到消费点的目标，帮助公司降低产品生产和运输成本，使管理人员更好地决策，安排采购、生产和配送业务，增加企业的盈利能力。由于供应链管理系统中的信息流跨越了企业组织的边界，供应链管理系统属于跨组织系统。

公司使用客户关系管理(Customer Relationship Management，CRM)系统来管理客户的关系。CRM提供相关信息资源管理来帮助企业协调所有与销售、市场、服务有关的业务流程，不断提升业务收入、客户满意度和客户忠诚度，帮助公司识别、吸引、保留最有价值的客户，为现有客户提供更好的服务，提高销售额。

知识管理系统(Knowledge Management System，KMS)的实施使组织能够更好地管理与知识经验获取和应用有关的流程，收集企业范围内所有相关的知识和经验，并使这些知识和经验在需要的时候能够随时随地被员工获取，从而改善业务流程和管理决策。通过KMS实现企业与外部知识源的连接。

(2)内联网和外联网

企业应用系统深刻地改变了企业开展业务的方式和信息资源共享方式，使企业能够把大量的业务数据整合到一个系统中，但实施这些系统通常非常昂贵，难度很大，需要各个部门和业务流程的协调。由于内联网和外联网能够促进信息资源在企业内部及企业与客户、供应商之间的流动和整合，因此可以作为一种替代性的信息资源共享的工具。

内联网，简言之就是只有企业员工才能访问的企业内部网站。内联网是相对于互联网而言的，指的是企业内部的网络，而互联网主要是连接企业和其他外部网络的公共网络。内联网采用与互联网同样的技术标准和技术，通常作为公司网站中的内部员工访问区域。外联网与内联网类似，是企业网站中授权供应商可以访问的区域，通常用来帮助与供应商之间的协同生产。

(3)电子商业、电子商务和电子政务

大量的企业已经利用数字化网络或者基于数字化网络来开展业务。这就是电子商业(electronic business)，简称 e-business，是指企业应用数字技术和互联网来执行主要的业务流程，包括企业内部管理相关的各类活动，以及协调供应商和其他合作伙伴的各类活动。电子商业涵盖了电子商务(electronic commerce)，或简称 e-commerce。电子商务可以看作电子商务中涉及通过互联网买卖商品及服务的部分，电子商务也包括支撑这些市场交易的各类活动，如广告、营销、客户服务、支付、物流配送等。电子政务(e-government)是指应用互联网和计算机网络技术，使各政府部门和公共服务机构与市民、企业及其他政府分支机构之间的关系数字化。

(二)企业内外合作的社会化信息资源共享

如今的社会是竞争与合作并存的社会。合作是指与他人一起工作以达到共同而明确的目标。合作强调任务或使命的完成，通常发生在企业或其他组织中以及企业之间。合作可能是短期的，也可能是长期的，这取决于任务的性质和合作方之间的关系。合作可能是一对一的，也可能是多对多的。这就使得信息资源共享发生常常是情境化的，具有各种类型，发生于不同的主体。

企业员工之间的合作可能存在于不属于企业正式组织结构的非正式团队中，也可能组成正式的合作团队。团队(team)通常有企业赋予的特殊使命，团队成员需要通过合作系统完成一系列具体的任务来达成使命。团队的存在也可能是短暂的，存在时间取决于该团队需要解决的问题，以及找到问题解决方案并完成使命需要的时间长短。不同的团队分享的信息资源是不同。当今，团队合作和信息资源共享变得越来越重要。

首先是工作性质的变化，以前的企业流程中，每个环节、每个阶段彼此独立，各环节之间由管理者负责协调，工作被垂直划分为彼此独立的单元，使得信息资源共享也主要是管理者和员工的垂直交流。而现今，在产品生产或服务流程中，参与各方工作之间需要更紧密的协调和互动。工厂里，工人也常常以生产小组的方式工作。

其次是专业工作的增加。在服务业中，“互动性”的岗位越来越变成需要紧密协调和合作的专业岗位。专业岗位的工作人员不仅要求有相当程度的专业教育，而且需要信息资源的分享并形成见解和看法。每个岗位的人员都要具备解决相关问题的技能，所有的参与者都需要彼此考虑，协同完成工作①。

再次是公司组织的变化。在工业时代，管理者将工作分解成层级状结构，命令自上而下传递，反馈自下而上进行。当今，工作是按工作组和团队来组织的，每个团队成员均按团队自己的方式方法来完成任务，高层管理者监控和评估工作结果，而很少下达详细的命令或操作指令。这意味着，在一定程度上，组织中的知识技能和决策权利已经下沉。

最后，全球化使得企业的工作场所已经从单点向多点变化——办公机构或工厂遍布于某个区域、某个国家甚至全球。还有各个企业对创新的关注，企业的成功和成果不是归功于个体，而是归功于强有力的团队合作。创新是群体过程和社会过程，充分的合作实践和强有力的协作技术被认为是企业的竞争优势，愈加倡导群体智慧、群体创新、学习型的企业文化。

这就促使很多企业采用社会化商务(social business)来增强合作。社会化商务是指应用社交网络平台，包括微信、微博、推特，以及企业内部社会化工具，如企业微信、钉钉、飞书等企业内部社会化工具等，来增强企业与员工、客户以及供应商之间的交流互动，使员工能够建立个体档案、建立群组，以及“追踪”其他人的状态更新。社会化商务的目的在于加深企业内外群体之间的交互，促进和提升信息资源共享、创新和决策。社会化商务的关键词是“对话”即交流和分析信息，客户、供应商、员工、经理，甚至监督机构可以不断持续地“对话”，当然这些对话内容往往不涉企业知识或企业关键成员(员工和管理者)。

表 9-4　社会化商务的各项应用举例

社会化商务应用	应用描述
社会网络	通过个人和企业相关介绍建立联系
众包	利用集体的知识产生新的创意和解决方案
共享工作区	开展项目和任务合作，共创内容

① ［美］肯尼斯·劳顿，［美］简·劳顿. 管理信息系统(第 13 版)［M］. 黄丽华等，译. 北京：机械工业出版社，2015：43.

续表

社会化商务应用	应用描述
博客和维基	发布和快速获取知识，探讨观点和经验
社会化商务	在社交平台上分享购物经验和看法
文件共享	上载、共享和评论照片、音频、文本等文件
社会化营销	利用社交媒体，与客户互动，获取客户的观点
社区	在开放论坛中讨论各种话题，分享经验

当今社会，企业内部和企业之间的合作也显得比以往任何时候都更为频繁，信息资源共享和互通也日趋便利，这得益于合作和社会化商务的工具和技术的快速发展。

(1)电子邮件和即时通信

电子邮件和微信、QQ等即时通信已经成为互动性工作中的主要沟通和合作工具，可以在任何终端设备上运行，提供文件分享和信息传递的功能。即时通信工具和社交媒介可以让使用者同时与不同的对象实时对话和信息传递，并整合了工作、生活的各种功能，结合二维码的使用，成为最受欢迎的信息资源共享和沟通渠道，致使电子邮件的使用量有所下降。

(2)维基

维基是一个网站，能使用户很容易地发布和编辑文本、图形等内容，而不需要具备任何与网页开发或编程技术相关的知识，是特别适合于企业内存储和共享企业知识和观点的理想工具，在非正式在线论坛上，常常能获得文献和资料上没有的可贵经验。

(3)虚拟世界

类似"第二人生"这种的虚拟世界是"居民"居住的在线3D环境，这些"居民"为自己建立了图形化的化身。真实世界中的人们通过虚拟世界中的化身，利用手势、对话框以及语音通信在虚拟的场所中见面、互动和交流想法。

(4)合作和社会化商务平台

已有的相关软件产品可以为工作在不同地域的团队提供合作和社会化商务多功能的平台，最广泛的是基于互联网的音频会议和视频会议系统，如腾讯会议、华为 WeLINK，Google Sites，网盘如百度云盘，Lotus Notes，

Microsoft SharePoint 等公司合作系统，还有企业微信、钉钉等企业社交网络工具等。

虚拟会议系统可以减少会议开支、旅行时间和金钱的划分，许多大小公司都采用了视频会议及网络会议技术，用于产品宣讲、培训课程、战略研讨会等。

企业应用套件，如谷歌企业应用套件和协作平台可以为企业提供在线合作服务应用，如日历、文本、电子表单、电子邮件、网盘和其他在线办公软件工具。

微软 SharePoint 是基于浏览器的合作和文档管理平台，同时还具有安装在公司服务器上的强大搜索引擎。它具有基于网页的界面，与微软办公桌面软件等日常工具紧密整合在一起，方便员工分享文档及项目合作。

Lotus Notes 是早期的合作软件系统，具有分享日历、共同写作编辑、共享数据库存取、电子会议等功能，每位参与者均可看到来自其他参与者和活动的信息，也可以展示信息。

钉钉是阿里巴巴集团打造的即时通讯工具，专为中小企业服务，专注于团队、工作沟通服务，提升企业或团体内外沟通协同的效率。采用了完全原创的新型行业模式，移动互联网信息内容通过电话通讯实现信息必达，电话通讯内容直接转化到移动互联网进行展示，两者无缝转换对接。可视化的移动网络交互实现电话拨打的便捷，电话通讯网络实现快速高质量通话，摆脱 WIFI 和 3G 的束缚。

企业社会化网络工具是一些用来支持社会化商务需求的社会化工具，比如企业微信，Salesforce 的 Chatter，微软的 Yammer 等。企业社会化网络工具的商业价值在于把员工连接起来，其功能有文档资料、更新、即时通信等，主要是企业内部使用。特别是云存储的使用，推动了企业社会化网络工具的功能拓展，涵盖了资料文档、社区、电子邮件、即时通信、网页会议、个人数字表盘即文件共享等功能，并且得到了在各行各业中的普及运用。

表 9-5　企业社会化网络软件能力

社会化软件能力	描　述
资料文档	具有建立成员资料的能力，描述成员的个人信息、教育背景、兴趣爱好，也包括与工作相关的协会和专业知识(技能、项目、团队)

续表

社会化软件能力	描　述
内容分享	分享、存储和管理包括文档、演示报告、图片及视频在内的内容
递送及通知	实时信息流、状态更新以及由特定个人和群体发布的通告
群组及团队工作区	建立群组分享信息、文档合作、项目合作，设立私密的和公开的小组，保存对话内容，保存团队知识
标记及社会化标签	表明对特定内容的偏好，类似 Facebook 的点赞功能；标记可以让用户为喜欢的内容添加关键词
许可及隐私	保证私人信息在由关系而建立的合适范围内流通，企业社会化网络需要对用户设立查看信息的权限

企业面对众多的合作和社会化商务工具与服务，应该如何选择最合适的技术和工具呢？20 世纪 90 年代初期开发了一个基于时间和空间的合作和社会化工具评估矩阵(见图 9-6)，可以为企业提供相应的参考。

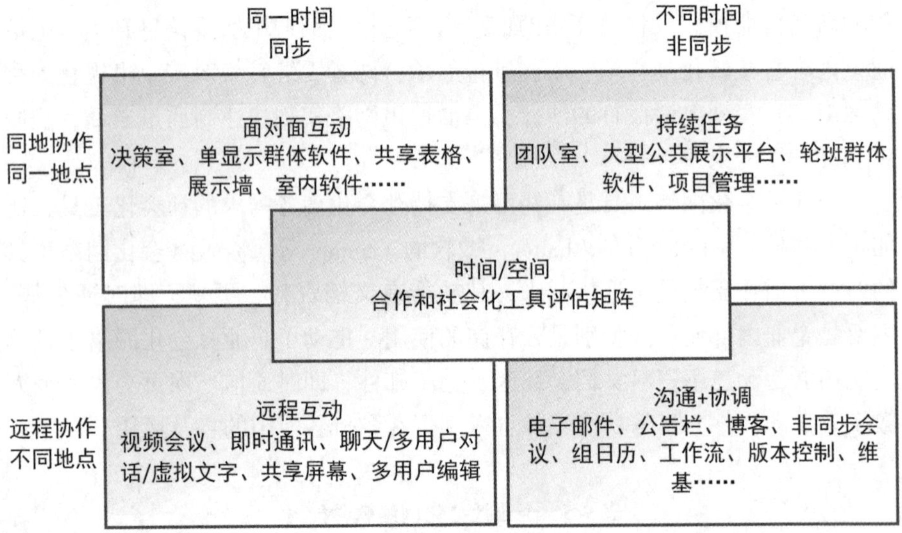

图 9-6　基于时间和空间的合作和社会化工具评估矩阵①

① [美]肯尼斯·劳顿，[美]简·劳顿. 管理信息系统(第 13 版)[M]. 黄丽华等，译. 北京：机械工业出版社，2015：43.

（三）企业知识共享

知识是企业中最为重要的信息资源之一。企业知识共享是指组织的员工或内外部团队在组织内部或跨组织之间，彼此通过各种渠道（如讨论、会议网络和知识库等）进行交换和讨论知识，其目的在于通过知识的交流扩大知识的利用价值并产生知识的效应。

企业运行中，一旦发现重要的文件、模式和专家规则这些新的知识，就必须将它们有效地保存起来。建立企业知识保存是为了有效的共享和再利用，否则，就不能增加企业的价值。在企业中知识共享与知识转移是最为困难的，但却是必须的。组织知识必须通过共享才能使其效应扩大，通过转移才能更好地重用。企业中知识共享的方式主要有正式方式和非正式方式两种。

1. 正式方式的知识共享

（1）企业内正式的信息网络

正式的网络（formal network）是组织通过管理系统由上而下传递、指示，或由下而上汇总、呈送与工作、任务相关的正式信息和知识。例如公文系统中的内容，这是一般组织知识共享最普遍例行的渠道，且适合于显性知识的共享，歧义较少。

（2）师徒制传承的传递和共享

师徒制传承是指资深的员工以资历较浅的员工个人整体的智能与技能发展为焦点，而不是以某一特定的知识为目标，密切地通过日常工作的讲解、示范进行教育和训练。例如，日本钢铁公司正式鼓励这种制度与团结关系。B. A. H 顾问公司也将辅导资历较浅的员工的绩效列入考核目标，这是最有效的知识共享渠道。由此可见，对于某些复杂、细致和隐性的知识无法经过外化成为系统共享，但通过密切的师徒制传承却可以成功地共享。

（3）知识库的建立

是指组织通过知识外部化的过程，将有价值的文件、蓝图、案例、经验和教训等知识通过分类整理后存储在某一特定点上，利用员工获取及利用。

（4）知识展览会与知识论坛

知识展览会与知识论坛是指由组织主导，在特定的时间与场所，对于领域的重要知识召集相关知识团队和与之相关的需求单位共同聚在一起，自由交流共享知识，这是较为结构化的知识交流场合。这种知识共享渠道的特点是通过知识展览会与知识论坛的方式，没有任何正式组织和固定流程，可以随心所欲聊天，享有充分自由的谈话时间。

2. 非正式的知识共享方式

非正式的学习环境是知识创新、隐性知识验证、传播与管理的天然土壤，这和隐性知识难以文字化和完整表达有关，通过示范、行为、适当的场景、共同的实践是最有利于隐性知识传播和发展的。非正式共享方式主要包括非正式网络、实践社区和非正式场所三种。

(1)非正式网络

是指员工之间通过私下关系，例如，沟通网络、咨询网络和信任网络，通过非正式的职权关系进行自由、非正式的沟通讨论并共享知识。

(2)实践社区(又称知识网络)

是指组织内由那些兴趣、专长相同的员工所自行组成的以知识共享为目的的实践社区。成员经常通过互联网讨论共享某一特定领域的专长知识。

企业中知识的传播可以通过门户网站、电子邮件、即时通信、维基网站、社会化业务工具和搜索引擎技术，这些工具可以方便地用于分享日程、文件、数据和图表等显性知识。企业中还可以通过设立新的组织岗位和责任促进组织内知识获取与共享，包括设立首席知识馆(Chief Knowledge Officer, CKO)的职位、专职知识管理的人员职位(知识经理)以及实践社区。实践社区(Community of Practice, COP)是由公司内外具有相似工作任务和兴趣的专家、员工组成的非正式社交网络。实践社区的功能包括自我和群体教育、专业讨论会、在线消息、常规经验和技术分享机制，这些功能用以解决在工作中碰到的特殊问题，并可以实现隐性知识的共享。IBM、美国联邦高速公路管理局以及世界银行等许多组织促进了数以千计在线实践社区的诞生和发展。这些实践社区的效果很大程度上取决于用于合作和交流的软件。

实践社区使得知识的再利用变得更加容易，它可以帮助社区的成员获得有用的文档、文件存储和为用户提供需要的信息。实践社区的管理员像协调员一样，组织社区成员贡献和讨论。对新加入的员工而言，实践社区可以提供相关主题的专家，访问社区已经存储的关于方法和工具的相关资料，可以帮助成员缩短学习曲线。最后，实践社区可作为孵化新思想、新技术和新决策行为的基地。

(3)非正式场所

一般是指的茶水间与谈话室文化，是指员工通过在非正式场所(食堂餐厅、员工休息室、自动贩卖机前、走道等)不期而遇的对话，产生知识交流和共享的一种方式。自由闲谈是员工发掘自己所知，进而与同事共享、创造组织新知识的主要过程，这种头脑风暴有时比员工孜孜不倦地坐在固定的位置上辛勤地工作更有意义和效果。当企业面临难题时，员工会很自然地聚在一起讨论问题、共享解决方案，是非常重要的知识来源。例如微软亚洲研究院设有谈话室，鼓励员工在上班时间与同事短暂沟通，不限任何议题地随机沟通。

为促进知识的共享，企业需要花费大部分的精力与资金为员工营造正式的学习环境，有面授、培训和网络学习等，并监督这些计划付诸实施。而对于隐性知识，需要公司创造易于分享知识、创造知识的企业文化，促进、鼓励非正式学习环境中的知识共享。

第十章　信息资源共建共享

人类社会正在进入数字化、网络化时代。随着信息技术的迅速发展，不仅各种媒介的信息在激剧增长，而且信息的生产、存储和传递的方式都发生了深刻的变化。在数字时代，任何单一的图书馆独立地建设馆藏，同时仅仅依赖本馆馆藏满足读者需求的模式已不再适用。信息资源共建共享已经成为图书馆发展的必然趋势。

第一节　信息资源共建共享的时代背景与现实意义

一、信息资源共建共享兴起的时代背景

图书馆界很早就开始了合作建设藏书与资源共享的馆际合作实践。美国学者伍德沃斯(Ann Woodsworth)根据 13 世纪寺院图书馆之间存在的手稿联合目录，将图书馆合作的历史追溯到 13 世纪。通常认为，图书馆信息资源共建共享始于 18 世纪后期。当时德国的歌德在主持魏玛公国图书馆馆务时就与耶拿大学图书馆建立了馆际互借关系。19 世纪中叶，德国法学家墨尔(Robert Von Mohl)首次提出了图书馆之间藏书建设分工协调的思想，并由阿尔特霍夫(Friedrich Althoff)付诸实现。在他的倡导下，普鲁士的 10 所大学划定了各自的藏书采购范围，并在各馆之间建立了互借关系。19 世纪末，一些新成立的图书馆协会和图书馆专业杂志都成为图书馆之间开展信息资源共建共享合作的积极倡导者。20 世纪初期，美国国会图书馆(Library of Congress)编制《国际联合目录》(*National Union Catalog*，简称 NUC)，积极推动馆际合作活动。但总的来说，在 20 世纪 60 年代以前，图书馆合作建设藏书与资源共享活动的规模和范围都是很有限的，对图书馆工作没有产生实质性

的影响。而近几十年以来，图书馆信息资源共建共享活动蓬勃开展，有着深刻的时代背景。它的兴起和政治、经济、文化、科技的发展密切相关。

(一)经济背景

信息是一种能够创造价值和财富的资源。信息资源共建共享首先是一个经济学概念，经济因素对信息资源共建共享有着直接的影响。

1. 信息经济的兴起和发展

20世纪中叶，信息作为人类社会的第三大资源开始崭露头角，并逐渐显示出自己的优势和潜力。1956年，在美国历史上第一次出现从事技术、管理和事务工作的白领工人数量超过了蓝领工人数量的社会现象，这是美国社会变化的一个转折点。从此以后，美国社会由工业经济向新兴经济迈进。20世纪60至70年代，西方多维经济学家和社会学家先后提出了"知识经济社会""信息社会""后工业社会"等概念，用来指代西方国家正在开始新社会形态，并将这一形态与农业社会、工业社会一起，视为人类社会发展的第三阶段。尽管表述方式各异，但这些概念表达的共同思想就是：西方发达国家已经进入以信息作为战略资源的社会。1962年，美国著名经济学家马克卢普在其出版的《美国的知识生产与分配》一书中，第一次对一国产业结构中的知识信息活动和其他活动进行了定量分析和比较，将人类知识和信息的生产、传播和利用过程称为"知识产业"，并且具体测算出1958年美国的国民生产总值的29%来自知识产业，大约有31%的劳动力参加知识部门的工作。1977年，美国经济学家波拉特在他的《信息经济》一书中对美国的四大产业结构中的信息产业作了详细、科学的测算。结果表明，至1967年，美国信息经济产值占国民总值的46%，信息部门就业者的收入占国民收入的53%以上。波拉特的研究引起了人们的普遍重视。综合有关研究资料表明，目前信息产业已成为西方发达国家的最大产业。美国作为当今世界上信息经济最发达的国家，其与信息直接或间接相关的部门在国内生产总值中的比重已达80%。新兴工业化国际和地区从20世纪80年代开始，信息产业产值占国民生产总值的比重，也从20%上升到40%以上。可以看出，整个世界经济从20世纪80年代起都已不同程度地走上了信息化之路。

信息经济的迅速兴起和发展并逐渐在世界经济格局中占据主导地位，使信息成为当今社会重要的经济资源，与物质、能量一起，形成"三足鼎立"的社会生产支柱。而在这三大支柱中，信息资源具有更为重要的作用。与物质资源、能量资源相比，信息资源不仅具有可再生性和可共享性，而且信息资源与其他生产要素结合，还可以使其他生产要素大大增值。因此，谁掌握了相应的信息资源，谁就能有效地利用物质资源和能量资源，从而在激烈的经济竞争中取得主动权。

人们对信息资源的高度重视，必然会刺激社会信息需求的急剧增长。而强大的社会信息需求，正是信息资源共建共享的强大动力。只有当社会的信息需求迅速增长，并呈现出多样性、复杂性和迫切性，每个具体的文献信息机构无法独立满足这种需求时，信息资源共建共享才能显示出其必要性。因此，信息经济的兴起和发展是信息资源共建共享活动广泛开展的根本原因。

2. 经济全球化的趋势

全球化是当今数据经济发展的重要趋势。第二次世界大战结束以后，世界形势发生的重大变化之一就是国际化，国际交往无论在广度还是深度上均超过以往任何时期。人类生活在一个相互依赖的时代，人们已经不能脱离国际社会和国际环境来谈一个国家的发展和繁荣了。特别是“冷战”结束后，经济关系成为国际关系中最有力量、影响力最广大最深远的关系。各国在经济上开展激烈竞争的同时也在相互合作、相互依赖。货币、商品、人员、信息和技术都以加速度实行跨国界、无领土的流通，世界经济的发展正在走向国际化、全球化。这种全球化的趋势主要表现在生产全球化、市场全球化、资本全球化、技术全球化、金融全球化、贸易全球化、跨国公司的发展等方面。

经济全球化趋势必然给信息资源共建共享带来极大的影响。首先，经济全球化在给各国带来发展机遇的同时也给各国经济带来了挑战。各个国家为了在经济全球化中不被“边缘化”，在世界大市场中占有一席之地，都在努力提高劳动生产率，转换经济增长模式，调整产业结构等，所有这些都离不开掌握和利用丰富的信息资源。但是对于一个国家或地区来说，所拥有的信息资源又是有限的。因此，信息资源的共建共享成了经济全球化条件下各国经济发展的必然要求。

其次，经济全球化使得各个国家经济发展相互依赖、相互补充，以合作、协同为主要内容的国际经济新秩序将逐渐形成。这必然要求各国进行广泛的信息交流，打破国与国之间、地区与地区之间信息占有和传播的限制，实现信息资源的共建共享，逐步缩小不同国家、地区间的信息差距，消弭“数字鸿沟”。

再次，在经济全球化进程中，并不排除国与国之间经济的差异性和文化、价值观等方面的特殊性。各国通过信息的交流与共享，可以相互了解，及时借鉴吸收别国的先进经验，发展本国的经济。因此，许多国家从自身的利益出发，对信息资源共建共享持积极态度。

（二）科学技术背景

信息和知识资源是伴随着科学技术的发展而积累和丰富起来的。人类围绕着信息知识资源所进行的一切活动，也无不与科学技术的发展密切相关。

首先是信息技术的飞速发展与广泛应用。这使得信息资源开发和利用渗透到社会生产生活的各领域各方面，构建了全新的数字环境和信息生态。以互联网、大数据、人工智能为代表的信息技术，已成为全球经济增长新的驱动力量，进一步推进了经济全球化。世界各国都积极抓住新一轮科技革命和产业变革机遇、大力开发信息资源探索可持续的发展道路。这些信息技术使信息资源的生产、存储、组织和传递发生了革命性的变化。网络将世界连接为一个整体，信息资源共建共享完全突破了时间和空间的局限，范围不断扩大，内容深化交叉，方式日益多元。信息技术的迅速发展，为信息资源共建共享提供了最强有力的技术支撑，使每个组织、每个个体参与全球性的信息资源共享有了现实可能性。

其次，现代科学技术的高速发展，科研成果大量涌现，科学知识急剧增加，世界上任何单个的图书馆都不可能完备地保存所有的知识信息内容、收藏所有的知识信息载体。传统图书馆的“大而全”“小而全”的信息资源建设模式，已经被证明是行不通的。为了信息资源收集和采集的完备度，增加图书馆信息资源的保障能力，最大限度地满足用户不断变化和增长的信息需求，各个图书馆之间必须协调合作，针对不同类型、不同来源的信息资源，开展广泛而深入的信息资源共建共享。

与此同时，随着科研环境的日益开放，数据密集型科研范式的悄然兴起，科学数据已经成为信息资源重要的组成部分，开放存取、开放科学数据等成为世界广泛认同的科学研究和学术创新的新要求。很多国家的政府也开始通过制定相关的政策，要求由公共机构资助的科研成果和科学数据，应该在互联网上供公众免费获取。在科学数据开放方面，2015 年被称为“开放数据授权年”（The Year of Open Data Mandates）①，这一年，美国国家科学基金会（National Science Foundation，简称 NSF）分别于 3 月和 7 月发布《国家科学基金会公共获取计划：今天的数据，明天的发现》（NSF’S PUBLIC ACCESS PLAN：Today’s Data，Tomorrow’s Discoveries）②和开放政府计划 3. 5（Open

① 黄如花 . 2015-The year of open data mandates［EB/OL］. ［2015-11-21］. http://figshare. com/blog/2015_The_year_of_open_data_mandates/143.

② NSF’S PUBLIC ACCESS PLAN：Today’s Data，Tomorrow’s Discoveries［EB/OL］.［2015-11-21］. http://www. nsf. gov/pubs/2015/nsf15052/nsf15052.

Government Plan 3.5)①，以促进其资助的科学数据等研究成果的开放获取；欧盟于2015年10月颁布了推动研究数据开放获取的文件《地平线2020：科学出版物和研究数据开放获取指南》(*Guidelines on Open Access to Scientific Publications and Research Data in Horizon* 2020)②；我国国务院发布的《促进大数据发展行动纲要》也明确提出积极推动由国家公共财政支持的公益性科研活动获取和产生的科学数据逐步开放共享③。2018年，国务院发布《科学数据管理办法》，其中"共享与利用"部分指出"按要求公布科学数据开放目录，通过在线下载、离线共享或定制服务等方式向社会开放共享"，"积极推动科学数据出版和传播工作，支持科研人员整理发表产权清晰、准确完整、共享价值高的科学数据"。开放的科研环境为信息资源共建共享带来了利好的政策制度环境，反映出科学研究对信息资源共建共享的强烈意愿，同时开放的学术资源也使得有价值的信息资源来源更为丰富，分布更为离散，对信息资源共建共享的效率和精准度提供了新的挑战。

再次是现代科学高度分化与综合的整体化趋势。科学的不断发展，一方面使学科专业不断分化，学科门类越来越细；另一方面，不同学科之间的相互联系、相互渗透也在日益加强，形成了许多边缘学科、交叉学科和综合性学科。这种专业的细化和综合化趋势，使各学科的界限逐渐模糊，联系逐渐加强。这也使读者、用户的信息需求突破了专业的限制，越来越复杂多样。尤其是一些重大科研课题，或区域性、世界性课题，往往涉及众多学科，需要运用多种学科的知识和方法，依靠多种学科的协同攻关才能完成。显然，任何单个的图书馆是不可能满足社会这种复杂多样的信息需求的。只有通过建立完备的社会化信息资源保障体系，实现信息资源共享，才是满足社会无限的信息需求的有效途径。

(三)文化背景

信息资源共建共享蕴含着社会和谐发展的理念，寄托着人类对未来的美好期冀，是人类丰富多彩的文化的组成部分。它的发展的每一个阶段，都深深地烙上了文化的印记。今天，伴随着世界多极化、经济全球化而来的还有

---

① Open Government Plan 3.5[EB/OL].[2015-11-21]. http://www.nsf.gov/pubs/2015/nsfl5094/nsf15094.

② Guidelines on Open Access to Scientific Publications and Research Data in Horizon 2020[EB/OL].[2015-11-21]. http://ec.europa.eu/research/participants/data/ref/h2020/grants_manual/hi/oa_pilot/h2020-hi-oa-pilot-guide_en.

③ 国务院关于印发促进大数据发展行动纲要的通知[EB/OL].[2015-11-21]. http://www.gov.cn/zhengce/content/2015-09/05/content_10137.

文化多样化和治理多元化，人类文化正从诸多方面经历着深刻的变革，这些变革相互交织，正在对信息资共建共享产生重要的影响。

国际间交流的全球化几乎导致所有国家的文化交流呈现多元化趋势，伴随并促进了人类向多元文化归属和某种文化身份“复化”的方向发展①。文化间接触的增加，尤其是伴随着数字技术的进步，文化多样性的形式和语言的应用形式也因此大为丰富。这一方面突出了信息资源共建共享中对保存本地文化多样性的各种形式资料，另一方面能够揭示和记录文化的变迁，通过信息资源共建共享，凸显本地文化特性，参与到全球文化变革、创造和纳新中，构筑全球文化的多样性。

第一，当代文化的性质从工业文化转向信息文化，信息资源共享是信息文化的重要特征和必然要求。网络环境和数字世界正迅速改变着全球信息资源的分布状态和配置模式。利用大数据、云计算和人工智能等先进技术，人类可以跨越时空限制，及时、准确、综合性地传递、加工、存储和创造信息，每个人既是信息的利用者，也是信息的生产者和组织者，加速了物质和能量资源的“信息化”流通，形成了具有开放、共享、众包、协作等特征的全新的信息文化。

第二，当代文化主体从区域文化走向全球文化，信息资源共建共享意识将普遍加强。信息文化的直接后果是把全球结合成一个紧密的信息整体，现代化的信息网络使全球各区域之间的关联性大大增强，不同社会之间的频繁接触，使人们意识到只有相互交流、取长补短、协调合作，才能共同发展。这种全球意识的形成将会强烈冲击信息资源建设和利用中的保守、封闭、自给自足的小生产观念，从而消除信息资源共建共享中的观念障碍。

第三，当代文化发展由精英文化转向大众文化，信息资源共建共享具有更加广泛的用户基础。当代信息文化的发展打破了由少数精英创造和享用文化的局面，全球一体化的信息网络改变了文化结构。再加上网络将声形色态及语言文字融为一体，使之易于接受和理解，从而大大消除了由于文化水平偏低而形成的接受障碍。数据库和联机检索网络使资料社会化，对任何人一律平等。因此，信息资源共享将不再是少数精英的“共享”，信息将通过各种符号系统、各种载体形态走进千家万户，真正成为全体社会成员能够共享的资源。信息资源共享的广泛性和普遍性，又将更加激发人们对信息资源利用的愿望和要求，使信息资源共建共享获得新的动力。

---

① Investing in cultural diversity and intercultural dialogue：UNESCO world report［EB/OL］.［2020-01-13］. https://unesdoc.unesco.org/ark:/48223/pf0000185202_chi/.

第四，当代文化由注重纵向传递转向加强横向交流，信息资源共建共享将在文化横向交流中发挥重要作用。传统的文化传递比较注重纵向进行，即前代向后辈的文化传递，而忽略了文化横向的交流。在新的信息环境中，信息量剧增，信息更新频率加快，文化的横向交流因而更受到重视，人们在频繁的横向交流中相互学习、借鉴，加速了社会的发展。信息资源共建共享作为文化横向交流的重要形式，将使信息资源得到广泛的利用，使其现实使用价值得到充分的开发，从而大大丰富文化横向交流的内容，并使其具有永恒的魅力。

(四)政治背景

信息资源共建共享作为一项社会性的事业，其发展不仅与经济、科技、文化有关，而且不可避免地受到政治因素的影响。当今世界虽然还不安宁，但和平与发展毕竟是世界的主流。在各国内部，民主、开放已成为时代发展的趋势，保障公民平等自由获取信息的权利成为大多数国家的政府治国执政的基本理念，这些都为信息资源共建共享活动的开展创造了有利的政治环境。如我国于2018年1月1日起施行的《中华人民共和国公共图书馆法》的第三十条规定：“公共图书馆应当加强馆际交流与合作。国家支持公共图书馆开展联合采购、联合编目、联合服务，实现文献信息的共建共享，促进文献信息的有效利用。”这就为公共图书馆之间开展信息资源共建共享提供了法律依据。

二、图书馆信息资源共建共享的现实原因

对图书馆而言，信息资源共建共享不仅具有广阔而深厚的时代背景，而且有直接的现实原因。

(一)文献信息数量的急剧增长与图书馆有限收藏能力的矛盾持续加大

科学技术的迅速发展以及借助于信息技术的突飞猛进而带来的文献生产能力的极大提高，导致了文献信息数量的急剧增长。以纸质图书为例，据联合国教科文组织的统计资料，全世界发行的图书，50年代为20多万种，60年代为40万种，70年代为60万种，80年代已达到80万种。据国际出版协会(IPA)发布的报告，2015年全球出版商发行的图书超过了160万种。① 2018年我国共出版图书519250种，比1978年的14987种增长近35倍。②

① 兰莲超. 全球出版商一年要发行160多万种新读物，中美几乎占一半[EB/OL]. [2019-12-20]. http://www.qdaily.com/articles/44491.

② 国家统计局. 中国统计年鉴(2019)[M]. 北京：中国统计出版社，2019.

而在网络环境下，信息资源的类型和载体早已不局限于印刷型文献。电子出版物和网络出版物大有后来居上之势。如此汹涌的信息洪流，是任何单个的图书馆都无法驾驭的。从理论上讲，图书馆必须能对庞杂的信息源进行全面而又精确的控制，无论以何种载体形式，都能够为用户提供所需要的信息。但事实上，任何单个图书馆对文献的收藏和控制能力都是有限的。以印刷型文献为例，近几十年来，印刷型书刊的价格持续上涨，而大多数图书馆的购书经费增长却相对缓慢。因而，很多图书馆都不得不缩减购书量，入藏文献的品种和数量呈逐年下降趋势。虽然这种下降趋势近年来已在我国得到一定程度的遏止，但与信息资源数量的急剧增长相比，图书馆对资源的收藏能力毕竟是有限的。如果不走信息资源共建共享的道路，图书馆的文献信息资源保障能力仍将不断削弱，其角色功能的优势地位将日渐式微。

(二)信息需求的广泛性和复杂性与图书馆满足需求的能力形成强烈的反差

在新的信息环境中，社会信息化的趋势日益彰显，人们的信息意识日益增强，信息需求也变得更加复杂多样。这首先表现为信息用户本身具有多层次性和广泛性，从管理决策层、研究层到开发应用层、学习层、大众文化层等不同层次，用户群体空前庞大，各个层次用户都有其特定的信息需求。其次表现为信息需求内容的全面性和综合性，不仅涵盖了政治、经济、科技、教育、文化等众多的学科领域，而且涉及技术创新、新产品开发、市场营销、金融、劳务及政策、法规和管理等诸多具体问题。再次表现为对信息类型需求的多样性和复杂性。从文献出版形式来看，不仅有图书、期刊，而且有科技报告、技术标准、专利文献、会议论文、学位论文等特种文献资料；从信息载体来看，由印刷型资料、缩微视听资料，发展到电子出版物、多媒体信息、数据库、网络信息等各种新型载体的信息；从信息产品加工层次来看，涉及原始文献信息、检索型文献信息和经过高度浓缩加工的情报产品。除此之外，还有对不同语种、不同信息交流渠道、不同信息服务方式的信息需求。面对如此纷繁复杂的信息需求，图书馆越来越感到无力和无奈。因为任何单个图书馆所拥有的文献信息资源都是有限的，只有建立一个社会化的文献信息资源保障体系，各图书馆通过分工协作，合作建立相对完备的文献收藏，同时通过建立在现代信息技术基础上的文献传递系统，实现资源共享，才能最大限度地满足整个社会的文献信息需求。

(三)网络环境使信息资源建设的整体协调变得更为必要和迫切

数字资源和互联网的结合不仅极大地丰富了图书馆赖以提供服务的资源基础，而且使图书馆信息资源的结构发生了重要变化。由于人们从网上存取的信息，具有与馆藏文献一样可资利用的属性，因此图书馆的信息资源可以分为馆藏实体资源和网络虚拟资源两部分。对读者来说，需要获得的某一信息，无论是图书馆收藏的，还是通过网络存取而获得的，信息本身的质量并无多大区别。对图书馆来说，对利用率低的文献通过网络存取获得在经济上更合算。因此，图书馆赖以提供服务的资源基础，必然由印刷型文献为主向以数字化信息资源为依托的方向转变。而在网络环境下，当一个图书馆的馆藏转化为文献数据库并提供网上信息服务时，其他图书馆再把相同的资源进行加工上网是没有意义的。如果说，传统的图书馆作为一个个独立的存在，它们所拥有的资源相互之间还允许一定程度重复的话，那么在网络上，图书馆作为网络整体的一个节点，它的数据库资源如果被网上其他机构的数据库资源所覆盖，那么它的生命力和存在价值就会大大降低。这就对图书馆信息资源建设的整体协调提出了更高的要求。图书馆必须在信息资源建设中彻底转变"大而全""小而全"的馆藏模式，加强在馆藏发展中的分工协调，减少文献收藏的重复。只有各图书馆拥有的文献资源各具特色，互不雷同，图书馆从网络获取的资源才是丰富的和真正有价值的。

(四)信息技术的发展为信息资源共建共享提供了重要的技术支持

迅速发展的信息技术，不仅使信息资源共建共享变得更加必要和迫切，同时也为资源的共建和共享提供了强有力的技术支持。第一，由于网络的发展，联机联合目录和其他网络化选书工具广泛运用于文献采访工作，图书馆可以及时、准确地获取各馆馆藏和有关文献搜集的信息，从而可以避免文献采访中的重复和遗漏。第二，高速廉价的信息传输手段，使用户对文献信息的利用可以突破时间和信息存取地点的限制，十分便捷地获取自己需要的信息，而且，即使是跨越大洋传输文献的成本也不会超过读者亲自到邻近图书馆拷贝的综合成本，资源共建共享体系的建立可以摆脱地域的束缚。第三，统一的传输协议与文本格式奠定了数字化文献资源共享的标准化基础，不同时空、素不相识的人们可以同时通过基于相同标准的浏览检索共建访问同一信息。所有这些，都为图书馆合作藏书与资源共享创造了有利的条件。

三、信息资源共建共享的重要意义

(一)信息资源共建共享有助于减少信息资源建设的重复和遗漏，形成各具特色的图书馆信息资源体系，提高整体信息资源系统的保障能力

面对当今数量急剧增长的各类信息载体，任何图书馆都不可能全面收集。而在缺乏整体规划和合作协调的情况下，图书馆都只能以完善自身的信息资源体系为目的进行采集。这种"自给自足"和各行其是的信息资源建设方针，必然使得各馆的资源一方面相互重复，缺乏特色，另一方面又会遗漏许多重要的、有价值的文献，从而大大降低整体信息资源的完备性和保障能力。信息资源共建共享要求各馆克服本位主义和“自给自足”的资源建设观念，将本馆的信息资源看作是整体信息资源的一部分，并纳入统一的信息资源体系加以规划和建设。各馆致力于建设本馆有重点有特色的信息资源体系，优化本馆的信息资源结构，使本馆的资源能够最大限度地完成本馆的服务任务并满足服务对象的需求。从宏观上看，这样做能够最大限度地减少信息资源建设的重复和遗漏，提高整体信息资源系统的保障能力。

（二）信息资源共建共享有利于国家对信息资源建设的投入能够得到最优化使用

用有限的经费获取尽可能多的资源，是信息资源建设必须遵循的一项基本原则。在缺乏整体规划和协调的情况下，各馆在信息资源采集时，不仅要考虑读者经常性的信息需求，采集大量常用的文献资料，而且要注意读者偶然性的信息需求，采集相当数量非常用的、价格昂贵的文献资料。这样不仅造成图书馆信息资源结构庞杂，缺乏重点与特色，而且极易造成资源的重复建设，使有限的经费不能得到合理的利用。在近年来进行的图书馆数字化过程中，还存在着多个图书馆对同一文献进行数字化处理的现象，从而造成了资金的浪费。实行信息资源共建共享，使图书馆能够按照整体规划的要求，用经费集中购买本馆分工采集的那些能够体现本馆重点与特色的学科与类型的书刊资料或数字化文献，并保证其完整系统程度，而避免将经费分散在利用率较低的文献上。对这些文献资料的需求，则可以通过馆际互借、文献传递来解决，从而使经费能够得到最优化的使用。近年来，许多图书馆组建联盟，以集团采购的形式采集数字化资源，大大节约了信息资源建设的成本，提高了经费的使用效益，是信息资源共建共享行之有效的一种形式。

（三）信息资源共建共享可以最大限度地满足用户的需求，大幅度提高馆藏资源的利用率

许多图书馆一方面面临着信息资源匮乏，不能满足用户需求的窘况，另一方面又存在着一部分资源利用率低甚至无人利用的问题。如美国康奈尔大学 2010 年对馆藏利用情况进行的一项调查发现，该馆收藏的 1990 年以后出版的图书有 55%从未流通过，即使考虑语种因素，40%的英语书也没有流通过。① 在我国，据高校图书馆界一份统计报告显示，我国高校图书馆的藏书

① 樊国萍．读者决策采购——用户需求驱动的文献资源建设模式［J］．大学图书馆学报，2012(06)：57-61.

利用率一般均低于40%，部分图书馆藏书利用率甚至低于20%，以致藏书的60%—80%是闲置的。①这样无疑是对资源的一种浪费。

信息资源共建共享使图书馆不仅面对本馆用户，而且面向合作的各个信息机构的用户，从而大大扩展了自己的用户范围。一些本馆用户利用率不高的资源相对于其他馆的用户来说，可能是非常有价值的。这样不仅能把图书馆呆滞的资源盘活，提高馆藏信息资源的利用率，而且能在更大范围内满足用户的需求，提高读者的满足率。

(四)信息资源共建共享有利于消除数字鸿沟，实现信息公平

信息资源共建共享的最终目的，是保障社会的全体成员能够无障碍地获取信息资源。平等、自由地获取信息，是我国宪法赋予每个公民的神圣权利，图书馆是国家和政府为保障公民的这种权利而进行的一种制度安排，而信息资源共建共享则是图书馆为实现这一制度目标而选择的一种机制。由于我国存在不同地区间经济、文化发展不平衡的状况，发达地区信息资源富集，而欠发达地区则信息资源贫乏。信息资源分布的不平衡又加大了经济、文化发展的差距，从而影响了社会的和谐发展。信息资源共建共享，实质上是对信息资源在全社会进行合理配置，它有利于消除地区间的信息鸿沟，保障每个公民的基本文化权利，进而促进社会的全面进步与和谐发展。

第二节　信息资源共建共享的目标与内容

信息资源共建共享在不同的历史时期有不同的目标和活动内容。在数字化、网络化的信息环境中，图书馆信息资源共建共享的目标是依托计算机网络和其他先进的信息技术，建立一个融信息资源共建、共知和共享于一体的文献信息服务体系，最大限度地满足读者与用户对文献信息的需求。这一目标所包含的具体内容是：

一、建设相对完备的文献信息资源保障体系

(一)建立文献信息资源保障体系的必要性

在全国范围内建立起相对完备的国内外文献收藏，是文献信息资源共享的基础和保证。虽然就一个具体的图书馆来说，是不可能全面完整地收集所有文献的，但是一个图书馆在其选定的某些专业、某些学科范围内，尽可能

① 艾家凤. 数字时代高校图书馆信息资源建设研究[J]. 情报科学，2015(06)：86-90.

地提高文献收集的完备程度，是应该而且可能做到的。只有每个图书馆都在若干学科、专业领域有比较完备的文献收藏，才有可能形成全国相对完备的文献信息资源保障体系。

近年来文献收集的完备性面临着严重的挑战。这种挑战一是文献数量的急剧增长，二是世界性书刊价格持续大幅度上涨和图书馆经费的严重短缺。据统计，2018 年我国共有在版图书 519250 种，其中新版图书 247108 种，期刊 10139 种，报纸 1871 种，图书种数较 2008 年增长了 89%，新版图书增长了 65%。① 近 20 年来，我国图书出版大致经历了三个时期。第一个时期是 2000 年到 2007 年，图书出版总数从 14 万种增加到近 25 万种，平均每年增加 1.5 万种。第二个时期是 2007 年到 2013 年，图书出版总数从 25 万种增加到 44 万种，平均每年增加 3.2 万种。2013 年以来进入第三个时期，图书出版总数增长速度放缓，平均每年增加 1.8 万种，2016 年的图书出版总数是近 50 万种。这三个时期，新书数量的增长占比不同。第一个时期新书平均每年增加 0.7 万种，占增加总量的 46%；第二个时期新书平均每年增加 2 万种，占增加总量的 63%；第三个时期新书平均每年增加 0.2 万种，占增加总量的 11%。② 与此同时，书刊价格也在迅速增长，据统计，2017 年纸张全年平均涨价幅度达 30%以上，对图书的成本影响很大，特别是一些专业类图书、工具书短时间无法调整定价，难以通过书价变化转移纸张价格上涨带来的成本增加，而更直接的影响是书刊价格迅猛增长。然而，图书馆购书经费的增加却相对缓慢，远赶不上图书数量和书刊价格上涨的幅度。以我国公共图书馆为例，2007 年到 2017 年，新增馆藏购置费从 78262 万元增长到 236506 万元，2017 年平均每馆购书经费约 74 万元，而该馆全年的新购藏书平均每馆约为 2.2 万册③。其他如高校图书馆、科学专业图书馆，虽然近年来购书经费有较大增长，但经费的短缺仍然是较为普遍的现象。

文献入藏量的普遍下降，必然影响到文献收藏的完备性、系统性。特别是由于图书馆之间缺乏协调，文献收藏存在着严重的重复现象。而文献收藏的重复，必然造成引进文献品种的减少，对各学科文献覆盖面窄、完备程度降低，文献信息资源共享也就失去了基础。因此，要实现文献信息资源共

① 王妍妍，时光慧主编. 文化、卫生和体育[Z]. 中华人民共和国年鉴，2019.

② 问路 2018：图书品种会降？书价会涨？这些趋势你必须要知道！[EB/OL]. [2018-01-07]. http://www.cbbr.com.cn/article/118005.

③ 图书馆业按年份全国公共图书馆经费收支及设施情况[A]. 中国文化文物统计年鉴[M]. 北京：国家图书馆出版社，2018.

享，首先必须进行资源共建，建立起相对完备的文献信息资源保障体系。

近年来，“文献资源保障率”这个概念受到质疑。一些学者认为，在网络环境下，图书馆已没有必要追求“文献资源保障率”，取而代之的应该是文献资源的可获知能力和可获得能力。这种观点值得商榷。文献资源保障率与“获知”“获得”是文献信息资源共享的一个完整的过程，不存在可以相互取代的问题。“保障率”是基础和前提，没有“保障率”，“获知”就没有意义，“获得”就成无源之水。诚然，在网络环境下文献信息资源的“获得”并不一定要本馆“拥有”。然而，就一个国家、一个地区而言，建立一个强有力的文献信息资源保障体系却是十分必要的。这不仅是因为网络中全文文献资源有限，而对文献信息资源共享的最终用户来说，获取原始文献又是十分重要的。更重要的是，从信息安全的角度来看，中国作为最大的发展中国家，应该有能满足自己需求的较完备的文献收藏。尽管科技、经济、信息的全球化是当今世界发展的趋势，但国家仍是生存和发展的基本单位。由于政治、经济、军事等因素的影响，依赖从国外利用电子文献传递或网络来满足需求是不可靠的。对于知识、信息这样的基础性、战略性的资源，自己拥有才有可靠的保障。从技术角度来看，数字化信息的长期保存仍有很多难题需要解决，加上黑客、病毒的侵扰，使得信息安全问题仍然面临诸多难题。还应该看到，许多发达国家都已建立了有效的文献保障体制，并没有因为网络环境的出现及电子传递的发展而放弃对于文献资源保障率的追求。①

(二)通过资源共建实现文献信息资源保障体系的相对完备

建立文献信息资源保障体系，并非追求对各类型信息载体绝对完备的收藏，因为这既不可能，也不必要。英国不列颠图书馆是收集现刊最多的图书馆。据该馆文献供应中心对所订5.1万种现刊的使用统计，5500种可以满足使用需求的80%，另外10000种可满足需求的15%，其余5%的使用需求则分散在36000种刊物之中。这说明只要准确掌握现实的和潜在的需求，有针对性地进行选择，就有可能用较少的文献量提供较强的文献资源保障。

但即使是相对完备的文献收藏，由单个图书馆来完成也是不可能的。只有走资源共建的道路，对各图书情报单位文献收藏的学科范围和层次进行整体规划，分工协调，减少相互重复，才能从整体上达到比较高的文献覆盖率。为了实现相对完备的文献收藏目标，就有必要对文献收藏划分必要的层次。所谓层次，即划分常用文献和罕用文献，核心期刊和非核心期刊。对常用文献、核心期刊，各馆之间有一定的重复收藏是正常的、必要的。而对一

① 肖自力.关于文献信息资源建设的思考(上)[J].图书馆杂志，2000(06)：25-27.

些利用率不高而价格昂贵的文献，则应该分工入藏。目前分工协调的重点应该是国外原版期刊的采集。自 2001 年我国加入 WTO 以后，严格遵守知识产权法规制度，未经授权的影印国外期刊已被严格禁止。因此，各图书馆在国外原版期刊采购中如何进行分工协调，避免重复，以有限的经费保证国外期刊文献资源的相对完备，是图书馆在文献信息资源共建中必须解决的问题。

二、形成覆盖面宽、利用便捷的书目信息网络

(一) 书目信息网络是实现信息资源共享的前提

信息资源共享首先要解决的问题是书目信息资源的共享。因为用户要想随时随地获取自己所需要的世界上的每一种文献，一个最基本的前提就是了解世界上有哪些文献，分别收藏在什么地方。而要做到这一点，就必须依赖对文献完备详细记录和揭示报道的各类型的书目。尤其是在当今社会，文献数量浩繁、类型复杂、内容重复庞杂，如果没有一个强有力的书目控制系统，人们要获取、利用出版物，便如同大海捞针，信息资源共享也就成为一句空话。

联合目录集中地揭示和报道了多馆藏书特点及其分布情况，是图书馆之间开展馆际互借、资源共享必不可少的工具。但传统的手工式的联合目录已不能适应网络环境中资源共享的要求。以计算机和现代信息技术为依托，建立一个完备的书目信息网络，是信息资源共享的重要前提。这个书目信息网络的覆盖面要宽，既要能够涵盖各种不同学科、不同类型、不同载体的文献信息，又要能够涵盖不同地域的图书馆和其他信息机构所拥有的文献的信息。利用便捷，则是指读者或信息用户一进入这个书目信息网络，就能方便、快捷、准确地获取他所需要的文献的相关信息。

(二) 书目信息网络的功能

这个书目信息网络要实现以下功能：

1. 网络公共查询功能。包括联合编目数据库、成员馆馆藏目录数据库和其他共享数据的查询。即用户可以通过 Web 浏览器或客户软件查询联合目录，并根据目录提供的馆藏地址，连接相关图书馆的馆藏目录数据库，请求馆际互借。即用户所在的图书馆检索系统成为接入书目信息网络的接口，一次性显示检索结果，查询感兴趣的书目记录或请求馆际互借。

2. 联机合作编目功能。参加合作的成员馆不但可以从联合目录数据库实时套录和复制记录，而且可以访问外部数据源库，完成数据下载。对需要原始编目的记录，在联机编目过程中会得到联机的标准、规则等方面的技术咨询和规范控制，以建立高质量、时效性强的联合目录。成员馆同时也可以

通过批处理上载方式向联合目录数据库送交回溯转换数据。

3. 协调采购功能。由于参加合作共建的成员馆不仅要提供馆藏信息，也要求提供采购信息，因此，通过查询书目记录及相关馆藏信息，可以起到新书、刊、电子资源采购的宏观控制和协调作用，从而使经费得到合理使用。

三、建立迅速高效的文献传递系统

(一)文献传递的含义及其在国外的发展

信息资源共建、共知的目的是为了实现资源的共同利用，即一个图书馆的文献信息资源能为其他馆的读者所利用。而这一目的的实现有赖于建立一个高效、迅捷的文献传递系统。

根据《图书馆学与资讯科学大辞典》的定义："文献传递服务是应使用者对特定已确知的出版或未出版文献的需求，由图书馆或商业服务单位等资料供应者将需要的文献或其代用品在适当的时间内，以有效的方式与合理的费用，直接或间接传递给使用者的一种服务。"按照传输介质和方法可把文献信息资源传递分为两大类型，即传统文献信息资源传递和网络文献信息资源传递，后者相比前者有很大的优势，是未来的发展方向。

因为涉及地理、技术、费用、版权、文化等因素的影响和制约，不同国家地区的文献传递系统并不相同。在英、法、加拿大往往偏重于采取集中型的传递模式，即以一个国家级的图书馆或文献中心集中负责本国的基本文献保障。英国不列颠图书馆文献供应中心(BLDSC)承担着国内80%的文献传递服务，最快在两个小时内传递到用户手中，时间越短费用相应越高。德国采取了分地区的资源共享与文献传递模式。德国有7个地区互借中心，各区的馆际互借文献服务基本上由所在区域各图书馆解决。此外还有一些全国性的大型专业图书馆，如技术科学、医学、农学等。德国依赖这种模式满足了本国87%的文献传递请求。日本公共图书馆的馆藏纵向之间缺乏互补性，馆际互借大多是单向出借，即小馆向大馆借入的多，大馆向小馆借入的少。这样的纵向馆际互借一般采用就近原则和自下而上逐级申请的方式。因此国会图书馆是日本公共图书馆纵向馆际互借的最后一条保障线。近年来，由于电子资源和开放存取的快速发展，图书馆馆际互借和文献传递数量有所下降，特别是纸本图书的馆际互借和国际互借，下降幅度较大。在2000年时，BLDSC以每年400万申请量达到顶峰，2000年以后，申请量出现逐渐下降的趋势，到2014年降至约每年100万请求。①

① 徐文静．英国馆际互借与文献传递发展历程研究[J]．图书馆学研究，2018(15)：94-101.

（二）我国电子文献传递系统的建设

在我国，作为传统的文献传递方式的馆际互借已经有较长的发展历史。传统馆际互借主要通过邮寄方式进行，效率低、成本高，已不能适应网络环境中信息资源共享的需要。近年来，我国已经建立多个以网络为依托的、多功能的文献传递系统。

随着图书馆工作自动化程度的提高和馆际互借工作量的不断增加，馆际互借逐渐向标准化、自动化方向发展，馆际互借工作的效率、质量和服务水平有了进一步提高。现阶段各文献信息机构都购买或自行开发了基于馆际互借专门标准(ISO10160/ISO10161)或Z39.50协议的馆际互借系统，如我国香港地区高校图书馆普遍使用OCLC ILLiad馆际互借系统；CALIS系统自行开发了馆际互借系统CALIS ILL，该系统是CALIS公共服务软件系统的重要组成部分，它的实现主要基于Z39.50协议和ISO10160/10161协议，利用Z39.50协议采用统一的检索界面，实现对所有CALIS成员馆的馆藏文献信息的查询和资源定位，通过ISO10160/10161馆际互借协议实现用户的互借请求，完成馆际互借事务的处理。目前CALIS已经在北京地区CAILS成员馆之间试运行CALIS ILL系统，为读者提供服务。① 我国的四大主干网发展势头良好，高校校园网和各种地区性网络普遍建立，电子文献传递已经成为我国图书馆在网络化环境下实现文献信息资源共享的方便快捷的途径。

第三节　信息资源共建共享的重要形式——图书馆联盟

图书馆界开展信息资源共建共享活动由来已久。但早期的信息资源共建共享，一般是两个或多个图书馆之间为节省成本或改进服务的目的而开展的，以合作藏书、联合目录和馆际互借为主要内容的合作活动。这种合作往往是自发的、松散的、非正式的。近二三十年来，随着图书馆信息资源建设与服务活动的不断丰富和日益复杂，图书馆之间的合作范围也在不断拓展。特别是20世纪90年代以来，以计算机与通信技术为核心的现代信息技术迅速发展，互联网出现并迅速普及，图书馆自动化集成系统向一体化方向发展，数字化资源急剧增长，各种信息提供商、信息内容服务商纷纷涌现，与图书馆形成了既竞争又合作的关系。所有这些，都为图书馆合作提供了一个全新的环境，也带来了许多新的课题。因此，图书馆信息资源共建共享活动

① 代根兴．数字时代的图书馆信息资源建设[M]．北京：北京图书馆出版社，2006.

必须寻求一种经过正式组织、合作更加紧密、更具有协同性的形式。图书馆联盟，就是在这样的背景中迅速兴起的一种信息资源共建共享的重要形式。

一、图书馆联盟的概念

“图书馆联盟”是我国图书馆界对英文“Library Consortium”一词的翻译，实际应用当中多使用其复数形式“Library Consortia”。在称谓上，图书馆联盟有不同的名称，如 Library Alliance，Library Consortium of Consortia，Library Coalition，Library Council 等。我国图书馆界对这些称谓的翻译也多种多样，有图书馆同盟、图书馆共同体、图书馆合作体、图书馆理事会等。

有关图书馆联盟概念的表述很多。在不同时间、不同背景下，不同的研究者出于不同的观察和认识角度，或者是不一样的理论选择与使用，有着不同的认识。但大体包括这几个方面：①图书馆联盟是以两个或两个以上的图书馆为主体，联合相关信息资源系统；②图书馆联盟的目的是为了实现资源共享，利益互惠；③图书馆联盟组织起来后，其成员受共同认可的协议和合同的制约；④图书馆联盟是一个非营利的正式组织。

概括起来，图书馆联盟的概念可表述为：图书馆联盟是以两个或两个以上的图书馆为主体，联合相关信息资源系统，为实现资源共享、利益互惠而组织起来的非营利的正式组织，其成员受共同认可的协议和合同制约。

图书馆联盟具有以下特征：①

(1)组织结构具有动态性、开放性和自适应能力

当今的图书馆联盟实际上是基于互联网形成的一个异构且跨地域分布的网络化的虚拟组织。图书馆联盟的成员是相对独立和自治的实体，其固有的隶属关系不变，成员之间的关系是平等的、契约式的，联盟的实际运作是通过相应的规范和协议来控制和协调的。成员在联盟范围内协调合作，通过对外部资源的有效集成和整合，来实现一项或多项功能。图书馆联盟的组织结构具有动态、开放的特点，它没有一成不变的组织边界，联盟成员是独立的、自主的，几个图书馆可以构成一个联盟，一个图书馆也可以同时参与多个联盟。其生命周期可长可短，既可以是长期合作，也可以依据项目而临时构建。联盟成员可以根据社会需求的变化迅速完成必要的自我调整，迅速与合作者结成新的合作关系。这种动态的有自适应能力的随机组合的组织，具有动态业务流程重组和组织结构重组的能力。它实际上维系了具有不同需要的多种组织形式的共存。这种多样的、共存的、高柔性的组织结构提高了组

① 叶宏．构建图书馆联盟[J]．图书情报工作，2005(01)：35-39.

织对不同需要、不同层次、不同单位的适应能力。因此，它能适应不断变化的社会信息需求。

(2)放大系统的整体效应

各图书馆在资源上存在着差异性和不对称性，其分布状况随着时间的发展而不断地变化，并由此形成了各个图书馆独特的资源优势。图书馆联盟则是建立在资源的优化组合、合理配置基础之上的合作形式。每个参与联盟的成员，可借助资源的双向或多向流动，使得资源产生某种质和量的放大效应，从而使其获得一种自身扩张的效果。就图书馆联盟整体而言，由于集成了联盟成员的优势资源，系统在运行中产生的效应大大优于个体效应的总合，因此具有强大的资源优势和竞争优势。

(3)强调互利互惠、资源共享

图书馆联盟借助计算机和现代网络通讯技术，把具有相同契合点和利益需求的图书馆连接在一起，强调网络环境下图书馆的互利互惠、资源共享。它突破图书馆网的范畴，把图书馆视为信息信道系统中的重要一环，将图书馆与其他信息处理部门连接起来，共同完成对信息的处理与服务工作。它通过互助合作、资源共享的方式，满足读者日益激增的多样化、个性化信息需求，是解决信息化社会信息量激增和图书馆经费短缺矛盾的有效途径。

图书馆联盟是图书馆在现代社会中的生存模式，也是今后图书馆的发展方向。图书馆联盟一词较为准确地体现了未来图书馆发展的主要特征，它既可以理解为馆际间的合作，也可以理解为传统图书馆与数字图书馆、虚拟图书馆的合作。由此可见，图书馆联盟更适合当今图书馆的发展态势。

二、图书馆联盟的功能

图书馆联盟的基本宗旨是为了降低图书馆的运行成本，改善读者获取信息资源的条件。但在不同的历史时期、不同的信息环境中，图书馆联盟的功能是不同的。美国的 20 世纪 70 年代前的联盟，主要功能多是编制联合目录、采购协调、馆际互借等。1972 年，Ruth Partfick 撰写的研究报告中，把当时美国的大学图书馆联盟的任务总结为借阅特许、馆际互借服务、联合目录或资源目录共享、复印优惠、参考咨询服务协作和传递服务等六项，这六个传统服务项目仍是今天美国图书馆联盟的基础服务。80 年代后期以来，随着计算机技术和网络的发展，图书馆联盟增加了许多以前没有的内容和任务，如：创建新的业务标准、改进获取文献资源的操作方式、共同建设数字化信息资源、进行整体的设备规划及维护、提供培训和咨询、数字图书馆建设等。今天，国际图书馆联盟联合体(International Coalition of Library Consortia，简称 ICOLC)将图书馆联盟的基本功能总结为七项：藏书建设协调、电子资源集团采购、电子资源存储与运行、馆际互借和文献传递、联合目录、人员培训和藏书保护等。

国内图书馆联盟的功能也大体经历了这样的演变。早期的图书馆馆际合作基本上限于联合目录和馆际互借等功能。到了20世纪90年代中期，出现的合作形式多基于图书馆自动化技术及网络环境，如：中关村地区书目文献信息共享系统、珠江三角洲地区公共图书馆自动化网络等。到了90年代后期，新建立的图书馆联盟，如CALIS，则将信息资源的协调采集、特色数据库、联合目录、馆际互借和文献传递服务及人员培训等作为联盟的主要功能。各种联盟组建的目的不尽相同，实现的功能也不完全一样。总的来说，目前国内图书馆联盟的功能可以归纳为以下七个方面：信息资源协调采集；联合目录和联合编目；馆际互借与文献传递；数字资源建设及资源合作储存；参考咨询服务协作；计算机资源共享；人员培训与业务辅导。①

1. 信息资源协调采集

信息资源协调采集是指图书馆联盟在调研各成员馆现有资源的特色和优势的基础上，通过统筹规划与协调，以分工采购、联合采购等方式，采集文献信息资源的活动。信息资源协调采集按照依托重点、发挥优势、分工协调的原则，对纸质文献主要依靠各成员馆自建，联盟对价格昂贵的文献适当加以协调的方法。对数字资源则主要采用集团联合采购的方法，通过给资源供应商施加影响力以降低昂贵的电子资源的价格，各成员馆分摊费用，联盟共同拥有资源的使用权。因此，联盟各成员馆通过分工采购和联合采购，既扩大了纸质文献的收藏能力，又增强了电子资源的购买能力，既强化了各成员馆的馆藏优势，又优化了整体资源，同时还大幅度降低了信息资源建设的成本，节约了经费。集团采购还使图书馆和文献代理商或出版商实现了“双赢”：一方面，可以使单个成员馆使用昂贵的电子资源成为可能；另一方面，使文献代理商或出版社在与图书馆联盟的合作中获得了更广阔的销售市场。CALIS从1998年组织清华大学等十所院校组织购买美国 EI 公司基于 Web 版的 Ei Village 数据库，拉开了我国高校集团采购的序幕。此后，CALIS 组织过多次数字资源集团采购活动，为高校增加了数字资源，也为国家和成员馆节省了资金，取得了显著的效益。2010年5月，高校图书馆数字资源采购联盟(Digital Resource Acquisition Alliance of Chinese Academic Li-

① 燕今伟. 图书馆联盟的构建模式和发展机制研究[J]. 中国图书馆学报，2005(04)：24-29.

braries，简称 DRAA）正式成立，专门组织高校图书馆数字资源采购任务，其任务是团结合作开展引进数字资源的采购工作，规范引进资源集团采购行为，通过联盟的努力为成员馆引进数字学术资源，谋求最优价格和最佳服务，高校图书馆、其他图书情报机构自愿参加联盟，自主决定是否参加联盟组织的数字资源集团采购。① 根据对 ICOLC 的调查，有约 90%的图书馆联盟开展了集团采购活动，并且参加集团采购的图书馆不限于特定类型图书馆，例如，康涅狄格州图书馆联盟通过集团采购为 800 多个康涅狄格州的图书馆提供服务，包括公共图书馆、学校图书馆、高校图书馆和“特殊”图书馆，每年为康涅狄格州的图书馆节省数百万美元②。

2. 联合编目与联合目录

编目是传统图书馆业务中最费时的一项工作。尤其是数以千计的图书馆对同一种书进行编目，是效率极低的重复劳动。即使在采用图书馆自动化系统以后，分散的编目工作依然很耗费人力资源。因此，合作编目是图书馆联盟最早开展的合作内容之一。在网络环境中，联盟成员馆利用网络进行联机联合编目，即对任何一份具体文献，只由一个成员馆（通常是最早获得该文献的馆）进行初始编目，其他馆只需将已有的编目记录纳入自己的目录体系，必要时根据本馆情况进行适当调整。如 CALIS 成员馆通过网络可以实时进行联机编目。到 2018 年，CALIS 联合编目数据库中已包含了书目记录 708 万多条，馆藏记录 5000 万条，各类型规范记录 175 万余条，面向包括港澳地区、韩国和北美地区近 1300 家成员馆提供数据下载服务逾亿次。③ 另一种合作编目形式是由图书馆联盟集中进行编目，向各成员馆发放编目记录。如上海市文献联合编目中心，就是实施网上中外文献联合编目，建设中外文献联合目录数据库。联合编目大大减少了书刊编目工作中的重复劳动，提高了编目工作效率和书目数据质量，实现了书目资源的共享。

联合目录在资源共享、馆际互借、合作编目及合作馆藏发展中具有十分重要的作用，是图书馆联盟的基础。联合目录分两种形式：集中式联合目录和分布式联合目录。集中式联合目录采用中央书目数据库，所有的记录都通

① 高校图书馆数字资源采购联盟（DRAA）简介［EB/OL］.［2020-02-01］. http://www.libconsortia.edu.cn/Spage/view.action?pagecode=gylm.

② Connecticut Library Consortium ［EB/OL］.［2020-0201］. https://icolc.net/consortia/375.

③ 姚晓霞，陈凌．从共建共享到融合开放：培育高校图书馆资源共享的新生态——纪念中国高等教育文献保障体系（CALIS）启动建设 20 周年［J］. 大学图书馆学报，2018，36（06）：44-48.

过共同的软件处理，具有较强的一致性，能对书目数据进行管理与监控，具有高品质的数据质量，如OCLC和CALIS就是采用集中方式。分布式联合目录又称为虚拟联合目录，它建立在典型的客户机/服务器(即C/S)体系结构基础上，没有一个中央书目数据库，通过利用Z39.50协议，沟通不同图书馆系统之间的书目数据。Z39.50是一种基于网络的信息检索协议，该协议通过一定的数据结构与交换规则，能使两个互联的基于不同平台的异构信息系统之间相互检索，并获取检索结果。如CICVEL、GALILEO等比较晚近的图书馆联盟，都使用了Z39.50建立虚拟联合目录。总的来说，集中式联合目录具有较好的功能与效能，而虚拟联合目录灵活性较强，两者应该是互补而非竞争的系统。图书馆联盟中的联合目录建设提供了充分发掘各个图书馆馆藏文献的机会，信息资源保障体系从单馆保障走向联盟范围的保障。①

2018年CALIS采编一体化平台投入使用，借助联合编目，整合图书馆、出版社、馆配服务商的传统业务流程，让图书出版机构在图书出版阶段集中完成标准编目，图书馆可以利用联合编目平台提前获知大量的图书出版和书目数据，将编目前置化，提供征订→馆藏查重→在线选书→下单审核→收登→送编→结算→发票的完整采访流程，以及多种便捷的选书方式；联合编目平台提供全面及时的可供书目信息，可根据图书馆馆藏配比、重点学科对标、经费配比等进行智能推荐；提供两馆之间基于馆藏共享/订单共享/统计共享等多种共享模式的协同采访，从而优化流程并节省成本。截至2018年11月，已有20家出版社、24家图书馆和13家馆配服务商开通试用。

OCLC已和315家出版商及信息提供商签订元数据协议，目的在于扩充高质量的图书、电子书、期刊、数据库，以及其他资料的元数据，通过WorldCat检索服务可检索到相应资源，以通过联合目录为联合编目提供数据支撑。

3. 馆际互借与文献传递

馆际互借是指图书馆根据用户的特定需求，从其他图书馆借阅本馆未入藏的资料，并根据互惠原则向申请馆出借文献的活动。馆际互借也是图书馆合作最早的内容之一。很多图书馆联盟，特别是区域性的联盟都建立了专门的馆际互借传递设施，有的则依靠邮政传递系统。在网络环境下，越来越多的图书馆利用网络传递期刊论文等篇幅较短的文献，提高了响应时间和获取效率。

① 胡继萍．推广Z39.50标准，发展虚拟联合目录[J]．图书馆建设，2003(04)：45-46.

我国的 CALIS 在一期的建设中也推出了 CALIS 联合目录与馆际互借系统，并用补贴的方式在成员馆中推广此项服务。二期建设正式启动 CASHL(China Academic Humanities and Science Library)项目，集合若干所具有学科优势、文献资源优势和服务条件优势的高校图书馆，借助现代化的手段，有计划、有系统地引进国外人文社会科学期刊，通过文献原文传递，为全国高校的人文社会科学的教学科研提供高水平的文献信息保障。十多年来，CASHL 建设了品种从空白到丰富、学科从少数到全面、载体从纸本到电子、采购从分散到集中的丰富资源，截至 2019 年 12 月，可供服务的人文社科核心期刊和重要期刊达到 2.46 万余种、印本图书达 200 余万种、电子资源数据库达 12 种，累计提供文献服务近 2200 万件，其中手工文献服务已突破 130 万，文献平均满足率达 96.29%左右，服务时间缩短为 1.87 天，并拥有 851 家成员单位，个人注册用户逾 13.6 万个，CASHL 服务惠及范围不断扩大①。

OCLC 的 WorldShare 为全球图书馆提供核心馆际互借服务，最大限度地利用全球最大的资源共享网络。Tipasa 是世界首个基于云的馆际互借管理系统，允许管理大量馆际互借请求，使常规的借入和借出功能自动化，并能提供更好的用户体验，目前已经有 100 家图书馆在运用该系统②。此外，还有意大利 NILDE 文献传递系统、韩国 KISTI 全国文献传递服务系统、日本的 NACSIS-ILL、捷克国家图书馆的文献传递服务系统、印度的 DELNET 共享网络以及我国的 CASHL、NSTL、JALIS、BALIS 等。文献传递系统呈现出从行业组织到跨区域合作机构形成网格联通、分别部署、统一管理、数据可控的格局③。

4. 数字资源建设及资源合作储存

馆藏文献数字化是网络环境下图书馆信息资源建设的一项重要内容。但馆藏文献数字化需要耗费大量的人力、财力，单个图书馆往往难以独立承担。更重要的是，如果多个图书馆对同一文献进行数字化处理并上网提供利用，是完全没有意义的重复劳动。因此，图书馆联盟的重要功能之一，就是对馆藏文献数字化工作进行分工协调，根据各成员馆的馆藏特色和优势，分工承担那些具有较大数字化处理意义的文献，如善本文献、高等学校用户需

① 关于 CASHL[EB/OL]. [2020-02-01]. http://www.cashl.edu.cn/node/45.

② OCLC. Tipasa: Simplify the Complexities of Resource Sharing[EB/OL]. [2020-02-01]. https://www.oclc.org/en/tipasa.

③ 李静．高校图书馆联盟文献传递服务比较研究[J]. 数字图书馆论坛，2017(12)：18-24.

求集中的文献的数字化工作，以及特色资源数据库建设，建立联盟共同的数字化资源。如 Hathitrust 将成员馆所收藏的印刷型文献进行数字化，并统一保存，从而建立起一个共享的数字仓储。

网络信息资源开发也是当今图书馆信息资源建设的组成部分。但网络信息的特点之一是内容庞大，良莠混杂，因此，组织整理网上信息资源不仅涉及通常的文献分类、描述，而且涉及信息筛选及质量评价。这是一项很复杂的工作。为此，图书馆联盟的功能之一就是组织其成员馆共同整理网络资源，共建共享网上信息导航库，分工合作建设特色数据库。如 CALIS 分别于 1999 年、2003 年和 2011 年分三批建设特色数据库，对特色资源进行组织和加工。

资源合作储存包括由联盟建立储存图书馆以减轻单个成员馆的书库压力，以及对电子文献的使用和永久保存进行研究与协商等两个方面。例如，美国明尼苏达州的 Minitex 的馆际互借网络联盟组织为了保存成员馆的印本图书资源，在明尼苏达州建立了一个仓储式书库，以保存全州各个图书馆为节约储存空间而撤出的重要而不常用的图书资料。又如，在电子文献的使用及永久保存方面，剑桥科学文摘给图书馆提供原始数据。OCLC 的 ECO 在图书馆为每个电子杂志支付了存档费用的前提下，也出现了一个“存档”选择，允许图书馆对电子资源永久存取。①

不列颠图书馆在波士顿(英国)新建了两个自动化高密度低氧书库，并与版权授权机构(Copyright Licensing Agency，CLA)合作开展为高校课程包进行书籍章节数字化的高等教育扫描服务(e HESS)；并开展英国研究储备项目(UK Research Reserve，简称 UKRR)以缓解图书馆存储空间日益紧张，通过共享不列颠图书馆的馆藏资源，确保低使用率印本期刊的长期存储和可用性。UKRR 项目旨在确定印本期刊的最后两个副本，并将其作为保存本收藏于不列颠图书馆。项目最初的参与者有 6 所大学，并在项目的第一阶段节省了 380 万英镑的成本，截至 2019 年 3 月共有 35 个高校加入②。

5. 参考咨询服务协作

图书馆联盟不仅有资源建设的合作，而且有服务的协作。参考咨询服务是图书馆最重要的服务内容之一。但图书馆如果仅仅依赖本馆的信息资源和

---

① Ya-ning Chen. Towards a new Paradigm of resource sharing: The partnership between a mirror site and consortium in Taiwan[J] *Library Consortium Management*, 2000. V2(08).

② 赵星. 国际图联第 16 届馆际互借与文献提供会议(ILDS)综述[J]. 图书馆建设，2020(05)：1-14.

人力资源，要解答越来越广泛和复杂的咨询问题是很困难的。数字时代图书馆联盟的重要功能之一，就是整合各成员馆的信息资源优势和人才优势，利用网络的传递和交互功能，为用户提供全天候合作数字参考咨询服务，通过合作数字参考咨询服务将各成员馆结成一个整体。不仅信息资源可以共享，各成员馆咨询人员的知识和智慧、成功咨询案例、各类课题调研成果等也可以成为共享资源。这种合作数字参考咨询服务如同专家会诊，集成了咨询专家的智慧，将大幅度提高资源和人才的服务效率，提升参考咨询服务的质量。如美国国会图书馆联合世界上100多个大型图书馆开展的CDRS(Collaborative Digital Reference Service)，其目标是建立一个全球性的基于网络的合作数字参考咨询系统，为所有上网的人提供"更准确、更有用"的信息资源。① 在国内，成功运行的数字参考咨询服务网络主要有：由上海图书馆牵头并联合上海高校、科研等图书馆及相关机构建立的上海图书馆网上联合知识导航站、广东省立中山图书馆联合多家图书馆开发设计的"全国图书馆参考咨询联盟"、国家科学数字图书馆的分布式参考咨询服务系统，以及基于合作参考咨询模式的CALIS分布式联合虚拟参考咨询系统(CVRS)等。美国和加拿大的医学图书馆之间也建立了这样的问题解答链，美国国家医学图书馆是最后一环②。近年来，图书馆虚拟参考咨询服务借助不同媒体、不同媒介开展，特别是使用社交媒体开展合作数字参考咨询，并与文献传递等服务整合在一起，为用户提供方便快捷的接入接口。

6. 计算机资源共享

图书馆联盟的一个潜在的与技术相关的作用是网络站点的发展与管理。网络已经成为给读者提供服务的重要工具。然而，有些图书馆没有足够的人员和专业知识去组织最有效的站点、图解的设计、内容的发展、站点组织和技术能力。那么，图书馆联盟就能起到重要的作用，即通过训练他们的成员相关技术或通过作为采购代理认为那些不能或不希望执行机构内部任务的图书馆提供高品质的网络站点。③ CALIS利用云计算技术构建了"软件即服务(SaaS)"平台，向高校图书馆提供应用软件云服务；帮助各类高校图书馆联盟搭建联盟级SaaS平台。CALIS成员馆无需购买设备和软件，也不用配备系统管理员，通过申请即可使用CALIS应用软件云服务，搭建自己的数字图书馆以及馆际共享系统环境，获取外馆共享服务或对外提供共享服务，主

① 肖冬梅. 合作数字参考咨询服务研究[J]. 图书情报工作，2003(05)：80-82.
② 于良芝. 图书馆情报学概论[M]. 北京：国家图书馆出版社，2016.
③ 付先华. 图书馆战略联盟的模式与机制研究[D]. 武汉大学，2006.

要涉及的服务有馆际互借与文献传递系统、特色数据库系统、数据交换系统以及各类联盟门户及共享域平台定制①。

7. 人员培训与业务辅导

开展对图书馆员的培训和业务辅导，是提高图书馆员素质，进而提高图书馆工作效率和工作质量的重要保证。由图书馆联盟来组织图书馆员培训和业务辅导，有利于各成员馆相互交流经验，有利于图书馆工作的规范化、标准化，也有利于节省人员培训的成本。人员培训与业务辅导包括共享员工及用户的教育计划与教材、利用网络开设专题讨论组、参考咨询区等，加强员工之间的业务联系与交流，还包括进行各种开发、组织、协调和维护的图书馆工作人员的培训。如北京高校网络图书馆在首都师范大学和北京工业大学图书馆建立了两个多媒体培训基地，在图书馆管理、图书馆软/硬件技术、网上资源利用、数据库检索技术、数字图书馆技术、虚拟参考咨询等方面对成员馆开展了培训。培训采用多种多样的方式进行，如办班、开研讨会、开展网上培训等，并逐步编制了统一的教材和课件，提供了统一的场地，安排了统一的时间，一套网络培训系统已初见成效，取得了积极的培训效果。②

三、图书馆联盟的模式

图书馆联盟的类型多种多样，其类型的划分没有统一的标准。20 世纪 70 年代，美国 SDC（System Development Corporation）对美国 115 个图书馆联盟进行了研究，将联盟归纳为基于大规模计算机自动化系统运作的大型联盟、读者服务与处理图书馆日常业务的小型联盟、限于某一特定专题领域的专业联盟，以及为解决馆际互借或信息参考合作网而建立的联盟等四种类型。③ 从联盟的发展历史来看，当代美国图书馆联盟的基本形式没有什么大的变化，上述四种类型仍然是当前美国图书馆联盟的基本类型。

1998 年，B. Allen，M. Hirshon 和 Arnold Hirshon 按照图书馆联盟组织的严密程度将联盟划分为四种：松散型、跨类/跨州型、紧密型和资金集中的州内型。这一划分标准曾为很多学者所采纳。三年后，Arnold Hirshon 又

① CALIS. 共享软件服务[EB/OL]. [2020-02-11]. http://www.calis.edu.cn/pages/list.html? id=c16d3963-5f44-43ba-a159-f88863d6ecc8.

② 熊丽. 从理念走向现实——北京高校网络图书馆. 图书馆区域合作与资源共享[M]. 北京：北京图书馆出版社，2004.

③ James J Kopp. Library Consortia and information technology: The past, the present, the promise[J]. *InformationTechnology and Libraries*, 1998(03): 7-12.

根据图书馆联盟不断发展的形势，采用多重分类标准，如联盟的组织管理模式和运作方法、联盟自身定位和成员馆类型以及联盟的服务内容和功能等对联盟类型进行了更为详尽的划分。①

从上述分析来看，图书馆联盟是一个动态的发展过程。当联盟的成员彼此之间变得更加协调并建立了相应的合作机制时，联盟可能会从一种类型演变成另一种类型，或变为多目标共存的混合类型。而且，从不同角度、不同功能、不同目的可以将同一联盟划归到不同的类型。因此，根据国内图书馆联盟的组织模式，可以作如下的类型划分：②

(1)系统或行业主管部门组织的全国性图书馆联盟。由系统或行业主管部门组织的，图书馆联盟是全国性图书馆联盟的主要形式。这种系统内文献信息资源的共建共享符合我国目前文献信息资源布局的现状，有利于政府部门对系统内文献信息资源进行有效的协调，从而减少某一学科或行业领域内文献信息资源建设中的无序和重复现象，从整体上提高国家文献信息资源的保障能力。由教育部组建的中国高等教育文献保障系统、文化部打造的全国文化信息资源共享工程、科技部牵头组织的国家科技图书文献中心等都是这种类型的图书馆联盟。

(2)由地方政府主管部门推动形成的地方性联盟。政府的正确导向和持续支持是图书馆联盟发展的可靠保证。从我国实际情况看，现阶段较为成功的省市级地方性图书馆联盟都离不开政府的引导和支持。如：广东高校网络图书馆是广东省教育厅主办的网上图书馆；上海市文献资源共建共享协作网是在上海市政府部门积极推动下形成的包括整个地区公共、科研、高校、情报四大系统图书情报机构的图书馆联盟。

(3)由地理位置相邻的图书馆组成的区域性联盟。早期图书馆联盟的形成与地理因素有着重要关系。现在由于通讯技术和网络的发展，空间距离和地缘关系已经不是影响图书馆联盟发展的决定性因素，但是，地理因素仍然在联盟的形成和组织中起着不可忽视的作用。一组地理位置相近的图书馆群，更容易相互之间沟通联系和理解信任，可能面对相同性质的读者群，有的还同属于一个行业系统，有共同的上级管理机构和资金来源，因此在文献资源建设协调和共享服务方面都容易取得实质性的合作成果。如 2013 年成

① Amold Hirshon. Intemational Library Consortia: How Did We Get Here? Where am We Going[R]. The IFL Preconference, 2001(08): 16.

② 燕今伟. 图书馆联盟的构建模式和发展机制研究[J]. 中国图书馆学报, 2005(04): 24-29.

立的“湘鄂赣皖四省公共图书馆联盟”、2015年建立的“京津冀跨区域公共图书馆联盟平台”等，都是与地缘有关的区域性图书馆联盟。

(4)由资源特色和专门服务而组建的专门专业联盟。由于全国性的图书馆联盟成员数量增加，有些具有相近资源特色的图书馆为更好地开展专业相关的合作交流和共建共享而组建的专业性跨区域的联盟，如设在CALIS下的全国外语院校图书馆联盟等。还有些专门性的图书馆联盟承担特定的图书馆联盟合作服务，如CASHL，CALIS下的高校图书馆数字资源采购联盟(DRAA)、中国高校机构知识库联盟(Confederation of China Academic Institutional Repository，CHAIR)、新一代图书馆服务平台建设联盟等。

(5)图书馆与非图书馆机构合作的联盟。图书馆和与信息资源共建共享相关的非图书馆机构形成的联盟，整合了图书馆业务相关的上下游非图书馆机构，如CALIS馆社融合战略合作联盟，2018年4月3日，由CALIS管理中心、图书馆、出版社共同推动的馆社融合战略合作联盟正式启动，旨在推动三方合作，打通产业信息壁垒，形成协同合作机制，打造全产业链融合发展的生态圈，探索出版产业B2B业务模式创新，打造图书馆-出版社综合信息服务平台，包括但不限于采编一体化平台、纸电融合出版平台，促进产业上下游业务、信息和数据的全面融合。

四、图书馆联盟的发展趋势

考察国内外各类型图书馆联盟的发展历程和现状，结合图书馆联盟发展的环境和条件，可以发现图书馆联盟的某些发展态势。①

1. 图书馆联盟开始相互渗透和融合

随着网络信息技术的发展和联盟活动的深化，一些图书馆联盟会转向与不同类型图书馆的联盟相互融合，或者吸收其他类型的成员馆，这个现象在区域性图书馆联盟中更为明显。在美国，许多原来基于公立大学图书馆的联盟后来都在某种程度上扩充了他们的服务范围，如乔治亚州的GALILEO后来的成员已包括私立大学图书馆、职业技术院校和公共图书馆。弗吉尼亚州的VIVA包括了私立大学图书馆并开始向州内的其他行业图书馆扩充。国内图书馆联盟的发展也体现了这一趋势。“上海市文献资源共建共享协作网”是国内第一个包括高校、科研和公共图书馆的联盟。再比如，美国十大高校图书馆联盟(Big Ten Academic Alliance，BATT)中的图书馆还与许多图书馆

① 燕今伟. 图书馆联盟的构建模式和发展机制研究[J]. 中国图书馆学报，2005(04)：24-29.

还与邻近的州或地区网络合作(例如，OhioLINK，CARLI，PALCI)，并且一些图书馆在州联合体中也起着重要的领导作用和责任，如俄亥俄州立大学或明尼苏达大学分别在 OhioLINK 和 Minitex 起着重要作用。

2. 图书馆联盟呈现多极化趋势

虽然一些图书馆联盟在走向渗透和融合，然而并没有显现联盟无限扩大的趋势。正如费城大学图书馆馆长 Steven J. Bell 所言，“参与一个大型的图书馆联盟有可能在联盟中迷失自己”，“如果有可能，应尽可能多地参与多个联盟，这对图书馆的策略、经济、社会、智力和文化方面的发展都有好处”①。一些有识之士认为，大型联盟也许有助于在集团采购中获得一个较大的折扣，但大型的联盟也可能导致联盟工作效率的降低和管理的复杂化。因此，国外很多图书馆一方面在购买电子资源数据库、联合目录等基本服务方面参加大型的联盟，另一方面也在组建或加入一些小的联盟以解决专门的共享需求。

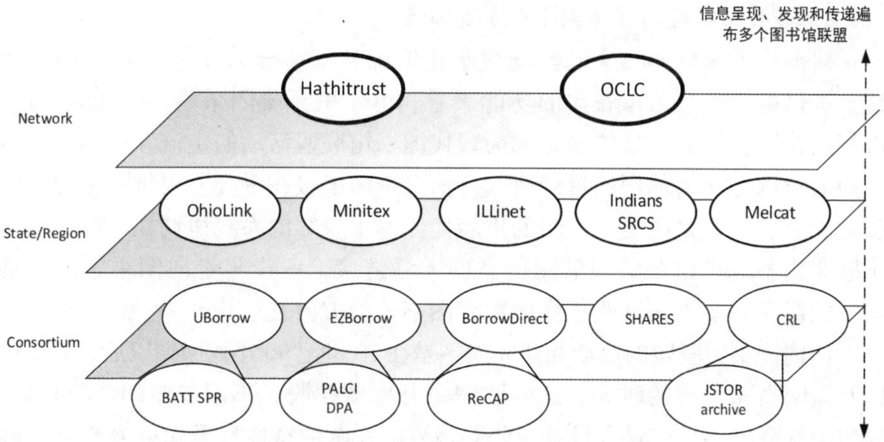

图 10-1 美国各不同图书馆联盟层级和联系②

---

① Scott Carlson. Libraries' Consortium Conundrum[J]. *The Chronicle of Higher Education*, 2003(10).

② Dempsey, Lorcan, Constance Malpas & Mark Sandler. Operationalizing the BIG Collective Collection: A Case Study of Consolidation vs Autonomy Research[R/OL]. [2019-12-10]. https://www.oclc.org/content/dam/research/publications/2019/oclcresearch-operationalizing-the-BIG-collective-collection.

各个不同的图书馆联盟的协调力度加大，使得文献信息流能跨越不同层次、不同区域、不同功能的图书馆联盟而流动，图书馆开展各类型业务活动对图书馆联盟的依赖逐渐加大。在图书馆联盟成员数量和服务规模日益扩大的同时，图书馆联盟的架构和组织需加强协调，以确保新的成员加入时，不会对已有成员的共建和共享造成影响，服务集成、资源整合、数据驱动的决策以及各类系统互操作的问题都将是图书馆联盟面临的挑战。

同时，图书馆也开始意识到，加入图书馆联盟不是目的，而是作为满足不同需要的手段，他们力求根据自己的需求选择参加多个不同的联盟，并在其中扮演不同的角色。国内的不少图书馆同时属于几个规模大小不同的联盟，并通过参与这些联盟共享不同功能。如：华南理工大学图书馆既是广州石牌地区六校协作组的中心馆，又是广东省高校电子图书馆的成员。这种多极化的特点在目前电子资源集团采购中显得更为突出。图书馆根据自己的资源和服务特点有选择地参与多个联盟组织的集团采购以获得优惠，这使得国内图书馆联盟的数量在近年有了快速的增长。

3. 图书馆联盟向数字图书馆的方向发展

目前，实体资源共享已经与数字化资源共享结合为一体。从 ICOLC 网站上提供的各国图书馆联盟的功能来看，电子资源集团采购和用 Web 方式进行的馆际互借和文献传递正成为现代图书馆联盟活动的主流。许多图书馆联盟通过因特网将他们的目录或其他信息资源链接在一起并提供获取原文的服务。有些联盟采取更进一步的措施使原本不兼容的系统协调在一起，实现了联盟内各成员馆馆藏和借阅信息的无缝链接，一步步走向图书馆的无墙化、网络化。图书馆联盟正在向数字图书馆的方向发展。

国内图书馆联盟的启动和建立大多是在20世纪90年代中期以后，正是中国互联网高速发展的时期。这些联盟一开始就摆脱了早期联盟的传统模式，联盟中的联机编目、联合目录、公共检索、专题数据库以及馆际互借和文献传递服务等都是基于网络设计和开展的。许多图书馆联盟已经开始尝试向数字图书馆转型。如天津高校数字化图书馆、广东高校的电子图书馆、北京高校的网络图书馆及上海教育网络图书馆等，都开始以建设数字图书馆为目标，将成员馆的信息资源整合起来，朝着数字图书馆的方向发展和演变。从2013年开始，CALIS 开始进行管理架构、运行机制与发展模式的优化调整，从项目建设为主的发展阶段转向以持续运维服务和新一代图书馆服务平台研发为主的发展阶段，通过构建基于互联网的“共建共享”云服务平台——中国高等教育数字图书馆、制定图书馆协同工作的相关技术标准和协作工作流程、培训图书馆专业馆员、为各成员馆提供各类应用系统等，支撑着高校成员馆间的

“文献、数据、设备、软件、知识、人员”等多层次共享，打造高校图书馆基础业务的公共服务基础平台，并促进高校图书馆整体发展①。

第四节　国外信息资源共建共享范例

自20世纪中叶以来，世界上许多国家都十分重视信息资源共建共享，图书馆界、情报界和其他相关机构开展了卓有成效的合作，积累了许多经验。这些经验，可以为我国信息资源共建共享提供有益的借鉴和启示。

一、IFLA核心计划：UBCIM和UAP

（一）IFLA基本概况

国际图书馆协会联合会（International Federation of Library Associations and Institutions）简称国际图联（IFLA），是一个独立的、非政府的、非营利的国际性组织，代表全世界图书馆协会、情报协会、图书馆和情报服务机构的利益。它成立于1927年，是在苏格兰爱丁堡举行的“英国图书馆协会成立50周年大会”上由15个国家图书馆的代表倡议成立的，原名为“国际图书馆与目录委员会”，1929年改为现名。1976年IFLA在瑞士洛桑召开的第42届全体大会上通过了新的章程。

IFLA的宗旨是促进图书馆事业所有领域，包括书目、信息服务、人员培养等各方面的国际了解、协作、讨论、研究和发展。其目标涵盖三方面：一是促进高标准图书馆和信息服务的提供；二是鼓励私有、公立和民营机构广泛了解优质图书馆和信息服务的价值和重要性；三是代表全世界会员的利益。

IFLA主要通过两大途径发挥其作用：一种是通过每两年召开一次理事会和每年召开一次国际图联大会讨论国际图书馆界共同关心的问题，进行学术交流；另一种则是为发展图书馆事业制定各项规划，通过这些规划的实施，开展具体的工作，使各国在统一的目标下参与活动，进行专业交流和合作，相互促进，共同发展。

（二）IFLA的核心计划

IFLA的规划活动分为两种：一种是发展规划，另一种是核心计划。

发展规划是在IFLA宗旨指导下，为发展国际图书馆事业、指导各项业

① CALIS. CALIS简介[EB/OL]. [2019-12-28]. http://www.calis.edu.cn/pages/list.html? id=6e1b4169-ddf5-4c3a-841f-e74cea0579a0.

务活动而制定的总的目标、任务及其原则声明。制定发展规划，包括长期规划和短期规划。长期规划直接指导短期规划，后者是前者得以实现的途径。根据长期政策制定的决策、规划和计划将对今后10—15年的图书馆事业发展产生影响。为了做出具体的行动计划，IFLA定期制定“中期计划”，以6年为基础，规定各核心计划和各部、组的活动方案。

IFLA核心计划开始于第39届IFLA大会，其后制定了一系列的核心计划，其中有几项是对世界各国信息资源共建共享产生重要影响的核心计划。

1. 世界书目控制(UBC)

IFLA世界书目控制计划(UBC)是在国际书目活动和书目控制理论的基础上建立的。众所周知，实现信息资源共享的一个重要前提条件就是有效的书目控制。1971年，联邦德国巴伐利亚图书馆馆长卡特瓦瑟提出了“国际书目控制(UBC)”的概念，这一术语上书目控制的全球性的表达，很快为IFLA接受。1973年在布鲁塞尔的第39届大会上，IFLA把UBC作为中心议题展开了广泛的讨论，并决定将UBC作为IFLA的第一个核心计划。

UBC试图建立一个国际性的国家书目信息网络，在这个网络中，各国的国家书目机构均负责对本国出版物生成可与其他国家进行交换的规范书目记录，并将这些书目记录组成国家书目，使任何一个用户、在任何时间、任何空间都可以迅速得到他所需要的在任何时间、任何空间所出版的一切文献的书目信息。

2. 国际机读目录(IM)

随着计算机编目的发展，继美国国会图书馆制定了USMARC后，世界各国纷纷制定本国的MARC格式，联合国也设有国际机读书目中心。IFLA非常重视MARC的应用研究，1983年，IFLA将国际MARC纳入核心计划，正式设立了IM计划。

由于IM与UBC两项计划活动联系十分密切，并有许多交叉与共同之处，1986年，IFLA执行委员会根据计划管理委员会的建议，决定将UBC和IM两项计划合并成为UBCIM。

UBCIM的宗旨是努力协调国家书目控制及国际书目数据交换的系统与标准的开发活动，同时努力推广通用机读目录格式并通过专家协调它的开发与维护工作；促进图书馆特别是国家书目机构间可兼容书目记录的交换和使用；促进书目著录标准化与书目记录中检索点的选择与形成；促进各国采取国家书目机构对其提供的本国出版物书目记录的兼容性负责的原则，无论以机读形式还是以其他形式提供，记录必须依据国际书目标准生成，并必须使其能与其他国家书目机构的记录进行相互交换；促进国家机读书目数据交换标准的建立与维护。

UBCIM 计划在国际标准书目记录、书目款目的形式和结构、国家书目、在版书目、机读目录的国际交换格式、规范文档好书目领域的信息传播等方面开展了卓有成效的活动。

3. 世界出版物共享(UAP)

UAP 的概念于 1973 年在法国格勒诺尔 IFLA 第 39 届大会上提出。这次大会详尽地阐述了 UAP 的概念，提出在改进出版物书目信息提供的同时，也必须改进出版物本身的提供，并提出“各国有责任提供本国的出版物以供馆际与国际互借使用，满足本国及国外读者的需求”的要求。

1974 年在华盛顿 IFLA 第 40 届大会上，UAP 概念得到正式承认和进一步的阐明。1975 年在奥斯陆的 IFLA 第 41 届大会上，决定将 UAP 列为 IFLA 的中期计划。1978 年，UAP 计划正式开始实施。

UAP 计划的目标是使世界各地的用户随时都可以最大限度地获取他们所需要的各种载体的出版物。UAP 计划最主要的内容，就是力促各国能建立起一个具有出版物的出版、发行、采购、加工、存储、保护、馆际合作等基本功能的国家系统。这个系统，应结合本国的具体情况研究解决出版物出版与供应渠道中存在的问题，制定国家采访方针和国家收藏计划；建立国内书目报道系统和馆际互借网络，克服书价不断上涨和经费不足带来的困难；并尽快采用新的技术，实现管理现代化。完善的国家系统应能保证向读者提供全部国内出版物，并能在 3 周内满足遥远地区读者的需求。国外出版物的利用，能满足读者 70%的需求。国家应采取有效措施，使用尽可能少的经费，获得较高的效益。

如果说 UBCIM 的意义是让人随时可获得所需文献的线索，重在记录与检索，那么，UAP 的意义就是在法制的前提下，保证不论什么人，想要的任何出版物都能随时到手，重在利用文献。两者不可分离，UBCIM 是 UAP 的先决条件，UAP 是 UBCIM 的出发点和目的。

UAP 计划经过 25 年的努力，取得了巨大的成就。2003 年，UAP 计划的功能并入 IFLA 的其他项目或机构，UAP 办公室关闭。

4. IFLA 2019—2024 战略

IFLA 2019—2024 战略愿景是“一个强大而团结的图书馆领域，为文化、知识渊博和参与性社会提供动力”，将 IFLA 的任务确定为“激发、参与、启用和连接全球图书馆领域”，共包括四个重点领域，分别是：(1)增强图书馆的全球声音；(2)激励和加强专业实践；(3)建立图书馆之间的联系并增强能力；(4)优化我们的组织。其中在第三个重点领域中，强调了 IFLA 是对话与行动的中心，IFLA是一个团结一致的图书馆领域的推动者，其特点是本着真正的协作精神，提供平台，并在各个层面上实现创新、学习和专业发展，以积极应对当前的挑战和机遇，并使图书馆能够提供满足社区需求的高质量服务，并促进所有用户的素养、创新、遗产保护和信息获取。涉及以下关键举措：

①提供绝佳的面对面交流和学习机会。

最大程度地发挥物理空间的潜力，将其作为统一图书馆领域和打破合作障碍，获取新见解和知识并促进思想共享的场所。

②支持虚拟网络和连接。

通过虚拟网络工具树立与图书馆领域持续合作的精神，使每位馆员都能参与并参与全球对话。

③在国家和地区两级加强实地工作。

通过加强各级图书馆协会，机构和网络，增强图书馆领域采取适应地区和国家特点和要求的行动的能力。

④提供有针对性的学习和专业发展。

提供各种学习机会，以更新当前的做法。进行社区参与和评估的能力，使每个图书馆员成为倡导者，并发展和联系未来的领导者。

通过战略的实施，进一步强化IFLA的核心价值：

①认可获得信息自由的原则。《世界人权宣言》第十九条所体现的思想和想象力以及言论自由的作品；

②个人、社区和组织需要普遍和公平地获得信息、思想和想象力，以实现其社会的教育、文化、民主和经济福祉；

③提供高质量的图书馆和信息服务有助于确保访问；

④所有会员能够广泛参与其活动并从中受益，而无需考虑公民身份、残障、族裔、性别、地理位置、语言、政治哲学、种族或宗教的限制。

二、国外文献资源建设协作计划

国外文献资源建设协作计划主要以美国和北欧斯堪的纳维亚半岛四国——瑞典、丹麦、挪威、芬兰为代表。自20世纪中期以来，发达国家十分重视信息资源保障问题，并在信息资源共建共享方面进行了有益的探索，他们的成功经验和失败的教训都极具借鉴意义。

(一)美国文献资源建设协作计划

1. 格林威计划(Greenaway Plan)

该计划是1958年春美国费城公共图书馆馆长爱默森·格林威(Emerson

Greenway）倡导的，与 J. B. Lippincott 出版公司签约合作开展的一项采访新书计划。它是出现最早的最著名的指令统购计划之一，主要为需要采购大量复本书的公共图书馆所采用。其内容是出版商将自己即将出版的图书及书评在其出版前送到图书馆，图书馆可据其进行订购，并在新书到馆前安排好订单，做好编目记录，使图书馆不仅能尽快得到书刊，而且还能通过这种选书方式更好地制定本单位藏书的系统规划。有些图书馆则采取按类订单的办法，即按类和出版商定好合同，使之能保证将书供给图书馆，这样，图书馆既可以保证该类学科文献信息的系统性和完整性，也可以形成自身的特点。

成功操作格林威计划的关键，首先在于筛选出那些所出版图书最符合本馆馆藏建设目标的出版商，这样就可以避免在选择、阅读那些图书馆并不需要的图书上浪费人力、物力、财力。此外，也应考虑这样获取图书的渠道是否真的比通过传统的渠道选购图书、进行文献资源建设更加迅速及时。当然，事先对读者需求进行全面调查、清楚了解本馆任务、确认本馆的资源现状也是使该计划得以顺利进行的关键条件。

2. 法明顿计划（Farmington Plan）

该项计划是 1942 年制定的。其背景是第二次世界大战期间，美国的图书馆员和学者深感馆藏中的外文资料有限，特别是欧美和西欧以外的世界其他各地资料更是匮乏。于是美国 60 多家研究图书馆负责人在康涅狄格州的法明顿市召开会议，各图书馆自愿联合采购图书，目的是能使美国获得世界上任何地方所出版的有价值的文献。该计划是按《国会图书馆图书分类法》将学科分成 804 个类目，分别由 60 多个成员馆按类分工收集，对一些稀有文种的出版物则按国别分配采购任务，从而保证国外有用出版物的全面收集入藏，并将所收集来的文献及时编入国会图书馆的联合目录，提供互借与复制，从而达到资源共享。1950 年下半年又对该计划进行了评价和扩展，并在研究图书馆协会指导下工作，一直进行到 1972 年。此项计划的执行极大地丰富了美国的文献情报资源，被认为是在全国范围内第一个大规模开展藏书补充协调的行动计划，在美国和世界上产生了巨大而深远的影响，是美国 20 世纪最为著名的文献资源建设协作计划。

3. 480 号公共法案（Public Law 480）

该法案从 1961 年起实施，到 80 年代中期停止。它是美国联邦政府成功利用外币协作研究图书馆收集发展中国家的出版物以供学习和研究的例子。在美国图书馆合作馆藏发展的历史上，是属于全国性指令统购、分散式典藏管理的合作采购方式，主要以采购的地区和语言作为分工的依据。具体内容是由国会图书馆持国家出卖农产品所得的经费购买当地国家或地区最新的图书、期刊和其他资料等出版物，这些出版物均是原本不易获得的资料，购买后进行集中编目、由国会图书馆印制卡片、制作目录后，再交由参加480号公共法案的图书馆所设置的资料寄存地来负责典藏流通。英语出版物分藏300家图书馆，其他语种出版物分藏在40家图书馆。此外，由参加该计划的图书馆支付图书资料的编目费用和日常费用，用以继续开展该计划，这个经验也为1965年的美国高等教育法案所借鉴，同时更促成1966年美国国家图书采购与编目计划(NPAC)的实施——在某些方面，可以说，480号公共法案是NPAC的一个小型试验项目。

4. 国家采购和编目计划(National Program for Acquisitions and Cataloging, NPAC)

这是由美国国会图书馆于1966年主持开始实施的一项规划，该计划整合了在其发展之前的另外两项著名合作计划——法明顿计划和美国480号公共法案，使其成为当时规模最大的全国性合作采访计划，也称分担编目计划。美国国会图书馆与世界各地的相当数量的出版商合作，以保证计划的实施。该计划的目的在于更快地收集全世界有关科研工作的出版物，并及时进行编目，以印刷卡片或其他形式迅速地传播书目资料，以便通过全国统一规划来满足国会图书馆和其他图书馆的当前需要。与此同时，还出现了所谓的“合作采购中心”(Cooperative Acquisition Center)，如芝加哥的研究图书馆中心。这些都促进了美国文献收集工作的协调与协作。该计划于20世纪80年代结束，失败的直接原因是受到了来自资金大副削减的沉重压力。毕竟国家采购与编目计划这类庞大的计划必须要有足够的经费支持，而该计划的唯一资金来源是联邦政府的财政预算，这样的经济基础一旦动摇，计划就容易失败。

5. 拉丁美洲合作采访计划

拉丁美洲合作采访计划(Latin American Cooperative Acquisitions Program 简称LACAP)是美国图书馆界合作采集拉丁美洲文献资料的计划。该计划的开展大大增加了美国图书馆收集拉丁美洲文献的数量和学科范围，在美国图书馆合作采访的历史上具有重要的意义。

LACAP于1960年1月5日正式启动，启动的原因主要是：20世纪，许多大学开始研究其他国家和地区的历史与文化，许多研究拉美地区的研究工作者和学生需要大量不同类型的拉美文献，美国对拉美文献的需求迅猛增加。但当时拉美地区的图书贸易十分无序，大部分国家不能提供内容可靠和广泛的近期新书目录。另外，法明顿计划的延伸和拉丁美洲图书馆资料采购讨论会(Seminars on the Acquisition of Latin American Library materials 简称 SALALM)的组织也是促成拉丁美洲合作采访计划成立的主要因素。其中 SALALM 成立的目的在于促进图书馆为拉美和美洲服务的探讨和研究，为研究与拉美和美洲有关的书籍和图书馆学者、图书馆专家和其他人提供合作研究的机会等。

拉丁美洲合作采访计划是由美国国会图书馆、得克萨斯大学图书馆、纽约公共图书馆、堪萨斯大学图书馆共同开创的一项事业性的商业合作。它是通过商业渠道采集拉丁美洲出版物的计划。该计划的采购范围除了包括拉丁美洲著者的最新专著、新出版期刊的创刊号和一些政府部门出版物、大学出版物外，还包括译文、课本、青少年读物、再版本等出版物，许多拉美的部门报告、数据统计物、文学作品、历史作品等十分难以获得和购买的文献。该计划的目的是共同解决和分担从拉丁美洲各国获得大量研究型文献的费用和问题。

LACAP 于 1972 年底终止，其原因是由于美国一些研究型图书馆因收藏了大量的拉丁美洲文献而不支持此计划，加上销售量减少、退书率逐年增加等相关的商业问题，以及熟悉此计划的负责人辞职等。除此之外，该计划失败还有两个原因：一是大部分成员馆获取的是低利用的文献，经费的不足导致文献选择的范围变得十分严格，而低利用率的文献经常成为首要削减的对象；二是拉丁美洲的图书贸易趋于成熟，并且对当地书商的信任度有所提高。如果能直接以较低的价格购买图书，则可利用的经费就可直接购买到大部分文献，也就没必要通过代理购买了。

尽管 LACAP 后来终止了，但该项计划的发展为美国图书馆的合作采访奠定了良好的基础，同时也促进了拉丁美洲图书贸易的发展，改善了拉美缺少书目报道和索引的状况。LACAP 为我们提供了许多好的经验和教训，也为后来实施的一些类似繁荣计划提供了参考资料。它的成功与结束都代表着时代的发展和进步。

(二)北欧四国的藏书协作计划

位于北欧斯堪的纳维亚半岛的四国——瑞典、丹麦、挪威、芬兰，为了解决有限的经济力量与全面收藏世界文献资料的矛盾，提高文献信息保障程度，从 1957 年起开始制定与实施一项合作采集世界文献资料的国际合作计划，即著名的斯堪的纳维亚计划(Scandinavia Plan 简称 SP)。合作采集外文图书的计划被认为是法明顿计划的“北欧翻版”。

该计划的参与者包括北欧四国的 15 所公共图书馆、专门图书馆和研究图书馆。1958 年该计划在北欧研究图书馆协会(NVBF)上讨论并获得通过，并由该协会主持实施。它的目的是发展一种地区文献采购和情报服务协作的有效方式，以促进斯堪的纳维亚国家研究图书馆之间的互借活动。该计划的主要内容包括：一是北欧四国的研究图书馆在采购北欧以外书刊时广泛进行合作，按主题、地区或语种分工，各成员也担负分管学科文献中心的服务任务，使各馆分别成为某一学科、某一类型或某一语种文献的收藏中心、书刊目录中心和外借中心；二是分工时应该照顾各馆的历史情况和实际需要，也应考虑藏书的系统性和完整性；三是通过协商处理分工合作问题；四是各成员馆担负所分管学科文献的服务任务，并编制各种专题联合目录。

斯堪的纳维亚计划的实施，使北欧国家互相配合收藏外文资料，减少重复，增加品种；也有助于建立统一的地区文献资源保障体系，实现文献资源共享。此项计划的有益经验促进了南亚和拉丁美洲的发展中国家制定这一类似的计划，但该计划也并非十全十美，仍存在不足之处，比如缺少拥有适当权力和经费的协调中心，建立国家间存储图书馆和确定专业相近的成员馆之间的复本率等问题也不能得到解决等。

三、国外信息资源共建共享的不同模式

纵观国外信息资源共建共享的实践，可以发现多种不同的模式，比较有代表性的如 OCLC、OhioLINK、NACSIS、Hathitrust 等。它们的成功给我们提供了许多借鉴和启示。

(一) OCLC

OCLC(Online Computer Library Center，联机计算机图书馆中心)是目前世界上发展最早、规模最大、信息资源最丰富的图书馆网络。它始建于1967年，原名为俄亥俄州大学图书馆中心(Ohio College Library Center，OCLC)是由美国俄亥俄州的54所大专院校图书馆所组成，1977年改为现名。OCLC最初的主要功能是提供共享编目服务(a shared cataloging service)，现已发展到编目之外的资源共享领域，如它发展了连续出版物数据库以及其他交流系统；增加了服务内容，能够为成员馆提供全过程的服务，成员馆也能通过 OCLC 查找、获取、分编、外借和储存各种书刊资料，并能够实现参考服务功能；它超越州界、国界吸收各国各地的图书馆入网，适时地联入因特网并借助因特网开始更大规模的扩张，逐步变成一个世界性的信息资源网。目前，全球有176个国家和地区的8万多家图书馆都在使用 OCLC 的服务实现合作编目、资源发现与共享，OCLC 是目前国际上规模最大、用户最多的非盈利性信息服务机构及研究组织之一。

OCLC 的主要产品与服务包括：

(1)管理服务

管理整个图书馆时应使用能够提升部门和工作场所效率的服务，涉及WISE(公共图书馆的社区参与系统)、WorldShare 管理服务(实现高效的共享和创新)、EZproxy(访问和认证软件)、GreenGlass(数据驱动的馆藏管理和可视化)、CONTENTdm(创建、展示和保管数字馆藏)、WorldCat 等。

(2)元数据服务

创建、管理并共享和馆藏有关的数据，同时提升图书馆的可见性，涉及OCLC 编目和元数据订购(通过简化编目节省时间)、Dewey 服务(改进图书馆馆藏整理和分类)、合同编目(为编目项目提供专家级协助)、CatExpress(简单易用的套录编目解决方案)、Syndeo(连接到全球知识网络)等。

(3)资源共享服务

集中之前在多个系统中分散管理的资源共享工作流程，同时加快满足馆际互借请求的速度。WorldShare 馆际互借(实现馆际互借自动化借入和借出)、Tipasa(通过一个基于云的馆际互借管理系统简化资源共享的过程)等。

(4)检索和咨询服务

帮助用户通过所在的图书馆和世界其他图书馆获取资料。涉及 WorldCat. org(图书馆资源的网络可见性)、WorldCat Discovery(图书馆全部馆藏的一站式检索系统)、FirstSearch(WorldCat 精确搜索)等。

OCLC 代表性的核心产品和服务为其他服务提供支撑主要包括：

(1)WorldCat

WorldCat 联机联合目录数据库是世界上最大的书目记录数据库，包含OCLC 近两万家成员馆编目的书目记录和馆藏信息。从 1971 年建库到目前为止，共收录有 480 多种语言总计近 19 亿条馆藏记录、2. 8 亿多条独一无二的书目记录，每个记录中还带有馆藏信息，基本上反映了从公元前 1000 多年至今世界范围内的图书馆所拥有的图书和其他资料，代表了 4 千年来人类知识的结晶。文献类型多种多样，包括图书、手稿、地图、网址与网络资源、乐谱、视频资料、报纸、期刊与杂志、文章以及档案资料等。该数据库平均每十秒更新一次。以 WorldCat 为依托，OCLC 可以为成员提供高质量、可发现性和价值增值的书目信息，也为成员合作共享提供了基础。

终端用户可以通过第一检索服务(FirstSearch)、世界书目免费网站(WorldCat. org)、一站式发现服务(WorldCat Local)等检索 WorldCat 联合目录数据库中丰富的书目信息和馆藏信息。

(2)WorldShare

依托于 WorldCat 遍及世界各国的成员馆和海量的书目数据，OCLC 提供了强有力的馆际互借工具 WorldShare，帮助人们在世界范围内寻找文献资料并确认馆藏地点。WorldShare 以馆际互借为核心，发展出一系列相关服务，包括：

①WorldShare 收藏评估服务。利用合作的书目数据，帮助成员馆制定明智的馆藏管理决策。

②WorldShare 馆藏管理编目服务。帮助成员馆简化电子和纸质资源的工作流程，以提高收藏的可见性。

③WorldShare 馆际互借服务。帮助成员单位建立自动化馆际借阅工作流程，为本馆用户提供全球图书馆资源，并帮助用户快速获得所需的资源。

④共享管理相关的服务。包括 WMS(WorldShare Management Services)、WorldShare 许可证管理器服务、记录管理器服务和报表服务。

(3)Firstsearch 联机信息检索系统

借助全球最大的图书馆目录 WorldCat 的强大视角，提高对所有图书馆馆藏的认识。FirstSearch 可在几秒钟内浏览 WorldCat 的 4.76 亿个书目记录，从而将搜索者准确地连接到他们所需的内容。在 Firstsearch 基础上，衍生出 OCLC 其他的知识发现和参考咨询服务，包括传统的 QuestionPoint 虚拟参考咨询服务，还有 PiCarta™ 和 TouchPoint™ 以及整合资源获取的 WorldCat Discovery。

由于 OCLC 具有全球性、规模性、文种全、信息量大、产品和服务系列化，网络支持服务环境好等特点，较好地满足了信息用户的需求，成为信息资源保障体系结构最佳模式，为我国信息资源保障体系的建设提供了可借鉴的经验。

(二) OhioLINK

美国俄亥俄州图书馆与信息合作网(Ohio Library and Information Network，简称 OhioLINK，俄亥俄合作网)是由该州大专院校图书馆和州图书馆组成的资源共享联盟。这一模式被美国高等教育理事会和州政府理事会评为创新和增效的先锋，也被世界同行视为图书馆合作、集中投资和有效服务的典范。它始建于 20 世纪 90 年代，中央书目库及其馆际互借是俄亥俄合作网最基本和最先实现的产品和服务，成效显著。2013 年，它被带入了俄亥俄州技术联盟的保护伞下。OH-TECH 为俄亥俄州的全州技术基础设施提供行政支持，其中包括 OhioLINK、俄亥俄州学术资源网(OARnet)、俄亥俄州超级计算机中心(OSC)、电子学生服务和新成立的研究与创新中心。

2017 年，eStudent Services 的两个旗舰计划 eTutoring 和 OhioLearns 隶属于 OhioLINK。eStudent Services 最初是俄亥俄州学习网络的一个部门，其任务是通过技术为俄亥俄州的高等教育学生提供支持。在 2011 年将俄亥俄州学习网络并入俄亥俄州高等教育部之后，eStudent Services 成为了 OH-TECH 的一个部门。OhioLINK 维护其两个核心程序，即 eTutoring 和 OhioLearns。自 2009 年以来，eTutoring 计划已为俄亥俄州许多不同学科领域的大学生提供了在线辅导，并在整个课程中进行写作。OhioLearns 创建于 1999 年，是俄亥俄州高校提供的 100%在线课程和学位的在线目录。

目前，OhioLINK 的正式成员有 117 个大学图书馆，这些图书馆分布在 89 个不同的俄亥俄州学院和大学中，成员还包括俄亥俄州立图书馆，16 个公立大学图书馆，51 个独立大学图书馆，23 个两年制大学图书馆，16 个地区校园图书馆，8 个法学院图书馆和 5 个医学院图书馆。当前，OhioLINK 的资源包括：①超过 4600 万本书和其他图书馆资料；②超过 100 个电子研究数据库；③超过 2400 万本电子期刊文章；④超过 10 万本书；⑤近 85000 个图像，视频和声音；⑥来自 31 个俄亥俄州机构的俄亥俄州学生的 58000 多篇论文和学位论文。

OhioLINK 提供的服务包括：

①中央目录。117 个会员图书馆拥有的馆藏目录。它列出了超过 4600 万件物品，包括书籍、期刊、地图、乐谱和视听材料，可以在线请求并在任何 OhioLINK 成员图书馆获取。

②研究资料库。用户可以在线访问通过 OhioLINK 提供的 100 多个数据库的 A—Z 列表，以及通过每个成员库提供的研究数据库列表的链接。

③电子期刊中心(EJC)。包含数以百万计的全文文章，从顶级的学术出版商，到学术团体和大学出版社，超过 1 万种学术期刊的数据库。

④电子书中心(EBC)。提供了访问超过 10 万种的电子图书；书名中包含参考书目、美国和英语文学和技术书名，包括流行的 Safari 电子书集。

⑤开放式教育资源共享。OhioLINK OER 是由俄亥俄州教师策划和创建的动态数字图书馆和开放式教育资源网络。用户访问这些工具，可以和在线小组与全州的教育工作者建立联系，还可以在新资源上创建和协作。

⑥音乐中心。包含超过 81000 首曲目和 22000 多张专辑的音乐流式数据库。

⑦电子论文中心(ETD)。包含在俄亥俄州的 31 所世界知名学府学生的近 58000 篇学位论文。

⑧查找帮助机构库。在寻找援助信息库中包含安装在档案馆、图书馆等机构在整个俄亥俄州的丰富的馆藏。该资料库可提供对馆藏的广泛访问，从而为研究人员增加了这些独特而宝贵的资源的可见性。

⑨数字资源共享(DRC)。来自俄亥俄州的各学院、大学和文化机构的近 85000 条独特的学术和历史记录。收藏品包括阿克伦(Akron)的历史地图，

生物声学记录和1800多个教育视频。

Ohio LINK通过合作并具有成本效益的方式获取，提供和保存越来越多的印刷和数字学术资源，从而促进教学、学习、研究以及俄亥俄州知识的发展，从而为俄亥俄州的高等教育社区创造了竞争优势和知识经济的基础。

Ohio LINK倡导以下合作原则：

(1)合作，透明度，沟通和共同决策。

(2)以既能满足集体利益，又能满足成员图书馆各自优先事项和需求的方式使用资源。

(3)分享当前和历史资料的多样化，深度和不断增长的收藏。

(4)与其他类型的俄亥俄州图书馆和信息提供者合作，为该州公民提供服务。

综上所述，OhioLINK是以州为单位组建的图书馆联盟模式，其优点在于各成员机构同属州政府行政体系，容易达成共识和取得经费。合作的成功还有赖于参与的图书馆愿意投入的人力与时间、有高度的专业责任感和良好的合作精神。而合理的组织管理机构，完善的政策、程序、规章、制度、技术标准等是这个系统有效运行的保证。

(三)Hathitrust

Hathitrust是美国高校图书馆创建的一个旨在将其成员馆所收藏的纸质文献进行数字化存储，为用户提供数字服务的数字图书馆项目。该项目创建于2008年，是由美国芝加哥大学、密歇根大学等12所大学组成的一个非营利性的学术和研究图书馆合作组织——美国机构合作委员会(Committee on Institutional Cooperation，简称CIC)发起并负责组织和管理的，总部设在密歇根大学。Hathitrust的宗旨是将大学图书馆承担数百年的“信息保存和获取”这一历史悠久的任务在数字环境下继续发扬光大，从而担负起永久保护历史记录以避免其丢失和损坏的使命和重任。参与合作的图书馆的数字馆藏，包括数百万的电子书籍，都将被存档并保存在一个以Hathitrust为主机的机构库中，用户可以在法律允许的最大范围内在线阅读公共资源或已得到授权的资源。

Hathitrust的任务是通过合作收集、组织、保存、交流和共享人类知识的记录，为研究、学术和共同利益做出贡献。其目标是：

(1)建立可靠且日益全面的，由会员机构的印刷馆藏转换而来的图书馆资料的共同拥有和共同管理的数字存档。

(2)以优先最能满足共同拥有机构的需求的方式，大大改善对这些材料的访问，特别强调确保阅读障碍者的访问。

(3)为学者和研究人员开发具有成本效益且强大的基础设施，以提供有价值的数字内容，包括各种格式和原生的数字资料。

(4)建立合作伙伴关系和服务，以确保在 HathiTrust 中保存资料以及整个印刷和数字学术记录。

(5)协调图书馆之间的共享存储策略，以减少存储和维护印刷品收藏的长期资本和运营成本。

(6)建立基础设施，以促进合作机构之间进行具有成本效益的生产合作，以减少保存校园知识资产的成本。

(7)定义并提供一组支持使用 HathiTrust 语料库进行研究的服务。

(8)创建一个允许集中和分布式创建工具和服务的技术框架。

(9)在维持 HathiTrust 组织为"公共物品"的同时，定义一系列使成员机构受益的服务。

目前，HathiTrust 主要提供的服务有：

(1)HathiTrust 数字图书馆，保留并合法访问 1700 万个数字化资源。

(2)HathiTrust 研究中心，提供的服务支持使用 HathiTrust 语料库作为通过文本和数据挖掘研究进行分析的数据集。

(3)共享印刷馆藏计划，开发了具有集体馆藏保存功能的分布式馆藏共享网络。截至 2020 年 3 月，HathiTrust 成员图书馆已承诺保留约 1840 万册图书，并将根据 HathiTrust 共享印刷馆藏计划保留 25 年。这些图书在 HathiTrust 数字图书馆中持有 560 万本以上数字版本(约占所有 HathiTrust 数字图书的 76%)，这意味着，成员图书馆管理所有 HathiTrust 数字馆藏的印刷副本。

(4)美国联邦文件计划，扩大了对美国联邦出版物的访问和保存。

(5)版权审查计划，审查小组在美国和世界各地查找并发掘公共领域的资料。

除了主要关注 HathiTrust 数字图书馆外，HathiTrust 及其合作伙伴还开展了一些重大计划，以改善各种形式的数字和印刷型学术资料的获取和利用。创立之初，Hathitrust 与 Google 的合作。Hathitrust 创建时所拥有的 200 多万册资源就来自 Google 扫描的数字档案。此外，Hathitrust 还致力于收集那些来自非 Google 合作者的公共领域资源，以弥补 Google 数字化文档的不足，使资源内容更为丰富全面。Hathitrust 与 OCLC 合作，提高 Hathitrust 共享数字仓储的资源可见度，提高可访问性。OCLC 和 Hathitrust 合作，利用创建 WorldCat 记录来描述资源内容，并通过 WorldCat. org 和 WorldCat Local 建立指向数字资源链接，这样不仅可以扩大这些数字资源的可见范围，还能提高他们的可访问性。

第五节　我国信息资源共建共享的历程

1949年中华人民共和国成立以后，图书馆事业迅速恢复发展，图书馆合作与信息资源共建共享活动也由此开启。如果把我国信息资源共建共享的历史进程划分为若干阶段的话，大致可以划分为起步与停滞时期、恢复时期、发展时期、繁荣时期。

一、起步与停滞时期(中华人民共和国成立后—1978年)

在我国，现代意义上的信息资源共建共享活动出现在中华人民共和国成立以后。1956年，我国第一个专门的馆际互借条例《高等学校图书馆馆际互借办法(草案)》颁布。1957年9月，国务院第57次全体会议批准颁布了《全国图书协调方案》(下称《方案》)。《方案》决定在国务院科学规划委员会下设立图书小组，由文化部、中国科学院、卫生部、地质部、北京图书馆的代表和若干图书馆专家组成，负责全国为科学研究服务的图书工作的全面规划和统筹安排。首先进行两项工作：第一，建立全国和地方的中心图书馆委员会，负责具体规划、实施全国的藏书协调工作；第二，组织编制全国图书联合目录。《方案》的制定和实施，标志着我国的信息资源保障体系的建设迈出重要的第一步。

根据《全国图书协调方案》，北京、上海分别建立了第一、第二中心图书馆委员会，在武汉、沈阳、南京、广州、成都、西安、兰州、天津、哈尔滨等九个城市成立了地区中心图书馆委员会。它们的工作重点是：协助科学规划委员会或行政领导部门对图书馆事业进行统筹安排与全面规划；研究和解决有关中心图书馆之间的分工合作，包括图书采购、调配、交换、互借等方面的业务问题；研究有关编制联合目录、新书通报等方面的问题并制定计划；研究有关业务提高问题。在各级科委和文化部门的领导下，中心图书馆委员会积极开展了书刊采购协调、编制各种联合目录、馆际互借等一系列的协作协调活动，取得了显著的成绩。

1962年12月，国家科委和文化部联合制定了《1963—1972年科学技术发展规划(草案)》。在草案的"图书部分"，对全国的文献资源整体化建设提出了一些设想。草案要求加强第一中心图书馆委员会的联系，经常交换协调工作情况和经验；建立以行政大区为单位的图书馆协作区，由各地区中心图书馆委员会负责有关协作协调工作。草案还提出，对外文书刊的分配，"要逐步按系统按地区协调，归口管理，……以避免全国各系统、各地区和系统与地区之间的重复浪费现象。”这个草案在《全国图书协调方案》的基础上，进一步规划了全国文献资源整体化建设的蓝图，可惜由于后来“文革”的发生未能实施。

十年“文革”使我国图书情报事业遭受了一场空前的浩劫，也使刚刚起步的信息资源共建共享建设完全处于停滞状态。但到1974年，国家启动“汉字信息处理工程”(简称“748工程”)和作为该工程的配套项目《汉语主题词表》的编制，以及1975—1976年北京大学刘国钧教授对美国国会图书馆机读目录LC-MARC的介绍，成为后来信息资源共建共享重启的先声。

二、恢复时期(1979—1989年)

“文革”结束以后，我国图书情报事业发展进入一个崭新的时期。1979年中国图书馆学会成立，信息资源共建共享活动也很快得到恢复。党和政府高度重视信息资源共建共享工作。1980年5月，中央书记处会议通过的《图书馆工作汇报提纲》指出：“图书资料是一种国家资源，必须统筹安排，把它们组织起来才能合理使用。”80年代初，全国各省市区陆续恢复了中心图书馆委员会，并逐步组织和开展了一些诸如文献采购协调、集中编目、馆际互借等共享工作。围绕IFLA大会从1973年第39届至1983年第49届的议题，围绕世界书目管理、国际协作、馆际协作、世界出版物的收集利用、图书馆新技术及网络等有关资源共享的话题，1986年初，中国图书馆学会在北京组织召开了第一次有一定规模的关于“出版物资源共享国内学术讨论会”，这极大推动了我国信息资源共建共享理论与实践的发展。1986年11月，中国图书馆学会在南宁召开了“全国文献资源布局学术研讨会”，汇聚有关专家，探讨我国文献资源整体布局的若干问题。1987年文化部、国家科委、国家教委、中国科学院、国防科工委、中国社会科学院等15个部委联合成立了部际图书情报工作协调委员会，下设文献资源专业组，其职责是调查研究全国文献资源布局与开发利用现状，了解各系统在文献资源建设方面需要协调的共性问题，组织落实文献采购协调、编制联合目录、开展馆际互借等具体协作项目。从1988年10月开始的3年间，该委员会组织了以掌握我国文献资源积累的完备程度和支持研究决策能力为目的的“全国文献资源调查”，共调查了我国不同类型的500多家图书情报单位的文献资源状况，评估了2000多个研究级学科的文献收藏，在此基础上建立了全国文献资源数据库和全国文献资源调查用户评议数据库，为我国文献资源合理布局和资源共享提供了可靠依据，其规模之大、范围之广、影响之深远，堪称史无前例。

这一时期，图书馆之间的文献资源共建共享活动也比较活跃。从地区范围的活动来看，北京、上海都建立了图书馆协作组织，开展了外文原版期刊的采购协调工作。全国不少省、市、自治区各系统图书情报单位也恢复或开始了藏书采购协调工作，有些地区还开展了跨省的协作活动，如西南的四省六方(滇、川、桂、黔、渝、桂林)公共图书馆签订的协调发展藏书的协议。从系统范围的活动来看，“七五”期间，中国科学院图书馆系统就组织了对全院文献资源布局和发展规划进行调查研究，着手开展了中科院图书馆系统的藏书分工协调。各地区高校图书馆系统也积极开展藏书协调活动，如华东地区的12所大学图书馆建立了外文原版期刊采购协调网络。应该肯定，这一时期的文献资源共建共享活动是取得较大成绩的。但这一时期的活动主要是围绕着传统文献进行的。活动内容主要是书刊资料尤其外文期刊的采购协调，目标是建立不同层次的文献资源保障系统，以满足人们对实体文献的检索与阅读需求。尽管这一时期也开展了联合目录编制、馆际互借等工作，但这些建立在手工操作基础上的资源共享活动，其规模与影响是很有限的。

三、发展时期(90年代初—90年代末)

20世纪90年代以后，信息化浪潮席卷整个全球，计算机技术、网络技术日臻成熟，为信息资源共建共享提供了一个全新的技术环境。在我国，不同地区、不同范围、不同层面的信息资源共建共享活动形式多样，信息资源共建共享研究也有了新的突破和进展。

1990年6月，中国图书馆学会在广州以“资源共享”为主题召开了“第五届全国图书馆学情报学会青年学术研讨会”，结合中国图书情报事业的现状，对我国文献资源共享的一系列问题进行了深入的探讨。1992年5月，中国图书馆界组织有关专家参加了在西安召开的“现代图书馆建设与资源共享国际研讨会”，使我国信息资源共享研究更加国际化。1998年，中国国家图书馆牵头筹建了“全国图书馆信息咨询协作网”，该协作网吸纳全国各类图书馆为成员，所有成员都可以信息提供者与信息需求者的双重身份参与信息交流活动。1999年初，在国家图书馆的倡议下，全国文献信息资源共建共享协作会议在北京召开，来自全国公共图书馆、高校图书馆、党校图书馆、国家行政机关图书馆、情报信息院(所)以及军事院校和科研院(所)等105个图书情报单位签署了《全国文献信息资源共建共享倡议书》，诚邀全国图书情报单位加盟，按照“资源共享，优势互补，互利互惠、自愿参加”的原则，建立以国家级文献信息资源网络为主导，地区级文献信息资源网络为基础的全国图书馆文献信息资源共建共享网络。其内容包括：建立各具特色的馆藏体系；协调外文书刊的订购；实施全国网上联合编目；合作进行馆藏文献数字化；充分利用网络开展服务；加强并完善馆际互借业务；扩大业务交流与培训；建立协调机构。为了促进中国科学院系统文献资源的合理布局，中科院建成了文献信息网络共享系统，覆盖了中科院 12 个分院、123 个研究所的书目数据库、中英俄日联合目录数据库、10 余个专题型文摘数据库等。①

20 世纪 90 年代我国信息资源共建共享取得重大进展的标志性事件是“中国高等教育文献保障系统(CALIS)”的启动。1998 年 11 月，国家发展计划委员会正式批准了 CALIS 项目可行性研究报告，CALIS 项目正式启动。CALIS 联合各参建单位，建设了文理、工程、农学、医学四个全国文献信息中心，华东北、华东南、华中、华南、西北、西南、东北七个地区中心和一个东北地区国防科技文献信息中心。经过一期、二期和三期工程的建设，至 2018 年，国家累计投资 4.4 亿元建设资金，建成以高等教育文献服务体系、CALIS 应用软件云服务(SaaS)平台、CALIS 联机编目体系、CALIS 文献发现与获取体系等为主干，以各省级共建共享数字图书馆平台、各高校数字图书馆系统为分支和节点的分布式“中国高等教育数字图书馆”。由 4 大全国中心、7 大地区中心、除港澳台之外的 31 个省级(省、直辖市、自治区)中心和 500 多个服务馆组成的 CALIS 骨干服务体系，支撑着面向全国 1700 多所院校的共享服务。因此，CALIS 成为全球最大的高校图书馆联盟之一。②2012 年，CALIS 已完成了与国家图书馆、上海图书馆、国家科技图书文献中心(NSTL)、中国高校人文与社会科学文献中心(CASHL)、大学数字图书馆国际合作计划(CADAL)等大型公共图书馆和共享机构平台的对接，建成了基于全国顶级资源与服务的协同服务平台，突破了“高校图书馆联盟”的局限。CALIS 将以图书馆发展前沿为导向，在聚集高校图书馆整体力量的基础上协调、推进高校图书馆行业与相关系统、产业的合作，建立广泛的产业协同发展联盟，培育有利于图书馆多元化合作与创新发展的“新生态”。③

① 马费成，裴雷．我国信息资源共享实践与理论研究进展[J]．情报学报，2005(06)：277-285.

② 中国高等教育文献保障体系[EB/OL]．[2018-09-25]．http://www.calise.edu.cn.

③ 姚晓霞，陈凌．从共建共享到融合开放：培育高校图书馆资源共享的新生态——纪念中国高等教育文献保障体系(CALIS)启动建设 20 周年[J]．大学图书馆学报，2018，36(06)：44-48.

四、繁荣时期(2000年以来)

进入21世纪以来，我国信息资源共建共享进入快速发展的繁荣时期。随着信息技术的飞速发展，国家对信息资源建设的投入不断增大，社会对信息资源共建共享认识的不断提高，我国的信息资源保障体系建设进入了一个快速发展的新阶段。

1. 国家科技图书文献中心(NSTL)

国家科技图书文献中心(National Science and Technology Library，NSTL)是科技部联合财政部等六部门，经国务院领导批准，于2000年6月12日成立的一个基于网络环境的科技文献信息资源服务机构。由中国科学院文献情报中心、中国科学技术信息研究所、机械工业信息研究院、冶金工业信息标准研究院、中国化工信息中心、中国农业科学院农业信息研究所、中国医学科学院医学信息研究所、中国标准化研究院标准馆和中国计量科学研究院文献馆九个文献信息机构组成。中心以构建数字时代的国家科技文献资源战略保障服务体系为宗旨，按照“统一采购、规范加工、联合上网、资源共享”的机制，采集、收藏和开发理、工、农、医各学科领域的科技文献资源，面向全国提供公益的、普惠的科技文献信息服务。NSTL的发展目标是，建设成数字时代的国家科技文献信息资源的保障基地、国家科技文献信息服务的集成枢纽和国家科技文献信息服务发展的支持中心。

NSTL以网络服务系统为核心，依托地方和行业科技信息机构，合作建立了辐射全国的科技文献信息服务体系。已建设40个服务站，覆盖全国29个省市自治区，为全国用户更加充分地利用中心的科技文献信息资源创造了便利条件，提升了地方科技文献信息的保障能力和服务水平，推动了全国范围的科技文献信息共建共享。

历经十多年建设，NSTL已经发展成为国家科技文献资源的战略保障基地，大幅度提升了对全国科技界和产业界的文献服务能力，创新和开拓了多样化、个性化、专业化服务。在大数据环境下，以“战略保障、创新引领、共建共享、公益普惠”的原则，推进“资源保障、知识服务、人才强业”三大战略，为国家科技创新体系建设做出新的贡献。NSTL已经成为文献服务共建共享的国家枢纽之一，被誉为我国科技服务业服务科技创新和社会发展的重要典范。

2. 全国文化信息资源共享工程

全国文化信息资源共享工程是根据《国民经济和社会发展第十个五年计划纲要》实施的一个文化共享工程，于2001年正式启动。全国文化信息资源共享工程实现网络联网的“135”计划，即实现1个国家中心、30个以上省级分中心和5000个以上县、乡、街道和社区基层网点的联网。在建设国家中心的基础上，建设30个以上省级分中心或专业分中心；借助国家骨干通讯网，在分中心的周围搭建起一个包括全国5000个以上的县、乡、街道和社区图书馆或文化馆、文化站的联网系统，实现数字文化信息资源的广泛传播与利用。

其资源框架主要包括：

(1)完成全国图书馆、博物馆、美术馆、艺术研究等机构的文化信息资源联合目录。搭建起一个公益性的元数据交换平台，在充分揭示这些机构文化信息资源收藏的基础上，逐步实现全国的数字资源调度与指向系统，为实现文化信息资源的共知、共建、共享及开展网上服务奠定基础。

(2)完成以“百万册(件)文献共建”与“四个一优秀作品”为核心的数字资源建设，即完成100万册(件)文献、1000台优秀地方剧目、1000部优秀音乐作品、1000部优秀美术作品、1000件珍贵文物的数字化，并提供网上服务。数字资源建设是“共享工程”的核心内容，要根据社会需求，通过已有数字资源的整合与采购、新建各类资源库、网上信息的抓取与加工等多种方式和渠道，建设包括文化法规、图书、音乐、美术、戏剧、戏曲、文物、文化旅游、文化科技、艺术教育、文化市场、对外文化交流、文化史料、全国知名艺术家等信息的全方位文化数字资源库。

(3)整合贴近大众生活的社会文化信息资源。围绕与人们日常生活息息相关的内容，以潜移默化的方式传播先进文化。社会文化信息资源包括科普知识、法律常识、生活礼仪、农业科技、卫生保健以及百科知识等资源库。

(4)建设支持文化信息资源共建的基础信息资源。为避免信息资源的重复建设，“共享工程”可以把一些具有共性的信息资源集中进行建设，形成基础信息资源库，提供有关的资源供建设单位共同使用。

通过文化信息资源联合目录，建立网上文化信息资源导航系统；利用由国家中心、省级分中心以及基层中心组成的网络开展服务。通过在各级中心之间建立交换和通信机制，在各中心之间实现信息的高速共享，从而充分发挥各级中心的服务职能，满足基层群众对于科普、教育、文艺等多方面的资源需求。同时利用文化信息资源联合目录和各级中心的信息导航功能，建立网上资源导航系统，促进科技、教育、农业等已有的专业网络信息资源的传播，并开展网上参考咨询工作。

3. 中国高校人文社会科学文献中心(CASHL)

2004年3月15日，中国高校人文社会科学文献中心(China Academic

Social Sciences and Humanities Library，简称 CASHL）项目正式启动并开始提供服务，它是全国性的唯一的人文社会科学文献收藏和服务中心，是我国哲学社会科学教学科研提供外文文献及相关信息服务的最终保障平台，其建设目标是成为“国家人文社会科学文献信息资源平台”。CASHL 在资源建设上本着整体建设、统筹安排、相对集中、讲求效益的原则，通过建设全国中心、区域中心和学科中心三级体系，实现高效图书馆馆际文献收藏与服务的分工合作，建设我国人文社会科学领域最高水平、最全面和最可持续的人文文献资源中心。2006 年，在教育部的指导下，“文专项目”图书采购相关工作统一由 CASHL 管理中心组织协调。自此，全国高校图书馆在资源建设上形成了一个庞大的外文人文社科文献联合保障体系，由教育部直属 17 所综合性高校图书馆、70 余所教育部文专院校及 851 个成员馆组成。在 CASHL 各相关高校共同努力及与高等教育文献保障系统(CALIS)、中国社科院图书馆、上海图书馆作为战略合作伙伴的支持下，CASHL 外文可服务文献量得到进一步扩大。迄今为止，可供服务的人文社科核心期刊和重要期刊达到 2.46 万余种、印本图书达 200 余万种、电子资源数据库达 12 种，累计提供文献服务近 2200 万件，其中手工文献服务已突破 130 万，文献平均满足率达 96.29%左右，服务时间缩短为 1.87 天，大大提高了外文图书的利用率，充分发挥其效益。除此之外，CASHL 还提供“高校人文社科外文期刊目次库”和“高校人文社科外文图书联合目录”等数据库，提供数据库检索和浏览、书刊馆际互借与原文传递、相关咨询服务等。CASHL 服务的辐射面也进一步拓展，CASHL 目前已拥有 851 家成员单位，个人注册用户愈 13.6 万多个，CASHL 服务惠及上千万用户。①

除了上述国家级的信息资源共建共享工程外，各地区、系统的信息资源共建共享也取得重要进展。在北京，以首都图书馆为中心馆，市内 10 个区级图书馆为分中心馆，以统一的“智慧 2000 数字图书馆系统”为技术平台、连接 30 个街道、乡镇图书馆，形成了一个统一的图书信息资源服务网络。在上海，由 60 多家大学、科研以及公共等系统的各类图书馆组成的文献信息资源共建共享系统，已建成了该地区图书馆简介数据库、书目查询数据库、期刊查询系统、资源导航、特色数据库以及期刊全文数据库等，用户可以通过因特网获得所需的各类文献信息及服务。在深圳，已经建成市、区、镇、社区图书馆四级网络体系，实现了社区图书馆的文献资源共建共享和服

① 中国高校人文社会科学文献中心项目概况[EB/OL].[2020-01-22]. http://www.cashl.edu.cn/node/45.

务整合。此外，在江苏、天津、河南、河北、广东等许多省、市，也建成了本省市的高等教育文献保障系统。总之，对近年来我国信息资源共建共享活动，用"如火如荼"来形容是毫不为过的。

此外，以中国知网、重庆维普、万方、超星数字图书馆等为代表的网络数据库生产商以市场运作的方式参与数字资源建设，大大丰富了我国的信息资源，成为我国信息资源保障体系重要的组成部分。

第六节 我国信息资源保障体系建设

信息资源保障体系是指在一个国家或一个地区范围内，各类型信息机构协调合作，建立一个集信息资源的生产、收集、组织、存储、传递、开发和利用于一体的信息资源保障系统。这个社会信息资源保障体系中的主体包括各类型图书馆、情报(信息)中心、档案馆，以及政府、企业的信息部门，还包括市场化的信息企业。图书情报机构在信息资源保障体系中占有非常重要的位置。

一、我国信息资源保障体系构建的原则

构建信息资源保障体系，应根据我国的国情，从整体上合理布局，实现建设速度、社会效益和经济效益的最大程度的统一。有的学者提出构建文献信息资源共建共享体系的指导原则是：必须以现有信息通信网络技术为基础构建资源共享的网络，必须在信息流通的全球化背景下构建信息资源共享，必须坚持信息资源共享体系的整体化建设，坚持信息产业化的发展方向，从本地区的实际情况出发，充分吸收国内外信息资源共享的经验教训。① 概括起来，构建我国信息资源保障体系应遵循以下一些原则：

(一)适合国情原则

任何一个国家的信息资源保障体系建设都是在该国政治、经济、科技、教育、文化、地理等人文和自然因素综合作用下产生的，因此信息资源保障体系模式的确立，必须符合本国国情。国外的信息资源保障体系建设的成功经验可以学习和借鉴，但不能照搬。只有立足于国情，信息资源保障体系建设才有坚实可靠的基础，才具有科学性和可行性。

我国的国情决定了我国的信息资源保障体系建设仍然需要由政府主导，国家实行宏观调控，统筹规划，并通过法律法规和政策对信息资源共建共享

① 余海宪. 藏书发展与资源共享[M]. 北京：人民教育出版社，2002.

活动进行指导、调节和规范。同时各参与单位要坚持自愿、平等的原则，并且运用市场机制平衡各方利益，充分调动各参与单位的积极性；兼顾各地区的经济、科技、教育和文化的发展很不平衡，既要讲求“效率”，又要体现“公平”，通过政府的宏观调控，合理配置资源，避免区域间信息资源分布的“马太效应”，因地制宜，科学规划。

(二)便于获取原则

信息资源保障体系建设的根本目的是最大限度地满足读者或用户的信息需求。为此，确定信息资源保障体系结构模式应考虑用户获取文献信息资源的难易度。尽管已进入网络时代，但地理障碍仍然是影响用户方便地获取信息资源的重要因素之一。一般来说，从时间和经济方面考虑，人们往往认同在距离较近的场所获取所需的信息资源。虽然网络环境下数字化信息资源的获取已经没有了空间的障碍，但由于知识产权、经济水平、网上阅读能力及阅读习惯的限制，目前乃至于未来相当长的时间内，大量的信息资源仍以或仍将以纸本形式存在。因此，信息资源共建共享的网络建设应考虑地理上的便利因素，使用户能够在最短的时间内获取到所需的信息。

(三)渐进发展与适度超前原则

所谓“渐进发展”，是指选择必须考虑到信息资源保障体系建设是一个循序渐进的过程，必须根据我国经济发展的战略目标和经济发展水平，分阶段进行。首先是国家图书馆、省市自治区公共图书馆和进入“双一流”学校和学科建设的高校图书馆，应该成为我国信息资源保障体系的中坚力量，优先发展。以此为基础，联结各地区中、小型图书馆，建立区域性信息资源共建共享网络，实现信息资源保障体系的各项功能，最终形成一个覆盖全国、高效的信息资源保障体系。

所谓适度超前，是指在构建信息资源保障体系时，既要立足现实，又要着眼于未来的发展，充分预见未来社会信息化的发展趋势。无论是信息资源的收集、加工、组织，还是信息基础设施建设，以及新技术、新标准的采用等方面，都要瞄准本领域发展的前沿，与国际先进水平保持同步。

(四)讲求效益原则

讲求效益原则是指在构建信息资源保障体系时，应考虑信息资源共建共享中投入与产出的关系，以最少的投入产出最大的效益。如果在信息资源保障体系内利用信息资源所付出的代价比没有这个系统时更大的话，那么这个系统对我们来说就没有意义。这里讲的效益包括经济效益和社会效益。

经济效益可用如下指标体现：信息采集的完备程度，即在整个信息资源保障体系投入相对稳定的条件下，能较大幅度地提高信息资源种类收藏的完备程度；信息资源的利用率，即在整个信息资源保障体系投入相对稳定的情况下，能较大幅度提高各信息机构资源的利用率；单元情报的消耗，即信息资源保障系统应该使用户获取单元情报的资金和时间消耗尽可能最小。

信息资源保障体系的社会效益尽管难以用具体的准确的数据来度量，然而它仍然是有明确内涵的。首先，信息资源保障体系的社会公益性质仍然应该得到保障，对一般的文献借阅服务，各类公用信息，以及政府授权采集的基本信息，应该无偿向读者或用户提供。其次，对各信息机构生产、加工的信息产品，对利用先进的技术与设备为用户提供的特殊的信息服务，可以实行有偿服务，但这种有偿服务必须有一定的规则可循，不能允许暴利现象和假冒伪劣蔓延到信息资源保障体系当中。总之，经济效益和社会效益并重，是构建信息资源保障体系的一个重要原则。

二、我国信息资源保障体系的结构模式

信息资源保障体系的结构模式一直是图书情报理论界与实践界关注的研究课题，提出的模式达数十种，比较有代表性的有：

(一)按管理体制分，有集中型和分散型两大类

集中型模式是指由跨部门的信息资源共建共享管理机构，统管全国的信息资源共建共享工作。分散型模式是指无统一的具有行政干预能力的管理机构领导信息资源共建共享工作，而主要靠社会组织和社会力量来组织和协调信息资源共建共享。

(二)按共享的区域范围分，有国内型、国际型和区域型三大类

国内型又可分为全国共享型、地方共享型、系统内共享型和跨系统内共享型。国际型则指跨洲的多国共享型，如 OCLC 就是一个覆盖全球的图书馆自动化网络和信息资源共享机构。区域型是指地区范围内多国参加的信息资源共建共享模式。

(三)按系统分，有系统内型和跨系统型两大类

系统内型分为高校图书馆系统、公共图书馆系统和科研图书馆系统，又分全国型和地区型两类。跨系统型指不同系统的信息资源共建共享，也分全国型和地区型两类。就系统内而言，目前，我国已基本形成了公共、高校、科研三大系统稳定的信息资源共建共享格局。就跨系统而言，上海、河南省等地区在跨系统信息资源共建共享方面都取得了成功的经验。

(四)按共建共享所形成的体系结构分，有链式网络结构模式、根状结构模式、纵向结构模式和横向结构模式

链式网络结构模式中，第一级是国家级文献情报中心，是资源共享的

调控机构，担负着资源中心的职能，负责解决下一级(链)机构的无法满足的信息资源需求问题，提供文献传递、复制服务等。第二级为省级网络中心。它以省馆或省内某高校图书馆为核心，横向联系本省其他图书馆等信息机构，形成二级链式网络，并建立地区型网络中心，再通过省际协作协调，建立跨省的网络机构中心。第三级是中小型图书馆网络，进行馆际互借等交流活动。根状结构模式把国家图书馆作为全国图书情报事业的中心点，将各省、直辖市、自治区馆作为国家图书馆的分支，将各地市县馆和其他图书馆(情报所)作为省一级馆的分支。这样组织起来，全国的图书情报网络结构就像树根一样。纵向结构模式指按系统(如公共馆系统)建立的共享模式。横向结构模式指同一地区跨系统共建的共享网络。纵向和横向结构模式都必须有一个或两个图书馆牵头，并签订共建共享详细协议，在平等、互惠互利的情况下，所有参加馆形成一种纵向或横向的体系结构。

此外，按资源共享网络的组建和规划方式分，有"自上而下"式和"自下而上"式两种；按资源共建的投资来源分，有国办式和民办式两种；按资源共建共享所形成的网络的性质分，有学术性图书馆网络、大众图书馆网络和大众与学术混合型网络；按资源共建共享网络发展的进程分，有过渡型模式和完成型模式等。

构建信息资源保障体系必须综合考虑各方面的因素选择合适的模式。信息资源保障体系的模式是多要素多变量互动的结果，不存在简单的模式，也没有永恒的、固定的形式，而是在不断调整改革、丰富完善之中。根据以上对信息资源保障体系模式的分析以及我国信息资源保障体系的构建原则，适合目前我国国情的信息资源保障体系建设的模式应当是：以国家级信息资源网络为主导，集中与分散管理相结合的多元化过渡型模式。所谓"集中与分散管理相结合"，是指国家的宏观调控与各图书情报单位自主参加、横向协调相结合；"多元化"是指在不同地区(如东、西部地区)、不同系统采取灵活多样的共享模式。具体讲，西部地区应采用初级模式，先打好自动化、网络化基础，在高校馆系统建立协作网(因其条件较其他系统好)，然后再在科研馆系统建立协作网，最后在公共馆系统内建立协作网。待三网分别建立后，再建横向跨系统共享网络，最后与发达的东部地区联网。在东部地区，第一步，公共、高校和科研三大系统分别在系统内实现共建共享。第二步，实现地区性跨系统共建共享。这是以省、直辖市、自治区为单位进行的跨系统地区性共建共享。第三步，地区间共建共享，即各省、直辖市、自治区之间联成共享网络，初步实现全国资源共享。当然，在东、西部地区实施共建共享计划之前，应首先建立主导型的国家级文献信息资源网络(由国家图书馆牵头，与一些特大型图书馆，如清华、北大、上海图书馆联合共建网络)指导、协调各系统及地区级图书馆网络建设，这样，全国的资源共建共享工作才能健康顺利地发展。

上述模式可以简述为：在国家的宏观调控下，以国家级信息资源网络为主导，东西部地区分别分步实施，先系统内共建，后地区性共建，实现集中与分散管理的过渡型信息资源共建共享。待这一过渡型模式实现后，再建立全国性跨系统跨地区的真正的无边界信息资源共建共享网络，形成全国性的信息资源保障体系。

三、构建全社会的信息资源保障体系

随着社会信息化、信息社会化进程的加快，信息越来越广泛和深入地融入社会生产生活的各个领域，信息资源成为国家和整个社会极为重要的资源。各行各业都需要信息，各行各业也在产生或生产着大量的信息。因此，当今社会的信息资源建设决不仅仅是图书情报机构的工作，而是各种类型的信息机构或信息部门共同的事业。构建全社会的信息资源保障体系，就是要建立一个由各类型信息机构，以及政府和企业广泛参与，协调合作，以最大限度满足社会信息需求为目标，以先进信息技术为手段，以信息事业社会化为组织形式，集信息资源的生产、收集、组织、存储、传递、开发和利用于一体的信息资源保障系统。在这个系统中，以图书情报机构为主的信息机构、政府、企业担当不同的角色，具有不同的功能，发挥着不同的作用。

(一)图书情报机构的角色

在全社会的信息资源保障体系中，图书情报机构无疑是重要的主体。她要承担的功能首先是收集、组织和保存丰富的文献信息资源，同时建立使这些资源能为所有社会公众公开公平获取与共享的机制，以及对这些信息资源共同开发利用的合作机制。

在信息资源保障体系中要确保图书情报机构，特别是公共图书馆信息资源的公共和公益属性，确保人人平等享有信息资源权利的实现。要加大向农村、边远地区、经济欠发达地区和城市弱势群体提供公益性信息服务的力度，以保障任何用户在任何时候、任何地点均可以获得任何图书馆拥有的任何信息资源①。

---

① 程焕文，潘燕桃．信息资源共享(第2版)[M]．北京：高等教育出版社，2016.

作为信息资源保障体系重要主体，图书情报机构特别是各类科技信息机构的另一项重要功能是深度开发信息资源，开展信息增值服务。图书情报机构应该根据社会信息需求，充分利用自身在信息资源，以及人员、技术、设备等方面的优势，挖掘竞争性信息资源的潜在价值，开发出新的信息产品，进入信息市场，开展信息营销。这是以另一种模式和机制为社会提供信息资源保障。

(二)政府的角色

在现代社会中，政府的运行每日都在产生着大量信息。除政府行使职能需要的信息外，这些信息大多属于公共信息资源，也就是与社会公共事务有关，所有社会公众都可以自由获取和利用信息资源。由于政府信息资源具有权威性高、时效性强等特点，在社会的生产生活各领域都具有很重要的使用价值，因此，政府在全社会信息资源保障体系中担当十分重要的角色，发挥着重要的作用。

首先，政府在社会信息资源保障体系中起着顶层设计、宏观调控的作用，这是现代国家治理体系的一部分。政府要为信息资源建设制定各种“游戏规则”，包括提出具有战略意义的指导方针和原则，制定与信息资源建设有关的法律法规和政策条例，制定信息资源共建和共享的各种标准与规范等。

其次，政府作为公共信息资源的最大生产者和拥有者，要根据《政府信息公开条例》，开放政务信息和政府数据。不仅要在政府部门之间、部门各级之间、相关事业单位之间开放与共享，更重要的是面向社会公开，让社会公众及企业能及时、便捷、无障碍地得到所需要的政府信息。

再次，政府要加强对信息资源的增值利用。随着政府信息公开条例的实施，可利用的政府信息资源数量在迅速增长。如何对大量政府信息资源进行深度分析、整理、挖掘和加工，使其产生更高的经济和社会价值，并为社会所广泛共享，是构建社会信息资源保障体系的重要内容。政府要制定政策，鼓励社会力量对具有经济价值和社会价值、能够被许可加工的政府信息资源进行增值开发与利用。

(三)企业的角色

在全社会的信息资源保障体系中，企业的角色可分为两类。

1. 商业性信息资源生产企业

20世纪90年代中期以来，随着数字化、网络化的迅速发展，各种商业性信息资源生产企业纷纷涌现。1998年，由清华同方创建的“中国知网(CNKI)”现已建成了世界上全文信息量规模最大的“CNKI数字图书馆”。它以实现全社会知识资源传播共享与增值利用为目标，建设知识资源的深度开发利用平台，为全社会资源共享、数字化学习和知识创新提供资源条件。作为国内最早的中文信息资源产品与服务提供商之一，万方数据积累了大量的信息资源，将海量的、类型齐全的数据资源加工、制作成各类数据库，构成了万方数据向各类用户提供数据服务的基础。2000年建立的维普网，是中国最大的综合性文献服务网，其所依赖的《中文科技期刊数据库》是中国最大的数字期刊数据库。此外，作为数字资源重要组成部分的电子图书，目前在我国已有超星、书生之家和方正 Apabi 等颇有影响力的电子图书数据库系统。这些信息企业源源不断地提供着数字资源，已经成为我国信息资源保障体系最有活力的组成部分。

2. 其他类型的企业

进入信息时代，各类型企业都将信息视为与资本、人力、材料同等重要的企业资产，纳入了资产管理的范畴，通过设置诸如信息主管(CIO)、知识主管(CKO)等管理岗位来管理信息资源，通过加强对信息资源的开发利用来提升企业的核心竞争力。因此，企业是信息资源的巨大消费者，同时，企业在生产经营过程中也在产生着大量信息，因而也是信息资源的生产者和拥有者。在全社会信息资源保障体系中，各类型的企业信息资源都是不可或缺的组成部分。企业信息资源建设需要担当的责任是：

首先是企业内部信息资源的建设与整合。与其他信息服务机构不同的是，企业的信息资源建设首先是服务于企业自身的生产和经营活动的。因此，企业要加强对信息资源的搜集、组织、加工和积累，开发各种不同功能的信息系统，提高信息化管理水平。在当今大数据时代，企业要特别注意数据资源的巨大价值，将数据挖掘作为提升企业核心竞争力的重要手段，建立以大数据为核心的信息资源保障体系。企业在运行的过程中产生着大量信息，这些信息往往分散在企业的各部门或生产经营各环节，形成“信息孤岛”。因此，企业要采用有效的方式，整合内部的信息资源，在企业内部实现信息资源共享。

其次是企业向社会提供信息资源与服务。企业一方面通过信息资源共享从社会获取所需要信息，另一方面也将拥有的信息资源提供给社会利用，或参与社会的信息资源建设。如不少企业通过网站提供公共信息。当今许多企业积累了丰富的数据资源，其中不少是涉及公共领域的数据，可在保障企业的数据所有权的前提下对这些资源进行开发，使其最大限度地实现大数据在满足公共服务需求方面的功能。在企业参与公共信息资源方面，有些高新科技园区根据自身的实际需要和可能的条件建立本园区的信息服务机构，兼具公共文化机构和信息咨询机构的双重角色，为园区提供公益性、综合性的信息服务。如苏州工业园区建立的独墅湖图书馆，既是区域文化中心，同时在传统图书馆服务的基础上，积极建立面向高新区企业的情报服务，集大众服务和科技信息服务于一体。①

构建全社会的信息资源保障体系，将突破长期以来信息资源保障体系建设囿于图书情报领域的局限，动员和纳入了不同领域的信息机构和信息部门参与信息资源保障体系建设，必将大大提高信息资源保障体系的资源保障能力。

四、我国信息资源保障体系的实现条件

信息资源保障体系建设是一项庞大而复杂的社会系统工程，它的建设，有赖于建立强有力的保障机制。

(一)组织保障机制

信息资源保障体系的建设、运行和最佳整体效益的发挥，首先有赖于建立健全的组织保障机制。

我国现行的图书情报事业管理体制，是一种既不集中、又不分散的管理体制。所谓不集中，是指它分属于文化部、教育部、科学院等多系统领导。这容易造成条块分割、各自为政的局面。由于缺乏统一管理，宏观控制薄弱，导致各系统内和系统间缺乏协作和协调。说它不分散，是指它基本上是以行政隶属领导关系为主的体系。这导致图书情报单位因受行政约束，微观上缺乏灵活性。可以说，这种体制兼有“集中”与“分散”的弊端却又失去两者的优点，它对信息资源共建共享系统建设是十分不利的，表现为在信息资源建设上造成分散平衡、重复浪费，文献信息资源得不到有效的保证。

网络环境下构建信息资源保障体系，需要尽快改变这种条块分割、各自为政的管理体制。强化横向协调，弱化条块分割的行政约束。建立全国性、区域性和地区性的图书情报工作协调组织，这些协调组织的主要职能是在各个层次上组织信息资源共建共享活动。全国性的协调组织要根据国家的有关法规、政策，负责整体规划全国的信息资源共建共享网络建设，具体组织、协调国家一级图书情报单位的资源共建共享活动，形成国家级网络，同时负责指导、协调各区域和各地区信息资源共建共享网络的建设。各级协调机构应有固定的编制，国家和地方政府应从每年划拨给图书情报事业的经费中提取一部分给这些机构，使它有稳定的经费来源。各级协调机构虽不是一级行政职能机构，但国家法规和政策应赋予它应有的权威。

---

① 靳萌萌. 我国高新区信息保障体系建设[J]. 图书情报导刊，2018(06)：67-73.

(二)法律和政策保障机制

信息资源保障体系建设是一个需要多机构、多行业参与的社会活动，为了协调不同部门、不同行业之间的利益和职责，就需要政府出面制订相应的政策和法规，规范各方的行为。我国2018年正式实施的《公共图书馆法》是我国第一部图书馆法，明确了"国家支持公共图书馆开展联合采购、联合编目、联合服务，实现文献信息的共建共享，促进文献信息的有效利用"。此外，2006年起实施的《2006—2020年国家信息化发展战略》、2015年的《关于促进大数据发展的行动纲要》、《关于推进县级文化馆图书馆总分馆制建设的指导意见》等一系列政策都是实施国家信息资源规划和开发的重要依据。此外，信息基础设施、信息相关的标准、知识产权法等均对信息资源保障体系的建设提供了不同方面的支撑。但是，各种法律法规的实施细则以及各种配套的政策条例还需要进一步完善。

(三)多渠道资金投入机制

信息资源保障体系需要丰富的信息资源作为共享的物质基础，需要书目数据库和高效的联合检索网络作为共享的手段，这些都需要稳定的资金来源。因此，经费是信息资源保障体系建设重要条件。但目前，缺乏稳定的资金投入已成为信息资源保障体系建设的主要障碍之一。

为解决经费问题，当然首先是要国家加大对信息资源保障体系建设的投入。各级领导部门和管理部门应提高思想认识，从长远目标出发，以战略的眼光来考虑，重视和支持信息资源保障体系建设。由于信息资源建设是国民经济和社会发展的"先行官"，因此，国家应做到信息资源建设的经费的增长幅度适当高于经济增长的幅度。但光靠政府的投入是不够的，必须建立多渠道资金投入机制。要广泛争取社会各界的支持，多方筹集资金。国家应大力宣传和强调信息资源保障体系建设的重要性和迫切性，从政策上鼓励社会支持信息资源建设，特别是争取企业的投入和社会赞助。

(四)利益平衡机制

虽然从整体上看，信息资源保障体系对国家、社会、图书馆、读者(用户)都有利，然而具体到每个参加资源共建共享活动的成员单位，情况是不同的。一般来说，规模大、基础好的成员单位在资源共享中"输出"多，"输入"少，而部分成员单位则可能存有依赖心理，"只享不供"。这样就很容易导致参加资源共享活动的每个成员单位未能获得与其投入相应的利益，有的甚至会相差甚远。于是那些投入多、获益少的成员单位自然而然地就失去了共建共享的积极性。在我国，地区性信息资源共建共享活动之所以成效不大，其困难也正在于此。由于同一地区内各文献信息机构分别隶属于不同的系统，在馆藏基础、设备条件、经费来源及多寡程度方面有较大差异，在缺乏利益平衡机制的情况下，必然会使有些文献信息机构对资源共享的投入得不到应有的回报和补偿，因而对资源共享持消极态度。

因此，要有效地实现信息资源共建共享，尤其是建立以“块块”为主的信息资源共建共享网络，就必须制定正确的政策，建立一种利益平衡机制，使参与信息资源共建共享的各成员之间，诸如国家与图书情报系统之间、图书情报系统内部各部分之间、图书情报机构与其人员之间、图书情报机构与读者(用户)之间，能够依据他们在信息资源共建共享中的投入和贡献，获得相应的利益，这样信息资源共建共享的活动进程才能有长久的活力。

(五)技术和基础设施保障机制

信息资源保障体系建设必须以信息技术为支撑，信息资源保障体系要适应快速变化的信息需求，必须时刻保持对信息技术的敏感，推动自身和参与成员馆的技术革新和创新发展。

随着全球网络信息技术代际跃迁和网络基础设施演进升级，必须加快网络设施和应用设施升级，积极推动大数据、云计算、云存储的多层次、多元化应用，构建基于高速、移动、安全的新一代信息基础设施的综合平台，更新配置和服务，促进互联网与信息资源保障网络的深度融合。完善各类型信息资源共建共享的标准，消除信息资源共建共享的技术壁垒，形成跨越时空的各类型资源的聚合优势，提升资源查询和获取的覆盖面和便捷度。推动信息保障体系数据驱动决策的服务，深度开发资源、服务和用户的大数据资源，实现馆藏管理、服务优化的精准施策和科学管理。

(六)人才保障机制

建设高效率的信息资源保障体系，人才是关键。这里讲的人才，既指图书情报工作者，也包括广大用户。毕竟用户是信息资源共建共享的主体，没有用户的参与，信息资源保障体系就没有意义。

我国信息资源保障体系建设需要有一支具备多种知识和技能的高素质“复合型”人才队伍，并且需要一支能够从事资源加工与管理、系统开发与维护、版权使用与保护、运营与管理的专业技术队伍。这些人才应该具备的条件是：较高的文化素质；敏锐的信息意识和良好的信息吸收能力；全新的观念，如开放观念、竞争观念、协作观念、市场观念、效益观念等。要造就这样的人才，就必须加强对图书情报工作者的培养，改革图书馆学情报学专业教育。同时，必须广泛地开展读者教育和用户培训。培训用户就是培训需求，而需求则是信息资源保障体系发展的真正动力。

参考文献与推荐阅读书目

中文图书

1. [美] 克里斯·安德森. 长尾理论[M]. 乔江涛，石晓燕，译. 北京：中信出版社，2006.
2. [美]彼得·德鲁克. 创新与企业家精神[M]. 北京：机械工业出版社，2010.
3. [美]肯尼斯·劳顿，[美]简·劳顿. 管理信息系统(第 13 版)[M]. 黄丽华等，译. 北京：机械工业出版社，2015.
4. [英]尼克·米尔顿，[英]帕特里克·拉姆. 知识管理：为业务绩效赋能[M]. 北京：人民邮电出版社，2018.
5. 陈畴镛. 信息资源管理[M]. 杭州：浙江大学出版社，2004.
6. 陈能华. 政府信息资源管理研究[M]. 长沙：湖南人民出版社，2008.
7. 陈庄等. 信息资源组织与管理[M]. 北京：清华大学出版社，2005.
8. 程焕文，潘燕桃. 信息资源共享(第 2 版)[M]. 北京：高等教育出版社，2016.
9. 代根兴. 数字时代的图书馆信息资源建设[M]. 北京：北京图书馆出版社，2006.
10. 范军. 国际出版业发展报告(2015 版)[M]. 北京：中国书籍出版社，2016.
11. 符福峘. 信息资源学[M]. 北京：海洋出版社，1997.
12. 高复先. 信息资源规划——信息化建设基础工程[M]. 北京：清华大学出版社，2002.
13. 郭晓君等. 知识经济学[M]. 北京：中国物价出版社，2003.
14. 黄晓斌. 网络信息资源开发与管理[M]. 北京：清华大学出版社，2009.
15. 金胜勇等. 信息资源建设[M]. 北京：科学出版社，2017.

16. 柯平，高洁. 信息管理概论(第2版)[M]. 北京：科学出版社，2007.
17. 吕彬. 面向创新的区域信息资源配置研究[M]. 武汉：武汉大学出版社，2018.
18. 马费成，宋恩梅. 信息管理学基础[M]. 武汉：武汉大学出版社，2011.
19. 马费成. 信息资源开发与管理(第3版)[M]. 武汉：武汉大学出版社，2018.
20. 孟广均等. 信息资源管理导论[M]. 北京：科学出版社，2003.
21. 孟雪梅. 信息资源建设[M]. 哈尔滨：黑龙江人民出版社，2002.
22. 裴雷. 政府信息资源整体规划理论与方法[M]. 武汉：武汉大学出版社，2013.
23. 沈继武，肖希明. 文献资源建设[M]. 武汉：武汉大学出版社，1991.
24. 史忠良，肖四如. 资源经济学[M]. 北京：北京出版社，1993.
25. 司莉. 科学数据管理与共享的理论与实践[M]. 武汉：武汉大学出版社，2017.
26. 宋旅黄. 图书馆与馆配商合作效益研究[M]. 北京：中国社会科学出版社，2019.
27. 汪东波. 公共图书馆概论[M]. 北京：国家图书馆出版社，2012.
28. 肖希明等. 数字资源建设与服务研究[M]. 武汉：武汉大学出版社，2008.
29. 肖希明，袁琳. 中国图书馆藏书发展政策研究[M]. 南京：南京大学出版社，2002.
30. 肖希明. 文献资源共享理论与实践研究[M]. 南宁：广西教育出版社，1997.
31. 严怡民. 情报学概论[M]. 武汉：武汉大学出版社，1994.
32. 杨峰. 政府信息资源管理[M]. 成都：四川大学出版社，2017.
33. 杨美沂. 电子政务与政府信息资源管理研究与探索[M]. 长春：吉林大学出版社，2018.
34. 于良芝. 图书馆情报学概论[M]. 北京：国家图书馆出版社，2016.
35. 余海宪. 藏书发展与资源共享[M]. 北京：人民教育出版社，2002.
36. 张卓民，康永平. 系统方法[M]. 沈阳：辽宁人民出版社，1985.
37. 赵洁等. 高校图书馆信息资源建设研究[M]. 北京：海洋出版社，2018.
38. 赵捧未. 信息管理概论[M]. 北京：科学出版社，2013.
39. 周建芳. “互联网+”图书馆[M]. 成都：四川大学出版社，2018.
40. 朱林，吴兆文. 数字资源管理研究[M]. 北京：世界图书北京出版公司，2012.

中文期刊

1. 艾家凤. 数字时代高校图书馆信息资源建设研究[J]. 情报科学，2015(6)：86-90.
2. 安萌. 大数据环境下的政府信息资源整合研究[D]. 黑龙江大学，2017.
3. 卞丽芳，袁润，王正兴. PDA(Patron Driven Acquisitions)辨析[J]. 中国图书馆学报，2012(05)：109-114.
4. 蔡迎春. 当前藏书采选机制对藏书质量的影响与思考[J]. 图书情报工作，2019(09)：31-37.
5. 陈传夫. 中国科学数据公共获取机制：特点、障碍与优化的建议[J]. 中国软科学，2004(02)：8-13.
6. 陈丹，楼茜，马晨辉. 基于读者使用与订购数据的中文纸本期刊建设策略研究——以华东师范大学图书馆为例[J]. 图书馆杂志，2018，37(06)：44-51.
7. 陈玲洪. 高校图书馆开放存取资源揭示现状调查与实施策略研究[J]. 图书馆，2014(02)：63-65.
8. 陈令荣. 英国高校图书馆馆藏发展政策研究[D]. 郑州大学，2018.
9. 戴艳清. 原生数字资源长期保存的经济策略研究[J]. 图书馆杂志，2010(11)：9-13，17.
10. 窦天芳，姜爱蓉. 资源发现系统功能分析及应用前景[J]. 图书情报工作，2012(07)：38-43.
11. 段双喜. 图书“纸电同步发行”趋势下的采购策略研究——基于华东师范大学图书馆利用数据的分析[J]. 图书馆杂志，2017，36(11)：56-61.
12. 段宇锋，王灿昊. 内蒙古图书馆“彩云服务”的创新之路[J]. 图书馆杂志，2018，37(04)：43-50.
13. 敦文杰. 新技术环境下图书馆对传统文化的传承与发展[J]. 图书馆学刊，2019，41(12)：30-35.
14. 鄂丽君. 英国高校图书馆特色馆藏建设与服务调查分析[J]. 大学图书馆学报，2016，34(04)：43-50.
15. 樊国萍. 读者决策采购——用户需求驱动的文献资源建设模式[J]. 大学图书馆学报，2012(06)：57-61.
16. 付鸿鹄，吴振新. 分布式数字资源保存系统与技术架构研究[J]. 国家图书馆学刊，2015(02)：82-88.
17. 耿瑞利. 政府信息领域本体的构建研究[J]. 图书馆学研究，2010(21)：

65-69.
18. 顾烨青，陈铭. 高校馆配中文电子书的现状与问题分析[J]. 高校图书馆工作，2018(01)：42-52.
19. 郭佳璟，樊欣. 国外科学数据管理经验及其对我国“双一流”高校图书馆的启示[J]. 文献与数据学报，2019(03)：26-37.
20. 郭建平. 供给侧改革背景下图书馆采购模式探析：以国家图书馆中文图书采购工作为例[J]. 图书馆研究与工作，2018(02)：47-50.
21. 何亚丽，卢心怡. 国外国家图书馆发展战略研究[J]. 数字图书馆论坛，2020(04)：17-22.
22. 贺姝祎. 国外数字资源长期保存发展历程[J]. 图书馆理论与实践，2010(06)：72-76.
23. 胡莲香. RFID 技术在高校图书馆的应用[J]. 中国高科技，2018(15)：96-98.
24. 胡小菁. PDA——读者决策采购[J]. 中国图书馆学报，2011(02)：50.
25. 黄如花等. 我国公共图书馆文献信息处置制度的需求分析与框架构建[J]. 中国图书馆学报，2019，45(02)：45-58.
26. 黄如花. 利用开放存取资源提升馆藏质量[J]. 中国图书馆学报，2008(05)：26-32.
27. 黄长著，霍国庆. 我国信息资源共享的战略分析[J]. 中国图书馆学报，2000，26(03)：3-11.
28. 蒋永福. 政府信息资源开发利用若干重大问题研究[J]. 图书与情报，2008(02)：6-9.
29. 李静. 高校图书馆联盟文献传递服务比较研究[J]. 数字图书馆论坛，2017(12)：18-24.
30. 李显志，王良超，张麒麟. 美国高校图书馆文献选择角色的演进——兼论读者决策采购本土适应性的思考[J]. 图书馆建设，2019(04)：102-110.
31. 刘春燕，刘紫薇. 我国政府信息资源增值开发利用模式研究[J]. 兰台世界，2015(05)：117-118.
32. 刘虹. 原版外文图书的采购模式探讨[J]. 图书情报工作，2014(S2)：41-42，45.
33. 刘惠敏. 纸电同步趋势下我国高校图书馆开展读者决策采购(PDA)的策略分析[J]. 图书馆建设，2018(06)：19.
34. 刘磊等. 中美高校图书馆数字馆藏发展政策比较研究[J]. 图书馆学研

究，2018(20)：20-27，34.
35. 刘绍荣，杜也力，张丽娟. RFID 在图书馆使用现状分析[J]. 大学图书馆学报，2011，29(01)：83-86.
36. 刘万国等. "双一流"建设视角下高校图书馆信息资源建设热点扫描[J]. 大学图书馆学报，2018(05)：33-38.
37. 刘炜，叶鹰. 数字人文的技术体系与理论结构探讨[J]. 中国图书馆学报，2017(05)：32-41.
38. 刘炜. 作为数字人文基础设施的图书馆：从不可或缺到无可替代[J]. 图书馆论坛，2020，40(05)：1-2.
39. 刘玉敏，张群. 中美高校图书馆科学数据服务调查与分析[J]. 图书馆论坛，2017(11)：132-138.
40. 刘兹恒. 对图书馆信息资源建设的几点看法[J]. 图书馆，2003(04)：3-6.
41. 马费成，裴雷. 我国信息资源共享实践与理论研究进展[J]. 情报学报，2005(06)：277-285.
42. 聂云霞. 国家层面数字资源长期保存策略研究[D]. 武汉大学，2014.
43. 潘菊英等. 国内外高校图书馆电子资源版权政策比较分析[J]. 图书馆，2013(02)：57-60.
44. 潘薇，王雪茯. 图书馆传统文献的保存和保护问题分析及解决策略[J]. 知识管理论坛，2013(11)：3-9.
45. 彭羽佳，潘杏仙. 大数据时代图书馆生态危机研究[J]. 图书馆工作与研究，2015(04)：9-12.
46. 钱国富. 英国高校图书馆数字人文服务探析——以兰卡斯特大学为例[J]. 大学图书馆学报，2017(04)：30-34.
47. 萨蕾. 基于 OPAC 的数字资源整合研究[J]. 图书馆，2014(01)：113-116.
48. 申晓娟. 国家图书馆"十三五"发展规划概要[J]. 数字图书馆论坛，2016(11)：2-11.
49. 司莉. 知识组织系统的互操作及其实现[J]. 现代图书情报技术，2007(03)：29-34.
50. 索传军，袁静. 论数字馆藏发展政策的框架与内容[J]. 中国图书馆学报，2007(02)：65-69.
51. 唐琼，吴钢，谭明君. 图书馆数字资源选择标准体系权重的确立研究——用户与馆员的双角[J]. 图书情报知识，2011(03)：26-34.
52. 唐琼. 数字资源选择标准研究：基于国内外馆藏发展政策的考察[J]. 图

书馆杂志，2011，30(10)：22-29.
53. 王璟璇. 我国政府信息资源公益性开发保障机制探讨[J]. 图书情报工作，2010，54(21)：117-121.
54. 王世伟. 大数据战略是新时代建设网络强国的着力点[J]. 网信军民融合，2018(02)：27-30.
55. 王世伟. 人工智能与图书馆的服务重塑[J]. 图书与情报，2017(06)：6-18.
56. 王雅玲. 纸电同步下的图书采访模式变革[J]. 吉林省教育学院学报，2018(06)：175-176.
57. 王云娣. 网络开放存取的学术资源及其获取策略研究[J]. 中国图书馆学报，2006(02)：76-78.
58. 王宗义. 专业话语：实践描述与思维构建——关于当代图书馆活动的若干思考[J]. 中国图书馆学报，2017(02)：13-23.
59. 温娜. 2011年以来国内图书馆PDA主流模式研究[J]. 图书馆研究与工作，2019(01)：18-19.
60. 吴春浩，王敏. 美国高校图书馆馆藏发展政策研究[J]. 图书馆建设，2013(05)：32-34，43.
61. 吴钢. 国家信息资源保存制度研究[D]. 武汉大学，2010.
62. 吴建中. 再议图书馆发展的十个热门话题[J]. 中国图书馆学报，2017(04)：4-17.
63. 吴锦荣. 深圳图书馆联盟基于PDA的合作馆藏建设模式研究[J]. 图书馆理论与实践，2017(11)：91-98.
64. 高波，吴慰慈. 从文献资源建设到信息资源建设[J]. 中国图书馆学报，2000(05)：22-25.
65. 夏琬钧，高凡等. 科学数据管理——高校图书馆服务新视角[J]. 四川图书馆学报，2018(03)：25-28.
66. 夏义堃. 图书馆政府信息资源开发利用功能的定位与实施[J]. 情报资料工作，2011(01)：72-75.
67. 肖希明，卢世晴等. 2013—2015年我国信息资源建设研究的热点问题[J]. 高校图书馆工作，2016(05)：3-8.
68. 肖希明. 推进我国信息资源共享政策体系建设[J]. 情报资料工作，2005(06)：5-7.
69. 肖希明. 论虚拟馆藏的建设[J]. 图书馆，2002(03)：25-27，56.
70. 肖自力. 关于文献信息资源建设的思考(上)[J]. 图书馆杂志，2000(06)：25-27.

71. 谢清文，弓婧雯，范冰玥. 公共图书馆文献信息处置流程[J]. 国家图书馆学刊，2018(04)：37-41，47.
72. 熊泽泉，段宇锋. RFID 技术在深圳图书馆的应用[J]. 图书馆杂志，2018(03)：49-55.
73. 徐春，张静. “双一流”建设背景下高校图书馆机构知识库建设现状及发展对策研究[J]. 图书馆学研究，2019(03)：31-38，77.
74. 徐洁. 面向学科建设的“精益采购”策略研究——以南京师范大学物理学科外文电子期刊利用计量为例[J]. 新世纪图书馆，2019(06)，26-29.
75. 徐速，张新鹤. 我国机构知识库开放获取政策体系与内容研究[J]. 图书情报知识，2017(06)：42-49，97.
76. 徐文静. 英国馆际互借与文献传递发展历程研究[J]. 图书馆学研究，2018(15)：94-101.
77. 燕今伟. 图书馆联盟的构建模式和发展机制研究[J]. 中国图书馆学报，2005(04)：24-29.
78. 杨鹤林. 数据监护：美国高校图书馆的新探索[J]. 大学图书馆学报，2011(02)：18-21，41.
79. 杨思洛，杨依依. 省级公共图书馆特色数据库建设调查分析[J]. 图书馆，2019(08)：104-111.
80. 杨永权. 基于大数据环境下读者决策的图书采购模型研究[J]. 河南图书馆学刊，2019，39(02)：85-87，111.
81. 姚晓霞，陈凌. 从共建共享到融合开放：培育高校图书馆资源共享的新生态——纪念中国高等教育文献保障体系(CALIS)启动建设 20 周年[J]. 大学图书馆学报，2018，36(06)：44-48.
82. 尤越，贾苹. 专业图书馆服务科研机构的创新型实践与探索——以国家科学图书馆与省科院合作联盟为例[J]. 图书馆工作与研究，2016(03)：71-76.
83. 于亚秀，李欣. 美国高校图书馆的数字人文服务实践——以加州大学洛杉矶分校为例[J]. 图书馆论坛，2018，38(09)：30-37.
84. 曾蕾，王晓光，范炜. 图档博领域的智慧数据及其在数字人文研究中的角色[J]. 中国图书馆学报，2018(01)：17-32.
85. 张红萍. 基于长尾理论的文献资源建设和服务[J]. 图书馆理论与实践，2011(08)：82-83，87.
86. 张甲，胡小菁. 读者决策的图书馆藏书采购——藏书建设 2.0 版[J]. 中国图书馆学报，2011，37(02)：36-39.

87. 张书玉."纸电同步"视域下的高校图书馆文献资源建设探析[J]. 图书馆学刊，2019(04)：72-73.
88. 张晓林等. 国家科学数字图书馆数字资源采购的技术要求[J]. 中国图书馆学报，2004(04)：14-19.
89. 张新兴，肖希明. 台湾地区大学图书馆馆藏发展政策研究[J]. 大学图书馆学报，2011，29(02)：49-55.
90. 张兴旺，李晨晖."互联网+图书馆"顶层设计相关问题研究[J]. 图书与情报，2015(05)：33-40.
91. 张洋，张磊. 网络信息资源评价研究综述[J]. 中国图书馆学报，2010，36(05)：75-89.
92. 周群. 纸电阅读同步推广系统与读者关联数据挖掘研究[J]. 情报科学，2017，35(11)：78-82.
93. 周毅. 基于信息权利保护的政府信息资源规划研究[J]. 情报资料工作，2010(03)：45-50.
94. 周毅. 转型中的政府信息资源规划：现状与构想[J]. 情报资料工作，2011(04)：64-68.
95. 朱本军，聂华. 数字人文：图书馆实践的新方向[J]. 大学图书馆学报，2017(04)：23-29.
96. 朱强等. 以开放的心态迎接新的信息技术——2009年信息技术在图书馆的应用[J]. 中国图书馆学报，2010，36(03)：77-78.
97. 朱强. 新时代高校图书馆文献资源建设的挑战[J]. 图书情报知识，2018(06)：4-9.
98. 朱锐勋. 论政府信息资源管理研究体系的完善[J]. 图书馆学研究，2013(24)：52-58.

网络资源

1.《2018年度中国数字阅读白皮书》发布大众阅读市场规模占比逾九成[EB/OL]. [2020-03-01]. http://guoqing.china.com.cn/2019-04/15/content_74682816.
2. 2018-2019中国数字出版产业年度报告发布[EB/OL]. [2020-02-28] https://www.sohu.com/a/335583901_211393.
3. CALIS."十五"期间专题特色数据库建设方案[EB/OL]. [2020-01-11]. http://www.lib.whu.edu.cn/calis2/tsk_gk_1.
4. 从纸电同步到纸电声一体化"蝶变"[EB/OL]. [2020-03-01]. http://

www.cbbr.com.cn/article/128717.
5. 大数据融合发展看贵州，数据工厂：“建管”一体化 为数据灵活赋能[EB/OL]．[2019-12-26]. http://www.cbdio.com/BigData/2019-05/01/content_6099213.
6. 关于推动传统出版和新兴出版融合发展的指导意见[EB/OL].[2020-03-01]. http://www.cac.gov.cn/2015-04/10/c_1115079278.
7. 国际电信联盟(ITU)：2017 年衡量信息社会报告[EB/OL].[2019-12-20].(2018-03-29). https://www.useit.com.cn/thread-18487-1-1.
8. 国家图书馆“十三五”规划纲要[EB/OL].[2019-11-13]. http://www.nlc.cn/dsb_footer/gygt/ghgy/.
9. 国务院. 国务院关于印发政务信息资源共享管理暂行办法的通知[EB/OL].[2019-07-01]. http://www.gov.cn/zhengce/content/2016-09/19/content_5109486.
10. 国务院办公厅关于印发科学数据管理办法的通知[EB/OL].[2020-03-04]. http://www.gov.cn/zhengce/content/2018-04/02/content_5279272.
11. 国务院关于印发促进大数据发展行动纲要的通知[EB/OL].[2015-11-21]. http://www.gov.cn/zhengce/content/2015-09/05/content_10137.
12. 黄如花. 2015-The year of open data mandates[EB/OL].[2015-11-21]. http://figshare.com/blog/2015_The_year_of_open_data_mandates/143.
13. 普通高等学校图书馆文献集中采购工作指南[EB/OL].[2020-3-8]. http://www.scal.edu.cn/gczn/201311050857.
14. 企业大数据战略的 6 大应用[EB/OL]．[2019-12-26]. http://www.cbdio.com/BigData/2015-08/07/content_3647711.
15. 全国高校专题特色库子项目工作会议纪要[EB/OL].[2020-02-11]. http://www.lib.whu.edu.cn/calis2/tsk_gx.asp.
16. 深度解读习近平提出的互联网发展四项原则和五点主张[EB/OL].(2015-12-17).[2019-12-20]. http://news.cntv.cn/2015/12/17/ARTI1450316815848330.
17. 习近平出席 G20 大阪峰会并发表重要讲话[EB/OL].(2019-06-29).[2019-12-23]. http://china.cnr.cn/news/20190629/t20190629_524668212.
18. 香港中文大学图书馆. 馆藏发展政策[EB/OL].[2020-03-06]. https://www.lib.cuhk.edu.hk/sc/collections/policy#Section8.1.
19. 信息社会世界峰会落下帷幕《原则宣言》通过[EB/OL].(2013-12-19).[2019-12-26]. http://www.techwalker.com/2003/1219/103808.
20. 中共中央办公厅、国务院办公厅. 国家信息化发展战略纲要[EB/OL].

(2016-07-27). [2019-10-06]. http://www.gov.cn/xinwen/2016-07/27/content_5095297.
21. 中国高校人文社会科学文献中心项目概况[EB/OL]. (2019-12-4). [2020-01-22]. http://www.cashl.edu.cn/node/45.
22. 中国互联网络发展状况统计报告[EB/OL]. (2019-08-30). [2020-02-20]. http://www.cnnic.cn/hlwfzyj/.
23. 中华人民共和国财务部. 中华人民共和国财政部令第100号——财政部关于修改《事业单位国有资产管理暂行办法》的决定[EB/OL]. [2020-02-05]. http://tfs.mof.gov.cn/zhengwuxinxi/caizhengbuling/201904/t20190404_3215480.
24. 中华人民共和国文化和旅游部. 2017年文化和旅游发展统计公报[EB/OL]. (2018-05-31). [2020-02-22]. http://zwgk.mct.gov.cn/auto255/201805/t20180531_833078.html? keywords=.

外文文献

1. Adlington J. Fundamentals of Collection Development & Management, and: Collection Development Policies: New Directions for Changing Collections (review)[J]. *Portal-Libraries and the Academy*, 2004, 4(03): 434-436.
2. British Library. British Library: Digital Preservation Strategy [EB/OL]. [2020-02-06]. http://www.bl.uk/aboutus/stratpolprog/ccare/introduction/digital/digpresstrat.
3. Budapest Open Access Initiative [EB/OL]. [2020-01-12]. https://www.budapestopenaccessinitiative.org/boai15-1.
4. Bulock C., Hosburgh N, Mann S, et al. OA in the Library Collection: The Challenges of Identifying and Maintaining Open Access Resources[J]. *Serials Librarian*, 2015, 68(01): 79-86.
5. Cambridge University Library. Collection development policy framework[EB \ OL]. [2019-10-07]. https://www.lib.cam.ac.uk/about-library/library-management/policies.
6. Dan C. Hazeu. Collection Development Policies in the Information Age[J]. *College & Research Libraries*, 1995 (01): 29-31.
7. Digital Library Doard. Digitisation activities: best practice guidelines [EB/OL]. [2020-03-06]. https://www.library.auckland.ac.nz/docs/digital_projects/digitisation_guidelines.

8. Directory of Open Access Journals[EB/OL]. https://doaj.org//.[EB/OL].[2019-06-28].[2020-01-12]. http://europa. eu. int/eur-lex/pri/en/oj/dat/2003/1-345/1-34520031231en00 900096.

9. Fundamentals of Digital Scholarship seminar[EB/OL][2020-03-02]. https://atg.fas.harvard.edu/event/fundamentals-digital-scholarship-seminar.

10. Futas E. *Collection Development Policies and Proceduers* (3rd) [M]. Phoenix: Oryx Press, 1995.

11. Guidelines for Collection Development Policy Using the conspectus Mode[EB/OL]. https://www.ifla./org/files/asset/acquisition-collection-develop/publications/gcdp-cn.pdf,2019-12-22.

12. Guidelines on Open Access to Scientific Publications and Research Data in Horizon 2020 [EB/OL]. [2015-11-21]. http://ec. europa. eu/research/participants/data/ref/h2020/grants _ manual/hi/oa _ pilot/h2020-hi-oa-pilot-guide_en.

13. IFLA. Key Issues for e-Resource Collection Development: A Guide for Libraries[EB/OL]. [2020-02-15]. https://www.ifla.org/publications/key-issues-for-e-resource-collection-development-a-guide-for-libraries? og=8708.

14. Investing in cultural diversity and intercultural dialogue: UNESCO world report[EB/OL]. [2020-01-13]. https://unesdoc.unesco.org/ark:/48223/pf0000185202_chi/.

15. Jaeger P. T., Fleischmann KR. Public libraries, values, trust, and e-government[J]. *Information Technology and Libraries*, 2007, 26(04): 35-43.

16. Kopp J. J. Library consortia and information technology: The past, the present, the promise[J]. *Information Technology and Libraries*, 1998, 17(01): 7-12.

17. Lavery K. *Smart Contracting for Local Government Services*[M]. London: Praeger Publishers, 1999.

18. Mack D. C. Introduction: Changing Collections, Changing Policies[J]. *The Acquisitions Librarian*, 2003, 15(30): 1-2.

19. New Specialization in Rare Books and Print and Visual Culture to be Offered by Department of IS. [EB/OL]. [2020-02-05]. http://ampersand.gseis.ucla.edu/new-specialization-in-rare-books-and-print-and-visual-culture-to-be-offered-by-department-of-is/.

20. NSF'S Public Access Plan: Today's Data, Tomorrow's Discoveries[EB/OL]. [2015-11-21]. http://www.nsf.gov/pubs/2015/nsf15052/nsf15052.
21. OMB. Circular A-130: Management of Federal Information Resources. [EB/OL]. [2019-06-28]. http://www.white-house.gov/omb/circular/a130/a130.
22. Open Government Plan 3. 5[EB/OL]. [2015-11-21]. http://www.nsf.gov/pubs/2015/nsfl5094/nsf15094.
23. Pas J., Rechten L. The commercialization of government information and the proposal for a directive COM (2002) 207 by the European Commission[EB/OL]. [2019-07-18]. http: //www. austli. i edu. au/au/journals/MurUEJL/2002 /48.
24. Paul Genoni. Libraries. The Long Tail and the Future of Legacy Print Collections[J]. *Library and Information Science Research Electronic Journal*, 2007(01): 1-10.
25. Perdue J., Fleet JAV. Borrow or Buy? Cost-Effectivedelivery of Monographs [J] . *Journal of Interlibrary Loan*, 1999(04): 19-28.
26. Swords D. A. *Patron-Driven Acquisitions: History and Best Practices* [M]. Berlin: De Gruyter Saur, 2011.
27. Tenopir C., et al. Data sharing by scientists: practices and perceptions[J]. *PLOS ONE*, 6(06).
28. The Northwestern Libraries. Collection Development Policy-Electronic Monographs[EB/OL]. [2020-03-07]. https://www. library. northwestern. edu/documents/about/policies/electronic-monograph.
29. The University of Arizona Library. Collection parameters [EB/OL]. [2020-03-07]. https://new. library. arizona. edu/department/content-collections/policies/parameters.
30. The University of Hong Kong Libraries. Electronic Resources Collection Development Policy [EB/OL]. [2020-03-07]. https://lib. hku. hk/cd/policies/erp.
31. UO Libraries. Electronic Journals[EB/OL]. [2020-03-07]. https://library. uoregon.edu/colldev/cdpolicies/ejournals.
32. Yale University Library. E-Resource Access and Use[EB/OL]. [2020-03-01]. https: //guides.library.yale.edu/about/policies/access.